PAUL NATORP

# Philosophische Systematik

Mit der Gedenkrede
zum 100. Geburtstag am 24.1.1954 von

HANS-GEORG GADAMER

Einleitung und
textkritische Anmerkungen von

HINRICH KNITTERMEYER

FELIX MEINER VERLAG
HAMBURG

PHILOSOPHISCHE BIBLIOTHEK BAND 526

Die Deutsche Bibliothek – CIP-Einheitsaufnahme

*Natorp, Paul*: Philosophische Systematik /
Paul Natorp. – Hamburg : Meiner 2000
  (Philosophische Bibliothek ; Bd. 526)
  ISBN 3-7873-1526-8

Unveränderter Nachdruck 2000

© Felix Meiner Verlag 1958. Alle Rechte, auch die des auszugsweisen Nachdrucks, der fotomechanischen Wiedergabe und der Übersetzung vorbehalten. Dies betrifft auch die Vervielfältigung und Übertragung einzelner Textabschnitte durch alle Verfahren wie Speicherung und Übertragung auf Papier, Transparente, Filme, Bänder, Platten und andere Medien, soweit es nicht §§ 53 und 54 URG ausdrücklich gestatten. Druck: Strauss, Mörlenbach. Buchbinderische Verarbeitung: Lüderitz & Bauer, Berlin. Werkdruckpapier: alterungsbeständig nach ANSI-Norm resp. DIN-ISO 9706, hergestellt aus 100% chlorfrei gebleichtem Zellstoff. Printed in Germany.

## VORBEMERKUNG DES VERLAGES

Schon seit einigen Jahren ist ein sich verstärkendes Interesse an Texten des Neukantianismus deutlich spürbar; zu Recht, denn die neukantische Philosophie formulierte im Übergang zum 20. Jahrhundert explizit die Fragen, die im folgenden schulübergreifend als Marksteine der Abgrenzung gegenüber der Tradition wichtig wurden.

In den letzten Jahrzehnten des 19. und den ersten Dezennien des 20. Jahrhunderts hatte der Neukantianismus unter der Losung Natorps »mit Kant und nur strenger noch als er« die akademische Vormachtstellung inne. Die Vertreter dieser Richtung legten eine Erkenntnistheorie neuen Typs vor, die den Orientierungsbedürfnissen innerhalb neu sich etablierender Wissenschaften im Rahmen kulturphilosophischer Ansätze gerecht wurde.

Dem auf Erklärung beruhenden Paradigma der Neukantianer schien der beschreibende Ansatz der Phänomenologen entgegenzustehen. Verkannt wurde zunächst die Nähe beider Richtungen, die sowohl in dem der phänomenologischen Beschreibung inhärenten Anspruch auf Erklärung als auch in der strengen Methodenorientierung Husserls begründet liegt.

Im Falle Paul Natorps wird eine wechselseitige Beeinflussung deutlich: Nicht nur die Phänomenologen haben sich an der Strenge des Neukantianismus abgearbeitet; das Spätwerk Natorps – vielfach als immanente Aufhebung des Neukantianismus gewertet – deutet wiederum auf Einflüsse der Phänomenologie Husserls hin.

Die positive Resonanz auf die Aufnahme von Natorps Platonbuch 1997 in die *Philosophische Bibliothek* (Band 471) hat uns bewogen, auch die *Philosophische Systematik* wieder neu vorzulegen, denn hier tritt der »strengste Methodenfanatiker und Logizist« der Marburger Schule mit der selbständigen Form seines späten Philosophierens hervor: mit der Überschreitung der Methode in der Idee einer allgemeinen Logik.

Die Vorlesungen über *Philosophische Systematik* sind von Natorp im Sommersemster 1922/23 gehalten worden. Er hat sie selbst noch diktiert und das Diktat korrigiert. Sein Sohn, Hans Natorp, hat sie 1958 in der ersten Auflage, deren Text hier unverändert nachgedruckt wird, herausgegeben.

# INHALT

Die philosophische Bedeutung Paul Natorps
Von Hans-Georg Gadamer .. .. .. .. .. .. .. .. .. .. XI

Zur Entstehungsgeschichte der »Philosophischen Systematik«
Von Hinrich Knittermeyer .. .. .. .. .. .. .. .. .. .. XVIII

Philosophische Systematik

I. Grundlegung . .. .. .. .. .. .. .. .. .. .. .. 1

Systematik – nicht System / Philosophie und Leben / Sinn des Widersinns / Transzendenz des Letzten / Sein der Tatsache / Seinsgeltung der Erscheinung / Kant / Vom Anfang zur Kategorie / Kategorien als erzeugende Funktionen des Seinsaufbaus / Anfang des Systems der Grundkategorien / Wesen der kategorialen Gesetzlichkeit / Sinn und Wort / Urrätsel des Daseins / Das »was es war Sein« / Das Wunder des Ursprungs / Wiedererinnerung? / Ursprung von Sein und Denken / Urpunkt des Systems / Standnahme im Nullpunkt / Eintritt in die Schiedlichkeit / Streit und Schuld / Verrat der Freiheit / Fatum und Schöpfung / Transzendentale Kritik / Ausgangspunkt nur Postulat? / Zweifel und Sein des Daß / Sinn und Grenze des Zweifels / Konvergenz und Divergenz / Heraklit und Hegel / Hegels absoluter Anfang / »Sein, sonst nichts« / Anfang und Anfangendes / Kreisgang und Spirale / Gang aufs Ganze / Alles und Nichts / Dogmatismus, Skeptizismus, Kritizismus / Plato, Kant, Hegel

II. Das System der Grundkategorien .. .. .. .. .. .. 72

Sein und Sinn / Spiralische Entwicklung zum Überendlichen / Nullpunkt, Daß, Was / Anfang, Ende, Entwicklung / Rangordnung der drei Grundmomente

*A. Kategorien der Modalität* .. .. .. .. .. .. .. .. .. .. 83

Kategorien der Ruhe wie der Bewegung / Kants Modalitätskategorien / Möglichkeit als Erstbedingendes / Eintritt in den Widerspruch / Wirklichkeit des Widerspruchs / Der Aristotelische Satz des Widerspruchs / Werden aus A zu Nicht-A / Möglichkeit und Unendlichkeit / Kant und Aristoteles / Wirklichkeit der Möglichkeit / Kategorie der Notwendigkeit / Problem der Synthesis / Bewegliches Gesetz / Verhältnis der drei Modalitätsphasen / Kategorie der Wirklichkeit / Einzigkeit der Tatsache / Noch einmal Möglichkeit und Wirklichkeit / Die Monade / »Es werde« und »Es wird« / Notwendigkeit und Wirklichkeit / Vom Gesetz zur Schöpfung / »An-sich-Sein« und Kategorie

*B. Kategorien der Relation* .. .. .. .. .. .. .. .. .. 129

Modalität und Relation / Kant und die Modalitätskategorien / Relation als Aufbau der Bezüglichkeiten / Gliederung der Kategorien / Dreiteiligkeit der Kategorien / Vergleich mit Kant / Qualität und Quantität / Individuation und Anschauung / Stellordnung (Lokation) / Figuration und Konzentration / Kategorie der Substanz / Identität des Subjekts / Substanz als Konzentration ihrer Phänomene / Selbsterhaltung der Systeme / Substanz als Relationsgrundlage / Leibniz und Kant / Begründung »möglicher Erfahrung« / Begriff der Physis / Hypothesis, Kausalität, Teleologie / Nur bedingte Substanzialität innerhalb der Erfahrung / Widerspruch und Lösung des Widerspruchs / Substanz als Bedingung / Die Einwände der Skeptiker / Allseitige Bezüglichkeit / Das Überbezügliche / Paradoxie der Sinnfrage / Problematik von Grund und Folge / Sein des Widerspruchs / Synthetische Einheit von Ursache und Wirkung / Konnexion aus dem Einheitszentrum / Widerspruch des diskursiven Verstandes / Kategorien als Strahlungen / Die drei Phasen der Relation / Individuität auch der Natur / Naturhistorie und Menschengeschichte / Mechanismus und Organismus / Allwaltende Wechselbezüglichkeit / Dinge und Beziehungen / Einzelverknüpfungen nur im Allzusammenhang / Der Skeptizismus und die drei Phasen / Die skeptische Inkonsequenz / Tatsächlichkeit von Widerspruch und Lösung / Einheitsgrund von Sein und Sinn / Überunendlicher Zusammenschluß / Erklären und Verstehen

*C. Kategorien der Individuation* .. .. .. .. .. .. .. 223

Modalität, Relation, Individuation / Der Weg zum Faktum / Qualifikation / Quantitierung und Lokation / Anschauung und Lokation / Das Daß des Was als Was des Daß / Qualität der Eigenschaft / Individuität der Inhaltsbestimmtheit / Quantitierung und Kontinuität / Kontinuität als Spannung des Bogens / Kommerzium der Monaden / Koinzidenz von Einzigkeit und

Unendlichkeit / Gliederung von Qualifikation und Quantifikation / Vollzug der punktuellen Setzung (Lokation) / Sich-Einfügen ins Gesamtgefüge / Unterphasen der Einfügung / Anschauung und Begriff / Kant und Cohen / Zeit und Raum / Zeit als qualitative Fügung / Raum als quantitative Fügung (Messung) / Unendlichkeit von Zeit und Raum / Zeit und Raum als Formen des inneren und äußeren Sinns / Die Urfunktion der Synthesis / Kant und Aristoteles / Die Zeit zentral, der Raum peripherisch / Kompaktheit des räumlichen Zusammen / Unendlichkeit und Individuität / Voll-Endung in überendlicher Totalität / Unaussprechlichkeit des Letzten / Eminenz des Letztgründenden / Unmittelbare Gegenwärtigkeit des Letzten / Das Urindividuale und Urkonkrete

III. DIE DREIFACHE ENTWICKLUNG DES LOGISCHEN .......... 291

Kategoriale Entwicklung des Gehalts / Struktur, Funktion, Gehalt / Selbstpotenzierung des Urlogischen / Verhältnis zu Subjektivität und Objektivität

A. *Strukturlogik* ........................ 301

Begriff, Urteil, Schluß / Struktur und Modalität / Die logischen Grundsätze / Prinzipien der Identität und des Widerspruchs / Prinzip des Ursprungs / Kants transzendentale Apperzeption

B. *Funktionslogik* ........................ 314

Funktion als Bewegungslehre der logischen Prinzipien / Rationalisierung / Entwicklung, Historisierung / Korrelation des Rationalen und Historischen / Korrelation von Natur und Geschichte / Aktualisierung / Wert als Maß der Totalität / Wert als Funktion / Konvergenz zum absoluten Wert / Kritik Spenglers / Die ewig neue Schöpfung

C. *Gehaltslogik* ........................ 335

Sein und Sollen / Poiesis, Gestaltung, Schaffen / Freiheit der Vollendung / Theoretische Blickeinstellung / Wahrheitsgeltung in den Gehaltsbereichen / Pragmatismus / Gliederung des theoretischen Bereichs / Das Mathematische und Physikalische / Das Physiologische / Der Bereich des Lebendigen / Verflechtung der Gehaltsbereiche / Theorie, Praxis, Poiesis / Praxis als Vollzug / Primat der Poiesis / Sittlichkeit, Recht, Wirtschaft oder Kultur / Erziehung / Das Sein des Positiven / Koinzidenz von Nehmen und Geben / Einschau in die Urkontinuität / Geburt des Bewußtseins / Harmonie und Rhythmus / Melos / Neues Lebensalter der Welt?

IV. DIE DRITTE DIMENSION DES LOGISCHEN . .. .. .. .. .. 383

Subjekt-Objektivität / Dialektik der Sprache / Dialektik von Innen und Außen / Dialektik von Punkt und Richtung / Überlegene Positivität des Subjektiven / Dimensionale Überhöhung des Subjektiven / Der Titanensturz der Philosophie / Scheitern aller Selbsterlösung / Grenzfrage der Transzendentalphilosophie / Das Transkategoriale / Ewigkeit und Zeitlichkeit / Existenz und Wirklichkeit des Menschen

ANMERKUNGEN .. .. .. .. .. .. .. .. .. .. .. .. 409

NAMENREGISTER .. .. .. .. .. .. .. .. .. .. .. .. 419

# DIE PHILOSOPHISCHE BEDEUTUNG PAUL NATORPS

## Von Hans-Georg Gadamer

De nobis ipsis silemus: so beginnt Paul Natorp die Selbstdarstellung, die er im Jahre 1921 publizierte. Es wäre nicht angemessen, eines solchen Mannes, der nicht von sich zu sprechen liebte und überhaupt wußte, was Schweigen heißt, und seiner Verdienste zu gedenken, indem ich von persönlichen Erinnerungen ausginge, wie sie der junge Student der Generation nach dem ersten Weltkrieg als einer seiner letzten Doktoranden besitzt. Aber nach einem Menschenalter weitergehender philosophischer Arbeit ist der Anlaß des 100. Geburtstages die gebotene Gelegenheit, sich auf die philosophische Bedeutung Paul Natorps, wie sie uns heute erscheint, zu besinnen.

Paul Natorp ist in die Geschichte der Philosophie eingegangen als ein Mitglied der Marburger Schule. Seine zahlreichen Arbeiten zur Geschichte der Philosophie sind ebenso wie seine Arbeiten zur systematischen Philosophie beherrscht von dem mit Hermann Cohen geteilten philosophischen Anliegen, die kritische Tat Kants zu erneuern und weiterzuentwickeln. Die Frage ist: Was ist innerhalb dieser gemeinsamen Haltung der »Marburger Schule« – einer der eindrucksvollsten Schulgemeinschaften in der neueren Philosophie – das Eigene, das Natorp zu sagen hatte und das erst in einem späteren Stadium seiner geistigen Entwicklung zum systematischen Durchbruch kam? Sich dessen zu vergewissern, bedarf es einer kurzen Erinnerung an den Grundgedanken des Marburger Neukantianismus. Es ist die Methode des Ursprungs, das heißt der Erzeugung der Realität durch das reine Denken. So hat es Cohen formuliert. Was diese Formulierung des transzendentalen Gedankens leitet, ist die Anschauung der Wissenschaft des 17. und 18. Jahrhunderts und insbesondere das Vorbild ihres mathematischen Prinzips: nämlich das Prinzip des Infinitesimalen[1]). Die mathematische Bewältigung des Continuums der Bewegung, die Formulierung des Erzeugungsgesetzes der Bewegung beweist, daß es das Denken ist, das hier die Realität erzeugt. Daß solche Erzeugung eine unendliche Aufgabe ist, macht gerade den universalen Sinn dieses Prinzips für das Faktum der Wissenschaften aus. Sie sind Methoden der Gegenstandserzeugung und der Bestimmung

---

Festrede zum 100. Geburtstag, gehalten am 24. Januar 1954 in der Universität Marburg.

der Realität. Cohen hat selbst die Ethik noch auf das Faktum der Wissenschaften gegründet und als die Logik der Geisteswissenschaften verstanden.

Die Mannigfaltigkeit der Richtungen solcher Objektbestimmung aber schließt in sich die Frage nach ihrer Einheit. Und hier hat Natorp schon früh sein erstes eigenes Wort zu sagen begonnen, indem er unter Berufung auf Kants transzendentale Psychologie und im Einklang mit Cohens systematischen Intentionen die Aufgabe einer »allgemeinen Psychologie« formulierte[2]). Der Richtung auf die Differenzierung der Gegenstandsbestimmung entspricht die umgekehrte Richtung der Integration zur Einheit der Bewußtheit. Der Gegenstand der Psychologie ist nicht ein eigener Gegenstand, das Subjektive neben dem Objektiven der übrigen Wissenschaften, sondern eine andere Betrachtungsrichtung des Gleichen. Es ist *dieselbe* Erscheinung, die das eine Mal nach ihrem Objektivitätscharakter, das andere Mal als Moment des Erlebens eines bestimmten Subjekts ins Auge gefaßt wird. Es leuchtet ja ein, daß, wenn man sich die Totalität aller Gegenstände denkt und auf der anderen Seite die Totalität aller möglichen Ansichten, die man sich von der Totalität der Gegenstände bilden kann, auf der einen und der anderen Seite dieselbe Welt gedacht ist. Das war schon der geniale Gedanke der Leibnizschen Monadologie: der Zusammenbestand der Augenpunkte aller individuellen Perspektiven, in denen sich das Ganze darstellt, ist die Welt selbst. Ein unendliches Bewußtsein enthält nichts anderes als die Totalität des Seins. Nun ist freilich für das endliche menschliche Bewußtsein die Totalität der Gegenstandsbestimmung eine unendliche Aufgabe, und eine gleiche Unendlichkeit ist in der Idee der reinen Subjektivität gemeint[3]). Die Rekonstruktion des subjektiven Erlebens ist ebenso nur eine methodische Annäherung, verbürgt durch die präsentische Aktualität des Bewußtseins, wie sie auch das endliche menschliche Bewußtsein im Phänomen des Erinnerns und des zwischen den Individuen gemeinsamen Geistes bezeugt. Natorp bewegte sich hier auf Wegen, die sowohl mit Diltheys geisteswissenschaftlicher Psychologie wie mit Husserls Phänomenologie konvergieren. Aber seine Frage an diese Psychologie galt nicht der Aufgabe einer neuen Grundlegung der Geisteswissenschaften, auch nicht einer methodischen Neuorientierung der philosophischen Forschung, sondern dem systematischen Einheitsgedanken der Philosophie überhaupt, der sich ihm in der Korrelation von Objektivierung und Subjektivierung, das heißt aber in der vollen Herrschaft des Gedankens der Methode, des Prozesses, des fieri auch noch über das factum der Wissenschaft darstellt. So erschien Natorp als der strengste Methodenfanatiker und Logizist der Marburger Schule.

Genau das aber war der Punkt, an dem sich seine Differenz zu Hermann Cohen und der selbständige Weg seines späten Philosophierens zur Abzeichnung brachte: die Überschreitung der Methode. Er formulierte sie in der Idee einer allgemeinen Logik. Die Verallgemeinerung des transzendentalen Problems, die damit gemeint war, beschränkte sich nicht länger auf das Faktum der Wissenschaften und seine apriorischen Grundlagen. Das in der sittlichen Handlung und der künstlerischen Schöpfung, in Praxis und Poiesis schaffende Leben, nicht seine Objektivierung in den Geisteswissenschaften, sondern die im Wollen und Schaffen selbst gelegene Objektivation sollte mit der Wissenschaft einheitlich umgriffen werden. Die Einheit von Theoretik und Praktik, in Kants Lehre vom Primat der praktischen Vernunft vorgebildet, in Fichtes Wissenschaftslehre zur Durchführung gebracht, sollte in der allgemeinen Logik Natorps erst ihre volle Universalität erreichen. Sie hat ihre eigentliche Vollendung noch nicht in der Korrelation der objektiven und subjektiven Methodik, wie sie die Allgemeine Psychologie entwickelt hatte, sondern in der weit grundsätzlicheren Korrelation von Denken und Sein, die den unendlichen Fortgang des methodischen Bestimmens trägt und begründet. Aber auch diese Korrelation ist nichts Letztes, sondern setzt ihre ursprüngliche »unzerstückte« Einheit voraus. Das ist der Sinn der Überschreitung der Methode, die Natorps spätes Denken beherrschte. Das transzendentale Ideal Kants diente ihm dabei als Anknüpfung, die Wirklichkeit als die totale Bestimmtheit, als das Urkonkrete zu denken. Damit gelangte erst die Idee der transzendentalen Psychologie zu ihrer vollen systematischen Auswirkung.

Die Einheit der praktischen und theoretischen Vernunft bildete schon in Kants Denken den tiefsten systematischen Einheitsgedanken. Ihre Durchführung in der Einheit von Sonderung und Vereinigung, von Denken des Daseins und Denken der Richtung, des Sollens, der Aufgabe, war die Forderung, die die »allgemeine Logik« zu erfüllen bestimmt war. Sie sollte die »Durchwirkung des Idealismus bis zum letzten Individuellen« leisten und damit die »aktuellste Frage der gegenwärtigen Philosophie«, das Problem des principium individui lösen.

Dieser Zusammenhang wurde erstmals deutlich, als Natorp im Jahre 1917 eine große kritische Auseinandersetzung mit dem Kant-Buch Bruno Bauchs schrieb: Was er an dieser aus dem südwestdeutschen Neukantianismus hervorgegangenen Darstellung vermißt, ist das Verständnis für die systematische Unentbehrlichkeit einer transzendentalen Psychologie: nur von dort aus aber könne die Verallgemeinerung der transzendentalen Fragestellung auf die außertheoretischen Objektivationen ihr volles Gewicht gewinnen. Der Dualismus der logischen Formen und der amorphen Materie der Erkenntnis kann der Idee einer allgemeinen Logik nicht standhalten. Die Idee einer unendlichen Bestimmbarkeit schließt die Voraussetzung der totalen Bestimmtheit des Individuellen und damit die volle Logizität des Amorphen ein. Natorp sieht nicht nur im theoretischen Felde, sondern erst recht in der Ethik das Problem der Individualbestimmung als das beherrschende an und vermißt gerade hier an dem südwestdeutschen Neukantianismus das notwendige Weiterdenken des kantischen Ansatzes in der Richtung, die Schleiermacher vorschwebte. »Die Ethik ist als Logik des Handelns, allerdings von seiten der Form, das heißt des Logos, aber für die Materie zu begründen, und für sie in ihrer vollen Individualität, die überhaupt den allein haltbaren Sinn der »Materie« ausmacht.«

Vollends aber für das systematische Problem der Religion war die Entfaltung des von der allgemeinen Psychologie aus entwickelten Systemgedankens von entscheidender Bedeutung, und hier sah sich Natorp selbst gegenüber Hermann Cohen, dessen systematischen Intentionen er so nahe stand, schließlich in entscheidendem Vorteil. Denn in der Religion ist die Individualbedeutung grundlegend, nicht nur als Aufgabe und methodisches Ziel: das gerade war die Schwäche von Cohens Ethisierung der Religion, daß sie den Umkreis der Methodik der Daseinsbestimmung und Willensbestimmung nicht überschritt und damit die absolute Individualität Gottes nicht angemessen zu denken vermochte. Das Motiv einer absoluten Individualität aber lag schon Natorps allgemeiner Psychologie zugrunde. Zur Universalität des systematischen Prinzips erhoben, ergab es die Anerkennung der vollen Sinnhaftigkeit des konkreten Seins, mithin die Idee einer allgemeinen (in keiner Richtung mehr durch eine Materie, einen Rest von Unbestimmtheit, Form- und Sinnlosigkeit eingeschränkten) Logik. Natorp stellte sie unter das Motto Heraklits: »Grenzen der Psyche würdest du, gingst du darauf aus, nicht finden, und ob du jeden Weg beschrittest, so tief liegt ihr logos.« Der Logos, das heißt die Sinnhaftigkeit des Seins als des Unzerstückten, des Urkonkreten, liegt aller Bestimmung von Sinn, aller Rationalität immer schon voraus. Das gerade ist die entscheidende Einsicht dieser allgemeinen Logik, daß sie am Irrationalen, am Leben, keine Grenze hat, sondern in der Wirklichkeit der Spannung zwischen Rationalität und Irrationalität, zwischen Begriff und Existenz, in ihrer *Koinzidenz* den Logos selbst, den Sinn enthält. In unermüdlicher Variation seiner Gedanken hat Natorp immer wiederholt, daß in dieser letzten Koinzidenz des Auseinanderstrebenden und sich Widersprechenden das eigentliche Ja des Seins in der »Aktlebendigkeit« der reinen Schöpfung zur Erscheinung kommt. Nun erst konnte auch die dritte der systematischen Richtungen des Kantischen Denkens, die Ästhetik, unter dem Gedanken der Poiesis, der über alle Zeit- und Prozeßform erhobenen Schöpfung, ihren systematischen Anteil an der allgemeinen Logik erlangen. Es ist der Gedanke der Individuität, der in der Individuität Gottes und des Ganzen des Seins alle Methode übergreift, das heißt ihr die bloße Unendlichkeit der Aufgabe zuweist.

Dem meisterhaften Erforscher der antiken Philosophie mußte das systematische Anliegen seiner späteren Jahre an dem Stoff seiner historischen Interpretationen zur Entfaltung drängen. Und so hat Natorp in hohem Alter sein 1903 erschienenes, vielumstrittenes Platowerk in einem metakritischen Anhang vom Jahre 1921 selbst kritisiert und die Perspektive eines angemessenen Platoverständnisses ausgearbeitet. Natorps Auffassung der platonischen Idee war eine der paradoxesten Thesen, die je in der historischen Forschung aufgestellt worden sind. Er verstand die Idee vom Naturgesetz her, wie es der galileischen und newtonschen Wissenschaft zugrunde liegt. Das hypothetische Verfahren der Naturwissenschaften spricht freilich dem Gesetz keine eigene Realität zu, sondern beschreibt in ihm die Regelhaftigkeit des Naturgeschehens selbst. Die platonische Ideenlehre ist seit Aristoteles gerade deshalb Gegenstand der Kritik gewesen, weil die Ideen eine Welt für sich, einen intelligiblen Kosmos darstellen sollten, der von der sinnlich-sichtbaren Welt durch einen unüberbrückbaren Hiat geschieden ist. Natorp hat gleichwohl ein Gemeinsames zwischen Plato und der Wissenschaft der Neuzeit ins Auge gefaßt[4]: die Idee ist ja das wahrhaft Seiende, das, was den Phänomenen als wahrhaft seiend zugrunde liegt. Diese Grundlage, die Hypothesis des Eidos, ist so wenig wie der mathematische Grundentwurf der Gleichung in der modernen Wissenschaft ein Seiendes neben dem Seienden. Aber nicht deshalb, weil sie neben dem Sein der Phänomene keine selbständige Existenz hätte, sondern umgekehrt, weil das Seiende der »Phänomene« eben nicht seiend ist, soweit es nicht in der unveränderlichen Selbigkeit des Eidos besteht.

Es war und blieb eine gewaltige Abstraktion, die Natorp an Platons Philosophie vornahm. Der späte Natorp erkennt nun an, daß die Idee nicht nur Methode ist, sondern daß aller Vielseitigkeit der Ideen die jenseitige Einheit des Einen, Urkonkreten zugrunde liegt. Jede Idee ist ein Durchblick auf dieses Eine. Insofern aber ist sie auch das Wesen der Psyche. Eidos und Psyche entsprechen sich nicht nur wie Hypothesis und Methode gegenüber der logischen Einheit des Systems, sondern sie sind, was sie sind, sofern sie mit dem Einen, »Urlebendigen, Urkonkreten«, dem »Logos selbst«, eins sind. Die Allebendigkeit des einen Lebens lebt in der Lebendigkeit ihres schöpferischen Sichsetzens. Der späte Natorp hält die Trennung des Logikers von dem Mystiker Plato, die gerade er auf die Spitze getrieben hatte, nicht mehr aufrecht.

Das ist eine erstaunliche Annäherung des Platoverständnisses an den Neuplatonismus. Als ob ein Jahrhundert mühsamer Unterscheidung der in der Tradition verfilzten Masse platonischer Überlieferung, an der Natorps eigene Arbeit so viel Anteil hatte, gar nicht gewesen wäre. Was in dieser extremen Konsequenz des Natorpschen Denkens zum Ausdruck kommt, ist aber mehr als ein individueller Vorgang philosophischer Entwicklung. Gerade hier liegt die wirkliche, unveraltete Bedeutung Natorps, in seinem Denken die innere Zugehörigkeit des Neukantianismus des 19. Jahrhunderts zum Neuplatonismus und zum spekulativen Idealismus der Nachfolger Kants zu bezeugen. Schon im Ansatz der Cohenschen Wiederentdeckung des Grundgedankens der Kritik steckt ein uneingestandener Hegelianismus, und es ist Natorps Verdienst, im konsequenten Weiterdenken dieses Neukantianismus die systematischen Antriebe Fichtes und Hegels bewußt aufgegriffen zu haben.

Lassen Sie mich mit einer persönlichen Erinnerung schließen: wenn wir jungen Leute mit dem pietätlosen Blick der Jugend den kleinen, eisgrauen Mann mit den großen aufgerissenen Augen, in seinem Lodencape von wahrhaft monumentaler Unscheinbarkeit, des öfteren in der Begleitung des jungen Heidegger den Rotenberg hinaufwandern sahen – der Jüngere dem ehrwürdigen Greis respektvoll zugewandt, aber meist beide in langem, tiefem Schweigen — dann rührte uns in solcher stummen Zwiesprache zwischen den Generationen etwas von Dunkel und Helligkeit der Einen Philosophie an. Paul Natorps Denken jedenfalls war als Ganzes der Versuch, auf eine Frage zu antworten, die Meister Ekkehart gefragt hat: »Warum gehet ihr aus?« Noch einmal lautet die Antwort, wie sie bei Plotin, in der Mystik, bei Fichte, bei Hegel gelautet hat: um heimzufinden.

[1]) Vgl. die systematisch grundlegende Schrift Hermann Cohens: Das Prinzip des Infinitesimalen und seine Geschichte (1883).

[2]) Einleitung in die Psychologie nach kritischer Methode (1888). Zweite, völlig neue Bearbeitung unter dem Titel: Allgemeine Psychologie nach kritischer Methode (1912).

[3]) Vgl. Paul Natorp, Philosophie. Ihr Problem und ihre Probleme (1911) p. 157 f.

[4]) Darin ist ihm übrigens Hegel vorausgegangen. Seine Dialektik der verkehrten Welt (Phänomenologie des Geistes, p. 114 ff. [Hoffmeister]) denkt die »übersinnliche Welt« des Verstandes als ein »ruhiges Reich von Gesetzen«, und mithin das Eidos, das »beständige Bild der unsteten Erscheinung« als das *Gesetz*. Hier liegt die Wurzel des »kritischen« Platobildes des Neukantianismus.

## ZUR ENTSTEHUNGSGESCHICHTE
## DER »PHILOSOPHISCHEN SYSTEMATIK«

Von Hinrich Knittermeyer

Paul Natorp hat als den Geburtstag seines über »Kant und die Marburger Schule« hinausgreifenden Denkens den Tag genannt, an dem er »unter die Grundlegung zur ›Allgemeinen Psychologie‹ den Schlußstrich setzen konnte« (Selbstdarstellung S. 7), also die Zeit um 1912. In der Tat nötigte die grundsätzliche Entgegensetzung der subjektivierenden Methode der Psychologie gegen die objektivierende Methode von Logik, Ethik und Ästhetik dazu, diese drei von Kant her gleichsam klassischen Teile der Philosophie in *einen* Blickpunkt zusammenzufassen. Der Gegenstand der Erkenntnis erwies sich als das Problem, das von ihnen nur gemeinsam angesteuert werden konnte, und das daher vor seiner Aufgliederung in den Gegenstand der Erfahrung, der Sittenwelt und des in der Kunst exemplarisch sich manifestierenden Reichs der Humanität nach einer diese Sonderbereiche transzendierenden Erörterung verlangen mußte. Damit war das Thema einer »Allgemeinen Logik« bereits angeschlagen, auf deren Ausarbeitung das Philosophieren Natorps in den folgenden Jahren zunächst sich konzentrierte. Wenn es üblich geworden war, gerade dem Marburger Neukantianismus den Vorwurf einer zu engen Bindung an die mathematische Naturwissenschaft zu machen, ließ sich jetzt die Berechtigung dieses Vorwurfs nicht ganz abstreiten. Er traf zwar insoweit daneben, als kaum anderwärts mit gleichem Nachdruck die Fragen der Kantischen Ethik und Ästhetik aufgenommen und fortgeführt waren, aber er war nicht unbegründet wegen der einseitigen Bindung der Logik an die mathematische Naturwissenschaft. Wenn schon die »Kritik der reinen Vernunft« die wahrhaft »transzendentale« Aufgabe deshalb nicht abschließend hatte lösen können, weil die »Gegenstände der Sinne überhaupt« in bedenklicher Weise sich vor den »transzendentalen Gegenstand« drängten, so war mit der Cohenschen Auslegung der »Kritik der reinen Vernunft« und nachfolgend auch mit seiner eigenen »Logik der reinen Erkenntnis« erst recht eine verhängnisvolle Verengung der transzendentalen Logik durch die »Theorie der Erfahrung« eingetreten. Diese Situation wurde Natorp mit einem Schlage deutlich, als er die objektivierenden Disziplinen der Philosophie in *einer* Front gegenüber der Psychologie erblickte und demzufolge die Logik als die Begründung der Objektivierung überhaupt von den besonderen Methoden der Objektivierung zu trennen hatte, die den Gegenstand der Natur, der Sittlichkeit und der Kunst zu rechtfertigen hatten. Er entschloß sich daher schon vor 1914, den Terminus der Logik für die transzendentale und d. h. eben auf den Gegenstand überhaupt sich ausrichtende Grundlegung zu verwenden und die auf den Gegenstand der Natur gerichtete Erörterung hinfort als Theoretik zu bezeichnen.

Durch diese Klärung schien zunächst die allgemeine Prägung des Marburger Idealismus kaum angefochten. Aber in dem gleichen Jahr 1912 siedelte Cohen nach Berlin über. Diese äußere Trennung von Natorp bedeutete für diesen gewiß nicht das Ende einer in Jahrzehnten gewachsenen Gemeinschaft des Denkens. Aber mit der Wandlung der akademischen Stellung, die Natorp neben dem zunächst kaum beachteten Erich Jaensch zum entscheidenden Vertreter der Philosophie in Marburg machte, verband sich eine von den damaligen Hörern sehr deutlich verspürte – innere Befreiung wäre wohl zu viel gesagt, aber doch – eigenwüchsigere Prägung des Ausdrucks. Er, dessen ganzes Wirken bis dahin im Schatten Cohens gestanden hatte, fühlte sich jetzt herausgerufen zur Entfaltung der besonderen Voraussetzungen seines philosophischen Werdegangs, wie sie durch die eindringende Beschäftigung mit Platon und Aristoteles gelegt waren. Beide aber hatten das Fragen der Philosophie auf den letzten Grund von Sein und Sinn zurückbezogen. Von ihnen her mußte Natorp daher auf dem Weg vorangetrieben werden, der sich ihm über seinen systematischen Bemühungen eröffnet hatte. Überdies nahm er lebhaften Anteil an meiner Arbeit über die Geschichte des Transzendentalen, die ihn sogleich davon überzeugte, daß die wissenschaftskritische Interpretation des Transzendentalen durch Cohen nicht nur die transkategorialen Motive der abendländischen Geschichte der Transzendentalphilosophie übersah, sondern auch dem bei Kant vorliegenden Tatbestand nicht gerecht zu werden vermochte.

Dazu trat schon vor 1914 ein Weiteres. Daß die »Kritik der Urteilskraft« Ästhetik und Teleologie unter dem Bezug eben des dritten Erkenntnisvermögens vereinigt hatte, mußte einem strenger als zuvor auf das System des Logischen sich ausrichtenden Denken unbehaglich sein. Denn hier waren so heterogene Dinge wie die objektivierende Begründung der Kunst und die das Ganze der Kritik betreffende Methodologie des Zweckbegriffs unlösbar ineinander verwoben. Auf der einen Seite sollte die dritte Kritik ein »Verbindungsmittel« bereitstellen für die einander widerstreitenden Gesetzgebungen des Verstandes und der Vernunft. Dieser vor allem von Schelling und Hegel genutzte Anreiz zu einer universellen Durchführung der transzendentalen Systematik mußte auch Natorp verlocken, die Methode des Dreischritts weitergehend zu erproben. Auf der andern Seite konnte aber der Gegenstand der Kunst, bei aller Würdigung seiner versöhnenden Nähe zum Ursprung, für sich allein kaum die volle Last der Synthese auf sich nehmen, die ihm zwischen dem Naturbedingten und der unbedingten Forderung des Sittlichen, zwischen dem theoretischen und praktischen Bereich (im Sinne Kants) auferlegt war. Hier bot der § 60 der K. d. U. selbst Hinweise in der Richtung auf einen »allgemeinen Menschensinn«, die Natorp nicht unbeachtet ließ. Den Ausschlag gab hier aber die erneute Beschäftigung mit Platon, die ihn – im Gastmahl – auf den Begriff der Poiesis treffen ließ und damit überhaupt auf das ποιεῖν, auf das Schaffen, das zwar auch die Tätigkeit des Künstlers in sich begreift, und zwar als dessen äußerste Steigerung, aber zugleich die volle Spannweite des theoretisch-praktischen Gegensatzes zu überbrücken schien. Denn im Schaffen, im Tun, im Ins-Werk-Setzen ist für den gültigen Augenblick die Natur mit der Freiheit versöhnt. So schien von hier aus auch für die dritte und vermittelnde Richtung der Objektivierung sich der volle Horizont einer eigentümlichen und auf die Höhe des Wirklichen sich hebenden Welt zu erschließen.

In solche Überlegungen traf dann der Krieg von 1914 hinein, in dessen Geschehen Natorp sich leidenschaftlich verwickelt fand, durchaus bereit, das Recht der deutschen Position zu würdigen und zu wahren, aber von Anfang an alle jene Begleiterscheinungen verabscheuend und bekämpfend, die auf Gewalt und Eroberung ausgingen und die Reinheit des Verteidigungswillens bedrohen mußten. Natorp griff in diesen Jahren lebhaft, und auch mit geschichtsphilosophischen Entwürfen, in die Erörterung des Zeitgeschehens ein, aber immer im Rückbezug auf jenes urlogische Anliegen, das ihn längst überwältigt hatte. Durch den Krieg wurde das Problem der »allgemeinen Logik« (bescheidener auch als »allgemeine Kategorienlehre« bezeichnet) aus seiner vergleichsweisen Abstraktheit herausgerissen und aufs innigste verknüpft mit der Sehnsucht der Zeit nach dem ihr mangelnden, die Seele neu bindenden Wesensbewußtsein.

Solche Verknüpfung eines auf die Selbstversicherung des Logischen gerichteten Bemühens mit dem gärenden und ungeklärten Verlangen des geschichtlichen Menschen nach echter Vergegenwärtigung, das durch die Niederlage noch gesteigert wurde, ließ sich indessen nicht auf *einen* Schlag leisten. Um so weniger, als der Kampf um die Einheitsschule und der Einsatz für eine sozialidealistische Erneuerung des Volkes viel Zeit kostete, die dann noch weiter bedrängt wurde durch die Neuherausgabe von Natorps Platobuch, das abermals Platons Schriften von Grund aus durchzunehmen nötigte. So blieb die Weiterarbeit an der Allgemeinen Logik zunächst auf die Vorlesungen beschränkt, die nun den aus dem Felde zurückkehrenden Philosophiestudenten freilich zu einem einzigartigen Begegnis wurden. Sie, die früher gewohnt waren, daß Natorp immer dieselben, stets freilich sorgfältig durchgearbeiteten Kollegs las, fanden sich jetzt in den Wirbel einer Denkbewegung hineingezogen, die in immer neuen und sich wandelnden Ansätzen den ganzen Kosmos des Logischen durchgriff und immer wieder sich weitende Perspektiven eröffnete. Von Semester zu Semester nahm das im Prinzip mit sich identische Unternehmen neue Formen an, und immer fand sich der große Hörerkreis über alle Schwierigkeiten der logischen Entwicklung hinweggehoben durch die glühende Leidenschaft des Menschen, der philosophierend sich selbst gleichsam frei sprechen mußte. Freilich, wenn wir Studenten von damals Kategoriensysteme entwerfend durch die Marburger Wälder zogen, dann wurde darüber auch das Gefährliche eines solchen Unterfangens deutlich. Und auch in den Seminaren meldete sich früher Widerspruch, der durch die Furcht vor einer Wiederholung des Hegelianismus eingegeben war. Natorp blieb demgegenüber unangefochten, weil für ihn die dialektische Entwicklung doch nur das Mittel war, um die ihn erfüllende Wirklichkeit zum Spruch zu bringen.

Es sei versucht, mit ein paar Strichen und einer Reihe von Belegen den Weg noch anzudeuten, der von der »Allgemeinen Logik« zur hier veröffentlichten »Philosophischen Systematik« hingeführt hat. Ich gehe dabei aus von dem Diktat, das sich an jede Vorlesungsstunde des Winters 1918/19 anzuschließen pflegte. Dabei fällt auf den ersten Blick auf, daß die Logik noch sehr fest im Regiment sitzt und keineswegs von vornherein durch das Sein der Tatsache in Schach gehalten wird. Zwar weiß das Denken schon damals das Sein als das »Andere«, dessen »Dasein« als gewiß vorauszusetzen ist, aber noch beherrscht die neukantische These von der unendlichen Aufgabe der Gegenstandsbestimmung das Feld. Es ist »die Aufgabe der Logik, den Einheitszusammenhang des Gedachten nach seiner gesetzmäßigen Verfassung und dadurch bedingten Totalität zu konstruieren« (§ 1). Es kann daher ohne weitere Umstände an das »Dispositionsprinzip des Logischen« (§ 2) herangegangen werden, das selbstverständlich durch die drei Stufen der Voraus-Setzung, des Fortgangs und des Abschlusses bestimmt ist und daher auch bereits die für Natorp so entscheidend gewordene Vertauschung der beiden Kantischen Modalitätskategorien Notwendigkeit und Wirklichkeit berücksichtigt. Denn erst die vollendete Bestimmtheit erfüllt den Anspruch der Wirklichkeit, während die Notwendigkeit das Gesetz der »logischen Bewegung« vertritt.

Dieser Gliederung entsprechend wird dann sogleich zum Aufbau der Logik übergegangen, der zunächst die »Struktur« festlegt, sodann die »Funktion« entfaltet und schließlich die »Gegenstandssetzung« vollzieht. Die Struktur (§ 3) spezifiziert die Disposition in das System der Kategorien, das als »Grundgerüst« doch zugleich so »transformierbar« sein muß, daß es das »logische Sein« aufs »logische Werden« auszurichten vermag. Im Besonderen werden dann die »drei mal drei« Kategorien unter die Titel der Modalität, Relation und Individualbestimmung so geordnet, wie es in dem vorliegenden Druck sich ausweist. Die »Logik der Funktion« (§ 4) tut als Logik zweiter Stufe gleichsam den Überschritt von der »Anatomie zur Physiologie«. Deren Grundgesetze sind vorbedeutet durch Kants »regulative Prinzipien« (Generalisation, Spezifikation, Individuation). »Richtung« erscheint als das Grundmoment der Funktion. Dementsprechend wandeln sich die Modalitätskategorien in die Gesetze der »Rationalität«, wie sie den Aufbau der Wissenschaft leiten. Die Relationskategorien finden sich fortgebildet zu den Methoden der »Rationalisierung«, wie sie die Geschichtlichkeit alles logischen Fortschreitens kennzeichnen. Denn Geschichte wird schon hier verstanden »als eine Methode, nicht ein Gebiet«. Den Kategorien der Individualbestimmung endlich entspricht die Funktion der »Aktualität«, die sich ebenso eindeutig »aus dem Geschichtszusammenhang heraushebt, wie sie sich der bloßen Rationalität entgegenstellt«. Leibniz' Monade, in der sich in einziger Weise der Allzusammenhang spiegelt, wird bereits damals zur Veranschaulichung dieser Funktionsstufe herangezogen. Die »Problematik der Rationalität, die Methodik der Rationalisierung (Historik)« und »die Systematik der Aktualität« bahnen den Weg zu dem Ziel der »Gegenstandslogik« (§ 5). Sie hat daher die eigentlich systematische Aufgabe zu lösen, die als »Theorie« unter den vielen möglichen Formen der Rationalität die eine zulängliche heraushebt, die als »Praxis« den einen seinsollenden Weg zu erarbeiten hat, und die als »Poiesis« das Wagnis der wirklichen Setzung im entelechialen Sinn auf sich nimmt, selbstverständlich unter Voraussetzung der theoretischen Bedingungen und der praktischen Erfordernisse. Es verdient indessen besonders angemerkt zu werden, daß trotz des sehr viel unproblematischeren Eintritts in die logische Entwicklung auch in diesem Entwurf die Poiesis nicht mehr als krönende Synthese verstanden wird, sondern als »Ursetzung« und »Aitia« (im Platonischen Sinn). »Diese Ursetzung muß es geben, und sie erst begründet uneingeschränkte Gegenständlichkeit. Von ihr darf es heißen: cogito, ergo est.« Es ist die »Schöpfertat des Logos selbst«, in der alles Sein gründet.

Während die »Philosophische Systematik« über die jetzt als »Gehaltslogik« bezeichnete derzeitige Gegenstandslogik kaum hinausführt, hatten die unbeschwerteren Vorlesungen von 1918/19 sehr viel weiter auf die Entfaltung der drei Gegenstandsbereiche sich einlassen können. Es trägt daher zur Klärung des veröffentlichten Werks bei, wenn hier etwas eingehender berichtet wird. Die »Theoretik« (§ 6), als das »System der Theorie«, hatte in dem »Gesamtprozeß der Erkenntnis«, wie er symbolisiert wurde »durch eine mit wachsendem Radius zwischen den Schenkeln eines Winkels von Null bis Unendlich sich fortwindende Spirallinie«, die Aufgabe der immer hypothetisch bleibenden Festlegung des von je einem Punkt der Spirale zu durchstrahlenden Durchrisses. Sie hat den festen Baugrund »möglicher Erfahrung« zu umgrenzen und die unumgängliche »Supposition« bereitzustellen für den praktischen Fortgang und die poietische Erfüllung. Dabei ergibt sich aus der Strukturgesetzlichkeit das »Gesetz der Gesetzlichkeit für die Tatsachenbestimmung überhaupt«, während die Funktionsgesetzlichkeit die Aufstellung bestimmter Tatsachengesetze regelt. »Natur besagt dann beiden gegenüber nur, daß das Gesetz erfüllt, die Regel befolgt, der Gegenstand als theoretischer also bestimmt sei.« Auf diese Weise ist aber immer nur das Konstruktionsgesetz einer möglichen Natur zu gewinnen, das als »rein logisches Ordnungssystem« die formalen Bedingungen des Erscheinens, aber nicht die Existenz eines »Ding an sich« verbürgt. Besondere Gesetze bedürfen der Einführung von »Konstanten«, die zwar jeweils in Funktionen aufgelöst werden mögen, aber nur, um auf eine weiter zurückliegende Konstante zurückzuweisen. Die Apriorität des empirischen Zusammenhangs wird grundsätzlich nur als relative zu behaupten sein. Keine Theorie vermag das Letztkonkrete zu erreichen. Das »Daß« der Tatsache ist »Sache der Tat, als Poiesis«. Die Wasbestimmung dagegen führt bei allem Hinzielen auf die Individualbestimmung ins Unendliche. In diesem selbst kann die Theorie nicht Fuß fassen. Sie kommt nie über ein hypothetisches Abgrenzen hinaus, das doch als solches das Wagnis darstellt, ohne welches die Theorie überhaupt nicht auf den Weg käme. Aber keine Standnahme kann endgültig sein. »Die Theorie selbst schreitet weiter und weiter und geht so in Praxis über.«

Die »Praktik« (§ 7) bezieht sich daher (in dem Bild von der Spirale gesprochen) auf das »Fortrücken in der Spirallinie«, wodurch der theoretische Blickpunkt »sich beständig verlegt«, aber jetzt doch so, daß nicht auf dem Punkt der Nachdruck liegt, sondern auf der Richtung, von der her die Bewegung von Punkt zu Punkt ausgelöst wird. Der Kantische Begriff der Idee ist bestimmend, wenn die Forderung einer überhypothetischen Beziehungseinheit für die Bewegung der Praxis verantwortlich gemacht wird. Trotzdem verbleibt die Praxis selbst im Bereich der Erfahrung, die neben ihrer theoretisch-ontischen auch ihre praktisch-genetische Seite hat; denn »Erfahrung machen ist Handlung«. Dabei legt Natorp besonderen Nachdruck darauf, daß nicht etwa die Rücksicht auf die Zukunft das Sollen der Praxis auslöst. Eine solche Bindung der Handlung an die Zeit würde den Zweck relativieren und in dem Augenblick illusorisch machen, wo die Zukunft Gegenwart geworden wäre. Hier macht vielmehr gleichwie in der Theorie der überragende Bezug der Poiesis sich geltend, der zwar nirgend in die Praxis eingeht, aber ihre unbedingte Gefordertheit verbürgt. Strukturlogisch ist die praktische Setzung im Gegensatz zur theoretischen Supposition vielmehr »Opposition« oder »Proposition«. Beherrschend wirkt aber in der Praktik die relationale Struktur sich aus, wie es ihrer systematischen Stellung zwischen der ersten und dritten Stufe gemäß ist. Es ist der Fortschritt von Bedingung zu Bedingung, in dem die praktische Energie sich auswirkt, und auch das Unbedingte kommt innerhalb der Praxis nur als das den Fortschritt Bedingende zur Geltung. Etwas überraschend – im Vergleich zur späteren Darstellung – taucht hier bereits das Problem des Ich auf, insofern das Sollen ein Wollen und folgerecht die Zurückbeziehung auf ein »Ich als Täter« fordert. Dabei bestimmt sich das praktische Subjekt über die besondere Beanspruchtheit als Person weiter zum »Individuum, zuletzt in der vollen Individualität seiner Lage und Verfassung«. Der subjektive Bezug weitet sich dann aber notwendig zu dem der »Gemeinschaft der Subjekte«, wobei die Gegenseitigkeit der sittlichen Freiheit, die rechtliche Gleichheit und die individual bestimmte Brüderlichkeit die drei Stufen der Gemeinschaft vertreten. Die Vorlesung ging dann über zur Bestimmung der praktischen Modalitäts-, Relations- und Individualkategorien, deren Nachzeichnung im Einzelnen den Rahmen dieser Vorbetrachtung sprengen würde.

Dagegen verdient die »Poietik« (§ 8) besonderes Interesse, weil deren Umrisse auch in der »Systematik« nur angedeutet werden und nirgendwo sonst eine zusammenhängende Behandlung gefunden haben. In dem Bild der Spirale nimmt die Poiesis ihren Stand »unmittelbar im unendlich fernen Punkte, von dem aus das ganze Gebiet der fort und fort sich erweiternden theoretisch-praktischen Erkenntnis (Erfahrung) sich in ursprünglich unendlicher Kontinuität erkennen läßt«. Sie wird geradezu als der »unbewegte Beweger« alles Erkenntnisfortschritts bezeichnet. Denn die theoretisch-praktische Erfahrung »ist zuletzt nur zu verstehen als hervorfließend aus einem selbst überbedingten, unendlichen Einheits-, also Wahrheitsgrunde«. Die Poiesis stellt selbst dar und verantwortet die »Wirklichkeit« aller möglichen Erfahrung und tritt damit an die »äußerste Grenze« der Gegenstandslogik. Mit besonderem Nachdruck wird von Natorp in diesem Zusammenhang betont, daß die »Logik der Schöpfung« dem »Geist der transzendentalen Kritik« deshalb nicht widerspricht, weil auch Kant die »Unmittelbarkeit einer ursprünglich gebenden Intuition« ausdrücklich anerkennt und sie in Gegensatz stellt zu den bloß vermittelnden Leistungen des Verstandes und der Vernunft. Auch für Kant erschließt die Anschauung ein »aktives Geben«, das nur als »Urschöpfung aus dem überendlichen Grunde« sich bedeuten läßt. Jedes Faktum weist auf ein Facere zurück, das zuletzt sich birgt in der »Urtat der Poiesis«.

Die Poietik ist daher nicht der Theoretik und Praktik »nebengeordnet«, sie ist erst recht nicht die Synthesis zur voraufgegangenen Hypothesis der Theorie und Prothesis der Praxis, sondern vielmehr jene beiden ursprünglich präsentierend, »Ur-Setzung«, als solche »unmittelbarer Selbstausspruch«. Natorp entlehnt schon hier die Bezeichnung für die Stufen der Poiesis dem ihm selbst so naheliegenden Sonderbereich der Musik. Harmonie, Rhythmus und Melos vertreten in ihr das Gründende, Bewegende und Erfüllende. Alle besondere Gesetzlichkeit (in Theorie und Praxis) gründet in einer Urharmonie, die als »letzter realisierender Punkt« die »Genialität« in aller teilhaften Gesetzlichkeit als ihr Abbild legitimiert. Denn die Genialität z. B. der Relativitätstheorie bekundet sich am eindrücklichsten darin, daß sie trotz der Relativierung aller »zeitlich-räumlichen Bestimmungen« das Geheimnis der Tatsache nur um so sicherer bezeugen muß. In der unendlichen »Abwandelbarkeit der theoretischen Voraussetzungen behauptet sich die Identität des Sachverhalts«. Ebenso aber ist die Tatsache »nichts Gegebenes« im passiven Sinn, sondern sie gibt ihre Einzigkeit durch nichts so unwiderstehlich kund wie dadurch, daß es einer »Unendlichkeit von Beziehungen« bedarf, um ihr gerecht zu werden. Die Poiesis erweist sich damit als etwas, das nicht als ein Letztes zu erfragen und zu bestimmen ist, da sie vielmehr den Anstoß gibt zu allem, was Theorie und Praxis je auf ihrem Wege zu realisieren versuchen. Und zwar einen Anstoß, der auf keine Weise endgültig bewältigt werden kann. Auch für die praktische Erkenntnis bewährt sich die sie durchwirkende Leistung der Poiesis in dem »fruchtbaren Augenblick«, der Idee und Erfahrung eins werden läßt.

Das zweite Moment der Poiesis, der Rhythmus, wirkt sich für die Besonderung aller Gesetzlichkeit dahin aus, daß die unvermeidlichen Abgrenzungen, ohne die Theorie und Praxis ihre Arbeit nicht tun könnten, sich doch wieder lockern und den »Übergang« freigeben müssen für jene fließende Kontinuität, die im Symbol des »Rhythmus« gefaßt wird. Das bedeutet für die theoretische Erkenntnis, daß die »starre Gleichförmigkeit des Geschehens« als ein unhaltbares Dogma anzusehen ist, das höchstens als »äußeres Gerüst« zum Zweck technischer Berechenbarkeit in Geltung bleibt, aber niemals dem »Leben der Natur« gemäß ist. Erst recht aber kann das praktische Geschehen nicht durch ein »starres Gesetz« erfaßt werden. »Geschichte menschlicher Willenseinsätze und Handlungen kann nur vom Bewußtsein des willens- und handlungsfähigen Menschen der Eigenheit des Problems irgend entsprechend erkannt werden.« Die »Bedeutung« der Geschichte liegt in ihrem »Aktualitätswert« und nicht in ihrer Rationalität oder in der Methodik ihres Fortschreitens. Aktualität aber gründet in der Poiesis. Jenseits des bloßen »So ist es« und »So soll es sein« vermag nur der »Urrhythmus der Schöpfung« die Bewegung in der Ruhe der alles durchwaltenden Harmonie zu ermessen.

Wiederum ist auch das Dritte innerhalb der Schöpfung, das Melos, so wenig aus Harmonie und Rhythmus zu konstruieren, wie »Lautlehre und Flexion die lebendige Rede« aus sich hervorbringen können.

Das Dritte ist vielmehr auch hier das Ursprüngliche, das jenseits von Ruhe und Bewegung das gründende Wesen darstellt, das in jenen nur erscheint. Das Melos stellt die »volle Gegenwart des Überendlichen im Endlichen« dar, es deutet sie nicht nur an, wie Harmonie und Rhythmus, sondern es erwirkt sie ganz, gleichwie das Werk des Künstlers über seine vergleichsweise theoretischen und praktischen Voraussetzungen hinaus die sich selbst genügende Erfüllung ist. Die Kunst »untersteht allein dem inneren Gericht der Wahrhaftigkeit des reinen Schaffens gegen sich selbst«. Kunst ist »reine Selbstaussprache«, auf dem Gipfel der Naivität wie der Bewußtheit, allen Zwiespalt dieser Welt doch in eine ungeteilte Einheit aufhebend. Daher verfehlt auch die »Erziehungsansicht von der Kunst«, wie sie das menschliche Leben zur Höhe der Kunst hinaufläutern möchte, das Letztentscheidende. Denn Kunst und überhaupt Poiesis sind nicht *für* das Leben da, weil *in* ihr, in der Poiesis, »das Leben erst ganz zu sich selbst kommt, nicht mehr sucht, sondern hat und ist«.

Während die »Philosophische Systematik« die Spannung zwischen Objektivität und Subjektivität eindeutig in die dritte Dimension des Logischen (S. 383 ff.) verweist, verraten die Vorlesungen von 1918 darin eine ernste systematische Unklarheit, daß die Rücksicht auf das Subjekt schon in die Gegenstandslogik hineinspielt und so auch die Poiesis zugleich »Vollendung« der Objektivität wie Subjektivität erreichen will. Daher liegt die Poiesis auch jenseits aller objektiven oder subjektiven Maßstäbe. Messung ist an Grenzen gebunden, aber die Poiesis und so auch die Kunst sind als nicht in Grenzen zu fassen ihrem Wesen nach unermeßlich und über alle Gradabstufungen hinaus. Hier ist Gegenwart schlechthin ein über alle Gegensätzlichkeit hinausgehobenes Da. Es erscheint daher irgendwie künstlich, daß nun doch noch in einem letzten Paragraphen (§ 9) der Übergang zur »Logik der Subjektivität« versucht wird. Hier ist der unvergleichlich strengere Aufbau der mit diesem Buch vorgelegten »Systematik« nicht zu verkennen. Gerade deshalb ist es aber aufschlußreich, auch den früheren Aufriß der Psychologie nachzuzeichnen. Die gesamte Logik der Objektivität – und hier wird die Nachwirkung der »Allgemeinen Psychologie« von 1912 ganz deutlich – bewegt sich von der Einheit des Logischen auf die »Differenzierung« zu. »Die Theoretik bleibt bis zuletzt im bloßen Entwerfen offener Möglichkeiten; die Praktik zielt auf deren Realisation in wahrer, ja letztgültiger Einheit, aber bleibt durchaus im Zielen; die Poiesis überwindet die bloße

Idealität der theoretischen, den bloßen Sollenssinn der praktischen Setzung in der Aktualität vollendender Tat, aber sie gelangt nur bis zur Einstellung des jeweils Geschaffenen in die Totalität des Seins, d. h. zu Schöpfungen, aber nicht zur Allschöpfung, die höchstens als unendlich ferner Grenzpunkt vorschwebt«. Es bleibt daher solcher Differenzierung gegenüber die Aufgabe einer »Integration« der Vielheiten von Einheiten in »die letzte Einheit, die erst die Totalität des Logischen zur Wahrheit macht«. Natorp bedient sich hier der Analogie des Raumes, um begreiflich zu machen, daß die Rückbeziehung der Objektivierung auf die unendlich vielen Subjekte insoweit doch den Weg zur letzten Integration freigeben kann, weil auch der Übergang von der zweiten zur dritten Dimension des Raumes auf der einen Seite zwar eine erneute Verunendlichung bedeutet, auf der andern Seite aber die endgültige Geschlossenheit des Raumes erst herstellt. Die Ebene bleibt ebenso wie natürlich die Gerade ein abstraktes Gebilde, während der Raum konkret ist. In dem gleichen Sinne vollzieht erst die Subjektivierung den Übergang vom Abstrakten zum Konkreten. »Ihr ideales Ziel wäre die vollkommene Subjektivierung des Objektiven, die zugleich die volle Objektivierung des Subjektiven bedeuten würde, so wie die ›Allheit‹ der Ebenen den Raum (und umgekehrt) bedeutet.«

Der Weg zu dieser damit definierten »Alleinheit des Logischen« führt wiederum über die gleichen Kategorien, die die Logik der Objektivität gliederten. Die schon in dieser stets vorauszusetzende »Veränderliche x«, die das »Bewußtsein überhaupt« vertrat, entwickelt sich jetzt in die »Vielfalt der konkreten Ichbeziehungen«. Dabei geht es also abermals um Struktur-, Funktions- und Gestaltlehre. Jene war schon durch die »Allgemeine Psychologie« vorbereitet, während die beiden anderen jetzt zu ergänzen sind. Die Strukturpsychologie hat nicht zu erklären und zu beschreiben, sie hat vielmehr vom objektivierten Bewußtseinsinhalt her das »Urkonkrete« wiederherzustellen oder zu rekonstruieren, wie es »im Totalzusammenhang des Erlebens in einen unermeßlichen Reichtum von Verflechtungen eingeht«. Die Funktionspsychologie hat nun diese »ontische Grundlage« durch die »genetische« Ansicht des Subjektiven über sich hinauszuführen. Ihr kommt es an auf die »Entwicklung vom Erlebensmoment durch die Erlebenszusammenhänge zur Erlebenstotalität«. Die Gestaltpsychologie, die auch als »subjektive Morphologie« bezeichnet wird, zielt letztens auf die je individuelle Konzentration der Totalität des Erlebens, wie sie im Bild der Monade veranschaulicht ist. »Jede solche Spiegelung ist das subjektive Korrelat zur Poiesis.« Die »Selbstrealisation« erweist sich daher zugleich als »Realisation des Universums, ja der Gottheit für das je erlebende Bewußtsein«.

Solchermaßen bezeugt sich die »Entelechie der Subjektivität« als das »religiöse Bewußtsein«, in dem die »Rückwendung zur Ureinheit« als »Leben im Licht« alle Sonderung verneint und als Verneinung solcher verneinenden Abgrenzung höchste Bejahung ist. Das praktische Weltbewußtsein findet sich bei dieser »sicheren Richtung auf das Ewige« »entschuldet« von aller Unzulänglichkeit der Handlung oder des Willens. »Aller Werke frei« (Luther) steht es unter dem erlösenden Recht des Überendlichen. Entsprechend gelangt auch das theoretische Weltbewußtsein auf dem Weg über die Seele zu dem, was Eckhart »Wiederbringung aller Dinge in Gott« und Goethe das »Wiederfinden« nannte. Das Letzte aber ereignet sich, der poietischen Weltgewißheit gemäß, erst da, wo »Wille und Vorstellung« zurücktreten und die Wahrheit aufleuchtet, wo unmittelbare »Weltanschauung« sich schenkt. »Gott« ist »darum nicht bloß Grenzbegriff der Logik. Er ist Leben, Leben alles Lebens, Urleben, ewiges Leben«. Die Lösung des Weltkonflikts ist also nicht Sache irgendwelcher Unvernunft oder schlechthin unfaßlichen Übervernunft, sondern der bis zu ihrem eigenen letzten Grunde ihrer selbst bewußt gewordenen, gerade damit »kritischen Vernunft«.

Es kann nicht die Aufgabe dieser Einleitung sein, zu diesem kühnen Aufriß in irgendeiner Weise Stellung zu nehmen, wobei übrigens zu berücksichtigen wäre, daß hier der Auszug aus einem Auszug gewagt ist und daß damit notgedrungen das bloß Formale der Entwicklung in unzulässiger Weise die in der Sache aufbrechende Problemfülle zurückdrängt. Wohl aber mag dieser Auszug, ganz abgesehen davon, daß er auch als eine gedrängte Übersicht über die in der »Philosophischen Systematik« behandelten Probleme dienen kann, zu lehrreichen Vergleichen im Einzelnen anregen und zugleich als Anhaltspunkt dienen für einige weitere Bemerkungen, die ich den Briefen Natorps an mich entnehme. Die »Allgemeine Logik« wurde abermals im S. S. 1920 gelesen. Natorp schreibt darüber unter dem 7. August 1920: »Den ganzen Grundriß der Allgemeinen Logik habe ich im Kolleg soeben zu Ende gebracht, die letzten Kapitel freilich wie das letzte Mal nur sehr skizziert. In der ersten Hälfte des Semesters habe ich noch alles *neu* gemacht, das alte Heft gar nicht angesehen; nachher bin ich doch über den fortwährenden Störungen erlahmt und habe zuletzt ziemlich das Alte wieder gebracht; manches könnte ich auch kaum jetzt viel bessern, manches aber ist doch noch sehr verbesserlich, und ich bin nicht sicher, ob ich in diesen Ferien damit durchkomme.« Die Neubearbeitung des Plato nahm viel Zeit, zumal noch das Bedürfnis hinzukam, auch Plotin sowohl für den Plato wie für die Allgemeine Logik zu nutzen. Es ist immer der Einsatz gewesen, um dessen zulänglichere Fassung Natorp sich gemüht hat, in dem begreiflichen Wunsch, bei allen Anklängen an Hegel und jedenfalls auch Fichte doch ihnen gegenüber die kritische Grundhaltung zu wahren.

Im übrigen leidet Natorp in diesen Jahren unter der Flut auch der von außen andrängenden Dinge, da er doch ganz und in der Stille »an *Einem, dem* Einen« arbeiten möchte (3. November 1920). Gleichwohl kam immer wieder anderes dazwischen, wie die für Natorp so eindringliche Begegnung mit Tagore, dessen »König der dunklen Kammer« ihn so hinriß, daß er selbst sie mehrfach vorlas. Immer überdachte er doch das eigentliche Werk, das er jetzt »Logik als Grundphilosophie« nennen wollte (21. Juli 1921), und in dem er seit 1918/1919 »wesentlich weiter gekommen zu sein, einen viel geschlosseneren Aufbau erreicht zu haben« glaubte. Er ist »jetzt dabei, das Ganze gleichsam vom Ende zurück noch einmal ... aufzubauen, und dabei noch immer strenger zu gestalten« (17. Juli 1921).

Dann kam die Amerikareise im August 1921, vor deren Beginn noch einmal sehr grundsätzlich die letzten Bezüge der Systematik zur Sprache kommen. »In meinem eigenen ›System‹ würde der Eros den Abschluß der Logik der Objektivierung und den Übergang zur Logik der Subjektivierung bezeichnen. Die Schöpfung, Poiesis, ist im Bereiche der Objektivierung liebende Empfängnis aus der Tiefendimension der Psyche, aber nach ihrer Auswirkung in den objektiven Bereich selbst. Etwas ganz damit Unvergleichliches (obwohl *formal* Analoges) ist die Öffnung der Psyche zur Empfängnis des schlechthin überragenden Göttlichen – oder wenn man die kühne Sprache der Mystik wahren darf: ›Gottes‹ selbst. In Plato ist der künstlerische Zug so stark vorwaltend, daß das letztere in seiner *ganzen* Wucht wohl nirgends zutage kommt, obwohl es in seinem letzten Lebensgrund gewiß wirksam und wohl auch in einigem Maße ihm bewußt gewesen sein muß. *Da* handelt es sich um etwas mehr als eine neue Dimension; ja, spräche man auch (etwa mit Spinoza) von unendlichen

Dimensionen (›Attributen‹), so träfe es nicht den Kern der Sache. Der liegt vielmehr in der Erhebung über alle Dimensionalität. Bei Plato ist das ›Maßhafte‹ mindestens scheinbar ein letztes, mir tritt in der letzten, ›letztletzten‹ Erhebung über alle Sonderung alle Messung völlig zurück. Dennoch steht die ›Seele‹ ihr offen: dann aber muß sie selbst, ich sage nicht über alle Dimensionalität hinaus sein (dann wäre sie Gott, Gott = All*seele*), wohl aber in einer solchen (natürlich schlechthin unsagbaren) Beziehung zum überdimensionalen Göttlichen stehen, daß sie seines *Daß* unmittelbar in sich selbst bewußt sein kann, während es freventliche Herabziehung des Göttlichen wäre, es seinem *Was* nach, eben durch die unendliche Dimensionalität der Psyche, definieren zu wollen.« Ich übergehe hier die dann folgenden Interpretationen Platons, gebe aber noch einige Schlußbetrachtungen wieder, die Antwort waren auf den Bericht über eine Hamburger Diskussion, in der Görland Natorps Berufung zum Systematischen angezweifelt hatte. »Die Anklage der ›systematischen Schwäche‹ verzeihe ich dem *alten* Marburger gern. Ich habe immer früher zurückgescheut vor zu rascher Abschließung der Systematik, zu der mir vor allem die Klärung des Psychologie-Problems fehlte. Dazu hat auch Cohen mir *nicht* verhelfen können; erst mit der ›Allgemeinen Psychologie‹ war dies Haupthindernis für mich überwindbar geworden (nicht schon überwunden), und nun erst durfte ich mir die Aufgabe des Systems ernstlich stellen. Vollends verstehe ich das Widerstreben gegen den Titel ‹allgemeine Logik› ... ›Logik‹ ist doch einmal Aristotelischer Terminus, und so tue ich vielleicht besser, ein anderes Titelwort zu suchen. Und zumal ›Allgemeine‹ Logik schreckt eher ab, mag ichs auch so deutlich erklären. Zumal ›Allgemeine Logik‹ seit Kant andere Bedeutung hat. Ich denke mir jetzt als Buchtitel einfach ›Logos‹; mit einem erklärenden Untertitel, der mir noch fehlt. Statt der Allgemein*heit* möchte die Allgemein*schaft* des Logischen, des Logos zu betonen sein. Wie auch der Titel laute, die Sache selbst wird täglich klarer. Aber das Buch? Es wird *nicht* fertig, so viel sehe ich schon. Erzwingen läßt es sich nicht. Das Schreiben fällt mir sauer, je größer ich die *Sache* sehe. Alles was ich versuche, scheint mir zu weit dahinter zu bleiben. Wäre ich nur über den Anfang erst hinweg! Vielleicht hilft mir die äußere Ruhe durch die Entfernung vom Studientisch.« (1. August 1921.)

Diese Hoffnung wird sich kaum erfüllt haben, wenn Natorp es auch nicht ausdrücklich schreibt. Aber mit An- und Rückreise sind drei Monate in einem fremden Kontinent kaum dazu angetan, ein Werk von so weiten Ausmaßen zu fördern. Immerhin wirft ein langer Brief vom 18. September 1921 doch ein deutliches Licht darauf, daß es die Probleme der Heimat sind, die ihn auch in Amerika beschäftigten, dessen Lebensformen Natorp fremd geblieben sind und dessen immer noch wenig deutschfreundliche Einstellung ihn bedrückte (was er mit Bezug auf MacDougall besonders unterstreicht). Ich kann nur weniges daraus anführen: »*Es gibt gar nicht ›Göttliches‹, es gibt nur Gott*. In dieser Meinung stehe ich ganz zur katastrophalen Negativität Gogartens. Die *ist* das denkbar... Positivste. *Nur* in diesem Sinne sage ich, daß die Negation nur die *eine* Seite ist, aber in diesem Sinne weiß und sagt es auch Gogarten überall. Falsch, eine weitere Positivität zu erwarten und zu verlangen, über die Nur-Negativität zu klagen. Und das praktische Ergebnis? – Nun eben – das *Leben,* in der Tat das ›ewige‹ Leben...Aber wie wird es sich äußern? In paradiesischer Kindes*unschuld*... Das ist das *Größte,* das den Menschen erreichbar, und keiner soll sich rühmen: ich habs – oder selbst nur: Ich habs *gesehen,* erlebt in dem und dem. Und heiße er Jesus von Nazareth. Hier muß ich nach wie vor Herrmann und vielleicht auch Gogarten widersprechen. Dankbar sind wir jedem, der uns nur die *Denkbarkeit* dieser Gotteskindschaft, nicht in dem was er sagt und tut allein sondern in dem was er *ist,* näher bringt, wir werden ihn drum lieben, verehren, uns ihm mit ganzer Seele hingeben und auf ihn stützen, ›an ihn glauben‹. Aber darin wäre immer noch ein Rest von *Selbst*suche. Denn im Grunde glauben wir an das Idealbild in unserm Kopf oder Herzen. Der Ewige, All-Eine aber ist nicht hier oder da, in dem oder dem, sondern eben alles in allem... Meine Arbeit will noch immer nicht recht fortrücken, obwohl ich immer Tag und Nacht sie in Gedanken trage. Sobald ich etwas niedergeschrieben habe, mißfällt es mir so, daß ich oft gestimmt bin, nach Platos Brief, auf Niederschrift ganz zu verzichten, mich auf persönliche Übertragung beschränken zu wollen. Aber ich fühle doch als Pflicht, und seis unter 1000 Vorbehalten, etwas geschrieben zu hinterlassen und grüble fortwährend über den rechten Anfang. Ich versuche es jetzt so, auf dem (für mich jetzt absehbar) kürzesten und gradesten Wege: Man *braucht* (ich besonders für meine ›Allgemeine Psychologie‹) eine in bestimmtem Sinn erschöpfende Übersicht der Apriori-Grundlagen. Dies *Postulat* schließt eine ungeheure Voraussetzung in sich, ich suche sie zu formulieren als die des (schließlichen) *Einheits-Sinns alles Sinnhaften.* In dieser

Voraussetzung aber *liegt* sofort der Stufengang, der sich zunächst in der ›Modalität‹ formuliert: 1. Sinn *überhaupt* (der so Einer wie aller, also unendlichfach sein *kann*) = Möglichkeit, Ermöglichung. – 2. Die Allheit des (vielen) Sinnhaften, die durch Notwendigkeiten, Ernötigungen sich uns entwickelt, und 3. die geforderte schließliche *Einheit alles Sinns*, in der erst der ›Sinn‹ sich voll *erwirkt*. 1. und 3. stehen nur an den äußersten Grenzen, in 2. bewegt sich alle Arbeit des Denkens, Wollens ja auch Schaffens. So umschreibt sich zunächst die *Strukturform* alles Logischen (= Sinnhaften); dem entsprechend definieren sich die *Funktions*weisen (Rationalität, Historik, Aktualität) und die *Gegenstands*richtungen (Theoretik, Praktik, Poietik). Dann erst erhebe ich die Frage von Objekt Subjekt und der letzten Einheit beider, und gelange so von dem Kosmos über die unendlichen Pfade der Psyche zum Theos. Das steht jetzt so selbstverständlich klar mir vor Augen, daß die einzige Schwierigkeit für die Darstellung ist, mir beständig gegenwärtig zu halten, daß es für den andern nicht ebenso selbstverständlich ist ... Ich möchte ... für Leser schreiben, die durch nichts Früheres von mir vorbereitet sein brauchen. Das allein macht die Aufgabe für mich schwierig. Mir selbst wird es eben nicht leicht, die tausendfachen geschichtlichen und zeitlichen Anknüpfungen abzuwerfen, als Zurüstungen, die ihren Dienst getan haben und nun nicht mehr nötig sein sollten. Ich habe es noch nie so ernst genommen mit der *Abfassung*. Ob es darum gelingen wird, des bin ich noch gar nicht sicher ...«

Ich meine, daß es hier mit den Händen zu greifen ist, warum auch die letzte (und jetzt veröffentlichte) Fassung diesen hohen Ansprüchen Natorps nicht zu genügen vermochte. Immer wieder tritt die Anknüpfung und Selbstrechtfertigung gegenüber Plato, Aristoteles, Leibniz, Kant und auch Hegel dazwischen und bietet die Formulierung an, die Natorp doch ganz aus dem Eigenen finden wollte. Zugleich aber wird auch das andere deutlich, daß hier wirklich ein Philosophieren am Werk gewesen ist, das den ganzen Menschen durchgriff und alle äußeren Begegnisse, bei aller Teilnahme daran, fast gleichgültig werden ließ. Trotzdem heißt es unter dem 30. Dezember 1921, fast zwei Monate nach der Heimkehr: »Zu meiner Hauptsache komme ich nur wenig.« Und am 29. Januar 1922 ist abermals von einer »tiefgreifenden Umwandlung« die Rede – »wie eigentlich kontinuierlich im ganzen vergangenen halben Jahr oder länger. Geschrieben habe ich dabei fortwährend, aber finde mich durch die vielen bekritzelten Blätter schon gar nicht mehr durch und fange immer wieder von vorn an – meine wie oft mit den Grundlinien endlich im Reinen zu sein – um sehr bald doch wieder unzufrieden – immer aber doch weiter und tiefer dringend von neuem anzusetzen.« Da hinein drängen dann die Betrachtungen über Nicolai Hartmanns »Metaphysik der Erkenntnis«, die für die Beurteilung von Natorps eigenem Vorhaben sehr aufschlußreich sind: »An Hartmanns Buch ist mir recht klar geworden, wie falsch es ist, gleich von Objekt und Subjekt, oder Denken und Sein, oder Rationalem und Irrationalem auszugehen. Den wirklich *unabhängigen* Ausgangspunkt zu finden ist ihm *nicht* gelungen. Mit seinem Begriff von ›Sein‹ kann ich einfach nichts anfangen. Wie hatte Hartmann früher sich in Platos ›Sophist‹ vertieft, und nun redet er doch noch ὑπὲρ ἡμᾶς wie nur Einer vom ›Sein‹ als selbstverständlichem Gegenüber des Denkens, des Erkennens und stellt die Frage auf die Priorität des Einen *oder* des Anderen.« Und er stellt dann dagegen das, was ihm selbst das Wesentliche ist: »Ich rede jetzt von einem radikaleren, wirklich allumfassenden, den *Widerspruch* ganz so wie den ›geraden‹ Spruch umspannenden, *gegeneinander* spannenden – und in fortwährender Potenzierung erst im *letzten Punkt*, in der unzugänglichen ›Koinzidenz‹ des Nikolaus Cusanus ihre Spannung lösenden Sein des schlichten ›Es *ist*‹ und gewinne daraus das Grundgerüst der transsubjektiven wie transobjektiven Urkategorien. Diese geben nichts mehr als das Gerüst, das Koordinatensystem für den Aufbau des Κόσμος ἀσώματος für den es noch nichts als die schlechthin offene Möglichkeit der nun erst zur *Frage* gestellten ›Erfüllung‹ [gibt], die dann in *gleichzeitiger* Außen- *und* Innenspannung – nun erst als Objektivität *und* Subjektivität, als Objektivierung und Subjektivierung in strenger Korrelation zueinander sich in der (*hier* auch erst einzuführenden) *Erkenntnis vollzieht*, von Stufe zu Stufe weiter, *immer* wieder, in immer höherer Selbstpotenzierung, durch Spruch–Widerspruch–Zusammenspruch, stets in zugleich extensiv und intensiv sich entfaltendem Rhythmus dem letzten ›verborgenen‹ Einklang – näherkommt? Nein, näherzukommen vermeint, um endlich zu entdecken, daß es zum *absolut* Unendlichen kein *Näher*kommen gibt, also *keine* ›Erfüllung‹. Sie erkennen nun leicht, wie es so endlich zur ›Katastrophe‹ kommen muß und diese sich nur lösen kann – eben *durch* die Umkehr selbst, deren *negative* Seite nur die Aufhebung aller *vermeinten* Seinserfassung menschlicher ›Erkenntnis‹, aller vermeintlich reinen Willenstat, oder reinen menschlichen Schöpfung, deren *positive* Seite die Neu*erschließung* des ewig ›uns‹ Verborgenen grade im reinen *Verzicht* aufs Erfassenwollen von ›uns‹ aus, die volle *Befreiung* des Willens im Verzicht aufs Wollen-wollen und Wollen-können und Können-wollen von uns aus – die volle Entwurzelung des *Schaffens* eigener Schöpfung*en* in der einen, absoluten Ur*schöpfung* aus dem ewig Jenseitigen ist – wobei doch ganz dem Urmotiv der Kantischen Kritik gemäß, dies ewig Jenseitige nicht weniger, sondern unendlich, unendlichfach unendlich mehr ›ist‹ als jedes erreichbare (oder nur ideal erreichbar *gedachte),* wenn schon in hoher *Potenz* unendliche, doch durch den kühnen Griff der Integration – *scheinabsolute* Menschliche – welches damit doch nicht *vernichtigt*, sondern, *in* seiner bewußten, ehrlichen Unterordnung der religio, gerade gerettet wird und befreit zum seligen Mitschaffen einer erneuten, gereinigten Gotteswelt. Die Monas, die in *sich* die Welt zu tragen und aus sich zu entwickeln (gar nicht ohne Grund) *glaubt* – denn in der Tat: Es *ist in* dir, *du* bringst es ewig hervor – entdeckt endlich, daß sie in aller ihrer Spontaneität, ihrer Alloffenheit, Allkontinuität und Unendlichkeit, Überendlichkeit idealer Schau, idealer Wollensunabhängigkeit und Schöpferkraft (denn wirklich: *Wir* erschaffen *Seine* Welt) – sie *entdeckt* über all diese Unendlichkeit ihrer Spiegelungen und Selbstpotenzierungen hinweg – sich zuletzt doch nur als Reflexion, *Selbst*reflexion der Monas Monadum, vor der ihr denn doch ›vor ihrer Gottähnlichkeit bange‹ werden müßte – wenn sie nicht *erführe*, wie sie gerade aus diesem *Tode* ewiges, seliges Leben *aus* Gott *in* Gott *schöpft*. Nur solches *Erfahren* kann endlich befreien von der Grübelei: woher denn überhaupt dies seltsame ›Sichspiegeln‹ des Überseienden im scheinunendlichen, wirklich in weiterem und weiterem *Abstieg* (Plotin!) sich von Gott *entfernenden,* immer schwächer und schwächer spiegelnden, scheinbar ganz im Dunkel einer Gott *gegenständigen* absoluten ›Materie‹ (einer *zuletzt* die Strahlen des ewigen Lichts *nur* zurückwerfenden starren Wand!) verlöschenden Pseudosein der unendlichen Monaden verschiedener Ordnung? Ist es ein *seliges* Versinken und Verlöschen, ersteht aus solchem *Tode* gerade erst das echte Leben – und ist diese ›Wiedergeburt‹ *jeder* Monas, *jeder* nach ›unserer‹ Beurteilung niederen Stufe möglich, *gibt es,* vor Gott, keine tote Masse, keine dunkle Gegenwand – *gilt* die Befreiung aus der dunklen Höhle zum Urlicht jedem Niedersten im ›Reiche Gottes‹, dann ... Lassen Sie mich hier abbrechen, denn hier wird jedes menschliche Wort so verantwortlich, daß es frömmer ist zu schweigen als weiter zu reden.«

Auf diesen Brief, der doch im Ganzen dem Einsatz- und Zielpunkt der Philosophischen Systematik schon voll entspricht, konnte ich nur darum bitten, den Abschluß zu wagen, da gewiß *jede* Formulierung immer wieder eine weitere aus sich heraustreiben würde und also einmal menschlicherweise ein Punkt gesetzt werden müsse. Leider sind die Briefe der nächsten Zeit so sehr durch Erörterungen über meine Habilitationsarbeit ausgefüllt, daß die systematische Diskussion darüber abbrach. Immerhin enthielt ein Brief vom 9. März 1922 wenigstens eine Anmerkung, die hier nicht ausgelassen werden darf, weil sie noch *eine* wichtige Verschärfung der Fragestellung bringt: »Mich beschäftigt jetzt besonders eine Frage: Ich unterschied sonst den objektiven Bereich, den subjektiven und den überobjektiven. Jetzt sehe ich, daß, so wie ich schon sonst die subjektive und objektive Erkenntnisrichtung als streng korrelativ behandelte, beide zusammen *in* ihrer Korrelativität nur *einen*, den mittleren Bereich definieren können gegenüber einem vor-objektiv-subjektiven und dem über-objektiv-subjektiven (die beide unter sich auch eine strenge Korrelation aufweisen müssen, aber in anderem Sinn als der objektive und subjektive; jedenfalls *vom mittleren Bereich aus gesehen* nicht zusammen-, sondern einander diametral gegenüber-liegen, ›für uns‹ verbindungslos; der mittlere *verbindet* sie ja nicht, *fordert* allerdings ihre Korrelation im An-sich = *coincidentia oppositorum*). – Diese Konstruktion würde mit einem Schlage jeden falschen Schein des Subjektivismus – aber zugleich den des Objektivismus – beseitigen. Darin kämen wir dann mit Hartmann gewissermaßen zusammen, doch so, daß der Standpunkt der Kritik voll gewahrt bliebe. *Vor-objektiv-subjektiv ist das ganze (reine) Kategorien-Problem.* Das hat vielleicht Hartmann richtig im Sinn, wenn er der Kategorie *nicht bloß* Erkenntnis-Bedeutung zuschreibt. Letztes ›Sein‹ aber bliebe nicht bloß über-objektiv-subjektiv, sondern auch über-kategorial.« Ganz kurz vor meiner Übersiedlung nach Marburg, mit der dann freilich der Briefwechsel ein vorläufiges Ende nimmt, kommt noch einmal (20. April 1922) eine ganz kurze, aber wichtige Nachricht: »Ich glaube endlich endlich [sic!] den rechten Ansatzpunkt für meine Systematik zu haben – nämlich in dem Rätsel des *Worts*. Darin steckt alles, die Aporie und die Euporie. Alles Andere, was ich versuchte, erkenne ich nun klar als unzureichend. Und hoffe nun endlich vom Fleck zu kommen.«

Da ich schon auf den Januar 1923 mein Bremer Amt antreten mußte und die Leitung der Bibliothek und des Vorlesungswesens mich sehr beanspruchten, geriet der Briefwechsel zunächst ins Stocken. Immerhin kann hier noch eine wichtige Mitteilung Platz finden, die sich gerade auf die dem Druck zugrunde liegende Vorlesung des S. S. 1923 bezieht: »Das Semester war sehr arbeitsreich, Kolleg *ganz* neu gemacht (bis auf die letzten Vorlesungen), das Kapitel der ›Grundkategorien‹ so ziemlich zum Abschluß gebracht. Die ›zweite Dimension‹ (Struktur-, Funktions- und Gehalts-Logik) wenigstens weiter gefördert und in den Grundzügen geklärt, zur ›dritten‹ (Subjekt-Objekts-Logik) wenigstens der (wie ich denke) *ganz* sichere Zugang endlich gewonnen.« Etwas ausführlicher geht ein Brief vom 17. September 1923, und nun schon aus etwas weiterem Abstand, auf die Vorlesung ein, um dann überzugehen zu einer Kritik Tillichs, die hier nicht zur Erörterung steht. »Meine ›Philosophische Systematik‹ habe ich meiner Absicht gemäß insoweit durchführen können, daß die Grundlegung – obwohl ich immer noch daran zu bessern, namentlich zu vereinfachen, durchsichtiger zu machen finde – doch in allen Hauptlinien stehen bleiben [kann] und das System der *Grund*kategorien als *1. Dimension* des Systems *der* Kategorien überhaupt, wie ich denke (denn ich beginne eben erst die Nachprüfung) ebenfalls die Probe hält. Die ›2. Dimension‹ ... ist noch behandelt worden wie im S. S. 22, d. h. noch immer sehr im äußersten Umriß verblieben, soll im Winterkolleg über Praktische Philosophie seine eigentliche Ausführung finden. Dann bleibt noch die 3. Dimension übrig, die erst die Subjekt-Objekt-Beziehung in Untersuchung zieht (also die ›Allg-Psychologie‹ ersetzen muß) und in der Grenzphilosophie (des Epekeina) das, was bei andern etwa Religionsphilosophie heißen würde, nicht sowohl *ihren* Abschluß bloß erreicht, sondern an den der *ganzen* (dreidimensionalen) Systematik (*über*dimensional) nur erst heranführt. Da ist es mir in vielem erst wie eine Binde von den Augen gefallen. Ich *sehe* klar, was ich in allem bisherigen doch bestenfalls nur ahnte. Aber ich darf nur langsam ausarbeiten, um die zarten und feinen Linienzüge nicht zu verwischen, es muß eben ›Präzisionsarbeit‹ werden, wie ich sie bis dahin nicht *gemacht*, obwohl genug darauf vorgeübt habe, um mich nun wohl daran *wagen* zu dürfen. Doch bleibt es ein Wagnis auch nun noch. Auf ein ›sichtbares‹ Resultat wird man noch sich gedulden müssen; ich mag und darf nicht wieder einen ›1. Teil‹ bringen. Daß das bisher Erarbeitete nicht verloren geht, dafür sorgt die Abschrift, die wenigstens vom Sommerkolleg nun annähernd vollendet ist und in zwei Exemplaren auf dem Seminar dann zugänglich sein wird. Von den 36 Vorlesungen sind nur die letzten vier (etwas stärkeren) denen des S. S. 22 entsprechend; zu den übrigen habe ich kaum ein Wort des früheren Heftes benutzt, sondern ganz von neuem dargestellt, als wenn nichts vorgelegen hätte.«

Das Weitere gilt dann der »Praktischen Philosophie«, die Natorp in seinem letzten Wintersemester tatsächlich las, nun schon in Anwesenheit Heideggers, von dem er schreibt: »Unser neuer Kollege ist jedenfalls als Mensch eine erfreuliche Errungenschaft für Marburg. Auch wissenschaftlich haben wir, bei aller Grundverschiedenheit, doch förderliche Berührungen genug.« Zum Abschluß dieser Einleitung, die nicht nur gleichsam authentisch sein durfte, sondern die auch einen tiefen Einblick in Natorps Arbeitsweise zu geben vermochte, darf hier ein Brief stehen (vom 8. April 1924), der der letzte an mich gerichtete war und der fast ausschließlich auf *das* Werk sich bezieht, das nun endlich erscheinen darf und von dem trotz aller Unfertigkeit wegweisenden Denken seines letzten Jahrzehnts Kunde gibt: »Ich habe fortwährend mit Anstrengung gearbeitet« – vornehmlich an der Ausarbeitung der »Praktischen Philosophie«, deren Diktat ebenso wie das der Systematik »noch längst nicht druckreif« ist. »Denn nun muß ich es doch noch einmal sehr genau durcharbeiten und werde zweifellos, und zwar nicht bloß formal, noch *viel* zu bessern finden, und manches hinzuzutun, anderes strenger, vorsichtiger zu fassen, oder wenn ich dessen nicht sicher bin, womöglich zu streichen oder nur als Problem (ausdrücklich) zu bezeichnen haben; Problem *ist* ja schließlich alles, aber es kann zu leicht der Schein eines Dogmatismus gerade bei der angestrebten Strenge des Aufbaus entstehen. Dieser Schein *darf* nicht aufkommen... Inzwischen habe ich für das Kapitel der Poiesis, das nun bestimmt im kommenden W. S. an die Reihe kommen soll [Natorp starb am 17. August 1924], vorzuarbeiten begonnen... Ich habe Hardenberg, Solger, Hölderlin und soeben Hegels Ästhetik (und manches andere) durchgearbeitet und schon viel dadurch gewonnen, aber mich freilich auch überzeugt, wie ungeheuer viel da noch für mich zu tun bleibt. Wir hätten da nie versiegenden Stoff zu tiefdringenden Unterhaltungen; ... wenn ich mir auch in diesem Stück wie im weiteren: dem Subjektivitätsproblem und dem der ›Grenzlogik‹ klar darüber bin, daß *nichts* von allem, was meine Vorlesung gab, irgend für (auch nur relativ für *mich*) endgültig gehen darf, solange nicht diese weiteren Kapitel in klaren Grundstrichen dastehen.« Es folgen dann Bemerkungen über meinen Beitrag zur Festschrift zum 70. Geburtstag, die dann in weittragende, wirklich ›letzte‹ Betrachtungen ausmünden:

»Die einzige ›Offenbarung‹ ist die ›*stets neu*‹ nur als ›Jetziges‹, aber ›unzerstörbar‹ Jetziges *sich* erschaffende – nun aber würde ich doch nicht wagen zu sagen: ›Sinngebung‹, ›seinsergreifende‹ [Zitate aus meinem Aufsatz]. Sondern mehr nicht als *Gewißheit* des Seins (des *Daß!*), und daß *es* das schlechthin *in sich* Sein-*habende* sein muß, und das einzig Sinn-*gebende*, in dem Sinne, in den *Grenzen*, in denen es Sinn ›gibt‹; es gibt ihn aber nur so, wie Sie ja dann selbst sagen: nicht bergend, aber auch nicht aussprechend, sondern *nur* hindeutend: es *ist*. Hartmann macht Heraklit zum Vorwurf, daß er auf nichts hin die ewige Harmonie des ›Einen allein Weisen‹ behauptet, da er doch gestehen muß: sie ist ›*verborgen*‹, und bleibt es, bleibt es *notwendig* in den Widersprüchen des Werdens, von denen er so durchdrungen ist. – Aber der Hindeut reicht in der Tat so weit, *gewiß* zu machen, daß der Logos *ist*, so gewiß überhaupt etwas *ist*, so gewiß überhaupt das Isten ist, und der Widerspruch, so unzweifelhaft faktisch, nicht das Letzte sein kann; er ist ja selbst ›*Spruch*‹, also Logos. Gerade wenn man dessen einmal versichert ist, darf man sich ungescheut in alle Abgründe des Widerspruchs einlassen – in die Hegel sich wahrlich tief eingelassen, aber dann doch noch immer viel zu rasch geglaubt hat, sie durch seine dialektische ›Entwicklung‹, durch den Zauber der ›Synthesis‹ zu bewältigen, was dann zu dem mich immer – lächerlicher berührenden Allwissenheitsdünkel führt.

Das Heraklitische σημαίνειν als die genaue Grenze zwischen λέγειν und κρύπτειν ist das Tiefste, was ich bisher überhaupt gefunden habe (das Wort im 7. Platobrief sagt dasselbe) über *die* Frage, die mir von allen am meisten Kopfzerbrechen macht; sie schließt in sich nicht nur das Rätsel der Poiesis, sondern auch das der Subjektivität; von der Hegel – fast alle merkwürdig wenig geahnt haben, nicht einmal das wirklich Rätselhafte darin, die Abgründlichkeit des seienden Widerspruchs, empfunden haben.

Wenn Gogarten und die Seinen sich darüber endlich klar geworden sein werden, wie weit wir entfernt sind, die Transzendenz verflüchtigen oder überhaupt abschwächen, durch irgend etwas wie eine Hegelsche ›Synthese‹ auflösen zu wollen, werden sie nicht mehr im Neukantianismus und gar in Kant einen Hauptfeind sehen können.

Aber sie selbst werden sich fragen müssen, ob die ›Offenbarung‹, deren sie so gewiß sind, etwa nicht unter das Heraklitische Wort fällt, und ob, wenn *ja*, nicht das Feld der Offenbarung sich ohne Grenzen erweitert; ob nicht dann das οὔτε κρύπτει ganz in gleicher Strenge gelten muß wie das οὔτε λέγει. Verhehlen ist nahe an Lügen; für jene aber *lügt alles* außerhalb der bekannten zwei Buchdeckel. O diese Wissenden! Auch das Trauen auf das Buch der ›Geschichte‹ hat seine sehr ernsten Bedenken. Ich sehe jetzt erst, wie sicher meine Systematik mich begleitet hat, indem sie mich zwang, neben und über Rationalität *und* Historizität die Aktualität des, wie Sie sagen, ›unzerstörbar Jetzigen‹ zu stellen. Es gibt keine andere als ›jetzige‹ Offenbarung – die aber so und gerade so nichts mehr als das Mysterium des σημαίνειν bedeuten darf.«

# PHILOSOPHISCHE SYSTEMATIK

# I. GRUNDLEGUNG

### [1. Vorlesung]

**§ 1.** Philosophische Systematik lautet das Thema dieser Vorlesungen. Systematik, nicht System. Den Anspruch des Systems hat die kritische Philosophie sehr ernstlich in Frage gestellt. Das wird eine Philosophie, die von Kant den Ausgang genommen hat, so leicht nicht vergessen. Ob ein System, ob das System, das endgültige, einzig gültige — und »System« scheint doch Endgültigkeit, Einzigkeit der Geltung zu besagen — möglich ist, darf keinesfalls vor der Untersuchung als entschieden angenommen werden. Sondern genau das steht zur Frage: Ist ein System, ist das System möglich, so kann es nur das System der *Kritik* selbst sein.

Also nicht *Metaphysik* im alten, noch für Kant feststehenden Sinne, einer abschließenden positiven Ontologie, Kosmologie, Psychologie, Theologie (Seinslehre, Weltlehre, Seelenlehre, Gotteslehre), sondern allenfalls Untersuchung der Möglichkeit einer solchen; welche Untersuchung, falls sie zu einer sicheren Entscheidung führt, fiele sie selbst negativ aus, allerdings Metaphysik im echten Aristotelischen Sinne sein würde: »erste«, das ist grundlegende oder *Grundphilosophie;* diese gewiß als System: das System der philosophischen Fragen, der Fragen, die gerichtet sind auf die durch den Begriff der Philosophie geforderte Einheit, letztgültige Einheit des Wissens; weil doch auf Wahrheit, auf *die* Wahrheit, nicht irgend eine unbestimmte Vielheit von Wahrheiten.

Versteht man dies unter System (das Wort besagt »Zusammenstand«, hier einhelliger Zusammenstand der Wahrheiten in der Einheit, im Einheitszusammenhang *der* Wahrheit), dann ist der Gedanke, die Forderung des Systems, die Nachfrage nach ihm allerdings der Philosophie wesentlich. Denn Philosophie besagt, nach Platon, der diesem Titel erst die fest umrissene Bedeutung gegeben hat, »Streben nach Wissen, nicht dem einen wohl, dem andern nicht, sondern jeglichem«, eben sofern es Wissen im Vollsinne des Wortes ist; kraft der Einheit, der Einstimmigkeit, die allein es als Wissen strengen Sinnes ausmacht, begründet, rechtfertigt. Also ist Philosophie Streben nach Einheitswissen, nach Grundwissen, nach »dem einen, einzig Wißhaften«, dem ἓν τὸ σοφὸν μοῦνον, nach Heraklit, im Gegensatz zu den vielen σοφά, Wissensinhalten. (Uns fehlt im Deutschen das Wort, welches dem griechischen τὸ σοφόν recht entspräche; es besagt, und zwar in adjektivischer Form: was den Charakter des Wissens hat; »Wissen« nicht als Haltung des Wissenden, sondern Inhalt des Gewußten, des zu Wissenden und Wißbaren.) Die hiernach verstandene Einheit *des,* also inhaltlich, objektiv, nicht subjektiv gemeinten Wissens ist es, welche Philosophie sucht, nach der sie, eben als *Philo*sophie, nicht Sophia (Weisheits*streben*, nicht Weisheit selbst), strebt, verlangt, fragt. Diese Einheit des Wissens aber, hätten wir sie, wäre das »System«. Also ist Philosophie wesenhaft — nicht System, aber Frage nach dem System. Sie muß es nicht zum System, aber zur Systematik bringen, das ist zur Lehre, zur Rechenschaft von der Möglichkeit des Systems; oder, etwas anders gewandt, zum System der philosophischen Fragen, zum System, wie anfangs gesagt wurde, der Kritik. Sonst hätte sie den Ehrentitel der Philosophie verwirkt.

**§ 2.** Wir gehen einen Schritt weiter, indem wir die Frage richten auf die Stellung der Philosophie zu dem Größeren, dem *Leben.* Wissen, auch Einheitswissen, Grundwissen, ist nicht Leben, ganzes Leben, sondern nur eine Seite an ihm, aber richtet sich doch auf das Ganze, auf seine Ganzheit selbst, um in ihr zugleich die Ganzheit zu erreichen, die ihm als System wesentlich ist.

Philosophie will sein radikales, bis zur Wurzel, zum erreichbar Letzten zurückfragendes *Besinnen.* Sie will also nicht abziehen vom Leben, als ob man nur leblos sich besinnen, nur besinnungslos leben könnte; sondern sie zielt auf das Leben gerade in seiner Ganzheit. Ganzes Leben will doch sein: Leben in und aus der *Wahrheit.* So ist philosophisches Besinnen selbst Leben, ein wesentlicher Grundzug echten Lebens. Denn solches will und kann nicht bestehen ohne Wahrheit. Unwahrheit, gar innere Unwahrhaftigkeit, ja schon jede nicht volle Wahrhaftigkeit, ist Abzug am Leben; denn was nicht in und aus der Wahrheit, der ganzen Wahrheit, lebt, lebt genau so weit eben der ganzen Wahrheit noch nicht, sondern ist in diesem wahrlich nicht nebensächlichen Betracht tot. Es wäre ganz tot, würde es auf Wahrheit, auf innere Wahrhaftigkeit, ganz Verzicht tun. Nur sofern auch im kümmerlichsten Leben irgendein kümmerlicher Funken von Wahrheit, von Wahrheitswillen doch noch glimmt, ist es immerhin Leben. Philosophie also ist *Besinnung,* und zwar Besinnung *des Lebens selbst* auf nichts anderes als es selbst, das Leben. Wenn sich hiergegen vielleicht noch etwas in uns sträubt, so kann es nur dies sein: Besinnung scheint Stillstehen und Zurückblicken zu fordern, also insofern abzusehen, abzuziehen vom unbeirrten Weiterstreben. Sie kann, scheint es, gar nicht anders, als Einzellinien herausheben und als einzelne rückläufig verfolgen. Damit aber scheint sie ein Stück Leben herauszureißen aus der Ganzheit des Lebensstromes, die nur erhalten bleibt in jener Unbefangenheit des Dahin-Lebens, die Meister Ekkehart kennzeichnet mit dem Wort: »Würdest du das Leben fragen, warum lebest du, es könnte nicht anders antworten als: Ich lebe darum, daß ich lebe.« In sich sinnhaft muß das Leben wohl sein. Was hätte zuletzt Sinn anders als aus ihm! Besinnen aber sucht erst den Sinn, fragt nach ihm, ist bestenfalls auf dem Wege zu ihm; aber es ist nicht da, es hat ihn nicht; und es kommt, gerade je ernster, je gründlicher, je radikaler es sucht und fragt, mit seinem Suchen nicht zu dem Ziel, mit seinem Fragen nicht zu der Antwort, die, wenn überhaupt etwas, nur das Leben geben kann.

Aber gibt denn das Leben die Antwort, auf die wir warten? Stehen wir mit ihm an dem Ziel, auf das unser Suchen sich richtet? Ist es nicht vielmehr selbst Suchen und Fragen ganz und gar; je gründlicher es gelebt wird und sich selbst lebt, um so gründlicher Suchen, Fragen selbst? Der sich mächtig fortwälzende Strom des Lebens, sucht, erzwingt er sich nicht den Weg zum Meere: dem Ewigen, Ganzen? Oder, um dasselbe etwas gründlicher und unbildlicher zu sagen: Ist es das Nicht-haben, das Vermissen, was zum Suchen, zum Besinnen treibt; ist es der *Widerspruch,* der die Fragen aufwirft und in den Fragen sich anmeldet: nun, wäre Leben etwa nicht Vermissen, nicht Widerspruch? Oder ertrüge es sein Vermissen, ohne das Vermißte zu suchen, vertrüge es den Widerspruch, ohne daß er ihm zur Frage würde? Jedem ist es doch wohlbewußt, denn er erfährt es ja täglich, stündlich: Leben ist Kampf, Kampf aber ist Fragen, ist Suchen, ist Sinnen auf etwas, das man nicht hat, vielleicht nie gewinnen, doch auch nicht missen kann, weil es dem Dasein erst den Sinn verleiht, ohne den es nicht sein mag, und nicht der Wahrheit nach *ist.* Also ist das Fragen, das Sinn-Suchen wahrlich nicht dem Leben fremd oder entfremdend. Gerade dann nicht, wenn es ganz ernsthaft — wenn es bis aufs Letzte zurück fragt. Dies Letzte aber, es ist nichts anderes, als — das Leben selbst, aber die *Ganzheit* des Lebens. Also, je mehr das Fragen, das

Besinnen zur Ganzheit strebt, je mehr es alles bis zum Letzten unter Frage stellt, um so tiefer steht es im Leben, ist es selbst Leben, Leben aus der Tiefe in die Tiefe. Nur sofern es die Fragen, sofern es die eine große Frage des Lebens zerkleinert und zerstückt und damit selbst fraglich macht, gerät es in Gefahr, das Leben selbst zu zerkleinern, zu zerstücken, ganz in Frage zu stellen. Dahin aber kommt es nur, wenn es sich selbst untreu wird, wenn es an irgendeinem Punkte zu rasch befriedigt oder ermüdet abläßt zu fragen, stillsteht, oder zwischen vermeintlich fraglosen festen Punkten nur hin und wieder, also nicht zur letzten Tiefe geht, nicht bis zum Grunde, zum letzten Grunde zurück, mit einem Wort nicht radikal genug fragt. Dann allein droht es das umschwingende Rad des Lebens selbst stillzustellen und, soviel an ihm ist, das Leben zu ertöten. Nicht aber, sofern es fragt und im unablässigen Weiterfragen, im gründlichen *Durch*fragen nirgends Halt macht, sondern stets fort aufs Ganze und Letzte geht. Denn dies Ganze und Letzte ist das Leben, und je ernster das Fragen, das Besinnen, nach ihm, einzig nach ihm ringt, es bei seiner Wurzel zu fassen, um so fester verwurzelt es sich in ihm selbst, dem Leben; um so ernster nimmt es selbst Teil an dem Kampf, den das Leben überhaupt bedeutet. Denn Leben ist als Ganzes zuletzt nur eine einzige, die einzige große Frage.

§ 3. Wir setzen unsern Fuß wiederum einen Schritt weiter, indem wir den Sinn jenes Ganzen und Letzten, nach dem Philosophie fragt, in noch größerer Bestimmtheit zu fassen suchen. In der Sprache der Philosophie wird es wohl am schärfsten bezeichnet durch das Kunstwort »*transzendental*«. Es bedeutet: »hinausgehend« über alles, nämlich über alles Nicht-ganze, Nicht-letzte. Aber der Sinn dieses Hinausgehens bedarf noch sehr erst der Klärung. Dazu mag die folgende Erwägung dienlich sein.

Was nicht das Letzte und Ganze entweder selbst ist oder doch, sich selbst bewußt, den Zusammenhang mit ihm wahrt und sich in ihm gegründet erkennt, *ist* insoweit gar nicht, in jener Eindeutigkeit, die das schlichte »Es ist« ohne Zweifel meint und für das, von dem es ausgesagt wird, in Anspruch nimmt. Eindeutigkeit, *Einzigkeit* (will ich sagen) ist nicht eine auszeichnende Eigenheit irgendwelcher besonderer Seinsbereiche oder Seinsweisen, sondern ist überhaupt der schlichte und reine Sinn des ohne Einschränkung ausgesagten »Es ist«. Wie könnte aber das, was *ist*, dieser Einzigkeit des Seins anders gewiß

## Sinn des Widersinns

sein, als durch Ausschluß aller *Gespaltenheit?* Es muß demnach aber diese Gespaltenheit doch irgendwie *geben,* sonst brauchte sie nicht erst ausgeschlossen zu werden.

Hiermit erst stoßen wir auf die eigentliche, letzte Problematik des Seins, und damit auf den innersten Notwendigkeitsgrund des Sinnens, des Besinnens auf die Einheit alles Wissensgehaltes in *einem* letzten und ganzen Wissen; auf die Notwendigkeit also des radikalen, des systematischen Philosophierens. Nach dem letzten, dem Einheitssinn dessen, was *ist,* wäre gar nicht zu fragen, wäre er eben in sich fraglos, wäre er nicht im Gegenteil in tausendfachen, nein unendlichfachen *Widerspruch* verstrickt. Leben will ohne Zweifel sinnhaft und seines Sinnes gewiß sein, und doch kennen wir kaum ein anderes Leben, als solches, das von seinem Sinn fast nur dadurch weiß und nur dessen ganz gewiß ist, daß es ihn nicht hat, nicht seiner sicher ist, sondern ihn eben sucht, ihn vermißt, nach ihm fragt.

Zwar kommt es noch ganz wohl hinweg über den einzelnen Widerspruch. Und wenn ihm dies nun wieder und wieder glückt, so vertraut es gern, auch ferner seiner Überwindung gewiß sein zu dürfen. Daher die schier unverwüstliche Frische der Lebenszuversicht, wie sie in stark auf Tätigkeit gerichteten und dafür wohlausgerüsteten Menschen so wohltuend berührt. Das stärkt dann auch in dem Zweifelnden die Zuversicht, daß zuletzt doch der Sinn des Widersinns, das Leben des Todes mächtig sein müsse. Und gewiß ist diese Zuversicht nicht ohne starke innere Begründung. Das Leben muß zuletzt des Todes mächtig sein, sonst lebte es nicht. Aber seiner mächtig beweist es sich nur im unablässigen Kämpfen mit ihm, wie überhaupt Macht sich nur im Kämpfen, im Bewältigen beweist. Mit dem Tode ringt alles Leben, mitten aus ihm ringt es sich beständig neu empor. Leben heißt kämpfen, kämpft es nicht, so lebt es nicht. Aus tausendfachem, aus unendlichfachem Widersinn und Widerstreit arbeitet erst der Sinn und Einklang des Lebens sich mühsam heraus. Und gerade das ist sein überzeugendster Charakter der Bejahung. Das heißt es, daß der Krieg der Vater aller Dinge sei. Er ist der Schöpfer, der aus dem Abgrund des Nichtseins das Sein heraufholt, der Erzeuger, der aus dem Leblosen das darin schlummernde Leben weckt. Also steht der Tod mitten im wahrhaftesten, wirklichsten Leben, aber eben damit das Leben mitten im wahrhaftesten, wirklichsten Tod. Gerade voll lebendig ist das Leben nur in der Unmittelbarkeit des schöpferischen, zeugenden Aktes, das heißt aber im vollen Aufsichnehmen des Todes, im Aufsichnehmen und Zum-Austrag-bringen des realsten Widerspruchs und dann Überwinden, und Wiederaufnehmen und Wiederüberwinden, von dem es Ruhepausen allenfalls nur gibt in immer neuen Friedenskapitulationen, die den Streit nicht wirklich austragen und erledigen, sondern nur auf Zeit beschwichtigen, nur auf Bedingungen, auf Voraussetzungen hin ihn für solange ausschalten, als die Voraussetzungen eben gelten. Echter, vorbehaltloser Friede — jener Friede, den eben »die Welt« *nicht* gibt — ist überhaupt in keinem solchen »Leben«, das sich durchaus in seiner Sonderheit behaupten will, sondern wäre, wenn überhaupt irgendwo, dann allein zu finden in dem für uns in völlig unzugänglicher Tiefe liegenden letzten Lebens*grunde*. Dieser allein trägt allen Jasinn des Lebens in sich ohne Nein. Er allein liegt in letzter Tiefe unter allem von Augenblick zu Augenblick, d. h. von Tod zu Toden, sich fortringenden Stückleben. Er allein tritt gar nicht ein in das kreisende Rad des Werdens und Entwerdens, sondern verbleibt gleichsam in Achsenstellung zum ganzen Umschwung des Rades als sein selbst nicht bewegter Beweger; ruhend, doch nicht tot, vielmehr selbst die allbelebende, allein zuletzt belebende Kraft, die Kraft, die aus dem ewigen Tode das ewige Leben siegreich immer neu wieder erzeugt.

Ist es aber nicht zuletzt eben dieser ewige Ja-Grund des Lebens, der im tiefsten *Selbst-besinnen* des Lebens sich ihm selbst bezeugt? Mitten in allem Kämpfen der Widersprüche, ungetäuscht durch all die bloßen Waffenstillstände der Kapitulationen, der Bedingungen und Voraussetzungen, nimmt es den Kampf getrost auf sich; es läßt sich überhaupt nicht ein auf all die Bedingungen und Voraussetzungen. Eben damit beweist sich jene ewig unwandelbar in sich selbst gegründete innerste Triebkraft des Lebens als nicht dem Leben selbst, sofern es Kämpfen und Ringen ist, einwohnend (»immanent«), sondern gleichsam einer anderen Dimension angehörig, insofern außenbleibend (»emanent«), überragend (»transzendent«); auch nicht bloß der Dimension nach überragend, nicht bloß mehrdimensional, selbst nicht unendlichdimensional; auch das bliebe noch immer im Bereiche endlicher Abmessung. Auch es das »Unendliche« zu nennen, würde hinter seinem letzten Wesen zurückbleiben, ja es entstellen; denn auch so würde es immer noch gemessen an dem Maße des Endlichen, es würde nicht hinausführen über den endlosen Fortgang immer vom Endlichen zum Endlichen, der gerade kennzeichnend ist für den Charakter der Endlichkeit, des Immerendens, um immer neu wieder anzufangen, und auch mit dem Enden nie zu Ende zu kommen. Es muß vielmehr ganz hinaus sein über diesen bloß kontradiktorischen Gegensatz des Endlichen und des nur Un-endlichen, der bloßen Endlosigkeit des Fortgangs. Es muß vielmehr sein das schlechthin *Über*-endliche wie *Über*-unendliche; das heißt, es muß sein das *Ewige* strengster Bedeutung, welches freilich allem endlich abgrenzenden Begriff sich entzieht und nur noch zu erfassen ist im Hintersichlassen aller Voraussetzungen, aller Bedingtheiten, im Verneinen alles Nein, im Überschreiten aller sondernden Kategorien. Selbst es zu bezeichnen als das reine, alles Nein abstreifende Ja, bleibt unzulänglich, denn auch das Ja, spräche es auch sein Nein zu allem Nein, setzt immer die Frage, die Fraglichkeit, die Alternative, den Zwiespalt des Ja oder Nein, des Spruchs und Widerspruchs voraus, welches alles in dem, wovon wie hier zu reden versuchen, gar nicht statthat und völlig seinen Sinn verliert. Es bleibt also zuletzt — das gänzlich Unsagbare, das dennoch allgewaltig, allem gewachsen und überlegen, sich aufrichtet in der Grenze alles Aussagbaren und Gedenkbaren, als dessen Grenze selbst, die nicht aus dem darin Begrenzten (dem Gebiete der Endlichkeit) sich bestimmt, sondern ihm gesetzt ist von dem schlechthin Jenseitigen, dem endlichen Bereich völlig Außenbleibenden (Emanenten), alle Abgrenzung Übersteigenden (Transzendenten).

§ 4. Nur, wird man vielleicht fragen, wie soll dies einen *methodischen*, einen *Arbeitssinn* gewinnen für den Bereich der Endlichkeit, der doch nun einmal der unsere ist und den es so ganz übersteigt? Soll es dennoch die bewegende *Kraft* des Werdens und Entwerdens im Endlichen sein, wie und womit beweist es sich als diese Kraft im Endlichen selbst? Wie empfängt von ihm das aus sich Grenzenlose seine Begrenzung, das aus sich Maßlose sein Maß, da doch jenes selbst kein Maß und keine Grenze kennt noch annehmen kann?

Die Frage »*Wie?*« ist in der Tat unbeantwortbar. Man wird schon mit dem *Daß* sich begnügen müssen. Doch wäre auch das Daß nicht gewiß, wenn es sich nicht in einer unwidersprechlichen Tatsache im endlichen Bereich, und zwar in allem Endlichen, auch inmitten seiner grenzenlosen Bezüglichkeit, bekundete.

Die *Bezüglichkeit*, die *Grenzenlosigkeit der Beziehungen*, ist vielleicht der deutlichste Ausdruck für den Charakter des Endlichen. Das Endliche, und zwar alles ohne Unterschied, ist dadurch charakterisiert, daß es nicht irgendwie in und aus sich selbst fest ist, sondern für alle im Endlichen bleibende Erfassung zergeht in die Endlosigkeit der Beziehungen, die sich selbst nur endlos weiter entwickeln in Beziehungen, Beziehungen von Beziehungen und so ohne Ende weiter. Das πάντα ρεῖ, der Satz, daß alles im Fluß ist, daß alles zerfließt, gilt in der Tat ganz in dem weitestgehenden, radikalen Sinne, den Platon im Theätet scharf herausgearbeitet hat: daß durchaus nichts schlechthin bestimmbar bleibt, »auch nicht irgendwie«; daß aller Feststand, alle Feststellung nur »Hypothesis« ist, wörtlich »Unterstellung«, schließlich willkürliche Stillstellung dessen, was in der Tat nie stillsteht, sondern grenzenlos in den Fluß der Dinge wieder zergeht. So erweist es sich gerade angesichts der Forderung der eindeutigen, einzigen Bestimmtheit, gerade gemessen an ihr, die, wie schon gesagt, nicht irgendwelchen besonderen Seinsbereichen oder Seinsweisen unterschiedlich eignet, sondern überhaupt der Sinn des ohne Einschränkung verstandenen Ausspruchs »Es *ist*« ist. Wieso gilt dennoch diese Forderung dem Endlichen, das, als Endliches, sie zu erfüllen so ganz außerstande ist? Oder wieso ist sie für es etwa doch irgendwie erfüllbar? Wieso *ist* sie am Ende doch tatsächlich erfüllt?

Nur eine Antwort ist hierauf zu geben: Gefordert ist sie vom Urgrund her, kraft der notwendigen Zurückbeziehung auf ihn. Tatsächlich erfüllt aber, wenn und sofern es *Tatsache überhaupt gibt*.

Kann aber diese Tatsächlichkeit je *bewiesen* werden? Antwort: beweisen kann sie sich dem Intellekt niemals; einsichtig zu machen einem Verstande, der nichts als Vermittlung und Beziehung kennt und kennen darf, ist sie auf keinerlei Weise. Aber sie ist etwas besseres als beweisbar, sie ist *gelebt*, ist Leben selbst; Leben aber, Erleben, ist des Beweises so unfähig wie unbedürftig.

Das hat Leibniz, das hat auch Kant sehr wohl gewußt. Was *Sein* ist, sagt Leibniz, weiß ich einzig dadurch, daß ich bin. Und vom Sein schlechtweg, ohne Einschränkung, vom „Ding-an-sich", ebenso wie von seinem Gegenstück, der Urtatsache des Ich, lehrt Kant, daß es, nach seinem »Was« und »Wie« durchaus unerkennbar, seinem Daß nach durch die schlichte *Tatsache*, daß überhaupt etwas erscheint, und *mir* erscheint d. h. für mich eben *ist*, unzweifelhaft gewiß sei.

Die Bezüglichkeit, auch die unendliche Bezüglichkeit, vermag der Daß-Sicherheit der Tatsache nicht nur nichts anzuhaben, sondern gerade damit, daß die Relativität unendlich, daß sie *total* wird, wird durch sie die Einzigkeit der Tatsache gewährleistet. Und umgekehrt: weil und sofern bei keiner nicht-einzigen Bestimmung der Tatsache stehen zu bleiben möglich ist, wird die Relativität unendlich und total; anders könnte sie sich nicht so beweisen. Denn: die reine Tatsache wäre erst die, welche auch, und gerade, gegenüber der unendlichen, der totalen Relativität aller Bestimmungsmöglichkeiten im Bereich des Endlichen, gegenüber dem endlosen Fortgang von endlicher zu endlicher Bestimmung, standhält. Eine verstandesmäßige Bestimmung der Tatsache, der *reinen* Tatsache, eine in diesem Sinn „gegebene", das heißt fertig bestimmte Tatsächlichkeit ist hiermit ausgeschlossen. Da aber die Tatsache gleichwohl unwidersprechlich *ist* — wir erleben, wir leben sie ja, wir *sind*, und unser Sein ist uns unanzweifelbare Tatsache; und ebenso ist es uns unzweifelhafte Tatsache, daß das und das, in der und der Lage, unter solchen und solchen Bedingungen, so und so sich uns darstellt oder erscheint —, so beweist sich darin mit dem stärksten nur denkbaren Beweise, mit der unmittelbaren, gar keiner anderweitigen Vermittlung bedürftigen noch fähigen Gewißheit, mit der schlichten Daß-Gewißheit des Erlebten, die Tatsache, nicht bloß unbeschadet der Relativität, und zwar der unendlichen, der totalen Relativität, sondern gerade durch sie, allein durch sie, und umgekehrt für diese Relativität selbst, kraft ihrer (der gelebten Tatsächlichkeit) unangreifbaren Gewißheit, nur bestätigend. Nur die nicht totale Relativität würde die Einzigkeit der Tatsache, nur die Nichteinzigkeit der Tatsache die Relativität, jedenfalls die totale Relativität, etwa zweifelhaft machen. Denn was in einem Beziehungszusammenhang gilt, in einem andern nicht gilt, ist eben damit nicht auf einzige Weise bestimmt; was dagegen in allem, auch unendlichen Wechsel der Beziehungen bleibt, was es ist, das und allein das ist damit in seiner Einzigkeit gesichert.

Es ist, nur in methodischer Wendung, nichts anderes als das früher Gesagte: das Leben beweist sich dem Tode übermächtig, einfach damit, daß es lebt. Die jetzt erreichte Fassung ist nur strenger: Tod wäre der Zergang in die (nicht totale) Relativität; aber die Tatsache zergeht nicht, gerade indem und dadurch daß die Relativität total wird. Zwar dem bloß vermittelnden, beziehenden *Denken* wird sie damit unerfaßlich, aber in ihrer Unmittelbarkeit, ihrer Un- und Überbezüglichkeit ist sie gerade damit gewiß der selbst unmittelbaren, überbezüglichen, allen Vermittlungen und Beziehungen voraufgehenden Erfassungsweise, die nicht zu Unrecht, im Unterschied von Denken, *Anschauung*, besser noch *Einschau* (intuitus) genannt wird. »Anschauung ohne Begriff ist blind, Begriff ohne Anschauung ist leer«, lautet ein berühmter Satz Kants. Genauer sollte es heißen: Anschauung ohne Begriff *wäre* blind, Begriff ohne Anschauung *wäre* leer; denn wirklich kann Anschauung ganz ohne Begriff, und Begriff ganz ohne Anschauung gar nicht bestehen. Die Anschauung füllt mit ihrem Gehalt den Begriff, der ohne sie, als bloße Funktion, freilich leer bliebe; der Begriff erleuchtet die Hinschau, die ohne ihn blind wäre, und macht sie erst sehend, sagt ihr, gibt ihr Sprache für das, *was* sie erschaut, so daß sie es nicht bloß *hat*, sondern *weiß*. Doch kommen beide, auch in ihrer engsten Vereinigung, nie ganz zur Deckung. In aller begrifflichen Bestimmung des Angeschauten verbleibt der Anschauung stets ein nicht erschöpfend bestimmbarer, doch weiterer Bestimmung offener Rest. In aller Veranschaulichung des Begriffes, aller Darstellung »in concreto«, ja »in individuo« (so umschreibt Kant seinen Begriff »Anschauung«) bleibt umgekehrt die Allgemeinheit der Denkfunktionen zuletzt unausgefüllt. Ihr Rahmen geht stets über das Bild hinaus. Insofern darf es in der Tat doch heißen: Anschauung ohne Begriff *ist* blind, Begriff ohne Anschauung *ist* leer; nämlich das eine wie das andere, soweit und indem beide zwar nie völlig ohne einander sind, aber doch auch nie völlig zur Deckung kommen.

[2. Vorlesung]

§ 5. Der hohe Gewinn dieser Betrachtung ist, daß dadurch die *Seinsgeltung des Erscheinenden*, alles Erscheinenden, auch bis zum flüchtigsten Sinnesschein und selbst Gedankenbetrug, voll gewährleistet ist. Auch Schein und Trug *ist*, ist etwas in der *Wirklichkeit*, gehört selbst zu ihr, ist selbst *Tatsache*. Es ist als solche gesichert aus dem Transzendentalen, einzig aus ihm, während es, anders als aus ihm, niemals gesichert sein könnte, sondern ewig in der Luft schweben bliebe zwischen einem Sein, das sich doch nicht behaupten kann, und einem Nichtsein, das dennoch irgendwie sein muß, wenn es doch mit Wahrheit ausgesagt wird. Und dies gilt nicht bloß vom sinnlich oder bloß gedanklich Erscheinenden oder sich so gegenständlich Darstellenden, sondern von allem irgendwie Gelebten. Es gilt auch vom ganzen Bereich der Strebungen und Gefühle, überhaupt von allem, was irgend zum Inhalt des Gelebten gehört. Es ist damit das endgültige Ja gesprochen zum *Leben* in seiner Ganzheit, auch bis in seine dunkelsten Abgründe. Das ist befreiende, ja man darf sagen erlösende

*Einsicht*. Es ist »Glaube«, nicht als sollte damit irgend ein Grad von Nichtgewißheit, von nur subjektiver Geneigtheit oder selbst Entschlossenheit des Annehmens ausgedrückt werden; sondern im Sinne jener unbedingten Zuversicht, die einzig dem Selbst*gelebten* eignet. Es ist Lebens-, nicht nur Denk- oder Verstandesgewißheit.

Hierdurch wird klar, mit wie hohem Recht Kant »Erscheinung« nicht für trüglichen »Schein« nimmt, und der »Erfahrung«, in aller ihrer von ihm scharf betonten und bewiesenen Bedingtheit und Unvollendbarkeit, voll gesicherte, ja für uns alleinige *Sachgeltung* (»Realität«) zuspricht, ebenso wie andererseits die Unerfahrbarkeit und damit Unerkennbarkeit des Seins an sich ihm nicht etwa dieses Sein selbst zweifelhaft macht; wie auch die Unerreichbarkeit der »Idee« in ihrem ewigen Forderungs-, nicht Erfüllungssinn für den beziehenden und vermittelnden »Verstand« ihm keinerlei Einwand bedeutet gegen ihre höhere, der stets nur bedingten Realität der Verstandeseinsicht unbedingt überlegene, auch diese selbst erst letztlich begründende *Wahrheits*geltung. Wir dehnen die gleiche, eigentlich kritische Betrachtungsweise nur aus auf das Ganze des Lebensgehalts, welcher in Kants theoretischer und praktischer Vernunft und allenfalls noch Urteilskraft nicht aufgeht, sondern, wie sich ergeben wird, noch einiges mehr, und jenes alles in weit strengerer Verkettung, in weit geschlossenerer Einheit enthält, als Kant es gesehen hat. Aber das ist kein Abfall von Kant, es ist im Gegenteil die nur viel weiter gehende Bewährung gerade seiner tiefsten Einsicht, über die Schranken hinaus, die für ihn nicht sowohl unüberschreitbar, als überhaupt unbemerkt geblieben waren. Sein »Kritizismus« wollte eine »Methode« sein, nicht mehr. Bewährt sich uns die Methode, bewährt sie sich noch weit hinaus über das, worauf er sie angewandt hat, so ist das nicht Untreue gegen seine Leistung, nicht ein Wieder-Preisgeben seiner weltgeschichtlichen Errungenschaft, sondern nur weiteres Vordringen und Bewähren gerade seiner besten Einsicht, über die persönliche und zeitbedingte Schranke hinaus, an die auch das größte menschliche Genie schließlich gebunden bleibt.

Gerade Kant hat in aller Schärfe ausgesprochen, daß Philosophie nicht hoffen darf, im luftleeren Raum des bloßen Verstandes, auf den Flügeln der bloßen Ideen, fortzukommen; daß sie durchaus darauf angewiesen ist, sich auf ein letztes *Faktum* zu stützen; sonst finde sie »keinen Widerhalt, gleichsam zur Unterlage, worauf sie sich steifen und woran sie ihre Kräfte anwenden könnte, um den Verstand von der Stelle zu bringen.« Ich habe früher großes Gewicht darauf gelegt, daß dies Faktum vielmehr ein Fieri, nicht ein Getanes, sondern ein ewiges *Sich-tun* sei. Denn »Im Anfang war die Tat«. Das ist, was ich vorhin »Leben« nannte; gemeint war damit eben die Tat, die volle *Aktlebendigkeit*, in der allein das Leben ganz Leben ist. Das verblaßt und erstarrt bei Kant zu sehr zu dem bloßen Faktum *Wissenschaft*, dem gleichsam-Faktum des *sittlichen Gemeinbewußtseins*, darüber hinaus noch dem Faktum der (bei ihm viel zu einseitig auf bloßen »Geschmack« gestellten) *Kunst*, und schließlich eines ebenso einseitig fast allein aufs Ethische gestützten *religiösen Glaubens;* welches alles viel zu sehr bloß neben- und außereinander stehen bleibt, nicht zur innigen *Einheit* eben des vollen Lebens sich verwebt, und so durch tausendfache Wechselbeziehung und -durchdringung sich erfüllt und vertieft. Besonders dies will ich sagen mit dem Tatcharakter, mit der Akterfülltheit des Lebens, als dem Urfaktor, auf dem Philosophie fußen und an dem sie sich bewahrheiten müsse.

Darauf aber möchte, weil es uns unserer Aufgabe wieder einen Schritt näher führen wird, schon hier ein erster Vorblick zu tun sein: was denn jenes »*Im Anfang*« genauer besagt. Ein Anfang weist auf einen *Fortgang* und einen *Ausgang* voraus. Was wird denn angefangen und wieso gibt es hier einen Anfang, wieso muß es ihn geben, in welchem Sinn, in welcher Richtung wird das Angefangene dann fortgeführt oder führt es sich selbst fort, und auf welches Ziel hin? Das sind, nachdem uns durch die bisherige Betrachtung der Anfang schon in gewisser Weise, wenn auch noch nicht endgültig, nicht radikal genug, gesichert ist, die nächsten Fragen, die wir aufzuwerfen haben. Es ist, als Ganzes, die Frage, die in der Philosophie bekannt ist als die der *Methode*, d. h. des gesetzmäßig bestimmten *Ganges* der Untersuchung, der in sich notwendigen *Linie des Gedankenfortschritts*.

§ 6. Hierauf gibt nun die Antwort der Begriff der *Kategorie*. »Kategorie« besagt zunächst nichts mehr als »Aussageweise«. Zunächst aus dem grammatischen Bau seiner, der griechischen Sprache, entnahm Aristoteles, der diesen Terminus geprägt hat (wenn er nicht etwa im Sprachgebrauch der Grammatik schon gegeben war), gewisse charakteristische Unterschiede der Bedeutung von Wörtern, gemäß der verschiedenen Funktion, die sie im *Satz* und im ganzen Zusammenhang der *Rede* erfüllen; wie etwa Subjekt und Prädikat: wovon etwas und was von ihm ausgesagt wird; Eigenschaft; Geltungsumfang der Aussage; Bezogenheit; Ort und Zeitpunkt; Wirken und Leiden, und beiden gegenüber die entsprechenden Ruhezustände. Darin hat in der Tat die Sprache, obgleich nur unsicher tastend, doch im ganzen mit sicherm Instinkt, gewisse Grund*strukturen, Aufbauformen* vielmehr als Elemente, Konstruktionsstücke, Bau*stoffe* getroffen, die tatsächlich durch alles, durch die ganze innere Welt, in welcher die Sprache sich heimisch zu machen und die sie in einer zweiten, eben der Sprachwelt gleichsam abzubilden beständig am Werk ist, hindurchgehen und gleichsam das Grundgerüst ihres Baues darstellen; oder die Buchstaben des Alphabets, die Grundlaute der Ursprache des aussagbaren »Seins« selbst. In wissenschaftlich geschärfter Fassung sind es etwas wie *Konstruktionslinien,* die Grundlinienzüge des Aufbaues aller geistigen Gestalt, die wie vom Nullpunkt eines Koordinatensystems aus in die unterschiedlichen Dimensionen hinein alle Form des Denkens, des Lebens, ja des Seins selbst, bis zu den letzten erreichbaren Grenzen der Formungsmöglichkeit, gesetzmäßig zu entwickeln dienen sollen. Selbst die Grenzen der Geltungsmöglichkeit gegen den solcher Gestaltung nicht mehr zugänglichen, in diesem genaueren Sinne eben »transzendenten« Bereich müssen sich durch die Kategorien zwar nicht geben, nicht ursprunghaft bestimmen lassen (denn das Transzendente ist durchaus auch das Überkategoriale), aber durch sie wenigstens negativ auszudrücken sein eben als das, wozu die Kategorien *nicht* mehr reichen, z. B. das *nicht mehr* subjekthaft oder prädikathaft Seiende, *nicht* zu Qualifizierende oder zu Quantifizierende, *nicht* in solcher oder sonstiger Relation zu Anderem zu Verstehende, *nicht* nach Ort oder Zeit zu Bestimmende, *nicht* in das Gegenverhältnis des Wirkenden und Leidenden Eingehende, oder bloß Zuständliche, und was sonst noch hier in Frage kommen mag. Besonders zu betonen ist gleich hier, daß uns Kategorien nicht tote, starre *Rubriken* bedeuten, daß sie vielmehr gedacht werden müssen als bewegte, selbst bewegende, lebendige, lebenzeugende und ewig fortzeugende *Kräfte* oder *Funktionen,* die eben zufolge ihrer Beweglichkeit und tatsächlich unablässigen Bewegtheit allen Gehalt des erfahrbaren Seins seiner Erzeugung nach umfassen, erfaßbar machen und noch übergreifen. Also nicht vom lebendig Konkreten, Vollgehaltigen abziehende (»abstrahierende«) bloße *Denkmittel,* begriffliche *Handhaben,* unter welche die bereits anderweitig gegebenen, feststehenden Bildungen des Geistigen nur zu ordnen, nur zu »subsumieren« wären; vollends nicht bloße Benennungen oder allgemeine Umschreibungen, durch die sie nur ausgedrückt, vertreten, in Klassen geteilt, gleichsam in Schubfächer geordnet, oder in etwas wie eine Kartothek eingestellt werden sollen; sondern ganz im Konkretesten des Konkreten verbleibende, im Vollpräsenten mitpräsente, und so auch selbst nur im konkret Präsenten, vollgegenwärtig Vorliegenden erfaßliche *letzte Sinngehalte* dieses Vollgegenwärtigen selbst, in diesem selbst als gestaltende, gestaltschöpferische Kräfte waltend und wirkend; so wie in den Grundpfeilern eines Baues die sein Ganzes haltende Kraft, sein architektonischer Sinn sich lebendig ausspricht und wirkungskräftig beweist. Dies schließt vor allem ein, daß die Kategorien, als Elemente nicht toter, ruhender *Form*, sondern ewig lebendiger *Formung*, in allem, was durch sie sich formt, zugleich sich selbst erst herausbilden und fort und fort weiter entwickeln, in immer reicherer Verflechtung mit einander eine grenzenlose *Abwandlungsfähigkeit* beweisen und durch ihre *Wechselbedingtheit* der toten Abstraktion beständig entgegenwirken. Sie sind somit die *erzeugenden Funktionen* des inneren, konkreten Seinsaufbaus selbst. Das will eigentlich die »Erzeugung« besagen: diese durchgängige Wechselbedingung und Wechseldurchdringung der Funktionen, durch die alles Geistige, alles, was im Vollsinn des Wortes *ist*, ein konkret Lebendiges ist und das eine, unzerstückte Leben des Geistes, das eine, unzerstückte Sein selbst ausmacht; in welchem alles organisch verbunden, nichts vom anderen losgerissen ist, alles *einen* Lebensatem atmet, darum auch von jedem aus zu jedem anderen die Zugänge offenstehen. So bleibt die Erzeugung des Erzeugten stets mächtig und ist, was dadurch erzeugt wird, immer auch wiederum Erzeugen; ebenso wie dieses selbst nur lebendig bleibt im fortwährend Neuerzeugtwerden. Die Erzeugung ist, noch eigentlicher, *Ertätigung* vom Innenpunkt her, von jenem Innenpunkt, der in mehr mechanischem, in der Tat allzu mechanischem Vergleich früher bezeichnet wurde als die Schwungkraft des Rades, die in der drehenden Achse ihren Sitz und Ursprung hat. Darin eben betätigt sich die schließlich *eine* schöpferische *Urkraft*, die vorhin »Geist« genannt wurde; die selbst zwar ihrem absoluten und letzten, ewig sich gleichen, schlechthin allumfassenden Wesen nach unerforschlich bleibt, aber in ihrer tatsächlichen Auswirkung (eben der kategorialen Erzeugung aller irgendwie erfaßlichen geistigen Bildungen) als Tatsache, recht eigentlich: Sache der Tat, des lebendigen Vollzugs, sich bezeugt.

Doch darf nun eben dieser Unterschied auf keine Weise verwischt

## Kategorien als erzeugende Funktionen des Seinsaufbaus 15

werden: des unserem Verstehen nicht zugänglichen, totalen Vollzugs, und der in endlichem Bereich bestimmt aufweisbaren, daher selbst stets endlich begrenzten und bestimmten, in »möglicher Erfahrung« zutage liegenden, also durchaus wissenschaftlich erforschlichen Auswirkung. Absolut konkret würde allein das erstere sein, während in allem, was sich erfahrungsmäßig darstellt, stets ein Moment der Abstraktion bleibt. Denn das empirisch sich Darstellende begrenzt sich stets auf irgendeinen Umfang der Meßbarkeit, der Bestimmbarkeit, der meß- und bestimmbaren Ausprägung überhaupt, sei es auch bis zu infiniten und infinitesimalen Bestimmtheiten. Auch die empirische Bestimmung *strebt* zwar immer zum Konkreten, sie ist stets konkret, nicht abstrakt *gemeint* und *gerichtet*, sie ist stets, in Kants Sinn, »synthetisch«, nicht »analytisch«, aufbauend, nicht abbauend, gestaltend, nicht gestaltauflösend, nivellierend. Aber schon darin, daß von einem Aufbauen, einer »Synthesis« hier überhaupt zu reden ist, beweist sich, daß von der gestaltlosen Materie, vom Baustoff und Baukitt doch immer noch der Ausgang genommen und damit erst gearbeitet wird; daß das ganze Werk an solche materialen Voraussetzungen doch insoweit noch gebunden und dadurch eingeschränkt bleibt, die geistgeborene und damit ganz konkret lebendige Gestalt also dem Stoff erst eingebildet werden soll, also, da sie den Stoff nie ganz bewältigt, auch nie damit völlig zum Ziele kommen, sondern Restprobleme immer übrig lassen wird. Eine in sich gestaltlose Materie bleibt da immer anzuerkennen. Mit ihr ist zu rechnen und ihr eine bedingte, damit aber zugleich auch bedingende Rolle gegenüber der geistigen Formung zuzugestehen. Das wird die Leistung der Formung gerade dann nicht beeinträchtigen, wenn sie sich dieses unüberwindlichen Mangels stets bewußt bleibt und nie das unvollendete und unvollendbare Werk für vollendet oder unter endlichen Bedingungen überhaupt vollendbar ansieht und ausgibt. So bleibt notwendigerweise der ganze Prozeß nicht der theoretischen Erkenntnis allein, sondern ebensosehr, ja noch weit fühlbarer, des handelnden Lebens, ja auch der freien, im weitesten Sinne künstlerischen Schöpfung und Formung jeder Art, unabgeschlossen, des reinen Abschlusses überhaupt unfähig. Mag jeder nur auftretende einzelne Widerspruch seinen Ausgleich finden, so schlummern in jedem solchen Ausgleich neue Widersprüche, und wie viele auch deren ferner ihren Ausgleich finden mögen, nie wird im ganzen Bereich des endlich Erfahrbaren der Widerspruch ganz ausgetilgt sein. Denn die Bedingtheit dieses ganzen Prozesses einer »möglichen Erfahrung« (im nicht nur theoretischen Sinn) muß offenbar von einer Art sein, welche die totale Ausschaltung des Widerspruchs, die Herstellung eines reinen, schlechthin fraglosen Einheitszusammenhanges auch nur in einer der wesentlichen Richtungen geistiger Gestaltung, geschweige in der Allheit ihrer Richtungen und Dimensionen, nicht nur zu einer wegen des Umfangs und der Schwierigkeit für Menschenkräfte in Vollständigkeit nie zu bewältigenden Aufgabe, sondern zur vollen inneren Unmöglichkeit macht.

[3. Vorlesung]

§ 7. Eben hieraus ergibt sich aber die unermeßlich große Aufgabe der *kategorialen Grundlegung* alles Geistigen. Diese Aufgabe als ganze lösen zu wollen hieße mit dem titanischen Entwurf *Hegels* um den Siegespreis ringen. Sie ist ihrem ganzem Umfang nach sicher nicht lösbar. Erschöpfbar aber können und müssen die *ursprünglichen Fragerichtungen* sein, und durch sie die obersten Begriffsteilungen, die Abgrenzungen der großen Gebiete philosophierender Forschung, und die Grundbeziehungen unter diesen, durch die sie zur einen Philosophie, zum System (wie anfangs schon gesagt wurde) der philosophischen Fragen sich zusammenschließen. Dies muß wohl auf Grund einer geschlossenen Zahl von *Grundkategorien* sich in eindeutiger, ausschließender Bestimmtheit geben lassen, während das System der Kategorien überhaupt grenzenlos offen, keiner Erschöpfung in irgendeinem Sinne fähig sein wird. Die Grundkategorien aber müssen zulangen für die Allheit der philosophischen Grundfragen, und zwar nicht so, daß sie auf einen irgendwie auch nur den Haupteinteilungen nach voraus feststehenden Inbegriff geistiger Gestaltungen nur Anwendung fänden oder nur die Rubriken dafür böten, sondern so, daß sie in strenger Ableitung nach einer in den Grundkategorien selbst schon eingeschlossenen, mit Sicherheit aus ihnen gleichsam abzulesenden Gesetzmäßigkeit sich auseinander entwickeln und kraft ihrer daraus fließenden wechselseitigen Beziehungen sich zu einem System, zu eben jenem System, welches die philosophische Systematik sucht, zusammenschließen; einem System, welches auf diese Weise aber nur das System der philosophischen Grundfragen sein kann.

Schon wenn man nach dem notwendigen Ausgangspunkt, nach einer methodischen Fortschreitung und nach dem Ziel oder der Grenze des ganzen Aufbauprozesses fragt, oder nach Möglichkeit, Folgeentwicklung und Erwirkung, nach endlicher Bestimmung, endlosem Fortgang von Endlichem zu Endlichem, und der Grenze dieses Fortgangs im Überendlichen und Überunendlichen, mit jedem Wort überhaupt, mit dem von Philosophie, ihrer Aufgabe, ihrem Verfahren, ihrem Woher und Wohin geredet wird (daher gewiß auch mit allem, was bis hierher darüber gesagt wurde) — mit dem allen steht man schon mitten im Geflecht der Kategorien und folgt, wissend oder nicht, ihren Gesetzlichkeiten, oder man redet ins Blaue.

Gibt es nun für die Aufstellung und Anordnung der Grundkategorien selbst einen sicheren notwendigen Ansatzpunkt, einen schlechthin *voraussetzungsfreien Anfang?* Schon indem man so fragt (und man kann nicht umhin so zu fragen), setzt man vieles voraus. Man setzt voraus den Sinn der Voraussetzung und Folgesetzung selbst, der Entwicklung der Folgen aus den Voraussetzungen, des logischen Vor und Nach, der Begrenzung solcher logischen Entwicklung zwischen einem Ersten und Letzten; einem Ersten, dem nichts mehr vorgeordnet, einem Letzten, dem nichts mehr nachgeordnet sei; man setzt voraus einen logischen Nullpunkt, ein Unendlich als Gegenpunkt, und dann eine Reihenordnung der kategorialen Setzungen, die es eben möglich macht, von einem logisch Ersten und Folgenden und so fort bis zum Letzten überhaupt mit bestimmtem Sinn zu reden und es sich zur Aufgabe zu stellen. Diese Reihenordnung selbst, schon rein ihrem formalen Aufbau nach, muß in den Urkategorien gegründet liegen und eindeutig sich aus ihnen ergeben, also auch in strenger Beweisführung sich aus ihnen herleiten lassen. Denn es ist nicht nur nicht ausgeschlossen, sondern innerlich notwendig, daß diese Grundordnung, wie auf alles erst Abzuleitende, seiner logischen Folge und seinen inneren wechselseitigen Beziehungen nach, und deren mögliche Entwicklung, so auch auf sie selbst, die Kategorien, auf ihre eigene Ordnung und Entwicklung und wechselseitige Beziehung, Anwendung leiden; daß (mit anderen Worten) *das System der Kategorien selbst kategorial zu begründen* ist.

Vielleicht aber ist es darum doch nicht notwendig, daß diese Ordnung und Entwicklung des ganzen, unendlichen Systems der Kategorien nur auf *eine einzige* Art möglich sei. Vielmehr, da alle Kategorien, jedenfalls aber die Grundkategorien, wie überhaupt alle Kategorien gleicher Ordnung, gleichen Ableitungsgrundes und sozusagen gleicher Dimension, sich gegenseitig bedingen und zwingend auf einander hinführen, muß wohl letzten Endes gleichgut *von jeder zu allen* zu gelangen sein. Doch kann darum wohl eine Anordnungs- und Entwicklungsweise die natürlichste und nächstliegende insofern sein, als von ihr aus die Aufstellung des ganzen Systems sich am einfachsten und durchsichtigsten, damit auch sichersten ergibt. Diesen natürlichen Ausgangspunkt werden wir nachweisen in der von Kant unter dem Titel der *Modalität* zusammengefaßten Dreiheit von Kategorien; die übrigens in Kants System selbst (nur äußerlich betrachtet) am Ende stehen, in Wahrheit allen seinen Dispositionen der philosophischen Probleme von Anfang bis zuletzt leitend und bestimmend zugrunde liegen. Auch weisen Spuren genug darauf hin, daß sich Kant dessen wohl bewußt gewesen ist. Es ist merkwürdig genug, daß dies in seiner Darstellung gleichwohl tief versteckt geblieben ist. Allenfalls in ein paar gelegentlichen Anmerkungen, so namentlich in einer Note am Schluß der Einleitung der Kritik der Urteilskraft, tritt davon etwas zutage. Viel offener liegt es vor in dem bekannten Dreischritt des Hegelschen »dialektischen Prozesses«, welcher sehr nahe kommt dem Heraklitischen Grundgesetz, welches Plato dahin formuliert: daß das Eine sich in sich selbst entzweit (oder auseinanderstrebt: τὸ ἓν διαφερόμενον ἑαυτῷ), um aus der Entzweiung beständig wieder in die Einheit zurückzugehen (ξυμφέρεται ἀεί). Besonders das scheint Kant nicht klar gesehen zu haben, erstens, daß die zunächst für das Gebiet der theoretischen und noch enger der mathematisch-naturwissenschaftlichen Erkenntnis aufgestellten Kategorien, und zwar in allen Stücken, in wesentlich identischer Grundfunktion, ebenso zwingend und für die ganze Ordnung der überhaupt zu stellenden philosophischen Fragen bestimmend, in der praktischen und auch in der dritten Art der Erkenntnis, die er Urteilskraft nennt, wirksam sein müssen und tatsächlich bei ihm selbst wirksam werden; zweitens, daß auch diese oberste Dreiteilung der philosophischen Frageordnungen selbst, wie überhaupt jede in irgendeinem Sinne auf das Ganze der Philosophie sich erstreckende Problemgliederung, gleichviel welcher Stufe und welchen Gewichts, zuletzt nur auf einer und derselben letzt-kategorialen Ordnung der philosophischen Fragen beruhen kann und tatsächlich beruht. Hätte Kant dies begriffen, so würde sich daraus sofort eine ganze Reihe sehr einschneidender Berichtigungen seines Systemaufbaus ergeben haben. Z. B. hätte er erkennen müssen, daß, so wohlbegründet der von ihm behauptete »Primat« (Vorrangstellung) der praktischen Vernunft gegen die theoretische ist, es diesem gegenüber noch einen anderen, viel radikaleren Primat geben muß und gibt, nämlich den der dritten, ich sage der schöpferischen Vernunft, der Poiesis, gegen beide, Theorie und Praxis; und so noch vieles andere, was in unserer Systematik je an seiner Stelle zur Sprache kommen wird. Dieser ganze Begriff des Primats, der Erststellung, allgemein einer Rangordnung der philosophischen Fragen gemäß ihren Abhängigkeitsbeziehungen, ist einer der greifbarsten (von Kant vielfach mit der Treffsicherheit des Genies auch sachlich zutreffend gefundenen) Ausdrücke der kategorialen und zwar grundkategorialen Natur überhaupt aller philosophischen Frageordnungen, die jeder einzelnen Frage ihre genaue Stelle im System der Philosophie anweisen und damit die Möglichkeit eröffnen, eben das System der Fragen einer jeden Ordnung und damit ihre Abhängigkeitsbeziehungen untereinander sicher zu bestimmen und in gewissem Sinn zu erschöpfen. Solcher Frageordnungen mag es indessen unbestimmbar, ja unendlich viele geben. Es hat keine Not, daß man damit zu rasch zu Ende käme. Grundsätzlich wird man vielmehr eine nie abreißende logische Fortentwicklung wenigstens offen halten, vielleicht fordern müssen.

Nach diesem allen ergibt sich die Aufgabe der philosophischen Systematik als (letzten Grundes) eine und dieselbe mit der der Begründung und Entwicklung des nicht geschlossenen, sondern offenen *Systems der Kategorien*. Das Verhältnis nähert sich der vollen Deckung, je mehr man unter Kategorien nicht bloß Titel oder dispositionelle Rubriken versteht, sondern, wie gesagt, die Konstruktionslinien, die in ihrer, in immer neue Dimensionen fortführenden *Evolution* die Grundgestalten alles Geistigen vom ersten bis zum letzten, vom Schlichtesten bis zum Höchstkomplizierten, vom logischen Nullpunkt bis zum Gegenpunkt im Unendlichen sich erzeugen und in der Gesetzlichkeit ihrer Erzeugung zugleich deren ganzen rein erfaßlichen Gehalt, mitsamt dem unausschöpfbaren Reichtum ihrer Wechselbeziehungen, hervorgehen lassen. Damit nimmt die philosophische Systematik, als ganze, die Form einer *Allgemeinen Kategorienlehre* an. Als solche sollte sie ursprünglich auch betitelt werden. Doch scheint es unvorgreiflicher und mehr das Ganze der Aufgabe umfassend, an dem Titel »Systematik« festzuhalten. Denn auch mit der Kategorie ist noch kein Letztes, sondern höchstens ein Vorletztes getroffen. Ihre ganze Bedeutung und Funktion wird erst klar, wenn man von ihr noch eine Stufe weiter zurückfragt.

§ 8. »Kategorie« heißt, wie gesagt, dem Wortsinn nach »*Aussageweise*«. Um aber jeden Schein des nur Grammatischen oder wenigstens einer vielleicht nicht vollberechtigten, wohl gar ausschließlichen Anlehnung an dieses zu vermeiden, wäre genauer zu reden von *Bestimmungsweise*. Woher aber überhaupt Aussage? Woher Bestimmung? Wäre etwa das das absolut Letzte, daß Etwas von Etwas ausgesagt oder bestimmt, festgesetzt, ausgemacht wird, Etwas von Etwas gelten oder hinsichtlich seiner statthaben, stattfinden soll? Schwerlich: Denn sofort sieht man, daß es sich bei dem allen schon um ein *Verhältnis*, um eine *Beziehung* zwischen mehreren, zumindest und zuletzt zwischen zweien handelt: dem, wovon ein anderes, und dem, was von diesem ausgesagt oder bestimmt wird. Was ist denn zuletzt oder woher kommt diese Zweiheit? Was ist und wie versteht sich zuletzt dieses Verhältnis, diese Beziehung, welche die zwei aneinanderbindet? Ist das schon schlechthin radikal, oder, wenn nicht, auf welches Radikalere, auf welches Letztradikale ist es zurückzuführen, oder daraus zu verstehen? Schon indem man so fragt, setzt man es als nicht Letztradikales voraus, sonst dürfte hier gar nichts weiter zu fragen bleiben. Das Sein überhaupt und was und woher etwas ist, die Beziehung, das Verhältnis und was in Beziehung oder Verhältnis zwar steht, aber — abgesehen davon — vor dem doch wohl irgendwie auch schon etwas sein muß; die Einheit und Zweiheit und das Gegenüberliegen, die Polarität, und wer weiß was sonst noch alles, scheint in dieser Frage schon vorausgesetzt, also als Radikales angesehen zu werden. So auch das Voraussetzen selbst und das Verhältnis der Voraussetzung zu dem, wofür es Voraussetzung ist, und die Radikalität, die Letztlichkeit der Voraussetzung; überhaupt das ganze Verhältnis des logischen Früher und Später, Vor und Nach; und wohl noch vieles andere. Oder ist dies Täuschung? Sind vielleicht in Wahrheit im Fragen, im Voraussetzen, in dem Gedanken eines Radikaleren und weniger Radikalen und so fort, eben die Grundbeziehungen der Aussage schon mitgesetzt, und also doch diese das eigentlich und ursprünglich Bestimmende? Das will nicht sogleich klar werden.

Man ist, indem man nach dem *notwendigen Ausgangspunkte des Philosophierens* suchte, schon früh darauf gekommen, daß das Erkennen, und als Grundfunktion des Erkennens das *Denken*, dieser gesuchte Ausgangspunkt oder jedenfalls ihm sehr nahe sein müsse, da es selbst, das Erkennen, das Denken leicht als das Radikalere erscheint gegenüber dem, *was* gedacht oder erkannt wird. Um aber dann im weiten Bereich des Erkennens wiederum gleichsam zum Nullpunkt zurückzugehen, schien es das Sicherste, vielmehr vom Nichterkennen, vom Nichtwissen, als gleichsam dem *Nullpunkt* des Denkens, den Ausgang zu nehmen; oder, da noch vor dem Ja und Nein die *Unentschiedenheit der Frage*, das Stehen gleichsam am Scheidewege liege, so meinte man ausgehen zu müssen vom *Zweifeln* oder, fast gleichbedeutend damit, von der *Frage* selbst. Das mochte dann wohl das Letzte zu sein scheinen, wovon sich ausgehen lasse. Denn hinter das Fragen überhaupt noch weiter zurückzufragen, erscheint widersinnig. Dennoch gibt es am Ende auch diesem gegenüber ein noch Radikaleres; den *Sinn*, den Sinn des Sinns selbst; denn Fragen heißt Sinn suchen, Sinn vermissen. Wer fragt, setzt voraus, es gibt den Sinn. Man sucht nicht, wovon man nicht voraussetzt, daß es das gibt, was man sucht. Diesem aber, dem Sinn selbst gegenüber etwas noch Radikaleres zu suchen, scheint völlig sinn*los* zu werden.

Wir behaupten nun auch nicht ein noch Radikaleres aufzuweisen, wenn wir daran erinnern, daß doch der »Sinn« unzweifelhaft zurückweist auf ein anderes: das *Wort*, den *Ausspruch*, den *Logos*. Sinn und Wort oder Ausspruch, dies beides liegt sich so nahe, daß es fast eines und dasselbe scheint, nach dem Wort zu fragen und nach dem Sinn. Denn das Wort ist gar nicht Wort ohne den Sinn, so wie der Sinn nicht in der Luft schweben, sondern stets Sinn eines Wortes sein will, welches ihm den Halt gibt. Beides auseinanderzuhalten wird recht schwer, wenn man unter dem Wort nicht den Laut, die Lautgestalt, überhaupt nicht den bloßen Stellvertreter, sondern, wie es im gegenwärtigen Zusammenhang jedenfalls gefordert ist, den letzten Sinnträger, das letzte *Sinnhabende*, das Letzte, nach dessen Sinn gefragt wird, versteht; das Wahrgenommene oder Gedachte oder irgend sonst Gegebene $= X$, welches ich als das und das Identische $= A$ erkenne oder erkennen soll; von welchem ich irgendwie denke, vorstelle, weiß, *es ist* das und das, ist es für mich, stellt sich als dies und kein anderes mir dar. Dieses *Es*, welches das und das ist, und sein das und das *Sein*, diese beiden sind, sage ich, so untrennbar, daß es schwerer ist, sie als immerhin doch zweierlei auseinanderzuhalten, als über ihre untrennbare Zusammengehörigkeit sich im Klaren zu sein.

Daß nun dies Grundverhältnis, sagen wir von X und A, dem *was* das und das ist und was *es* ist — das Grundverhältnis also, welches sich in Satzform ausspricht als das von *Subjekt und Prädikat* —, etwas sehr Radikales in der Tat ist, ist gar nicht zu leugnen und ist auch der Aufmerksamkeit der Philosophierenden nicht leicht entgangen. Aber doch fällt auf, daß man darüber meist viel zu rasch hinweggegangen ist und sich die ganze Tragweite der Radikalität dieses Urverhältnisses nicht recht klar gemacht hat. Man empfand es vielleicht instinktiv als so radikal, daß sich davon etwas weiteres kaum sagen lasse. In der Tat erscheint es paradox, nach dem Sinn überhaupt des Sinns, und damit zugleich nach dem Sinn des Fragens, erst zu fragen, was und woher das überhaupt sei. Und doch ist das die Frage aller Fragen, und schließt in sich das ungeheuerste Rätsel, das Rätsel *des Rätsels selbst*. Das umfaßt in der Tat alles, denn alles ist zuerst und auch zuletzt Rätsel, das Rätsel, daß überhaupt *etwas ist*, ja daß gewissermaßen alles ist, und doch auch wiederum nicht ist, denn wie wäre es sonst Rätsel? Das Rätsel bedeutet die *Antilogie*, daß alles da ist, und wiederum nichts schlechthin da, alles erst gesucht, gefragt, und in sich nicht bloß fraglich, nicht bloß in Frage, sondern selbst Frage, wie wir sagen »die Frage« ist, aber eben damit doch irgendwie »*ist*«. Aber indem es Frage, indem es *die* Frage ist, indem es sich selbst zur Frage stellt, spricht es sich gleichsam aus, verlautbart sich und will vernommen sein. Darin stecken alle Wunder, das Wunder aller Wunder, das Wunder, daß überhaupt etwas »*ist*«. Was ist denn dies »Es ist«, was ist zuletzt sein Sinn? Ist es nicht, wie eben gesagt wurde, ein Sich-aussprechen, ein gleichsam Vor-uns-hintreten und sagen »Da bin ich«? Aber dann muß man doch fragen: Was spricht da? und was spricht es?

**§ 9.** Wenn man gewöhnlich von Wort und Sinn nicht gleich im ersten Ausgangspunkte des Philosophierens, sondern erst in späterem Zusammenhang, etwa in der Psychologie oder auf irgend einer nicht primitiven Stufe logischer Erwägung gehandelt hat, so versteht sich dies daraus, daß man dabei nur die Wortsprache, oder allgemeiner irgend eine nur stellvertretende Ausdrucks- oder Bezeichnungsweise im Sinn hatte; also dies, daß Etwas etwas Anderes nur vertritt, nur darauf hinweist, gleichsam einen Deut oder Fingerzeig darauf gibt, es »bedeuten« oder anzeigen will. Darin liegt kein so großes Rätsel. Es ist jedenfalls nicht das schlechthin Radikale, nach dem wir jetzt fragen. Das ist ja sichtlich bloß ein Hilfsmittel, eine Handhabe, ein Werkzeug wie der Buchstabe. Unsere Frage ist dagegen die ganz radikale nach dem Letzten, das sich, mit oder ohne solche Hilfen, aussprechen, kundgeben und vernommen sein will, und was es kundtun will, vielmehr was überhaupt ein solches *Was* besagt, und was dies Aussprechen, was das Aktive dabei, das Wortende, und was das Passive, das Gewortete, was und woher diese ganze Zweiheit, und dies Grundverhältnis dessen, das spricht und was es spricht, oder daß überhaupt gesprochen und was gesprochen wird, — was dies alles überhaupt *ist*. Da ist nicht mehr bloßes *Repräsentieren*, sondern ursprüngliches *Sich-präsentieren* und *Präsentsein;* nicht Vergegenwärtigen eines Nichtgegenwärtigen, sondern Unmittelbarkeit der Gegenwärtigung. Und dem entspricht als Gegenseite, daß es (sowohl das sich Präsentierende als das, als was es sich präsentiert) *vernommen* wird; daß dies beides (und zwar dies beides in unlöslicher Einheit) nicht bloß da, sondern *für einen* da ist, ohne welche Beziehung auf den, dem es da ist, auch das »Da« selbst seinen Sinn verlöre, denn es bezeichnet stets den Punkt, wo es dem so und so zu ihm gestellten Vernehmenden sich darstellt.

Ich scheine vielleicht unnötig lange bei diesem Urrätsel des Daseins zu verweilen. Ich möchte in der Tat gerne wissen, ob nicht Andern ebenso auffallend, so allgegenwärtig-wirklich und dabei so beunruhigend, ja erschütternd rätselhaft die Tatsache ist, die ich, rein feststellend, was mir vor Augen liegt, so auszusprechen versuche: Was auch immer sich mir darstellt, sei es außen oder innen, sei es Sache oder Vorgang, sei es Wahrnehmung, Phantasie, Gedanke, oder Gefühl, Willensantrieb oder was auch immer, sei es das Bedeutendste oder das Bedeutungsloseste, das Gehaltreichste oder das ganz Nichtige, sei es das Auge Gottes oder der Blume, sei es das sichtbare Universum oder das verschwindende Stäubchen oder was man nur Höchstes und Niederstes nennen mag, das stellt sich eben *mir* dar, tritt *für mich* heraus (existit); woraus denn? Aus dem an sich dennoch ungelösten, ganz unlöslichen Zusammenhang mit allem in dem schließlich einen, unzerstückten und unzerstückbaren *All;* um zu mir gleichsam zu sprechen, mir sich kundzugeben: Ich *bin,* ich bin *da,* und ich bin *dir,* bin *für dich* da. Stehen wir nicht hier unmittelbar am Urpunkte der *Schöpfung?* »Schöpfung«, das Wort weist schon hin auf das Schöpfen aus dem Urquell, dem ewig unausschöpfbaren *Ursprung* alles dessen, wovon wir sagen »Es ist«. Stehen wir also damit an dem Punkte des Hervorquellens, von dem dann der Strom des Werdens seine Fluten wälzen mag, bis er in das gewaltige Meer zurückfließt, vielleicht um auf dem Rückweg durch die Himmelswolken von neuem die tausend und abertausend Quellen zu speisen zu immer neuem und neuem Sich-ergießen? Spricht uns der Quell, so spricht auch das, was aus ihm fließt, es spricht in gewaltigem Rauschen das unermeßliche Meer, es spricht die ziehende Wolke und der herabrauschende Regen, sich ausströmend auf das lechzende Land, das ihn in sich aufsaugt, um ihn aus seinen tausend Quellen wieder hinauszusenden zum neuen, immer neuen Umlauf. Spricht da nicht alles? »Sprich aus der Ferne, heimliche Welt, die sich so gerne zu mir gesellt«, so dichtet ein ahnungsvoller Romantiker (Clemens Brentano).

Doch nicht in Romantik möchten wir landen, sondern in nüchterner, methodischer Erkenntnis. Dahin lenken wir zurück, indem wir die Frage wiederholen: Was denn *ist* das, Sprechen und Verstehen, Wort und Vernehmen des damit Gesagten und Gemeinten, Sinn-haben und Sinn-erfassen, und damit »Sein was es ist«; was *es* (so nehmen wir doch an), auch bevor es von uns vernommen, von uns erfaßt wurde, *als* das, was es ist, *in sich selbst schon war;* was es (müssen wir wohl weitergehend sagen) von jeher schon gewesen und auf immer dasselbe *ist:* τὸ τί ἦν εἶναι — sagt Aristoteles sehr scharf und prägnant, wörtlich: »das, was es war, Sein«. Er will sagen: die Aussage »es ist« das und das, welche aussagt eben das, was voraus schon es selbst in sich wirklich war und, wie gesagt, von jeher war, damit auch auf immer bleibt und so eben im prägnantesten Sinne »ist«.

[4. Vorlesung]

In der Tat, überhaupt ein jeder Sinn, jedes *Was* irgend etwas ist (oder war oder sein wird), mag auch das, *welches* dieses ist, sich tausendfach wandeln; dies selbst, das Was es jeweils ist, was dieses sich Wandelnde, in all seinem Wandel übrigens der Voraussetzung nach doch eine und selbige sich Wandelnde in jedem Punkt seines Wandels Eines und Identisches ist — dieses Was eines jeden Etwas, sage ich, wird doch gedacht als selbst ein zeitlos nur Seiendes, keinerlei Wandel seines (wie wir es nennen) *Wesens* Erfahrendes: eben das, was es ist, und kein anderes, z. B. dieser Punkt dieser Fläche, dieses Schwarz oder Weiß oder so und so Farbige, dieser Ton von der und der Höhe, Klangfarbe, Klangstärke u.s.f., oder dieser bestimmte Schmerz oder Druck oder Bewegungsantrieb, Strebung u.s.f. — dies bleibt, will ich sagen, eben das, was es, der Meinung unserer Aussage nach, eben jetzt und immerdar *ist.* Aber auch das

*Jetzt* selbst, ebenso das *Hier*, der Zeitpunkt wie die Stelle im Raum und das *Auftreten* in dieser Zeit- und Raumstelle, wird doch gedacht als ein und dasselbe, ob ich es nun jetzt erlebe oder früher auf es vorausdachte oder nachher darauf zurückdenken werde — es selbst *ist* in sich diese bestimmte, diese einzige, nur einmal, nur dies einzige Mal vorhandene, in der Zeitkette sich aufreihende, so und so bestimmte Stelle, und rückt selbst nicht aus der Stelle, so wie auch die Stelle selbst nicht aus der Stelle rückt; denn dann brauchte es ja eine Überzeit, in der die Zeit, in welche wir unser Erleben einreihen, sich wiederum wandelte. In solchem Sinn sagt Kant mit allem Recht: die Zeit selbst wandelt sich nicht, gerade weil in ihr aller Wandel sich vollzieht. In diesem Sinne also ist auch der Zeitpunkt und das zeitlich punktuelle Geschehen ein zeitlich Unwandelbares, zeitlos Ewiges, nicht weniger als das, was in ihm jeweils sich ereignet, sein Inhalt, sein Was ein unwandelbar ewiges Dieses ist. Dies alles faßt sich zusammen in dem »was es ist« oder »was es war« (τί ἦν), welch letzteres uns, wie gesagt, dies bedeutet, daß es im eben erklärten Sinn von jeher war, um auf ewig dasselbe zu bleiben, ein schlechthin unverrückbares Moment, ein sicherer, nie aus seiner Stelle weichender Punkt des Allseins und Allgeschehens. Und im Hinblick auf dieses nun fragt sich: Was ist, was bedeutet es, daß dies an sich, in sich selbst ewig dies Seiende gleichsam *heraustritt*, sich heraushebt, sich darstellt, und zu mir oder zu irgend einem Vernehmenden gleichsam spricht: Da bin ich?

§ 10. Wenn ich diesen Ausdruck gebrauche: Es spricht (gleichviel wem), so kann ich damit nicht die Absicht haben, eine Erklärung zu geben für dies schlechthin Ursprüngliche, den Ursprung selbst von allem, wovon überhaupt sich reden läßt; dies selbst noch weiter zurückzuführen auf etwas anderes, sonst schon Bekanntes und Geläufiges, vermeintlich Verstandenes oder dem Verständnis auch nur Näherliegendes — das wäre nur Zurückführung eines Rätsels auf ein anderes wahrlich nicht weniger Rätselhaftes, für das es sicher keine solche Lösung gäbe, welche nicht wieder dasselbe voraussetzte —, sondern nur das hat der Ausdruck: »Es spricht zu mir« besagen wollen und können, daß das Rätsel dasselbe ist, das auch im Geheimnis menschlicher oder sonstiger *Sprache* sich darstellt.

Es ist nicht dasselbe, aber wir werden dem, wonach wir fragen, vielleicht einen Schritt näher kommen, wenn wir uns die Frage stellen: Wie geht es zu, daß das Neugeborene, das von unserer Menschensprache noch schlechterdings nichts weiß noch wissen kann, jemals dazu gelangen kann und tatsächlich sehr bald dahin gelangt zu verstehen; nicht nur zu verstehen, *was* man mit Worten, Mienen, Gebärden, Fingerzeig, oder schweigendem Anblicken, Berühren, oder einem Tun oder Nichttun irgendwelcher Art ihm zu verstehen geben will, sondern überhaupt, *daß* man etwas zu verstehen geben, und *ihm* zu verstehen geben will? Mich dünkt aber, auch wir selbst, auch im reifsten Stadium entwickelten Lebens, sind letzten Endes in keiner wesentlich anderen, etwa viel günstigeren Lage; und zwar nicht bloß dem zu uns Sprechenden, sondern überhaupt allem gegenüber, was uns umgibt und irgendwie für uns da ist. Das setzt sich zusammen aus einer unermeßlichen Fülle von Einzelheiten, die, alle einzeln, wie nach ihren tausendfachen Beziehungen und Zusammenhängen, uns vielleicht schon (wie wir sagen) bekannt sein mögen, die wir gleichsam als alte Bekannte nur von neuem begrüßen. Das scheint eine Erleichterung für die Erklärbarkeit der merkwürdigen Tatsache des Vernehmens zu sein. Aber was ist mit diesem Schon-bekannt-sein für die Erklärung eigentlich gewonnen? Was wissen wir denn von dem allen, das wir zu »kennen« meinen? Wir wissen davon zuletzt nicht mehr als: Das ist wie das, was uns als schon einmal für uns dagewesen erinnerlich ist, und das verhält sich wie das, d. h. steht in solchen und solchen, uns schon bekannten und erinnerlichen Zusammenhängen u.s.f.; aber wenn wir nun zum Letzten kommen, was da wiederkehrt, sei es zu seinen Einzelheiten oder seinen tausendfachen Übereinstimmungen, Verschiedenheiten, Beziehungen, Zusammenhängen, dann stehen wir vor diesem Letzten gar nicht wesentlich anders als das Neugeborene, dem zum Erfassen dessen, was sich ihm darbietet, kein von früher Bekanntes zu Hilfe kommt. Was ist das denn eigentlich für eine Hilfe, die die Wiederkehr des gleichen, sei es Einzelnen, oder der gleichen Übereinstimmung, Verschiedenheit, des gleichen Verhältnisses, Zusammenhanges etc. leisten soll zum *Urer*fassen eines erstmals sich Darbietenden? Stehen wir doch zuletzt dem Einen genau so hilflos gegenüber wie dem Andern, dem Früheren wie dem Gegenwärtigen, dem Wiederkehrenden wie dem erstmals, vielleicht nur dies eine Mal Auftretenden. Kurz, das Rätsel ist für alle vermeinten Verstehenshilfen genau dasselbe wie für das, zu dessen Verständnis sie helfen sollen; es wird durch alle Häufung solcher vermeintlichen Verstehenshilfen nur vervielfältigt. Der ganze

## Das Wunder des Ursprungs 27

Schein einer Hilfe für das Verstehen kommt nur daher, daß wir uns auch an das Rätselhafteste nach und nach gewöhnen und uns seine Rätselhaftigkeit bloß nicht mehr zum Bewußtsein bringen, während doch das Urrätsel immer dasselbe bleibt. Und so verhält es sich auch mit der Hilfe des gemeinhin verstandenen Wortes, mit dem einer den anderen »bedeuten«, ihm einen Sinn geben oder übermitteln will; an dem dann auch jeder für sich das einmal Vernommene festhält und dem Schatze des schon Bekannten einverleibt, mit dessen Hilfe dann auch ein Austausch sich vermittelt zwischen zweien und mehreren, unbegrenzbar Vielen — den jetzt Lebenden nicht bloß im unmittelbaren Verkehr, sondern auch durch die Folge der Geschlechter den eingeheimsten Gewinn weiterhin Übermittelnden, mit dessen Hilfe dann ein noch regerer und fruchtreicherer Verkehr sich vollzieht, im Sinnen und Trachten jedes einzelnen mit sich selbst, im fast unablässig fortlaufenden inneren Selbstgespräch — alle solche Hilfe des gemeinhin verstandenen eigentlichen Sprachwortes, sage ich, mag sie auch sonst das Größte leisten: das Eine vermag sie ewig nicht, daß dadurch auch nur um einen Deut verständlicher wird, was das eigentlich Rätselhafte bei der Sache ist: daß wir überhaupt verstehen, überhaupt einen Sinn erfassen, daß es einen erfaßlichen Sinn, ein τί, ein »das *was* es ist«, eben *dies Sein* (τί ἦν εἶναι) überhaupt gibt, und daß wir, indem wir diesen Sinn ursprünglich vor aller Belehrung durch andere oder anderes ohne alle jene Hilfen, von denen die Rede war, erfassen, damit in eine Gemeinschaft mit ihm eintreten, oder vielmehr gar nicht erst einzutreten brauchen, sondern uns von Haus aus darinstehend finden. Denn wie sollte, wäre sie für uns gar nicht vorhanden, diese Gemeinschaft mit ihm sich jemals schließen? Wir sehen, hier ist alles Wunder — Wunder über Wunder, das heißt aber, wir stehen hier wirklich am Urpunkt, am Ursprung von allem. Denn nichts ist, was nicht an diesem Wunder teilnimmt. Es ist kein anderes als das Wunder, daß überhaupt etwas ist. Aller echte Ursprung muß ja Wunder sein; nicht wunderbar erscheint — solange wir eben nicht auf den Ursprung zurückgehen — alles Abgeleitete. Die Ableitung will eben die Erklärung geben, das Wunder aufheben. Worin aber auch die Erklärung schließlich gefunden wird, das woraus abgeleitet wird, aber auch im Grunde die Ableitung selbst, wenn man wiederum nach ihrem Grunde fragt, bleibt immer gleich rätselhaft, wunderbar. Der Ursprung selbst, wie auch das Hervorgehen aus ihm, ist nicht bloß rätselhaft, sondern ist das Rätsel selbst; umgekehrt: das Rätsel, das Wunder ist der Ursprung. Wir wollen auch gar nicht dem Abgeleiteten den Charakter des Wunders nehmen; wir unterscheiden nur das Urwunder, das Wunder des Ursprungs selbst, und das fortgesetzte Wunder der Ableitung, das nur allenfalls durch die Gewöhnung den Charakter des Wunders verliert für unsere Vergeßlichkeit, für unsere Oberflächlichkeit; aber sobald wir uns besinnen, tritt sofort der Charakter des Wunders in voller Wucht wieder hervor und offenbart sich, d. h. tritt heraus als Einzelnes aus der Allheit, dem Allzusammenhang als Hintergrund.

§ 11. Gehen wir noch einmal zurück auf das vorhin Gestreifte: Wie das zugeht, daß das Neugeborene überhaupt versteht, daß man ihm etwas zu verstehen geben will. Es setzt voraus, daß es erst einmal aus sich selbst versteht, sonst könnte es irgendwelche Belehrung von außen gar nicht empfangen. Denn genau dies setzt ja schon voraus das Verstehen selbst, und darin liegt das ganze Rätsel. Zu-verstehen-geben-wollen setzt das Verstehenkönnen voraus. Dann ist das Zuverstehengeben das geringere Rätsel, denn die erste Grundlage ist dann schon gegeben: im Verstehen überhaupt; aber dieser Grund muß gegeben sein, sonst könnte nichts von dem allen zustande kommen. Festzuhalten ist, daß dies etwas schlechthin Ursprüngliches ist, der Ursprung selbst ist für alles, wovon irgend die Rede sein kann. Das ist also das letzte Rätsel und auch der Punkt, von dem die Lösung aller Rätsel unternommen werden kann, also der gesuchte Urpunkt alles Besinnens, alles Philosophierens, aller philosophischen Systematik: Es muß gewissermaßen alles schon da sein und zwar für das Vernehmende. Es ist in der Tat so: »Es ist *in* dir, du bringst es ewig hervor«, du bringst es hervor nicht aus nichts, sondern aus dem All, als aus dem ewig strömenden Quell, aus dem du nur zu schöpfen brauchst. »Es ist in dir«, denn du selbst bist so ganz darin, daß es dir unmittelbar vertraut, erschlossen, gegenwärtig ist, als wäre es dein Eigen. Es ist jene „heimliche Welt", von der der Dichter singt, die schon »aus der Ferne« zu dir »spricht« und doch so gern sich zu dir gesellt, sich dir vertraut und zu eigen gibt. Das hat schon Kant erkannt, auch Plato als den Grund zugleich und die Lösung alles Zweifels an der Erkenntnis. Alles erst einmal in Frage zu stellen, hatte er von Sokrates gelernt. Das ϑαῦμα, die Wunderhaftigkeit alles letzten Radikalen, das hat keiner so ausgesprochen wie er. Aber, so folgert er im Menon: Wer fragt, muß das, wonach er fragt, und auch die Antwort im Grunde selbst schon wissen. Das Rätsel muß gewissermaßen seine Lösung schon in sich tragen, sonst könnte sie niemand und nichts ihm geben. Die Lösung muß aus der Frage selbst sich entwickeln lassen. Aber wie geht es zu, daß sie sich daraus schöpfen läßt? Die Lösung muß aus dem Rätsel selbst geschöpft werden, sie muß wie aus dem Schlummer erwachen, geweckt wie durch einen Anstoß von außen, erinnert durch etwas Verwandtes. Alles ist sich aber schließlich verwandt, es braucht nur geweckt zu werden, was man aus der Schatzkammer der Psyche nur heraufzuholen hat. So ist alles Lernen, wie aus dem Vorleben. Es ist ein Kreislauf des Geschehens, der eralles Zum-Verstehen-gelangen nur ein Sich-besinnen, ein Erinnern innert an unsern Vergleich, den Kreislauf aus der Quelle zum Meer und vom Meer zur Quelle und so fort. Mag dies für Plato bloß bildliche Einkleidung oder Ernst gewesen sein, es beweist jedenfalls die Aufmerksamkeit auf den Tatverhalt, auf den es hier ankommt. Als Erklärung wäre es für uns unannehmbar, nicht nur in den Einzelheiten und Voraussetzungen, die unbewiesen und unbeweisbar sind, sondern in der ganzen Grundvoraussetzung des Schöpfens aus den eigenen Gründen der Psyche, in dem mindestens scheinbaren Subjektivismus der Erklärung, der übrigens mit der ganzen sonstigen Denkweise Platons kaum vereinbar ist. Aber von diesem allen müssen wir hier ganz absehen, denn das Subjektive der Psyche ist uns noch gar nicht vorgestellt. Wir sprachen vom Neugeborenen. Aber auch in der Entwicklung der Menschheit als ganzer ist dieser Gedanke sehr spät aufgetaucht, der ursprüngliche Mensch weiß nur von etwas, was sich ihm darbietet. Nicht das Ich ist ihm das erste, sondern was sich ihm darstellt. Diese Zweiheit eines Wahrnehmenden und Wahrgenommenen, eines Subjekts und Objekts an dieser Stelle schon vorauszusetzen, wäre zum mindesten verfrüht, da hier noch keine solche Zweiheit zu Grunde gelegt wird: weder von »Ich« und »Es«, noch von »Ich« und »Du«. Das Ich löst sich ebenso langsam und rätselhaft oder noch schwerer und später von der Ganzheit des Allpräsenten ab als das Es und das Du, sondern vorher liegt dem dämmernden Bewußtsein alles wie in einer Ebene, es blickt, aber weiß sich nicht blickend, weiß nicht von einem Blickpunkt und Gegenpunkt, sondern nur von dem, was sich ihm darstellt. Es, das Blickende, muß dabei sein, aber das nehmen *wir* so an. Es selbst weiß davon nichts. Diese Stufe des Versunkenseins in das, was sich darbietet, müssen wir zunächst festhalten, mag auch weiterhin ein Unterschied zwischen Objekt und Subjekt sich herausarbeiten. Dies Gegenverhältnis wird vom werdenden und sich entwickelnden Menschenbewußtsein auf lange hin offenbar gar nicht empfunden, und auch wenn es sich herausarbeitet, wird es eher empfunden als ein ruhendes Gegenüber, eine Gleichartigkeit und Gemäßheit, nicht als ein Gegensatz beider zu einander, so von Ich mit Ich und von Es und Es. Nicht die Ichheit wird in das ichlose Objekt hineingetragen, so wenig wie die Esheit in das esfreie Ich, sondern zunächst ist beides gleich unbekannt, objektloses Ich und ichloses Objekt. Ursprünglich wäre vielmehr das Wahrnehmende ebenso wie das Wahrgenommene ein Objekt, ein bloßes Es. Daher versteht es sich, daß das Kind von sich in der dritten Person spricht und auf seinen Körper deutet, ebenso wie auf einen anderen Körper, wenn es ihn als besonderes Objekt herausheben will. In der ursprünglichen reinen Schau des erst erwachenden Bewußtseins ist dieses in das Geschaute so versunken, wie auch der gereifte Mensch in der reinen Schau, daß von einem gesonderten Subjekt und Objekt gar nicht die Rede sein kann. Also nicht »ich denke, also bin ich«, auch nicht wie Lichtenberg sagt: »Ich denke, also ist es«, sondern schlechthin: *es ist*. Erst wenn *ein* Es ist und wieder ein anderes und anderes auftritt, und diese vielen Es sich zur Schnur aufreihen, dann mag langsam und sehr ungewiß und unterbrochen ein Ich als Zentralblickpunkt bewußt werden. Diese Ablösung des Ich vom Es gehört aber sicher erst einer späteren Stufe der Bewußtseinsentwicklung an. Es ist gleichsam der Sündenfall nach dem paradiesischen Urzustand. Dann wird auch das anfangs nur schiedliche Gegenüberstehen mehr und mehr zum Gegensatz, zum Kampf. Ein Affekt der Freude oder des Schmerzes heftet sich an die für sich tendenzlos, freud- und schmerzlos gedachte tote Sache, indem das nun sich wissende und wollende Ich das, was ihm gemäß ist, anzuziehen, was ihm zuwider, abzustoßen strebt. Allenfalls als ein Vorstadium dieser viel späteren Haltung mag vorkommen, daß dem Es ein feindliches oder freundliches Verhalten zum Ich zugetraut wird. Aber dies wird für das reifere Unterscheidungsvermögen als bloß geliehen bewußt und überwunden; jedenfalls ein ganz spätes Abstraktionsprodukt ist das gefühl- und tendenzfreie Gegenüber von Subjekt und Objekt, wie wohl nur eine philosophisch gemeinte, aber an der Sache vorbeiphilosophierende Reflexion es kennt, während es dem unbefangenen Bewußtsein durchaus fremd ist.

## [5. Vorlesung]

Bevor wir von hier weitergehen, überblicken wir noch einmal das durch die letzten Betrachtungen Gewonnene; wir beschreiten noch einmal denselben Weg, indem wir ihn in drei Abschnitte zerlegen. Zunächst legte es sich nahe, den Ausgang zu nehmen vom *Sinn überhaupt der Aussage,* der *Bestimmung,* vom Sinn überhaupt dessen, *daß etwas etwas ist;* denn was auch immer ausgesagt wird, wird eben ausgesagt, setzt also stets voraus den Sinn eines Ausgesagten überhaupt.

Aber dies betrifft nur eine Seite der Sache, und faßt sie gewissermaßen nur von außen. Es trifft nur die Fassung, die Form, in der etwas sich darstellt. Solche bloß formale Betrachtungsweise führt aber leicht zu einer gewissen Erstarrung, es verschwindet die Genesis, das Hervorgehen, Entstehen, und es tritt an die Stelle ein starres Dastehen. Nicht dies aber kann der *Ursprung* selbst sein, sondern dieser wird eher zu suchen sein in bewegter, frei beweglich bleibender, schöpferischer *Funktion.* Die Form für sich ist tot, starr. Also ist (zweitens) zurückzugehen eben zur *Erzeugung,* welche die Sache des Denkens ist, des Erkennens. Das ist in der Tat der Weg, den die Philosophie gerade dann, wenn sie ernstlich aufs Radikale zurückgehen wollte, stets nur hat einschlagen können. Aber das Denken, das Erkennen ist doch eben Denken, Erkennen, *daß etwas ist.* Es schließt also das Erste, von dem wir ausgingen, schon in sich. Das ist auch in der Tat nicht wegzuwerfen; es gehört zur Sache, aber es ist eben erst zurückzugehen auf seine Erzeugung. Das Denken, das Erkennen ist Erzeugung des Seins, es ist Sein-Denken, Sein-Erkennen, nicht seinloses Denken oder Erkennen. Umgekehrt ist das Sein nur Denk-Sein, Sein der Erkenntnis.

Aber hier zeigt sich sofort noch eine Gefahr, nämlich die, daß wir immer diese zwei einander gegenüber denken: Sein auf der einen Seite, Denken auf der andern. Sei es nun, daß wir vom einen oder vom andern ausgehen, so wie so besteht die Gefahr, daß eines sich vom andern losreißt. Dann kommt man zu einem subjektlosen Objekt oder zu einem objektlosen Subjekt, welches beides es nicht gibt. Um vor dieser Gefahr sicher zu sein, muß man (drittens) zurückgehen auf den *Indifferenzpunkt,* und dies ist das Nicht-Sein, Nicht-Erkennen, Nicht-Denken, d. h. Noch-Nicht-Sein (-Erkennen, -Denken); es ist der Punkt des *Ursprungs* beider zugleich, des Seins als Denk-Sein, des

Denkens als Sein-Denken, das Stehen am Scheidewege — der *Zweifel*. Hier muß man sich nun wiederum hüten, dies etwa ganz zu scheiden von dem, was hervorgehen soll. Es soll hervorgehen die *Scheidung* in Denken und Sein, in Objekt und Subjekt, von wo aus wieder unermeßliche weitere Scheidungen ausgehen. Aber die Scheidung selbst darf an diesem Punkte noch nicht gedacht sein, jedenfalls nicht als vollzogen, aber allerdings als im Begriff einzutreten. Alle Wege stehen offen, alle gleich beschreitbar, aber noch nicht beschritten. Das eben ist der Sinn des Nullpunkts, daß er Ausgangspunkt für alles ist, daß er nichts hinter sich hat, aber alles vor sich. Das Ἄφελε πάντα des Plotin: »Nimm alles weg!« dann wirst du zu allem gelangen: das ist der Sinn des Nullpunkts. Daß Frage, Zweifel den Sinn fordert, also den Sinn selbst voraussetzt, ist kein Einwand, es nötigt nicht etwa, auf den Sinn als etwas noch Radikaleres zurückzugehen. Denn den Sinn voraussetzen heißt voraussetzen, was wir auf der ersten und zweiten Stufe vorausgesetzt haben. Sein und Denken, beide müssen erhalten bleiben in dem Dritten, so aber, daß auf den Ursprung beider (der einer und derselbe ist) zurückgegangen wird. Hiermit ist zugleich die Antwort gegeben auf das andere Bedenken, nämlich, daß doch der Sinn Sinn des Wortes sein müsse, einen Sinnträger fordere. Nun, dieser Sinnträger ist — das Gefragte selbst. Es stellt sich zur Frage, es selbst *ist* »die Frage«, nicht als ob damit nun das Gefragte, als das Objekt, das Erste, Voranstehende sein sollte. Es ist ja eben »die Frage«, es ist das Fragliche selbst, es stellt die Frage, stellt sich zur Frage. Wem? Dem Subjekt. Damit kommen wir auf das zweite, das Subjekt, doch nicht als hätten wir es schon, sondern als bezeichnend den Punkt, in welchem noch nicht entschieden ist, den Punkt des Nichtentschiedenseins, in dem eben die Frage besteht.

Also nicht das subjektlose Objekt noch das objektlose Subjekt, sondern der Punkt, wo das eine wie das andere erst hervorgehen soll, genau der Punkt der Schwebe, in welchem beides sich erst scheiden will: das ist es, worauf es hier hinauskommt. So aber ist in diesem Nullpunkt alles mitgesetzt: Sein und Denken, Sein als Denk-Sein, Denken als Sein-Denken, das »Es ist« und das »Es wird«, es ist im Werden und es wird im Sein. Und damit wird dann auch, aber ist noch nicht, Objekt und Subjekt, Objekt für Subjekt, Subjekt für Objekt. Alles dies ist im Urpunkt zu denken als im Hervorgehen, im Auseinandertreten aus dem reinen Ineinander, im Punkte der Entscheidung, des sich Entscheidens, noch aber nicht Geschiedenseins.

Hiermit ist jede vorgreifende Voraussetzung, sei es des Seins vor dem Denken, oder des Denkens vor dem Sein, des Subjekts vor dem Objekt, oder des Objekts vor dem Subjekt, des werdensfreien Seins oder des seinfreien Werdens vermieden, und so ist der Nullpunkt erst wahrer Nullpunkt geworden. Die weiteren Darlegungen haben uns dies nur bestätigt, verlebendigt und in seiner Tragweite fühlbarer gemacht: Die Urgegenwärtigung, Präsentation, das Heraustreten, Sichaussprechen, gleichsam sprechen: »Da bin ich«, die als Ursprünglichkeit, Unmittelbarkeit des »Es ist«, als Schöpfung, schöpfend aus dem Ursprung sich darstellte; das Wunder, daß alles gewissermaßen schon da ist; daß alles, was vernommen wird, oder was heraustritt, sich darstellt, sich zu erkennen gibt als etwas, das, bevor es vernommen wurde, schon eben dies war und, nachdem es vergangen scheint, noch eben dasselbe ist, welches verging; daß auch sein augenblickliches, punktuelles, schlechthin einmaliges Hervortreten selbst in all seiner absoluten Flüchtigkeit, in seiner Natur der Schwebe, der Nur-einmaligkeit, dennoch schon von Ewigkeit her dies, was einst sich darstellen sollte, war und in Ewigkeit eben dies bleibt. Denn, ist es jetzt wahr, daß es dies *ist*, so war es von aller Zeit her wahr, daß es in diesem Zeitpunkt es sein werde, und wird es in alle Zeit wahr bleiben, daß in diesem Zeitpunkt es dies war. Denn auch dieser Zeitpunkt *ist* ewig dieser selbe. In diesem Sinne ist also, was überhaupt *ist*, ewig. Das ist freilich Wunder über Wunder. Aber dies Wunder, es ist der Ursprung. Der Ursprung *ist* das ewige Wunder; das erste gegenüber dem zweiten, kaum geringeren Wunder der Ableitung, welches im Grunde das gleiche, nur fortgesetzte Wunder ist. Eben dies aber ist auch das Urwunder des Wortes, nicht bloß als Stellvertreter dessen, was es ausspricht, sondern als erstes, eben ursprüngliches Sichaussprechen; nicht bloße Repräsentation, sondern ursprüngliche Präsentation; das wortende Wort, nicht bloß das gewortete; der sprechende Spruch, nicht bloß der gesprochene.

Die mancherlei Ausführungen, die diesen Urpunkt des Systems nur von mancherlei Seiten beleuchten wollten, mußten notwendig mehr oder weniger weit vorgreifen. Das schlechthin Erste kann ja nur im Rückgang vom nicht schlechthin Ersten, der »Reflexion« (d. h. dem vom Nichtursprünglichen zum Ursprung zurückgewandten Blick), sich darstellen.

**§ 12.** Nachdem aber dieser Ausgangspunkt mit genügender Klarheit festgelegt ist, dürfen wir nun weiter fragen, was von diesem

Punkt aus gesehen der Fortgang sein muß und was das Ziel, auf das dieser gerichtet ist. Das wird der erste Schritt sein zur Aufstellung eines Prinzips für das System der *Grundkategorien*.

Der unumgängliche Ausgangspunkt des Philosophierens ist das *Standnehmen in jenem Urpunkt* selbst, und damit Sich-feststellen inmitten der *seienden Totalität*, der *unzerstückten Ganzheit;* vorerst nur als in jenem durchaus noch in sich ungeschiedenen, unschiedlichen Nullpunkt, in der reinen Unmittelbarkeit der Schau, in gänzlicher, nichts vorausnehmender Unbefangenheit der Hinnahme und damit reiner, restloser Hingegebenheit an das vorliegende Einzelne, für die ruhende Hinschau soweit einzig Vorhandene, das bloße schlichte »Es ist«. Darin mag zwar und muß wohl die ganze Unendlichkeit der von diesem Punkt aus möglichen Beziehungen und noch mehr als Unendlichkeit des Überbezüglichen verborgen liegen. Aber sie bleibt so lange verborgen, sie schlummert und will nicht vorzeitig geweckt sein. Dieser Ausgangspunkt schließt noch aus alles Auseinandertreten in Es und Es oder Es und Ich. Von keiner solchen Spaltung, keinem Gegenüber darf insoweit die Rede sein, eben damit es reiner Ausgangspunkt sei, nichts als das. Es kann hier auch noch nichts von einem Schöpfungsbewußtsein vorhanden sein, weil keine Entgegensetzung eines Nicht, denn Schöpfung gibt es nur aus dem Nichtsein zum Sein, aus dem Nichts zum Etwas. Von einem Nichts oder Nicht ist aber in diesem Nullpunkt noch nichts bewußt; darum auch nichts von einem Etwas im Unterschied vom Nichts, oder von einem Ja, dem ein Nein gegenüber stände. Daher auch noch von keinem Sich-bewußtsein, denn darin läge schon das Gegenüber dessen, was, und dessen, dem es bewußt ist. Solch ruhendes, selbst-unbewußtes, ausschließlich seines Inhalts bewußtes, reines Hinschauen ist dem neugeborenen Menschen eigen und ebenso ohne Zweifel dem Tier. Aber auch dem hochentwickelten Bewußtsein ist es nicht durchaus fremd, z. B. beim Erwachen aus tiefem Schlaf; da läßt sich wohl davon reden, daß etwas bewußt ist ohne jeden Gedanken an den, dem es bewußt ist. Insofern bleibt die reine Kindlichkeit des noch nicht voll erwachten, aber eben erwachenden Bewußtseins, gleichsam als das Paradies vor dem Sündenfall, auch dem entwickelten Menschenbewußtsein unvergessen. Daß wir auch dann von Bewußtsein reden und sagen, das so rein Geschaute sei uns bewußt, widerspricht nicht unseren Voraussetzungen. Es braucht nicht mehr zu besagen als, daß es nach dem Erwachen zum vollen Selbstbewußtsein in der Rückschau sich der

*Standnahme im Nullpunkt* 35

Kette der Bewußtseinserlebnisse eines und desselben Subjekts einfügen wird. Überhaupt ist die absolute Isolierung des für sich bestimmungslosen reinen Nullpunkts ja nicht so zu verstehen, daß alle Bezogenheit und Bezüglichkeit darin fehlte. Diese ist darin vielmehr, als mögliche, durchaus vorauszusetzen, sonst würde auch im Rückblick von jedem späteren Punkte aus das in diesem ersten Ausgang freilich noch gänzlich unbestimmte auch unbestimmt bleiben. Da es aber tatsächlich weiterhin zur vollen Bestimmtheit gelangt, so muß die Bestimmbarkeit als dies und kein anderes in ihm jedenfalls mitgesetzt sein. Bestimmt und bestimmbar ist aber kein Einzelnes anders als auf Grund von Beziehungen der Übereinstimmung und Verschiedenheit, der Verhältnisse und Zusammenhänge jeder Art. Für dies alles muß also der Möglichkeitsgrund auch in der Setzung des letzten Einzelnen schon mitgesetzt sein. Deswegen vergleichen wir sie dem Nullpunkt, als dem Ausgangspunkt für alle von ihm auslaufenden Strahlen, zunächst, in einer Dimension, in der Plus- und Minusrichtung (Null ist ± Null); dann in einer Vielzahl und schließlich vielleicht unendlichen Folge von Dimensionen. Was wäre die Hingegebenheit an die reine Schau, wenn nicht ein in sich durchaus Bestimmtes wäre, welches in dieser reinen Schau selbst zwar nicht in dieser Bestimmtheit schon erfaßt, aber an sich erfaßlich ist. Die Unbestimmtheit dieser reinen Schau ist also nur Nochnichtbestimmtheit und schließt in sich die Vorbestimmtheit der daran zu vollziehenden Bestimmungen, ihre volle Möglichkeit nicht nur, sondern Notwendigkeit, sofern nämlich dies Stadium der Nochnichtbestimmtheit dann notwendig überschritten wird. Dieser Überschritt selbst ist schon der zweite Schritt. Diesem wenden wir uns nun zu, nachdem wir uns bereits klar machten, daß er durch den ersten unausweichlich vorgezeichnet ist.

§ 13. In der Tat, je strenger, je ausschließender der Ausgangspunkt in seinem reinen absoluten Nullwert gedacht wird, um so zwingender ergibt sich als der dann schon unerläßlich notwendige *zweite Schritt* der *Eintritt in die Schiedlichkeit,* in die Zwiespältigkeit und damit in den Streit, in das Kampffeld des Seins und Nichtseins, des Ja und des Nein. Wo kein Nein überhaupt in Sicht, keine Frage gestellt, keine Entscheidung gefordert, keine Wahl offen wäre, da bedürfte es keiner Antwort, keines nach der einen oder anderen Seite ausschlaggebenden Ja- oder Neinspruchs. Nun aber ist, gleichsam an der Wegscheide des Ja und Nein, des Es ist, Es ist nicht, der Entscheid, ob rechts oder links, gefordert. In diesem Entscheid wird das *Ich* geboren und zwar gleich mit dem Keim der Freiheit, der Selbsteigenheit. Die Entscheidung ist von ihm gefordert, es hat sie zu treffen. Sie ist ganz sein eigen, und mit ihr — es selbst. Ein Schritt von unabsehbaren Folgen. Das ist der Sündenfall, ein Sündenfall ernster als alle, der die ganze Last der Verantwortlichkeit geradezu für alles dem Ich aufbürdet. Aber doch empfindet es vorerst den Abfall aus dem Paradies der Hingegebenheit und zweifellosen Einheit mit dem All durchaus als Befreiung, als Entschränkung, es ist ihm ein »Sein wie Gott«. Denn in dieser nun errungenen Freiheit der Selbstentscheidung fühlt es in sich etwas wie Allmacht, Verfügungsgewalt über alles. Wirklich, ist an sich das Ja dem Nein übermächtig, so darf es auch des Sieges voraus gewiß sein, also sich getrost hineinwagen in den Kampf mit dem Nein. In der Überwindung der ersten Widerstände stählt sich die Kraft, sie fühlt sich, sie spricht vor allem sich selbst das Ja zu, das jedem Nein gewachsen und überlegen sei. Das Ja sucht den Streit eher, als daß es ihn flieht, um die Wonne des Obsiegens, und in ihr sich selbst zu genießen. Die wundervoll fröhliche Zuversicht, mit der der frisch erwachte Tat- und Kampfesdrang es gern mit allem aufnimmt, aus jeder Niederlage sich alsbald wieder emporrichtet und weiterstürmt, findet seine klassische Ausprägung in den homerischen Helden oder in dem schwertschmiedenden und dann mit Jubel in die Welt der Heldenkämpfe fortstürmenden Siegfried. Und es ist noch etwas mehr darin als die bloße Wonne des Kraftgefühls im Kämpfen und Überwältigen und selbst im Fallen; es ist nicht nur Tatendrang, sondern Schöpfungsdrang, nicht nur das Ergreifen, Erraffen des lebensvollen Augenblicks, sondern Liebesdrang des Gestaltens; das Erobern ist auch Erobern der Form und sich selbst Ausprägen in ihr, es ist Genuß der »stolzen Gewalt der Form« (vis superba formae), es ist nicht bloß Behauptung, sondern ständige Erweiterung des Selbst, Herrwerden der Dinge, Aneignung aller Mittel und Hilfen, die sie zur fortschreitenden Selbsterhöhung darreichen, der Mittel und Hilfen auch, welche andere von nicht gleicher oder überlegener seelischer Kraft in williger Unterordnung zur Verfügung stellen; so wie auch der Kraftvolle dem ihm Überlegenen sich willig und verehrend unterordnet, denn auch der Dienst hat seine Ehre, und nimmt Teil an den Ehren des Gebieters, dem er um solchen Preis gern zu seinen Zielen hilft. Auch der drohende Fall und Tod wird den nicht schrecken, dem die allüberwindende Kraft des entschlossenen Jasagens zu dem, was ist, und zum Kampf, der sich als Schöpfer aller Dinge täglich und stündlich dem Kämpfenden selbst beweist, einmal hell aufgegangen ist. Denn das Ja umgreift ganz das Nein, durch das es sich ewig hindurch, aus dem es sich herauszukämpfen hat. Es ist und weiß sich schöpferisch, schöpfend mitten aus dem Tod das echtere Leben; es spürt in sich den Liebesdrang der Erzeugung, der nie ohne den Hintergrund des Todes, des Zurückgreifens in den dunklen Urgrund ist. Denn Leben — das wird hier erst ganz klar und lebendig — ist überhaupt Kampf und Tod, ist Liebesringen und Zeugung. Und je heißer das Ringen, je kühner das Wagen, desto emporhebender ist — und wäre es im Fallen, im Sterben selbst — das Fühlen der ewig unbesieglichen, der unsterblichen, innersten und letzten Obmacht des Ja über das Nein, des Lebens über den Tod.

Hier ist die Geburtsstunde jenes Ich, welches nicht bloß den leeren Blickpunkt, den bloßen Nullpunkt der Bewußtseinskoordinaten bedeutet, als welchen es eine bloß nach Erkenntnis fragende, bloß rechnende Philosophie zu finden vermeinte und als Baustein für den Aufbau der Gedankenwelt brauchbar fand, sondern den kampfgeborenen, kampfgestählten, auch an den Toren des Todes nicht zurückweichenden Helden der schöpferischen Tat. So wird das Ich geboren, und so, als sein Gegenspieler, sein Kampfgegner, damit zugleich Kampf- und Schaffensteilhaber, das Du und das Es. Und daraus ergibt sich dann eine ungeheure Vermannigfaltigung und wechselseitige Steigerung der Aufgaben und Leistungen, der Kämpfe und Siege, der lebendigen Rätsel und lebendigen Lösungen, der tausendfachen Verschlingungen und Verkettungen gemeinschaftlichen Erlebens, Eroberns, Schaffens durch die Folgen der Geschlechter, wodurch *Geschichte* sich aufbaut und *Volk, Staat, Menschheit,* Menschentum, und Bau und Pflege (»Kultur«) menschlichen, volklichen und menschheitlichen, menschentümlichen Gemeingutes, und höher und höher türmt sich dann der Bau all jener Welten des Geistes, der Welt der Wissenschaft, der Lebensberufe, der wirtschaftlichen, rechtlichen und Bildungsordnungen, der Künste, der formhaften Lebensgestaltungen jeder Art.

§ 14. Wäre dies nun das Letzte: der ungehemmte Fortgang der *Kulturentwicklung* in dem nie erschöpfbaren Reichtum ihrer Gestaltungen, in welchem der Krieg als Vater aller Dinge sich beweist, der Mensch kühnlich die Rolle des Weltenschöpfers auf sich nimmt und mit Goethes Westöstlichem Divan jubelt: »Allah braucht nicht mehr zu schaffen, wir erschaffen seine Welt«? Da hält bald nichts mehr den faustischen Drang, nur weiter, immer weiter »hinauf und vorwärts« zu dringen wie die Lerche der Sonne entgegen, »vor sich den Tag und hinter sich die Nacht«. Ist das nicht in der Tat ein »Werden wie Gott«? Ist nicht darin wirklich etwas von Macht und Freiheit der Schöpfung, Freiheit, der auch die Form nicht mangelt, Freiheit in Form, Form in Freiheit, aus Freiheit selbst geprägte Form, die darum auch nicht in Gefahr ist in Erstarrung zu geraten, sondern hoffen darf »immer lebend sich zu entwickeln«? Was gäbe es noch darüber?

Doch nein, es ist das letzte nicht. Längst schon dämmerte es dem Hellsichtigeren, heute ist es schon vielen erschreckend offenbar geworden: der Turm, der so fest schien, trotzend allen Stürmen, er beginnt in allen Fugen zu krachen, hat vielleicht den entscheidenden Stoß schon empfangen, ist schon dem Zusammensturz verfallen, nur die Trümmerstücke, die sich notdürftig gegeneinander halten und stützen, können noch den, der nicht frei genug draußen steht, um aufs Ganze zu blicken, darüber täuschen, daß wirklich nichts mehr am rechten Fleck ist, daß dem Ganzen die sichere Einheit und der feste Zusammenhalt längst verloren gegangen ist und, was als Einzelnes noch festgefügt und heil erscheinen mag, doch seine Funktion im Ganzen schon längst nicht mehr erfüllt. Warum versargen wir unsere Kunstschätze, unsere Kulturdenkmäler in die Begräbnisstätten der Museen, unsere Schriftdenkmäler in die Herbarien der Literaturgeschichte, warum berauschen wir uns historisch an dem Ruhm der Kriegs- und Friedenstaten der eignen und fremden Vergangenheit, an dem Heldentum der Großen einer kraftvolleren Geschichte — hinterm Ofen sitzend, bedrucktes Papier vor bebrillter Nase? Wo ist der Titanismus des Abtrünnigen, der sich gesagt sein ließ: »Ihr sollt sein wie Gott«? Wie ist es dem Menschen heute vor seiner geträumten Gottähnlichkeit so bange geworden! Denn je trotziger sich der Titan im Menschen aufreckte, um so kläglicher fühlt er sich heute zurückgeworfen in den Nullpunkt einer allgemeinen Fraglichkeit, in der alle Plus- und Minuswerte sich aufheben zu einem öden, sinnlosen Zero, oder noch unter den Nullpunkt herabsinken in den Abgrund einer nie zu tilgenden, unter dem Fluche ihrer unendlichen Fortsetzung sich ins Ungeheure steigernden Schuldlast.

Woher dies Zurückgeworfenwerden? Von der Gegenseite, deren wir ganz vergessen hatten, an die wir, selbstzufrieden versenkt in die hohen Wunder des Diesseits, des befreiten Menschentums, des den Weltschöpfer spielenden Geschöpfs, schon längst nicht mehr zu glauben uns gewöhnt hatten. Niederfallend vor dem sich Gott dünkenden Menschen, vor dem bloßen Ideengott von des Menschen Gnaden, dem »Menschgott« Dostojewskis, sahen wir nicht noch fühlten wir mehr den Gott, von dessen Gnade allein dem Menschen ein gotthaftes, gottwohlgefälliges Leben zu führen gegeben ist, dessen Gnade er auch gewiß sein dürfte, wollte er nur sich ihrer bedürftig erkennen und sie in kindlichem Vertrauen hinnehmen. Was den verhängnisvollen Irrtum einigermaßen verstehen läßt, ist wohl dies: Spruch, Spruch der Wahrheit, Spruch Gottes ist auch der Widerspruch. Er gehört so wesenhaft zum Wesen des Wirklichen, zur ungeschminkten, unentstellten Wahrheit dessen, was *ist*, wie der Jaspruch. Es stand nicht im Belieben des Menschen ihm auszuweichen, er mußte ihn in seiner ganzen Tiefe auf sich nehmen und durchkämpfen, mußte sich vorbehaltlos hineinbegeben in das härteste Ringen mit ihm. Es ist sein Ruhm vor Gott selbst, daß er sich dem nicht entzog, denn es war Gottes Wille so. Er hat sich damit erst ganz auf die Seite der ewigen Wahrheit gestellt. Er sollte hinein in die heißeste Hölle, in den finstersten Tod, um durch sie ganz hindurch zu echterem, größerem, unendlich gehaltreicherem, gehalttieferem Leben sich freizukämpfen. Aber eben sich hindurch- und freikämpfen zum himmlischen Licht wird er nimmer, wenn er sich vielmehr selbst an sie hingibt und, statt gegen sie zu kämpfen und über sie Herr zu werden, seinen Frieden mit ihnen macht, sich in ihre Knechtschaft begibt, sich dem Teufel selbst verschreibt, mit dem er ringen und den er, ein rechter Streiter Gottes, überwältigen sollte.

Nicht das also war die schwere Schuld, die er auf sich lud, daß er nicht zurückschreckte vor dem Todesdrohen der Widersprüche, die von draußen her gegen ihn anstürmten und die nur wütender, verzehrender drinnen in der eigenen Brust sich aufrissen; er nahm und nimmt alle Widersprüche auf sich und wagt es mit ihnen. Aber wie in der Hitze des Kämpfens es dem Ringer begegnet, das Ringen selbst für das Höchste zu halten, das aber, um das er ringt, aus dem Auge zu verlieren, so gab sich der Mensch dem, womit er zu kämpfen berufen war, hin, als sei der Kampf um des Kämpfens und nicht um des Sieges und Friedens willen da, den es zu erkämpfen galt. So treibt er Wissenschaft um der Wissenschaft, Naturwissenschaft um der Naturwissenschaft, Geschichtswissenschaft um der Geschichtswissenschaft willen, Kunst um der Kunst, Bildung um der Bildung willen, arbeitet um der Arbeit, wirtschaftet um der Wirtschaft, rechtet um des Rechts willen, übt Staatskunst um der Staatskunst willen, erobert um des Eroberns willen, führt Krieg um des Kriegführens willen. In allem wird ihm so »der Weg alles, das Ziel nichts« — wird der Weg, der ganze Weg seines irdischen Wandelns ihm mehr und mehr ziellos. Unfrei wird damit sein ganzes Ringen, das er doch aus heißer Freiheitsliebe auf sich genommen hatte. Je rastloser entbrannt er um das kaum mehr gesehene Ziel ringt, um so unerbittlicher schlägt ihn der Kampf in seine Bande, als hätte er, mit freiem Willen, nur sich des freien Willens selber begeben. Dies ist die große Krisis, in der wir gegenwärtig stehen.

## [6. Vorlesung]

Wie denn? Hätte also der Schritt hinaus auf den Kampfplatz gar nicht geschehen sollen? Aber es stand nicht in der freien Wahl des Menschen, ihn zu tun oder nicht. Spruch, Spruch Gottes — nochmals sei es gesagt — ist auch der Widerspruch. Er gehört so wesentlich zum Wesen des Wirklichen, zur unverfälschten Wahrheit dessen, was ist, wie der Jaspruch. Indem der Mensch auch den Widerspruch in seiner ganzen Härte bejahte, hat er sich auf die Seite der Wahrheit, der ganzen Wahrheit gestellt. Damit tat er recht. Nicht recht war es nur, daß er dem Kampfe sich hingab, als gälte es den Kampf um des Kampfes und nicht um des Sieges und Friedens willen. Recht war es, daß er vom Punkte der Wegscheide aus, an die er gestellt war, die von da auslaufenden Bahnen alle ausproben wollte und, als sich zeigte, sie führen alle hinaus in die unendliche Leere, sich auch da nicht zurückschrecken ließ, es auch mit der unendlichen, der unendlichfach unendlichen Bezüglichkeit aufzunehmen. Nicht recht war es, sondern sein Fluch, die Besiegelung seines tiefsten Sturzes, daß er zuletzt nicht diese stolze freie Haltung auch gegen die Abgründe der Unendlichkeit bewahrte, sondern sich ihr als einem unentrinnbaren Verhängnis unterwarf, obgleich er klar vor Augen sehen mußte, daß dann das Ziel das Chaos war. Aber das Verhängnis zwingt nur den, der sich ihm unterwirft, der auf seine Freiheit freiwillig selbst Verzicht tut.

Nicht also daß er nach Freiheit dürstete, daß er alles an sie setzte, nicht dies war des Menschen Urschuld, sondern daß er, aus Freiheit, zuletzt seine Freiheit selbst verriet und dem Fluche des Weltverhängnisses, das er zum Gott gemacht hatte, sich unterwarf. Wie war dieser verhängnisvolle Selbstmißverstand möglich? Er war möglich, nicht weil der Mensch gewagt hatte sein Haupt in Freiheit zu erheben, sondern weil er noch lange nicht kühn genug aus transzendentaler Höhe der ganzen, ins Unendliche sich entrollenden Kurve der Weltentwicklung sich entgegenzustellen wagte und nicht aus dem Geist und Sinn des Überendlichen den freien Stand gegen sie sich gewann, sondern sich selbst in den Umschwung des Rades der endlichen Entwicklung mitfortreißen ließ, sich in ihm gefangen wähnte und sich damit in Wahrheit erst ihm gefangen gab. Der endlichen Entwicklung, sage ich. Aber ist sie nicht vielmehr unendlich und eben als unendlich dem Menschen als endlichem Wesen so unentrinnbar wie unbeherrschbar? Genau hier liegt der logische Fehler, logisch nicht im gemeinen Sinn, sondern im sehr vertieften Sinne des letzten Besinnens auf den Sinn des Sinnhaften überhaupt. Die falsche Unendlichkeit, die Unendlichkeit des nie endenden Fortgangs immer von Ende zu Ende, ist in Wahrheit nur der zusammengefaßte Ausdruck der Endlichkeit selbst. Es ist nur Fortgang von Enden zu Enden — also von Nein zu Nein, von Tod zu Toden, und, da das eben kein Ende nimmt, nie nicht, sondern immer und allein stattfindet, so bedeutet das für den, der sich dem ganz hingibt, nichts als seine eigene ganze, restlose Verneinung, Vernichtung. Was an diese Unendlichkeit sich gefangen gibt, dem muß ewig das Nein über das Ja, der Tod über das Leben triumphieren. Es selbst ist damit dem Nein, dem Tode unrettbar verfallen.

§ 15. Die wahre Überwindung der Endlichkeit kann vielmehr nur sein das Besinnen auf das Letzte, welches auch den Gegensatz des Endlichen und Unendlichen in dem hier fraglichen Sinn des bloßen nie endenden Fortgangs vom Endlichen zum Endlichen übersteigt und beiden gegenüber erst die schlechthin überendliche Ewigkeit aufrichtet.

Nicht das ist etwa schon die Lösung, daß beide, Spruch und Widerspruch, Ja- und Neinspruch, Spruch eines und desselben Sprechenden, daß es das Ewige, All-lebendige ist, welches in den Bereich der Schiedlichkeit sich selbst hineinbegeben und damit den Kampf des Ja und Nein heraufbeschworen hat, etwa um den unendlichen Reichtum seines Sinngehaltes in dessen unendlicher Entwicklung gleichsam vor sich auszubreiten und so voller und tiefer zu genießen. Das ist der Abweg des *Pantheismus,* der das All (Pan) selbst zum Gott

(Theos) macht; welches All? Das Weltenall, d. h. das All des bloßen nie endenden Fortgangs vom Endlichen zum Endlichen. Also in Wahrheit nicht das Pan, sondern die Panta. Es ist mißlich, daß zur Übersetzung ins Deutsche für beides nur dasselbe Wort »Alles« zur Verfügung steht. Aber Pan ist Singular, Panta Plural. Wir können allenfalls unterscheiden: »das All« und »die allen Dinge«; jenes als Einheit nicht nur sondern Einzigkeit, dieses als Vielheit, nicht aus der die Einheit, sondern die aus ihr erst hervorgeht. Ist die erstere Gott, so ist die letztere vielmehr die Welt. Beide sind also einander ganz entgegengesetzt, eben als die ungespaltene Einheit und die grenzenlose Gespaltenheit. Das aber ist nun der verhängnisvolle Irrtum, daß dies Zweieinige: das Immerenden und doch Nieenden, das Nimmerenden des Immerendens — daß dies das Ganze oder das All (Pan) sei. Wäre es das, dann freilich müßte es wohl der Gott sein und Gott dies Ganze oder All. Aber dies »All« Genannte ist eben nicht alles, nicht das Ganze; sondern erst diesem vermeinten Ganzen gegenüber, das in Wahrheit eine in sich haltlose, auseinanderfallende Vielheit ist, richtet ewig die echte Ganzheit, die echte Totalität sich auf, erhebt sich das schlechthin Überendliche, im strengsten Sinne Ewige, welches allein die Forderung *der* Allheit, welche unbedingte Ganzheit, Einheit und Einzigkeit bedeutet, erfüllt. Wäre jenes das Einzige und Ganze, dann freilich fiele ihm, diesem zum Gott erhobenen »Weltenall« die Schuld und auch die Strafe der Schuld zu; für den Abfall wäre es und es allein verantwortlich, der Mensch wäre von seiner Schuld damit entlastet, aber um welchen Preis? Um den Preis nicht bloß des Verzichts auf die so hoch gepriesene, so heiß ersehnte Freiheit der Selbstentscheidung, sondern der Beugung unter den Fluch eines unabwendbaren Verhängnisses, wodurch er hinausgeschleudert wäre in die ewige sinnlose Leere; ein Fluch, der gerade nach dem überschwenglichen, taumelnden Traum der Freiheit ihn ganz niederdrücken und mit einer Bitterkeit hoffnungsloser Verdammnis treffen müßte, über die kein »amor fati« (Liebgewinnen seines Schicksals) hinweghülfe. Aber gerade das innere Selbstzeugnis der eigenen Verantwortlichkeit straft solche Abwälzung der Schuld auf das zum Gott erhobene Weltverhängnis Lügen. Es offenbart beschämend die Nichtigkeit dieser hilflosen Ausrede.

Immerhin hätte diese Scheinlösung nicht so viele Ernstgesinnte irreführen können, wäre sie nicht wenigstens in einem Punkte von einer richtigen Ahnung geleitet gewesen, nämlich darin, daß die Lö-

## Fatum und Schöpfung

sung nicht innerhalb des Bereiches der Endlichkeit, sondern, nach dem früher gebrauchten Bilde, in der Achse des schwingenden Rades, oder in der für den ganzen Umschwung bestimmenden *Kraft* gesucht wurde. Aber auch das verstand man eben nicht in seiner letzten radikalen Tiefe. Die Achse, dachte man, ruht doch selbst nicht, sondern dreht sich (um im Vergleich zu bleiben) wieder um eine Achse, diese wiederum um eine andere und so ohne Ende weiter, solange man die drehende Kraft *im gleichen Bereich* sucht, und nach der gleichen mechanischen Analogie denkt wie die Drehung selbst, nach deren Kraft und bestimmendem Gesetz man fragt. Auf diese Weise aber würde immer wieder nur eine Maschine eine andere Maschine treiben. Gewiß kann eine Maschine auch eine andere Maschine bewegen, aber doch nicht letztlich, nicht ursprünglich, sondern nur indem das Getriebe in Bewegung gesetzt und gehalten wird von etwas, das nicht Maschine ist, sondern Geist. Sonst kehrt ewig nur dasselbe Rätsel wieder und bleibt im Grunde immer dasselbe nur in anderer und anderer Dimension. Es ergibt sich nur ein neuer endloser Fortgang, eben von Dimension zu Dimension, ohne daß etwas von Sinn, von letztem Sinn gewonnen wird. So gelangt man ewig nicht zu einer Ganzheit und Letztheit, sondern nur immer wieder zu Teileinheiten; bis man diesen ganzen Kreislauf der Spaltungen und Wiedervereinigungen, der Sprüche und Widersprüche, die sich in höheren Dimensionen zwar stets wieder ausgleichen, doch nur um an anderer Stelle verschärft und vertieft wiederzukehren, entschlossen hinter sich wirft und von *aller* Spaltung zurückgeht auf die ewige Ureinheit, von allem gesprochenen Wort auf das letzte Sprechende, welches, allem Kampf des Ja und Nein übermächtig, selbst in ihn in keiner Weise mehr verstrickt ist.

Damit erst eröffnet sich die Aussicht auf eine radikale Lösung. Dann gibt es kein Fatum mehr, sondern nur echte Schöpfung, aus dem Urgrunde des ewigen Ja, in dem alles Nein versunken und ganz ausgelöscht ist. Damit aber enthüllt sich, daß nicht bloß mit jedem neuen Umschwung des kreisenden Rades, sondern schon mit jedem geringsten auch infinitesimalen Fortschwingen, an welchen Punkt auch immer, der Gang des Werdens zurückgreift in den ihn ganz überragenden, schlechthin seiner mächtigen, allein schöpferischen Urgrund. Das erst ist das wahre Übermächtigsein, das in keinem Sinne mehr in den Widerstreit des Ja und Nein selbst miteintritt. Die ewige Wiedergeburt des Ja aus dem Nein, des Nein aus dem Ja, die einzig echte Schöpfung, ist dann nicht mehr *sein* (des ewigen Urgrundes) eigenes Begegnis, nicht Wandel seines Seins, sondern von ihm gewirktes Begegnis allein des Geschaffenen.

Das erst ist die wahre, in dem Gleichnis der Achse nicht mehr zulänglich ausdrückbare Bedeutung der transzendentalen Stellung gegenüber dem Ganzen des endlich erfahrbaren Geschehens. So allein ist keine unberechtigte Verkürzung des Abstandes mehr zu besorgen zwischen Schöpfung und Geschöpf, überendlichem Grunde und endlichem, wenn auch ohne Ende vom Endlichen zum Endlichen sich fortentrollenden Werden. Es ist nicht dasselbe, daß *wir* in das Nein verwickelt sind, daß wir das Sterben auf uns nehmen müssen, um mitten durch es hindurch zum Leben wiedergeboren zu werden, und daß dem Ewigen, allein Ur- und All-lebendigen — daß dem Leben selbst, daß Gott dies begegnen sollte. Nein: nicht Gott stirbt, sondern der Mensch. Wohl aber mag der gotthafte Mensch, der Mensch Gottes, der wahrhafte Gottesmensch es, einmal und ewig wieder, vorbildlich in sich dargestellt, uns vorgelebt haben und ewig vorleben (denn es gibt ihn, denk ich, *ewig):* wie man das Sterben getrost auf sich nimmt, wissend, daß es nicht Sterben Gottes, auch nicht des Gottes im Menschen, sondern des Menschen in Gott ist, und daß so auch für den Gott im Menschen kein Auferstehen nottut. Denn Auferstehung gibt es nur, wo es Tod gibt, der Gott aber stirbt nicht. Nur von uns aus gesehen ist es Auferstehung, so wie es nur von uns aus gesehen Tod war.

»Es ist in dir«, das Schillersche Wort bleibt bestehen: auch der Gott ist »in dir«. Und, ja, auch das kühnere Goethesche »*Wir* erschaffen *seine* Welt« behält seinen vollen Sinn, weil doch Gott selbst es ist, der in und durch uns schafft. Aber daß er »in uns«, besagt in letzter Wahrheit, daß vielmehr wir in ihm, daß der Mensch, hat er sich nur erst zu Gott zurückgefunden, der Mensch Gottes, aber nimmer Gott der Gott des Menschen, sein Gemächt, und er, der Mensch, gar seiner mächtig ist. So allein wird der »Mensch Gottes« nicht mehr zum vermenschlichten Gott oder vergötterten Menschen, zum »Menschgott« (nach Dostojewski).

§ 16. Dies alles wird freilich von vielen heute beanstandet werden als metaphysische Anmaßung. Man meint dann uns zurückweisen zu müssen auf den Grundsatz der »Erkenntniskritik«. Wir behaupten vielmehr: nur so wird der Forderung der Kritik wirklich genügt, ge-

## Transzendentale Kritik 45

rade so wird nicht mehr das schlechthin Überendliche herabgezogen in den Bereich des endlichen Verstehens. Beides, Spruch und Widerspruch, Jaspruch und Neinspruch, alles zuletzt ist sein Wort, des Ewigen, Überendlichen, jenes Wort, das bei Gott, das Gott selbst »war«, das ist, sein Ausspruch, sein Selbstausspruch; das ἦν (»war«) hat hier ganz den Sinn des »von je«, von-Ewigkeit-zu-Ewigkeit-Seins. Wie könnte das Wort des Ewigen anders als ewigen Bestand haben, von Ewigkeit zu Ewigkeit gesprochen *sein*, statt der Zeit warten zu müssen, da es erst gesprochen werden sollte, oder die Zeit hinter sich zu haben, da es ausging, um nur von da ab — auf wie lange? müßte man dann fragen — zu dauern! Das alles wird klar, sobald man sich besinnt, daß das Wort, von dem hier die Rede, nicht das gewortete, sondern das wortende ist. Damit aber ist die Scheidelinie, ist die »Krisis« in aller Schärfe gezogen. Gerade darin kommt die Forderung der »Kritik« zu ihrem vollen Recht. Was anders könnte denn die Krisis an der Erkenntnis vollziehen, als das, was in sich und aus sich selbst, über aller Kritik, selbst ihrer ganz unbedürftig, nur *ist* und in keinem Sinne nicht *ist*? D. h. wie könnte die Kritik der Erkenntnis anders als transzendental sich vollziehen, wenn sie radikal, wenn sie ganz Kritik sein soll? Aber keine Kritik, die einseitig von der Erkenntnis selbst ausgeht (als dürfte sie Richterin und Partei zugleich sein) reicht daran heran, sondern nur von dem Anderen, dem Transzendentalen aus, gibt es überhaupt Erkenntnis, geschweige Kritik an ihr als ganzer.

Allerdings können *wir* den Ausgang nur von uns aus nehmen. Aber zu der Krisis, welche die Erkenntnis an sich selbst als ganzer zu vollziehen hat, gelangt sie nur dann, wenn sie zur Totalität sich zurückbesinnt, wenn sie, eben in ihrer Selbstkritik, sich selbst in den Gesichtspunkt des Transzendentalen stellt; wenn sie aufs Letzte, auf ihre eigene letzte Grenze zurückfragt. Ihrer Grenze sich bewußt, wird sie sich zugleich dessen bewußt, was, um sie zu begrenzen, selbst jenseits der Grenze sein muß; nämlich bewußt, daß es *ist* und daß es das Jenseitige ist, und damit das Begrenzende, von außen, vom uns schlechthin Unerfaßlichen her Begrenzende, von dem wir nichts, schlechterdings nichts begreifen als seine Unbegreiflichkeit, welches aber eben damit, über alle Möglichkeit des Verneinens hinaus, im strengsten Jasinn *ist* und gerade im Begrenzen des uns allein zugänglichen Bereiches sich uns beweist.

Gerade in Kant hat diese fraglose Bejahung des Transzendenten, die von mißverstehenden Nachfolgern als unkritische Metaphysik gebrandmarkt wird, sich von Anfang bis zuletzt ohne Schwanken ausgesprochen in der rückhaltlosen Anerkennung des An-sich als ganz selbstverständlicher Voraussetzung des Erscheinens, welch letzteres damit von allem Verdacht der Nichtwirklichkeit, des trügerischen Scheins erlöst wird zum vollen Jasinn des Heraustretens, Sichherausstellens, voll wahrhaften Sichdarstellens, nämlich für die jeweilige Blickeinstellung und Blickabgrenzung; in der ebenso zweifelsfreien Anerkenntnis — bei ebenso bestimmt verneinter Erkenntnis — der »Totalität der Bedingungen im Unbedingten«, des »Alls der Realität«, des reinen Vernunftobjekts, der Idee wie des Ideals, des Noumenon, besonders des Noumenon des Menschen, der Freiheit, ganz mit dem Wert des Transzendentalen; am unverhülltesten aber im »Schauen aller Dinge in Gott«, welches, längst unter der Oberfläche schlummernd, in der letzten der vorkritischen Schriften, der Dissertation von 1770, also auf der Schwelle zur Kritik selbst, unverhüllt hervortritt, in den drei Kritiken zwar im verschwiegenen Untergrund bleibt, aber im »nachgelassenen Werk«, als ein für Kant wesentliches, ihm sehr am Herzen liegendes Grundmotiv fort und fort angezogen wird. Für Kant ist demnach wie für uns *alles da*, als *Faktum*, allgegenwärtig, omnipräsent, ja an sich auch offenliegend, unverborgen. Wir sind ganz darin, kein entfernter Gedanke, daß vielmehr es in uns sein sollte, in irgend einem Sinne, der ein Eingeschlossensein, eine Abhängigkeit vom Subjekt, also eine Subjektivierung mitbedeuten würde. Nicht es ist in uns ein-, sondern wir sind ihm aufgeschlossen. Da ist zuletzt gar kein Drinnen und Draußen mehr. Das ist das Urfaktum, an dem allein eine Transzendentalphilosophie und eine transzendentale Kritik sich bewähren kann; es ist die allein voraussetzungsfreie Voraussetzung; denn nur das All ist schlechterdings voraussetzungsfrei, da nur ihm gegenüber kein anderes ist, das ihm voraus sein oder etwas vor ihm voraus haben könnte. Nur damit wird der Kritizismus radikal und total und überwindet allen Schein des bloßen In-Frage-Stellens, geschweige Verneinens. Nur damit wird die Philosophie systematisch, eben indem sie kritisch, radikal kritisch wird, und kritisch, indem sie systematisch wird; System, aber System der Kritik; Kritik nicht bloß *am* System (als gäbe es das erst einmal vor ihr, ohne sie), sondern Kritik selbst *als* System, als *das* System.

§ 17. Von hier aus ließe sich sozusagen mit einem Schritt gelangen zur Aufstellung eines Grundgesetzes für den Aufbau des Kategoriensystems. Doch halte ich die Frage des richtigen *Ausgangspunktes* für so entscheidend, gerade um das Grundgesetz des Kategorienaufbaus und damit das Ganze der philosophischen Systematik auf völlig sicheren Boden zu stellen, daß ich nicht unterlassen darf, die nun gewonnene erste, im Grunde alles weitere schon in sich schließende Entscheidung noch durch einige weitere Erwägungen nachprüfend zu befestigen. Einen geeigneten Ansatzpunkt dafür bietet die Beantwortung eines Haupteinwands, der sich wohl manchem gegen das bisher Dargelegte schon aufgedrängt haben mag und der einer Beantwortung jedenfalls wert ist. Alles scheint zuletzt nur gestützt zu werden auf ein *Postulat*, auf das *Verlangen* der Philosophie, aufs Ganze zu gehen, sich einen Begriff vom All der Dinge zu verschaffen. Daraus wurde gefolgert auf das Sein dieses Alls, und so gelangten wir zur Aufstellung (d. h. aber dann bloß: zur Forderung) der absoluten Null und des absoluten Unendlich des Sinngehaltes, und zu allem Weiteren, was unter diesen Voraussetzungen sich nun vielleicht notwendig ergab. Woher wissen wir aber, oder woraufhin fordern wir, daß es dies Ganze oder All, daß es überhaupt einen Begriff von ihm gibt, sei es auch nur den, *daß* es das Ganze oder das All sei; oder, wenn es einen solchen Begriff im menschlichen Denken auch geben mag, woher wissen wir, daß diesem Begriff eine an sich wirkliche Sache, ein wirkliches Ganzes oder All entspricht; daß es nicht ein bloßer Denkbegriff, eine Phantasie schließlich ist, sondern der Begriff von etwas wirklich Seiendem? Welchen Rechtstitel, welchen gegründeten Anspruch hat Philosophie auf den Rang und Charakter einer solchen All-Wissenschaft, eines solchen Wissens um das All, auch nur daß es ist, geschweige denn was es ist? Gefordert wurde der absolute Nullpunkt des Seins, der nichts hinter, alles vor sich habe, gefordert als Gegenpunkt das absolut Überendliche, das alles hinter, nichts vor sich hat; und dann, zwischen diesen beiden Grenzen eingeschlossen, der Bereich des Endlichen in wiederum unendlicher, d. h. jetzt: anfangswie endloser, Entwicklung. Weder das Erste noch das Zweite noch folglich das nur unter deren Voraussetzung und durch sie definierte Dritte aber ist uns als wirkliches gegeben; woraufhin also wird das alles behauptet?

Antwort: Zweifelt man, so zweifle man gründlich, d. h. man mache sich klar, was der Zweifel selbst an Voraussetzungen einschließt, was er also, wenn er selbst Sinn und Bestand haben soll, anerkennen muß und nicht selbst wieder zweifelhaft machen darf. Zweifel aber, Nichtentschiedenheit, grundsätzliche Nichtentscheidung setzt voraus, daß die Frage besteht, deren Entscheidung gefordert wird. Fragen aber ist Sinn fordern; die Forderung sei erfüllbar oder nicht, sie besteht als Forderung, oder das Fragen selbst ist sinnlos. Die Frage aber ist nicht bloß nach Sinn überhaupt, sondern nach letztem Sinn. Es mag offen bleiben, ob der letzte Sinn je zu finden ist. Aber gefragt, gesucht wird nach ihm in der Voraussetzung, daß es ihn an sich gibt. Der Zweifel gerade will doch radikal sein, er gerade geht aufs Ganze. Nur damit ist Skeptizismus Philosophie. Gerade er geht wirklich und ernstlich zurück auf den Nullpunkt mit seiner »Epochē«, d. h. grundsätzlichen Nichtentscheidung, Zurückhaltung alles Urteils, das irgendwie hinausginge über die Tatsächlichkeit des Erscheinens. Diese selbst wird dabei als das allein Unzweifelhafte, unzweifelhaft Gegebene und damit Gewisse vorausgesetzt; vorausgesetzt aber als Erscheinung des An-sich-Seienden, welches es also ebenso gewiß auch für den Skeptiker gibt. Auch dieses ist gerade dem radikalen Zweifel keineswegs zweifelhaft nach seinem Daß, sondern allein nach seinem Was. Wäre auch das Daß nicht sicher, so wäre der Zweifel überhaupt gegenstandslos. Das wonach er fragt, wäre gar nicht Frage, nicht »die Frage«, der Zweifel selbst fiele damit in sich zusammen als nichtige Antwort auf eine schon in sich nichtige Frage. Das glaubt er aber keineswegs zu sein, er behauptet sich doch als Philosophie, und zwar die wahrste von allen, die allein wahre, jedenfalls die allein uns erreichbare; im Unterschied von allen andern die einzige uns sichere philosophische *Wahrheit*.

Ja, noch mehr ist zu sagen: der Zweifel hat soweit recht. Seine Frage ist keineswegs nichtig, er fußt auf etwas durchaus Unfraglichem: dem wirklichen Bestand der Frage, die er stellt, der Fraglichkeit, die er behauptet, dem Offenstehen jeder Entscheidung in Hinsicht des letzten Seins, nämlich *was* es sei; während alle Skepsis, die über den Sinn des Zweifels sich klar ist, mit allem Recht nicht daran zweifelt, *daß* es ist. Das ist aber gerade das Letztradikale, das wir nicht etwa erst als Behauptung aufzustellen, sondern das wir schlechthin voraus anzuerkennen und zugrunde zu legen hatten: das schlichte *Daß*, vor allem *Was*. Wir machten uns dann weiterhin klar, was diese Unterscheidung des schlechthin gegebenen, als unzweifelhaft nur anzuerkennenden Daß und des nichtgegebenen, also vorerst durchaus zweifelhaften Was in letztem Betracht bedeuten muß. Wir sagten: Jedes Was bedeutet eine Abgrenzung, eine Bestimmung (ὅρος, ὁρισμός, definitio), einen *Begriff*, der ein bestimmt begrenztes Etwas von Sinngehalt in sich begreift und alles, was nicht dieses ist, außerhalb, außer sich, stehen läßt. Es beruht also auf Teilung. Diese setzt aber voraus ein ihm gegenüber ungeteiltes Ganzes, eine mindestens verhältnismäßige Ganzheit, Totalität, aus der heraus er, der Begriff, nur abteilt und abgrenzt. Dagegen bedeutet das Daß die Zugehörigkeit dessen, nach dessen Was gefragt wird, zum Ganzen. Dieses ist aber, als Bedingung alles Abgrenzens, den Abgrenzungen selbst und zwar allen voraus und ihnen gemeinsam zugrunde liegend zu setzen. Abgrenzung hat keinen Sinn, wenn sie nicht Abgrenzung ist aus dem abgesehen von dieser Abgrenzung — also, wenn von aller Abgrenzung abgesehen werden soll—überhaupt grenzenlos-Seienden, der absoluten Seins- und Sinn*totalität*. Ohne Abgrenzung gibt es keinerlei Begriff des Was. Da nun alle Abgrenzung die absolute Totalität nicht einzubegreifen vermag, sondern diese stets über die Abgrenzung, wie weit diese auch greifen mag, zuletzt ungreifbar hinausgeht, sie transzendiert, in Wahrheit aber ihr voraus, nicht erst hinter ihr liegt, so wird es ewig keinen Begriff von ihr dem Was nach geben. Damit nämlich, daß wir es das Ganze nennen und als eben dieses anerkennen, geben wir ja nicht etwa den Begriff von ihm. Es bedarf aber dieses Begriffes auch gar nicht. Es fordert von uns nichts als die schlichte, restlose, einschränkungslose Anerkennung seines Daß, ohne Erkenntnis des Was. Das Daß aber ist gar nicht erst zu erkennen, es ist des Erkanntwerdens so unbedürftig wie unfähig. Wie sollten wir das erst erkennen, d. h. zum Wissen darum erst gelangen müssen, was schon Voraussetzung alles Erkennens, alles Erst-wissen-wollens ist, ohne das gar keine Aufgabe des Erkennens überhaupt Sinn hat, denn eine solche kann nur auf das gehen, was erst einmal sein muß, um Frage für uns zu sein? Kants berühmter Satz: Dasein ist kein Prädikat, besagt genau dies: Es liegt nicht sowohl jenseits als diesseits aller Prädikation, d. h. aller Bestimmung eines Was. Ein Was kann nur Bestimmung eines schon vorausgesetzten Daß sein, aber niemals ein solches geben. Auch nicht die Allheit aller Wasbestimmungen, das »All der Realität« (d. h. des Wasgehalts) gibt erst die Daßheit, sondern setzt sie voraus.

## [7. Vorlesung]

Unser absoluter Nullpunkt, das nackte »Es ist«, bedeutet ebenso die Null des Was, d. h. die Nichtvoraussetzung irgendwelcher Abgrenzung aus der Seinstotalität, aber gerade unter der Voraussetzung des Daß; also des Seins der durchaus in sich ungespaltenen Seinstotalität. Es bedeutet, in etwas anderer Wendung, das schlichte *Standnehmen* innerhalb der Totalität. Das Daß des Seins überhaupt, der Seinstotalität liegt jenseits aller Frage des Was, weil jenseits aller Abgrenzung, also jenseits aller Umfangsfrage. Es selbst hat keinen Umfang, nicht als ob sein Umfang Null wäre, sondern weil es überhaupt unter keine Umfangsfrage fallen kann. Es selbst hat keinen Umfang und kann keinen haben, weil es selbst das Allumfangende, von keinem andern Umfangene ist. Wurde von der absoluten Null des Seins gesagt, sie habe alles vor sich, nichts hinter sich, so galt dies vom Was, nicht vom Daß. Es hat, wie überhaupt alles, was wir nur aussagen mögen, vielmehr das ganze Daß, das Ganze des Seins überhaupt hinter sich und auch vor sich; hinter sich, sofern auch nach gar keinem Was zu fragen wäre, wenn nicht das Daß voraus, vor allem Was und aller Frage nach ihm, entschieden wäre; vor sich, insofern es nach ihm, zuletzt nur nach ihm fragt und zuletzt nach ihm als Ganzem, das es doch, als Ganzes, nie erreichen, kaum auch nur erfragen kann. Aber jede Abgrenzung setzt, zugleich mit dem abgegrenzten Bereich, den Bereich dessen, woraus es abgegrenzt wird, voraus. Und so fragt es sich, über jede Abgrenzung hinaus, nach immer weiterer Abgrenzung, und so fort, mit keiner anderen letzten Grenze, als der bloß idealen, wirklich nie erreichten oder erreichbaren, ewig nur geforderten Grenze der Allheit, die, unter dem Gesichtspunkt der Wasfrage als geschlossener obgleich unendlicher Bereich gedacht wird, während sie in Wahrheit über allen abgrenzbaren Bereich hinaus ist, oder vielmehr vom ersten Beginn an aller Abgrenzung schon zugrunde liegt als das, nach dessen Bereich gefragt wird, das aber selbst keinen Bereich abgrenzt. Unser Nullpunkt vertritt also nur das Standnehmen im idealen unendlichen Bereich des Allseins, in jedem beliebigen Punkt des Allseins, d. h. im Punkte der Frage nach dem Was, die soweit noch gar keine Antwort findet, denn es soll ja noch keinerlei Abgrenzung getroffen, nur gefordert sein; in dem Punkte, von wo aus erst irgendwelche Abgrenzung zu vollziehen ist, d. h. eben in einem Nullpunkt.

Solcher Ausgangssetzung gegenüber ist der Zweifel machtlos, weil in ihm noch gar nichts gesetzt ist, wogegen der Zweifel sich richten oder woran er einsetzen könnte. Vielmehr, da er selbst den Ausgangspunkt des Fragens bedeutet und dies Fragen grundsätzlich, radikal gemeint ist, so kann die Frage selbst gar nicht anders als sich in diesen Nullpunkt stellen. Auch die skeptische Epochē will (wie gesagt) nichts anderes als eben dies: Die Zurückhaltung noch jedes Entscheides, die gleichsam nackte, damit radikale, totale, universale Frage. Noch nichts sei gegeben, alles erst in Frage, erst zu suchen, zu untersuchen. Der Skeptiker nennt sich deshalb auch den Zetetiker, d. h. den grundsätzlich Suchenden, Untersuchenden. Sein Zweifel will also durchaus nicht (wie man dem Skeptizismus oft vorgeworfen hat) in der nackten Negation stehen bleiben, sondern zum Suchen, zum Untersuchen fortschreiten; nur behauptet er gerade in der gründlichsten Untersuchung zu dem Ergebnis zu gelangen und es, je ernster er sucht und fragt, um so mehr bestätigt zu finden (denn fertig behauptet er mit seiner Untersuchung nie zu sein), daß zu diesem Gesuchten aller Voraussicht nach nie zu gelangen sein wird. Dies steht aber gegenwärtig für uns nicht zur Frage; was uns hier angeht, ist nur der Zweifel selbst und was er an positiven Voraussetzungen einschließt.

§ 18. Also (das sollte diese ganze Betrachtung zeigen): nicht die Daßheit, und das heißt zuletzt die Allheit, nämlich daß es sie gibt, ist fraglich, kann überhaupt fraglich sein, sondern es ist Voraussetzung auch alles sinnhaften Zweifelns und Fragens. Der Zweifel, die Frage kann nur das Was, die Abgrenzung betreffen. Der Skeptiker aber ist in Beziehung auf diese wiederum ganz im Recht, soweit und in dem Sinn, daß keinerlei Wasbestimmung vor aller Frage, fraglos fest, der Begründung unbedürftig ist; wogegen dies durchaus gilt von der reinen Daßheit, d. h. der Seinstotalität. Unsere untere und obere Grenze und der Zwischenbereich zwischen beiden, verhalten sich also wie das absolute Leere, das absolut Erfüllte und das Sich-erfüllen. Von diesen Dreien kann sich somit der Zweifel nur beziehen, und bezieht sich tatsächlich nur, auf das an dritter Stelle Genannte. Die Zweifelsfrage aber ist hier diese: Ist eine Umspannung, oder gleichsam Ausmessung des totalen Bereichs, ist überhaupt irgendwelche Wasbestimmung hinsichtlich seiner, auch nur im Sinne einer Näherung zu ihm, einer Verminderung des Abstands, möglich oder nicht?

Daß hier die Antwort für uns wie für den Skeptiker nur verneinend ausfallen kann, ist schon jetzt abzusehen. Es gibt zwar, gerade in der strengsten Wissenschaft, der Mathematik, Begriffe, d. h. sichere Sinnabgrenzungen, von Unendlichkeiten; am ersichtlichsten in der Mengenlehre, näher zugesehen aber in allen Gebieten der Mathematik. Aber keiner von diesen erreicht etwa das Letzte, absolut Überendliche (dies tritt überhaupt niemals in irgendwelche mathematische Erwägung ein), sondern nur eine unabgeschlossene und unabschließbare Folge nur bezüglich zu verstehender Unendlichkeiten. Diese lassen sich dem Laien am einfachsten verdeutlichen als eine unendliche Folge von Dimensionen nach Art der räumlichen: die unendliche gerade Erstreckung faßt in sich eine Unendlichkeit von Punkten und ist dabei doch ein durchaus begrifflich in sich geschlossenes Ganzes, in dem Sinn, daß durchaus von jedem Punkt im Raum sicher ist, er gehört dazu oder er gehört nicht dazu. Die ebene Ausbreitung enthält ebenso in sich eine Unendlichkeit von geraden Linien und ist, wiederum unendlich sich ausbreitend, ein im gleichen Sinn, wie die gerade Linie, begrifflich streng in sich geschlossenes Ganzes. Und so stellt der Raum nach Länge, Breite und Tiefe, als Unendliches dritter Stufe, wiederum ein solch begrifflich in sich geschlossenes Ganzes dar, nur eben wiederum höherer Dimension. Nichts aber hindert, daß diese Reihe sich fortsetzt, daß es ein im gleichen Sinn Unendliches vierter, fünfter Stufe u. s. f. gibt, ohne daß zu einem Begriffsabschluß dieser Reihe der Dimensionen zu kommen wäre. Wir wollen den Unterschied einer solchen Folge, die zu einem begrifflichen Abschluß besagter Art, zu einer bedingten, nämlich dimensional bedingten »unendlichen« Totalität der eben beschriebenen Art führt, und einer solchen, die zu keinem solchen Abschluß führt, bezeichnen als den der begrifflichen *Konvergenz* und *Divergenz*, d. h. des Zusammenstrebens oder Gerichtetseins zu abschließender begrifflicher Einheit, oder Auseinandertretens zu nicht bloß stets offen zu haltender, sondern an sich unbeschränkt weiter sich öffnender Mannigfaltigkeit. So ist also, hinsichtlich aller Wasbestimmung eines gegebenen Daß, also hinsichtlich aller begrifflichen Abgrenzung überhaupt, die Frage scharf zu stellen auf begriffliche Konvergenz oder Divergenz. Die Wahrscheinlichkeit ist aber hier durchaus auf der Seite einer letzten Divergenz. Jedenfalls hat unsere Seinstotalität keineswegs eine Konvergenz der Wasbestimmung besagen wollen, sondern sie betraf nur und verdeutlichte nur den Sinn der Daßfrage im Unterschied von der Wasfrage überhaupt. Gälte aber hinsichtlich der Wasfrage (die sie überhaupt nur angeht) die Divergenz, so bestände dann eben diese und wäre der Charakter der Seinstotalität selbst, deren Einzigkeit und Geschlossenheit damit übrigens keineswegs in Frage gestellt wäre. Diese ist vielmehr dem ganzen Sinn der Daßheit grundwesentlich. Das »Es ist« umschließt eben alles; was es überhaupt gibt, gibt eben Es, das Allsein, welches damit, daß es Alles, auch Eines ist, aber darum nicht eine geschlossene Wasbestimmtheit fordert oder gibt oder auch nur verträgt, Es ist nicht ganz genau, es das Allkonkrete zu nennen, doch ist es wenigstens zur ersten Verdeutlichung nicht unzulässig; es darf nur nicht dahin verstanden werden, daß es erst zusammenwüchse (»konkret« heißt wörtlich »zusammengewachsen«) aus Teilbestimmungen eines Was zu einem auch nur als Fragebereich umschreibbaren Ganzerfülltsein mit Wasbestimmtheit; diese überragt es vielmehr schlechthin auch in jedem noch so weit gefaßten, etwa auch relativ unendlichen Zusammenschluß.

Es ist darum auch der Verdacht nicht begründet, daß aus dem leeren „Es ist" des Urteils (d. h. es verhält sich so wie ausgesagt oder gedacht wird) ein All-*Sein* erdichtet würde. Für uns ist durchaus nicht das »Es ist« des Urteils das an sich Erste und etwa der absolute Ausgangspunkt, nach dem wir fragten. Es ist vielleicht ein bequemer erster Ansatzpunkt für das Besinnen auf diesen. Aber eben dieses Besinnen führt, wenn es irgend gründlich geschieht, zwingend auf die Einsicht, daß das an sich Erste vielmehr das Allsein selbst, dagegen das »Es ist« des Urteils von dessen Voraussetzung gänzlich abhängig, ohne es überhaupt sinnlos, nur ein erster dürftigster Schritt auf es hin ist. Das »Es ist« des Urteils mag allenfalls auf den Nullpunkt zurückweisen, es mag, wie wir es nannten, die Standnahme innerhalb der Allheit überhaupt nach subjektiver Seite bezeichnen (was uns hier noch nicht angeht). Es umfaßt, insofern zwar alles, aber durchaus nur so, wie der Nullpunkt alles umfaßt, sofern von ihm aus in alle, selbst an Zahl unendliche Dimensionen hinein sich erst bestimmen soll, was immer bestimmbar ist; aber es umfaßt diese Allheit geforderter Bestimmungen nur im Sinne der Abstraktion. Das Allsein dagegen umfaßt allen Sinn- und Seinsgehalt über alle bloße Abstraktion hinaus. So aber ist zwischen jenem abstrakten Nullpunkt und diesem absolut konkreten nicht sowohl Unendlichen als vielmehr Überendlichen ein nicht bloß unendlicher sondern unendlichfach unendlicher Abstand. Allenfalls könnte man sagen, daß eben dadurch jenes auf dieses hinweist, aber nur wie das Nichts auf das Alles, sofern es von Allem Nichts, Verneinung eben von Allem bedeutet oder mitbedeutet.

Noch einer Erinnerung bedarf es zum Abschluß dieser Überlegung. Wir hatten schon zu betonen und werden uns weiterhin damit noch eingehend zu beschäftigen haben, daß und in welchem Sinn auch Widerspruch, aller Widerspruch sogar, *ist*. Es gilt dies in zweifachem Sinn: erstens in dem abstrakten Sinne, daß die Aussage zutrifft: das und das widerspricht sich; während doch das Eine wie das Andere in bestimmtem Sinne gilt oder statthat. Das Sein des Widerspruchs in diesem Sinn entspricht dem »Es ist« des Urteils. Zweitens aber im Sinne der Wirklichkeit: Es *gibt* den Widerspruch in der Wahrheit, in der Wirklichkeit der Dinge. Aus dem Ersten folgt keineswegs ohne weiteres das Zweite, obgleich das Sein des Widerspruchs im ersten Sinne schon darauf hinzudeuten scheint, daß das Sein des Widerspruchs auch im zweiten Sinne gelten wird. Das braucht an dieser Stelle noch nicht entschieden zu werden. Weshalb die Frage hier berührt wird, ist nur dies: *Sei* der Widerspruch auch im zweiten, im Wirklichkeitssinne, nun so *ist* er eben, d. h. es *gibt* ihn. Ich frage wiederum: welches Es? Das »Alles in Einem«, welches, wenn die Voraussetzung zutrifft, den seienden Widerspruch in sich fassen, aber auch seiner mächtig sein muß, so wie man sagen kann, daß der Teufel nur von Gottes Gnaden lebt, und also ohne Schaden an Gottes Gottheit von ihm muß haben zugelassen werden können, sonst gäbe es ihn nicht. Dies »des Widerspruchs mächtig sein« braucht aber darum keine öde, leere *Harmonie* zu bedeuten. (Wäre es nicht schade, wenn es den Teufel nicht gäbe? Oder sollte gar Gott in Harmonie mit ihm leben? Ich hoffe doch nicht.) Übrigens in der Musik, in der die Harmonie ja wohl ihre eigentliche Stätte hat, bedeutet sie durchaus nicht eine öde Nur-Einstimmigkeit, im Gegenteil setzt gerade in ihr die Konsonanz notwendig die Dissonanz voraus, deren Lösung sie, und durch die sie selbst wesentlich bedingt ist. So mag es Heraklit gemeint haben, der auf der einen Seite so entschlossen wie wenige die Wirklichkeit des Widerspruchs behauptet, dagegen auf der andern von einer Harmonie spricht, und zwar von einer zweifachen, der offenkundigen, für jeden erfaßlichen, und der durchaus verborgenen, uns nicht erfaßlichen, von allem geschiedenen; diese aber sei die mächtigere (χρείσσων). Und damit stimmt sehr gut der andere Satz desselben Philosophen, daß die menschlichen Entgegensetzungen von Gut und Ungut, Schön und Unschön, Gerecht und Ungerecht, vor der Gottheit keinen Bestand haben; vor Gott sei alles gut, schön, gerecht; welche Prädikate aber dann offenbar in Gott etwas sehr anderes bedeuten müssen als für uns; nämlich sie müssen den Widerstreit nicht aus- sondern einschließen, aber als überwunden, während für uns in diesen Prädikaten, wie in dem der Wahrheit, Ausschluß des Widerspruchs gedacht wird. So muß es denn auch eine — aber eben transzendente — Wahrheit geben, welche den Widerspruch nicht aus- sondern einschließt, einen Jasinn, in dem alles Nein eingeschlossen aber überwunden ist. Immerhin, es muß irgendwie sein, um überwunden nicht bloß werden zu können, sondern zu müssen; und nicht bloß überwunden zu *werden,* sondern überwunden zu *sein;* wahrhaft, wirklich überwunden, also auch wahrhaft und wirklich, eben überwunden, zu *sein.* Und das heißt: jedenfalls zu *sein;* womit unser Satz tautologisch, aber eben damit um so unbestreitbarer wird.

Alle diese Erwägungen bestätigen nur das, worauf wir eigentlich hinaus wollten: den Heraklitischen Satz vom Einen, das sich mit sich selbst entzweien muß, um mit sich selbst in sich selbst wieder zusammenzugehen, und zwar immer, und in allem. Das aber ist, was wir suchten, das Grundgesetz aller logischen Gliederung und Entwicklung. Dies ist aber so genau analog dem berühmten *Hegel*schen Gesetz des Dreischritts der »dialektischen Methode«, daß es, ehe wir zu unserm Grundgesetz selbst übergehen, uns naheliegen muß, von hier aus, mit besonderer Einstellung unseres Blicks auf Hegels Logik, noch einmal auf unseren Ausgangspunkt zurückzugehen, also Hegels Aufstellung über den Ausgangspunkt des Systems mit dem unseren zu vergleichen. Denn es will scheinen, daß wir überhaupt mit allem bis dahin Aufgestellten Hegel sehr nahe gekommen sind, so daß die Vergleichung gerade mit seinen Aufstellungen zur weiteren Klärung der unsern nur dienlich sein kann.

§ 19. Das Erste, worin wir mit Hegel zusammenstimmen, ist gerade das, was uns bisher beschäftigte, die Forderung eines reinen Anfangs überhaupt. Hegel erhebt diese Forderung, gleich im Beginn des ersten Buchs der »objektiven Logik«, im Namen der logischen *Methode.* Man wendet vielleicht ein, die Logik oder überhaupt die Philosophie, dürfe nicht voraus über ihre eigene Methode etwas aufstellen; diese müsse erst durch die Logik oder die Philosophie selbst hervorgehen. Aber es ist hier nicht die Frage nach einer besonderen, sondern nach *der* Methode überhaupt; wir sprachen davon, daß logisch oder überhaupt philosophisch denken ein methodisches Tun, ein μετιέναι sein muß; als solches fordert es jedenfalls einen sicheren Ausgang, ein ebenso sicheres Fortgehen, also auch ein sicheres, eben diesen sicheren Fortgang bestimmendes und richtendes Ziel. Etwas weiteres als dieser Sinn der Methode überhaupt wird nicht vorausgenommen und dürfte in dem Punkt der Überlegung, in dem wir stehen, nicht vorausgenommen werden. In diesem Sinn heißt es bei Hegel schlagend richtig: »Vor der Wissenschaft ... schon über das Erkennen ins Reine kommen wollen, heißt verlangen, daß es außerhalb derselben erörtert werden sollte; außerhalb der Wissenschaft aber läßt sich dies wenigstens nicht auf wissenschaftliche Weise, um die es hier allein zu tun ist, bewerkstelligen.« Damit wird freilich Eines vorausgesetzt, nämlich daß man versteht, was das heißt: »auf wissenschaftliche Weise«. Aber dies mit gutem Grund, sofern es eben heißt: *überhaupt* methodisch. Was aber dies besagt, ist selbst nicht wieder von etwas anderem erst herzuleiten; diese Herleitung würde ja dann wiederum Methode fordern, und so in infinitum. Sondern es ist durch die Tat selbst zur Klarheit zu bringen; so, was der Sinn des reinen Anfangs ist, damit, daß man eben rein anfängt. — »Logisch«, heißt es dann sogleich weiter, »ist der Anfang, indem er ... im reinen Wissen gemacht werden soll«. Dies »reine Wissen« (= Begriff der Wissenschaft) war nun zwar bei Hegel das Endergebnis seines ersten philosophischen Beweisganges, den er Phänomenologie des Bewußtseins nennt, und war daher für die Logik ihm schon feststehende Voraussetzung. Genau was dort Resultat war, wird hier Ausgang: »Die zur Wahrheit gewordene Gewißheit ..., die Gewißheit, die ... dem Gegenstand nicht mehr gegenüber ist, sondern ihn innerlich gemacht hat, ihn als sich selbst weiß«, damit aber zugleich »das Wissen von sich« als dem Gegenüber zum Gegenstand dieser Subjektivität sich entäußert hat, also rein objektiv geworden ist. Mit diesem Gedankengang dem wesentlichen Sinn nach einverstanden, finde ich es nur eindeutiger zu sagen, die logische Erwägung, zumal in diesem Punkte ihres ersten Anfangs, sei so wenig objektiv wie subjektiv, weil Objektivität und Subjektivität überhaupt nur wechselbezüglich zueinander bestehen und von dieser Wechselbezüglichkeit im Punkte des Ausgangs der logischen Erwägung überhaupt noch nicht die Rede sein darf. Hegel kommt aber darauf nur im Rückblick auf seine Phänomenologie, nicht unter dem eigentümlichen Gesichtspunkt der Logik. Also ist *er* darin gerechtfertigt, *wir* wären es nicht ebenso. Denn — und das ist der tiefere, für uns entscheidende Grund: Subjektivität und Objektivität sind für die Logik Probleme, nicht aber für sie schon Voraussetzung, zumal in dem Punkte, wo die logische Erwägung überhaupt erst einsetzt, und sich über sich selbst erst klar werden will.

Wie also bleibt (so geht nun die Beweisführung bei Hegel weiter) der Anfang der Wissenschaft des reinen Wissens, d. h. eben der Logik immanent? Indem man rein aufnimmt, was vorhanden, unter Aufhebung aller Beziehung auf ein anderes, aller Vermittlung; so ist dann nur *einfache Unmittelbarkeit* vorhanden. Doch das ist noch ein Reflexionsausdruck. Es drückt nur den Unterschied aus von allem Vermittelten. Selbst unmittelbar drückt sich diese einfache Unmittelbarkeit aus als *das reine Sein;* das will sagen: »*Sein, sonst nichts,* ohne alle weitere Bestimmung und Erfüllung«. (Es ist was wir nannten: das reine »Es ist«.) So ist der Anfang *absoluter* Anfang. Er darf so nichts sich voraussetzen, muß durch nichts vermittelt sein, noch einen *Grund haben,* er soll vielmehr selbst *Grund* der ganzen Wissenschaft *sein;* nicht nur schlechthin *ein* Unmittelbares, sondern *das* Unmittelbare selbst.

Hiermit ist schon das Entscheidende gesagt. Diese Darlegung beansprucht (und darf beanspruchen) »für sich fertig« zu sein. Die weiteren Betrachtungen bei Hegel führen in der Tat schon über diesen reinen Anfang hinaus zu dem, was damit angefangen wird, zum Fortgang und Abschluß. Da wir aber auch darauf schon vorausblicken durften und mußten, so können wir die Vergleichung auch hier noch fortsetzen. Dazu diene uns bei Hegel der Rückgriff auf das Verhältnis der (in seinem Sinn) phänomenologischen zur logischen Erwägung. Für die erstere, die vom Bewußtsein zum reinen Wissen erst den Weg suchte, war jenes letzte Unmittelbare selbst ein durchaus Vermitteltes, ja erst als letztes Resultat ihr vermittelt durch alles andere, wovon sie zu reden hatte. Das für sie Unmittelbare war vielmehr der äußerste Gegenpunkt zum reinen Sein: das sinnliche Bewußtsein. Dieses muß dagegen der reinen Wissenschaft erst als letztes hervorgehen. So ergibt sich dann das Ganze der Wissenschaft, welches den ganzen Inhalt der Phänomenologie, aber in umgekehrter Stellung, wiederzuerzeugen hat, als ein *Kreislauf* in sich selbst, worin das Erste auch das Letzte und das Letzte auch das Erste wird. Daher ist es ebenso berechtigt und notwendig, das, in welches die Bewegung (die die

Phänomenologie beschrieb) als in seinen *Grund* zurückgeht, als *Resultat* zu betrachten. Der Fortgang aber hat den Sinn, daß das, womit man anfängt, allem Folgenden zugrunde liegen bleibt und nichts daraus verschwindet; so bleibt denn auch der Anfang der Philosophie die in allen folgenden Entwicklungen gegenwärtige und sich erhaltende Grundlage; im Anfangspunkt selbst ist es das noch Unentwickelte, Inhaltlose, als welches es doch erst erkannt wird in der ganzen Entwicklung der Wissenschaft. Darum ist aber jener wahre Anfang nicht etwa ein bloß einstweilen Angenommenes, bittweise, versuchsweise zum Ausgangspunkt Gewähltes, sondern es ist das absolut Unmittelbare; zwar andererseits auch (unter dem Gesichtspunkt der Phänomenologie, d. h. vom Bewußtsein aus) absolut Vermitteltes; hier aber, als der wahre (logische) Anfang, wesentlich als das rein Unmittelbare zu verstehen; daher auch als das rein Unbestimmte, vor aller Bestimmung, die immer schon ein Anderes zum Ersten enthielte. »Es liegt ... in der Natur des Anfangs selbst, daß er das Sein sei und sonst nichts« (wir sagten der Nullpunkt des Seins). »In ihm ist also nicht Etwas, oder irgendein Inhalt vorhanden«, mit dem der »bestimmtere Anfang« gemacht würde; der Anfang darf in keinem Sinne hier schon ein bestimmter sein. »Es *ist* noch *Nichts* und es *soll Etwas* werden. Der Anfang ist nicht das reine Nichts, sondern ein Nichts, von dem Etwas ausgehen soll; das Sein ist also ... schon im Anfang enthalten. Der Anfang enthält also beides: Sein und Nichts; ist die Einheit von Sein und Nichts; oder ist Nichtsein, das zugleich Sein, und Sein, das zugleich Nichtsein ist«. Auch sind beide, »Sein und Nichts ... im Anfang als unterschieden vorhanden, denn er weist auf etwas anderes hin. Er ist ein Nichtsein, das auf das Sein als auf ein anderes bezogen ist; das Anfangende *ist* noch nicht; es geht erst dem Sein zu.« Dann aber heißt es weiter: »Ferner aber *ist* das, was anfängt, schon«. (Wir beachten: das *was* anfängt, nicht der Anfang selbst!) »Ebensosehr aber *ist* es auch noch *nicht*. Die Entgegengesetzten, Sein und Nichtsein, sind also in ihm« (das muß jetzt freilich heißen: dem Anfang!) »in unmittelbarer Vereinigung; oder er ist ihre ununterschiedene Einheit«. Diese Bestimmung geht über die erste hinaus, scheint ihr den Worten nach sogar zu widersprechen; denn vorher sollte durchaus noch von keinem Anderen die Rede sein: »Sein, sonst nichts«, hieß es, also (sollte man denken) auch nicht zugleich Nichtsein, und beides, Sein und Nichtsein, als unterschiedene. Der Widerspruch löst sich auch nicht ganz darin, daß man unterscheidet: der Anfang, und was anfängt, aber nicht mehr bloß der Anfang selbst ist. Denn es liegt zwar im Sinn des Anfangs, daß *etwas* damit anfängt. Doch wird eben damit deutlich, daß es doch ein Unterschied des Gesichtspunktes ist, ob ich von dem rede, was zum Anfang dient, oder davon, daß es eben Anfang, natürlich Anfang von Etwas ist. Die erstere Erwägung betrifft rein den Punkt des Ausgangs, die zweite schon seine Bedeutung, eben als Ausgang, nämlich für den Fortgang; wie wenn ich die Null nicht bloß eben als 0 (noch nichts für sich), sondern als ±0 (d. h. Ausgangspunkt für die doppelte Reihe, vor und zurück, die von ihr anhebt) ins Auge fasse.

Noch verdient die Bemerkung Hegels hervorgehoben zu werden, daß es falsch wäre, etwa vom Begriff des Anfangens selbst anzufangen, d. h. diesen Begriff selbst als den logischen Anfang zu setzen. Der Anfang darf überhaupt nicht als solcher schon *Erstes* der Reihe sein sollen; dann enthielte er schon den Fortgang, von dem er gerade unterschieden werden soll. Diese einzige Bestimmtheit, der Anfang zu *sein*, ist im Anfang zu denken, keine darüber; so ist es wohl zu verstehen, daß er selbst (wie Hegel S. 73 sagt) doch erste, unmittelbare, einfache *Bestimmung* sei. Das widerspricht nicht dem, daß er noch keinerlei »nähere Bestimmung« seiner selbst einschließen darf. Er *ist* einfache Bestimmung (einfaches Bestimmen), aber *hat* nicht schon irgendwelche »nähere Bestimmung« (ist nicht ein schon näher Bestimmtes). Es ist was wir ausdrückten als das Standnehmen im Unmittelbaren, Allkonkreten. Mit vollem Recht aber betont Hegel zuletzt auch dies: daß das, wovon in der Logik angefangen werden muß, nicht *das Konkrete selbst* ist, sondern nur das einfache Unmittelbare, die einfache Unmittelbarkeit, von der die vermittelnde Bewegung (durch welche ihr, der Logik, das Konkrete erst hervorgeht) erst den Ausgang nimmt. Alles, was im Ausdruck des »Absoluten« (oder einem ähnlichen) oder der »Anschauung«, oder auch im bloßen Gedanken des Anfangs mehr liegt, soll ja erst hervortreten; die Bestimmung aber, die zuerst (ins Wissen) hervortritt, muß ein Einfaches sein. Diese Einfachheit hat aber nur das Unmittelbare, jenes für sich leere, von aller näheren Bestimmung noch *reine* Sein — »Sein, sonst nichts«.

**§ 20.** Es darf gesagt werden, daß unsere Bestimmungen mit denen Hegels der Substanz nach haarscharf zusammenfallen. Das Einzige, dem ich nicht zustimmen kann, ist, wie schon früher gesagt, die Behauptung der Objektivität der Logik. Aber diese will wesentlich nur die Nichtsubjektivität besagen, die auch ich stets behauptet habe. Nur verstehe ich die Verneinung der Subjektivität so, daß damit ebensowohl die Objektivität verneint wird, weil diese überhaupt nur im Gegenverhältnis zur Subjektivität besteht. Objekt sein heißt Objekt für das Subjekt sein. Darf also in reiner Logik nicht von Subjekt, so darf auch, soweit, nicht von Objekt die Rede sein, in dem Sinne, daß Logik selbst ein Objektives sei, oder auch nur das Objektive irgend mehr oder anders als auch das Subjektive zum Gegenstand habe. Problem der Logik ist die ganze Objektivität, nicht minder als die ganze Subjektivität, und vielleicht noch ein drittes, sagen wir Subjekt-Objektivität oder Objekt-Subjektivität. Aber sie selbst, die Logik, ist damit so wenig objektiv wie subjektiv wie objektiv-subjektiv oder subjektiv-objektiv, sondern indifferent gegen diese ganze Wechselbezüglichkeit, welche sie selbst vielmehr erst zu begründen hat. Der Sache nach ist es so auch bei Hegel. Aber wenn er richtig sagt, aus Angst vor der Objektivität habe man den logischen Bestimmungen eine wesentlich subjektive Bedeutung gegeben, so sollte er nun nicht, aus Angst vor der Subjektivität, ihr eine »wesentlich objektive«, sondern gleichsehr vorobjektive wie vorsubjektive Bedeutung geben. Ist also diese Bestimmung freilich nicht haltbar, so hat sie doch ernstliche Fehler in der ganzen weiteren Durchführung der Hegelschen Logik nicht verschuldet.

## [8. Vorlesung]

Der schwierigste Punkt der Hegelschen Aufstellung, keineswegs aber ein Grund sie anzufechten, ist die schon berührte Zweiseitigkeit seiner Bestimmung des logischen Anfangs; einmal als das reine Sein, sonst nichts; dann aber als Einheit, ununterschiedene Einheit von Sein und Nichtsein. Man ist versucht, den Widerspruch dieser Bestimmungen überwinden zu wollen durch die Unterscheidung des Anfangs selbst und dessen was anfängt. So schien Hegel selbst (S. 68) zu unterscheiden; aber der Schluß lautete dann doch: Er (der Anfang!) ist die ununterschiedene Einheit des Seins und Nichtseins; und schon zwei Absätze früher: der Anfang enthält beides, Sein und Nichts, ist die Einheit beider: Nichtsein, das zugleich Sein, Sein, das zugleich Nichtsein ist; kurz, es stehen zwar beide Ausdrücke, »der Anfang« und »das Anfangende«, nebeneinander da, aber diese zwei Begriffe fließen ihm tatsächlich ineinander. Was vom Anfangenden einleuchtend gilt, wird dann, als sei das dasselbe, vom Anfang selbst gesagt. Sogar: das Anfangende ist noch nicht, geht erst dem Sein zu; dann aber weiterhin soll dies vom Anfang selbst gelten. Aber er *war* doch, und war — das reine Sein selbst! So bleibt als einziger Ausweg übrig, daß Sein und Sein in den verschiedenen Sätzen Hegels nicht durchaus dasselbe besagt. Etwa könnte es so gemeint sein: beide Sein wie Nichtsein, *sind* doch. Es gibt also einen letzten Sinn des Seins, der beides umfaßt: das Sein (in einem bestimmteren als diesem letzten Sinne des Seins) und dessen Verneinung, sagen wir das Ja-Sein und das Nein-Sein, beide *sind* in einem Sinne des Seins, der über die Entgegensetzung des Ja und Nein hinausliegt, in welchem Sinn z. B. auch diese Entgegensetzung selbst *ist*, d. h. besteht oder stattfindet. Das könnte etwa mit der ununterschiedenen Einheit des Entgegengesetzten im Uranfang (dem reinen Sein) gemeint sein. Indessen hieß es vorher: Sein und Nichts sind im Anfang als unterschieden vorhanden. Der scheinbare Widerspruch ist wohl dahin aufzulösen: im letzten, reinen Anfang sind sie nicht unterschieden, aber dennoch, nein eben darum in ihm doch als unterschieden *vorhanden*. Darin vorhanden oder enthalten sein ist etwas anderes als, er selbst, der Anfang, oder in ihm (seinem reinen Begriff schon) *sein*. Im Anfang enthalten ist das Sein als ein solches, das sich vom Nichtsein entfernt, aber er, der Anfang, ist nicht dies sich Entfernen des Seins vom Nichtsein. Denn der Anfang ist nicht das Anfangen, sondern der Punkt des Anfangens; nicht das Sich-wenden, aber der Wendepunkt. Der Unterschied ist also (wie schon gesagt), der Analogie nach ausgedrückt, der von Null schlechtweg und von ±0.

Man mag sagen, das sind unfruchtbare Spitzfindigkeiten. Aber man kann in der Festlegung des Anfangs, an dem alles weitere hängt, gar nicht genau genug sein. Und daß diese Genauigkeit nicht unfruchtbar ist, ergibt sich sofort. Denn die ganze, unermeßliche Tragweite unserer Festsetzung des Anfangs liegt eben hierin: daß die Null zugleich ±0, die Wende vom Nichtsein zum Sein bedeutet, also den Punkt, in welchem beide in eins zusammenfallen *(koinzidieren).* Diese Koinzidenz führt dann zwingend zu dem, worauf wir zielen: dem *Kreisgang der Methode,* und damit zu dem *Dreischritt* derselben. Dies ist nun ein zweiter Punkt, in welchem ich ganz mit Hegel zusammenstimme; und zwischen diesen beiden Punkten der Übereinstimmung liegt als dritter die Anerkennung der *vollen Positivität* nicht nur der Negation, sondern *des Widerspruchs;* die ich zwar nicht ursprünglich von Hegel, aber ebenso wie er von Heraklit und von Plato, besonders aus dessen Dialogen »Sophist« und »Parmenides«, gelernt habe. Darüber noch einige Worte in Beziehung auf Hegel.

**§ 21.** Schon die Einleitung der Hegelschen Logik spricht sich darüber aus: »Das Einzige, um den wissenschaftlichen Fortgang zu gewinnen, und um dessen ganz einfache Einsicht sich wesentlich zu bemühen ist, ist die Erkenntnis des logischen Satzes, daß *das Negative ebenso sehr positiv ist,* oder daß das Widersprechende sich nicht in Null, in das abstrakte Nichts auflöst, sondern« als *bestimmte* Negation einen *Inhalt* hat, ein neuer, ja der höhere, reichere Begriff ist gegenüber dem vorigen, reicher geworden eben um dessen Negation oder Entgegengesetztes, die Einheit seiner und seines Entgegengesetzten. »*In diesem Wege hat sich das System der Begriffe überhaupt zu bilden* und in unaufhaltsamem, reinem, *von außen nichts hereinnehmendem Gange sich zu vollenden.*« Diese Methode sei die einzig wahrhafte, die nicht er in seiner Logik, sondern die *das System an ihm selbst* befolgt, und sie sei zugleich der Inhalt ihrer selbst, die Dialektik, die *er* (der Inhalt) an ihm selbst hat, welche ihn fortbewegt. »Keine Darstellungen können für wissenschaftlich gelten, welche nicht den Gang dieser Methode gehen und ihrem einfachen Rhythmus gemäß sind, denn es ist der Gang der Sache selbst.« (Sätze, die zugleich die ebenso überobjektive wie übersubjektive, rein sachhafte Natur des Logischen scharf ausdrücken). Aus den weiteren Ausführungen hebe ich nur noch heraus die Anerkenntnis, daß *Kant* in seiner Antinomienlehre die *Objektivität des Scheins* und *Notwendigkeit des Widerspruchs,* der zur Natur der Denkbestimmung gehört, sicher getroffen habe. Das sei, in seiner positiven Seite aufgefaßt, nichts anderes als die innere Negativität derselben. (Die Beziehung dieses »derselben« ist in Hegels Text nicht ganz deutlich; ich beziehe es auf das letzte Wort des voranstehenden Satzes: »ihrer Natur«, nämlich der Dinge an sich, oder was sie in der »Vernunft« und in Rücksicht auf das sind, was an sich *ist,* also was er die Objektivität des Scheins, die Notwendigkeit des Widerspruchs nannte; ich würde statt dessen sagen, die *Positivität* beider, des Scheins und des Widerspruchs.) Dies also, will Hegel sagen, ist nichts anderes als, in seiner positiven Seite aufgefaßt — positiv gewendet — die Negativität selbst, die zur Natur der Denkbestimmungen gehört — und (muß man verstehen) mit ihrem positiven Gegensinn zusammen ihre Natur ausmacht. Weiter heißt es

## Kreisgang und Spirale 63

dann ganz positiv: »als ihre sich selbst bewegende *Seele*, das Prinzip aller natürlichen und geistigen Lebendigkeit überhaupt«. (Eine Fassung, die besonders stark an Platos »Sophist« erinnert, sich vielleicht bewußt an ihn anlehnt).

Es ist nicht anderes als die Entwicklung der Null zu ±0, zur *Wende*, in welcher, vom Anfang des »reinen Seins« an, das Anfangende dem Sein (im bestimmteren, im Ja-Sinn) erst zugeht, und erst dies Ja-Sein sich vom Nichtsein entfernt; sich ihm entgegensetzt, aber es in sich aufhebt, d. h., nach dem Hegelschen Dreisinn des Aufhebens, es nicht schlechthin von sich ausstößt, sondern erhält, aber hinaufhebt zu dem Höheren, worin beide miteinander, das Ja und das Nein, in ihrer Schwebe und Spannung gegeneinander erhalten bleiben.

So geschieht dann die dialektische *Entwicklung*, so vollzieht sich der *zweite Schritt*, das sich gegen sich selbst Differenzieren. Und damit ist dann zugleich auch der *dritte* Schritt schon vorgezeichnet, nämlich daß es, nicht trotz sondern in dieser Entgegensetzung und Scheidung, doch zugleich zur Einheit mit und in sich selbst wieder zusammengeht, und zwar immer, nie nicht, eben damit auch zugleich mit und in seinem Auseinandertreten. Und damit endlich vollendet sich jener Kreisgang, von dem Hegel spricht und den auch schon Heraklit kennt, in welchem Anfang und Ende, Ausgang und Resultat eins sind.

Hierbei erhebt sich noch ein letzter scheinbarer Unterschied zwischen unserer und Hegels Aufstellung. Hegel spricht von Kreislauf, wir von Spirale. Ist das eine ernste Verschiedenheit? Zunächst, alles vom Kreislauf Gesagte trifft auf die Spirale ebensowohl zu; für jeden Punkt der Spirale gilt, wie für jeden Punkt des Hegelschen Kreisgangs, alles vorher Gesagte, und nichts anderes hat der Kreisgang überhaupt besagen wollen. Die Spirale besagt bloß noch etwas darüber, was übrigens dem Sinn der »Entwicklung« offenbar besser entspricht. Nämlich in der Spirale geht ewig Neues hervor, während im Kreis dasselbe unaufhörlich wiederzukehren scheint. Kann aber dies Letztere von Hegel ernstlich gemeint sein? Schwerlich. Der wieder und wieder erreichte Anfang soll offenbar nicht logisch völlig dasselbe sein, was er abgesehen von seinem Wiedererreichtwerden war. Jeder neue Durchgang ist doch eben ein neuer, und es soll offenbar der ganze Gewinn des jedesmaligen Umlaufes und jedes neuen Umlaufes in den neuen Anfang mithinübergenommen, dieser also dadurch an Inhalt bereichert, vertieft werden. Damit wird aber der Kreisgang, logisch angesehen, zur Spirale. Hier braucht also wenigstens kein Widerspruch zu sein. Doch werden wir die Frage scharf im Auge behalten, ob nicht bei Hegel doch eine falsche Geschlossenheit des Systems vorausgesetzt wird, gegen welche wir dann seine unbegrenzte Offenheit zu betonen und zu begründen hätten. Die Frage ist von großer Bedeutung, besonders für die Geschichtsphilosophie, und wir werden uns in dieser (wenn wir daran kommen) wohl noch damit zu beschäftigen haben.

Noch eine allgemeine Anmerkung scheint mir nicht überflüssig zu sein. Manche Philosophen glauben der Forderung eines absoluten Anfangs deshalb enthoben zu sein, weil man von jedem Punkte gleichgut ausgehen könne und doch zu allem gelangen müsse. — Das Letztere ist richtig, aber es hebt die Notwendigkeit des absoluten Anfangs nicht auf. Wo man auch anhebt, man hebt eben an, d. h. setzt in jedem Fall den Anfang genau in dem Sinn, den Hegel ihm gibt und den auch wir betonen, daß in dem Anhub noch nichts gehoben, in dem Anfang noch nichts gefangen ist. Sagt man: »Ich kann anfangen womit ich will«, so denkt man den Anfang nicht rein als Anfang, sondern nimmt irgendwelche Inhaltsbestimmtheiten schon in ihn hinein. Damit ist es aber schon kein reiner Anfang mehr, sondern bereits irgend ein kleinerer oder größerer Schritt darüber hinaus. Es ist kein reiner Anfang mehr, wenn darin schon etwas vorweggenommen wird, was erst im Fortgang sich ergeben dürfte. Der reine Anfang kann nur vom Nullpunkt aus geschehen. Mit etwas beliebigem anfangen heißt überhaupt nicht anfangen, sondern schon unterwegs sein.

§ 22. Dies führt nun noch einmal zurück auf den Grundsinn unserer ganzen Aufstellung über den notwendigen Ausgangspunkt des Systems, den ich abschließend nochmals so deutlich als es mir möglich ist auszudrücken versuchen will.

Es wurde gefragt und es ist der Grundsinn aller Frage gegen die Forderung des Systems überhaupt: mit welchem Rechte verlangt man aufs Ganze zu gehen? Welches Recht kann man geltend machen auf ein Allwissen, auf eine Allwissenschaft? Unsere Antwort lautet: Man geht nicht auf Wahrheit, wenn man nicht auf *die* Wahrheit geht. Man geht auf nichts von allem, wenn nicht auf alles, aufs Ganze. Man geht sonst, wie Platon schon gesagt hat, nur von etwas, das man nicht weiß, durch lauter solches, das man ebensowenig weiß, zu etwas, das man unter diesen Voraussetzungen erst recht nicht wissen kann. Man mag nun unter allen solchen nicht gewußten Aufstellungen formal befriedigende Beziehungen, reine Einstimmigkeiten herstellen, soviel man will, das Ganze eines solchen Gedankenbaues kann nicht behaupten an verläßlicher Wahrheit dadurch irgendetwas zu gewinnen. Kaum von Wahrscheinlichkeit dürfte die Rede sein, weil man so auch gar keinen Maßstab für ein Mehr oder Weniger an Wahrheit, für Näherung oder Entfernung von ihr hätte; sondern höchstens von einem Sein-können, mit dem eigentlich nichts gesagt wäre. Es »kann« dann nur sein in dem Sinne, daß es nicht schon durch inneren Widerspruch von Anfang an ausgeschlossen ist. Ob es darüber hinaus *sein* — *wirklich sein* kann, wäre damit nicht im mindesten entschieden, denn zum Sein-können gehört weit mehr als die Erfüllung der einzigen Bedingung, daß es nicht durch Widerspruch sich selbst vernichte. Man verkennt auch den ernsten Sinn der Möglichkeit, wenn man sie einzig in dem Formalen des Nichtwiderspruchs sucht. Echte Möglichkeit ist etwas selbst gar sehr *Wirkliches;* Möglichkeit ist Vermögen, Macht; Macht hat aber nur Vollwirkliches; man verzichtet auch auf sie, wenn man auf volle Wirklichkeit verzichtet. Diese aber fordert und bedeutet Gegründetsein im Allwirklichen, und so fragt man in der Tat nach nichts Ernstem, wenn man unterläßt, nach diesem, also nach allem, nach dem Ganzen zu fragen. Aber auch damit ist man im Irrtum, daß der Verzicht aufs Ganze Bescheidenheit verrate. Der Anspruch, irgend etwas, was es auch sei, schon zu *haben,* nicht darauf erst gehen, es erst logisch *rechtfertigen* zu müssen, ist weit größer als der, nichts schon zu haben, auf alles erst gehen zu müssen. Aber dies »Nichts« hat überhaupt keinen Sinn, wenn nicht ganz ernstlich alles in ihm verneint, eben damit aber *das* »Alles« gesetzt wird. Man muß es doch irgendwie setzen, um es verneinen zu können; also ist es gleich unumgänglich, im Nichts das Alles, und im Alles das Nichts zu setzen; jedes von beiden setzt das andere, und setzt es auch wiederum nicht. Das besagt bei Hegel der Kreisgang des Logischen, und der Nullpunkt als der des Kreisgangs.

Vielleicht wird man einwenden, das alles sei Abstraktion, man finde es geratener gleich von etwas Konkretem auszugehen. Der Anfang dürfe nicht leer bleiben. — Die Antwort ist — genau die vorige. Abziehen kann man nur vom Ganzen, immer in der Voraussetzung, daß das Ganze voraus, vor dem Abzug, *ist,* und zwar als Ganzes ist. So aber ist dann folgerecht das Ganze abzuziehen, abzuziehen vom Ganzen, d. h. es ist auf den Nullpunkt zurückzugehen; zurück: darin liegt, daß das Ganze, das »Alles«, schon da war. Null ist A — A = 0 (wobei unter A auch »Alles« verstanden werden darf). Also bleibt man, gerade mit diesem Abzug, gerade indem das Ganze abgezogen wird (nämlich von sich selbst, dem Ganzen) ganz *im* Ganzen, d. h. Konkreten; man verläßt es nicht nur nicht, sondern stellt es in seiner Ganzheit sich erst recht vor Augen. Dagegen wenn man irgend *ein* Konkretes (statt, wie wir, das Ur- und Allkonkrete) zum Ausgang nimmt, so muß man es sondern, also abziehen vom Ganzen, und den ganzen, nach wie vor unendlichen Rest aufseite lassen. Gerade das ist aber im höchsten Maße abzügliches, abstraktes Vorgehen. Unsere »Abstraktion« ist Rückgang auf die Null, die aber sofort $\pm$ 0 wird, d. h. das Ganze vor und hinter sich hat und weiß. Das Allkonkrete konkresziert, erwächst der logischen Erwägung, auch ins Unendliche, gerade in aller, unendlichfachen, unendlichdimensionalen Unendlichkeit, nur von der Null aus. Es muß von ihr aus erwachsen, gerade um nichts auszulassen, nichts abzuziehen, sondern ganz zu sein und zu bleiben, alles zu behalten. Das ist was Plotin meinte mit dem Ἄφελε πάντα, »Nimm alles weg«; gerade so wirst du zu allem, zum Ganzen erst gelangen.

Das aber gibt den Begriff des *reinen* Anfangens, des Nichts-voraussetzens. Ich sagte schon früher, ganz voraussetzungslos ist allein das Alles. »Alles« besagt: Nichts nicht; damit aber nichts nicht gesetzt sei, muß erst einmal zurückgegangen sein auf den Punkt, wo nichts, schlechterdings nichts schon gesetzt ist.

Was man mit einem gewissen Schein von Recht hierbei fürchten könnte, wäre nur, daß so nicht zum Etwas zu kommen sei. Aber diese Sorge ist grundlos. Setzt man den Anfang als der nichts hinter sich, alles noch vor sich hat, und andererseits das Alles, welches alles hinter sich, nichts mehr vor sich hat, so ist beide Male gleich mit dem Alles und dem Nichts auch das Etwas gesetzt. Denn »Nichts hinter sich« heißt: Alles (nämlich alles, was schon Etwas wäre) erst vor sich; doch aber hinter sich, sofern nur vom Allem zum Nichts erst zurückgegangen, sich ins Nichts gestellt, in ihm als dem Nullpunkt Stand genommen werden konnte. Dann ist aber (wie längst gesagt) das Alles schon da; wir sagten als Hintergrund, aus dem gewiß nicht sogleich das einzelne Dieses, sondern vorerst nur der Punkt, die soweit noch leere, notwendig soweit leer zu lassende Stelle herausgehoben und eingenommen wird. Warum leer zu lassen? Damit sie den reinen Standpunkt oder Blickpunkt bezeichne, um jene axiale Stellung, von der öfter

## Alles und Nichts

gesprochen wurde, einnehmen und innehalten zu können zum Ganzen des Umschwungs, in welchem alles unterschiedliche Einzelne erst hervorgehen muß. In diesem versteht sich nun sofort auch der Sinn der Voraus- und Folgesetzung, oder des logischen Vor und Nach. Diese Ordnung bestimmt sich gleichsam durch die Verbindungslinie vom Nichts zum Allen. In diesem allen: im Anfangen, Fortgehen und Abschließen, im jeweiligen Umschwung des Rades, im Setzen als Voraussetzung und Folge u.s.f. liegt — das sei nochmals betont — nichts von Subjektivität, eben damit auch nichts von Objektivität, noch gar kein Gegenüber von Subjekt und Objekt. Zwar wenn von Blickpunkt, Stellungnahme, axialer Stellung gesprochen wurde, oder von Anheben, Zurückgehen auf den Nullpunkt, und was für Wendungen sonst noch gebraucht wurden oder hätten gebraucht werden können, wird zwar den Worten nach das Subjekt immerfort vorausgesetzt; wir, die wir von diesem allen sprechen und danach fragen, sind doch immer dabei, und denken, kaum vermeidlich, bei allem und jedem, was wir reden, uns mit dabei. Wir sind eben «bei unserer Sache». Aber wir sind bloß *dabei,* nicht darin, nicht in dem, wovon jeweils die Rede ist; dieses ist von Subjekts- und damit auch von Objektsbeziehungen soweit noch gänzlich frei; es ist, wie Platons »Idee des Guten« (d. h. absolut Vollendeten und Vollendenden) ἐπέκεινα οὐσίας καὶ ἐπιστήμης, hinaus über Sein und Erkennen, sofern diese einander gegenüber gedacht werden, also über Objektsein und Subjektsein, aber eben damit letztgültiges, so übersubjektives wie überobjektives *Sein.*

§ 23. Nur, wo bleibt bei dem allen der *Kritizismus?* wird man uns immer noch fragen. Bedeutete nicht gerade er den Rückgang zum *Subjekt,* zur Subjektivität des *Erkennens?* — Keine Frage, daß Kant und fast die ganze Schar seiner neueren Nachfolger, darunter namentlich auch unser *Hermann Cohen,* die Grundgedanken des Kritizismus unzählige Male in einer Weise gedacht und ausgesprochen und auch in den Einzelausführungen oftmals ausgedrückt haben, die eine subjektivistische Deutung zum mindesten nicht ausschloß. Ich zwar dürfte mich darauf berufen, daß ich mindestens von einer Abhandlung des Jahres 1887 an (»Über objektive und subjektive Begründung der Erkenntnis«, in den »Philosophischen Monatsheften«) sehr oft die subjektivistische Deutung des Kritizismus so ausdrücklich wie nur möglich zurückgewiesen habe und beispielsweise von Husserls Logischen Untersuchungen, soviel ich sonst daraus gelernt habe, in diesem Betracht nichts mehr zu lernen hatte. Ich gehe in dieser Hinsicht gegenwärtig nur noch einen Schritt weiter als früher, indem ich den Objektivismus ebenso bestimmt ablehne, d. h. die letzten Grundfragen der Philosophie ganz diesseits des Gegensatzes subjektiv-objektiv stelle, die radikale Begründung der Objekts- wie der Subjektsbeziehung, beider gleich sehr und nur miteinander, als eine der Hauptaufgaben der Systematik, aber nicht schon als eine Voraussetzung für diese selbst ansehe. Aber auch von diesem Grundirrtum abgesehen, meint man, daß die so offenkundig und von mir selbst unwidersprochen mit Hegel sich berührende Grundlegung meiner Systematik mit Kritizismus nichts mehr gemein hätte und von dessen Standpunkt notwendig als Rückfall in den durch Kant angeblich entwurzelten »Dogmatismus« zu beurteilen wäre.

Ich kann das nicht zugeben. Zwar wenn man Plato, Descartes, Leibniz, Hegel, aber in vielem Betracht dann notwendig auch Kant, als »Dogmatiker« rechnet, könnte ich mich in solcher Gesellschaft nur wohl fühlen, wie ich denn überhaupt eine solche Klassenzuweisung, wenn sie sachlich zuträfe, keineswegs als Ehrenkränkung ansehen würde. Aber nach Kants klarer und scharfer Unterscheidung und Entgegensetzung von Dogmatismus und Kritizismus, ebenso wie nach der alten, klassischen Entgegensetzung von Dogmatismus und Skeptizismus, weiß ich mich entschieden nicht auf der Seite des Dogmatismus. Da man mich aber als Skeptiker doch gewiß auch nicht wird kennzeichnen wollen, so bleibt für das, was ich vertrete, am Ende nur die dritte Kennzeichnung, als Kritizismus übrig.

Ursprünglich lautete der Gegensatz: Dogmatismus gegen Skeptizismus. Dieser Gegensatz ist ohne weiteres klar und ausschließend: man behauptet oder behauptet nicht, ein drittes gibt es nicht. Mit dem Skeptizismus trifft nun unsere Systematik zusammen erstens formalmethodisch: im Rückgang auf den Nullpunkt, den ich schon wiederholt durch die skeptische Epochē erläutert habe; auch in dem Sinn dieses Rückganges: gerade auf alles, aufs Ganze zu gehen, nichts unbegründet hinzunehmen, aber auch nichts ungefragt, ununtersucht wegzuwerfen. Denn die Skepsis hat zugleich den Sinn der Zetesis, des Suchens, der Forschung. Das Ganze, was sich heute Wissenschaft nennt, steht unter diesem Zeichen. »Wissenschaft« besagt längst nicht mehr fertiges, abgeschlossenes Wissen, sondern Forschung; sie hat und behält immer im Hintergrund den Zweifel, den Vorbehalt der Nachprüfung und gegebenenfalls Berichtigung, das »Es kann

## Dogmatismus, Skeptizismus, Kritizismus 69

auch anders sein«. Ich stimme mit dem Skeptizismus, zweitens, insoweit auch material, im Ergebnis überein: daß *Widerspruch* in allem, daß folglich das All (nach dem zuletzt die Frage und ohne das auch nichts Besonderes und Einzelnes, Teilhaftes von Widerspruch frei wird) in seinem reinen, notwendig widerspruchslos d. h. rein zu denkenden und geforderten An-sich, dem bloß beziehenden und auseinanderstellenden Denken, auf das unser Forschen und Erkennen durchaus angewiesen ist und bleibt, ewig unerreichbar ist. Es bleibt, angesichts dieser beiden Übereinstimmungen, im Ausgangspunkt und im letzten Ergebnis, viel eher zu fragen, worin wir uns denn eigentlich vom Skeptizismus grundsätzlich unterscheiden, als daß man uns ohne weiteres auf die Gegenseite, die des Dogmatismus stellen dürfte. Indessen wir scheiden uns von ihm vor allem damit, daß wir uns nicht begnügen, den Widerspruch aufzuzeigen, dann aber fortzuwerfen, sondern ihn, da er doch *ist*, nun auch voll aufnehmen und als etwas sehr Positives behaupten. Hierin besonders geht unsere Systematik mit Hegel zusammen. Dieser gilt nun freilich, im Unterschied nicht bloß vom Skeptizismus, sondern auch von Kant, heute allgemein als »Dogmatist«. Indessen wäre es doch falsch, wenn man uns nun deswegen zu Hegel *und nicht* zu Kant stellen würde. Hegel selbst beruft sich gerade für die Wirklichkeit des Widerspruchs nicht auf Heraklit allein, sondern erstens auf Plato, ganz besonders aber zweitens auf Kant, auf eine so unterscheidend Kantische Lehre wie die von der Antinomie. In dieser aber sah doch Kant selbst geradezu den Kern und Angelpunkt des *Kritizismus*, im Unterschied gleich sehr vom Skeptizismus und vom Dogmatismus. Andererseits kann hierbei ein tiefer Unterschied zwischen Kant und Hegel nicht leicht übersehen werden: Kant verneint die Erkennbarkeit des An-sich, unter voller Anerkennung jedoch, daß es *ist*. Darüber aber urteilt Hegel nicht bloß ablehnend, sondern wegwerfend, ja entrüstet und fast verachtend. Immerhin sollte man diesen Gegensatz zwischen Kant und Hegel nicht übertreiben. Es ist doch nicht so, daß Hegel damit einfach auf die Seite des Dogmatismus fiele. Es fragt sich erstens, ob nicht Hegel Kant in diesem Punkte arg verkannt hat; ob er ihn nicht (um von der Frage der Subjektivität oder Objektivität der Erkenntnis hier ganz abzusehen) viel weniger positiv verstanden hat, als Kant hat verstanden sein wollen; zweitens aber, wenn man deswegen nun Hegel als Dogmatiker gegen Kant, den Kritizisten, stellt, so ist umgekehrt zu fragen, ob nicht Hegel viel zu positiv, d. h. im gemeinen

Sinn dogmatisch, viel zu wenig im Kantschen Sinne kritizistisch gedeutet wird.

Am Begriff des *Transzendentalen* läßt sich beides zur Klarheit bringen. Das Transzendentale Kants wurzelt ganz im Platonischen ἐπέκεινα; dieses selbst aber vollzieht eben die Krisis, bei Kant nicht anders als bei Plato; oder nur darin anders, und zwar in sehr entschieden positivem Hinausgehen über Plato, daß der Erscheinung, der Erfahrung in jedem Sinn, eine viel weitergehende, ungleich ernstere Positivität zuerkannt wird, als Plato sie ihr zugestehen konnte; deswegen, weil ihm erstens das »Faktum Wissenschaft«, aber zweitens auch die ganze große, sehr positiv ansteigende, jedenfalls als ansteigend sich selbst fühlende und glaubende und auch von Kant so empfundene Entwicklung der Gesamtkultur unbekannt war. Plato lebte in einer Zeit des schon sehr spürbaren und von ihm stark gespürten Niederganges der kurz zuvor noch herrlich vorwärts dringenden hellenischen Kultur. Kant dagegen steht noch mitten in einem Zeitalter des fröhlichsten, urwüchsigsten Optimismus. Er war zwar gegen diesen Optimismus in vieler Hinsicht schon bedenklich kritisch gestimmt, aber stand doch keineswegs so, wie der düstere athenische Weise, als Prophet des Unterganges ihm gegenüber. Unsere Zeit ist wahrlich nicht dazu angetan, der Kritik an dem, was in erfahrbarer Wirklichkeit heute vor Augen liegt, vergessen zu dürfen oder zu können. Kants Kritizismus hat zu der heute notwendig gewordenen, ungleich schärferen, aber eben darum auch notwendig *positiveren* Kritik die wertvollsten philosophischen Waffen geschmiedet, und wir sind nicht gesonnen sie rosten zu lassen. Aber auch Hegel steht durchaus auf dem Boden dieses Kantschen Kritizismus. Er mag auf den ersten Blick dogmatischer erscheinen, aber bei schärferem Zusehen findet man ihn kaum weniger radikal kritisch als Kant. Wir haben heute freilich auch ihm gegenüber, aber ebenso Kant gegenüber, die Kritik nur zu verschärfen, aber gerade die radikalere Kritik fordert umsomehr den letzten unerschütterlichen Halt am Positiven. Dieser fehlt nicht bei Plato, er fehlt nicht bei Kant und nicht bei Hegel; und wenn nun unsere Kritik auch diesen Halt am Positiven stärker zu betonen hat als es in den letzten Jahrzehnten von solchen, die sich an Kant anlehnten (vielleicht auch von uns selbst), geschehen ist, so war es, weil eben die tiefer dringende Kritik den festeren und tieferen Halt am Positiven nötig machte. Dies besagt aber nicht einen Abfall vom Grundsatz des Kritizismus, sondern gerade seine ernstere, radikalere Begründung, eben damit sie dem ganzen Ernste der Kritik, zu der unsere Zeit auffordert, gewachsen bleibt oder vielmehr erst voll gewachsen wird. Doch darüber bedarf es hier nicht weiterer Worte, da es sich in der Sache selbst im ferneren Verlauf unserer Systematik durch die Tat beweisen wird.

## II. DAS SYSTEM DER GRUNDKATEGORIEN

[9. Vorlesung]

§ 24. Die Frage der Philosophie geht im Unterschied von aller sonstigen Nachfrage nach Sein und Sinn, aufs Ganze, auf die allbefassende Einheit *des* Seins und *des* Sinns. Wieso ist das eine selbst sein- und sinnhafte Frage? Ist damit nicht eine Aufgabe gestellt, die gar keine rechte Aufgabe ist, weil das, was sie verlangt, nichts in sich Sinnhaftes ist? Woher weiß Philosophie, ob es das Ganze, ob es die allbefassende Einheit des Seins und des Sinns überhaupt gibt? Gegeben ist sie jedenfalls nicht, also am Ende nur erdichtet?

Nein, die Frage der Philosophie ist unabweisbar. Man hat nicht Wahrheit, wenn nicht *die* Wahrheit. Es liegt im Sinn des Seins, daß es eines, einzig, ganz in sich beschlossen, daß, was überhaupt ist, nur ist in und aus dieser Einheit, Einzigkeit, Ganzheit *des* Seins. Wäre sie nicht, so wäre überhaupt nichts, weder Sein noch Nichtsein, weder Sinnhaftes noch Sinnloses. Denn damit irgendetwas von dem allen sei, muß überhaupt etwas, muß *das* Sein selbst sein, eines, einzig und ganz. Und dasselbe gilt, Wort für Wort, auch für den Sinn: Es liegt im Sinn des Sinns, daß er einer, einzig, ganz in sich beschlossen ist; daß, was überhaupt Sinn hat, ihn nur hat in und aus der Einheit, Einzigkeit, Ganzheit *des* Sinns. Gäbe es die nicht, so hätte nichts Sinn, weder Frage noch Antwort, weder Sinn haben noch keinen Sinn haben, weder Sinnhaftes noch Sinnloses — nichts von allem.

Dies beides aber, Sein und Sinn, und so auch die allbefassende Einheit beider, weist so zwingend jedes aufs andere hin, daß mit jedem das andere steht und fällt. Also steht; denn, was immer falle, dies Zweieinige: sinnhaftes Sein, seinhafter Sinn, kann nicht fallen. Wer das Gegenteil behaupten wollte, würde eben damit, daß er es behauptet, seiner Behauptung selbst widersprechen, denn der Sinn des Behauptens ist, daß es so ist und dies Sein Sinn hat. Keine noch so radikale Skepsis hat das je in Frage gestellt, noch dürfte sie es in Frage stellen wollen; damit würde sie sich selbst nicht nur in Frage stellen, sondern sofort hinfällig sein, denn sie will doch sich selbst als Wahrheit, als *die* Wahrheit aufstellen. Oder, verzichtete sie auf diesen Anspruch (sie hat das bisweilen versucht), so fragt sie doch und sucht ihren Ruhm und ihr Recht darin, daß sie radikal, daß sie bis zum letzten zurück fragt. Ihre Frage aber ist keine andere als nach dem Sein und dem Sinn, und sie will selbst sinnhaft, seinsbeständig sein. Frage ist überhaupt Sinnforderung, gerichtet an das Sein. Nie aber steht dabei *der* Sinn, *das* Sein überhaupt in Frage, sondern nur, *was* im besonderen ist und Sinn hat.

Auch keine noch so radikale Verneinung, kein »Nihilismus« (der noch etwas mehr sein möchte als nur Zweifel) vermag diese letzte Voraussetzung zu Fall zu bringen. Auch er käme damit selbst zu Fall, denn auch er behauptet, in aller Unbedingtheit, sein Nein; wenigstens dies soll nicht hinfallen sondern stehen, das heißt aber, es soll Sein und Sinn haben, es soll der Sinn des Seins, der ganze Sinn des ganzen Seins, und damit auch alles Sinnis sein. Das Ganze des Seins und des Sinns soll in ihm ausgesprochen sein.

Noch viel mehr aber ist zu sagen: Gerade die Tatsache, daß Zweifel, und daß jedenfalls der Versuch des restlosen Zweifels, des Zweifels an allem — und daß Verneinung, und jedenfalls der Versuch restloser Verneinung, eines Nein, das zu allem Ja gesprochen sei, möglich ist und wirklich besteht, bekräftigt nicht bloß die Unentrinnbarkeit der Frage nach dem Allen, Einen und Ganzen des Seins und des Sinns (denn eben auf dieses geht die Frage und die Behauptung des Skeptizismus wie des Nihilismus); sondern sie hat die große Bedeutung, über diesen ersten Ansatz zum Philosophieren einen sehr wesentlichen Schritt hinaus zu tun. Gerade dies Merkwürdige, daß der Zweifel, die Fraglichkeit, und der allgemeine Zweifel, die allgemeine Fraglichkeit, desgleichen die Verneinung, die allgemeine Verneinung, das Nein, das allem Ja sich entgegenstellt, doch selber *ist* und Sinn, wenn auch vielleicht nicht haltbaren Sinn hat; daß es dies beides also doch gibt: Sein und *Nicht*sein, und als drittes die Schwebe zwischen beiden, die Fraglichkeit des einen wie des andern; das Etwas und das Nichts und den Punkt, in dem beide gleichsam aufeinandertreffen, das Etwas ins Nichts zurück-, das Nichts ins Etwas hinaustreten will, und so beide in Einem gewissermaßen sind und gewissermaßen nicht sind: dieser merkwürdige Tatverhalt bedeutet einen unabsehbar folgenreichen Schritt hinaus über die Nur-Einstimmigkeit des reinen Ja- und reinen Neinsinns des Seins und des Sinns, der beide zu starrer Ruhe verurteilen würde, statt daß sie nun in freister Beweglichkeit und tatsächlicher Bewegtheit sich *entwickeln* dürfen und müssen. Der Zweifel selbst am Sein und am Sinn, der

Versuch ihrer restlosen Verneinung enthüllt sich damit als die gerechte Auflehnung des vergewaltigten Nicht gegen die beanspruchte Alleinherrschaft des Ja, dessen Folge, wenn es seinen Anspruch nur durchsetzen könnte, eine Verarmung und Verstümmelung nicht bloß, sondern Erstarrung und Ertötung des Seins und des Sinns bedeuten würde. Doch schmälern sie selbst dies Verdienst, sobald sie für sich selbst das Recht der Alleinherrschaft in Anspruch nehmen, denn damit fiele nur von der Gegenseite her das Sein und der Sinn der gleichen Verstümmelung, Erstarrung und gänzlichen Ertötung anheim. Gegen beide bleibt ewig *Plato* im Recht, wenn er (im Gespräch »Der Sophist«) aufstellt und in vielseitiger, tiefgründiger Untersuchung durchführt, daß im Nichtsein selbst das Sein, im Sein das Nichtsein, im Nein das Ja, im Ja das Nein steckt, und einzig mit dieser Voraussetzung, nicht mit der des Nur-Ja oder Nur-Nein, die ungeheuren Tatsachen: Werden, Bewegung, Leben, Erkenntnis, Seele, Gott bestehen können.

Damit aber eröffnet sich ein ungleich tieferer Einblick in die Grundverfassung des Seins und Sinns überhaupt, als ohne diesen Durchgang durch Zweifel und Verneinung erreichbar war. Beide, Sein und Sinn, sind nun nichts Totes mehr, sondern urlebendig eben damit, daß sie nicht stillständig nur *sind*, und sinnhaft bestehen (oder beides nicht), sondern *werden*, aus dem Nichtsein und Nichtsinn ewig neu hervorgehen, und unablässigen Wandel und Wechsel in sich selbst erfahren; und daß sie gerade Eines, Ganzes und Alles nur werdend sind, seiend werden. Das Werden und immer neu Werden, also Wechseln und Wandeln selbst (des Seins und des Sinns) *ist*, besteht sinnhaft, und das Sein, alles Sein, *ist* und ist sinnhaft nur im Seinwerden, im Werden-sein. Eben darum und damit ist es ewig in Frage; nicht als würde je *das* Sein und *der* Sinn überhaupt fraglich; vielmehr gerade in diesem Charakter der Fraglichkeit *ist* es und ist sinnhaft; die Frage selbst *ist* und ist sinnhaft, wie auf Sein und Sinn ewig gerichtet; gerade sie hält beide in ewig lebendiger Bewegung, Schwebe und Spannung, und hält damit das Sein fest im Sinn, den Sinn im Sein. Indem also nie *das* Sein und *der* Sinn selbst ins Wanken kommt und gar hinfällt, gilt doch von allem, *was* im besonderen ist und Sinn hat, daß es nur werdend ist, nur seiend wird. Damit aber ergibt sich, gegenüber dem Ruhesinn beider, des Seins und des Sinnhabens, ein neuer, ein Bewegungssinn derselben beiden, in dem erst ihr unerschöpflicher Reichtum sich aufschließt und auswickelt.

Diese *Entwicklung* nun beschreibt etwas wie einen *Kreisgang*, doch nicht im Sinne eines In-sich-zurückgehens, bei dem nichts gewonnen würde, und der sich in ewig gleicher Wiederkehr nur unablässig erneuerte; sondern so, daß jede Rückwendung zum Ausgangspunkt zugleich Fortschreitung bedeutet, also die Linie der Entwicklung (das Wort selbst weist ja darauf hin) die Gestalt einer Spirale annimmt: vom Nullpunkt (dessen Sinn durch die vorher berührte Rolle des Nein, soweit als es an dieser Stelle möglich und erforderlich ist, schon klar geworden sein muß) ins Unendliche sich ausweitend und entfernend (divergierend); mit dem durch die Entwicklung selbst nie zu erreichenden, ihr ewig fern bleibenden, aber ursprünglich für sie bestimmenden, bloß »*idealen*« (d. h. allein für eine ihr unendlich vorausgreifende, lediglich blickrichtende *Sicht* bestehenden) Zielpunkt jener absoluten Einheit, Einzigkeit und damit Ganzheit des Seins und des Sinns, von deren Forderung wir ausgingen; deren Seinscharakter nicht der der bloßen *Un*endlichkeit, d. h. des bloßen Nichtendens, Nimmerendens des doch Immerendens, sondern völliger *Über*endlichkeit, d. i. des Übersteigens des ganzen Bereiches dieses Immer- und doch Nimmerendens ist.

**§ 25.** Als störend könnte an dieser ganzen Darlegung noch die Doppelheit, wenn auch *Zweieinigkeit* des Seins und Sinns empfunden werden. Läßt sich diese noch auf eine *letzte Einheit* zurückbringen, oder muß sie stehen bleiben? Was bedeutet sie zuletzt, und wie verhält sie sich zu dem Kreise oder Spirallauf der Entwicklung, von dem wir reden?

Warum überhaupt und mit welchem Sinn und Recht fragt man hier nochmals, wie schon im ersten Anfang, nach Einheit, letzter Einheit? Die Einheit wurde näher bestimmt als Einzigkeit und Ganzheit, welche zwei Merkmale auch unter sich eng zusammenhängen: Ganzheit fordert und schließt in sich Einzigkeit, und umgekehrt; was nicht das Einzige, wäre eben damit nicht das Ganze, was nicht das Ganze, nicht das Einzige. Warum besonders und mit welchem letzten Sinn fragt man überhaupt nach dem *Anfang*, dem *Ersten*, und verlangt gerade von ihm, daß er in einziger Weise bestimmt sei und zulange für das Ganze, zwingend auf es bezogen sei, also den Sinn der Ganzheit selbst in sich trage; etwa in dem Sinne, wie die Null der Zahl zulangt für alle Zahl, für ihre ganze auch unendliche, unendlich-dimensionale Entwicklung; nicht bloß $\pm 0$, d. h. gleichzeitig Fußpunkt der zwei (nicht Richtungen sondern) »Sinne« der einzig gerichteten, eindimensionalen Zahlreihe, sondern im gleichen Sinne Fußpunkt ist für die Entwicklung der Zahl in all ihre, selbst an Zahl nicht zu beschränkenden Dimensionen hinein; indem die eindimensionale gerade Reihe (von $-\infty$ bis $+\infty$) als ganze die Rolle der Nullreihe übernimmt für den Aufbau des zweidimensionalen (sog. komplexen) Zahlsystems, dieses als ganzes wieder zum Ausgang dient für ein System von drei Dimensionen, und so ohne Ende weiter; für welche schlechthin unendliche, dennoch und gerade damit begrifflich streng in sich geschlossene Entwicklung die absolute Null immer als Grundpunkt des Aufbaus des ganzen idealen Körpers »der« Zahl stehen bleibt? Warum also, mit welchem Recht fordert Philosophie in solchem Sinne den absoluten, d. h. *den* Anfang, der schlechthin nichts hinter sich, alles vor sich habe? Welches »Alles«? Offenbar das Alle der *Entwicklung* vom Nullwert des Seins und Sinns zu jedem Nichtnullwert, mit der nie erreichten noch zu erreichenden, im schon erklärten Sinne nur idealen *Grenze* des Allen, das nichts mehr vor oder über sich, alles nicht sowohl hinter als in und unter sich habe. Was also bedeutet diese dreieinige Ansicht für das Sein, was bedeutet sie für den Sinn, wie verhalten sich darin diese zwei zueinander, und wie sie beide zusammen, die Zweieinigkeit von Sein und Sinn zu jener Dreieinigkeit 1) des vorendlichen leeren Anfangs, 2) der unendlichen Entwicklung und damit Erfüllung, und 3) des überendlichen Letzten und Ganzen, Ganzerfüllten und -erfüllenden?

Das Verhältnis von Sein und Sinn ist kein anderes als das des *Daß* und des *Was*. Von diesem ist das Erste, schlechthin Grundlegende, Ursprunghafte ohne Zweifel das Daß. Die Frage Was? kann sich je nur richten auf ein schon vorliegendes, selbst in keinem Sinne mehr fragliches Daß. Gefragt werden kann zwar nach dem Daß, nachdem zuvor ein Was, selbst im Fragesinn, aufgestellt ist. Aber auch im Fragesinn kann es nur gesetzt werden als das Was eines, nur im gleichen Sinne dann noch fraglichen Daß. Zeigt sich dann, daß es für das Daß zu verneinen ist, so wird damit zugleich das Was hinfällig. Denn nur von einem Es, für welches das Daß feststeht, kann ein Was gelten, es kann Bestimmung eines Etwas (d. i. eines Zubestimmenden = X) nur sein, sofern dieses überhaupt *ist*. Ist zweifelhaft, ob es dieses X überhaupt gibt, so gilt das von ihm ausgesagte Was nur für den Fall, daß es es gibt oder gäbe. Die Zurückbeziehung auf ein X, das es gibt *oder gäbe*, liegt darum nicht weniger zwingend im Sinn jedes Was.

»Es« gibt (oder gäbe) das: welches »Es« denn? Die Unterscheidung von Bestimmung und Zubestimmendem enthält schon die Antwort. Bestimmung (ὅρος, ὁρισμός, definitio, determinatio) besagt *Abgrenzung*. Die Abgrenzung aber vollzieht sich an der in sich grenzenlosen, also (soweit) bestimmungslosen Allheit dessen, was überhaupt *ist*, also an der Einheit, zugleich Einzigkeit und Ganzheit *des* (in sich durchaus unzerstückt bleibenden, unschiedlichen, allumschließenden) sinnhaften Seins und seinhaften Sinns, der gegenüber jede Wasbestimmung eines Seins Zerstückung (des Einen in Vieles), Auseinandergehen (des Einzigen in ein Miteinander von Mehrerem), Sichlösen (aus dem Zusammenhalt des Ganzen in auf sich stehen wollende Teile) bedeutet.

Hiermit haben wir die zwei, das Daß und das Was, und in diesen das Sein und den Sinn. Wie aber ergibt sich nun, unterschiedlich gegen beide (deren Zweieinigkeit d. h. zwingendes Zusammengehören und Aufeinanderangewiesensein damit zugleich gegeben ist) das dritte, nach der vorigen Aufstellung vielmehr erste (zu jenen als drittem und zweitem): der Nullpunkt — wir sagten (auch das ist nun schon klar) Nullpunkt zugleich des Seins und des Sinns? — Er teilt mit dem Gegenpunkt des All-Seins die nicht bloß Nichtbestimmtheit sondern wesenhafte Unfähigkeit und Unbedürftigkeit der Bestimmung des Was. Aber mit einem nicht minder wesenhaften Unterschied. Die Nichtbestimmtheit, das außer dem ganzen Bereiche der Wasbestimmung Stehen besagt im einen Fall Vor- oder Unterbestimmtheit, Nochnichtbestimmtheit, im andern Fall Überbestimmtheit, Hinaussein über alle abgrenzende Bestimmung. Das eine weist voraus auf die erst zu vollziehende, das andere wirft gänzlich hinter sich die vollzogene, macht wieder zunicht alle geschehene Ausgrenzung, sofern sie Zerstückung, Auseinanderstellung, sofern sie Lösung aus der Einheit des Ursprungs bedeuten würde; doch so, daß sie den ganzen Seins- und Sinn*gehalt* dessen, *was* ist, nicht bloß bewahrt, sondern vom Untergang, der von der Aussonderung, Zerstückung, Losreißung ihm droht, errettet und so erst eigentlich ins Sein hebt; wogegen alle Sinnabgrenzung, bloß als solche, ihn allenfalls nur teilhaft umzirkt und gleichsam einfriedet, damit aber in letztem Betracht durchaus nicht erschließt, ergründet, ausschöpft. Sie wirft über den ganzen für sie übersehbaren und erfaßlichen (selbst schon nur ausgegrenzten) Bereich dessen, was Sein und Sinn haben soll, gleichsam nur ein Netz, ohne es wirklich (wie sie möchte) darin einfangen und als Gewinn davontragen zu können, denn es entschlüpft den Maschen des Netzes und flutet zurück in das ewig unerschöpfliche Meer *des* Seins und *des* Sinns.

Der Unterschied des Seins, des »Es ist« im ersten und dritten Betracht ist also kein geringerer als der von Nichts und Allem, der absoluten Null und des absoluten Unendlich. Jenes der schlechthin vorendliche *Anfang* (also eben das, wonach hier die Frage ist), dieses das ebenso schlechthin überendliche wahre und letzte *Ende*, welches nicht etwa ein neues, unendliches Nicht jenseits seiner übrig läßt; also nicht einen ausgegrenzten, soweit in sich geschlossenen Bereich bloß ausschöpft und in diesem Ausschöpfen sich selbst erschöpfen würde (wie man von einem Vorrat sagt, er sei »alle« geworden), sondern allem Nein das endgültige Nein spricht, alles Nicht gänzlich zunicht macht, um nur sein Ja zu sprechen nicht bloß dem *was* ist, und zwar allem, sondern *dem* Sein selbst, hinaus über jede irgendwie begrenzbare oder bestimmbare, somit *bedingte* Allheit. Über es selbst hinaus ist nichts mehr, nach dem überhaupt noch die Frage sein könnte. In diesem Sinne ist es das allein wahre, letzte Ende. Ein Ende aber, welches ebensowohl, im Hinblick auf alles abgrenzbare Was, Unende heißen dürfte. Denn es selbst *setzt* zwar End und Ziel allem was End und Ziel hat, dagegen kann von ihm selbst nicht gesagt werden, daß es (im medialen Sinne) ende oder sein Ziel finde. Es zielt und endet nicht, sondern ist und setzt End und Ziel allem, das nicht End und Ziel in sich selber hat, sondern anderswoher erwartet, das heißt allem nicht Ganzen und Einzigen und in diesem Sinne Einen, also dem ganzen Bereiche der Entwicklung, vom absoluten Nullpunkt aus. Dieser selbst hat für die Entwicklung nur die Bedeutung, sie überhaupt einzuleiten, anzuheben; er selbst ist in sie nicht schon eingetreten, von ihr noch gänzlich frei; gerade damit aber weist er über sie als ganze hinweg auf das überendliche Ziel voraus. So ist also auch der Anfang oder Anhub nicht etwas, das selbst irgendwo oder womit anfängt oder anhebt; es gibt keinen Anfang des Anfangs, wie kein Ende des Endes, sondern (in dem letzten Betracht, auf den es hier ankommt) nur *den* Anfang und *das* Ende. Jenes ist also der selbst anfanglose Anfang, wie dieses das selbst endlose Ende; jenes so ganz, nicht bloß vorendlich, sondern auch, im eben erklärten Sinne, voranfanglich, nämlich vor allem Anfangen eines bestimmten Etwas und damit bestimmten Seins, wie dieses überendlich, d. h. nicht bloß über allem, *was* endet, und über dessen, sondern über *allem* Enden von Etwas,

### Anfang, Ende, Entwicklung

das ein Ende hat oder ein Ende nimmt; dagegen solches alles im aktiven Sinne endend, d. h. ihm ein Ende setzend, ein Ende machend. Und so wie jenes Letzte, Ganze, Einzige nicht den vorliegenden Wasgehalt bloß ausschöpft und in ihm gar sich selbst erschöpft, sondern nur umgekehrt er aus ihm geschöpft ist und unerschöpflich weiter aus ihm sich schöpft, so gilt von dem Ersten, für sich an Wasgehalt gänzlich Leeren, daß es eben in dieser völligen Leerheit — der scheinbare Widerspruch dieser Wortverbindung ist für die Sachlage durchaus bezeichnend — alle Wasbestimmung freiläßt, daß in ihm nicht etwa aller abgrenzbare Sondergehalt eines Was nur gleichsam abgeflossen, nichts von ihm übrig ist, sondern von Anfang an nichts von Wasbestimmung in ihm gesetzt sein darf, gerade damit sie in ihrer Ganzheit, im ganzen unendlichen, unendlichfach unendlichen Umfang ihrer Entwicklung von ihm aus hervorgehe.

Damit erfüllt dieser Uranfang durchaus die Plotinische Vorschrift: »*Nimm alles fort*«(ἄφελε πάντα); nämlich um zu allem, wirklich allem, erst zu gelangen. Denn von irgendeinem nicht gänzlich wasentleerten Anfang wäre zu allem dem nicht erst zu gelangen, zu dem es nicht als von ihm noch leerer Anfang gedacht wäre. Es ist also nicht bloß Anfang für Etwas, und zwar, in unterschiedsloser Allgemeinheit, für jedes Etwas, sondern voraus aller Etwasheit, als die bloße, für sich gänzlich leere *Stelle*, wo es hervortreten mag und sprechen: »Da bin ich«. In ihm selbst ist noch nichts hervorgetreten, es ist noch gar nichts »da«, es ist nur *das* »Da« selbst, in dem allenfalls erst etwas auf dem Punkte ist, »heraustreten« (das heißt wörtlich: existieren) oder »sich herausstellen« zu wollen. Es ist das reine »Es *ist*«, so sehr mit dem Tone auf dem »ist«, daß das »Es« noch mit keiner irgend eins vom andern abhebenden Bestimmtheit in Erwägung kommt, sondern nur in der Gewichtslosigkeit des erst Möglichen im Hintergrund steht; während im Gegenpunkte der überendlichen Allheit alle abgrenzende Wasbestimmtheit als solche überwunden und abgetan, der darin eingeschlossene Seinsgehalt aber voll bewahrt geblieben, vielmehr zum vollen Seinssinn erst hinaufgehoben ist.

So ist also jenes das notwendig *Erste*, der absolute Anfang, dieses das ebenso notwendig *Letzte*, das absolute Ende, die *Voll*-endung; das Dritte zwischen beiden Grenzen in ewig spiralförmig sich weitender Windung so anfangs- wie endlos *ohne Erstes und Letztes* sich entwickelnd. Dieser Dreischritt muß in allem, was ist und wird und Sinn hat, wiederkehren. Das Erste und Letzte bezeichnen in genauer

Entsprechung den vorhin ausführlich dargelegten, zweifachen Sinn des Daß oder des Seins, das Mittlere den Sinn, die Wasbestimmtheit des Seienden; womit auch die Zweiheit, die Zweieinheit von Sein und Sinn geklärt ist. —

§ 26. Indessen bedarf die *Rangordnung* der drei Grundmomente noch genauerer Rechtfertigung. Man spricht von Grund und Gegründetem; darin liegt der ganz allgemeine Sinn des *logischen Vor und Nach*. Gegründet ist das Was im Daß; gegründet also das mittlere der drei Momente in dem Urbezug des Ersten zum Dritten, zwischen denen als äußersten Grenzen die ganze Entwicklung des Seins zum Werden sich vollzieht und nur so Halt und Richtung gewinnt; gegründet die drei Momente, jedes in seiner hierdurch bestimmten Rolle, in ihrer Dreieinheit. In dieser vertritt das Erste den »Grund« im engsten Sinne des bloßen Untergrundes, des *Grundpunktes,* in dem Stand zu nehmen, zu fußen ist, und der immer, stützend, tragend, sonst aber funktionsfrei, »zu Grunde liegend« bleibt; es ist nicht mehr als der »*Grund und Boden*« für das Ganze des Aufbaus, dem diese ganze Statik und Dynamik des Gründens und Begründens gilt. Nicht aber steht das Dritte am Schluß in dem Sinne, daß es durch die beiden andern gestützt und getragen sein sollte. Es liegt oberhalb dieser ganzen Statik und Dynamik des Gründens und Gegründetseins von Etwas in Etwas; es ist nicht Träger noch Getragenes von einem Andern, nicht es stützend oder durch es gestützt, sondern in absoluter Selbstgenugsamkeit einzig in sich gegründet; zu allem andern dagegen verhält es sich nicht als im gleichen *Seinsbereich* gründend oder gegründet oder beides zugleich, sondern als ganz über diesem Bereich seiender letzter Grund alles Gründens und Gegründetseins in ihm, doch letztverantwortlich für dies ganze statisch-dynamische Verhältnis; nicht *ein* (nur eben der letzte) Grund, sondern Grund alles Grundes, Grund vielmehr *des* Grundes selbst, überhaupt nicht in gleicher logischer Dimension mit allem, was besonderer Grund eines besonderen Gegründeten ist; auch nicht bloß in höherer, nicht einmal unendlich hoher Dimension darüber, sondern hinausgehend über alle Dimensionalität auch des Begründens; so aber Grund des Ganzen, als *das* Ganze, Einzige, somit Letzte und Eine selbst; also gewiß dem Range nach über den beiden andern, aber in keinem Sinne mehr mit ihnen in einer Reihe.

Also nicht *Stufe* oder *Stadium.* Nicht »Stufe«; denn weder ist es selbst über eine Folge von Stufen, bloß als deren letzte, noch gar von ihm aus ein noch Höheres erst zu ersteigen; »transzendent«: nicht bloß über alles andere noch um eine Stufe hinaussteigend, sondern ganz hinaus über *alles* Steigen von Stufe zu Stufe; überragend nicht bloß als Gipfel über andere, über alle andern Gipfel, sondern himmelhoch erhoben über alle Gipfelung; so auch als das »Höchste« nur uneigentlich zu bezeichnen, denn es verträgt an sich selbst gar keine Höhenvergleichung mit anderem; allenfalls nur in der logischen Stufenordnung nimmt es den obersten Platz ein.

Ebensowenig wäre es als »Stadium« zutreffend bezeichnet. Ein Stadium läßt sich durchmessen und durchlaufen; das aber, von dem hier die Rede, ist hinaus über alles Ausmaß, allen Ab- oder Umlauf, mit dem es erst zu erreichen wäre. Hegel zwar spricht von einem Kreislauf, in dem das Letzte auch das Erste, das Erste auch das Letzte sei. Denke man aber auch den Kreis sich weitend zur Spirale, so bliebe diese, auch in unendlicher Fortwindung, doch stets im Bereiche des Immer- und Nimmerendens; unser Drittes aber liegt außerhalb dieses ganzen Rundgangs, es liegt als schöpferischer Ursprung ganz ihm voraus; in allen seinen Windungen ihn überwindend, im Überwinden aber voll-endend, setzt er ihm als ganzem End und Ziel. Ewig diesem Ziele zustrebend, doch in nie zu überwindendem Abstand ihm fernbleibend, weist der Umschwung, in jedem Punkte, den er durchläuft, auf es ebensowohl zurück wie voraus, denn schon vom ersten Ursprung an ist und bleibt er als ganzer von ihm aus gerichtet und bestimmt. So aber weiß er doch von ihm, er (der Umschwung) ist sich von ihm wohl bewußt, daß es, nur es, als ewig von ihm anzustrebendes Ziel, in ihm selbst, dem Umschwung, sich schöpferisch wirksam betätigt; daß es, vernehmlich dem Vernehmensfähigen, in ihm selbst sich ausspricht, mit allem aber, womit es sich ausspricht, sich zu spüren gibt als das letzte Sein- und Sinngebende allem was ist und Sinn hat. Es meldet sich gleichsam an, öffnet den Mund zum Sprechen im Punkte jedes echten Anhubs; es spricht unablässig, wie in einer einzigen zusammenhängenden Rede stets sich vertiefenden und erhöhenden Sinns, durch das Ganze der Seins- und Sinnentwicklung, und erteilt ihr, in jedem auch infinitesimalen Punkte ihres Verlaufs, das Wertvorzeichen und den Wandlungskoeffizienten, nach dem sie als recht- oder rückläufig, steigend oder fallend, sein- und sinnweitend und vertiefend oder mindernd und verflachend, vorausflutend oder zurückebbend sich bewertet. Damit aber gewinnt es eine der des Anfangs und Fortgangs nicht bloß gleiche sondern über allen Vergleich mächtigere, schlechthin ausschlaggebende Bedeutung für den Umschwung des Werdens selbst, und tritt so, als drittes immerhin im Sinne einer Steigerung, aber eben unendlicher Steigerung, dem Range nach den beiden andern Seinsweisen oder -momenten unbedingt übergeordnet, doch logisch mit ihnen gewissermaßen in eine Reihe, etwa so wie der ganz erfüllte (für uns der dreidimensionale) Raum nicht bloß die gänzliche Leerheit des ausdehnungslosen Punktes, sondern auch die bloß bedingte Erfüllung der sich erst entwickelnden Dimensionenreihe (für uns durch die Länge und Breite zur Tiefe) nicht etwa um noch eine Dimension überbietet, sondern die Dimensionalität überhaupt hinter sich läßt: so will hier die Steigerung nicht als bloße Gehaltsmehrung und -vertiefung, sondern als gänzliche Hinaushebung über die bloße Mehrung zur vollendeten und vollendenden Ganzheit, über die bloße Vertiefung zum überhaupt nicht mehr vergleichungsweise zu verstehenden *Vollgehalt des Seins und des Sinns* verstanden sein.

Sehr vieles müßte man noch, klärend, ergänzend und weiterführend, zusetzen, um überzeugend zu machen, daß von dem aufgezeigten Anfang in unausweichlichem Fortgang logischer Entwicklung zum System aller Fragen und Antworten der Philosophie, und zwar aller Philosophie zu gelangen sein müßte, so daß für keine von ihnen nicht die Stelle angezeigt wäre, wo sie sich einstellen und ihre Erledigung finden muß. Aber das könnte kaum anders gezeigt werden als in der tatsächlichen Durchführung des Systems der philosophischen Fragen und Antworten selbst. Und so kann hier freilich nur geschlossen werden mit der ganz unbewiesenen, hier nicht zu rechtfertigenden, daher gewiß manchem grenzenlos gewagt scheinenden Behauptung, daß durch den hier gewiesenen *Anfang* auch der *Fortgang* und *Abschluß* des philosophischen Systems, soweit ein solches mit Grund gefordert wird, unausweichlich vorgezeichnet ist. Solchen Anspruch hat seinerzeit die Philosophie Hegels mutig gewagt, vielleicht nur allzu mutig bis zu Ende durchgefochten. Man scheut mit gutem Grunde mit solchem Kämpfen in Wettbewerb zu treten. Aber die Aufgabe bleibt bestehen und fordert unweigerlich ihre, nicht abschließende Lösung, aber ausdauernde, unermüdet fortschreitende Bearbeitung.

## A. KATEGORIEN DER MODALITÄT

[10. Vorlesung]

**§ 27.** In den aufgezeigten drei Grundmomenten des Seins und des Sinns haben wir ein Ableitungsprinzip gewonnen für den ganzen Aufbau des Systems der Kategorien, zu dessen Entwicklung wir nun übergehen.

Was Kategorien überhaupt sind, ist früher gezeigt worden. Nach dem Wortsinne: Weisen der Aussage. Also Gestaltungsweisen des Denkens? Das ist eine, besonders seit Kant weit verbreitete Ansicht. Aber eher doch wohl des Gedachten und Denkbaren, und das hieße ja wohl des Sinns. Wie denn: des Sinns und nicht des Seins? Nicht vielleicht gerade zuerst des Seins? Dies ist die andere Ansicht, die heute vielfach gegen Kant zur Geltung gebracht wird. So scheinen die, die von Kategorien reden, in zwei Parteien auseinanderzufallen. Eine dritte unterscheidet (wie z. B. Eduard von Hartmann) zweierlei Kategorien, des Seins und des Denkens.

Für uns kann die Entscheidung nicht zweifelhaft sein. Gewiß gehen die Kategorien unmittelbar den Sinn an. Aber der Sinn ist durchaus ungetrennt und untrennbar vom Sein, er ist nur der Sinn des Seins, wie umgekehrt das Sein nichts ist ohne den Sinn des Seins. Keines von beiden steht auf sich, jedes von beiden, für sich genommen, im Denken isoliert, muß doch immer gedacht werden als einzig mit dem andern, durchaus nicht ohne es an sich bestehend. Aber unmittelbar gliedert sich nach den Kategorien der Sinn, es sind die Momente, nach denen der Sinn zu fassen und zu beschreiben ist. Indessen übertragen sie sich damit nicht weniger unmittelbar auch auf das Sein, weil eben der Sinn nur der Sinn des Seins ist. Es gibt ja auch einen Sinn des Seins, rein sofern es das Sein ist, als das Sein und nicht selbst der Sinn; wie auch umgekehrt es ein Sein des Sinns gibt, gerade sofern es der Sinn und nicht selbst das Sein ist. Um so weniger ist es zulässig, beides so getrennt zu denken, als könnten die Kategorien Kategorien des Sinns sein und darum nicht des Seins, oder des Seins und darum nicht des Sinns; oder des Seins nur, als ob sie vom Sinn her sich auf es übertrügen, oder umgekehrt. Sondern bloß für uns, sofern wir ganz im mittleren Bereich (dem der Sinnentwicklung) heimisch sind, sind die Kategorien allerdings zunächst vom Sinn her zu fassen und zu beschreiben.

Aber dieser mittlere Bereich ist selbst der mittlere Bereich des Seins (natürlich des sinnhaften Seins), nicht aber des Sinns, als fiele dieser aus dem Sein heraus oder käme erst nachträglich zu diesem. Also sind die Kategorien, obgleich für uns zunächst die des Sinns, doch zugleich, nicht erst in nachkommender Übertragung, ebensowohl die des Seins.

Darum kann auch von keiner Subjektivität der Kategorien, und erst dann bloß folgeweise auch Objektivität, die Rede sein; aber ganz ebensowenig von Objektivität und erst dann folgeweise auch Subjektivität, sondern sie liegen als solche ganz oberhalb dieses Gegensatzes, der vielmehr aus den Kategorien selbst erst hervorgehen und in ihnen sich begründen wird, übrigens auch nachdem er begründet worden, sich nicht notwendig auf alles dann noch Folgende erstreckt, sondern gegebenenfalls vor dem Abschluß des Systems auch nur der Kategorien wieder überwunden werden wird. Diese ganze Scheidung liegt im gegenwärtigen Punkte unserer Erwägung noch sehr fern. Es wäre ihrer an dieser Stelle überhaupt nicht Erwähnung zu tun, wäre es nicht, um unsere Untersuchung von vornherein vor jedem falschen Schein nach dieser Seite zu bewahren. Denn in der bisherigen Philosophie spielt diese Frage eine so entscheidende Rolle, daß wir darauf gefaßt sein mußten, man werde gleich hier eine Stellungnahme in ihr von uns fordern. Ein für alle Mal, sie gehört nicht an diese Stelle, sondern kommt erst weit hinten nach. Sie ist im System der philosophischen Fragen allerdings sehr zentral, aber wir stehen hier erst an der äußersten Peripherie des Systems und sind noch weit vom Zentrum.

Aber auch wenn jeder Verdacht der Subjektivität ausgeschlossen ist, kann mit viel größerem Scheine und in der Tat auch mit weit mehr Anspruch auf wenigstens bedingte Wahrheit die Vorstellung sich aufdrängen, als ob, da die Kategorien zunächst dem Gebiete des Sinns, also der Entwicklung angehören, in ihnen überhaupt das Moment der Genesis, der logischen Bewegung, nicht bloß dem des ruhenden Seins weit voranstehen, sondern beherrschend und allein bestimmend sein müsse; oder allenfalls das Moment der Ruhe nur als Ruhe in und von der Bewegung, also in gänzlicher logischer Abhängigkeit von dieser, zur Geltung kommen dürfe. Daraus verstände sich dann um so leichter, weshalb man die Kategorien eher im Denken, ja in der Subjektivität gesucht hat als im Sein vor dem Denken, oder in der Objektivität; weil nämlich im Denken, in der Subjektivität, das Bewegungsmoment das Vorwaltende ist, im Sein dagegen, oder der Objektivität, das Moment der Ruhe. Aber vom Sein und Werden gilt ganz Entsprechendes wie vom Sein und Sinn. Dies beides berührt sich ja sehr nahe, deckt sich beinahe. Nicht der Ruhesinn des Seins steht als solcher über dem Werdens- oder Bewegungssinn, noch umgekehrt, sondern das Ineinander beider (das Sein des Werdens, Werden des Seins, Sein-werden, Werden-sein) steht über jedem von beiden für sich genommen. Es ist überhaupt nicht in sich gespalten in Ruhendes und Bewegtes, darum daß, von der Mitte aus gesehen, es sich auseinanderlegt in den ruhenden Anfang und das ebenfalls ruhende Ende auf der einen Seite, die bewegte Mitte auf der andern. Für diese Ansicht muß dann wohl das ruhende Sein, und zwar in dieser doppelten Gestalt des Anfangs und des Endes, des Voraufgehenden und Nachfolgenden, als etwas für sich erscheinen, und ihm gegenüber die Bewegung des mittleren Bereiches auch als etwas für sich. Das Letztgründende aber ist (wie wir uns vorher schon überzeugt hatten) nicht das Erste oder Dritte, als Erstes und als Drittes, noch selbst (was dann viel annehmbarer wäre) diese beide in eins gesetzt gegenüber dem Zweiten; sondern das letzte Eine, welches die beiden Momente (Ruhe und Bewegung) in völligem Gleichgewicht gegen einander umfaßt; etwa entsprechend dem Worte des Angelus Silesius: »Sein Werk ist seine Ruh und seine Ruh sein Werk«.

So sind auch das erste und das dritte unserer Grundmomente nicht schlechthin ohne jede Beziehung auf die Zweiung zu denken. Es ist doch eben das Eine selbst, welches sich mit sich selbst entzweit und aus der Entzweiung in seine Einheit wieder zurückgeht. Es trägt die Zweiheit ganz in sich und unterliegt ihr nicht erst nachher; was sollte dies »nachher« auch bedeuten? In jeder Seinsphase ist also die Zweiheit mitzudenken, nämlich als hervorgehend aus der Einheit und in sie wieder zurückgehend, zwischen diesen beiden Phasen aber (als Anfangs- und Endpunkt des Prozesses) voll, in ganzer Selbständigkeit sich entwickelnd, dies alles nicht unter der Form des Nacheinander (dann fielen die beiden Enden und die ganze Dreieinheit der Momente selbst in die Mitte, gegen ihren eigensten Sinn), sondern des strengsten logischen Zugleichseins.

Die nächste und wichtigste Folge hieraus ist, daß alle kategorialen Momente, ohne irgend eine Ausnahme, als Entwicklungen immer derselben drei Urmomente, stets auch in diesem selben Sinne des logischen Zugleich, und nicht unter der Form des Nacheinander, zu denken sind; obgleich und gerade indem sie für uns sich in bestimmter Folge ergeben und demgemäß ordnen, und aus einander in dem

Sinne hervorgehen oder sich erzeugen, wie das Zwei aus dem Eins, das Drei aus dem Zwei und dem Eins u.s.f., die Summe aus den Summanden, das Produkt aus den Faktoren; während es sich doch in dem allen nicht um einen Geschehensverlauf, sondern um ruhendes Miteinander*sein* handelt; nur auch wiederum nicht um eine solche Ruhe, die nicht auch ein Moment der Bewegung in sich trüge. Denn es ist wiederum auch nicht nur Bild, wenn man von einem Hervorgehen, einer Erzeugung der Summe aus den Summanden, des Produktes aus den Faktoren usw. spricht. Denn die Bewegung selbst wurzelt unmittelbar in der Vielheit, die Vielheit enthält unmittelbar in sich auch das Moment der Folgeordnung, der Reihung, und nicht bloßes Enthalten und Enthaltensein. In der Reihenordnung aber liegt schon der Ursprung des Nacheinander, des logischen Vor und Nach. So verhält es sich schon in den Grundmomenten des Seins, von denen wir fortwährend sprechen; deren Entwicklung aber in den unerschöpflichen Reichtum der Kategorien ergibt sich dadurch, daß in jedem der drei Urmomente wiederum alle drei stecken, und so ohne Ende weiter. Daraus folgt umittelbar die Offenheit des Systems der Kategorien; aber ebensowohl die notwendige Geschlossenheit des Systems der Grundkategorien. Diese müssen dann wohl durch alle weiteren Kategorienordnungen hindurchgehen und ihre ganze Gliederung ins Unendliche beherrschen und vorzeichnen, so daß die Ordnungen der Kategorien und Systeme von Kategorien in einem einzigen, jedoch offenen, unendlichen Systeme selbst kategorial hervorgehen. Das sind Vorausnahmen, die an dieser Stelle nur bezwecken, zu leichterer Übersicht den Gang, den unsere Untersuchung nehmen wird, voraus zu umreißen.

**§ 28.** Wir werden demnächst die drei Grundmomente selbst als Prinzipien für die ganze Entwicklung der Kategorien-Ordnungen überhaupt, von den ersten bis zu den letzten, die für uns erreichbar sein mögen, ins Auge zu fassen haben. Es wird sich zeigen, daß wir damit genau zu den Kategorien als ersten (aber in anderer Stellung und zum Teil auch in anderer Begründung und Geltung) kommen, welche Kant unter dem Titel der Modalität zusammengefaßt und als eine Kategorienklasse ganz eigener, von den übrigen abweichender Art nicht ohne guten Grund angesehen hat. Zwar versteht er den Unterschied in einem Sinne, den wir nicht anerkennen können, indem er sie, im Unterschied von den übrigen seiner zwölf Kategorien, nicht unmittelbar als Bestimmungsweisen der Objekte, sondern nur deren Verhältnis zum Erkenntnisvermögen (dem Verstande, der Urteilskraft und der Vernunft) angehend betrachtet wissen will. Alle Kategorien gehen nach unserer Auffassung das Objekt ebenso sehr an wie die Erkenntnis, die Erkenntnis ebenso wie das Objekt. Aber unmittelbar und im letzten Betracht weder das eine noch das andere, sondern den Sinn und das Sein, den Sinn als Sinn des Seins, und das Sein, sofern es sinnhaftes Sein ist. Was aber Richtiges der Kantischen Unterscheidung zu Grunde liegt, ist, daß sie schlechthin grundlegend eben *den* Sinn und *das* Sein, das sinnhafte Sein und den seinhaften Sinn rein als solche, und noch gar nicht irgend welche Besonderung des einen oder des andern oder auch beider in ihrer wesenhaft ungetrennten Einheit angehen; daß sie nicht nur Kategorien sehr ursprünglicher Art, sondern schlechterdings *die* Urkategorien, die Kategorien der Kategorienentwicklung selbst, und zwar als ganzer, sind. Diese, die Kategorien-Entwicklung, ihr Grundgesetz und ihre Stufenordnung ist es eigentlich, die in den Kantischen drei »Erkenntnisvermögen«, Verstand, Urteilskraft, Vernunft, sich ausdrückt. Deshalb konnte bei ihm der ganz richtig von ihm gesehene und als fundamental erkannte Unterschied dieser Kategorien von allen übrigen die Gestalt annehmen, daß es Kategorien des Erkenntnisvermögens und nicht des Objekts sein sollten.

Also haben wir den Ausgang zu nehmen rein vom Sein und dem Sinn, und zwar vom engsten Ineinander beider, von dem Punkte, in welchem auch diese Zweiheit erst hervorgeht. Also vom Unmittelbaren, von der Unmittelbarkeit selbst, aber im Punkte des Eintritts in den Bereich der Vermittlung. Wir nannten dies Unmittelbare das schlichte »Es *ist*«, in welchem (so sagten wir) der Ton so sehr auf das »*ist*« fällt, daß das »Es« (*was* ist) ganz im Hintergrund bleibt. Nun aber ist es doch zu denken im Punkte des Hervortreten*wollens*, im Punkte des Auseinandertretens, sowohl des Daß wie des Was, gleichsam im Status nascendi des einen wie des andern, ja auch des Daß und Was überhaupt; also in jenem Nullpunkt, der doch schon gedacht wird als Punkt des Ausgangs für die + und — Reihe beider, des Daß und des Was. (Und zwar mit dem Ton auf dem *Daß*, von welchem allerdings das Was *überhaupt* untrennbar; keinesfalls aber ist schon *ein* Was.)

Hiermit nun ergibt sich der in der Philosophie seit langer Zeit als überaus wichtig und fundamental bekannte Grundbegriff des *Mög-*

*lichen*, der, von Plato eigentlich entdeckt und in dem Grundmomente der Schwebe zwischen Sein und Nichtsein, einer Art Gleichgewichtshaltung beider gegeneinander schon tief beleuchtet, von Aristoteles vielseitig weiter entwickelt und in dem kaum erschöpflichen Reichtum seiner Verwendbarkeit erkannt, auch bei Kant eine beherrschende Rolle von seinen frühesten Entwicklungen bis zur Höhe seines Systems spielt. Ist doch seine erste Frage die nach der Möglichkeit der Erfahrung, der Möglichkeit der Objektsbeziehung der Erkenntnis überhaupt, der theoretischen, der praktischen und aller anderen. Als das Bedingende, im Unterschiede vom Bedingten und vom Verhältnis des Bedingens und Bedingtseins selbst, bezeichnet es ihm ganz allgemein ein und zwar das erste der drei Grundmomente, die in jeder philosophischen Gliederung wiederkehren und letztbestimmend sind. So gilt die Möglichkeit auch uns, nicht als *ein* Grundbegriff nur, wie alle anderen, sondern eigentlich *der* Begriff *des* Grundes; allerdings des Grundes nur in einer seiner Bedeutungen, aber der selbst grundhaftesten, auch für die anderen Bedeutungen des Grundes, des Gründens und Gegründetseins selbst schon grundlegenden. Es ist das Erstbedingende in jedem Bedingungsverhältnis, welches den Sinn des Bedingens selbst erst einführt, in diesem Sinne begründet und damit selber bedingt; denn Bedingen heißt eben möglichmachen, ermöglichen. Diese Möglichkeit aber hat in der Tat stets den Erzeugungssinn des *Er*möglichens, des Möglich*machens*. Sie bezeichnet stets den Punkt des Hervorgehens, aus dem Nichtsein ins Sein, aus dem Nichts (als dem *noch* Nichts) zum Etwas (schon Etwas), und zwar stets beider miteinander, des Seins und des Sinns.

Dennoch ist scharf zu betonen, daß die Möglichkeit doch nicht schlechthin in sich ruht, als wäre sie schlechthin dem Sein und dem Sinn voraus. Das hätte zuletzt gar keinen faßlichen Sinn mehr. Denn was könnte dem Sein und dem Sinn überhaupt voraus — eben Sein und Sinn haben? Oder was sollte es, ohne überhaupt zu sein, vor dem Sein voraus, dennoch — sein? Wer in solchem Sinne die Möglichkeit dem Sein voranzustellen versuchte, hatte wohl stets im Gedanken eine Vorrangstellung des Was vor dem Daß. Wir haben uns aber längst überzeugt, daß es diese gar nicht gibt. Mit dem »*Es* gibt« wäre ja sofort das Daß gesetzt; das Was kann überhaupt nicht vor dem Daß gedacht werden, unbedingt nur als das Was eines Daß. Aber das Daß selbst, wie andererseits das Was — das Daß notwendig als Daß eines Was, ebenso wie das Was als Was eines Daß — läßt sich denken und muß, sofern es überhaupt gedacht wird, gedacht werden als hervorgehend, anhebend, und dies Anheben und Hervorgehen wird eben gedacht in dem Grundbegriff des Möglichen. Somit ist nicht dieses etwa selbst das Ur-Seiende, oder jenes letzte »Es«, von dem wir sagen: »es gebe« alles, was eben »es« gibt. Nicht die Möglichkeit ist etwa das stets von der Philosophie gesuchte schlechthin in sich Gegründete, alles andere erst Gründende, Absolute. Sondern es selbst gründet sich in dem Ineinander der drei Momente, unter denen es nur voransteht, allerdings in einem Sinne die andern erst gründend, aber gründend (wie schon gesagt) nur im engsten Sinne des Gründens: als das Vorbedingende, als der Grund, auf dem das andere steht; als Fußpunkt, dessen unbildliche Bedeutung wir uns klar gemacht haben nach der Analogie des Nullwertes, von dem aller Wert, der nicht Null ist, erst aus- und hervorgeht. Die Null kann aber nur sein und ist nur die Null der Reihe, der Nullwert der übergeordneten, veränderlichen Größe, welche die Werte alle von Null bis zu irgendeinem bestimmten von Null verschiedenen (positiven oder negativen) Werte stetig durchläuft. Diese Stetigkeit, die gerade das Hervorgehen, die Erzeugung angeht und allein verständlich macht, verbietet zugleich, die Null etwa ganz auf sich zu stellen, sie abzulösen von der (von ihr aus sich kontinuierlich erzeugenden) Reihe. Es ist also unter den drei Grundmomenten das erste, voranstehende, nur im Sinn des Anfangs, der dem Seins- und Sinngehalt nach das Mindeste, also das am wenigsten auf sich Stehende, für sich zu Denkende, und für sich Seiende ist. Denn, wie nicht aus dem Nullwert, sondern nur von ihm an in stetiger Entwicklung die Zahl hervorgeht, so nicht aus dem Möglichkeitsgrunde, sondern nur anhebend von ihm, das Sein und der Sinn, sofern beides nicht bloß das Mögliche bedeutet. Er selbst, dieser Nullwert des Seins und des Sinns, bedeutet also nichts mehr als den Anhub, den Anfang, Angriff oder Ansatz, in welchem selbst (wie schon einmal gesagt wurde) noch nichts gehoben, eingefangen, einbegriffen oder gesetzt ist, sondern alles erst gehoben, eingefangen oder einbegriffen, eingesetzt werden soll. Es ist die Schwelle zum Sein und zum Sinn, die gar nicht wäre ohne diese selbst; der Eintritt, der gar nicht wäre, wäre nicht auch das, worin eingetreten wird. So, aber nur so, bleibt der Möglichkeit der Charakter der Erstheit. Es ist das Nochnichtsein, aber im Punkte des Hervorgehens, als Nullpunkt der Reihe nichtsowohl ihr vorhergehend, als eben sie anfangend, also auf sie, als das, was sie anzufangen hat, nicht bloß vorausweisend, sondern, als *ihr* Anfang, selbst schon ihr angehörig und gar nicht außer oder losgelöst von ihr denkbar. Nur so ist die Möglichkeit selbst sinnhaft, denn Sinn hat nur, was überhaupt ist und schon irgendwie im Sein steht. In der Möglichkeit spricht schon das Sein, oder will wenigstens sprechen. Es ist nicht Sein ohne Sinn, nicht Sinn ohne Sein, nicht Daß ohne Was noch Was ohne Daß, aber beides zusammen erst im Hervorgehen. Allerdings so, daß das Schwergewicht im Daß liegt, an dem der Wasgehalt sich erst entwickeln soll. Das heißt, es ist (wie gesagt) das Unmittelbare. Doch nicht etwa das Sinnliche. In diesem ist der Wasgehalt selbst, in seiner Unmittelbarkeit, schon da, hier aber ist er überhaupt erst im Entstehen und in nichts schon fertig da. Es schöpft ihn erst aus der konkreten Fülle; aber dies Schöpfen ist selbst ein Herauslösen; das bestimmte Was aber ist darin selbst erst anfangend, nicht schon vollbracht. Die konkrete Fülle ist also zwar im Hintergrund, aber nur im Hintergrund. So ist das Sein im Punkte des Hervorgehens auch weder ruhend, noch bewegt, weder teilhaft, noch ganz, sondern dies alles, ruhendes Beharren wie Bewegung, Ganzheit wie Abteilung und Teilhaftigkeit, dies alles ist erst im Werden.

§ 29. Das Verhältnis des Möglichen zu dem, was dadurch ermöglicht wird, ist also zwar nicht identisch mit dem des Daß zum Was, aber doch diesem sehr nahe entsprechend. Das letzte Ermöglichende ist allerdings das von aller Wasbestimmtheit noch reine Daß, gegenüber allem schon irgend seinem Was nach Bestimmten; aber es ist ebenso die Wasbestimmtheit selbst in ihrem Hervortreten, im Unterschiede nur von der schon hervorgetretenen, als »Das und Das« schon vollzogenen Wasbestimmtheit. Es ist das erst Sich-aus-sprechen-wollen gegenüber allem Sich-schon-ausgesprochen-haben. Es ist überhaupt alles in seiner Unmittelbarkeit im Gegensatz zu all und jedem erst Vermittelten und weiter Vermittelnden. In jeder dieser Beziehungen ist es derselbe Urgegensatz des Nullwertes gegen das irgendwie endlich schon Bestimmte und weiter, zuletzt unendlich, zu Bestimmende; oder von Ansatz, Anhub zur Bewegung und dieser selbst. Wäre also etwa dies Urverhältnis dem allen logisch vorgeordnet und also das wahrhaft Erste? Woher dann die Vorordnung selbst? Das ist doch wohl das Urverhältnis von Grund (oder Gründendem) und Gegründetem selbst; dieses aber ist nichts anderes als das Verhältnis des Ermöglichenden zu dem durch es zu Ermöglichenden. Die Möglichkeit selbst also *ist* der Urgrund. (Man bemerkt wohl, daß hierbei das Gesetz des Grundes auf den Grund selbst angewendet wird. Das kann aber kein Anstoß sein, sondern bestätigt nur, daß der Grund nicht ins Unendliche wieder etwas anderes zum Grunde haben kann, sondern zuletzt sich selbst Grund genug ist. Das ist nichts anderes, als was früher gesagt wurde: Es gibt keinen andern Anfang, als mit dem Anfang selbst; wie auch keinen weiter zurückliegenden Grund des Seins, als das Sein, keinen weiter zurückliegenden Grund des Sinns, als den Sinn selbst; so auch kein Unmittelbareres als es selbst *das* Unmittelbare, die Unmittelbarkeit, kein erst Vermittelndes für sie selbst, *die* Vermittlung, keine Vollendung zur Allheit als durch sie selbst, *die* Allheit. Es verhält sich damit nicht anders auch bei Hegel, bei Plato und, so weit die Fragmente ein Urteil gestatten, schon bei Heraklit.)

Aber mit dem allen ist das hier Entscheidende noch nicht gesagt, nämlich dies: daß der Eintritt in das Daß und das Was, in den Bereich der Vermittlung, überhaupt der Zweiung und damit der Entwicklung, nichts anderes besagt als den Eintritt in das Reich des *Widerspruchs*. Darum bedeutet der Anfang oder Anhub, bedeutet der Nullpunkt des Seins, als Ausgangspunkt des Werdens zum Sein, des Sein-werdens, den Punkt der *Frage*, den Punkt der *Schwebe*, der Nichtentschiedenheit aber Forderung der Entscheidung, das *Stehen am Scheidewege*. Wir nannten es früher das Standnehmen. Also sollte es wohl ein Festpunkt sein. Aber es ist ihm gerade wesentlich, keinen Augenblick fest zu bleiben, sondern gerade die logische *Bewegung* einzuleiten. Soll es sie aber einleiten, so muß sie in ihm selbst nicht nur voraus angelegt, sondern gerade der entscheidenden *Triebkraft* nach schon gegeben sein. Ihre Triebkraft aber ist (wie uns längst feststeht) nichts anderes als der Widerspruch. Er ist es, der das Stehenbleiben im eingenommenen Standpunkte nicht duldet, sondern unwiderstehlich über ihn hinausdrängt. Das aber setzt voraus, daß im Punkte, wo die Bewegung erst einsetzt, der Widerspruch wirklich ist, wirklich im ganz eigentlichen Sinne des Wirkenden, Dynamischen. Denn nur so ist es der Widerspruch, der, um sich von sich selbst zu befreien, die logische Bewegung fordert und unmittelbar auslöst. Das ist der ganze Sinn des Widerspruchs — denn Widerspruch, wie schon gesagt, *ist* nicht nur, sondern ist und hat auch Sinn; aber keinen andern, als daß er nicht bestehen, nicht stehen *bleiben* kann. Er schließt alle Möglichkeit, er schließt die gleichzeitige Möglichkeit von Sein und Nichtsein, von A und Nicht-A ein, nur nicht auch die Möglichkeit, in sich selbst, in dieser Schwebe zwischen Sein und Nichtsein zu verharren. Da also *hier* die Möglichkeit auch des gegenteiligen Verhaltens nicht ebenso besteht (ich will sagen: gleiche Möglichkeit fortzubestehen wie nicht fortzubestehen), so ist hier eigentlich (d. h. hinsichtlich des Fortbestehens oder Nichtfortbestehens) von Möglichkeit nicht mehr zu sprechen. Nein, es ist nicht möglich, daß dasselbe zugleich, im gleichen Sinne, in gleicher Beziehung usw. A *ist* und auch nicht ist, sondern es ist nicht, es findet unter keinen Umständen statt, daß es beides zugleich, A und Nicht-A ist. Es ist nicht offene Frage, ob die Widersprüche miteinander bestehen, ob sie sich vertragen oder nicht, sondern sie vertragen sich zweifellos nicht, auch nicht für einen Moment, auch nicht, gerade nicht, im Moment des Aufeinandertreffens.

Dennoch aber sagen wir und müssen sagen: der Widerspruch *ist*. Er ist (wie gesagt) nur, um überwunden zu werden; aber eben um überwunden werden zu müssen, muß er erst einmal *sein*. Ich rede zwar nicht von Realität des Widerspruchs; Realität bedeutet mir den Ja-Sinn des Seins, im Unterschied von Negation, als dem Nein-Sinn desselben. Aber ich rede von Wirklichkeit, wirklichem Sein. Ja auch wirklicher Sinn ist dem Widerspruch unfraglich zuzuerkennen. Gerade um sinnhaft verneint zu werden, muß er selbst sinnhaft sein, denn nur ein Sinn kann verneint werden. Es ist in der Tat nicht sinnlos, sondern es hat Sinn, daß zwei je für sich sinnhafte Sachverhalte zu einander im Verhältnis des Widerspruchs stehen. Es ist etwas, das unzweifelhaft wirklich statthat, daß Sachverhalte zu einander dies Verhältnis haben. Aber weil auf der anderen Seite der Widerspruch doch stets erwartet überwunden zu werden, und in der Tat überwunden werden muß, ja sobald er auftritt, notwendig überwunden wird, so ist es verständlich, daß viele, ja weit die meisten Philosophierenden geglaubt haben, ihm Wirklichkeit und selbst Sinnhaftigkeit gänzlich absprechen zu müssen. Nur wenige Philosophen, allerdings gerade die tiefsten, waren der gegenteiligen Überzeugung. So wohl allen voraus Heraklit und (wie es scheint, durch ihn geleitet) Plato. Aristoteles dagegen ist es, der als ersten Satz der Philosophie überhaupt den Satz des Nichtwiderspruchs aufgestellt hat; und er hat dafür bei weit den meisten der Nachfolgenden volle Zustimmung gefunden.

[11. Vorlesung]

Als erste Kategorie ergab sich die der *Möglichkeit* (Dynamis, Potenz), die wir, wie überhaupt die Kategorien alle ohne Ausnahme, aktiv verstehen als Ermöglichung, Möglichmachung. Das liegt freilich kräftiger im griechischen »Dynamis« und auch im lateinischen »Potenz«, welche beide auch Kraft oder Macht, das einer Sache Mächtigsein, kurz das Können bedeuten. Aber »mögen« ist ja ursprünglich »können«, wie es in »vermögen« und eben in »Macht« oder »mächtig sein« sich erhalten hat, nur gerade in dem Wort »Möglichkeit« sehr verblaßt ist. Warum ist dies die erste Kategorie? Weil sie die Erstheit, den Ansatz, Anhub zum Sein und Sinn selbst bedeutet, den Grund selbst alles Gründens und Gegründetseins. *Den* Grund, allerdings in der engsten Bedeutung des Vorgrundes, des Vorbedingenden, in dem nicht schon ein »Ding« gesetzt, sondern nur erst gleichsam der Weg dahin eingeschlagen ist. Es ist der Nullwert des Seins und des Sinns, Null in dem volleren Sinne des Ausgangspunktes. Daher liegt darin der Sinn der Frage, der Schwebe, der Nichtentschiedenheit, aber Forderung der Entscheidung; das Stehen am Scheidewege. Wir sprachen früher vom Standnehmen. Aber der Möglichkeit ist es eigen, daß bei ihr stehen zu bleiben ausgeschlossen ist. Sie ist daher der nächste, deutlichste Ausdruck der Wirklichkeit des Widerspruchs; Wirklichkeit im eigentlichsten Sinne des Im-Werk-seins, des Sich-Erwirkens, Wirksamseins, oder genauer: Wirksam-werdens, Sicherwirken-wollens. Das ist, was vorhin mit dem aktiven Sinne der Möglichkeit gemeint war. Es ist nicht schon der Akt, die Aktion selbst; diese entspräche vielmehr der »Energeia« (lateinisch »Aktus«), was wir mit Wirklichkeit oder besser mit Erwirkung ausdrücken und als Gegenpol zur Möglichkeit setzen. Aber als Gegenpol weist diese voraus eben auf das Erwirken. Es erwirkt sich, es wirkt sich aus (aktuiert sich, wird aktuell), was erst einmal möglich war, oder sich ermöglichte.

In diesem allen aber liegt, zugleich mit dem Eintritt in den Bereich sowohl des Daß wie des Was, der Eintritt in den durch diese ja nur ideal begrenzten Bereich der Zweiung, der Entwicklung; das heißt aber eben des Spruchs und Gegenspruchs, also des Widerspruchs. Es ist möglich, das heißt zuletzt, es kann eintreten, aber kann auch nicht eintreten. Der Möglichkeit ist es wesentlich, stets gleichzeitig Möglichkeit von A und Nicht-A zu sein. Also ist es die Schwebe, der Punkt der Nichtentschiedenheit, aber des Stehens vor der Entscheidung; doch eigentlich nicht eines Stehens, sofern dabei irgend an ein Bleiben gedacht wird, denn gerade das ist ihm wesentlich, daß es nicht stehen, standhalten, bleiben kann, sondern die logische *Bewegung* einleitet. Die Wirklichkeit des Widerspruchs bedeutet also nicht ein »Bestehen«, sondern nur Durchgang; den Punkt nicht als Standpunkt, sondern nur Durchgangspunkt. Aber selbst das könnte noch die Vorstellung erwecken, als liege und bleibe dieser Punkt fest und werde eben nur durchlaufen. Vielmehr ist in ihm selbst die Bewegung, die bewegende Kraft, es ist der Punkt selbst als *Kraftpunkt*, nicht bloß Raum- oder Zeitpunkt oder etwas diesem logisch Übergeordnetes, sonst Unsagbares zu denken. Es soll nicht die Kraft auf etwas wie Zeit oder Raum oder ein rein logisches Analogon dieser zurückgeführt werden, sondern umgekehrt jeder Ruhepunkt des Seins auf das Bewegende in ihm, das Kraftmoment. Es ist also die Kraft, aber diese selbst durchaus punktuell gedacht, im Punkte eben ihres Sich-Auswirken-Wollens, nicht schon in ihrer Auswirkung; kaum dürfte man sagen im Begriff sich auszuwirken, allenfalls im Ansatz dazu.

Diese Unmöglichkeit des Stehenbleibens, Unerläßlichkeit des Weiterschreitens, des Überwindens, des Fortgangs zur Entscheidung ist es, welche der Aristotelische *Satz des Widerspruchs*, als erster Satz der Philosophie überhaupt, ausdrücken will. Er sollte eigentlich »Satz des *Nicht*-Widerspruchs« heißen: daß der Widerspruch nicht bestehen, nicht bestehen bleiben kann, sondern überwunden werden muß. Möglichkeit ist, wie gesagt, immer gleichzeitig Möglichkeit von A und Nicht-A; aber zugleich Unmöglichkeit des Verharrens in dieser Unentschiedenheit, Notwendigkeit der Entscheidung. Aber da diese somit zwar gefordert, aber noch nicht vollzogen ist, so bleibt ihr selbst, eben als Nichtentschiedenheit, der Charakter des Widerspruchs, des Seins und zugleich Nicht-Seins, des Gleichgewichts beider. Daher betonen dann die Einen die Wirklichkeit des Widerspruchs als des Treibers der logischen Bewegung, die andern das Nicht-Stehenbleiben-Können in ihm. Und so entsteht dann der Schein von zweierlei Logik, einer Logik des Widerspruchs, die Heraklit, und einer Logik des Nicht-Widerspruchs, die Aristoteles begründet habe.

Seine Begründung lautet sehr einfach: »Man kann nicht denken, ohne Eins (oder in Eins zusammen) zu denken.« Dagegen ist zunächst der Einwand zu erheben, daß doch nicht das Sein sich nach dem Denken zu richten hat, sondern das Denken nach dem Sein. Aristoteles hat sonst stets das letztere vertreten, gegen die (wir würden sagen Idealisten), die im Denken so sehr den einzigen verläßlichen Zeugen des Seins sahen, daß sie scheinen konnten, das Sein selbst sich nach dem Denken richten lassen, ja es auch gewaltsam seinen Forderungen anpassen zu wollen. Wenn aber richtig ist, was Aristoteles solchen Philosophen entgegenhält: daß nichts darum ist, weil man es so denkt und vielleicht denken muß, sondern man so zu denken hat, weil es so ist, so müßte er doch ebensowohl anerkennen, daß auch nichts darum nicht ist, weil man meint, es nicht denken zu können oder nicht denken zu dürfen. Denken kann nicht Sein schaffen; sollte es dagegen Sein vernichten können? Schwerlich. Dennoch hatte man Recht, wenn man verneinte, daß Widerspruch im Sein bestehen, im Sein (und im Sinn) sich behaupten könne, und forderte, daß er, wo immer er auftrete, überwunden werden, und sich auch müsse überwinden lassen. Dem ist in der Tat nicht zu widersprechen. Nur folgt, wie schon gesagt, eben daraus, daß der Widerspruch doch irgendwie sein muß, denn sonst hätte er es gar nicht nötig erst überwunden, erst aus dem Sein gestrichen zu werden, sondern er wäre von Anfang an nicht.

Indessen man möchte nicht die verkehrte Meinung bloß an ihren unhaltbaren Folgen scheitern sehen, sondern womöglich unmittelbar einsehen, wie es sich mit der Sache wirklich verhält. Wir werden dazu am leichtesten gelangen, wenn wir uns die Frage vorlegen: gibt es denn nur dies Entweder-oder: X ist A, oder X ist Nicht-A? Ohne Zweifel gibt es daneben noch das dritte: die Unentschiedenheit, ob A oder Nicht-A. Es gibt, mit andern Worten, die Fraglichkeit des So- oder Nicht-so-seins. Und das heißt eben: es gibt die gleichzeitige, gleichschwebende »Möglichkeit«, daß es so ist und daß es nicht so ist. Es gibt den Übergang von A-sein zu Nicht-A-sein, oder von Nicht-A zu A. Das aber heißt: es gibt Werden, Bewegung, Anderswerden. Dies alles, ja schließlich alle Beziehung und Gegenbeziehung, das heißt mindestens die ganze eine Hälfte des Seins und des Sinns, wenn nicht beide ganz und gar, müßte man aus der Welt wegstreichen, sollte es nicht auch den Punkt des Übergangs geben, in welchem entweder beides zugleich (A = Sein und Nicht-A = Sein) oder keins von beiden statt findet. Dieselbe Logik aber, die das erstere in dem Satz des Widerspruchs verneint, verneint in dem Zusatze, der regelmäßig hinzugefügt wird, dem sogenannten Satze des ausgeschlossenen Dritten (Principium exclusi tertii) auch das letztere und behauptet kühnlich: es gibt nur dies Eins-von-beiden: A = Sein oder Nicht-A = Sein;

ein drittes neben diesen, ein »beides« oder »keins von beiden«, ist ausgeschlossen (tertium non datur). Es ist bezeichnend für die Skepsis, mit welcher Beharrlichkeit sie dem fortwährend widerspricht, indem sie bei jeder einzelnen Frage die vier Möglichkeiten ins Auge faßt: entweder es ist so, oder es ist nicht so, oder beides, oder keins von beiden. Wir behaupten: es gibt ohne Zweifel neben dem »es ist« und dem »es ist nicht« das Dritte, den Zweifel, die Zweifelhaftigkeit selbst. Es gibt den Punkt des Übergangs, der gleichen, noch nicht entschiedenen Möglichkeit, A zu bleiben oder Nicht-A zu werden. Diese gleiche Möglichkeit, in einem nächsten Punkte A zu sein und Nicht-A zu sein, ist Tatsache, so sicher wie Werden oder Sichverändern Tatsache ist, denn in jedem Werden von A zu Nicht-A, oder umgekehrt, muß, da es stetig geschehend gedacht wird, der Punkt durchlaufen werden, in dem beides gleichsam zusammenstößt, das heißt die gleiche Möglichkeit für beides, also beides miteinander, als Möglichkeit, wirklich — ja wie soll man sagen? besteht? Es be*steht* allerdings nicht. Also »stattfindet«? Jedenfalls in einer eigenen auf keine andere zurückführbaren Weise *ist*. Anderenfalls fiele der Werdevorgang auseinander in zwei getrennte Abschnitte, in deren einem das, von dem das Werden ausgesagt wird, unverändert A, im anderen ebenso unverändert Nicht-A ist, das Werden also aus A zu Nicht-A (oder umgekehrt) ganz ausfiele.

Bei Aristoteles aber soll gerade die Kategorie des Möglichen dazu dienen, das wirklich Zusammen-stattfinden von A- und Nicht-A-Sein zu umgehen; Möglichkeit, Dynamis, ist ihm etwas Unterwirkliches, allenfalls eine Halbwirklichkeit, für die es, eben weil es ihr mit der Wirklichkeit noch nicht recht Ernst ist, kein Anstoß ist, daß in ihr A und Nicht-A gleichermaßen gelten wollen. Aber Möglichkeit ist etwas sehr ernsthaft Wirkliches, Vorhandenes, und keineswegs, wie viele gemeint haben, eine bloße »Voraussetzung« oder ein bloßer Kunstgriff des Denkens, dem in der Wirklichkeit, im Sein nichts zu entsprechen brauchte. Diese Abschiebung der Möglichkeit und damit des Widerspruchs auf die Subjektivität des Denkens ist reine Willkür. Vielmehr umgekehrt verhält es sich so, daß Subjektivität selbst nur damit logisch möglich, und selbst denkbar wird, daß es nicht Ja-sein und Nein-sein allein gibt, sondern auch die Schwebe zwischen beiden, daher Erscheinung und Schein, die offenbar den Widerspruch einschließen und andererseits auf die Subjektivität hinführen; welches alles doch unzweifelhaft Wirkliches, wirklich Vorhandenes, im Sein

Gegebenes und auch Sinnhaftes ist. Das alles aus der Welt zu leugnen, aus dem Sein herauszuwerfen ist doch wohl mißlich, da wir auf diese großen und ernsten Tatsachen auf Schritt und Tritt stoßen und in sie aufs allertiefste mit unserem ganzen Sein und Leben verstrickt sind. Ebenso sicher mißlingt der Versuch, den Widerspruch dadurch gleichsam unschädlich zu machen, daß man die einander widersprechenden Bestimmungen (A und Nicht-A) in verschiedene Seinspunkte verlegt: dasselbe könne allerdings so A wie Nicht-A sein, nämlich in verschiedenen Seins-punkten oder -stellen; aber nicht in einem und demselben Seinspunkte. Gewiß: A im Punkte 1, Nicht-A im Punkte 2, das widerspricht sich nicht. Die mit einander unverträglichen Bestimmungen sind dann eben wie zwei raufende Buben auseinandergebracht und können sich gegenseitig nichts mehr antun, weil zwischen ihnen ein Abstand gesetzt ist, der jeden für den andern außer Greifweite bringt. Aber diese Auskunft ist offenbar trüglich. Sie meint den Seinszusammenhang zerhacken zu dürfen in unzusammenhängende Stücke, damit er sich bequemer in unserem Denken bewältigen lasse (divide et impera!). Aber gerade ein tieferes Besinnen belehrt uns sofort, daß es vielmehr ein stetiger Verlauf sein muß, in dem es Lücken, Unterbrechungen des Seins durch Nicht-sein gar nicht geben kann. Denkt man also, wie man demnach muß, den Seinszusammenhang selbst stetig, ununterbrochen, den logischen Werdegang aber ganz an diesen stetigen Zusammenhang gebunden und selbst ihm unterworfen, also eben auch ihn als lückenlosen Zusammenhang (und wie sollte nicht Denken Zusammenhang fordern?), so gibt es in jedem Werden aus A zu Nicht-A wie umgekehrt sicher auch den Punkt, oder sagen wir vorsichtiger: die *Phase*, des Übergangs, in der keine von beiden Bestimmungen, mit Ausschließung der gegenteiligen, sondern (da gerade die gleiche Verneinung beider die hier unzulässige Kluft aufreißen, die Unterbrechung des Seins durch ein seiendes absolutes Nicht-sein bedeuten würde) eben beide zusammentreffen und irgendwie miteinander statthaben müssen. Die vorsichtigere Ausdrucksweise (Phase, nicht Punkt) ist allerdings vorzuziehen. Plato hat in einer überaus scharfsinnigen Untersuchung (im Dialog »Parmenides«) gezeigt: es gibt keinen bestimmbaren Punkt (Zeit- oder Raumpunkt oder überhaupt Seinspunkt, im Sinne eindeutiger Bestimmtheit), in welchem der Übergang (von A in Nicht-A — oder umgekehrt) stattfindet, sondern er geschieht in etwas, das selbst gar nicht ein Bestimmtes *ist*; in einem bestimmten Punkte des Seins müßte auch das Was des Seins bestimmt sein. Er nennt es, um es doch zu nennen, das »Aufeinmal« oder »Plötzlich« (ἐξαίφνης). Er will sagen: das Werden von A zu Nicht-A oder umgekehrt geschieht in dem unsagbaren (wir würden vielleicht sagen »infinitesimalen«) Übergang von Punkt zu Punkt, und nicht in einem »diskreten« (abgegrenzten und gegengestellten), ausdehnungslosen Nu. Er geschieht in der Schwebe *zwischen* zwei bestimmten (oder bestimmbaren) diskreten, von einander geschiedenen, unterschiedenen Seinspunkten; in *dem* Zwischen (μεταξύ) selbst. In diesem Übergang aber, der nicht jetzt und nicht dann ist, scheiden sich dann auch nicht mehr die einander kontradiktorisch gegenüberstehenden Bestimmungen (A und Nicht-A), sondern halten sich gegenseitig die Waage — *halten* sich eigentlich nicht, aber *sind* doch, in dem eigenen Sinn des Seins, den eben die Kategorie der Möglichkeit vertritt, in der Schwebe; welche Schwebe nicht anders als durch das Ineinander der kontradiktorischen Bestimmungen A und Nicht-A selbst umschrieben werden kann. Es gibt keine Möglichkeit sonst die Tatsache des Werdens, des Anderswerdens, des Werdens aus A zu Nicht-A und umgekehrt überhaupt darzustellen und als etwas Wirkliches anzuerkennen, sondern man müßte sie schlechterdings mit den alten Eleaten aus der Welt leugnen, wenn man dies Ineinanderfallen der sich widersprechenden Bestimmungen als etwas in sich Widersinniges verwerfen und aus der Wirklichkeit streichen würde. Denn die beiden Tatsachen, Werden und Widerspruch, stehen und fallen miteinander.

Also es gibt unweigerlich die Indifferenz, die ungeschiedene Möglichkeit A wie Nicht-A zu werden, und damit die Fraglichkeit des A- oder Nicht-A-Seins, solange nicht diese »Phase« der schwebenden Unentschiedenheit überwunden ist. Und wenn in dem hervorgegangenen Sein ohne Zweifel nur die Bestimmung A für einen Moment 1, die Bestimmung Nicht-A für einen Moment 2 gelten kann, oder umgekehrt, so gibt es doch stets dazwischen die Schwebe des Erst-Hervorgehens, in welcher dies Entschieden-sein und damit schiedliche Auseinandertreten der gegen einander feindlichen, mit einander im abgeschlossenen Sein unverträglichen Bestimmungen noch ungeschehen ist und also beide sich noch im Gleichgewicht halten, keine von beiden mit Ausschließung der anderen sondern beide mit einander irgendwie statthaben. Wollte man der Schwierigkeit dadurch ausweichen, daß man sagt, beiden komme eben dann kein volles, sondern nur ein Halbsein, eben das Halbsein der Schwebe oder des Übergangs zu, so wäre damit die

Tatsache selbst doch anerkannt; dieses Halbsein fände dann eben doch statt, wäre selbst etwas Wirkliches, in der Wirklichkeit tatsächlich Vorhandenes, und in diesem läge eben das Miteinanderstattfinden der sich gegenseitig verneinenden Bestimmungen tatsächlich wirklich, wirksam und wirkend vor. Das ist es aber, was in der Seinsphase des Möglichen eben vorliegt und ihre unterscheidende Eigenheit ausmacht.

§ 30. Eben damit erweist sich die Kategorie des Möglichen eng verflochten mit dem Merkmal der Unendlichkeit und zwar in der verschärften Form der Stetigkeit, des stetigen Übergangs. Daraus begreift sich die gewaltige Bedeutung dieser Begriffe in aller Philosophie. Bloße Unendlichkeit enthält nichts von Widerspruch; sie ist nur ohne Abschluß, nach außen und nach innen. Aber eben damit erledigt sie auch keine Frage. Sie entscheidet nicht, sondern verewigt nur die Frage selbst. Sie tritt im nie abreißenden Fortgang nach außen wie nach innen (zur allbefassenden Ganzheit und zur punktuellen Einzigkeit hin) nur immer von neuem auf und bleibt dabei im Grunde immer auf demselben Punkte. So ist die Unendlichkeit das genaue Gegenstück der Möglichkeit. Die Unendlichkeit bewältigt kein Problem, sondern treibt es nur immer neu hervor. Sie bewältigt auch nicht das Problem der Stetigkeit. An ihm ging schon in den Anfängen der griechischen und das heißt der abendländischen Philosophie den Eleaten die *Antinomie* auf: Stetigkeit des Übergangs ist vom Denken durchaus gefordert, es verträgt nicht, jedenfalls nicht als endgültig, Lücken im Sein, und vollends im Werden; es verlangt ununterbrochenen Zusammenhalt, d. i. Kontinuität (so schon bei Parmenides: ἓν ξυνεχές), damit aber Hervorgehen in einem stetigen Fluß des Geschehens. Aber eben dieser stetige Fluß will sich nun nicht aus-*denken* lassen, da eben das Denken auf der anderen Seite feste Punkte verlangt, durch keine Festlegung von Punkten aber stetiger Zusammenhang herauskommt, sondern immer von Punkt zu Punkt, wie nahe man sie auch aneinander rücke, die Lücke, das Zwischen bleibt. Liegt nun diese »Antinomie« (d. h. der Widerstreit zweier Gesetzlichkeiten, nämlich der, die den stetigen Zusammenhang, und der, welche die in unverrückbarer Identität festzuhaltende Punktbestimmtheit vorschreibt) im Denken, oder liegt sie im Sein? Sind Denken und Sein hier unter sich entzweit? Oder streiten (was dasselbe nur in wiederum subjektivistischer Wendung besagen würde) eine Gesetzlichkeit des »Denkens« mit einer gegenteiligen der »Anschauung« (wie namentlich

Kant, schon in der Dissertation von 1770, ganz damit übereinstimmend aber noch in der Kritik der reinen Vernunft, es sich denkt)? Aber beides: die bestimmte Auseinanderstellung und den Einheitsbezug fordert das Denken vom Sein. In beidem beruht und stützt es sich ohne Zweifel auf Anschauung, die doch immer als unmittelbare Erfassung des Seins gegolten hat. Beides soll statthaben im gedachten Sein und nicht bloß im Denken; auch nicht im Sein etwa nur nach der Forderung und gleichsam von Gnaden des Denkens, im Sein, bloß sofern es gedacht, und andererseits sofern es angeschaut wird. Die Abschiebung der Schwierigkeit auf das »Erkenntnisvermögen«, nämlich eine ursprüngliche Zweiheit der Erkenntnisfunktion, fördert oder erleichtert nichts; sie hebt nicht den Widerstreit, sie verdoppelt ihn nur. Besonders dadurch hat sich Kant die Lösung der Frage erschwert, ja gänzlich verbaut, daß er die Kategorien, und gerade zuerst die der Modalität, einseitig als reine Begriffe, d. i. Funktionen des denkenden, urteilenden Verstandes deutet, sie durchaus nicht (außer etwa ohne es selbst zu wissen und zu wollen) als Kategorien des Seins selbst versteht. Offenbar weil er, bei aller tiefen Erkenntnis der sehr wirklichen Bedeutung des Widerspruchs, doch noch so weit im Rationalismus stecken blieb, daß er glaubte, den Widerspruch wenigstens dem Sein selbst ersparen, also im »Erkenntnisvermögen« allein suchen zu müssen. Das ist dennoch nicht eigentlich als Subjektivierung gemeint. Zwar ist die Verstandeseinheit nach Kant Einheit des Selbstbewußtseins, aber, merkwürdigerweise »objektive« Einheit des Selbstbewußtseins, das heißt auf den Gegenstand gerichtet. Weil der Gegenstand, das »Gedachte«, also doch das Sein selbst, Einheit verlangt, strebt der Verstand (allerdings aus dem Urquell der Einheit des Selbstbewußtseins, die aber doch wohl selbst *seiende* Einheit sein muß und nicht etwa wiederum bloß gedachte) diese Einheit sich darzustellen, sie herzustellen, sie für sich zu verwirklichen, um darin, so wie er es vermag, die seiende Einheit zu erfassen oder abzubilden. Wir reden statt dessen von Sein, und allerdings von Sinn, aber als dem Sinn des Seins selbst, nicht den wir, unser »Erkenntnisvermögen«, heiße es Verstand oder Anschauung oder wie sonst, erst ihm zu erteilen hätten. Kant sah sich nun gegenüber dem Aristotelischen Dogma, welches er in weitem Umfang herrschend vorfand: daß Unendlichkeit Ganzheit, Vollständigkeit ausschließe; ein Unendliches lasse sich nicht durchlaufen, nicht bis zu Ende durchmessen. Kant erklärt demgegenüber: es ist zu unterscheiden, was für uns und was an sich gilt. Daß aber jedenfalls im An-sich durch Unendlichkeit nicht die geschlossene Ganzheit ausgeschlossen wird, bewies ihm die Mathematik, die das Problem der Stetigkeit tatsächlich bewältigt durch das Infinitesimale und die Integration. Aristoteles verfiel, weil dies Faktum der Wissenschaft ihm noch unbekannt war, statt dessen auf die bequeme Auskunft, die Schwierigkeit abzuwälzen auf den Unterschied zwischen Potenz und Akt. Ein Unendliches der Möglichkeit nach sei zulässig, weil ja Möglichkeit selbst in sich unabgeschlossen, unentschieden ist; nicht aber in der Verwirklichung, denn diese fordere Abgeschlossenheit. Er versteht aber darunter nicht geschlossene Ganzheit des Unendlichen, sondern gerade eine solche, welche die Unendlichkeit, als Unvollendetheit, ausschließe. Wendet man ihm ein, sogar der endliche Abstand vertrage doch, laut der Mathematik, die Teilung ins Unendliche, so antwortet er: ja, aber nur als ewig offene Möglichkeit weitergehender Teilung, dagegen nicht in der Verwirklichung. Daß mit dem Infinitesimalen, dem »Unendlich-kleinen« gerechnet werden kann, daß ein durchaus bestimmter Wert dem Differential, wie allgemein dem Grenzwerte der unendlichen Reihe, zukommen kann und faktisch zukommt, war ihm noch unbekannt. Die ersten Spuren lassen sich zwar schon vor ihm bei Demokrit erkennen, aber sie müssen auch bei diesem tief versteckt gelegen haben. Aristoteles jedenfalls, obgleich sonst wohlgeschulter Mathematiker, ahnte offenbar nichts davon. Jedenfalls uns kann seine Auskunft nichts fruchten. Was wirklich ist, wird schon auch zu denken sein; es wäre übrigens darum nicht weniger wirklich, wenn unser Denken es etwa nicht bewältigte. Das Sein wird schon auch Sinn haben, gleichviel ob auch wir ihn erfassen oder nicht. Aber es gibt ja, wie Aristoteles selbst sehr wohl weiß, nicht nur eine Art des Seins und des Sinns, sondern so viele wie Kategorien. Also ist es kein Widerspruch, wenn dasselbe, was unter der Kategorie der Möglichkeit denkbar, es unter der der Wirklichkeit nicht ist, oder umgekehrt. So ist es aber auch gar nicht, sondern die Vollendung des Un-endlichen ist denkbar unter der Kategorie der Möglichkeit sowohl als unter der der Wirklichkeit, nur nicht unter der des Auseinander von Voraussetzung und Folge. Unter der Kategorie der Möglichkeit ist sie zu denken, nicht weil der Möglichkeit überhaupt nicht voller Seins-sinn zukäme, sondern weil *das* (seinem ganzen Sinne nach überhaupt einzige) Sein unter ihr nur im Anhub gedacht wird. Möglichkeit ist nicht halb Sein, halb Nichtsein, sondern Ausgang zum Sein, und damit gerade Hinweis, Vorausdeutung auf es als Ganzes. *Das* Sein, das einzige und ganze, wird darin gedacht, aber eben im Hervorgehen; unter der Kategorie der Wirklichkeit dagegen als da und vollendet; in beiden gleichermaßen aber als ein und dasselbe, einzige, ganze Sein; in sich vollendet gerade in seiner Unendlichkeit, welche nur dort, im Hervorgehen, den Sinn der Vor-endlichkeit, der Noch-nicht-gespaltenheit in das Immer- und Nimmerenden, hier (im ewig in sich vollendeten Sein der Wirklichkeit) dagegen den der Überendlichkeit, des Wieder-überwunden-seins aller Spaltung hat. Nur im Zwischenbereich, dem des Immer- und Nimmerendens, bedeutet Unendlichkeit: Unvollendung nicht bloß, sondern (unter dieser Kategorie) Unvollendbarkeit. Das aber ist es, was Aristoteles Richtiges im Sinne hat, wenn er behauptet, daß Unendlichkeit, eben als Nicht-Vollendung und Nicht-Vollendbarkeit, mit geschlossener Einheit und Ganzheit streitet. In der Möglichkeit sollte nach Aristoteles die Unendlichkeit zulässig sein, weil sie da eben selbst nur »der Möglichkeit nach« zu verstehen sei, die ja nur eine vorübergehende Phase, nur ein Vorstadium des eigentlichen Seins und noch gar nicht dieses selbst sei. Aber alles, was im Bereiche der Erfahrung uns vorliegt, ist ja nur im Übergang; also würde die Unendlichkeit jedenfalls aus der erfahrbaren Wirklichkeit ganz herausfallen. Der Übergang selbst abei ist nicht in fixer, eindeutiger Bestimmtheit zu fassen; es gibt (in diesem Sinne als für uns bestimmbar, eindeutig fixierbar) gar nicht den Punkt des Überganges. Aber er muß darum nicht weniger gedacht werden, in jenem Platonischen »Auf einmal« oder »Zwischen«, welches nicht ein Zeitpunkt, überhaupt einer zeitlichen Festlegung gar nicht fähig ist, sondern selbst nur im Übergang, im Zwischen der Zeit da ist. Es ist eigentlich der Platonische Ausdruck für die Stetigkeit des Übergangs selbst. Gerade diese ist im Möglichkeitsansatz zu denken. Ließe sie sich nicht denken, so wäre alles Werden nicht nur dem Denken verschlossen, sondern von seiner Seite überhaupt für nichts zu erklären, wie denn auch die eleatischen Philosophen es folgerecht taten. Wir aber erkennen darin den Widerspruch durchaus an als etwas, das *ist*, als Tatsache, deren Geltung als solche kein Skrupel des Denkens, nämlich des Denkens einzig nach dem Prinzip des Nicht-Widerspruchs, erschüttern kann. Es gibt aber nicht bloß dieses Denken, diesen Sinn, den der Satz des Nicht-Widerspruchs ausdrückt. Es gibt, heißt das für uns, nicht bloß das Denken in der Modalität der »Notwendigkeit«, sondern auch in der der Möglichkeit und der Wirklichkeit, welche beide, in übrigens verschiedenem Sinne, den Widerspruch in sich aufnehmen und voll zu seinem Rechte kommen lassen.

[12. Vorlesung]

§ 31. Wir fassen noch einmal das Ergebnis in Hinsicht des Zusammenhangs des Begriffes der Möglichkeit mit denen der Unendlichkeit und der Stetigkeit zusammen. Möglichkeit ist nicht halb Sein, halb Nichtsein, sondern Ausgang zum Sein und gerade Vorausdeutung auf es als Ganzes. Es ist das ganze Sein, aber erst im Hervorgehen im einzelnen Punkte. Ihr gegenüber steht die Wirklichkeit als da und vollendet. In beiden gleichermaßen wird das Sein gedacht als ein und dasselbe, einzige, ganze, in sich vollendet, geschlossen gerade in seiner Unendlichkeit und durch sie; nur dort in der Vorendlichkeit, im Noch-nicht-gespalten-sein in das Immer- und Nimmerenden, hier in der Überendlichkeit, im Überwundensein aller Spaltung. Nur im Zwischenbereich, dem des Immer- und Nimmer-endens bedeutet Unendlichkeit: Unvollendung nicht bloß, sondern (unter dieser Kategorie) Unvollendbarkeit. Das ist es, was Aristoteles, der überall die überwiegende Richtung verfolgt, im Immanenten zu bleiben, Richtiges im Sinne hat, wenn er behauptet, daß Unendlichkeit, eben als Nichtvollendung und Nicht-vollendbarkeit, mit geschlossener Einheit, Ganzheit unverträglich sei; daher der allgemeine Zug seiner Philosophie zum Finitismus. In der Möglichkeit zwar sei die Unendlichkeit gleichsam unschädlich, weil auch sie da eben nur »der Möglichkeit nach« zu verstehen sei; das sei nur vorübergehende Phase, nur Vorstufe des eigentlichen Seins, noch gar nicht dieses selbst. Aber die Möglichkeit selbst ist durchaus etwas Wirkliches, im ganz eigentlichen Sinne des Wirkenden, Wirksamen. Und so wirklich ist in ihr und durch sie auch das Unendliche; besonders greifbar im »Unendlich-kleinen«, d. h. richtiger: in jenem Übergang, im »Zwischen« (dem Platonischen ἐξαίφνης oder μεταξύ). Dieses vertritt bei Plato eben die Stetigkeit des Übergangs. Und diese ist eigentlich zu denken im Möglichkeitsansatz. Ließe sie sich nicht denken, so bliebe alles Werden nicht bloß dem Denken unzugänglich (was das Sein nicht zu hindern brauchte), sondern es müßte überhaupt für nichtig, für gar nicht statthaft erklärt werden, wie auch die

Eleaten es folgerichtig getan haben. Wir erkennen darin den Widerspruch durchaus an, aber als etwas das selber *ist;* als Tatsache, deren Geltung als solche kein Skrupel des Denkens, zumal des Denkens einzig nach dem Prinzip des Nichtwiderspruchs erschüttern kann. Aber es gibt nicht bloß dieses Denken, diesen Sinn, den der Satz des Nichtwiderspruchs ausdrückt; es gibt (heißt das für uns) nicht bloß das Denken in der Modalität des Notwendigen, sondern auch in der des Möglichen und des Wirklichen, welche beide in übrigens verschiedenem Sinne, den Widerspruch in sich aufnehmen und voll zu seinem Rechte kommen lassen.

Seine Rolle aber in der Entwicklung des Seins und des Sinns ist einzig die, daß er als Treiber das Auseinandertreten in die unendliche Bezüglichkeit und damit in den Kreislauf des Werdens regiert, ihm Richtung gibt und das Gesetz nicht sowohl vorschreibt als fordert, das Problem aufwirft. Damit treten wir unter die Herrschaft der zweiten Kategorie unter dem Titel der Modalität, der der *Notwendigkeit.* Die Not, die sie zu wenden berufen ist, ist eben die des Widerspruchs. A und B (= Nicht-A) müssen auseinandertreten, um sich nicht durch den Widerspruch gleichsam an einander zu zerreiben und so zu vernichten. Denn in diesem Bereiche, wie wir sagen, der »Entwicklung« des Seins und des Sinns gilt die Forderung des Nichtwiderspruchs. Was unter dieser Kategorie sein oder bestehen soll, darf nicht den Widerspruch in sich beherbergen, er würde es zersprengen, das heißt diese zweite Phase duldet nicht das Ineinanderfließen, durch das der Widerspruch zum Sprengstoff würde, sondern erzwingt das Auseinandertreten, stellt jedes an seinen Platz, schlichtet den Streit, vollzieht den Schiedsspruch. »Sein« besagt unter dieser Kategorie (keineswegs aber überhaupt und ausschließend) Bestimmtheit, Eindeutigkeit des So-und-nicht-anders-bestimmtseins (οὐκ ἐνδέχεσθαι ἄλλως ἔχειν, wörtlich »was nicht auf sich nimmt das sich anders Verhalten«). Das ist der Sinn der Notwendigkeit: das Nicht-anders-sein-können, so wie das Auch-anders-sein-können der Sinn der Möglichkeit ist. Die Wirklichkeit aber spricht das So-und-doch-auch-anders-sein selbst (das So-sein-und-auch-nicht-sein) getrost aus, stellt es als Tatsache, selbst unwidersprechlich, hin, ganz unbekümmert um das Gesetz, welches in der Tat nur den mittleren Seinsbereich regiert, das Gesetz, welches den Widerspruch verbietet und dem, was ihn in sich trüge, das Sein abspricht, nämlich nach dem dieser zweiten Phase eigentümlichen Seinssinn.

Eindeutigkeit also ist das beherrschende Gesetz dieser zweiten Seinsphase. Eindeutigkeit jeder Bestimmung, für sich genommen, durch Eindeutigkeit der gegenseitigen Bestimmung. Alle Bestimmung dieses Bereichs ist aber in der Tat gegenseitige, bezügliche, und zuletzt immer wechselbezügliche. Diese gibt eigentlich den Sinn des Gesetzes, jedenfalls seiner vorwaltenden Bedeutung nach, die sich ganz und wesentlich nur auf diesen mittleren Seinsbereich erstreckt. Es besagt nicht Festsetzung überhaupt, sondern Festsetzung in der Gegenseitigkeit; so wie das Gesetz im praktischen, im sozialen Sinne nicht Vorschrift des Verhaltens überhaupt, sondern des gegenseitigen Verhaltens bedeutet. Es ist also der Bereich eben der gesetzlichen Notwendigkeit, der Bestimmung durch Gesetz. Diese haftet gar nicht erstlich am einzeln zu Bestimmenden, sondern alles Einzelne wird erst bestimmt in der durchgängigen Bezüglichkeit und zwar Wechselbezüglichkeit, als Bestimmung des einen durch das andere, in Beziehung auf das andere, nicht im bloßen Sein, sondern in der beiderseitigen Abwandlung und Entwicklung; so daß durchgängig gilt: wenn A, dann B, und wenn nicht A, dann nicht B; fast immer aber zugleich, wenigstens wenn man auf den letzten notwendigmachenden Grund zurückgeht, auch umgekehrt: wenn B, dann A, und wenn nicht B, dann auch nicht A. Dies Sich-gegenseitig-bestimmen wird damit zum Sich-gegenseitig-bedingen. Und erst kraft solchen Bedingens gibt es eigentlich das Ding, d. i. das einzeln, für sich, so und nicht anders Bestimmte. Dies besagt es, daß (jedenfalls hier) die Beziehung dem Bezüglichen, die Relation dem Relatum logisch vorhergeht.

Ist aber dies Bedingen und Bestimmen wirklich logisches? Man hat es in Zweifel gezogen. Besonders David Hume hat die Frage in Schärfe gestellt. Und er war durch seine empiristische Voraussetzung genötigt, sie verneinend zu beantworten. Mit allem Recht, sofern er unter logischem Bestimmen (darin war und blieb er Rationalist mit seinem ganzen Zeitalter) die Bestimmung nach dem Satze des Widerspruchs (d. h. des Nicht-Widerspruchs) verstand. Darüber war Kant, der damals erst in den Anfängen seiner Entwicklung zum Kritizismus stand, sehr betroffen. Denn auch er war zwar ganz in dieser gleichen rationalistischen Grundvoraussetzung aufgewachsen, aber von vielen Seiten schon an ihr irre geworden. Hume bestärkte ihn in seinem eigenen, längst schon in ihm arbeitenden Zweifel, und so wurde diese Erwägung für ihn durchschlagend. Gewiß: das Bestimmtsein des »ganz anderen«, B, durch ein A, das in sich durchaus nichts von ihm enthält, ist »logisch«, und das hieß bis dahin für Kant selbst: nach dem Satze des Nicht-Widerspruchs, gar nicht einzusehen, es müßte rein willkürlich erscheinen, oder dem unsicheren Zeugnis der Erfahrung anheim fallen, die es doch nie in seiner Allgemeinheit, und im vollen Sinne eben der Notwendigkeit, des Nichtanders-sein-könnens begründen würde. Es wäre also verloren, gäbe es nicht noch eine andere, eigengeartete Denkfunktion, die es sichert: die Funktion eines nicht bloß »analytischen« (d. h. bloß nach dem Satze des Widerspruchs auseinanderstellenden und damit nur streitschlichtenden), sondern »synthetischen«, wirklich zusammenbringenden, von innen her einenden, und damit positiv eins ans andere bindenden, eines auf Grund des andern, ja in der Tat durch es bestimmenden Denkens; bestimmend also nicht in dem Sinne, als ob es widerspräche und darum nicht möglich wäre, daß es B sei, wenn nicht A wäre (was sollte, nach dem bloßen Satze des Nicht-Widerspruchs, das B hindern, B zu sein, auch wenn nicht A wäre?), sondern weil es eine Art der Verknüpfung gibt, zufolge deren A mit B und ferner mit C, mit D ..., ja zuletzt alles mit allem in der Einheit eines (wie Kant sagt) »Kontextes«, einer Verwebung, d.h. eines festgefügten Zusammenhangs steht, in welchem alles sich gegenseitig hält und trägt; sich hält und trägt gerade durch die Spannung, in der es sich auseinander und eben damit in Zusammenhang hält. Die Gesetzmäßigkeit des Naturzusammenhangs, wie er im kosmischen Universum sich neu und größer, als man ihn je zuvor gesehen hatte, ihm erschlossen hatte, gab ihm das mächtige beweisende Beispiel. Denn das war nicht metaphysisch erklügelt, sondern lag als Faktum vor. »Synthetische« Einheit nannte es Kant: Einheit des Zusammenbestandes, der nicht bloßen Nicht-Widerspruch, sondern notwendiges Auf-einander-angewiesen- und Nur-miteinander-sein kraft wechselseitigen Bedingens und Bestimmens besagt; Einung, nicht bloß Schlichtung, mit einem Wort Gesetzeseinheit, die aus dem scheinbaren Wirrwarr des Geschehens einen Kosmos, aus dem Chaos, das nur negative Vorbedingung für sie ist, die geordnete Welt aufbaut. Gerade das schien ihm Forderung eines höheren, nicht bloß analytischen, sondern selbst »synthetischen« (einenden, nicht bloß schlichtenden) Verstandes, und in diesem neuen Sinne a priori begründet; a priori, obgleich synthetisch, synthetisch, obgleich a priori.

Hier ist gewiß vieles, was man nur anerkennen kann, aber einiges auch, woran Anstoß zu nehmen ist. Schon dieses »obgleich« will nicht einleuchten. Das echte Apriori, d. h. die Vorausbestimmtheit durch Gesetz, muß synthetisch, könnte gar nicht bloß analytisch sein, d. h. es muß nicht bloß nicht durch den bloßen »Nicht-Widerspruch« schon gegeben sein, sondern den Widerspruch voll in sich aufnehmen, aber bewältigen. Das lag in dem Kantischen Begriff »Synthesis« wohl versteckt, aber blieb eben versteckt. Wohl hatte sich Kant in aller Schärfe die Frage gestellt: wie kann *durch etwas (A) etwas anderes — logisch*, d. h. nach dem Satz des Widerspruchs, keineswegs darin Enthaltenes *(B)* — doch gesetzt sein? Etwas anderes, also eben ein Nicht-A! Es ist nicht bestimmt ausgesprochen, obgleich es beständig vorschwebt, daß es sich hier in letztem Betracht nicht bloß um »etwas anderes«, sondern zum ersteren *Kontradiktorisches* handelt; nicht um bloße Verträglichkeit, schiedliches Auseinandertreten, sondern Verbundensein kraft notwendiger Verknüpfung in einem Einheitszusammenhang. A wird Nicht-A, ja es soll *aus* A Nicht-A werden, und zugleich *aus* Nicht-B B; es soll also in diesem doppelten Betracht kontradiktorisch Entgegengesetztes *werden*, aus seiner Seinsbestimmtheit in die gegenteilige übergehen und aus der gegenteiligen in seine eigene Bestimmtheit übergegangen sein. Dafür ist »Synthesis« ein viel zu wenig sagender Ausdruck. Es handelt sich nicht bloß um ein streitloses Zusammengehen, sondern um ein Umschlagen ins Gegenteil. Es gibt Stellen bei Kant, wo dieser viel ernstere Sinn des Synthetischen durchschimmert, aber nirgends ist es scharf herausgehoben und als der Kern und der ganze Ernst der Frage erkannt. Es ist eben auch hier die höchst positive Rolle des Widerspruchs, nicht bloß in der Erkenntnis, sondern im Sein selbst, nicht voll begriffen. Es erscheint bei Kant, als gälte der Satz des Widerspruchs ganz wie bisher, nur nicht mehr als alleiniges Prinzip, als gäbe es nur darüberhinaus noch ein zweites, allerdings noch tiefer und ursprünglich bestimmendes Gesetz, das der »synthetischen Einheit«. Diese Doppelfunktion des »Verstandes« oder des »Denkens«, als analytisches und synthetisches, ist unbefriedigend, auch nach Kants eigenen Voraussetzungen. Denn von Haus aus war der Verstand als ursprünglich synthetischer gedacht; die analytische Funktion sollte von der synthetischen ganz und gar abhängig, ja dasselbe nur im umgekehrten Ausdruck sein. Sie möchte allenfalls nur die Erhaltung der Identität bedeuten, welche durch Synthesis erst geschaffen, kraft der »Einheit der Synthesis«, kraft der einenden Funktion des Denkens erst gesetzt wird. Dann wäre aber die Identität nicht der Analysis unterscheidend eigen, sondern nur geliehen, ihre ganze Eigenheit fiele dahin, alles Denken wäre im Grunde synthetisch, also um so mehr nicht bloße Einheit des Nicht-Widerspruchs, sondern etwas ganz anderes, das am Ende (dieser Gedanke hätte sich dann doch aufdrängen müssen) den Widerspruch selbst in sich aufnehmen und zu ganz positiver Funktion entwickeln müßte. Die »synthetische Einheit« Kants ist in der Tat (das blickt vielfach durch, obgleich es mit dürren Worten nirgends ausgesprochen ist) durchaus Einheit der *Kontinuität;* als solche aber schließt sie den Widerspruch tatsächlich in sich und bewältigt ihn. Das ist es, was Kant dunkel empfand, woran er öfters ganz nahe herankommt, so in den Erklärungen über die dritte Qualitätskategorie, die Limitation oder das »unendliche Urteil«; so in dem tiefsten Motiv seiner Antinomienlehre, wie sie in voller Ursprünglichkeit zuerst im § 1 der Dissertation von 1770 sich aufstellt, und noch in manchem andern. Aber das alles hat sich ihm nie in ganzer Klarheit erschlossen.

Dies versteht sich nur daraus, daß im ganzen mittleren Bereich des Seins und der Erkenntnis, in welchem Kants zentrale Untersuchung, wenigstens in der Kritik der reinen Vernunft, stehen blieb, sich das wahre Verhältnis in der Tat einigermaßen verbirgt. Denn dieser mittlere Bereich ist eben der der Auseinanderhaltung, und zwar auf Grund der Gesetzlichkeit, wonach eins das andere bestimmt und bedingt und doch mit ihm in dem, was Kant »synthetische Einheit« nennt, in der Einheit eben des gestzlichen Zusammenhangs, gehalten und getragen wird. Dabei verbirgt sich die Rolle des Widerspruchs, obgleich sie tatsächlich darin liegt, denn eben der Widerspruch ist es, der die Auseinanderstellung fordert. Er ist daher in Wahrheit die treibende Kraft des ganzen Aufbaus des gesetzlichen Zusammenhangs, die Kraft der Gegeneinander-spannung und damit wechselseitigen Erhaltung der Gegensätze. Schon Heraklit vergleicht sie der Spannung des Bogens, auf der die Schnellkraft, oder der Saite, auf der das Erklingen des Tons beruht. Sie gibt Gesetz und Maß dem Ganzen, mitten im allgemeinen Fluß der Dinge, der nicht maß- und gesetzloses Ineinanderfließen, sondern rhythmischen Abfluß bedeuten will und eine tief verborgene »Harmonie« mitten heraus aus dem Widerklang, ewig neu gebiert. Allerdings nicht bloß gebiert, sondern auch wieder sterben läßt, denn es ist nicht die reine, letzte Harmonie (die bleibt ewig verborgen), sondern nur ihre stets einseitige, darum vorübergehende Kundgebung, Offenbarung, aber sie stirbt nur, um aus dem Tode neu geboren zu werden, und immerfort, aus den tausend Toden tausendfach wieder zu erstehen. So war ihm der Streit der Vater der Dinge, ihr ewiger Erzeuger aus dem dunklen Grunde des Nicht-Seins. Auch ihm bedeutete dies Notwendigkeit, ἀνάγκη. Damit wird das Gesetz von aller Starrheit befreit; es wird bewegliches und (das sei schon hier vorweggenommen) individuelles Gesetz, wie, nach dem Vorgang von *Leibniz* und *Goethe*, erst unsere Zeit es recht wieder zu verstehen angefangen hat, nachdem das Gesetz der Natur lange Zeit in der starren, toten Unwandelbarkeit, in der man es dachte, die von ihm regierte »Natur«, die vor dem Schöpfung bedeutet hatte, selbst zum Tode zu verurteilen schien. Dieser Irrglaube an das starre Gesetz hat denn auch Kant, der nicht bloß von Leibniz, sondern ebensosehr von Newton herkam, trotz so vieler richtigerer Ansätze in diesem entscheidenden Punkte nicht zur vollen Klarheit durchdringen lassen.

§ 32. Wie stellt sich nun hiernach das Verhältnis der drei Phasen der Modalität? (Wir wollen diesen Ausdruck »Phasen« fortab festhalten. Man denke etwa an die Mondphasen: Neumond, Vollmond, und dazwischen Zu- und Abnahme. Wir wollen sagen: unterschiedliche Weisen des Erscheinens oder Sichdarstellens, die zusammen den ganzen Umfang der Abwandelbarkeit ausmessen.) Das Verhältnis der drei Phasen stellt sich so dar: erstens die Möglichkeit, das Auch-anderssein-können, hat seinen Sinn und seine Bedeutung nur als der Punkt des Hervorgehens der Wirklichkeit, also insoweit der Noch-nicht-Wirklichkeit. In dieser Phase ist das Zusammenbestehen, ja völlige Ineinander von A und Nicht-A nicht schwerer zu verstehen als etwa das gleichzeitige Ausgehen der Plus- und Minusreihe von einem und demselben Nullpunkt. Hier ist noch gar kein Anspruch auf Wirklichkeit, also auch keine Frage, ob in der Wirklichkeit A und Nicht-A zusammen bestehen und zumal in einem Punkt zusammenfallen können. In der zweiten Phase dagegen ist die Wirklichkeit in voller Entwicklung begriffen, aber bleibt im Werden, gelangt nicht zum abschließenden Sein. Jede Aufstellung gilt daher nur vorläufig, mit dem Vorbehalt der Zurücknahme. Es ist nur Versuch, sie als wirklich aufzustellen. Für solche versuchende Aufstellung gilt das Gesetz des Nicht-Widerspruchs, des Nur-so-, nicht Auch-anders-sein-könnens. Aber dieses ist stets nur bedingungsweise zu verstehen: sofern in diesem und diesem vorliegenden Bereiche eine Einheit des Zusammenstandes stattfinden soll, müssen die einzelnen Aufstellungen fest bleiben, jede für sich und sie alle in ihren wechselseitigen Beziehungen des Bedingens und Bedingtseins, des Bestimmens und Bestimmtseins eindeutig festliegen. Hier also hat der Satz des Nicht-Widerspruchs sein Reich, und scheint er Geltung zu haben, versucht sich geltend zu machen für die Darstellung des Seins in dieser Phase, aber so weit eben nur bedingten Seins. Dabei ist der geheime Treiber eben der Widerspruch. Er ist es, der den Ausgleich in widerspruchsfreier Festlegung fordert. Aber er kommt immer nur zu bedingtem Ausgleich. Sobald der Bereich der Erwägung sich erweitert, tritt neuer Widerspruch, tritt vielmehr der ursprüngliche, wirklich nicht bewältigte in neuer Gestalt wieder hervor, treibt wiederum einen Schritt weiter, und so immer wieder, ohne daß der Prozeß je zum Abschluß käme. Denn der Widerspruch erhebt sich stets neu, er weist über den endlichen Bereich überhaupt hinaus auf den Gegenpol des Überendlichen. Das, was ihn lösen soll, wird seiner nimmer Herr. Es darf seiner gar nicht Herr werden, denn damit fiele die Welt in Erstarrung; Bewegung, Leben, Seele, Gott, alles wäre ihr entflohen. Doch das ist nun so oft schon berührt worden, daß es nicht nötig ist, darüber weiter Worte zu machen.

Und was wäre die echte Lösung, die Lösung, die nicht nur immer neue Rätsel stellt, sondern diesem ganzen Rätselspiel End und Ziel setzt, die Lösung, die nicht nur löst, oder nur bedingungsweise, an Voraussetzungen bindet, um hernach diese selbst wieder lösen zu müssen, so die vermeinten Auflösungen stets wieder auflöst und nur immer neue Fragen, vielmehr wie schon gesagt, eigentlich immer dieselbe nur in immer neuer Gestalt, auf neuer, breiterer Grundlage wieder hervortreibt — und wieder löst, und die neue Lösung wieder umstoßen muß, und so haltlos nur immer weiter ins Unendliche? Nun, die echte Lösung, die wahre, einzig verläßliche, standhaltende Wahrheit des »So ist es«, ist keine andere als die der *Wirklichkeit* selbst, oder der Tatsache, des Faktums. In ihm ist gleichermaßen wirklich, was vordem nicht miteinander wirklich sein zu können schien, was unter dem vorigen Gesichtspunkt, in der vorigen Phase, eben der der schiedlichen Auseinanderstellung, wirklich nicht miteinander bestehen konnte: das So und auch Nicht-so. Hier also gilt kein »wenn, dann ja, wenn nicht, dann nicht«, sondern nur Ja, volles, durch kein Nein eingeschränktes Ja; dies Ja aber gesprochen zum So- und auch Nicht-so-sein. Denn im Unbedingten hat beides neben einander Raum, hier hemmt keine Schranke des Bedingens mehr, weil jede Bedingung nicht nur im besonderen, sondern der ganze Bereich des Bedingens und Bedingtseins überschritten ist. Kant erklärt Dasein oder Wirklichkeit als absolute Position (Bejahung), aber weil er mit seinem Denken über die Wirklichkeit zunächst ganz auf den Bereich der Bedingnisse eingestellt bleibt, so wagt er nicht, mit dieser Absolutheit der Bejahung ganzen Ernst zu machen. Deswegen bleibt ihm Dasein oder Wirklichkeit »Kategorie«, d. h. für ihn selbst nur, bedingend für »mögliche Erfahrung«, d. h. in unserer Sprache, für den mittleren Bereich, den der Spannung und Auseinanderstellung und damit eben des Bedingens und Bedingtseins. Es erreicht deshalb nur den Sinn bedingter Bejahung; als ständen wir noch in der Sphäre der Notwendigkeit, die gerade von Kant, durchaus richtig, bloß als Folgenotwendigkeit, also bedingend-bedingte verstanden wird. Zwar fehlt bei Kant nicht der Hinweis auf das Faktum, auf wirkliche, nicht bloß mögliche Erfahrung. Aber diese bloß empirische Tatsächlichkeit gilt ihm als etwas von eigentlich untergeordnetem Range. Empfindung genügt ihm als Zeuge dieser, damit nur vollends bedingten, nichts weniger als absoluten Position. Damit wird er erstens seiner Absicht untreu, die wirkliche Erfahrung in der möglichen, d. h. in reiner Vernunft, im Logos zu gründen, dem doch (gerade nach ihm) Empfindung am allerfernsten, geradezu in diametralem Gegensatz gegenübersteht. Zweitens aber und vor allem wird damit der himmelweite Unterschied der Wirklichkeit als der absoluten Setzung von jeder bloß bedingten gründlich verkannt. Schon äußerlich verrät sich der Fehler darin, daß ihm die Wirklichkeit unter dem Titel der Modalität nicht, als das wahre End und Ziel, am Schluß, sondern in der Mitte steht, zwischen der Möglichkeit und der Notwendigkeit, als ob diese, die doch gerade nach Kant hier ganz und gar nur als bedingte zu verstehen ist, überhaupt einen Abschluß gäbe, bei dem sich stehen bleiben ließe.

[13. Vorlesung]

§ 33. Als die drei Phasen des Seins in letzter Gliederung seines Sinnes, seiner Seinsweise überhaupt, d. h. seiner Modalität nach, ergaben sich: Möglichkeit, Notwendigkeit, Wirklichkeit, in dieser, keiner andern Ordnung. Denn Möglichkeit und Notwendigkeit stehen sich klar gegenüber, als Anders-sein-können und Nicht-anders-sein-können. Wirklichkeit steht außerhalb dieser kontradiktorischen Entgegensetzung, also entweder ganz davor oder ganz darüber. Welcher von diesen beiden möglichen Auffassungen man den Vorzug gibt, ist sachlich gleichgültig; die drei liegen nicht in einer Linie, man schreitet nicht fort von der Möglichkeit durch die Notwendigkeit zur Wirklichkeit; sondern wenn man Möglichkeit und Notwendigkeit, in ihrer kontradiktorischen Stellung gegen einander, in einer Linie denkt, so liegt notwendig die Wirklichkeit nicht in dieser Linie, nicht im Anfang noch am Ende noch in der Mitte, sondern in logischer Überordnung über jenen beiden, oder in der sachlichen Bedeutung des Gründens darunter. Aber sofern zwischen die logische Null oder die absolute Negativität der Möglichkeit und das logische Unendlich (die absolute Positivität) der erfüllten Wirklichkeit das Ganze der Entwicklung fällt, ist die natürlichste Darstellung der Gang von Null über den ganzen Bereich der endlichen Bestimmung zum Überendlichen, also von der Möglichkeit über die Notwendigkeit zur Wirklichkeit. Jedenfalls: es geht nichts über Wirklichkeit. Es ist eine unhaltbare Vorstellung, daß Notwendigkeit noch etwas hinaus über Wirklichkeit bedeute, als ob bloß wirklich zu sein nicht viel bedeute, viel mehr, es auch sein zu müssen. Warum zu müssen? Weil nur so die Bedingung der Einstimmigkeit erfüllt werde. Als ob das Sein erst ohne Einstimmigkeit mit sich selbst, ohne Eindeutigkeit wäre, und dann erst sich zu dem höheren Stande erheben müsse, außerdem daß es ist, noch der weitergehenden Forderung gesetzlicher Übereinstimmung zu genügen. Als ob die Gebundenheit durch Gesetz aus sich einen neuen Seinswert schaffen könnte, der den der bloßen Wirklichkeit überrage. Aber Wirklichkeit ist der höchste, weil eben der volle, der ganz erfüllte Seinswert. Das Gesetz hat, hier wie überall, nur die Aufgabe sich selbst überflüssig zu machen; es will erst erfüllt sein; es ist also nicht die Erfüllung, es muß ihm daran also etwas fehlen, da es ja erst erwartet und verlangt erfüllt zu werden. Wäre das, was es fordert, erfüllt, so bliebe ja nichts mehr zu erfüllen übrig; die Not, die es wenden sollte, bestände gar nicht, sie bedürfte also auch nicht erst gewendet zu werden, es fiele für die Notwendigkeit selbst die Notwendigkeit weg. Sie kann also·nicht das endgültig Letzte, sie kann nur ein Mittleres sein, welches auf das Letzte allenfalls erst hinführt, im Grunde aber vielmehr von seiner Forderung ausgeht und auf ihre Erfüllung erst hinstrebt.

Beide, Möglichkeit und Notwendigkeit, sind in der Tat nur Möglichkeit und Notwendigkeit der Wirklichkeit, beide sind nur Phasen der Wirklichkeit selbst. Möglichkeit ist selbst wirklich, sie ist Möglichkeit der Wirklichkeit. Und ebenso ist Notwendigkeit selbst wirklich und Notwendigkeit der Wirklichkeit. Unbedingt also und in jedem Betracht liegt die Wirklichkeit logisch beiden voraus. Und indem beide in gleichem Rangverhältnis der Wirklichkeit untergeordnet sind, treten sie damit zugleich zu einander in das rechte Verhältnis: es stehen sich unzweideutig klar gegenüber Möglichkeit als Anders-sein-können, Notwendigkeit als Nicht-anders-sein-können; die Wirklichkeit aber läßt alles bloße Können und Nichtkönnen hinter sich, sie ist in der Tat, ist die Tat selbst, Sache der Tat, Tatsache. In diesem Sinne gilt: »Im Anfang war die Tat«. Sie ist das schlechthin Übergeordnete, Ursprüngliche, ebenso Erste wie Letzte; Erstes nicht im Sinne des Erst-anfangens, das alles noch vor, nichts hinter sich hat, Letztes nicht im Sinne des Zu-ende-gehens, Allegewordenseins, das alles hinter sich, nicht mehr vor sich hat. Sie hat vielmehr alles so vor wie hinter sich, in Wahrheit in und unter sich. Sie ist, wie schon die alten Philosophen es gesehen haben, allem überlegen, über alles mächtig, mächtig ebensowohl des Widerspruchs wie des Nichtwiderspruchs, von keinem andern abhängig. Weder die bloße Möglichkeit noch die Notwendigkeit vermag etwas über sie, vermag sie erst heraufzuführen oder aber zu vernichten. Dagegen wenn sie hinfallen könnte, so würde alle Möglichkeit und Notwendigkeit zugleich hinfallen. Denn beide können nicht auf sich stehen, sondern fordern unbedingt eine Wirklichkeit, welche die Trägerin der Möglichkeit, der Notwendigkeit sei.

Die Möglichkeit stellt erst die Frage, wirft sie auf, wie unsere Sprache sich merkwürdig ausdrückt, wirft sie als Hindernis in den Weg dem, der Einstimmigkeit sucht und zur Bedingung stellt, und hält gegenwärtig, daß Einstimmigkeit nie wirklich wird, daß stets Widerspruch bleibt. Sie gibt das Rätsel auf, welches allein Wirklichkeit zu lösen vermag. Denn auch die Notwendigkeit, obgleich sie sich gerade die Hebung des Widerspruchs zur Aufgabe stellt, und erklärt: so muß es, es kann nicht anders sein (wie die Möglichkeit behaupten wollte); gerade sie löst das Rätsel nicht; sie mag den Knoten zerhauen, aber er knüpft sich stets neu; so bleibt ewig dieselbe Not (des Widerspruchs) zu wenden; aber, man mag sie drehen und wenden wie man will, sie bleibt unverwandt und unabwendlich. Die Lösung, welche die Notwendigkeit anzubieten hat, ist in der Tat nichts mehr als schiedlich friedliche Auseinanderstellung: A im Punkte 1, Nicht-A im Punkte 2. So geraten beide nicht mehr aneinander und können sich gegenseitig nichts antun, nicht aber wird wirkliche Einung erzielt. Die Notwendigkeit bleibt gleichsam in der falschen Politik des Kriegführens und Bedingungen-Diktierens, einer Politik, die für den Augenblick kurzfristigen Frieden stiften mag, einen Frieden aber, der in Wahrheit nur Erhaltung des unter der Verhüllung fortdauernden Kriegszustandes ist. Es ist durchaus nur der Bereich des Bedingens und Bedingtseins, womit sie zu tun hat und dem sie das Gesetz gibt. Gerade das, worauf sie doch letztlich gerichtet ist, die absolute Eindeutigkeit des So-und-nicht-anders-seins erreicht sie nicht. Sie erreicht Eindeutigkeit unter den und den Voraussetzungen und Bedingnissen. Aber die Voraussetzungen und Bedingnisse sind stets so oder anders denkbar; gerade sie führen nicht sowohl vorwärts über das Andersseinkönnen hinaus, sondern zurück in das So-und-auch-nicht-so-seinkönnen, also in die bloße Möglichkeit, die gerade überwunden werden sollte. Je zwingender ihre Entscheidungen je unter ihren Voraussetzungen fallen, um so sicherer bleibt sie an den Zwang dieser Voraussetzungen selbst gebunden und würde, wenn sie diese bräche, selbst hinfällig werden. Sie befreit nicht, sondern legt in Ketten. Sie bindet auch sich selbst durch die Bande, die sie dem Sein aufzulegen glaubt. Sie ist gezwungen zu zwingen und verfällt damit selbst dem Zwange, den sie übt, üben muß. Es ist der Fluch aller Gewalt, dem gegenüber Wirklichkeit, und nur sie, Freiheit bedeutet.

Der Zwang ist der der Bezüglichkeit, die, je ernster sie sich durchführt, um so entschiedener sich zur unendlichen, zur universalen Relativität gestaltet. Wäre also diese das Letzte, das letzte Seiende, Wahre, letzter Sinn alles Sinns? Schwerlich, das widerspräche der eigensten Forderung der Notwendigkeit. Denn ihre Forderung ist ja Eindeutigkeit, zuletzt absolute Eindeutigkeit, denn solange nicht absolute, ist sie eben nicht reine, man möchte sagen eindeutige Eindeutigkeit, sondern sie bleibt im schließlich ohnmächtigen Versuch solche herzustellen. Eindeutig im Vollsinn der Einzigkeit ist dagegen und ist einzig die Wirklichkeit. Sie erfüllt die Forderung des unverrückbaren »So ist es«, welche die Notwendigkeit zu erfüllen außer Stande ist, denn sie kennt nur die Eindeutigkeit, in welcher aus den und den Voraussetzungen die und die Folgen sich bestimmen. So bleibt sie durchaus befangen im Wenn und Wenn nicht. Wirklichkeit dagegen erhebt sich über alles Wenn und Wenn nicht, zum reinen Es ist, zur alles entscheidenden und erfüllenden Tatsache. Erfüllenden: denn

Notwendigkeit wirft (nach dem früher gebrauchten Vergleich) nur ihr Netz, das Netz der Bindung des einen an das andere, über die ganze unendliche Fraglichkeit des Möglichen, aber die Maschen des Netzes, mögen sie sich auch enger und enger ziehen, lassen stets Lücken, durch die die Flut des Werdens immer wieder zurückströmt in das wogende Meer der Fraglichkeit.

Es ist erst etwa im letzten Jahrzehnt, unter dem mächtigen Eindruck der Entdeckung Einsteins, keineswegs allen Philosophierenden, sondern nur erst wenigen unter diesen ganz klar geworden, daß gerade durch die Enthüllung der universalen Relativität, die alle eindeutige Tatsachenbestimmung in der Natur unmöglich zu machen scheint, die Einzigkeit der Tatsache sich in einer Einheit und Bestimmtheit herausstellt, in der keine frühere Zeit sie sich zur vollen Klarheit gebracht hat. Es stehen in schroffer Eindeutigkeit sich gegenüber die absolute Nichtbestimmbarkeit der Tatsache zufolge der allgemeinen Relativität, d. h. für den ganzen Bereich gesetzlicher Notwendigkeit, und die ebenso zweifellose Bestimmtheit, in der die Tatsache sich eben tatsächlich hinstellt und in unangreifbarer Wirklichkeit, aller Relativität der gesetzlichen Bestimmung zum Trotz, behauptet. Sie *ist* eben schlechthin und darf alles bloßen Sein-aber-auch-Nicht-sein-könnens spotten. Gerade gegenüber der universalen Relativität gesetzmäßiger Bestimmung behauptet sie sich in ihrer Eindeutigkeit, an die keine noch so weit ausgreifende Beziehentlichkeit heranreicht. Dadurch wird es in der eindringlichsten Weise beleuchtet, daß nicht die gesetzmäßige Notwendigkeit erst die Tatsächlichkeit erbringen kann, denn sie bleibt eben immer in der Bezüglichkeit. Sie würde sie erbringen, wenn sie, in ihrer Unendlichkeit, sich überhaupt vollenden könnte. Aber eben in ihrer Unendlichkeit kommt sie nicht zur Vollendung. Also können beide nie zur Deckung kommen. Aber die Wirklichkeit der Tatsache ist völlig unabhängig von der Beziehentlichkeit der Gesetzesordnung. Diese wurzelt selbst in der Wirklichkeit, wird von ihr getragen, aber vermag nicht sie zu tragen und für sie Gewähr zu leisten.

Der letzte Grund dieses Verhältnisses zwischen Gesetz und Tatsache ist aber dieser: Notwendigkeit, Gesetz, bestimmt *allgemein*, mit aller Allgemeinbestimmung aber, und auch mit aller Besonderung, unter besonderen Gesetzen, aber doch eben Gesetzen, von nur engerer Allgemeinheit, wie weit auch die Besonderung gehen mag, wird nie die letzte *Individuität*, die Einzigkeit und damit Ganz-in-sich-Beschlossenheit der Tatsache erreicht. Sie ist es eben, die den Maschen des Netzes entschlüpft und sich ewig nicht darin einfangen läßt, da eben alle Allgemeinheit (die der Notwendigkeit parallel geht) auch in unendlich fortgesetzter Besonderung zur Einzigkeit niemals gelangen kann. Kaum von einer Näherung zur Einzigkeit durch die fortgesetzte Besonderung kann die Rede sein, denn die Besonderung geht ins Unendliche, und zum Unendlichen gibt es keine Näherung, die Kluft zwischen Endlich und Unendlich bleibt immer unüberbrückt. Wäre die Wirklichkeit der Tatsache angewiesen auf die Gründung im Gesetz, dann wäre sie verloren. Aber sie ist zum Glück in sich selbst gegründet und kann umgekehrt nur ihrerseits der Gesetzlichkeit zur Begründung dienen. Diese dagegen verbleibt immer in ihrem Charakter der Bedingtheit, während die Tatsächlichkeit als solche unbedingt ist. Daß sie, in dieser Unbedingtheit, uns, unserem »Verstande«, d. h. eben der Vernotwendigung im Gesetz, nicht erreichbar ist, bleibt dabei voll bestehen. Aber nicht von unserem Denken und Verstehen hängt es ab, ob sie ist, sondern von ihrem Sein hängt es ab, ob unser Denken und Verstehen Wirklichkeit erreicht oder im Unwirklichen bleibt. Es zielt in der Tat immer auf sie, aber erzielt sie nicht. Die Tatsache selbst ist darum nicht weniger auch uns gewiß, aber nicht auf das Zeugnis des Denkens und Verstehens, sondern aus der Unmittelbarkeit des Erlebens. Wir sind, und so wissen wir, was Sein besagt. Wir sind uns selbst als Tatsache gewiß, über alles Bedürfnis der Begründung, deren dagegen die Aufstellung gesetzlicher Notwendigkeiten gar sehr bedarf, und die sie zuletzt einzig findet in der unmittelbaren Gewißheit der Tatsache.

Daß dies alles nicht bloß für das Gebiet der theoretischen Erkenntnis (des So-Seins und Sich-Verhaltens), sondern ebenso für den Bereich der Praxis und der Poiesis, des Handelns und Schaffens, gilt, braucht an dieser Stelle nur ausgesprochen zu werden; es wird im weiteren Verfolg der Untersuchung an seiner Stelle zur Sprache kommen. Für jetzt genüge in dieser Hinsicht die einzige Erinnerung, daß in diesen Gebieten noch weit deutlicher und unmittelbarer als in dem der bloßen Theorie die Individuität entscheidet, womit die ganze vorausgeschickte Beweisführung sich ohne weiteres auf sie mit erstreckt.

§ 34. Um über den Sinn der Wirklichkeit vollends klar zu werden, blicken wir noch einmal zurück auf die alten Schwierigkeiten in den Begriffen des Möglichen und Notwendigen. Aristoteles hat den wichtigen Satz aufgestellt: möglich sei nur, was unter gegebenen Bedingungen auch wirklich wird. Spätere geben dem den Ausdruck, die plena potentia ergebe die Wirklichkeit, das volle »Vermögen«; ich möchte es noch lieber »Mächtigkeit« nennen, nicht bloße Möglichkeit oder Vermöglichkeit. »Macht« kommt vom gleichen Stamme wie Mögen, aber bedeutet eine Verschärfung gegenüber dem bloßen Möglichsein. Aber in dem Satze liegt bei Aristoteles die Tendenz, die Verwirklichung des zuvor bloß Möglichen ganz auf den endlichen Bereich abzustellen. Und doch weiß Aristoteles sehr gut, daß das Letztwirkliche individual, einzig bestimmt sein müßte, diese Einzigkeit der Bestimmung aber durch keinerlei Allgemeinheit und dann Besonderung je zu erreichen ist. Nur zu Allgemeinheitsbestimmungen verschiedenen Grades aber kann die Möglichkeit führen, nämlich die Aristotelische Möglichkeit, die durchaus an die Bedingung des Nichtwiderspruchs gebunden ist. Das letzte Seiende sucht Aristoteles im Ding und zwar im Einzelding. Also anscheinend im Individuum. Aber schon ist das Ding, das Einzelding, nicht das Letztindividuale, aus sich einzig Bestimmtes; in seinem Begriff faßt vielmehr eine bestimmt ausgedehnte Folge von Begegnissen sich in einer (allerdings konkret, nicht abstrakt gemeinten) Einheit zusammen, in der das wahrhaft letzte Einzelne, Tatsächliche nicht bestimmt, sondern nur bestimmbar und zu bestimmen ist. In der Biologie, in der Psychologie wird dies letzte Individuale nicht erreicht, sondern sie bleiben stehen in der Allgemeinheit der Lebensfunktion, der »Entelechie«, als welche Aristoteles die »Seele«, als das Prinzip der Lebendigkeit, definiert. Diese ist aber nur »Entelechie erster Stufe« (ἐντελέχεια ἡ πρώτη), d. h. nicht die letzte, die unmittelbare Wirklichkeit des Lebens, sondern nur der Besitz des Lebens, der Lebendigkeit überhaupt, also schließlich doch ein Allgemeines, näher zu bestimmen als ein Inbegriff von Funktionen, wie Selbstbewegung, Empfindung, Strebung u.s.f., auf höheren Stufen dann auch Bewußtheit, Selbstbewußtsein, Vernünftigkeit. Die ganze Erfülltheit des gelebten Augenblicks tritt nirgends auch nur als Problem auf, geschweige daß die Denkmittel, welche die Aristotelische Philosophie aufzuweisen hat, zulangen würden, dies Problem auch nur aufzustellen und in Angriff zu nehmen, geschweige zu lösen. Auf die ganze Frage des Letzt-Individualen hat Aristoteles keine Antwort, als daß es eben unbestimmbar (ἀόριστον) sei. Er scheut, hier wie überall, zurück vor der drohenden Unendlichkeit, die ihm nur Unvollendbarkeit bedeutet, und zwar weil er in ihr den Widerspruch sieht und fürchtet. Der

Gedanke der Koinzidenz, des In-Eins-Zusammentreffens der Gegensätze, ist ihm fremd und würde sich in sein Denksystem durchaus nicht einfügen. Kein Wunder, daß im ausgehenden Mittelalter die Frage des Universalen, wie es zur Sache, zur echten *res*, zur Realität stehe, ob es logisch ihr vorhergehe oder nachfolge oder mitten in ihr seine Stelle habe, und in engem Zusammenhang damit die Frage der Individuation zur Schicksalsfrage des Aristotelismus werden und ihn schließlich sprengen mußte. Eine Lösung war von Heraklit, Plato, Plotin, Nicolaus Cusanus, aber nicht von Aristoteles aus möglich. Dem harten Problem ging, man muß wohl sagen als erster, Leibniz zu Leibe und beantwortete es durch den Gedanken der Monade, die als absolutes Individuum die einzig echte *res*, das echte Seiende (ὄν, Wesen) sei, denn was nicht wahrhaft *ein* Wesen, sei nicht wahrhaft ein *Wesen*. Diese Einheit aber verstand er streng als Einzigkeit, als Individuität. Diese aber sei nur möglich durch die engste, logisch-ontische, ontisch-logische Einheit (Einzigkeit) der Monas, jeder Monas, ja sogar jedes gelebten Augenblicks, jedes Existenzpunktes der Monas, mit ihrer ganzen eigenen Vergangenheit und Zukunft, mit der ganzen Erlebniskette der einzelnen Monade, mit der ebenso unendlich voraus und zurück sich schlingenden Erlebniskette alles Lebendigen, und zuletzt mit der eben dadurch bestehenden, vielmehr in diesem Ganzen nur sich ausdrückenden, allbefassenden Einheit der Einheiten, Monas Monadum, der Gottheit. Kant wurzelt tiefer in dieser letzten Leibnizischen Grundanschauung als man denkt, obgleich seine schwersten Fehler in der ungenügenden Erkenntnis, in dem überhaupt unzureichenden Eingehen auf den vollen Ernst des Problems der Individuität ihren Grund haben. Doch ist es in dem Begriffe der Anschauung, in der Methode der Antinomie, in dem regulativen Prinzip der Kontinuität, im Begriff des Intelligiblen, besonders des intelligiblen Selbst und der intelligiblen Freiheit, und noch vielem anderen der geheime Lenker und richtig weisende Kompaß seines ganzen philosophischen Denkens. Erst in der Urteilskraft und zwar der reflektierenden, auch in den letzten Grundbegriffen der Ästhetik, wie dem des Genies und des Symbols tritt es deutlicher heraus, aber alles bleibt in ersten Ansätzen stecken, den vorherrschenden Rationalismus des Systems wohl einschränkend, abmildernd, aber nicht in der Wurzel treffend und wandelnd. Schleiermacher hat vieles davon gesehen und im Einvernehmen mit der ganzen deutschen Romantik die Ansprüche der Individualität, nein der Individuität, bestimmt angemeldet, sicher durch Leibniz, wenn auch vielleicht ganz ohne es zu wissen, stark angeregt, denn der Kerngedanke des Monadismus wirkt gleichsam unter der Schwelle durch die ganze deutsche Aufklärung fort und treibt überall, wo er kräftig genug durchwirkt, über sie hinaus. Am tiefsten ist in jenem Zeitalter Goethe von ihm durchdrungen. Er spricht zwar nur ausnahmsweise von Monade, gewöhnlich von Entelechie, die aber eben Leibniz zuerst in voller Bestimmtheit streng individual d. h. eben als Monade versteht. Goethe glaubte vielmehr Spinozist zu sein, aber er hätte, ohne schon Leibnizisch eingestellt zu sein, niemals in Spinozas »res singularis« seine Entelechie finden können. Nur von Leibniz, nicht von Spinoza her konnte er in so leuchtender Klarheit den Gedanken des individualen, damit unstarren, beweglichen Gesetzes, die »geprägte Form, die lebend sich entwickelt«, aufstellen; Motive, deren unberechenbare Tragweite die Philosophie jetzt endlich wieder zu ermessen angefangen hat. Goethes Seelenlehre, sein »Urphänomen« (= Typus = Idee) fügen sich durchaus in Leibnizische, nicht Spinozistische Grundvoraussetzungen.

§ 35. Unter diesem Leibnizischen Aspekt scheint nun fast der Unterschied zwischen Möglichkeit und Wirklichkeit zu schwinden. Nichts ist in der Tat im ernsten Sinne möglich, was nicht wirklich wird. Nur — es *wird* erst wirklich, die Möglichkeit ist nur der Anhub zur Wirklichkeit; nur insofern nicht schon Wirklichkeit, sondern bloß ihr Nullpunkt, von dem sie aber anhebt. Also nicht eine Halbwirklichkeit, zu der noch etwas Fehlendes hinzutreten muß, damit sie voll wird. Sie ist, als Möglichkeit, voll, denn, was wirklich wird, muß, um wirklich werden zu können, seinem vollen Seins- und Sinnbestande nach möglich gewesen sein, es darf ihm an Sinnbestand nichts fehlen. Ich sage aber mit Bewußtsein: auch nicht an Seinsbestand, denn auch im Ansatze der Möglichkeit *ist* es schon. Das wollte ich mit der »Mächtigkeit« ausdrücken. So aber ist die Möglichkeit schon das vollgültige Zeugnis der Gegenwärtigkeit des *U*niversalen, der Einzigkeit geradezu des Allseins in jedem Seinspunkte, nur eben als im Nullpunkt. Diese Gegenwärtigkeit der Allheit im Punkte des Eintritts in die Wirklichkeit schließt aber in sich die volle Wirkungsmächtigkeit des *Widerspruchs*. So ist die Möglichkeit nicht mehr jener ungewisse Dämmerzustand des Seins, in den alle Schwierigkeiten, auf die man aufstieß, sich bequem einhüllen ließen, damit man sie nicht zu lösen hatte, sondern sie bloß aus den Augen zu rücken brauchte. Zu solch bequemen Ausflüchten muß immer, gerade in den entscheidenden Fragen, bei Aristoteles die »Dynamis« sich mißbrauchen lassen. Für uns hat die Möglichkeit, ganz in ihrem Grundcharakter der Schwebe zwischen Sein und Nichtsein, die volle Bedeutung der Realisierung, des Stehens im Punkte des Übergangs zum vollen Sein. Es ist der Nullpunkt, aber keine leere Null, sondern schon ganz erfüllt, gleichsam schwanger mit dem Unendlichen, ja dem unendlichfach, unendlichdimensional Unendlichen; sein Gegenpol, aber gerade als Gegenpol eindeutig auf es hingewiesen und bezogen, ja, eins mit ihm. Aber gerade in ihm heißt es nun: Es werde! Es werde, was es an sich ist; es »gehe hervor«!

Und damit führt es freilich nun ein in den Bereich zwischen beiden Polen. Da gilt Auseinanderstellung, Teilhaftigkeit, immer endlos sich entwickelnde Bezüglichkeit und darin Notwendigkeit. Von ihr aus rückwärts gesehen ergibt sich dann leicht der Schein, als besage Möglichsein bloß Sich-nicht-widersprechen. Dabei wird dann nur gedacht an die Möglichkeit, auch anders zu sein, als es wirklich ist. Gewiß, was sein kann, kann auch nicht sein — abstrakt genommen. Im Nullpunkt stehend kann das Sein den oder den Weg einschlagen. Aber diese abstrakte, in der Abstraktion auch richtige Ansicht wird dem vollen Seinssinn der Möglichkeit nicht gerecht. Vielmehr sie ist es gerade, durch die in ihrer einseitigen Beachtung fast alle irregeleitet wurden, in der Möglichkeit ein Halbsein, Halbnichtsein, bloße Nichtentschiedenheit zu sehen. Dieser Mangelhaftigkeit des Möglichen soll dann die Notwendigkeit abhelfen, indem sie das Auch-anderssein-können ausschließt. Aber alles erwogen, alle Bestimmungen in eins gefaßt, d. h. aber eben in der vollen Möglichkeit, kann nichts anders erfolgen, als es wirklich erfolgt, sondern sofern die Bedingungen restlos erfüllt sind, muß es ganz so eintreten wie es tatsächlich eintritt, nicht weil das Anders-erfolgen ein Widerspruch wäre (eben das ist die ganz unzulängliche, bloß »analytische« Ansicht des Möglichen als des Nur-nicht-widersprechenden; diese kann schon darum nicht der Wahrheit der Sache genügen, weil ja der Widerspruch im Sein selbst, gerade im Sein der Wirklichkeit, sein volles Recht in Anspruch nimmt und behauptet), sondern weil die Möglichkeit, die echte, in Kants Sinne synthetische Möglichkeit, selbst vollen Wirklichkeitscharakter hat, nämlich volle Seinsmächtigkeit besagt. Nichts von Seinsgehalt muß zu ihr noch hinzutreten, damit sie zum vollen Sein zulange. Sie langt schon zu, es fehlt nichts als das Unsagbare des Ein-

„Es werde" und „es wird"

tritts, des wirklichen Eintritts, des Eintritts in die Wirklichkeit. Es heißt hier: »Es werde Licht — und es ward Licht«. Dies durch »und« Verbundene (in diesem »und« liegt das ganze Wunder der Schöpfung!), das ist die echte Möglichkeit »und« Wirklichkeit. Beide sind durchaus identisch dem ganzen Seins- und Sinngehalt nach. Genau das, was möglich, voll möglich war, nichts weniger und nichts mehr, tritt in die Wirklichkeit. Der Unterschied ist schlechterdings nur der des Anhubs und dessen was anhebt. Darum gilt es auch da keine Not erst zu wenden; nicht die Notwendigkeit etwa, das Gesetz, ist das Complementum possibilitatis, das Ergänzungsstück, das, was hinzukommen muß zur Möglichkeit, um die Wirklichkeit zu ergeben. Auch nicht so etwa steht die Notwendigkeit in der Mitte zwischen der Möglichkeit und der Wirklichkeit. Sondern selbst das Gesetz liegt schon (eben der Möglichkeit nach) in der vollen synthetisch verstandenen Möglichkeit. Der Weg ist in ihr ganz schon vorgezeichnet, so wie im Ton des anhebenden Liedes das ganze Lied schon dem Sänger lebendig und unausweichlich gegenwärtig ist; oder wie man im Punkte der Kurve das Gesetz der ganzen Kurve und insofern deren ganzen Verlauf schon mitdenken muß, denn nur so ist es Punkt der Kurve. Nur muß dann das Gesetz die volle Individuität und damit Beweglichkeit, die ganz freie Dynamik in sich aufnehmen, durch welche die echte Wirklichkeit sich über alle starren Abgrenzungen und über den ganzen nur formalen Sinn der Notwendigkeit erhebt; d. h. es muß konkretes, nicht abstraktes Gesetz sein.

[14. Vorlesung]

Wir stellten fest: die Möglichkeit bedeutet nicht Halbwirklichkeit, sondern sie hat in sich schon den vollen Charakter der Wirklichkeit. Der Unterschied beider ist nur der des Anhubs und dessen, was damit anhebt. Es ist der Unterschied des »es werde« und des »es wird«, zwischen welchen beiden allerdings (so sagten wir) das ganze Wunder der Schöpfung liegt. Beide sind identisch dem vollen Seins- und Sinngehalt nach. Genau das, was möglich, voll möglich war, nichts weniger und nichts mehr, wird wirklich. Auch das Gesetz aber, die Notwendigkeit, ist nicht etwas zur Möglichkeit erst Hinzutretendes, durch das etwa das vorher bloß Mögliche in die Wirklichkeit übergeführt würde. Es liegt ganz schon (eben der Möglichkeit nach) in der vollen, synthetisch verstandenen Möglichkeit; so wie der Mathematiker in jedem Punkte der Kurve das Gesetz mitdenkt, welches ihren ganzen Verlauf von diesem Punkte aus vor- und rückwärts bestimmt, denn nur so ist es der Punkt dieser Kurve.

Dann muß aber auch das Gesetz die volle Individuität und damit Beweglichkeit, es muß die freie Dynamik in sich aufnehmen, durch die die echte Wirklichkeit sich über alle bloße Allgemeinheit, über alle Willkür der Abgrenzung erhebt, d.h. es muß selbst konkret, nicht abstrakt gedacht werden. So wird in der Tat das Naturgesetz, ja auch das mathematische Gesetz gedacht, oder sollte es gedacht werden. Es soll ja bestimmend sein für jeden Punkt des Geschehensverlaufes oder der geometrischen Kurve, nicht ein bloßer, unterschiedslos alles umschließender Allgemeinheitsausdruck, ein bloßer »Begriff« (ὅρος) d. h. die Abgrenzung eines Umfangs, für dessen ganzen Bereich unterschiedslos dasselbe gilt. Damit gewinnt auch das Gesetz, also die Notwendigkeit, voll konkrete also synthetische Bedeutung. Auch sie, gerade sie zielt auf Einzigkeit der Bestimmung, die (wie letzthin schon gezeigt wurde) nur erreicht wäre in der Allbezüglichkeit jedes Einzelnen. Nur im Letzt-Individualen wäre das Anders-sein-können wirklich ausgeschlossen, sonst bleibt die Bestimmung immer offen. Die Forderung der Bestimmtheit auf einzige Weise bleibt in der Tat unerfüllt, sie wird immer wieder abgeschoben auf den Bereich jenseits der jeweiligen, mehr oder minder willkürlichen, so oder anders möglichen Abgrenzung, innerhalb welcher allerdings Eindeutigkeit erreicht werden mag. So verhält es sich, nach unserer Behauptung, im ganzen Bereiche eben der Notwendigkeit, das heißt im Bereiche der Entwicklung, der sich entwickelnden, unendlich weiter sich entwickelnden Bezüglichkeit. Also leistet die Notwendigkeit, leistet das Gesetz, genau so wie es verstanden sein will: als bedingte, nur in genau bestimmter Abgrenzung gültige Bestimmung, allerdings nie das letztlich Erforderte, die absolute Einzigkeit der Bestimmung. Nie also wird auf dem Wege der Notwendigkeit Wirklichkeit erreicht, so gewiß sie auf sie und nichts anderes zielt. Sie zielt auf sie, aber erzielt sie nicht. Die Möglichkeit dagegen zielt gar nicht. Auch die Wirklichkeit zielt nicht, sie ist vielmehr das Ziel. Die Möglichkeit aber bedeutet den Gegenpunkt zu ihr, von dem die Richtlinie, eben als die des Zielens, also auf das Ziel der erfüllten Wirklichkeit hin, ausläuft. So als das Allgemeine dieser Richtung, als das Vorzeichen ±, als das polare Verhältnis von Null und Unendlich, darf und muß auch die Gerichtetheit auf das Ziel in der Möglichkeit mitgedacht werden, in dem Sinne, wie früher gesagt wurde, die Null sei das ± Null. Aber die Möglichkeit selbst ist ruhend, nicht fortgehend, ebenso wie die erfüllte Wirklichkeit; gehalten gerade durch die unverrückbare Polarstellung zu dieser. Der Fortgang dagegen gehört ganz dem mittleren Bereich, dem der Notwendigkeit. Sie blickt nicht nur oder richtet sich auf das Ziel, sondern sie geht den Weg, schreitet auf das Ziel los, und wagt es auf jede Gefahr, auf die ewige Gefahr, nein tödliche Sicherheit des Nicht-erreichens, Nie-erreichens ihres Zieles. Ihr Fortgang aber geschieht nur und kann nur geschehen von Schritt zu Schritt, von Grenze zu Grenze, voraus gewiß, an keiner Grenze stehen bleiben zu dürfen oder zu können; der ewige Treiber Widerspruch verstattet keine Ruhe. Selbst vertrieben von Grenze zu Grenze, richtet er sich an jeder neuen Grenze neu auf, verlangt wieder vertrieben zu werden, treibt eben damit auch den Treiber selbst ewig weiter und läßt ihn nie zur Ruhe kommen.

Aber der Gegenpunkt ist wirklich kein Punkt, sondern es ist der ewig zurückfliehende unendliche Umkreis. Darum, sei der allgemeine Sinn der Fortschreitung, vom Zentrum nach der unendlichen, ewig fliehenden Peripherie hin (d. h. nach dem Gesetz der Gesetzlichkeit selbst) auch ein für alle Mal fest, sei insofern also die Richtung des Fortgangs bestimmt, so stehen doch innerhalb dieser allgemeinen Richtung (von innen nach außen) auf jedem erreichten Punkte unendlich viele Wege offen, die alle erprobt sein wollen. So eröffnet sich ein unbegrenztes Feld der Verfolgung bedingter Möglichkeiten, also der Entwicklung der Gesetzlichkeit selbst in besondere Gesetze bis zu jedem noch zu erfüllenden Grade der Besonderung, ohne je das Letztindividuale, schlechthin in seiner Einzigkeit Bestimmte — und das erst wäre das Wirkliche im Vollsinne — erreichen zu können. So bleibt es dabei: Individuum est ineffabile, das letzte Individuale ist unaussprechlich, für den bloß rechnenden Verstand unzugänglich, weil eben unausrechenbar und darum in jedem Sinne undarstellbar. Die Rechnung verläuft eben immer ins Unendliche. Gerade je strenger sie bestimmt, je weniger sie Spielraum läßt, je enger und damit scheinbar fester sie die Netze zieht, um so sicherer entschlüpft das Letztindividuale ihren Netzen. Je freier dagegen, je elastischer, je beweglicher sie der Unendlichkeit, der unendlichen Bezüglichkeit des Individualen sich anschmiegen lernt, um so näher wird sie dem Ziele der einzigen Bestimmung kommen, um so deutlicher wird es, obgleich stets im Gegenüber bleibend, sich ihr darstellen, unerreicht zwar und ewig unerreichbar, aber gerade im Nicht-erreicht-werden erkannt als dies Nicht-zu-erreichende, doch aber sicher Daliegende, spottend in seiner Ungreifbarkeit jedes Versuchs es zu greifen und zu binden, aber eben damit in seiner absoluten Übermacht sich beweisend und fühlbar machend. So kommt dann zwar nicht sie zu ihm, aber es zu ihr, und lehrt erkennen, daß nicht die Wirklichkeit von Gnaden der Notwendigkeit, sondern die Notwendigkeit von Gnaden der Wirklichkeit lebt und ist. Das Gesetz muß dann bekennen, daß es mit allen seinen Begrenzungen nicht die Wirklichkeit, sondern nur sich selbst begrenzt. Es soll sich nur voll auswirken, so wird es sich nur desto gründlicher überzeugen: es erfaßt, es begreift nicht das Wirkliche. Aber dieses so für es nicht Erfaßbare *ist*. Es erfaßt und überwältigt vielmehr sie, die Gesetzlichkeit, und zwingt sie in ihren Bann.

§ 36. Das ist es, dem Kant sich nähert mit dem, was er »reflektierende Urteilskraft« nennt. Der Ausdruck trifft zwar wieder nicht den Kern der Sache. Er versteht sich daraus, daß Kant unter dem Titel der »bestimmenden Urteilskraft« zunächst das Problem der Besonderung ins Auge faßte, dabei aber auf das viel tiefere Problem der Individuierung stieß. So wußte er diese nur durch den Gegensatz der Besonderung, durch die Gegenrichtung zu ihr, gleichsam die Umkehrung des Spießes zu erklären. Aber er traf doch sachlich damit das Richtige, daß er empfand, hier muß eben die Wegrichtung sich umkehren und gleichsam ein Vorzeichentausch sich vollziehen, es muß statt der Außenwendung, welche die unendlich weitergehende Besonderung inne zu halten hat, eine Innenwendung eintreten, zurück auf den Urpunkt, nämlich die Wirklichkeit des Einzelnen, Individualen, von welchem aus eigentlich (nur in dieser Umkehrung der Betrachtung vielmehr auf es hin) der Weg sich bestimmt. Diese Kantische »Reflexion« ist eigentlich das Besinnen, das Sich-zurückbesinnen darauf, daß letzten Endes das Wirkliche das Gegebene, die Begriffsfassung (vom System der bis dahin schon gewonnenen Begriffe aus) erst immer neu zu gewinnen ist. Das aber ist nunmehr eine lösbare Aufgabe geworden, während durch die bloße, wenn auch noch so unermüdet fortgesetzte Besonderung dem Letztindividualen nicht auch nur nähergeschweige beizukommen ist.

Damit ist, jedenfalls im Grundsatz, der Irrweg des starren, wenn auch noch so sehr dann spezifizierten Gesetzes verlassen und der Weg gerade los auf das Individuale und damit echt Wirkliche eingeschlagen. »Natur« und »Gesetz« waren für die Alten gerade Ausdrücke der Richtung aufs voll Wirkliche, Individuale. Erst die letzten Jahrhunderte, denen der Sinn der Schöpfung, ja auch der freien Formung fast abhanden gekommen, oder wenigstens sehr stumpf geworden ist, verstehen das Gesetz und die Natur, das Gesetz der Natur kältend starr, es wird zuletzt tötend statt Leben zeugend, Gestalt-auflösend, zunichte machend, statt, wie es doch sollte, schöpferisch gestaltend. — Aber kennen wir, verstehen wir denn etwas von Schöpfung, von Leben aus eigenem Grund und Quell, von Freiheit und Selbstsein? — So sehr haben wir uns davon geschieden, daß wir vermeinen, es nicht zu kennen, es überhaupt nicht kennen noch verstehen, kaum denken zu können. Und doch erleben, doch erfahren wir es unablässig, nicht draußen, fern von uns, sondern an und in uns selbst. Was Leibniz vom Sein sagt, daß wir doch wohl wissen müssen, was es ist, da wir selber sind, das findet ebenso und erst recht Anwendung auf diese erfüllteste Gestalt des Seins, die wir Leben nennen. Wir selbst leben doch, wie sollten wir nicht verstehen und gar nichts davon wissen, uns gar nicht einmal denken können, was Leben ist? So wie die sogenannte »Erkenntnistheorie« an die Spitze stellt und ganz darauf fußt, daß wir doch wenigstens, was Erkenntnis selbst ist, müssen erkennen können, da wir tatsächlich erkennen, also sie selbst, die Erkenntnis, nicht irgendwo draußen zu suchen haben, sondern bei uns selbst finden, so muß dasselbe wohl erst recht gelten von etwas, das wir so wenig verleugnen und gar von uns werfen können wie Leben. »Oft schon war ich und hab' wirklich an gar nichts gedacht«, antwortet mit gutem Humor Schiller in den Distichen auf die Metaphysiker dem berühmten »Ich denke und darum so bin ich« des Descartes. Sein, Leben ist mehr und ist früher als Denken. Ich muß leben, um zu denken, und gar das Denken selbst zu denken, aber nicht denken (und gar Denken denken), um zu leben, und gar aufhören zu wissen, daß ich lebe, und was dies heißt und ist. Das aber ist nichts anderes als das Erleben der Wirklichkeit, im strengsten Sinne nicht allein des actus, der Tat, sondern der actuatio, des Sich-tuns, Sich-ertätigens, Sich-auswirkens. Wir erleben in ihm Sein ganz als Schöpfung, als Poiesis, wir erleben das Heraufsteigen und Hervorgehen des Seins aus dem Nichtsein. Denn daß das Leben sich beständig dem Tode abzuringen und abzutrotzen hat, das wahrlich erleben wir so lebendig wie nichts anderes, gerade im tiefsten Erleben am tiefsten, am lebendigsten. Das ist echteste Wirklichkeit, Erwirkung; so wie uns vorher die Möglichkeit den aktiven Sinn des Ermöglichens angenommen hat. So ist auch die Notwendigkeit uns zur Ernotwendigung, Benötigung geworden, nicht mehr fatalistisch starr, sondern Schritt um Schritt sich fortarbeitend, Schritt um Schritt den Weg wie eine Alpenschroffe hinan durch Schnee und Eis erst heraushauend in hartem oft gewaltigem Kampf mit widerstrebendstem Stoffe.

§ 37. Es könnte vielleicht hier daran Anstoß genommen werden, daß uns die Wirklichkeit auf die erklärte Weise ganz ins Unbedingte entwiche. Man versteht nicht sofort, wie sie gleichwohl von uns, und zwar in jedem Augenblick, erlebt sein soll. Wird sie, wenn sie vom einzelnen Subjekt und gar im einzelnen Lebensmoment erlebt werden soll, nicht damit tief in die Bedingtheit, ja ins letzte des Bedingten herabgezogen? Oder umgekehrt: überfliegen wir nicht in einem Sinne, der mit dem unerschütterlichen Grundsatze des Kritizismus unvereinbar ist, den Erfahrungsbereich, wenn wir behaupten, Wirklichkeit in der vorausgesetzten Unbedingtheit, im Erlebnis jedes gelebten Augenblicks zu haben? Verlieren wir damit nicht ganz jenen »Widerhalt« am »Faktum«, von dem Kant spricht? Geraten wir nicht damit in Gefahr, in den luftleeren Raum der gewagtesten Metaphysik hinausgeschleudert zu werden, wo uns nur zu bald der Atem ausgehen müßte?

Die Antwort ist einfach: unser Erleben ist doch wohl selbst wirklich. Was also sollten wir darin erleben, wenn nicht Wirkliches? Allerdings nicht schlechthin *die* Wirklichkeit, aber doch etwas, das ganz den Charakter der Wirklichkeit trägt, also doch eben Wirklichkeit! — Gewiß (wird man uns antworten): erlebten wir sie nicht, wie sollten wir von ihr überhaupt wissen, da offenbar kein Begriff und sonst nichts, sondern nur sie selbst sie uns geben kann? Aber etwas ganz anderes ist es, Wirklichkeit erkennen, was sie ist. Erleben ist nicht erkennen. — Wir antworten: ganz recht, kein noch so deckendes Erkennen könnte uns das Erleben geben, sondern nur ein Erleben kann uns Erkenntnis geben. Aber wir behaupten auch gar nicht, den unbedingten Gehalt, den das Erleben allerdings einschließen muß, sei es unmittelbar durchs bloße Erleben, oder von ihm aus, durch irgendwelche Vermittlung, erkennen zu können; wir behaupten vielmehr, es sei seinem vollen Seins- und Sinngehalt nach, in seiner Unbedingtheit, durchaus unerkennbar. Damit ist alle Gefahr einer falschen

## „An-sich-sein" und Kategorie

Transzendenz beschworen. Der Vollgehalt des Erlebbaren, in seiner Unbedingtheit, das und nichts anderes ist das Kantische, durchaus unerkennbare, aber notwendig seinem Daß nach anzuerkennende »An sich«. Wir trennen uns hier von Kant nur darin, daß wir es nicht »Ding« nennen; eine Bezeichnung, die man schon längst als unzutreffend empfindet. Sie ist überhaupt nur verständlich, wenn das Wort »Ding« für Kant einen so unbestimmt begrenzten Sinn hatte, wie er der heutigen philosophischen Sprache nicht mehr recht geläufig ist. Es ist wohl das griechische ὄν, das ὄν ᾗ ὄν des Aristoteles, das »Seiende bloß als seiend«. Ich sage darum lieber »das An sich« oder allenfalls, wo die infinitivische Wendung angebracht ist, das An-sich-sein, nicht aber »Ding an sich«. Aber wir überschreiten keineswegs, sondern halten in aller Strenge fest die von Kant der Erkenntnis gezogene Grenze, wenn wir dies An-sich oder An-sich-sein voraussetzen als gesichert durch das Erleben ganz in seiner Unmittelbarkeit, nur nicht damit auch erkannt oder je erkennbar. Hiermit fällt aber nur um so mehr das Schwergewicht auf den ganz erfüllten Wirklichkeitssinn des Erlebten, des gelebten Lebens selbst. Auch des Erkennens Ziel, aber nach allem Gesagten nur sein unendlich fernes, immer zurückfliehendes Ziel, ist diese Unmittelbarkeit der ganz erfüllten Lebenswirklichkeit, übrigens nicht des erkennenden allein, sondern ebenso des handelnden, des schaffenden Lebens, des Lebens in jeder seiner Sonderrichtungen und im Verein, in der unlöslichen Wechselbezüglichkeit ihrer aller. Was auch immer davon erfaßlich, ist allein von der Unmittelbarkeit des Erlebens aus, wenn auch durch noch so viele Vermittlungen, zu erfassen, und wird, genau so weit als es überhaupt erfaßt wird, eben erfaßt als dieser Erlebens-Unmittelbarkeit zugehörig und in ihr gegründet. Das System aber der Richtlinien, in welchen es uns zugänglich und erfaßlich (d. h. also stets nur bedingt erfaßlich) wird, das und nichts anderes sind die Kategorien, unter denen als oberste, allbeherrschende, die Kategorie der Wirklichkeit sich nunmehr herausgestellt hat. Diese die Kategorie der Wirklichkeit, soll man aber ja nicht verwechseln mit der Wirklichkeit selbst. Diese ist durch die Kategorie nicht mehr als angezeigt. Die Kategorie, und gerade diese oberste Kategorie, bloß als solche, ist nichts mehr als der erste Deut auf sie, noch gar nichts von Erfassung, noch nicht das mindeste von ihr, sondern nur die Anerkennung, daß es sie gibt, oder vielmehr, daß sie allein es ist, die überhaupt etwas gibt, dagegen selbst nicht ein anderes »*Es*« erfordert oder auch nur zu denken verstattet, welches sie gäbe. Kategorien überhaupt sind nicht Erfassungen, nicht Blicke, in denen schon etwas, eine Sache erblickt wird, sondern genau nur Blicklinien, die auf ein etwa zu Erblickendes hinleiten wollen, und gerade die obersten von ihnen, als welche die drei Modalitätsphasen sich ergaben, vollends die oberste unter diesen, die Kategorie der Wirklichkeit, bloß für sich genommen, kann so, als erste, loseste Hindeutung, am allerwenigsten den Anspruch erheben, das, worauf sie deutet, schon, auch nur teilhaft, auch nur im flüchtigsten Umriß zu erfassen oder zu geben. Würde dieser falsche Anspruch für die Kategorie der Wirklichkeit erhoben, dann freilich würde damit entweder das Unbedingte in die Bedingtheit herabgezogen, oder das Bedingte zu einem Unbedingtheitsanspruch hinaufgeschraubt, den es unmöglich behaupten kann.

Diesen Charakter der allerersten, der Sache scheinbar noch fernsten Hindeutung haben überhaupt alle drei Modalitätsphasen. Sie geben nicht mehr als die oberste Disposition der philosophischen Fragen, die oberste Disposition zunächst des Systems der Grundkategorien. Sie stellen in ihrer Dreieinheit nur den allerersten Möglichkeitsansatz dar zum Durchmessen des ganzen Bereichs der kategorialen Bestimmung. Sie treten selbst noch gar nicht ein, sondern umschreiben nur die obersten Bedingungen des möglichen Eintritts in den Bereich des Bedingt-Bedingenden, Bedingend-Bedingten, in den Bereich der allseitigen Bezüglichkeit, und zwar Wechselbezüglichkeit, in den nun die weiteren Kategorien erst wirklich hinein — und, wenn es gelingt, sie in der geforderten Vollzähligkeit festzustellen, ganz durch ihn hindurch führen sollen bis zur letzten Grenze, nämlich jener in der Kategorie der Wirklichkeit voraus schon bezeichneten Grenze des Letzt-Individualen. Zu diesen weiteren Kategorienordnungen gehen wir also nun über und zwar zunächst zur zweiten, zu den Kategorien der Relation.

## B. KATEGORIEN DER RELATION

§ 38. Durch die Kategorien der Modalität ist schon die Aufgabe gestellt und der Weg gewiesen zu zwei weiteren Kategorienklassen. Man dürfte sie nennen die Kategorien der Spezifikation (Besonderung) und der Individuation (Einzelung, Einzigung — wenn man durchaus übersetzen soll). Die Möglichkeit legt den Grund zur Allgemeinheit. Nicht nur Aristoteles, auch Kant denkt die Möglichkeit mit der Allgemeinheit in engster logischer Verbindung. Zwar gerade von unserem zuletzt erreichten Standpunkt ließe sich dagegen Bedenken erheben. Die Möglichkeit als Frage, als Nichtentschiedenheit scheint allerdings den Bereich der Erwägung offen zu halten, die Entscheidung soll noch so oder anders erfolgen können. »Es ist möglich« scheint zu besagen, gewisse Bedingungen für den wirklichen Eintritt sind erfüllt, andere nicht. So bleibt die Wahl offen zwischen einer Mehrheit, nur im einfachsten Fall Zweiheit, oft genug aber ganz unbestimmbaren Vielheit, einem nur allgemein begrenzten Bereich insoweit gleich möglicher Entscheidungen. Aber gegen diese unbestimmte Auffassung des Möglichen stellte sich der Satz, daß möglich im schärfsten Sinne nichts anderes sei als was auch wirklich eintritt, wenn nämlich die vollen Bedingungen dafür gegeben sind. Wir nannten es die volle Mächtigkeit, der zum wirklichen Eintritt nichts mangelt als das Unsagbare eben der Erfüllung, die nicht ein Hinzutretendes, sondern gleichsam die Integration, die Voll-endung des Unendlichen bedeutet. Es wäre hiernach eher richtig oder dem Richtigen wenigstens näher, zu sagen, die Möglichkeit sei unendlich, als sie sei allgemein. Aber auch das Merkmal der Unendlichkeit würde vorgreifen. Wir unterschieden die Vorendlichkeit des bloß Möglichen von der Unendlichkeit des Fortgangs, welche die Notwendigkeit regiert. Es ist in Wahrheit Vor-endlichkeit und Vor-unendlichkeit. Die Möglichkeit hat ihren Sitz im Nullpunkt, der dem ganzen unendlichen Bereich der endlichen Bestimmung und Bestimmbarkeit vorausliegt, aber auf ihn eben vorausweist. Gerade damit weist sie voraus auf den äußersten Gegenpol der vollen, individual bestimmten Wirklichkeit, und nicht bloß auf den unendlichen Fortgang von weiterer zu engerer, immer engerer Bestimmung. Sie wird damit (wie wir uns überzeugt haben) selbst konkret, ganz erfüllt, als die Möglichkeit eben der Wirklichkeit und damit selbst wirklich. Die mit Grund ihr zuzuschreibende Allgemeinheit wird damit selbst erfüllte, konkrete Allgemeinheit. So versteht Aristoteles sie nach der günstigsten Auffassung, wie gerade die eindringendsten Aristoteles-Forscher sie vertreten haben. Man mag zweifeln, ob man nicht damit Aristoteles als ganzen zu günstig auslegt. Aber daran ist nicht zu zweifeln, daß er diesen konkreten Sinn der Allgemeinheit gekannt und tatsächlich vielfach vor Augen gehabt und gerade in den tiefsten Aufstellungen seiner Metaphysik und seiner Physik, wenn auch etwa nicht voll erreicht, doch angestrebt hat. Und das gleiche hat Kant im Auge, wenn er den synthetischen, nicht analytischen Charakter der Möglichkeit, wie überhaupt seiner Kategorien ohne Ausnahme, betont und hinsichtlich der Möglichkeit im besonderen ausspricht, daß es ein »Hinzukommen zum Möglichen« nicht gibt, »denn was über dasselbe noch zugesetzt werden sollte, wäre unmöglich«, und spottet über die »Armseligkeit unserer gewöhnlichen Schlüsse, wodurch wir ein großes Reich der Möglichkeit herausbringen, davon alles Wirkliche nur ein kleiner Teil sei«. Ein solches weiteres Reich der Möglichkeit über die Wirklichkeit hinaus können auch wir nicht gelten lassen. Der logische Umfang der Möglichkeit ist kein größerer, sondern genau derselbe wie der der Wirklichkeit. Aber auch nicht »zu meinem Verstande« bloß (wie Kant meint) kommt etwas hinzu. Das Mehr, welches die Wirklichkeit gegenüber der Möglichkeit bedeutet, ist wahrlich nicht bloß in »meinem Verstande« zu suchen, oder bloß im Denken. Zwar wird etwas mehr darin gedacht, aber doch wohl, weil es etwas mehr *ist:* wirklich sein, als bloß möglich. Aber nicht ein quantitativ Mehreres, auch nicht bloß qualitativ mehr, oder ein Mehr an Beziehungen, sondern eben der Modalität nach, ein Mehr des Seins und des Sinns; eine Steigerung ganz eigener Art, die auf keine andere zurückführbar ist.

Dennoch hat es eben in diesem modalen Sinne seine volle Richtigkeit mit dem Allgemeinheitscharakter der Möglichkeit. Sie bedeutet aber nicht bloß weiteste logische Umfassung, Hinausreichen des Begriffsumfangs über jeden anderen, sondern einen Charakter der Allheit, der aller Umfangs- oder Inhaltsteilung, auch allem Unterschied der Beziehungsweite voraus- und schon zu Grunde liegt. Er bezeichnet vielmehr den Gegensatz gegen die Teilung und Abgrenzung jeder Art, und liegt dieser ebenso völlig voraus, wie auch die Allheit der Wirklichkeit über sie hinausliegt. Etwas dem Entsprechen-

des gilt aber auch von der Allgemeinheit des Gesetzes, die den bestimmteren Sinn der Notwendigkeit ausmacht. Auch diese bedeutet nicht bloß logische Umfassung, nicht als Umfangsverhältnis des Allgemeinen und Besonderen, Besonderen und Einzelnen, oder Allgemeinen und Einzelnen ist das Verhältnis des Gesetzes zur Tatsache; nicht dies, daß, während die Tatsache ein Einzelnes ist, unter dem Gesetz eine so und so begrenzte oder auch gar nicht an Zahl abgrenzbare Vielheit von Einzeltatsachen in einer Aussage zusammengefaßt wird. Das Gesetz Newtons über die gegenseitige Ortsbestimmung der Massen im Raume will nicht nur etwas aussagen, was unterschiedslos für die Gesamtheit der Fälle, daß zwei Körper in einem Raume beisammen sind, sondern gerade was unterschiedlich, bis zum letzten infinitesimalen Unterschied der Massen und Abstände, aber eben bestimmbar verschieden für jeden dieser unendlich vielen wirklichen und möglichen Fälle gilt. Der mathematische Ausdruck des Gesetzes ist die Funktion, welche zwischen zwei beiderseits stetigen Veränderungsreihen die Beziehung setzt, daß jeder auch infinitesimal bestimmten Änderung auf der einen Seite eine solche auf der anderen Seite entspricht. Das ist die konkrete Allgemeinheit des Gesetzes. Aber sie hat stets zur Voraussetzung eine Begriffsbegrenzung überhaupt. Die Allgemeinheit der Möglichkeit dagegen läßt, ganz wie die der Wirklichkeit, diese Begriffsabgrenzung überhaupt hinter sich, gerade um den vollen Sinn der Allheit und der Gemeinsamkeit in der Allheit, also den bestimmtesten Sinn der Allgemeinheit zu wahren. Somit bleibt sie diesseits aller Bestimmung, die ja stets Abgrenzung und nur innerhalb der Abgrenzung Allgemeinheit bedeutet. Aber eben damit weist die Allgemeinheit des Möglichen schon voraus auf die Bestimmung und fordert sie als ihre Gegenseite. Unbestimmt in sich und unbestimmend, umfaßt sie, übergreift sie den ganzen Bereich des Bestimmtseins und Bestimmtwerdens. Sie läßt sich in ihn noch gar nicht ein, sondern läßt ihn als eigenen und neuen unangetastet stehen. Er fordert sein eigenes Reich, und dieses Eigenrecht der Abgrenzung nun
— Abgrenzung durch Festlegung der Beziehung, der Bezüglichkeiten aller Art, und damit der Bedingtheit, der Bedingtheiten aller Art
— vertritt die zweite Kategorienordnung, die wir mit Kant die der Relation nennen wollen. Denn dieser Titel bezeichnet durchaus zutreffend eben das, worauf es hier entscheidend ankommt; nicht irgendeine besondere Beziehungsart oder einen bestimmten, selbst erst abzugrenzenden Bereich von Beziehungsmöglichkeiten, sondern

die Bezüglichkeit überhaupt, sofern sie die Abgrenzung vollzieht, durch die überhaupt irgend welche Bestimmbarkeit und wirkliche Bestimmtheit des So und Das-und-das-ist-es, d. h. irgend welche Bestimmbarkeit und Bestimmtheit eines Was hervorgeht. Kant spricht hier, etwas loser von »Zusammenhang«, in schon strengerer Fassung aber von »Verknüpfung«, von »Kontext« (d. h. Verwebung, Verflechtung) nach allgemeinen Bedingungen der Erfahrung. Das bloße »Übereinkommen« mit diesen allgemeinen oder formalen Bedingungen der Erfahrung (d. h. die eine Erfahrung überhaupt ausmachen) weist er der Möglichkeit, den Zusammenhang selbst aber, die Verknüpfung oder Verwebung der Notwendigkeit zu. Als die letztentscheidende Begründung aber dieser »Notwendigkeit der Verknüpfung« ergibt sich ihm nicht der Zusammenhang überhaupt (nämlich gesetzliche Zusammenhang, und zwar Zusammenhang je unter besonderen Gesetzen), sondern der 1) kontinuierliche und 2) durchgängige Zusammenhang in einer einzigen, alles befassenden Erfahrung, in dem »Inbegriff und Kontext einer einzigen Erfahrung«. Dieser erst begründet die Allein-Möglichkeit, die Möglichkeit in aller Absicht, welche die Notwendigkeit strengsten Sinnes ihm besagt. Hierzu wäre freilich zu sagen, daß mit dieser Bestimmung die Sphäre der Notwendigkeit bereits überschritten und vielmehr das Dritte, die Wirklichkeit definiert ist. Ihr ist die Einzigkeit eigen, die durch die Notwendigkeit unter Gesetzen zwar immer angestrebt, aber so lange nicht zu erreichen ist, als die Notwendigkeit unter Gesetzen der Natur (wie gerade Kant es ausdrücklich und mit höchstem Rechte behauptet) nur »hypothetische Notwendigkeit« ist.

[15. Vorlesung]

Um den Fortschritt von der Modalität zur Relation zu sichern, gingen wir aus von der Feststellung, daß die Notwendigkeit als mittlere Phase der Modalität, zwischen der Möglichkeit und Wirklichkeit stehend, nur hypothetische, nicht absolute Notwendigkeit bedeuten kann. Absolute Notwendigkeit wäre, ebenso wie absolute Möglichkeit, nicht verschieden von Wirklichkeit. Auch Kant hat es durchaus so angesehen. Er erklärt mit Recht: das allein und in aller Absicht Mögliche kann nur das Wirkliche sein, alle bloß bedingte Notwendigkeit dagegen (und die Notwendigkeit des Naturgesetzes, an welche Kant bei der Aufstellung dieser Kategorie zunächst allein denkt, ist nur bedingte Notwendigkeit) langt zur Wirklichkeit nicht zu; dem unbedingt Notwendigen aber gebührt nicht der Name der Notwendigkeit, weil es da gar keine Not mehr zu wenden gibt, sondern es darf sich begnügen mit dem Namen des Wirklichen. Begnügen, nicht als ob das weniger besagte, sondern gerade weil Wirklichkeit durch gar nichts anderes zu überbieten ist, sondern selbst alles andere, auch die Notwendigkeit, überbietet. Von einem Müssen, einem Nicht-anders-können zu reden ist da keine Veranlassung, wo gar kein So-oder-anders-sein zur Frage steht, sondern es sich einzig darum handelt, was *ist*. Nichts kann oder könnte noch etwas mehr als eben *sein*, es hat bei ihm keine Not mehr oder Gefahr des etwa auch Nicht-seins, welche Not oder Gefahr es nun erst zu wenden oder zu bestehen gälte. Und ebenso wirft das allein oder einzig Mögliche den ganzen Sinn der Möglichkeit, als des Sein-aber-auch-nicht-sein-könnens hinter sich. Diese Einzigkeit und Alleinigkeit, wörtlich All-Einigkeit, dies schlichte So-*sein* kraft der Allheit des Einen, Einheit des Alls, ist eben die Wirklichkeit, es ist der genaue Unterschied dieser von aller bloßen Möglichkeit oder Notwendigkeit. Von hier aus begreift sich leichter, wie Kant dazu kommen konnte, die Notwendigkeit als den Gipfel in der Reihenordnung der Modalitätskategorien aufzustellen. Er vergaß nur, daß die Notwendigkeit, so sicher sie die Einzigkeit und Alleinigkeit *des* (durchaus nur singularisch zu verstehenden) Seins zum Ziele hat, eben dies Ziel als hypothetische nie erreicht, sondern stets nur die Stationen des unendlichen Weges bezeichnet, der zu diesem Ziele zwar hinführen sollte, aber nie bis zum Ziel zu durchlaufen ist, also das Ziel eben nie erreicht. Der bedenklichste Fehlgriff in Kants Aufstellungen über die Modalität ist aber der, daß er die Wirklichkeit, als mittlere Stufe zwischen der Möglichkeit und der Notwendigkeit, auf Empfindung oder Wahrnehmung anweist. Diese dürfte nach Kants eigenen Voraussetzungen hier gar nichts zu suchen haben. Man sieht nicht, wie sie die Gewähr für die Wirklichkeit, für die Einzigkeit, die Allein-Möglichkeit des Wirklichen, so wie Kant das Verhältnis dieser Kategorien bestimmt hat, sollte auf sich nehmen können. Denn sie selbst stellt vielmehr das am meisten von allem Problematische, der Begründung erst Bedürftige dar; sie wäre gerade das letzte, was die Begründung im Gesetz, und zwar in der Einheit des Gesetzeszusammenhangs erst fordert, und ohne diese ganz in der Luft schweben bliebe. Auf diesen Abweg hätte Kant unmöglich geraten können, wenn er sich klar gemacht hätte (worauf doch alles bei ihm hindrängt), daß Wirklichkeit als absolute Position der Begründung in irgend etwas anderem weder bedürftig noch fähig, sondern selbst das Letzt-Begründende ist, begründend auch alle Möglichkeit und alle Notwendigkeit.

**§ 39.** So falsch es aber war, wenn Kant, in Widerspruch mit den entscheidendsten Voraussetzungen seiner Erkenntniskritik, die Einzigkeit des Wirklichen auf dem Wege der Notwendigkeit erst erreichen zu müssen glaubte, während doch eben diese Einzigkeit den unterscheidenden Charakter der Wirklichkeit ausmacht, so richtig war es, die Forderung des einzigen, durchgängigen und kontinuierlichen Zusammenhanges, Kontextes oder Konnexes zu stellen und zur letztentscheidenden zu machen. Nur gehört dies eben der Kategorie der Wirklichkeit und nicht der der Notwendigkeit an. Kant wirft hierbei selbst die Frage auf, ob eigentlich das Feld der Möglichkeit größer sei als das der Wirklichkeit, und dieses wiederum größer als das des Notwendigen. So bestimmt aber wie er die erste Frage verneint, hätte er auch die zweite verneinen, und nicht, an einer andern Stelle derselben Erörterung, die Frage dahin stellen sollen: ob ein Gegenstand bloß möglich oder auch wirklich, und wenn wirklich, »gar auch« notwendig sei. Die Antwort jedenfalls hätte nur so ausfallen dürfen: der Bereich des Möglichen, des Notwendigen und des Wirklichen ist durchaus einer und derselbe; mehr als wirklich kann nichts sein; nicht nur nicht mehr dem Umfang oder dem Inhalt oder der Beziehungsweite, sondern auch nicht der Modalität nach, d. h. nach dem Sinne des Seins überhaupt; sondern Wirklichkeit ist die allem überlegene und übermächtige, alle Notwendigkeit und Möglichkeit selbst erst gründende, nicht in ihr gründete Seinsweise. Sie ist es kraft eben jener Kantischen Merkmale der Einzigkeit, Durchgängigkeit und Stetigkeit des Zusammenhangs. Diese ist in der Möglichkeit vorgebildet, in der Notwendigkeit ewig nur angestrebt, aber in der Wirklichkeit allein erfüllt. Für die Notwendigkeit aber bleibt als Aufgabe der Ausbau eines solchen Zusammenhangs, des so prägnant zu verstehenden Zusammenhanges überhaupt, dann des Zusammenhanges von Zusammenhängen in übergreifenden Zusammenhängen, stets in Richtung auf den durchgängigen, stetigen und damit einzigen Zusammenhang, der, wie sich jetzt schon absehen läßt, stets wechselseitiger Zusammenhang sein muß. In jeder seiner Phasen aber (die wir hernach genauer zu bestimmen haben werden, denn es sind die Phasen der Relation) wird es nur bedingter Zusammenhang, Zusammenhang des Bedingens und Bedingtseins selbst, und stets wieder bedingten Bedingens und Bedingtseins, d. h. Entwicklung durch Bezüglichkeit zu immer engerer, immer entschiedener der Allseitigkeit zustrebender Bezüglichkeit; an welchen Sinn des Aufbaus der Bezüglichkeiten eben der Titel »Relation« erinnern will.

Zwar ist dieser für das jetzt Gesuchte insofern nicht genug bezeichnend, als Beziehung, Relation überhaupt, ein weiterer Begriff ist, als den wir hier brauchen. Beziehung überhaupt ist schon in der Modalität gesetzt. Man könnte sie geradezu als die Entwicklung des Begriffs der Beziehung deuten. Diese fordert allemal 1) den Punkt, von wo aus bezogen wird; dieser kann nur sein der Punkt der Möglichkeit der Beziehung. Sie fordert 2) den Bezug selbst, der von diesem Ausgangspunkt hinüberführt zum Gegenpol, und 3) diesen, als das, worauf Beziehung stattfindet. Der Anfangs- und der Endpunkt werden dabei festliegend, die Beziehung selbst des Sich-Beziehenden dagegen in logischer Bewegung gedacht. Das erste entspricht dem Anhub, dem Grundpunkt, der logischen Null, also der Möglichkeit, nämlich der Ermöglichung, dem Möglichkeitsansatz des Sich-Beziehens selbst; das zweite dem Fortgang, in welchem die Richtung bestimmt, der Endpunkt nie fest, sondern frei beweglich, aber durch Ausgangspunkt und Richtung des Fortgangs in dem Sinne bestimmt ist, daß er mit Notwendigkeit, nur eben nicht als unverrückbar festliegender, sondern zu durchlaufender Punkt sich ergibt, wodurch ganz der vorhin noch einmal betonte hypothetische Charakter der Notwendigkeit herauskommt. Das dritte aber ist eben der Gegenpunkt, als zum Grundpunkt, und zwar in dieser bestimmten Beziehungsweise, kraft des durch das zweite Moment so und so bestimmten Beziehens, nunmehr bezogener, in welchem die Beziehung sich erfüllt und somit ihr voller Wirklichkeitssinn erreicht ist. Aber dies alles ist soweit nur allgemeine Anweisung, nur Entwicklung des Sinns des Beziehens überhaupt, und damit des Sinns überhaupt eines Sinns, denn Sinn ist überhaupt und zuletzt nur Beziehung. Sinn ist Zusammenhang, Zusammenhang aber ist Beziehung; beide drücken dasselbe, nur das eine in mehr statischer, das andere in dynamischer Form aus; den Zusammenhang denken wir als ruhenden Zustand, die Beziehung als Zug, als Vollzug (in dem »Voll« liegt sehr erkennbar das erst Sicherfüllen, zum-Abschluß-erst-Kommen, erst Fertig-werden). Jetzt aber handelt es sich nicht mehr darum, was überhaupt Beziehung ist, sondern wie Beziehungen jeweils bestimmter Art sich knüpfen. Gerade den Ausdruck »Verknüpfung« (connexio) hat Kant für seine »Relationen« mit Vorliebe gebraucht. Er ist nur deswegen weniger günstig, weil er leicht die Vorstellung erweckt, als müßten die zu verknüpfenden Elemente voraus gegeben sein und käme die Verknüpfung erst nachträglich hinzu. Aber auf die Besonderung kommt es jetzt an: daß dieses und dieses zu einander in Beziehung treten und dadurch ein abgegrenztes Beziehungs-Ganzes hervorgeht. Und das konnte der Ausdruck »Verknüpfung«, im Unterschied von der bloßen »Beziehung«, am Ende wohl besagen.

Ganz klar wird das Verhältnis zwischen Modalität und Relation, welches jedenfalls ein sehr enges und eben darum für die deutliche Auseinanderhaltung beider fast bedrohlich ist, durch folgende Erwägung. Indem die drei Modalitätsphasen eine Entwicklung des Seins und des Sinns, und zwar des Seins und des Sinns überhaupt in jeder Gestalt, darstellen vom Möglichkeitsansatz durch die Folge-Entwicklung zur vollen Wirklichkeit — von welchen drei Phasen die erste den Sinn der Allgemeinheit bewahrt, die zweite die Besonderung, die dritte die Individuation, nicht bloß Vereinzelung, sondern Vereinzigung vertritt (man möchte die Neubildung »Einzigung« wagen) — so legt die Modalität als ganze (in diesen drei Phasen zusammen genommen) den Möglichkeits- und damit Allgemeinheitsgrund für den Aufbau des Systems der kategorialen Bestimmungen überhaupt, ihrem ganzen Umfang nach, der darum stets, in jedem einzelnen Schritt, diese selben drei Phasen wieder durchlaufen muß. Dann aber gibt es notwendigerweise zwei weitere Kategorienordnungen, deren eine im gleichen Sinne eine Entwicklung in die Sonderheit, deren andere die Vollendung zur Individuation zur Aufgabe hat; dieses beides aber jetzt nicht mehr bloß der allgemeinen Möglichkeit oder Ermöglichung nach, sondern nach der folgenotwendigen Entwicklung und Durchführung bis zur Individualbestimmung; d. h. es muß eine zweite Ordnung von Grundkategorien die Entwicklung der Beziehungsgesetzlichkeit überhaupt in die besonderen Gesetze im Sinne der Folgenotwendigkeit, eine dritte den Abschluß und das Ziel dieser Entwicklung im Sinne der erfüllten Wirklichkeit, also der Individuation begründen und für sie das Grundgesetz aufstellen. Jede dieser zwei weiteren Kategorienordnungen aber wird wiederum in drei entsprechenden Phasen sich vollziehen müssen; es wird in jeder von ihnen, ebenso wie in der der Modalität, eine erste Phase den Anhub, die Möglichkeitsgrundlage zu dem verlangten Zusammenhang besonderer gesetzlicher Beziehungen, eine zweite den Fortgang in Gestalt einer in sich notwendigen Entwicklung nach dem logischen Vor und Nach, eine dritte den Abschluß, die Verwirklichung und Erfüllung der geforderten Art kategorialer Bestimmung, nämlich im Zusammenhang sondergesetzlicher Beziehungen zu vertreten haben, so daß im ganzen dreimal drei Kategorien sich ergeben müßten, nämlich je drei Phasen 1) der Modalität, 2) der Relation, 3) sagen wir: der Individuation.

§ 40. Dieses so weit streng geschlossene System von dreimal drei Grundkategorien ersetzt uns das Kantische System der zwölf Kategorien, die er, zu je dreien, unter die vier Titel: Modalität, Relation, Qualität, Quantität ordnete. Er hielt dies System für einfach gegeben und fertig vorliegend, dazu verleitete ihn die ihm überlieferte, in seiner Zeit feststehende Schematik der allgemeinen Logik, die er viel zu unbesehen als maßgebend glaubte ansehen zu müssen, weil er annahm, eine durch Jahrtausende gepflegte Wissenschaft, die es nur mit den allgemeinsten Funktionen des Denkens überhaupt zu tun habe, könne nicht wohl anders als wenigstens in den Grundzügen die wahren, unausweichlich überall, in allem Denken sich betätigenden Gesetze des Denkens überhaupt im wesentlichen richtig getroffen haben. Doch hätte er in diesem guten Vertrauen sei es auf die Natürlichkeit des Denkens oder auf den Scharfsinn und die wissenschaftliche Strenge derer, die über das Denken gedacht und es sich selbst denkend klar zu machen versucht haben, irre werden müssen, sobald er sich über den Grund Rechenschaft zu geben anfing, weshalb eigentlich durch sein ganzes System hindurch alle seine Einteilungen ohne Unterschied dreiteilig ausfielen. Er äußert sich darüber in einer Schlußanmerkung der Einleitung seiner »Kritik der Urteilskraft«. Er findet, daß diese ständig wiederkehrende Dreiteilung in der Tat nicht willkürlich sei, sondern »in der Natur der Sache liege«. Eine Einteilung nämlich, welche a priori und dabei synthetisch geschehen soll, müsse dreiteilig ausfallen nach dem, was zur synthetischen Einheit überhaupt erforderlich ist, nämlich: 1) Bedingung, 2) ein Bedingtes, 3) »der Begriff, der aus der Vereinigung des Bedingten mit seiner Bedingung entspringt«. Das ist nun sogleich nicht genau, sondern es ist dahin richtig zu stellen, daß das notwendig Erste das Bedingende, das Zweite das Bedingen selbst, das Verhältnis des Bedingenden zu dem, was dadurch bedingt wird, das Hinüberwirken gleichsam von jenem auf dieses, die Bindung des Zweiten an das Erste, die Connexio, Zusammenknüpfung oder Verknotung, das Dritte aber der Gegenpunkt, also das Bedingte, in seiner nunmehr bestimmt gewordenen, erfüllten Zurückbeziehung, seiner nunmehr fest gewordenen Verknüpftheit mit dem Bedingenden, durch den Vollzug der Verknüpfung vertritt. Also: Sich-Beziehendes, Beziehung selbst, Bezogenheit. Etwas anders lautet es in § 11 der »Kritik der reinen Vernunft«, wo die zweite der in diesem Paragraphen zusammengefaßten nachträglichen Anmerkungen zur Tafel der 12 Kategorien besagt: »daß allerwärts eine gleiche Zahl der Kategorien jeder Klasse, nämlich drei sind«, fordert zum Nachdenken auf, »da sonst alle Einteilung a priori durch Begriffe Dichotomie (Zweiteilung) sein muß. Dazu kommt aber noch, daß die dritte Kategorie allenthalben aus der Verbindung der zweiten mit der ersten ihrer Klasse entspringt«. Diese Verbindung, heißt es weiterhin, fordert allerdings einen »besonderen Actus des Verstandes«, der nicht mit dem einerlei sei, der beim ersten und zweiten ausgeübt wird. Dies versucht er nun an seinen vier Kategorienklassen aufzuweisen, merkwürdigerweise, ohne dabei darauf aufmerksam zu werden, daß die Vierzahl der Titel selbst nach denen er seine 12 Kategorien ordnet, der doch soeben ganz allgemein ausgesprochenen Forderung der Dreiteiligkeit jeder reinen Begriffsgliederung widerspricht. Anfechtbar ist ferner in beiden sich sehr nahe stehenden Ausführungen, daß die dritte Kategorie sich ergeben müsse aus einer »Verbindung« der ersten mit der zweiten, deren Charakter er keineswegs hinreichend klar macht. Zwar betont er, daß durch die Verbindung etwas Neues hervorgeht. Das heißt es ja, daß die Einteilung synthetisch, nicht analytisch sei. Es heißt auch, weitergehend, es sei keineswegs selbstverständlich, daß überhaupt eine solche Verbindung (so daß etwas Neues dabei herausspringt) vollziehbar ist. Aber auch aus den Beispielen, die er zum Beweise anführt, wird nicht klar, wie diese Verbindung eigentlich gemeint ist und wie sie den zwingenden Charakter haben soll, welchen die Entwicklung, wenn sie »a priori« geschehen soll, doch fordert. Es ist nicht richtig, daß aus Einheit und Vielheit Allheit wird, indem man die Vielheit als Einheit betrachtet, denn Allheit ist zwar auch Einheit, und zwar Einheit der Vielheit, aber offenbar als solche nicht Einheit in dem Sinne, in welchem die Einheit der Vielheit gegen-

## Dreiteiligkeit der Kategorien 139

übersteht, d. h. Einzelheit, sondern Verein, was ein ganz anderer durchaus neuer und eigener Begriff ist. Ebenso wenig klar ist die Art der Verbindung, durch die aus Substanzialität und Kausalität Wechselwirkung, oder aus Möglichkeit und Wirklichkeit Notwendigkeit (die ja bei Kant an dritter Stelle steht) hervorgehen soll. Der ganze Gedanke des »Hervorgehens« des Dritten aus »Verbindung« des Zweiten mit dem Ersten ist unscharf und in letztem Betracht unhaltbar. Aus Ausgang und Fortgang entspringt kein Abschluß, solange nicht das Neue, eben der dritten Phase Eigentümliche, das Abschließen selbst, hinzukommt. Der Fortgang käme aus sich nicht zum Abschluß, und auch die engste logische Beziehung zum Anfang kann ihm zu dem fehlenden Abschluß nicht verhelfen. Aber auch durch das Erste und Dritte, den Anfangs- und Endpunkt ist an sich der Fortgang von einem zum anderen nicht gegeben. Denn die Grenzpunkte, Anfang wie Ende, werden ruhend gedacht, während der Fortgang die logische Bewegung vertritt. Würde man aber auch sagen, die *Beziehung*, die bei Kant unter der »Verbindung« oder »Verknüpfung« des einen mit dem andern sich verbirgt, sei eben das, was die Bewegung begründe, nun, so versteht man immerhin eher, woher die Täuschung kommt, aber es bleibt dabei doch voll bestehen, daß die Beziehungspunkte fest, die Beziehung aber beweglich gedacht werden muß, aus der Bewegung aber gleich wenig der Feststand der Punkte, wie aus diesem die Bewegung begreiflich wird. Mit der notwendigen Dreiteilung hat es indessen bei dem allen doch seine Richtigkeit. Auch war es nicht unrichtig, dies geradeswegs aus den Erfordernissen der »synthetischen Einheit überhaupt« zu folgern. Setzung schlechtweg, Gegen- oder richtiger Gegeneinander-Setzung, d. h. Setzung nicht sowohl des einen zum andern, als des andern zum einen — »Heterothesis« sagt Rickert — und als Drittes nicht Zusammensetzung, »Synthesis«, oder bloß »Verbindung«, »Verknüpfung«, sondern In-eins-setzung: diesem Dreischritt ist nicht zu entrinnen.

Die Setzung überhaupt ist allgemein, die Setzung des Anderen zum Einen vollzieht die Besonderung, die aber insoweit nur den Abstand wahrt: daß das Eine nicht das Andere, das Andere nicht das Eine, obwohl beide eben in der Entgegensetzung doch zu einander gehörig sind; die In-eins-setzung aber, die nichts weniger als selbstverständlich, sondern das ewige Wunder ist, macht erst die Beziehung kontinuierlich und damit individual. Das Erste für sich bliebe gänzlich leer, bloßer Ansatz zur Ermöglichung des Prozesses überhaupt. Das Zweite gibt Füllung aber nicht Ausfüllung. Erst das Dritte bedeutet die Erfüllung und damit Ganzheit und Einzigkeit. Das Verhältnis unter diesen ist nicht dies, daß eins das andere (das 1. das 2. und dieses das 3., oder das 1. und 2. durch irgend eine Vereinigung das 3., oder auch das 1. und 3. das 2.) gibt, sondern sie fordern und geben sich alle gegenseitig (jedes die 2 andern) in dem Sinne, daß keines ohne die andern überhaupt bestehen oder das Seinige leisten könnte. Sie stehen in einer Wechselbezüglichkeit gegen einander, in der doch jedes seine Eigenheit gerade in Beziehung zu jedem der beiden anderen bewahrt. Der Anhub ist Anhub zum Fortgang auf den Abschluß hin, der Fortgang Fortgang vom Anhub zum Abschluß, der Abschluß Abschluß dieses Fortgangs und zwar des von seinem Anhub an verstandenen Fortgangs. Dies ganze Verhältnis der drei Phasen untereinander muß dann immer wiederkehren, so daß auch in unendlich weiter gehender Gliederung stets nur Kategorienordnungen in irgend einer Potenz von drei hervorgehen können. In diesem Sinne ist das ganze System geschlossen und doch grenzenlos offen; geschlossen, sofern jede einzelne Kategorie ihre unverrückbare Stelle im System findet, grenzenlos offen, sofern das System selbst eine Fortentwicklung ohne Ende verträgt und an sich nicht nur möglich macht, sondern fordert, wenn auch selbstverständlich für uns die Entwicklung nicht weiter geht, als sich eine Leistung aufweisen läßt, die dadurch vollziehbar wird.

§ 41. Die Kategorienordnung der Relation nun also steht der der Modalität äußerst nahe. Beide zusammen definieren eigentlich nur den Sinn der Gesetzlichkeit überhaupt. Die Modalität aber vertritt nicht mehr als die Forderung und Möglichkeit des Gesetzes, die Relation gibt das Gesetz für den Aufbau der besonderen Gesetzlichkeiten, in denen die allgemeine Forderung *des* Gesetzes sich erfüllt, seine allgemeine Möglichkeit sich in notwendige Folgezusammenhänge besondert. Bei Kant drückt sich dies dahin aus, daß die Modalitätsphasen sich in je einem für sich stehenden Begriff (Möglichkeit, Wirklichkeit, Notwendigkeit) darstellen, die Relationsphasen dagegen in je zwei einander zugeordneten Begriffspaarungen: Substanz — Accidens, Ursache — Wirkung, und Wechselbezogenheit zweier dynamischer Beziehungen auf einander. Ferner unterscheidet Kant die Grundsätze der Relation und der Modalität, die er zusammen als dynamische von denen der Quantität und Qualität als mathematischen unterscheidet, unter sich dadurch, daß er die der Relation Analogien, die der Modalität Postulate nennt. Beide betreffen nur das Verhältnis des Daseins, nicht, wie die der Quantität und Qualität dessen Bestimmung (also das Daß, nicht das Was). Sie heißen ihm darum auch regulative, nicht konstitutive, d. h. nur ordnende, nicht bestandgründende. Ist nun dies Verhältnis das einer Entsprechung zwischen beiderseits mehrgliedrigen Ordnungen, so hat es den Charakter der Analogie, d. h. ungefähr dessen, was man in der Mathematik Funktion nennt: eine Entsprechung Glied um Glied zwischen zwei oder mehreren Entwicklungsreihen, so daß, denkt man sich eine Folge $a_0\ a_1\ a_2 \ldots$ auf der einen, eine dieser parallele Folge $b_0\ b_1\ b_2 \ldots$ auf der anderen Seite, dem $a_0$ das $b_0$, dem $a_1$ das $b_1$ u. s. f. entspricht. Also Ordnungen in einer Reihe parallel der in einer andern. Bei der Modalität dagegen spricht Kant von Postulaten, d. h. hier Erfordernissen; denn ein Postulat nennt er einen Satz, durch den »ein Gegenstand zuerst gegeben oder sein Begriff erst erzeugt« wird. Die Modalität also gibt erst, oder umschreibt allgemeine Erfordernisse des Gegeben- oder Erzeugt-werdens von Bestimmtheiten (des Seins und Sinns) überhaupt; die Relation setzt solche ins Spiel, gleichsam in Aktion oder in Funktion, so daß dadurch die Bestimmtheit einer Entwicklung des Einen aus dem Andern, oder vielmehr des jeweils Andern aus dem erst gesetzten Einen, nach einem Gesetze, welches den Charakter der Funktion trägt, erreicht wird. Es wird also jeweils Eines bestimmend für ein Anderes u. s. f., nicht aus einer besonderen Natur des Einen und des Anderen, sondern nach einem Gesetze, welches inhaltlich nichts, sondern nur die Ordnung des Auftretens und das gegenseitige Verhältnis in diesem bestimmt. Das ist am deutlichsten ersichtlich an der zentralen Relationskategorie, der der Kausalität, von der diese allgemeine Forderung offenbar abstrahiert ist; sie soll aber ebenso gelten für die Relation von Substanz und Accidens und für die Wechselrelation oder dynamische Gemeinschaft.

Wie weit dies zutrifft, werden wir prüfen; die allgemeine Beziehung zwischen Modalität und Relation aber verstehen wir ganz im gleichen Sinne. Bei der Enge dieser Beziehung indessen, wie sie auch von Kant mit allen Grunde vorausgesetzt wird (besonders auffällig stützt sich seine Kategorie der Notwendigkeit ganz und gar auf die Relationsgesetze, insbesondere das der Kausalität), fällt es um so mehr auf, daß die drei Phasen der Relation zu denen der Modalität nicht die hiernach zu erwartende und zu fordernde Entsprechung aufweisen. Zwar wird man gern anerkennen, daß die Kategorie der Substanz oder vielmehr der Relation von Substanz und Accidens in der Kategorienordnung der Relation die gleiche Rolle spielt wie die der Möglichkeit in der Modalität, nämlich daß sie den Grund legt zum Ganzen der bezüglichen Kategorienordnung; den Möglichkeitsgrund, die Ermöglichung im ersten Fall der Relations-, im anderen der Modalitäts-Gesetzlichkeit überhaupt. Nicht minder einleuchtend ist die Entsprechung zwischen der Modalitätskategorie der Notwendigkeit und den Relationskategorien der Kausalität und Dependenz (des Verursachens und Verursachtseins). Liest man die Ausführungen Kants über die Rolle der Notwendigkeit im Aufbau der »Möglichkeit der Erfahrung«, so staunt man, daß sie fast nur das wiederholt, was unter dem Titel der Relation über die Kausalität (zum Teil zwar auch über die Wechselwirkung) schon abgemacht war; daß die Notwendigkeit in der Tat bloß dasselbe im Sinne des Postulats (des allgemeinen Gefordertseins) ausspricht, wovon die Kausalität zeigte, wie es geleistet wird. Nun aber setzt Kant die Kausalität in der Relation an die zweite, dagegen die Notwendigkeit in der Modalität an die dritte Stelle, während die dritte Stelle in der Relation die Wechselwirkung, die zweite in der Modalität die Wirklichkeit einnimmt. Entspricht aber der Möglichkeit die Substanzialität, der Notwendigkeit die Kausalität, so bleibt nur übrig, daß der Wirklichkeit im gleichen Sinne die Wechselwirkung entsprechen müßte. Dies dürfte auch durchaus zutreffen, aber dann müßte in der Modalität die Wirklichkeit, so wie in der Relation die Wechselwirkung, an dritter Stelle stehen, ganz wie wir es aus andern Gründen schon vorher gefordert hatten. Macht man sich als den Sinn der dritten abschließenden Phase in jeder Kategorien-Ordnung den der Individuierung klar, so kann es keinen Augenblick zweifelhaft sein, daß diese in der Modalität die Wirklichkeit und nicht die Notwendigkeit, in der Relation dagegen die Wechselwirkung vertritt. Die Entsprechung geht also wirklich durch, sie fordert aber um so mehr, unter dem Titel der Modalität die Wirklichkeit an die dritte, die Notwendigkeit an die zweite Stelle zu setzen. Dann ist alles in Ordnung.

§ 42. Um diese Auseinandersetzung mit Kants System der zwölf Kategorien, und diesem gegenüber die Rechtfertigung unserer Aufstellung der dreimal drei Grundkategorien sogleich in einem Zusammenhang zu Ende zu führen, mag sich hier gleich das anschließen, was über die beiden übrigen Kategorien-Titel, Quantität und Qualität, zu sagen ist. Unser Systemaufbau fordert unausweichlich als dritte Kategorienordnung, die eben das zu leisten hat, was die Modalität und die Relation, auch beide zusammen nicht leisten können, die Individuation. Das ist es ohne Zweifel, was Kant bei der Unterscheidung des dynamischen Charakters der letzteren, gegenüber dem mathematischen der Quantität und Qualität im Auge hat. Jene bestimmen nur allgemein, und dann in der Besonderung, nichts als die einen den Sinn des Bestimmens überhaupt, die anderen den des Bestimmtseins des einen durch das andere, im Verhältnis, in »dynamischer« (d.h. wirksamer) Beziehung zum andern, dagegen noch gar nicht das *was* in solchen Beziehungen sich, sagen wir formal, hinsichtlich der gegenseitigen Ordnung des Sich-darstellens bestimmen soll. Das unmittelbare Was des (in Relation und Modalität) seiner Ordnung nach zu Bestimmenden fordert Kategorien anderer Art, nämlich nicht mehr bloß allgemein und dann durch Besonderung, sondern individual bestimmende Kategorien. Solche nennt Kant mathematische, indem er »mathematisch« die apriorische Bestimmung im Konkreten der »Anschauung«, nicht in den bloß ordnenden Allgemeinheitsbeziehungen des »Verstandes« nennt. Zwar sind seine »mathematischen« Grundsätze und die entsprechenden Kategorien selbst Grundsätze und Grundbegriffe des »Verstandes«, aber eben *des* Verstandes, der auf die Bestimmung des in der Anschauung sich Darstellenden oder Darzustellenden unmittelbar als solchen und nicht bloß seiner vom Verstande selbst erst zu vollbringenden Daseinsordnung sich bezieht. Dies gilt in der Tat von der Qualität und der Quantität, die daher auch bei Kant ausgesprochen mathematischen Charakter zeigen.

[16. Vorlesung]

Die Aufgabe der Klarstellung des Verhältnisses der Relation zur Modalität nötigte den Aufbau des Kantischen Systems der 12 Kategorien als Ganzes in kritischen Betracht zu nehmen. Es schien aber nicht bloß äußerlich zweckmäßig, sondern auch für unsere ganze weitere Absicht in sachlicher Hinsicht förderlich, die Kritik der Kantischen Kategorientafel gleich an dieser Stelle, wenigstens was die Gesamtdisposition des Systems betrifft, zu Ende zu führen. Wir gewinnen dadurch, daß wir uns voraus über den Endpunkt klar werden, auf den unser Aufbau hinzuzielen hat. Zuerst, unsere Voraussetzungen fordern unweigerlich statt der Kantischen vier Kategorien-Titel zu je drei Phasen drei Titel, und wir haben bereits als dritten zur Modalität und Relation die Individuation genannt. Die beiden Titel der Modalität und der Relation konnten wir, in nicht allzu stark abweichender Auffassung ihres Sinns und gegenseitigen Verhältnisses von Kant übernehmen. Daneben nun stehen bei diesem die zwei weiteren Titel der Qualität und Quantität. Er faßt diese zusammen als die mathematischen, gegenüber den zwei anderen als dynamischen, und ferner als konstitutive, gegenüber jenen als bloß regulativen. Beide Merkmale weisen deutlich hin auf eine nähere Stellung zur Anschauung. Die Grundsätze der Quantität heißen bei Kant geradezu: »Axiome der Anschauung«; die der Qualität dagegen »Anticipationen der Wahrnehmung«. Was diese Bezeichnungen »Axiome« und »Anticipationen« besagen wollen (denen gegenübersteht die Charakteristik der Grundsätze der Relation als »Analogien«, derer der Modalität als »Postulate«), darf hier übergangen werden. Mit »Anschauung« aber und »Wahrnehmung« ist ja unverkennbar hingewiesen auf die enge Beziehung zum Unmittelbaren, also, da es sich hier um die Begriffsfassung, um die kategoriale Erfassung dieses Unmittelbaren handelt, auf die Aufgabe eben der Individualbestimmung, der »Individuation«.

Zwischen Qualität und Quantität aber setzt hierbei Kant eine so enge Beziehung voraus, daß es von vornherein zweifelhaft wird, ob es richtig sein kann, sie unter zwei verschiedene Titel auseinanderzustellen, ob sie nicht vielmehr in *einer* Kategorienordnung zusammengehören. Cohen hat sich bestimmt für das letztere entschieden; in seinen »Urteilen der Mathematik« fassen sich die Leistungen der Kantischen Qualität und Quantität in enger Einheit zusammen. Wir werden desgleichen tun. Auch schon Kant selbst fiel es auf, und er sah darin ein ernstes Problem, für das er nur leider keine Lösung gibt: daß auf der einen Seite eine sichere Bestimmung der Qualität nur nach der Methode der Quantität (aber als intensiver, nicht extensiver) möglich, auf der anderen aber der Quantität schon rein als solcher das durchaus qualitative (es dürfte auch heißen intensive) Merkmal der Kontinuität eigen ist. Damit wird eigentlich die Quantität selbst qualifiziert und umgekehrt die Qualität quantifiziert; wie

## Qualität und Quantität 145

auch beides sich offenbar gegenseitig fordert. Daß aber diese Intensität des Qualitativen den Charakter der Möglichkeit hat, verrät schon der Ausdruck »Anticipation« (Vorausnahme). Die Intensität selbst aber (das heißt Innenspannung), gegenüber der Extensität (Außenspannung), die der Quantität bloß als solcher eignet, weist auf die Punktualisierung; vollends in dem Kantischen Begriff des »Realen, das der Empfindung korrespondiert«, und das durchaus als infinitesimale Bestimmung verstanden sein will, weist auf den uns wohlbekannten Charakter der Null, den ich als ihre komprehensive Natur bezeichnen möchte, d.h. dies, daß sie eben das, was von ihr aus sich entwickeln (evolvieren), und das heißt sich extendieren (auseinanderspannen) soll, intensiv (d. h. in einer Innenspannung) schon in sich schließen (involvieren) muß. Das aber ist ganz der Sinn, den allgemein, in allen Kategorienordnungen die Phase der Möglichkeit zu vertreten hat. In diesem allen drückt sich bei Kant selbst der Sinn des Möglichkeitsansatzes, der Ermöglichung, des Anhubs in der kategorialen Leistung der Qualität deutlich aus. Anhub aber, ermöglichender Anhub wozu? Offenbar zur Individuation, zur Individualbestimmung des Was des zu-Erfassenden. Das »Was für ein« (quale, ποῖον) ist der Allgemeinheits- oder Möglichkeits-Ansatz zur Wasbestimmung überhaupt, und diesen Sinn behält die Qualität in allen ihren unermeßlichen Anwendungen durch alle Gebiete des Seins und des Sinns hindurch. Wir setzen demgemäß die Qualität als erste Kategorie unter dem Titel der Individuation. Folgerecht ergibt sich dann, zufolge der schon berührten genauen gegenseitigen Entsprechung von Qualität und Quantität, oder von Intensität und Extensität, die Quantität als zweite Kategorie unter demselben Titel. Sie hat nur das, was die intensive Einheit der Qualität innerlichst zusammenfaßt (komprehendiert), nach außen hin, ins Außereinander selbst, zu entwickeln, zu evolvieren, und zwar stets auf Individuation hin. Dies ist aber genau die Leistung, welche den allgemeinen Sinn der zweiten, eben entwickelten Phase jeder Kategorienordnung erfüllt, daher teil hat an dem Charakter der Notwendigkeit, den die zweite Kategorie der Modalität für die jeweils mittlere Phase aller folgenden Kategorienordnungen vorschreibt und selbst notwendig macht.

Wo aber steckt nun das Dritte, in dem die Individuierung sich erst zu vollenden hat? Im System der 12 Kantischen Kategorien fehlt es, denn mit seinen vier Titeln: Modalität, Relation, Qualität, Quantität ist dies System abgeschlossen. Warum fehlt es, wie durfte, wie konnte es überhaupt fehlen? Hätte Kant diese unabweisliche letzte Forderung der Seins- und Sinn-Bestimmung überhaupt, eben die der abschließenden Individuierung, etwa ganz übersehen? Hätte er das ungeheure Gewicht dieser Forderung gar nicht empfunden? Das wäre, wenn es wahr wäre, allerdings der denkbar stärkste Beweis eines blinden Rationalismus, wie man ihn Kant auch oft vorgeworfen hat und gerade gegenwärtig wieder mit besonderer Heftigkeit vorzuwerfen liebt. Es würde seinem ganzen Aufbau des Systems der Denkbestimmungen die Spitze fehlen, oder vielmehr das Fundament, denn an sich ist dies für uns Letzte vielmehr das Erste, der Wirklichkeitsgrund, ohne den alle sonst noch so vollständig entwickelte Methode denkender Bestimmung in jenem luftleeren Raume schwebte, dem doch Kant gerade entrinnen wollte, um auf den festen Erdboden zurückzukommen; auf dem sie vielmehr als ganze nur fußen kann, auf den sie jederzeit zurückweist und (nach einem Kantischen Ausdruck) »als Mittel abzweckt«.

Aber Kant hat sie keineswegs übersehen, sondern gerade weil das Gewicht dieser Forderung ihm aufs stärkste bewußt war, zugleich aber das Hinausgehen des Geforderten über alles, was durch bloßen Verstand geleistet werden kann, über alle Mittelbarkeit bloßen Denkens ihm lebendig vor Augen stand, so glaubte er diese letzte und schwerste aller Erkenntnisleistungen von den Kategorien und Grundsätzen des Verstandes gar nicht fordern zu dürfen. Er trennt sie darum ganz von diesen und stellt dafür die ganz neue Rubrik eines *Apriori der Anschauung* selbst auf, auf dessen Entdeckung er sich, auch Plato und Leibniz gegenüber, nicht wenig zugute tut. »Anschauung« nämlich bedeutet ihm Darstellung nicht bloß »in concreto«, sondern ausdrücklich »in individuo«. Zeit und Raum sind ihm nicht Kategorien, sondern »Formen der Anschauung« deshalb, weil sie ja für sich einzelne, ja einzige, singularische, also individuale, oder vielmehr individuierende Vorstellungen oder Ordnungsweisen für solche sind, unmittelbar bezüglich auf und verbunden, ja ganz eins mit der *Empfindung,* als der diesen Formen entsprechenden, diesen bloßen Ordnungsgesetzen erst Erfüllung gebenden Materie. *Cohen,* der sonst an dem Kantischen Aufbau der Kategorienordnungen, obgleich mit starken Abweichungen im einzelnen, doch der allgemeinen Disposition nach festhält, hat trotzdem die sehr einschneidende Änderung gewagt, die Kantischen »Anschauungsformen«

Zeit und Raum ohne weiteres unter die Kategorien aufzunehmen; was übrigens bei Hegel auch schon geschehen war; auch die ganze ältere philosophische Überlieferung kannte nicht die Trennung der Zeit und des Raumes von den Grundfunktionen des Denkens und hat sie wohl regelmäßig, mit Aristoteles, einfach unter die Kategorien mit aufgenommen. Dagegen war schon Plato auf den ganz eigenen, abweichenden Charaker dieser Begriffe sehr aufmerksam. Er wagte nicht sie bedingungslos seinem System der »Ideen« (d. h. reinen Denkgrundlagen) einzuordnen, obgleich er sie in einer sehr engen und innerlichen Beziehung zu diesen sah. Er wies ihnen deswegen eine ganz eigene schwer zu beschreibende Mittelstellung zwischen Idee und Erscheinung zu, nach welcher sie mit den ersteren den Charakter der Gesetzlichkeit (das Apriori, mit Kant zu sprechen), mit den letzteren dagegen den der sinnlichen Unmittelbarkeit (den Anschauungscharakter nach Kant) teilen. Ganz so nehmen Zeit und Raum bei diesem teil an der Geltung des Apriori, die sonst den reinen Begriffen des Verstandes und der Vernunft vorbehalten blieb, dagegen als apriorische Anschauungen an der sinnlichen Unmittelbarkeit, die sonst dem Empirischen eignet und in der Tat beide, Zeit und Raum, mit diesem in unmittelbarste Verbindung setzt. Wir werden die zeitlich-räumliche Bestimmung, oder was deren Stelle zu vertreten haben wird, jedenfalls ganz in die Ordnung der Kategorien einzufügen haben, da uns, so wie wir diese nur verstehen können, überhaupt keine Stelle außerdem zur Verfügung steht, wo wir sie unterbringen könnten. Aber wir können sie nur nahe dem Abschluß unseres Systems der Grundkategorien suchen, da sie offenbar engsten Bezug haben auf die Aufgabe der Individuation, in der das System der Grundkategorien überhaupt gipfelt. Diese eben schien, gegenüber dem Ganzen der kategorialen Leistungen des Denkens, einen völlig abweichenden Charakter zu tragen. Daher begreift es sich, daß Kant sie von diesen durchaus sondern zu müssen glaubte. Es handelt sich hier in der Tat nicht mehr um bloße Denkmittel, Mittel der Bestimmung, überhaupt nicht mehr um die ganze Mittelbarkeit, die eben bloßes Denken von der Unmittelbarkeit der Anschauung scheidet, sondern genau um den Charakter jenes Unmittelbaren selbst, worauf alles Denken »bloß als Mittel abzweckt«.

§ 43. Indessen bei näherem Zusehen entdeckte sich nun bald, daß Zeit und Raum doch nicht ganz dem Charakter der Mittelbarkeit, der bloßen Bestimmungsweise entgehen; daß sie nicht schon das letzte Unmittelbare erreichen. Sind sie doch, gerade nach Kant, zwar Anschauungen, aber als Anschauungen dennoch rein, a priori, d. h. von Gesetzesbedeutung für alle mögliche Anschauung. Sie vertreten in der Anschauung und als selbst Anschauungen nur gesetzliche Ordnungsweisen, dagegen nichts von dem, was in ihnen sich ordnet. Ja, auch sie selbst Anschauungen zu nennen ist nur dann zulässig, wenn das nicht heißen soll: Anschaubares (das sind sie gar nicht), sondern Weisen des Anschauens. Als solche aber verbleiben sie im Charakter der Form, der Formung, die sich erst zu vollziehen hat an einer zu formenden Materie, der Empfindung. Sie selbst sind nicht Empfindung (Empfundenes oder Empfindbares), auch nicht Weisen des Empfindens, sondern lediglich Ordnungen, Ordnungsweisen gesetzlichen Charakters, für Empfindbares, und damit auf Empfindung zwar sehr unmittelbar bezogen, aber in diesem bloßen Bezogensein auf sie doch noch ganz diesseits ihrer selbst stehend, ihnen gegenüber eben a priori. Dagegen vertritt die Empfindung selbst in der Tat das Letztindividuale und damit das letzte nicht mehr anderes Bestimmende sondern Zubestimmende, welches selbst zwar in Zeit und Raum sich notwendig ordnet, aber nicht durch bloße zeit-räumliche Ordnung gegeben wird (so wenig wie sie ihrerseits diese gibt), wohl aber das, was diesen sonst leerbleibenden bloßen Ordnungen Inhalt und Fülle, ja ganze Erfüllung gibt. Doch entzieht sich selbst dies darum nicht etwa ganz der kategorialen Erfassung. Das Ende des Weges ist nicht mehr Weg, auf dem Gipfel des Berges gibt es keinen Anstieg mehr, dennoch gehört zum Wege das Ziel, zum Berg der Gipfel, so sehr, daß der Weg nicht mehr Weg wäre ohne das Ziel und der Berg nicht Berg ohne den Gipfel. In welcher Kategorie aber stellt nun diese letzte Gipfelung der Individuation sich dar?

Wir hatten bis dahin als Phasen der Individuation aufgestellt:

1. Qualität als Möglichkeitsgrundlage zur Individuation überhaupt,
2. Quantität als Methode der Entwicklung individuierender Bestimmung überhaupt.

Die fehlende 3. Phase muß dagegen das vertreten, was Kant unter dem ganz anderen Titel der Anschauung, reiner wie empirischer, von den Kategorien überhaupt abtrennen zu müssen geglaubt hat. Was fehlt denn dem nach Qualität und Quantität vollständig seinem Was nach bestimmten Etwas noch zur vollen Individuation? Ich denke, das Sich-

## Stellordnung (Lokation)

einstellen als Einziges, als Dies-da (τόδε sagt Aristoteles) in den Seins-Punkt, in das Nu, welches nicht gerade den bloßen Zeitpunkt oder Zeit-Raum-Punkt, das Jetzt-Hier des bloß theoretisch, d. h. bloß seiend und im Sein abgeschlossen gedachten Daseins zu bedeuten braucht, aber auch als Empfundenes, als unmittelbar Gegenwärtiges im weitesten Sinne doch immer die sichere Stelle fordert, in der es sich einstellt oder, wie wir früher sagten, »heraustritt«, »existiert«. Nicht die Existenz selbst; die ist Sache der Modalität und in der Kategorie der Wirklichkeit voll dargestellt, aber das Sich-Einstellen, in seine Stelle Eintreten, welches eben für das Existierende noch verlangt ist, fordert noch dies, die Stelle, in die es eintritt, nicht aber als leeren Punkt, als bloßes Hier, und dann auch, oder schon vorher, die Zeitstelle, das Jetzt, sondern die Stelle in ihrer vollen Seins- und Sinnerfüllung; den Punkt, aber, wie gesagt, als Seins-Punkt; also das nach Qualität und Quantität bestimmt gedachte Etwas selbst in seiner Einstellung, die sich ihm bestimmen muß durch die Gesamtheit, durch die Allseitigkeit seiner Beziehungen zu allen anderen Etwas, Beziehungen der Modalität, der Relation und der zwar auf Individuierung gerichteten, aber nur erst allgemeinen und dann besondernden Bestimmungen der Qualität und Quantität, die wir für diese letzte Phase ja schon vorauszusetzen haben. So hat auch jedes Gedachte, wenn in voller Bestimmtheit gedacht, seine einzig bestimmte Stelle im ganzen Bereich, im »intelligiblen Raum« des überhaupt Gedachten und Denkbaren; so jedes Phantasierte in einem Phantasieraume, der z. B. im Traum ganz wesentlich anders aussieht als der gemeine Raum, in dem wir als Wache leben. Die Zeit rechne ich hierbei nicht besonders, sondern rechne sie als ein Moment der Stellordnung überhaupt ganz in den Raum, oder eben das beiden Übergeordnete, die Stellordnung überhaupt, mit hinein. Aber auch jedes bloß Gefühlte oder Intendierte hat seine Stelle, in der, oder von der aus, und andererseits woraufhin es gefühlt oder intendiert ist. Die in solcher Weite verstandene Einstellung oder Stelleinnahme also, denke ich, ist das fehlende Dritte zur Qualität und Quantität, worin, nachdem alles Vorgenannte, durch die Modalität, die Relation und die zwei ersten Phasen der Individuation Gegebene schon vorausgesetzt ist, die Individuierung sich vollendet. Ich nenne es *Lokation;* »Einsatz« wäre etwa die kürzeste Verdeutschung. Diese also gründet erst die letzte Punktualisierung, die doch nicht Entleerung, sondern gerade höchste Erfüllung bedeutet; nicht bloß Einzelheit, sondern Einzigkeit, ich möchte sagen, »Einzigung«. Wir sehen nun schon: unter diese Kategorie gehört nicht bloß Zeit und Raum, sondern 1. zunächst diese in einerseits engster Vereinigung, wie sie in der Zeit-Raum-Lehre der neueren Relativitätstheorie aufs strengste vollzogen ist, andererseits aber äußerst weitgreifender Verallgemeinerung: damit sie sich wirklich auf alles erstreckt, aufs Theoretische, Praktische, Poietische, auf die Subjekt-Objekt-Beziehung in aller und jeder Richtung (man denke z. B. an das Gegenüber eben des Subjekts und Objekts), ja schließlich selbst aufs Religiöse, denn auch da gibt es ja ein Gegenüber von Ich und Du, Ich und Es, von Gott und Seele, Gott und Welt, Seele und Welt; es gibt ein Darinsein der Seele in Gott, Gottes in der Seele, und Nähe und Ferne, kurz zeit-raum-artige, durch Zeit-Räumliches mindestens symbolisierbare und unerläßlich zu symbolisierende Beziehungsweisen, Beziehungsordnungen. Diese Ordnungen selbst, alle ohne Ausnahme, zeigen sich 2. gewissermaßen konstruierbar; ich möchte dafür den allgemeinen Namen »*Figuration*« einführen. Man denke etwa an den architektonischen, den rhythmischen Aufbau des Kunstwerks, sei es Dichtwerk, Tonwerk oder Bildwerk; ich meine jetzt nicht als zeiträumlichen Aufbau, das fiele unter theoretische, nicht poietische Erwägung, sondern ganz in der Innerlichkeit der künstlerischen Erfassung selbst, die doch ganz und gar dadurch, d. h. durch nicht festliegende, sondern lebendig sich entwickelnde Formung, Gestaltung und das heißt Figuration bedingt ist. Also die Gestalt nicht als bloß da und erfaßlich, aber auch nicht als in ihrer Erarbeitung erst hervorgehend, sondern als ein »Gebild aus Himmelshöhen« sich eingebend, nicht starr noch in Fortbewegung begriffen, sondern ruhend in Bewegung, bewegt im Ruhen, wie es an allem Künstlerischen besonders deutlich und bestimmt aufweisbar, aber in allem reinen Erleben, aller ganzen Hingegebenheit in Sein und Sinn welcher Art immer wirksam und lebendig da ist und unablässig sich vollzieht.

Wir haben also, um es noch einmal zu sagen, unterhalb der allgemeinen Phase des Sicheinsetzens zu unterscheiden

a) die Allgemeinheits- oder Möglichkeitsgrundlage; diese wäre also die zeit-räumliche Ordnung, in der geforderten Erweiterung, die alle jene der Zeit und dem Raum analogen möglichen Ordnungen der Einstellung mitumfaßt. Wir haben

b) dies, was wir Figuration nannten, gleichsam das freibewegliche Durchwandern dieses intelligiblen Raumes und Sichbauen und Sichgestalten in ihn hinein, aus seinem Material in eigengesetzlicher, stets eigener innerer Logik — einer wieder sehr weit zu verstehenden Logik — *sich entwickelnd.* »Logik« heißt hierbei jede mit innerer Notwendigkeit sich vollziehende Entwicklung von Beziehungen und Beziehungen unter Beziehungen ohne Ende, in welchen Sein und Sein, Sinn und Sinn sich zusammenfügen wie in lebendiger *Rede* (d. h. ja Logos), so daß jedes Einzelne seinen Sinn gleichzeitig empfängt, von allen anderen und von sich aus allem anderen mitteilt und übermacht. Alle Sprache, alles Wort- und Ausdruckgeben ist Figuration in diesem weiten Sinne und gewinnt hierdurch die ganze, unermeßliche Weite seines Sinnes.

c) Dieses beides aber vorausgesetzt, fehlt dann doch noch ein Drittes, nun wirklich Letztes, eine *punktualisierende* Bestimmung, die letzte *intensive Konzentration* in jener nicht bloß Einheit, sondern *Einzigkeit,* welche Leibnizens »Monade« in ihrer letzten Zuspitzung zur »Perzeption« (Erfassung) oder zum »exprimer« (Ausdrücken) meint; die wie in einem absolut letzten Zentrum die Allheit der Beziehungen vor- wie rückwärts und nach allen Seiten in durchaus *inextensiver Vereinigung,* d. h. jetzt *Vereinzigung* oder (wie früher gesagt) *Einzigung* zusammen begreift, von der wohl, eben nach Leibniz, gesagt werden darf, daß sie das Universum spiegelt; »*Empfindung*« ist dafür immer noch ein viel zu schwacher und enger, aber doch an sich wohl bezeichnender Ausdruck. Denn es liegt darin nicht bloßes Finden, sondern von innen her Erfassen. Es ist absolutes Innewerden, ganz in sich selbst nicht sowohl Aufnehmen als *in sich Verwandeln,* oder vielmehr von sich selbst aus nicht bloß An- sondern Einnehmen, nicht *bloß Aneignen, Eignen* schlechtweg, das gar kein Außen, keine Fremdheit mehr kennt und anerkennt. Empfindung meint doch schlechthin unmittelbar *gegenwärtiges* Erfassen im Jetzt und Hier, in dem doch nichts von dem, was draußen war, verloren, sondern voll mithineingenommen oder einbezogen, nicht in Bezug erst zu nehmen oder zu bringen sein soll; *volle Gegenwärtigkeit des Allen in Einem, des Einen im Allen; Koinzidenz des schlechthin Universalen mit dem schlechthin Singularen.* Dazu langt gewiß nicht eine einzelne, nur eben letzte Kategorie zu, sondern nur ihr ganzes System, aber in einer letzten größten Tat kategorialer Erfassung, in eben jenem Leibnizischen Spiegeln oder Ausdrücken (exprimer) oder Abbilden sich gipfelnd und damit zum überhaupt erreichbaren Abschluß gelangend.

Ich habe früher Kants Anweisung der Wirklichkeit auf »Wahrnehmung mithin Empfindung« abgewiesen. Wir erkennen aber jetzt, daß auch hier, so angreifbar bei Kant die kategoriale Einordnung auch in diesem Punkte ist, dennoch, wie fast in allem bei Kant, eine richtige Ahnung doch zugrundelag. Das Postulat der Wirklichkeit ist in der Tat in der Empfindung allein erfüllt, nicht als durch ein irgend woher von außen hineinwirkendes Gegebenes oder Gebendes, sondern durch das gesamte System der kategorialen Bestimmungsweisen, von der ersten bis zur letzten, bis eben zu jener Gipfelung, die wir mit dem Ausdruck Empfindung, wenn auch unzulänglich, immerhin bezeichnen durften. Bei der Erörterung der Qualität spricht Kant von dem »*Realen, welches der Empfindung korrespondiert*«. Kant sucht zwar dieses anscheinend nur in der infinitesimalen Bestimmung etwa des Momentes der Bewegung, des punktuellen Bewegungsantriebs. Das wäre bestenfalls der nur theoretische Ausdruck der Sache; wie ja Kants ganze Entwicklung der Erkenntnisleistungen der Kategorien im System der »Grundsätze« einseitig auf die Naturwissenschaft und zwar mathematische Naturwissenschaft hin orientiert ist und nur nachträglich auf die »Ideen« der »praktischen Vernunft« und »Urteilskraft« sich erweitert. Aber doch liegt in der Hervorhebung des infinitesimalen Charakters der so eng verstandenen »Empfindung« und der dieser entsprechenden »Realität« die tiefe Einsicht ihres letztlich punktuellen, vielmehr punktualisierenden, in der Punktualität aber unendlichen und universalen Charakters, des Charakters einer Allheit in der Einheit nicht bloß sondern Einzigkeit, nicht als ob diese auf einer wenn auch unendlichen Vielheit als aus den Teilen zur Ganzheit zusammenwüchse, sondern so, daß die Einheit und zwar punktuelle Einheit, also Einzigkeit, voransteht und aus ihr erst die Vielheit, die unendliche Vielheit, und zwar in ihrem ganzen Umfang, als universale, sich evolvierend gedacht wird; so wie, nach einer früher schon von uns herangezogenen Analogie, in jedem Punkte der Kurve das Gesetz der ganzen Kurve, und also deren ganzer Verlauf sich in intensiver Einheit zusammenfaßt und nur so aus ihm dann sich auswickeln kann und muß. Kant hat ebenfalls gesehen, daß dieser intensive Charakter der Empfindung, oder vielmehr des Realen der Empfindungen, das ist, was die *Kontinuität* begründet und in ihr sich ausdrückt. Hier besonders erweist sich die dritte Phase kategorialer Bestimmung aufs deutlichste als die der Koinzidenz und damit Kontinuität.

So viel durfte und konnte hier vorweggenommen werden, nicht bloß um über die Stellung unseres Systems der dreimal drei Grundkategorien zur Kantischen Tafel der zwölf Kategorien gleich im ganzen Klarheit zu geben und die wesentlichsten Abweichungen unserer Gesamtdisposition von der Kantischen, soweit das hier schon möglich war, zu rechtfertigen, sondern damit zugleich das Ziel dieser ganzen Aufstellung vorauszubezeichnen, weil nach diesem Vorblick auf den Gipfel der ganze bis zu diesem hinan noch zu beschreibende Weg sich desto leichter und sicherer bestimmen und bis zu Ende beschreiben lassen wird. Nun aber wenden wir uns zur Relation zurück.

§ 44. Wir setzen als erste Kategorie unter den Titel der Relation die der *Substanz*. Sie galt seit Aristoteles als die Grundkategorie der Metaphysik. Weshalb sie, und nicht, was uns näher läge, die Wirklichkeit? Wohl, weil diese, und mit ihr die Möglichkeit und die Notwendigkeit, das Wirkliche selbst erst als Begriff aufstellt, sie (im Kantischen Sinne) nur erst postuliert. Metaphysik fragt nicht erst nach der Wirklichkeit, sondern nach dem Wirklichen, nicht nach dem Sein überhaupt, sondern nach dem *was* ist (dem ὂν ᾗ ὄν, Seienden, sofern seiend), und da ist in der Tat das erste, daß es Substanz ist. Das Erste im Sinne des Grundlegenden. Dies besagt der Ausdruck »Substanz« (aus ὑποκείμενον=οὐσία, Wesenheit, eigentlich Seinheit); nicht das bloße Etwas (τὶ), sondern dieses zusammen mit der Grundbestimmung seines Was, seines τί ἦν εἶναι, was es ist, sofern es überhaupt ist und eben es selbst ist.

Aristoteles hat eine gute Ausführung (Metaphysik, Buch IV) darüber, weshalb es eines solchen Grund-Seins jedenfalls bedarf, wenn überhaupt etwas sein soll. Es bedarf seiner um des sicheren Bestandes des Subjekts willen, von dem überhaupt etwas gültig prädiziert wird. Nimmt diese Beweisführung von der Aussage, ja von der grammatischen Prägung der Aussprache eines Sinnes als Satz, d. i. Verbindung von Subjekt und Prädikat, den Ausgang, so darf man doch nicht argwöhnen, daß sie darum nichts sachlich in sich Feststehendes, vom Subjektiven des Gedankens und gar des Gedankenausspruchs Unabhängiges besagte. Die Grundbeziehung, die sich grammatisch so, als Subjekt-Prädikat-Beziehung ausspricht, ist keine andere als die Urbeziehung des Daß und des Was. Das Daß vor der Was-Bestimmung ist doch nicht ohne die Vorausbeziehung auf das Was, es ist das Daß eines »Etwas überhaupt = x«; in dieser soweit noch gehaltleeren, aber auf die Gehalterfüllung (d. h. eben die Bestimmung des Was) vorausweisenden Rolle des »Etwas überhaupt = x«

ist es das Fundament aller bestimmenden Aussage über Wirkliches und gehört, genau in dieser logischen Funktion, notwendig an den Anfang der Kategorienordnung, welche die Bestimmung eines Was des Wirklichen überhaupt zur Aufgabe hat. Als grundlegende, aller weiteren unterliegende, von ihr unterstellte (supponierte) Bestimmungsweise, als Fundament aller weiteren, trägt sie mit vollem Recht diesen Namen »Substanz«. Und alle maßgeblichen Umschreibungen des Substanzbegriffs besagen wesentlich dies. Etwa erklärte man sie als das, was durch sich (per se) ist und gedacht wird, nicht durch anderes; d. h. eben grundlegend für anderes, selbst nicht eines anderen für es erst Grundlegenden bedürftig.

[17. Vorlesung]

Die Aristotelische Begründung des Substanzbegriffs, von der ich spreche, geht aus von der Forderung der *Identität*. Diese erstreckt sich
1. auf den Prädikatssinn: der Sinn einer Aussage ist nicht bestimmt, wenn nicht vor allem der Sinn des Prädikats ein identischer ist. Denn »man kann nicht denken, ohne Eines zu denken« — Einheit hier im Sinne der Identität. Aber zur Bestimmtheit der Aussage gehört nicht minder wesentlich
2. die Bestimmtheit der Subjektsbeziehung. Auch für diese ist die Identität zu fordern; d. h. damit der Sinn der Aussage «X ist A« bestimmt sei, genügt es nicht, daß der Sinn des A identisch bestimmt ist, sondern es muß auch das X, von dem es ausgesagt wird und gelten soll, es muß die X-Beziehung identisch sein, und diese Identität der Beziehung, d. h. da der Sinn der Beziehung überhaupt vorausgesetzt ist, die Identität des Grundpunktes der Beziehung, die in der Satzform als die des Prädikats zum Subjekt sich ausdrückt, ist also die erste Bedingung der Sinnbestimmtheit jeder Aussage nicht bloß über ein Sein überhaupt, sondern über ein Seiendes, ein bestimmtes seiendes Etwas. Diese Erwägung ist auch schon bei Plato mannigfach vorgebildet, der zwar von der Sokratischen Frage nach den Begriffen, d. h. den möglichen Prädikaten den Ausgang genommen hatte, dann aber fortgeschritten war zur tiefergreifenden Frage nach dem Sinn des Urteils, der Prädikation selbst und damit der Subjektsbeziehung der Prädikate. Das Subjekt ist zwar nur zu bestimmen, nur in seinem Bestande selbst identisch festzulegen durch die Identität seiner Prä-

## Identität des Subjekts

dikate. Aber ohne es würden diese in der Luft schweben; sie bedürfen des Haltes *am* Subjekt, wenn sie selbst Bestand, wenn sie Seinsgeltung gewinnen und behaupten sollen. Sie bedürfen des Trägers. Wird nun dieser abstrakt, abgezogen von aller Was-Bestimmung (die ja ihm erst beigelegt, zugeteilt, attributiert werden soll) ins Auge gefaßt, so wird er zum soweit leeren X, zum Was-losen Etwas. Locke wunderte sich, was mit diesem »Je ne sais quoi«, diesem »Something I know not what« (»etwas, ich weiß nicht was«) als dem bloßen Träger von Bestimmungen, der selbst also für sich gänzlich bestimmungslos sein müßte, gemeint sein könne. Darauf läßt sich jetzt bestimmt antworten: Es hat ersichtlich jenen Null-Charakter, den wir allgemein in der Möglichkeit erkannten. Die erste Kategorie der zweiten Kategorienordnung muß ja diesen teilen mit der ersten Kategorie der ersten (und dann auch der dritten) Ordnung. Sie vertritt die Möglichkeit, die Ermöglichung, hier der Was-Bestimmung eines Seins überhaupt, so wie die Kategorie der Möglichkeit, der Ermöglichung selbst, die Möglichkeit, die Ermöglichung der Daß-Bestimmung überhaupt vertrat. Aber so wie schon die rein modal verstandene Möglichkeit sich steigerte und verschärfte zur vollen Mächtigkeit, so steigert und verschärft sich auch die, erst von Was-Bestimmungen leer gedachte Substanzialität zur vollen Inhaltlichkeit, aber in der Phase des Anhubs, der Potenz. Das hat (soviel ich sehe) am klarsten von allen Leibniz gesehen und mit höchstem Nachdruck vertreten: die Substanz darf nicht verbleiben in der Leerheit des »Etwas, ich weiß nicht was«. Sondern so, wie das X der Gleichung, nicht abstrakt, vor der Gleichung, sondern nach seiner vollen Bedeutung und Geltung in der Gleichung selbst, vielmehr in der vollen Lebendigkeit der Entwicklung mathematischer Beziehungen erwogen, in der auch die einzelne Gleichung nur einen einzigen Durchschnitt darstellt, einen so reichen und erfüllten Sinn gewinnt, wie eben die Gleichungen, in denen es steht, ihn entwickeln; wie somit der ganze Sinngehalt, den die Gleichungen entwickeln wollen, eben an, ja aus diesem X sich entwickelnd, also in ihm voraus gleichsam eingewickelt (involviert) gedacht werden muß, so involviert die Substanz den ganzen Reichtum der Beziehungen, welche die weiteren Kategorien, bis zu den letzten herab, eben an und aus ihr heraus zu evolvieren haben. Die Substanz selbst aber bedeutet so, zu allen den Prädikaten, die ihm in solchem Sinne nach und nach »beigelegt« werden, das immer mit sich selbst identisch bleibende Subjekt. Das also ist eigentlich und ernstlich ihre

Identität, daß es »la même chose«, dieselbe Sache, dies selbe Etwas, dies Selbige ist, welches allen diesen Bestimmtheiten des Was, die von ihm gültig auszusagen sind, nicht abstrakt, sondern höchst konkret zugrunde liegt, nämlich als ihr Inbegriff, das inhaltlich Totale, von dem jede Einzelbestimmung nur einen willkürlichen Ausschnitt darstellt, während in ihm selbst sie alle ungeteilt miteinander begriffen sind. So wird die Substanz, die ein leeres Abstraktes zu sein schien, das von den Bestimmungen erst die konkrete Erfüllung zu erwarten habe, vielmehr selbst zum Urkonkreten, dem gegenüber vielmehr die Bestimmungen des Was bloße Abstraktionen darstellen. Sie, die Substanzen, sind die »res completae ut sunt in se« (Leibniz). die vollständigen (wörtlich: erfüllten, ausgefüllten) Sachen oder Dinge, wie sie in sich sind; dagegen die Einzelbestimmungen nur abstracta, wie sie zur wissenschaftlichen Entwicklung (Explikation) freilich notwendig sind.

Die Identität der Substanz ist hiernach eine sehr viel inhaltvollere als die der prädikativen Bestimmungen, sie ist volle *numerische* Identität, sie ist, als konkrete, *unteilbar,* sie trägt in geschlossener Einheit die ganze *Unendlichkeit* der von ihr überhaupt gültig auszusagenden Bestimmungen virtuell in sich und schließt sich damit zur konkretesten Seins- und Sinneinheit zusammen. Sie ist damit zugleich, gegenüber dem fortwährenden Wechsel ihrer Bestimmungen, *dauernd,* d. h. sie faßt nicht nur in jedem Momente ihres Daseins die Allheit der Beziehungen, die sie für diesen Moment erfüllt, sondern überdies die ganze Folge ihrer nach und nach hervortretenden oder sich explizierenden Bestimmungen voraus und zurück für die ganze Dauer ihrer Existenz in konkreter Einheit zusammen; dagegen jede auf einen einzelnen Moment oder auch auf eine Vielheit, eine begrenzte Folge von solchen bezügliche Aussage, die von ihr getan wird, stellt ihr gegenüber eine bloße Abstraktion (abzügliche Bestimmung) dar; sie selbst aber bedeutet für diese alle die übergreifende, alle nicht bloß zusammenbegreifende, sondern ursprünglich in sich enthaltende und wahrhaft nie aus sich herauslassende, d. h. voll konkrete Einheit. Es ist nicht genau genug zu sagen, daß also sie dauere und nur ihre Bestimmungen wechsele. Dies Dauern würde scheinen das zeitliche Auseinander schon voraus zu setzen, die Substanz selbst, ebenso wie das was von ihr ausgesagt wird, in dieses nur einzustellen, nur eben mit dem bevorzugten Charakter der Dauer, d. h. Erstreckung über eine (kürzere oder längere oder vielleicht auch jede abgegrenzte Zeit übergreifende)

## Substanz als Konzentration ihrer Phänomene

Zeitstrecke. Aber sie ist vielmehr aller zeitlichen Auseinanderlegung und dann Erstreckung logisch voraus, auch ihr unterliegend, weil ja überhaupt grundlegend zu denken (wie ebenfalls aller räumlichen oder raumartigen Ausbreitung); sie ist auch für diese, sofern sie überhaupt als real gelten soll, als Fundament schon vorauszusetzen, Fundament nicht nur ihrer Phänomene durch die ganze Zeit hindurch und in alle Raumbeziehungen hinaus, sondern auch für die zeitlichen oder räumlichen (oder vielmehr stets zugleich zeit-räumlichen) Beziehungen überhaupt, ja für *die* Zeit und *den* Raum selbst grundlegend. Ohne sie wären Zeit und Raum, wäre überhaupt alles, wodurch oder mit dessen Hilfe, unter dessen Voraussetzung irgend ein »Seiendes« sich bestimmt, nichts als Abstraktionen ohne Konkretes, Beziehungen ohne sicheren letzten Bezug, Erscheinungen ohne etwas, das erscheint, d. h. leere Fiktionen, überhaupt nichts, was ohne die Substanz, oder anders als an, vielmehr in und aus ihr bestehen könnte. Die Allheit ihrer Phänomene also ist in ihr konzentriert zu denken, in intensiver Einheit, Einzigkeit, also in einem Punkte der Realität, selbst real und ihre Phänomene, die sonst bloße Abstracta blieben, erst realisierend. Wissenschaftlich zwar ist alles aus den Phänomenen abzuleiten, aber sie selbst, die Phänomene, *sind* vielmehr aus ihr, der Substanz. Und dies gilt nicht bloß von den Phänomenen, d. h. den einzelnen Darstellungen ihres Seinsgehalts im sukzessiven Heraustreten, sondern es gilt auch von den Gesetzen, nach denen sich die Phänomene aus ihr, nein, vielmehr in ihr entwickeln. Denn diese hängen ja nicht in der Luft, um von oben herab den Phänomenen eine ihnen von Haus aus fremde Ordnung aufzuzwingen, sondern entwickeln in den Phänomenen sich selbst, indem sie selbst ebenso wie die Phänomene, den Substanzen, für welche, oder vielmehr für deren Phänomene sie gelten, inhärieren und in ihnen das Fundament auch ihrer Realität haben.

Hiernach ist nicht nur alle Aktion Aktion der Substanz, sondern die Substanz muß agieren, d. h. ihr Grundcharakter ist *dynamisch*. Leibniz definiert sie darum als »das Dynamische (d. i. Kraftartige), welches sich durch die Reihe der Phänomene entwickelt« (quod per phaenomena se exserit, wörtlich: »sich ausreiht«, oder »reihenförmig auseinanderlegt«). Die Aristotelischen »Formen« (Eide), »substantiellen« (nämlich die Substanz konstituierenden) Formen (nach der Redeweise der Scholastik) deuten sich danach als eben *die* Gesetze, nach denen die Phänomene in den Substanzen sich entwickeln.

Aber noch viel weiter geht Leibniz in der Konkretisierung der Substanz: 1) Auch jedes ihrer Phänomene ist ein punktueller Ausdruck (»expression«) der ganzen Folge der Phänomene *einer* Substanz; ihre ganze Vergangenheit und Zukunft ist in jedem Punkte ihres Seins virtuell gegenwärtig. 2) stehen alle individuellen Substanzen mit allen in einer durchgängigen Gemeinschaft so, daß alle in ihren Phänomenen die Phänomene aller anderen »ausdrücken« oder »abbilden«, »spiegeln«; eben dadurch aber stehen sie alle in der letzten, absolut konkreten Einheit der Einheiten, »Monas Monadum«, welche die Gottheit ist. Sie sind nur ihre Fulgurationen, Ausstrahlungen, in denen sie (die Urmonade) ihren unendlichen, unendlichfach unendlichen Reichtum des Seins und des Sinns in unendlicher Selbstpotenzierung entfaltet und selig genießt; gewiß die denkbar höchste Auffassung, deren die Substanz fähig ist. Das ist der »accord« (die Zusammenstimmung) oder die »Konkomitanz« (zusammenstimmende Begleitung, das Miteinandergehen etwa wie der Instrumente im Orchester) oder die »vorherbestimmte« (weil eben im Urbestande des Seins von Anfang an gegründete) »Harmonie«, in welcher die Leibniz'sche Monadenlehre gipfelt.

§ 45. Diese Leibniz'sche Substanzlehre erscheint überschwenglich, sie greift jedenfalls weit hinaus über das, was wir der Substanz als erster Relationsphase zuweisen. Sie umfaßt nicht nur die sämtlichen Leistungen der Relation in ihren drei Phasen, sondern überdies die, welche wir der dritten Kategorienordnung, der der Individuation, zurechnen. Doch ist dies am Ende wohl zu begreifen; es beweist sich auch darin wieder die komprehensive Natur des Nullwertes, den in allen Kategorienordnungen die erste Phase, die Phase der Möglichkeit, zu vertreten hat. Die Substanz ist *nur* das Fundament, aber sie *ist* das Fundament zunächst für den ganzen Aufbau der Relation, und, da diese wieder als ganze nicht bestehen kann, ohne die weitere Entwicklung des kategorialen Systems bis zur letzten Individuation, so bleibt sie ungeändert auch für diese Bestehen; sie involviert eben schließlich das Ganze der Was-Bestimmung des Seienden. Sie ist, ganz nach Aristoteles (metaph. VII, 1) das πρώτως, d. h. im »ersten«, primären, d. h. eben grundlegenden Sinne Seiende, nicht bloß *ein* Seiendes (τὶ ὄν), sondern *das* Seiende schlechtweg, das erste in jedem Sinne, nach der Natur der Sache, dem Begriff und der Erkenntnis, sowie auch der Zeit nach. In der Tat nur so konnte die Substanz ganz jenen konkreten Sinn gewinnen, den Leibniz mit allem Recht für sie als den Ausdruck des letztlich Seienden in Anspruch nimmt. Indessen, wir müssen nun doch 1) den Relationscharakter der Substanz, und 2) innerhalb der Relation die Phase der Möglichkeit, den Sinn des Noch-nicht, der Involution, des Einschließens aber noch nicht Entwickelthabens, festhalten. Es *wird* freilich in allem Werden zuletzt nur das, was an sich zeitlos ewig *ist*. Werden ist immer und in aller Absicht nur Hervorgehen, und zwar in letztem Betracht Hervorgehen aus eigenem Grunde. Es ist Schöpfung »aus Nichts«, nämlich aus nichts anderem als dem eigenen Urgrund und -quell, der selbst, was auch aus ihm fließt oder geschöpft wird, unablässig, immer er selbst bleibend, letzten Endes unausschöpfbar weiter seine Fluten entströmen läßt, denn er speist sich in unaufhörlichem Kreislauf immer neu aus den Wassern, die er aus sich entließ, die zum Meere und aus ihm durch die Wolken zuletzt in den Quellgrund wieder zurückfließen. Zuletzt vergeht ja nichts; es wechselt die äußere Erscheinung, aber nicht das Wesen. Zwar der Vergleich vom Quell und vom Meere ist sehr unzulänglich; aber es gibt in der strengeren, wissenschaftlichen Erfassung der Naturzusammenhänge den schärfer zutreffenden Vergleich der: »*Energie*«, die in allen ihren Wandlungen, Umsätzen, gleichsam Verausgabungen und Wiedereinbringungen in der Gesamtsumme sich stets ungewandelt erhält, und damit selbst das Musterbeispiel der »Substanz« als eines logisch scharf abgegrenzten Geschehens-Inbegriffs gibt. Von der gleichen Art ist der sich immer erhaltende Grundbestand, die »Substanz« auch jedes höheren Bereiches, die Selbsterhaltung des *Systems* jeder Art. Zwar was sich dabei identisch erhält, ob etwa die Gattungen lebender Wesen, oder nur die Grundgesetzlichkeit der Prozesse dessen, was uns im biologischen Sinne Leben heißt, überhaupt; ob der für uns sichtbare oder durch hinreichend sichere Schlüsse erfaßliche äußere Kosmos; ob die Bildungen von irgendeiner Art Systemcharakter, auf welche die Erforschung der Menschengeschichte sich erstreckt und die wir unter dem Gesamttitel der menschlichen Kultur zusammenzufassen gewohnt sind; ob die Kultur einer bestimmten Art, (z. B. die abendländische), oder ob das Volk, die Nation, oder was auch immer eine solche Substanz ist; oder etwa die Kunst, oder die einzelnen Künste, Kunststile usw., ob Religion oder die mancherlei Typen von Religion u. s. f. — das alles bleibt zu untersuchen, es steht keineswegs voraus fest. Forscht man aber (und danach läßt sich forschen), was denn der Charakter einer solchen Substanz, welches die Bedingungen sind, denen ein Erscheinungsbereich genügen muß, um unter einem solchen Substanzbegriff zusammengefaßt werden zu können und zu müssen, so wird man stets finden, daß es etwas einem Energiesystem wesentlich Gleichgeartetes ist: ein Fond, Fundus, ein Grundstock gesetzmäßig bestimmter und begrenzter Möglichkeiten von Beziehungen und zwar Wechselbeziehungen, der eine wenn auch noch so hochkomplexe, doch streng in sich geschlossene *individuale* Beziehungseinheit bestimmt definierbarer Grundbeziehungen darstellt, die sehr vielgestaltig sich entwickeln mögen, dabei aber immer einen und denselben Grundcharakter der Entwicklung bewahren und eine gemeinsame Zielrichtung derselben erkennen lassen. Jedes solche System hat seine bestimmte begriffliche Begrenzung, innerhalb deren aber ein durchgängig lückenloser Zusammenhang von Bestimmungsmöglichkeiten vorausgesetzt wird, den man sich in stetiger Entwicklung ganz durchmeßbar denken kann. Die Konkretheit solcher Zusammenhänge widerspricht nicht dem Nullcharakter der Möglichkeitsphase, den wir der Substanzkategorie zusprachen. Es ist die Null des konkreten Zusammenhanges selbst, und damit selbst konkret.

Sehr wesentlich aber unterscheidet sich diese Auffassung der Substanz von der gewöhnlichen, rohen Vorstellung, daß in allem, was einem Ding begegnet, ein Teil seiner Bestimmung sich erhalte, während der andere dem Wechsel unterliege. Gerade das Musterbeispiel der Energie-Erhaltung entspricht dem nicht, denn der Gesamtbestand der Energie erhält sich durchaus ungeteilt; was wechselt, ist einzig ihre Verteilung, die doch nicht ein dem Energiebestand selbst nur beigeordnetes Merkmal genannt werden kann. Der Grundbestand, von dem hier die Rede ist, ergibt sich nicht durch eine Integration von Einzelansätzen, die als Teile ihr Ganzes zusammensetzten, sondern das Integrum liegt zugrunde, die Differenzierung, die nicht Zerstückung bedeutet (das Ganze der Energie bleibt vielmehr immer ganz, auch in aller zeit-räumlichen Verteilung), sondern nur Dislokation, und zwar wechselnde, also Wanderung — diese Differenzierung (sage ich) ist das logisch Nachkommende. Sie gehört ganz erst der zweiten Phase, der der Entwicklung, an.

In dieser aber kommt erst die Eigenheit der *Relation* zum vollen Ausdruck. Die Substanz ist eigentlich noch nicht Relation, sondern nur Relationsgrundlage. Zur Relation gehört eben die Auseinanderstellung, das was soeben als Dislokation, und sofern die Dislokation selbst wechselt, als *Wanderung* bezeichnet wurde. Als Wanderung, nämlich wechselnde Dislokation der selbst unveränderlich beharrenden, auch in der wechselnden Dislokation sich nicht zerstückenden Energie beschreibt die neuere Mechanik das, was im mechanischen Sinne Bewegung heißt. Diese bleibt als Ortswechsel so lange unvollständig definiert, als man nicht den Begriff dessen, was den Ort wechselt, d. h. die Substanz der Bewegungsvorgänge insgesamt, nämlich die Energie selbst, schon zugrunde legt. Aber wenn der Energie, eben als der Substanz, der Wechsel (auch Ortswechsel) nicht zuzuschreiben war, sondern, als der zweiten Phase der Relation angehörig, scharf von ihr geschieden gehalten werden mußte, so ist doch die Beziehung zwischen der Energie als dem Fond, aus dem die Bewegung sich speist, und dieser selbst keine weniger enge als eben die der ersten und zweiten Phase jeder Kategorienordnung; d. h. das zweite ist durch das erste so zwingend gefordert und so unmittelbar aus ihm fließend zu denken, daß auch das erste seinen ganzen Sinn verlöre, wenn nicht das zweite daraus flösse. Die Energie ist die der Bewegungsvorgänge selbst, sie wäre selbst nichts, wenn nicht die Bewegung wäre, wenn nicht eben sie in die Bewegungsvorgänge sich entwickelte. Nur muß sie in diese sich erst entwickeln, denn sie enthält sie zwar, aber involviert; sie ist überhaupt nur die Involution dieses sich Evolvierenden; ruhend in sich, aber nur die Ruhe der Bewegung, die in ihr ihren Ruhegrund hat. Es gilt von ihr ganz: »Ihr Werk ist ihre Ruh und ihre Ruh ihr Werk«; welche beiden Begriffe aber damit keineswegs ineinander fließen, sondern so innerlich einander entgegengesetzt wie freilich zu einander wechselbezüglich bleiben.

Es wäre demnach, wiewohl nicht ganz ohne Sinn, doch zum wenigsten recht ungenau, die Substanz gleichzusetzen dem *Gesetze* (der Bewegung, überhaupt der Veränderung). Beides hängt zwar eng zusammen, aber ist keineswegs eins und dasselbe. Die Substanz ist der Gesetzesgrund, aber nicht selbst das Gesetz. Das Gesetz hat ganz ausschließlich seinen Sitz in der zweiten Phase, der der Entwicklung. Es ist das Gesetz eben der Entwicklung, welche, der Folgenotwendigkeit entsprechend, nur gesetzmäßig sein kann; aber das Gesetz gründet sich in der Substanz, es begründet sie nur in der Umkehrung der Betrachtung, nämlich für uns, nicht an sich, in der Sache selbst. An sich ist vielmehr es selbst, das Gesetz, in ihr, der Substanz, begründet. Sie ist also in jedem Betracht, zwar »Fundamentum relationis«, aber nicht selbst schon die Relation, so wie die Möglichkeit Fundament des Seins überhaupt, aber noch nicht Sein selbst ist; Seins-*Phase* nur so, wie auch der Neumond Mondphase ist, oder wie die Null der Anfang der positiven wie negativen Zahlenreihe, aber nicht selbst schon Zahlsetzung ist.

Kant zeigt in dem Abschnitt der Kritik der reinen Vernunft, der den Schluß der transzendentalen Analytik bildet (von der Amphibolie der Reflexionsbegriffe), daß, was wir überhaupt an der Materie (als der Substanz im Raume) kennen, »lauter Verhältnisse« sind, unter denen aber »selbständige und beharrliche« sind, dadurch uns »ein bestimmter Gegenstand gegeben«, d. h. definierbar wird. Es mache freilich stutzig zu hören, daß ein Ding (eine Substanz) ganz und gar aus Verhältnissen bestehen solle. Aber ausdrücklich soll dies nur gelten von der Substanz als Erscheinung, zu der sich die Substanz als Ding an sich zwar nur als Begriffsgrenze verhält, aber als solche durchaus auch für Kant feststeht. Kant streitet zwar hier, vom Standpunkt seiner Erfahrungslehre, sehr lebhaft gegen Leibnizens Substanzbegriff, gegen seinen Begriff der Monade. Aber selbst hier blickt durch, daß er diesen Leibniz'schen Begriff darum keineswegs wegzuwerfen gesonnen ist. In seiner Streitschrift aber gegen den Leibnizianer Eberhard, und schon etwas früher in den »Metaphysischen Anfangsgründen der Naturwissenschaft« erkennt er die positive Bedeutung dieses Leibnizischen Grundbegriffes durchaus an und verkennt auch nicht (was in der Auseinandersetzung in der Kritik der reinen Vernunft allerdings nicht hervortrat), daß nach Leibniz das, was in den Erscheinungen uns die Substanz vertreten muß, ganz wie nach Kant, einzig die empirisch aufweisbare Gesetzlichkeit ist, unter der sich die Phänomene selbst in einhelligem Zusammenhange darstellen, nur daß für diese als letzter metaphysischer Grund die individuale Substanz, die Monas, gefordert wird: Die außerordentlich scharfen Ausführungen Leibnizens über diesen Punkt, besonders in seinem Briefwechsel mit De Volder, die Kant nicht kennen konnte, denn sie sind erst lange nach seinem Tode veröffentlicht worden, bestätigen in überraschender Klarheit diese günstigere Auffassung, auf welche Kant selbst erst, als eine mögliche und innerlich wahrscheinliche, aber nicht historisch ihm vorliegende, in der Verteidigung Leibnizens gegen auffallende Verkennungen, gekommen ist. Was für Kant »Grenzbegriff«, regulatives Prinzip heißt, es sind eben die Grenzphasen der jeweils in Frage stehenden Kategorienordnung:

der Nullpunkt der Möglichkeit auf der einen Seite, das Unendlich der vollendeten Wirklichkeit auf der anderen. Dazwischen aber fällt (durchaus auch für Leibniz) der ganze Bereich der Entwicklung, d. i. in Kants Sprache »der möglichen Erfahrung«, nach Leibniz der Bereich der derivativen, nicht originären Bestimmungen, oder der Phänomene, gegenüber den wahren »res«, des Realen; der abstrakten (abzüglichen) Bestimmungen gegen die kompleten (vollständigen) oder perfekten (vollendeten), nämlich der der Substanz. Das Gesetz der Fortschreitung, nichts anderes, ist es dabei doch, für Leibniz wie für Kant, welches die Identität der Substanz konstituiert. Die Phänomene aber und auch die Gesetze ihrer Fortschreitung, ihrer Entwicklung müssen gegründet, fundiert sein in den wahren Dingen, den substantiellen Einheiten, die freilich nicht Teile der Phänomene, nicht selbst Phänomene, aber Grundlagen (fundamenta) derselben sind. Aus den Phänomenen ist zwar alles herzuleiten, es ist nach gar keiner Realität über sie hinaus überhaupt zu fragen, »außer den Substanzen, denen sich die Erscheinungen in ihnen selbst, aus sich (d. h. die einen aus den anderen, die jeweils folgenden aus den vorhergehenden) erzeugen (nascuntur) oder sich hervorbringen (produci) nach den ewigen Gesetzen der Metaphysik (d. h. den kategorialen Grundbestimmungen) und der Mathematik« (die ihrerseits nur das entfalten, was in den reinen Grundgesetzen kategorialen Ursprungs angelegt war). Nur woher überhaupt die Erscheinungen, d. h. woher überhaupt die Spaltung der zugrundeliegenden, selbst ewig ungespalten bleibenden Einheiten in die Folge der Phänomene, woher jene Ausreihung (das se exserere, eigentlich sich aussäen) der Phänomene, das ist die letzte, ewig unbeantwortbare Frage, auf die aber auch eine Antwort nicht verlangt werden darf, denn hier stoßen wir offenbar auf die letzte Grenze, die keiner menschlichen Erkenntnis zu überschreiten gegeben ist. Ich kann nicht anders als in diesem fundamental wichtigen Punkte Leibniz und Kant auf einer Linie sehen; nur das Gewicht verteilt sich ungleich, indem bei Leibniz auf die letzte metaphysische Ansicht, bei Kant auf die Grundlegung zur Erfahrungswissenschaft der ganze Nachdruck fällt.

In der inneren Auffassung des gegenseitigen Verhältnisses aber zwischen der positiv metaphysischen und der kritischen Ansicht der Sache ist, bei manchen auch tiefgreifenden Verschiedenheiten im Einzelnen, doch durchaus kein unvereinbarer Gegensatz der letzten gedanklichen Tendenz zu erkennen. Die Übereinstimmung wächst, je mehr man von der negativen Seite der Kantischen Lehre, der »Begrenzung des Verstandes« auf den Bereich der »möglichen Erfahrung« zur positiven, nämlich zur Vernunftlehre übergeht, wie sie im zweiten Hauptteil der Kritik der reinen Vernunft, der transzendentalen Dialektik, zuerst begründet, in der Kritik der praktischen Vernunft und der Urteilskraft weiterentwickelt und bis zu einem gewissen Abschluß geführt wird, der in eine rationale Kosmologie, Psychologie, Theologie, also ganz im alten Sinne Metaphysik, ausläuft, deren Leibnizisches Gepräge gar nicht verkannt werden kann. Gilt dies alles für Kant freilich nur als »Idee«, hat es bei ihm nur regulative nicht konstitutive Geltung für »mögliche Erfahrung«, so bedeutet das keineswegs Nichtgeltung überhaupt, ja auch nicht Verneinung einer konstitutiven Geltung; die Kantischen »Vernunft«-Ideen sind konstitutiv je in ihrem Bereich, nur nicht im Bereich »möglicher Erfahrung«. Ja man muß wohl auch dies noch einschränken, denn auch »mögliche Erfahrung« ist nicht bloß (was allerdings in der Kritik der reinen Vernunft vorzugsweise so genannt wird:) mathematische Naturwissenschaft, sondern es gibt auch eine praktische Erfahrung, und es gibt einen Erfahrungsbereich an den Grenzen der im engeren Sinn nur theoretischen, nämlich der naturwissenschaftlichen und zwar exakten Erfahrung, vor allem den Bereich der Biologie, deren »Möglichkeit« nicht durch die reinen Verstandesbegriffe und reinen Anschauungsformen allein, sondern durch die diese ganz hinter sich lassenden reinen Grundbegriffe der »Vernunft« und der »Urteilskraft« — eben die Ideen — begründet wird.

[18. Vorlesung]

§ 46. Die Begründung der »möglichen Erfahrung« darf aber keineswegs in den Hintergrund geschoben werden. »Nur in der Erfahrung ist Wahrheit«; Philosophie tut gut, von den »hohen Türmen« der Metaphysik, um die »gemeiniglich viel Wind ist«, herabzusteigen in das »fruchtbare Bathos« (Tiefland) der Erfahrung. Dieser Kantischen Mahnung dürfen wir ja nicht vergessen. Gibt es denn überhaupt im Erfahrungsbereich Substanz, nach dem reinen Grundbegriff, den wir aufgestellt haben, d. h. läßt sie sich irgendwie in Erfahrung bringen, gibt es eine gültige, eine zu fruchtbarer Anwendung im Erfahrungsbereich taugliche Methode der Substanzsetzung, und zu welcher Art und zu welchem Grad von Erkenntnis, von Seinsgeltung ist damit zu gelangen? Auch um den Sinn der Substanz uns klar zu machen, gab schließlich die sicherste Grundlage der Gebrauch, den von diesem Begriff die exakte Naturwissenschaft macht, vor allem in ihrem Begriff der sich erhaltenden, nur anders und anders sich verteilenden Energie, als der Substanz des mechanischen Geschehens. Auch andere Beispiele von identischer Erhaltung eines Grundbestandes in bestimmt abgegrenzten Bereichen stets gesetzmäßiger Veränderungen weist die Naturwissenschaft auf; etwa im kosmischen Geschehen die Erhaltung unseres Sonnensystems oder des größeren Milchstraßensystems, schließlich dieses ganzen sichtbaren oder mit hinreichender Wahrscheinlichkeit zu erschließenden Kosmos; oder die relative Erhaltung der Organismen, zunächst der indiviellen, die weiterreichende, obgleich gewiß auch nur relative, der Gattungen lebender Wesen oder ihrer letzten aufbauenden Elemente, der Zellen; oder wiederum diesen auffallend analog die Erhaltung der chemischen Elemente, die darum doch auch keine absolute zu sein braucht, denn überall haben sich schon solche scheinbar absoluten als unter bestimmten Bedingungen auflösbare Komplexe erwiesen, und niemand kann absehen, wie weit das noch gehen mag. In Relativitäten sehen wir uns überall verwiesen; aber Relativitäten ohne letzte, absolute Grundpunkte des Seins? Das will sich schwer denken lassen; und doch, jener bisher unerschüttert gebliebene Grundtypus der Erhaltung, die Erhaltung der Energie, führt nicht auch sie zuletzt in nichts als Relativitäten? Was ist Energie überhaupt anderes als ein Rechnungsfaktor, der letzte für unsere heutige Erkenntnis; aber ob darum von absolut letzter, endgültiger Bedeutung? Wer will sich dafür verbürgen? Es ist allerdings sonnenklar, daß ohne den Ansatz eines letzten durch die Rechnungen selbst nicht verrückbaren Faktors eben keine Rechnung zustande käme; aber wenn auch durch Jahrtausende kein Anlaß und kein Anhalt sich ergäbe, diesen für unsere heutige Erkenntnis letzten Rechnungsfaktor zu wandeln oder in eine wiederum weiter führende Rechnung als veränderlichen Faktor einzustellen, eine Bürgschaft wäre das nicht für wirkliche, absolute Letztgültigkeit. Und wenn wir zweifellos dann für die weitergehende Rechnung wieder einen für diese festbleibenden, für sie letztgültigen Rechnungsfaktor einzusetzen hätten, würde von diesem nicht das gleiche gelten wie für den jetzt von uns dafür angesehenen? Ohne jeden Zweifel müßte das gleiche für ihn gelten, solange wir doch nichts haben als unsere Erfahrung, um über seine Gültigkeit oder Nichtgültigkeit zu entscheiden; denn Erfahrung bleibt immer Erfahrung, keine ihrer Aufstellungen kann je absolute Geltung für sich beanspruchen, sie bleibt auf Bedingungen und Bedingungen zu Bedingungen und so ins Unendliche stets angewiesen, für sie gilt unbedingt nichts als die Bedingtheit selbst. Diese fordert ohne Zweifel ein letztes Unbedingtes. Aber das Unbedingte ist eben damit das Unbedingte, daß es in keine Erfahrung je kommen kann; Erfahrung ist eben selbst nur bedingte Erkenntnisart, ein für allemal auf Bedingtheiten eingestellt und nur für sie zulänglich.

Für Aristoteles allerdings stand noch der Begriff der Physis, der »Natur« fest, nicht im Sinn der Allnatur allein, sondern der Sondernatur des individuell Existierenden. Ein φύσει συνεστός, von Natur Bestehendes, ist ihm ein Ding, welches den Grund seiner Veränderungen (insbesondere Bewegungen im Raum) in sich selbst hat, das heißt ihm eine »Natur«, und es war für ihn eine Selbstverständlichkeit, daß es »Naturen« in diesem Sinne gibt, z. B. eine »Natur« jedes Lebewesen, ebenso jeder der einfachen Grundkörper, jedes Gestirn, ganz besonders aber das lebende Prinzip, die ψυχή des Einzelorganismus sei; auch organische Zusammenfassungen solcher, also individuelle Organismen höherer Ordnung gab es für ihn ebenso selbstverständlich, z. B. den Staat; und ein einziger, letzter, allen übergeordneter Organismus aller Organismen war ihm die Allnatur. Diese Grundanschauung war im griechischen Geiste auf tiefste verwurzelt. Sie ist schon in den Lehren der ältesten griechischen Philosophen deutlich zu erkennen. Sie hat nach Aristoteles besonders in der Stoa fortgelebt, sie blieb überhaupt die herrschende, bis die Kopernikanische Umwälzung der von den Alten überkommenen Kosmologie (die ganz noch auf diesem klassischen Boden stand) die Wände dieses wundervoll geschlossenen Weltbaues sprengte und die Naturforschung hinaustrieb, hinauszwang in die freie Unendlichkeit. Ein Pfeiler des alten Baues nach dem anderen krachte zusammen; heute liegt von ihm kaum noch ein Stein auf dem anderen. Man verfiel zunächst fast zwangsläufig in das entgegengesetzte Extrem: die naturlose Natur des unendlichen Mechanismus. Leibnizens Rückgriff auf den Aristotelischen Form- und Entelechie-Begriff mußte dann reaktionär erscheinen. Man übersah, daß in ihm der antike, besonders Aristotelische Finitismus doch radikal überwunden war. Keiner hat die Unendlichkeit im Größten und im Kleinsten, mit dem vollen Anspruch der Aktualität, so entschlossen behauptet und durchgeführt wie Leibniz. Damit nahm aber die Entelechie einen ganz anderen, hoch idealistischen, eigentlich überweltlichen Sinn an. Für alle (in Kants Sinn) »mögliche Erfahrung«, für das Reich der Phänomene, für die bloß »derivativen« Gesetzlichkeiten des empirischen Bereichs unmittelbar galt auch für Leibniz der Mechanismus ganz ohne Einschränkung; erst an ihren Grenzen, in letzter metaphysischer Übersteigerung, trat an dessen Stelle die reine Spontaneität der Selbstbewegung, die Bestimmung des durchaus innerlich aufgefaßten Geschehensverlaufes aus der eigenen Physis der wahren, absolut individualen Substanzen, der allein letztlich realen Einheiten, der Monaden; wesentlich wie bei Kant die Ordnung der Phänomene im Bereich möglicher Erfahrung den Gesetzen der Bezüglichkeit unterliegt, an dessen Grenzen aber das intelligible Reich sich aufrichtet, dessen abgründlich von jener unterschiedene Gesetzlichkeit für »mögliche Erfahrung« keine andere als regulative Bedeutung hat, diese aber doch in mannigfacher Richtung: als Ordnungsprinzip für Beschreibung und Klassifikation (nicht Erklärung), aber auch als teleologische Naturbetrachtung in mannigfacher Abstufung, darüber hinaus als Gesetzlichkeit des Praktischen, des Künstlerischen, in letzter Vertiefung aber in den Begriffen einer rationalen Theologie, einer »Religion innerhalb der Grenzen der bloßen Vernunft« entfaltet, also doch auch für den immanenten Bereich nichts weniger als bedeutungslos bleibt.

§ 47. Welches also ist hiernach die methodische Bedeutung der Substanzkategorie? Ihre Bedeutung im Bereiche der Bezüglichkeit? Die Frage ist durch alles bisher Gesagte eigentlich schon mitbeantwortet. Sie vertritt vor allem die Problemabgrenzung, die Heraushebung geschlossener Fragebereiche zu gesonderter Bearbeitung, wie nicht bloß empirische Wissenschaft, sondern ebenso jedes Handeln und Schaffen im Erfahrungsbereich, jede bewußte oder auch unbewußte, doch bestimmt zielgerichtete Lebensgestaltung sie bedarf. Denn für jede solche besteht zuerst die Notwendigkeit des Anfangens, des Ausgehens (wie wir sagten) von einem Nullpunkt. Überall muß also das erste sein die Anerkennung des Daß für irgend einen kleineren oder größeren Umfang von Wasbestimmtheiten. Das aber ist es eben, worauf überhaupt der Sinn der Substanzialität, ebenso wie im Satze der Sinn des Subjekts beruht, von dem er gelten soll. Es kann gegebenenfalls für das Bewußtsein auch wohl das erste der Totalbereich selbst sein. Aber eben ein solcher hebt sich aus der Unendlichkeit erst heraus von irgendeinem Nullpunkt an, und sobald irgend ein Akt, sei es Erkenntnis oder Handlung oder Schöpfung, oder irgendeine Lebensbesonderung sich auf ihn richtet, so braucht es einen Einsatz, braucht es einen Anfang, und nur von diesem aus kann dann die Zielrichtung auf die voraus gedachte Ganzheit des in Frage stehenden Bereichs hin sich ergeben; stets jedoch unter dem Vorbehalt, die Grenzen weiter und weiter hinauszurükken, also zu einem noch früheren Anfang und noch weiter hinausliegenden Ziel, auf immer umfassendere Ganzheiten hin. Es braucht eine Hypothesis, Grundlegung; diese entspricht genau dem Hypokeimenon, dem Unter- oder Zugrundeliegenden, von dem ja »Subjekt« wie »Substanz« nur die lateinische Übersetzung ist. Die »Hypothesis« bezeichnet, nur in der Form der Tätigkeit oder des Hervorgehens, dasselbe, was das »Hypokeimenon« als ruhender Sachverhalt ausdrückt. Daß mit einer solchen Hypothesis niemals etwas Endgültiges gewonnen wird, liegt mit in ihrem Begriff und kann beim geringsten Besinnen nicht zweifelhaft bleiben. Alle mit ihrer Hilfe erreichbare Erkenntnis oder sonstige geistige Leistung oder Gestaltung kann selbst nur hypothetischen, voraussetzlichen Charakter tragen. Sie wird stets nur den konditionalen Sinn haben: das und das vorausgesetzt ergibt sich das und das. Sie leitet nur ein und richtet das Verfahren der Entwicklung in die bedingten Notwendigkeiten, der Entwicklung der Voraussetzungen in die Folgen. Denn dies eben ist das Verhältnis der ersten und zweiten Relationsphase. Die Erkenntnis und jede andere Art geistiger Gestaltung gelangt so — wie Plato, der diese grundlegende Bedeutung des Verfahrens der Hypothesis zuerst klar erkannt und zutreffend beschrieben hat, halb spottend sagt — nur immer von etwas, das man nicht weiß, durch lauter Zwischensätze, die man ebensowenig weiß, zu einem End-Ergebnis, das man also erst recht nicht wissen kann. Dennoch schließt sich so ein fester Zusammenhang des Bedingenden und Bedingten, kraft der Einheit des Fragebereichs, den das Subjekt für das Ganze des sich so begrenzenden Systems von Prädikationen erst abteilt. Man darf also nicht sagen, daß nichts damit geleistet werde. So verhält es sich in aller wissenschaftlichen Erkenntnis, und dementsprechend (wie gesagt) auch im Handeln, im Schaffen, in aller empirischen Gestaltung, welches geistigen Bereichs auch immer. Die unentrinnbare Notwendigkeit, jeden so eingeleiteten Prozeß weiter und weiter zu treiben, führt dann zu Aufstellungen teleologischen Charakters, zur Festlegung der Zielrichtung des im endlichen Bereich ins Unendliche weiter zu verfolgenden Weges der Fortschreitung immer nach der Gesetzlichkeit der Folgenotwendigkeit. Daraus versteht sich, woher es kommt, und welches richtige Moment darin getroffen war, daß Aristoteles die Physis durch das Telos geradezu definierte. Solchen teleologischen Sinn hat die Substanz ebenfalls für Leibniz; aber auch Kant ist diese Betrachtungsweise keineswegs fremd. Auch bei ihm führt die Substanzialität, die dann weiter durch die Kausalität sich zur Wechselwirkung entwickelt, auf einen Fortgang ins Unendliche, der des richtungbestimmenden, des regulativen Prinzips der Zielstrebigkeit nicht entraten kann. Nur scheidet Kant aufs strengste den Sinn dieses »regulativen Prinzips« der »Vernunft« von dem des konstitutiven (gegenständliche Geltung aufstellenden und sichernden) »Grundsatzes« des Verstandes. Vernunft verhält sich dabei zu Verstand, wie die Richtung aufs unendlich ferne Ziel unendlichen Fortgangs zur Methode, die diesem Fortgang selbst von Schritt zu Schritt, also stets auf zunächst endliche Grenzpunkte hin, das Gesetz vorzeichnet und ihn gesetzlicher Notwendigkeit unterwirft. Dieser Unterschied ist in der Tat in aller Schärfe festzuhalten. Übrigens will Kant damit keineswegs der Forderung widersprochen haben, daß in letzter, aber eben überempirischer Betrachtung Kausalität und Teleologie in eins zusammenfallen müßten, daß zuletzt, wie namentlich Leibniz immer gefordert und vorausgesetzt hat, alles ebenso kausal determiniert wie eben damit und darin zweckgerichtet, auf Voll-endung, perfectio, gestellt sei. Aber auch er war sich völlig darüber klar, daß diese Koinzidenz von Kausalität und Teleologie im Erfahrungsbereich niemals aufzuweisen, sondern ein über diesen ganz hinausgreifendes, in aller Erfahrung unerfüllbares Postulat ist. Eben in Voraussetzung dieser schließlich aller Erfahrung jenseitig bleibenden Koinzidenz durfte Leibniz fordern, daß in aller reinen Naturwissenschaft, vor allem auch in der Biologie, das Prinzip der mechanischen Kausalität so weit als irgend möglich durchgeführt wird, ohne daß man besorgen dürfte, es werde dadurch der Zweckforderung irgend etwas abgezogen.

Wie steht denn dazu die Naturwissenschaft, wenn sie schließlich alle Vorgänge in der Natur ohne Ausnahme, auch die biologischen, unter der Grundvoraussetzung der Erhaltung der Energie, als bloße

Umsetzungen von Energiemengen zu verstehen und dadurch womöglich in einem einzigen, schließlich mechanischen Geschehenszusammenhang darzustellen unternimmt, in welchem jedem einzelnen räumlichen Vorgang seine genau bestimmte Stelle nach unausweichlichen Gesetzen angewiesen ist? Es mag sein, daß viele, vielleicht die meisten Naturforscher sich nicht Rechenschaft davon geben, was sie eigentlich tun, wenn sie nach dieser letzten Voraussetzung in ihren Forschungen zu Werke gehen; daß sie alle Aufstellungen, die auf diesem Weg gewonnen werden, wenn sie genau sein wollen, nur in konditionaler Form aussprechen dürften: Soll dieser und dieser bestimmt abgegrenzte Bereich tatsächlich vorliegender Veränderungen in einheitlichem Zusammenhang unter Gesetzen, in *einer* großen Rechnung, in der jeder Faktor und jeder Gedankenschritt genau bestimmt ist, dargestellt werden, dann sind zu dieser Rechnung die und die Ansätze zu machen, deren Gültigkeit schließlich durch nichts anderes gewährleistet ist, als daß die Ergebnisse der Rechnung mit den Tatsachen durchgehends zusammenstimmen. Vorbehalten müßte dann stets bleiben, daß, sobald im fraglichen Zusammenhang neue Tatsachen auftreten, die sich in die Rechnung nicht mehr widerspruchslos einfügen, die Ansätze zu ändern sein werden. Nie aber dürfte man absolute Gültigkeit für diese Ansetzungen in Anspruch nehmen. Denn überhaupt keine bloße Erfahrung kann je absolute Geltung irgendwelcher Sätze über Tatsachen oder gesetzliche Zusammenhänge von Tatsachen begründen. Erfahrungserkenntnis ohne jede Ausnahme ist stets nur bedingte, nur unter bestimmten an sich abänderlichen Voraussetzungen gültige. Die Erhaltung der Energie in ihrer Gesamtsumme mag in absoluter Strenge gelten, aber sie hat selbst nur Sinn für einen irgendwie begrenzten Bereich eines bestimmten, begrenzten Energiesystems. Möchte aber auch dieser Bereich schließlich das Ganze des unseren Beobachtungs- und Berechnungsmitteln Erreichbaren umfassen, so ist dies doch kein absolutes, an sich nicht mehr überschreitbares Ganzes, sondern eingeschränkt auf den Horizont des gerade unseren Wahrnehmungs- und Berechnungsmitteln noch direkt oder indirekt Zugänglichen und Erfaßlichen. Überdies muß man sich stets bewußt bleiben, daß jede Messung, jede Art tatsächlicher Feststellung überhaupt an ganz bestimmt begrenzte Voraussetzungen gebunden, also wiederum hypothetisch, daß irgend eine unabänderliche gültige Feststellung durch irgendwelche Mittel empirischer Forschung nicht zu gewinnen ist.

Erfahrbares kann ein für alle Mal nicht absolut, Absolutes nicht erfahrbar sein. War daran für die Erkenntniskritik schon längst kein Zweifel mehr möglich, so müßte durch die Konsequenzen der neueren allgemeinen Relativitätstheorie vollends auch für die Naturforschung selbst jede Unsicherheit darüber beseitigt sein.

§ 48. Kein Zweifel also, daß im Bereich möglicher Erfahrung eine andere als bedingte, relative Substanzialität nicht erwartet noch verlangt werden darf. Dies gilt aber, das sei nochmals betont, keineswegs allein für die große Rechnung der mathematischen Naturwissenschaft, für das ungeheure Konto des Energieaustausches; es gilt nicht minder, es gilt nur erst recht für die Substanzialitäten höherer Ordnung, für die biologischen, die praktischen, die psychologischen, zuletzt die theologischen Anwendungen des Substanzbegriffes. In dem allen ist es die treibende Kraft des Widerspruchs, welche die unabschließbare Folge der bedingten Substanzsetzungen hervortreibt. Sie fordert beständig die Lösung, den Ausgleich des Widerstreits in schließlicher, nein ursprünglich zugrundeliegender Einheit. Sie verleitet dadurch beständig zur Verabsolutierung von Relativitäten, und löst dann doch mit einem Zwang, dem auf die Dauer nichts widerstehen kann, die vermeinten Absoluten wieder auf. Und dies Spiel erneuert sich beständig; bis man endlich über die Grund- und Ziellosigkeit dieses ganzen Tuns der Verabsolutierung des Relativen, Relativierung des Absoluten sich klar wird und nun wenigstens in reiner, deutlicher Scheidung auseinanderstellt, das eine und einzige, Grundpunkt und Zielpunkt ineinanderschlingende, so vor- wie überendliche Absolute auf der einen Seite, die beiderseits, nach außen wie nach innen, offene Unendlichkeit endlicher Setzungen andererseits. In beiden Grenzpunkten, im, wie wir sagten, vorendlichen — wir würden vielleicht richtiger sagen: voranfanglichen — Anfang, wie im überendlichen Ende, ist der Widerspruch unschädlich; nicht als wenn er nicht (vom inneren Bereich aus gesehen) auch darin wäre, sondern weil in beiden, oder vielmehr in ihrer absoluten Koinzidenz, dies ganze feindliche Auseinandertreten der Gegensätze wegfällt, an sich überhaupt nicht vorhanden, oder von uns aus gesehen einerseits noch gar nicht eingetreten, andererseits wieder überwunden, in die Einheit zurückgegangen ist, also letzten Grundes gar kein Eines und Anderes sind, die, in Widerspruch miteinander verwickelt, erst in Spruch und

Gegenspruch sich auseinanderzusetzen, auseinanderzusprechen hätten. Denn durchaus verhält es sich nur von uns aus gesehen so, wie oft gesagt wurde, auch von uns vielleicht gesagt worden ist (denn man kann nicht wohl anders sich aussprechen, als in eigener Sprache, nicht anders sehen, als von dem Punkt aus und in der Richtung, in die das Auge eingestellt ist): daß im Urpunkte der Widerstreit, auf eine für uns freilich unsagbare Weise, noch gar nicht zutage getreten, aber doch dem Keim nach schon vorhanden und einzutreten im Begriff, im Gegenpunkte aber geschlichtet, in Einklang wieder gelöst, und doch darin irgendwie seinem ganzen Jagehalt nach bewahrt und aufgehoben sei. Am Ende ist auch das voller Widerspruch; könnten wir vom Jenseitigen in einer Sprache reden, die diesem Jenseitigen selbst angemessen wäre (aber eben das können wir ja nicht, und könnten es gar nicht können, weil hier eben alles Können aufhört), dann müßte es eben so herauskommen, daß von gar keinem Noch-nicht und Nicht-mehr die Rede wäre, nicht von dem, was war, ehe noch die Spaltung geschehen war, noch was sein wird, wenn sie wieder ausgeglichen sein wird. Alle solche Aussage, die wir doch gar nicht vermeiden können, wenn über die letzten absoluten Grenzen des unendlichen Prozesses dessen, was wir Erfahrung nennen, überhaupt etwas gesagt werden soll — alle solche Aussage überträgt, keineswegs aus Willkür, sondern mit unausweichlicher Notwendigkeit, aber doch zuletzt ohne innere Wahrheit, ohne einen Sinn überhaupt, von dem sich endgültig klare Rechenschaft geben ließe, auf den überendlichen Bereich solches, was nur im Bereich des Endlichen, oder wenigstens von ihm aus, Sinn hat. Allenfalls verneinend, in totaler Verneinung alles dessen, was grundlegend vom endlichen Bereich und zwar als Ganzem auszusagen ist, läßt sich vom Überendlichen als für den Bereich des Endlichen Begrenzenden etwas Haltbares aussagen. Aber damit sagen wir nur, was dies Begrenzte nicht ist, nicht was es ist. In Kürze wäre zu sagen: es gibt den Widerspruch; es gibt ihn im ganzen endlichen Bereich, in all und jedem in ihm, er ist geradezu sein Wesen. Aber das letzte *Es*, welches ihn und damit alles, wovon wir wissen und wissen können, eben *gibt* (von ihm selbst dürften wir gar nicht sagen, es gäbe das, weil dies wieder ein anderes *Es* fordern würde, durch welches jenes erste, alles gebende *Es* erst gegeben würde) — dieses somit wirklich und unzweifelhaft letzte »*Es*« (will ich sagen) muß dann wohl den Widerspruch *nicht* in sich

## Widerspruch und Lösung des Widerspruchs 173

tragen. Aber damit wird es für uns, für jede Betrachtung vom endlichen Bereich aus, so undenkbar, undeutbar, unaussprechbar, wie andererseits der Widerspruch selbst, in aller seiner schlechthin nicht zu leugnenden Wirklichkeit, im letzten Betracht undenkbar, undeutbar, unaussprechbar ist. Hier wie dort bleibt uns nichts anderes übrig als — Anerkennen, ohne jeden Anspruch auf Erkennen; Anerkennung des Daß, bei völliger Unmöglichkeit einer Erkenntnis des Was.

Wäre also am Ende der Widerspruch das Absolute, das Absolute der Widerspruch? Nein, das Absolute ist die Lösung, die ewige Gelöstheit des Widerspruchs im letzten Seinsgrund. Er ist absolviert, freigesprochen, also frei von ihm. Das Pan und nicht die Panta, deren Vater der Streit ist. Es steht ganz außer dem Streit, als κεχωρισμένον πάντων geschieden von den Panta, den allen Dingen. Dies alles ist freilich paradox, aber so paradox ist nicht bloß unsere Lage, sondern ist die Wirklichkeit selbst von dem was *ist,* in dem seltsamen Doppelsinn des singularisch und des pluralisch verstandenen »Seienden«, des Pan und der Panta, des On und der Onta.

§ 49. Die Paradoxie des Seins ist dieser sein Doppelsinn. Er erstreckt sich auf alles Kategoriale vom ersten bis zum letzten, und eben dadurch auf alles, was überhaupt mit Sein und Sinn zu tun hat. Die Paradoxie dieses Doppelsinns lag schon in den Kategorien der Modalität, in allen drei Phasen derselben. Sie liegt noch ungleich wuchtender in denen der Relation, und vollends, wie wir später sehen werden, in denen der Individuation. Alles was darüber von alten und neueren Skeptikern, von Bradley oder den schärfsten Widerspruchslogikern Hegelscher Herkunft längst gesagt worden ist, bleibt an Umfang und Tiefe noch zurück hinter dem, was heute gesagt werden darf und muß.

Der Sinn zunächst der Substanzialität als erster Relationsphase bleibt bei dem allen unangetastet und unantastbar stehen, und bewährt sich gerade in diesem allen genau als der, den wir aufgestellt haben. Wir fragten nach ihrer Leistung für die Methode der Erkenntnis, und nicht der Erkenntnis allein, sondern jeder Art Sondergestaltung eines Seins und Sinnes im Bereich möglicher Erfahrung, im Bereich des bedingt Bedingenden und bedingend Bedingten. Die Frage ist uns jetzt beantwortet. Ihr Sinn bleibt stets, in allen seinen Wendungen und Anwendungen, der der unteren Grenze, der Hypothesis, und damit des Nullwertes der Seins- und Sinnsetzung; im Bereich des Bezüglichen natürlich der der relativen Nullsetzung, in der aber nicht Nichts gesetzt ist, sondern der Anfang; *der* Anfang, der das Ganze der von ihm aus zu bestimmenden Entwicklung, im Sinne der Möglichkeit, oder vielmehr der vollen Mächtigkeit, schon in sich trägt; denn die Null will verstanden sein als Grenze, die zwar Abgrenzung, aber ebensosehr und in ihrem voll bejahenden Sinne Angrenzung bedeutet. Sie bewahrt den Charakter der komprehensiven Null auch im endlichen Bereich, ja gerade in ihm, als Hypothesis zwar nicht endgültig, aber dafür anfangsgültig. Setzt sie keinen absoluten, keinen Uranfang, so umsomehr einen relativen, in Leibniz' Sinn derivativen. Die Derivation selbst, die Herleitung aus dem ewigen Strom, die Öffnung gleichsam der Schleuse, aus der ein Abfluß seiner Gewässer in ein Sonderbett sich ergießen kann, ist ihr Werk, ihre Leistung für jede »Einleitung« eines empirischen Prozesses. Es ist nur zu wenig gesagt, daß die durch die Substanzkategorie konstituierten »Dinge« aus bloßen Verhältnissen bestehen, unter denen nur (wie zufällig) auch »selbständige und beharrliche« sind; denn durch die Eröffnung und Einleitung eines bestimmten folgenotwendigen Verlaufes wird der Fortgang und die zielsichere Durchführung dieses Verlaufes nicht bloß gefordert und angefangen, sondern voraus sicher gestellt, wird also eben die Selbständigkeit und Beharrlichkeit bestimmter Grundverhältnisse für einen solchen Geschehensverlauf gesichert. Das wollte damit gesagt sein, daß der Nullpunkt als untere Grenze nicht nur Abgrenzung sondern ebensowohl Angrenzung bedeute. Es ist der Anfang, in welchem der volle Sinn des Ursprungs sich erhält. Gerade das ist der Substanz als Hypothesis eigen, daß sie nicht bloß der Anfang, sondern die Herleitung, die Schleusenöffnung, den Aufschluß bedeutet, der den vollen Erguß in das gegrabene neue Strombett und damit dessen Erfüllung zwar erst einleitet, aber eben durch die Bestimmtheit dieser Einleitung im voraus bestimmt. In der Null ist ja stets die Hindeutung auf den Gegenpol der Per-fectio, der Durchführung, der Voll-endung miteingeschlossen und allzeit mitzudenken. Es wäre namentlich in allem Mathematischen aufzuweisen, wie diese höchst schöpferische Bedeutung der Substanz als des Ursprungs sich ausprägt in den relativen Unendlichkeiten, die, zwischen Endlichem und Überendlichem in der Mitte, von jedem zu anderem hinüber vermitteln; deren Nullpol das Infinitesimale, deren

Gegenpol das Integral ist. Dadurch gehen hervor die geschlossenen Bereiche; Bereiche in der Tat aus nichts als »lauter Verhältnissen«, Bezüglichkeiten, aber eben »selbständigen und beharrlichen« Bezüglichkeiten, die mitten im Grenzenlosen Begrenzung setzen, Geschlossenheit bewirken. So entstehen erst die »Dinge«, von denen der Kantische Ausspruch gemeint ist; sie leisten in haltbarerer Form das, was die »Naturen« (φύσεις) für Aristoteles leisten sollten. Das Wort »Ding« — wie auch »Bedingung« — ist, ebenso wie das »Gesetz« — wie auch das griechische οὐσία, welches eigentlich »Besitzstand« bedeutet — von sozialen, von rechtlichen Verhältnissen entnommen. Ein Ding, oder Gedinge ist ein rechtlich garantierter möglicher Besitz, ein Inbegriff von Sachgütern, dessen Bestand eben ausbedungen, rechtlich fest (hier in Hessen sagt man: strack) gemacht werden kann. So sind die Dinge oder Substanzen im Sinne unserer Kategorie durch logische Gerechtsame festumgrenzte und in sich gesicherte »Wesenheiten« (auch unser »Wesen« — man denke an Anwesen — hat ja zur Grundlage einen solchen rechtlichen Sinn) — Inbegriff von Seins- und Sinnganzen von vielleicht nur relativem, aber in bestimmten Grundrelationen wohlgesichertem Bestand.

[19. Vorlesung]

§ 50. Wir fragten nach der Leistung der Substanzkategorie für die Methode der Erkenntnis, für die Methode überhaupt jeder Sondergestaltung eines Seins und Sinns im Bereich möglicher Erfahrung, oder des bedingt Bedingenden, bedingend Bedingten. Diese Leistung ist in allen Fällen unterschiedslos die der Hypothesis, die Setzung des Nullwerts, nicht im Sinn bloß des Anfangs; oder eben *des* Anfangs, in welchem der Sinn des Ursprungs voll gewahrt bleibt; der unteren Grenze, die aber nicht oder nicht in erster Linie Abgrenzung sondern Angrenzung bedeutet; im Sinne der »komprehensiven Null«. Es ist zwar auch so nur relativer, nicht absoluter Anfang, der damit (im Erfahrungsbereich) gesetzt wird; aber auch schon dieser hat Ursprungssinn. Es ist die »Derivation«, die Eröffnung gleichsam der Schleuse, aus der ein Abfluß aus den Gewässern des Stroms in ein Sonderbett sich ergießen kann. Es ist in der Tat die Eröffnung, die Einleitung eines folgenotwendigen Verlaufes, zum geregelten Fortgang und zielsicherer Durchführung. Denn in der Null (das wollte das Beiwort »komprehensiv« besagen) ist stets die Hindeutung auf den Gegenpol, die Perfektion, die Vollendung mitzudenken, so wie das Infinitesimale als Differential das Infinite, viel mehr Transfinite des Integrals in sich trägt. So versteht sich Kants Ausspruch, daß die Substanz, nach ihrer Funktion im empirischen Bereich, aus nichts als lauter Verhältnissen bestehe; nur sollte es nicht weiter lauten: unter denen auch selbständige und beharrliche sind, sondern die Selbständigkeit, die Beharrlichkeit, welche die Substanz ja vertritt, ist die der Verhältnisse selbst, welche dann die Kausalität (an die Kant bei jenen »Verhältnissen« wesentlich denkt) nur zu entwickeln hat. Also nicht einige der »Verhältnisse« sind selbständige und beharrliche, andere sind es nicht, sondern das Ganze, wie es in einem Substanzbegriff sich zusammenfaßt, ist einerseits als Ganzes ruhend und damit »selbständig«; ein solches auf sich stehendes Selbständiges wird eben durch die Substanzialität aufgestellt; andererseits aber bewegt und damit in Abhängigkeitsbeziehungen eingestellt; es ist Sein des Werdens, Werden dessen was ist, und nicht ein Nebeneinander, hier werdenlos Seiendes, dort seinloses Werden. Das »Ding« oder »Wesen« besagt, von ihrem ursprünglichen sozialen Sinn her, den gleichsam rechtlich, nämlich nach dem Urrecht der grundlegenden Gesetzlichkeiten des Seins und des Sinns gesicherten Bestand, gleichsam Besitzstand, der sich ergibt durch die Bestimmtheit der Abgrenzung, welche die Substanz an erster Stelle besagt. Dies alles war mitgemeint, wenn die Erkenntnisleistung der Substanzkategorie im empirischen Bereich in den Begriff der Hypothesis zusammengefaßt wurde. Es ist »Hypothesis« in einem sehr bejahenden Sinn, der keinerlei Minderung der Seinsgeltung einschließt.

Die Skeptiker allerdings verstanden die Hypothesis nicht in diesem bejahenden Sinn. Und es erscheint instruktiv darauf einzugehen. Man findet bei Sextus Empirikus, der die wesentlichsten Gedanken der antiken Skepsis in Lehrbuchform uns erhalten hat, eine Ausführung, die so wie sie dasteht, nicht sonderlich tief herauskommt, aber, wenn man sich des Kerngedankens einmal bemächtigt hat und ihn selbständig weiter durchdenkt, überraschende Tiefen erschließt. Es gibt, so lehrten diese jüngeren Skeptiker, wie es scheint Agrippa (im 2. Jahrh. nach Chr.), fünf mögliche Stellungnahmen zur ganzen Frage des möglichen Erkennens, von welchen allen gezeigt werden soll, daß sie gleich unhaltbar sind im Sinn »dogmatischer«, d. h. sol-

## Die Einwände der Skeptiker 177

cher Philosophie, welche vermeint sagen zu können, wie es sich mit den Dingen an sich verhält. Die schlichteste ist die einfache Hinnahme und Anerkenntnis der *gegebenen Tatsächlichkeit*. Die will der Skeptiker, aber damit läßt eben der Dogmatiker sich nicht genügen, sondern er verlangt und glaubt zu begreifen. Weshalb darf er sich nicht an der bloß tatsächlichen Gewißheit genügen lassen? Offenbar wegen des tausendfältigen Widerspruchs, der an jeder einfachsten Tatsächlichkeit, wenn er ihr mit logischen Forderungen gegenübertritt, sich sofort aufdrängt, und den (wenn er selbst ihn etwa übersehen sollte) der Skeptiker auf den verschiedenen systematisch von ihm aufgesuchten und verfolgten Wegen ihm auf Schritt und Tritt nachweisen wird. Der Skeptiker ist ein für allemal entschlossen, diesen Widerspruch als selbst unwidersprechliche Tatsache hinzunehmen. Der Dogmatiker aber darf ihn nicht so hinnehmen, sondern muß versuchen ihn zu lösen, er muß nach Sicherung, nach Grund und einstimmigem Zusammenhang fragen. Er wird nun diesen zunächst im *linearen Fortgang* von Position zu Position, von der Folge zum Grund zurück oder vom Grund zur Folge vorwärts verfolgen, aber sich damit beiderseits ins Unendliche hinausgetrieben sehen. Eine Tatsache oder ein Sachverhalt A habe zum Grunde eine andere Tatsache oder Sachverhalt B. Diese darf dann ebensowenig grundlos hingenommen werden, fordert also zum Grunde einen weiteren Sachverhalt C, und so wird es ohne Ende fortgehen. Eine wahre haltbare Begründung wird so niemals erreicht. Der Dogmatiker wird es nun anders versuchen: er läßt die Kette der Begründungen nicht in positiver und negativer Richtung ins Unendliche verlaufen, sondern *in sich selbst zurückgehen*. Dann ist die Unendlichkeit scheinbar glücklich vermieden, aber es stellt sich dafür ein anderer Übelstand ein, nämlich der bekannte logische Fehler des Zirkelbeweises, der Diallele. A soll B begründen, B C u. s. f., irgend eine der folgenden Aufstellungen (X) aber wiederum A begründen, oder auch umgekehrt: A in B, B in C u. s. f., irgend ein ferneres Glied X aber wieder in A begründet sein. Aber dieser ganze Kreisgang, wie ist denn der begründet? Mindestens er müßte schließlich grundlos hingenommen werden; endgültig begründet wäre also (auch alles andere zugegeben) nach wie vor nichts. So bleibt denn dem Dogmatiker nichts übrig als eben irgendeine Aufstellung als nicht weiter zu begründende »*Voraussetzung*«, »*Hypothesis*«, gelten zu lassen und dann nur die daraus fließenden Folgen zu entwickeln. Aber die Hypothesis, die alles tragen soll, schwebt dann in jedem Fall selbst in der Luft. Mit allem Recht fragt der Skeptiker: wenn das überhaupt bei irgend einem Satz zulässig ist, daß man ihn ohne Begründung als wahr setzt, warum dann nicht gleich den Satz, nach dessen Begründung gefragt wird? So ergibt sich zuletzt, daß man in *allseitiger Relativität,* Bezüglichkeit und zwar (das wäre leicht zu zeigen) Wechselbezüglichkeit stehen bleibt. Warum läßt nun der Skeptiker nicht eben dies als annehmbare Lösung gelten? Offenbar weil der Dogmatiker, mit dem er es zu tun hat, eine absolute Position verlangt, die in der unendlichen Relativität eben nicht erreichbar ist. Aber hier liegt nun, glaube ich, die schwache Stelle der bis dahin sehr festen Position des Skeptizismus. Gerade die unendliche, durchgängige Bezüglichkeit und zwar Wechselbezüglichkeit weist hin auf die *überendliche Totalität* des Zusammenhangs, in welchem der Widerspruch freilich nicht verschwindet, sondern voll erhalten bleibt, aber, eben indem er total wird, zwar keine Lösung gibt, aber auch kein Bedürfnis der Lösung übrig läßt, sondern als ganzer darum anstandslos hingenommen werden kann und muß, weil über das Ganze, Letzte und Einzige hinaus nichts weiter zu fragen oder zu fordern bleibt. Vielleicht hat der Skeptiker eben dies im Sinn, da gerade er die Tatsache, das φαινόμενον (daß es sich uns so und so darstellt) nur schlechtweg hinnehmen und unberührt stehen lassen, auf allen Vorwitz des Begründens aber verzichten will. Er täte daran nur recht, wenn er das *Ganze* so hinnähme. Aber er macht wohl hier den Fehler, daß er an dem einzelnen Erscheinenden haften bleibt und sich mit Gewalt zwingen will, nur an es zu denken, es allein gelten zu lassen, womit dann aller Halt am Ganzen und damit überhaupt aller Halt ihm verloren gehen muß. Es existiert übrigens eine nicht zu bezweifelnde Überlieferung, daß einer der gründlichsten Skeptiker, Ainesidemos (in Ciceros Zeit) am Ende seiner Skepsis mit dem Dogmatismus eine Art Kompromiß eingegangen sei, indem er wenigstens eines der größten dogmatischen Systeme, und zwar das des Heraklit, als gewissermaßen annehmbar und mit dem, was der Skeptizismus aufgestellt habe, in Einklang stehend anerkannt habe. Das wäre ganz wohl zu verstehen, wenn es in der eben angedeuteten Richtung gedeutet werden dürfte, denn es ist in der Tat der Kern der ganzen Lehre des Heraklit, daß der Widerspruch selbst und mit ihm die Relativität und das fließende Werden, das Ganze überhaupt des Erscheinenden, selbst das Reale und nicht ein anderes dahinter und darüber zu suchen sei, in welchem der Widerspruch sich löse. Gerade in der vollen Durchführung der Totalität ist der Widerspruch ja nicht gelöst; ihn zu lösen ist überhaupt eine in sich ungegründete, sogar sinnwidrige Forderung; aber er wird überboten durch eine letzte, freilich transzendente Einheit, die ihn voll in sich aufnimmt und ihm voll gewachsen ist, ihn verträgt und — überwindet. Gerade damit, daß die Bezüglichkeit allumfassend, total, integral wird und nichts außer ihr beziehungslos stehen bleibt, wird sie unanstößig. Man darf ihr nicht Irrationalität vorwerfen, damit mißt man sie ja an dem Maß der Rationalität (der Ausrechenbarkeit), während man doch anerkennen muß, daß dies eine Forderung ist, die hier deshalb nicht erfüllt werden kann, weil sie hier überhaupt zu unrecht gestellt wird. Die allseitige Bezüglichkeit ist letztlich überrational, sie steht oberhalb der Forderung der Ratio, weil oberhalb der starren Entgegensetzung von Ja und Nein; sie nimmt beide voll in sich auf, so aber, daß das Ja des Nein völlig mächtig, ihm übermächtig ist. Denn es bleibt unweigerlich bei dem schlichten eleatischen Satze: *Sein ist,* Nichtsein (nämlich absolutes Nichtsein) ist nicht; nur muß er ergänzt werden durch den ferneren: Nichtsein, nämlich relatives Nichtsein, ist auch. Es hat wohl keinen Sinn zu reden von Rationalität auch des Irrationalen; weit eher wäre zu sprechen von Irrationalität auch des Rationalen. Sicher gibt es keine rationale Bestimmungsweise, die nicht an irgend einem Punkte Irrationales einschlösse. Das Irrationale (im allgemein-logischen Sinn) schließt (wie das mathematisch Irrationale) das Rationale ganz in sich. Es muß aber beides scharf auseinandergehalten werden, so eng es sich ineinanderschlingt. Aber der letzte und höchste Punkt, zu dem auch alles Rechnen und Rechten .eigentlich hinstrebt, jedenfalls faktisch hinführt, ist der Punkt, an dem alles Rechnen und Rechten aufhört und sein Ziel findet am schlichten »*es ist*«, von dem sich keine andere Rechenschaft weiter geben läßt, als daß es eben ist. Man hat also allen Grund die Rationalisierung soweit zu treiben als sie sich irgend treiben läßt, nur darf sie nicht glauben, das Letzte und damit Alleingültige zu sein. Denn es gibt nicht bloß *auch* das Irrationale, sondern das Rationale selbst führt gerade in seiner strengsten, umfassendsten Durchführung, gerade wenn man den Maßstab der Rationalität in unerbittlicher Strenge auch an es selbst anlegt, am sichersten zur Anerkenntnis eines letzten irrationalen Bestandes an der Wurzel auch der Rationalität selbst. Nicht der einfachste Zahlsatz wie $1+1=2$, nicht die so tautologisch lautenden Sätze der formalen Logik sind davon auszunehmen. Alles Absolute ist irrational, nur Relatives kann rational bestimmt oder bestimmbar sein. Aber auch alles Relative beruht zuletzt auf absolutem also irrationalem Grunde, und diese Irrationalität, die, wie gesagt, bis zur Wurzel der Rationalität selbst zurückgeht, erstreckt sich somit auf den ganzen Bereich der Bezüglichkeit selbst.

§ 51. Somit bleibt als letztes diese Dualität des Überbezüglichen und des Bereiches der Bezüglichkeit. Sie prägt sich scharf aus in der Antinomie, die schon Leibniz, dann Kant tief beschäftigt, und aus der Hegel eigentlich seine Widerspruchslogik entwickelt hat. In Heraklit ist sie deutlich angelegt. Er spricht von dem einen, allein Weisen oder Wißhaften (ἓν τὸ σοφὸν μοῦνον Fragm. 32), als von allem abgesondert (πάντων κεχωρισμένον, Fragm. 108); oder er spricht von der »verborgenen Harmonie«, oder von der Gottheit, vor der alles schön, gut, gerecht, diese menschlichen Unterscheidungen also nicht gültig seien, wogegen der Unterschied von Wahrheit und Lüge für Heraklit offenbar absolute Bedeutung behält, jedenfalls die Bedeutung, daß Unwahrheit der Strafe nicht entgeht, das heißt zuletzt scheitern muß an der Wahrheit, die allein ewigen Bestand hat. Woher denn wissen wir, woher ist es objektiv gewiß, daß dies transzendente Eine, allein Sinnhafte, der alleinige Grund der ihrem ganzen Sinn nach ewigen, unverrückbaren Wahrheit, überhaupt existiert? Daß unsere Vernunft den Zug zur Einstimmigkeit hat, daß sie zur Einheit auch da, gerade da strebt, wo sie eben durch den Ernst dieses Strebens sich dahin geführt sieht zu verneinen, daß diese Einheit uns je zuteil werde oder zuteil werden könnte, — würde doch nichts für deren Bestand beweisen, sondern unsere Vernunft wird wohl nach dieser Einheit streben, indem sie von ihr, weil sie selbst *ist* und auch ihr Grund zuletzt kein anderer als der Grund von allem ist, gleichsam unwiderstehlich angezogen wird, denn sie, die Vernunft, hängt von ihr, der ewig übererfahrbaren Einheit ab, nicht umgekehrt. Aber der Bestand dieser überempirischen Wahrheit müßte demnach doch feststehen unabhängig von unserer, so sehr bedingten, so sehr fraglichen und fragwürdigen Vernünftigkeit. Nicht eine so tausendfältigem Irrtum ausgesetzte richtende Instanz wie unsere Vernunft kann dafür einstehen sollen, daß es ewig unverletzliche Wahrheit, daß es die Ureinheit des Seins und des Sinns, daß es das Heraklitische ἓν τὸ σοφὸν μοῦνον gibt, da es doch von allen und al-

## Das Überbezügliche 181

lem geschieden ist. Und gerade menschliche Vernunft fordert zwar, aber erreicht nicht die absolute Einstimmigkeit, den absoluten Einheitsgrund von allem, wohl aber erhebt schon seine bloße Forderung sie über den auch wohl ihm zustrebenden, aber noch weiter hinter ihm zurückbleibenden, weil ewig zerteilenden und gegeneinanderstellenden Verstand, der nach dem Grundsatz des »divide et impera« die Streitenden zwar auseinanderzurücken, aber keinen Widerstreit zu schlichten weiß, ohne sich in neuen, vielleicht nur tieferen damit zu verwickeln. So ist Vernunft *über* Verstand, nach Kant diesem vorgeordnet, für ihn gesetzgebend und richtend, so wie der Verstand für die Erfahrung. Aber gerade das letzte Erfahrbare, vielmehr das letzte Erlebbare, das man nicht Erfahrung nennen sollte, obgleich es der Grund auch alles Erfahrens ist, steht dem Einen, einzig »Weisen« und Wahren näher als der zerlegende Verstand; denn das Erlebnis ist unmittelbar, der Verstand stets nur vermittelnd, auseinanderlegend, abtastend, doch nie ertastend, er kommt daher nie heran an das schlichte »es ist«, während das unmittelbar Erlebte jedenfalls selbst schlechthin ist, unabhängig von allen Verstandesvermittlungen, enthoben aller Gefahr der Veruntreuung, die mit solchen Übermittlungen allzeit verbunden ist. Aber jenes von allem Abgesonderte, das Platonische ἐπέκεινα, Kants Transzendentes — woher ist uns das gewiß? an sich gewiß, so daß kein Zweifel an ihm überhaupt aufkommen kann, aller Zweifel sinnlos wäre? Nun: *mir* ist es gewiß, das werden wir gern Leibniz zugeben, sofern *ich bin*, sofern *ich lebe*, und mein Sein und Leben, selbst seiend, selbst lebend *erlebe*, eben dadurch aber und damit, und genau insoweit, auch weiß, was mit Sein, was mit Leben gesagt ist. Dazu bedarf es für mich keiner Vermittlung, noch könnte es mir je durch anderes übermittelt werden. Ich kann es, wie alles, was mir gelten soll, zuletzt nur bei mir selbst, nur in mir selbst finden. Aber ich finde auch bei und in mir selbst, daß nicht das Sein und Leben in mir steckt und in mir etwa gar beschlossen bleibt, daß vielmehr mein Sein, mein Leben bestenfalls ein winzigster Ausschnitt ist des Seins, des Lebens als eines Einzigen und Ganzen. Das liegt schon im Sinn der Aussage: ich — bin, ich — lebe. Aber dazu reicht doch meine Teilhabe an Sein und Leben, mich erkennen zu lehren, daß Sein und Leben *ist* und zwar unmittelbar, und seinem ganzen Sinn nach der Vermittlung durch anderes so unfähig wie unbedürftig *ist;* daß dies Unmittelbare der Grund auch alles Vermittelten und aller Vermittlung ist, nicht umgekehrt. Nur woher dann das Nichtunmittelbare, woher die Vermittlung, durch die es zum Unmittelbaren zurückstrebt und doch nie bis zu ihm gelangt? Das ist freilich nicht zu beantworten. Allenfalls läßt sich sagen, was die Vermittlung will und überhaupt wollen kann. Sie will zurück zum Unmittelbaren, als dem einen allein Sinnhaften, einzig letztlich Seienden, und will darum jedenfalls Einheit, Einstimmigkeit. Da aber, in ihrem Bereich, der Widerspruch dieser im Wege ist, so meint sie den Widerspruch um jeden Preis wegschaffen, ja (wenn es sein könnte, es kann aber nicht sein) aus dem Wege räumen, also töten zu müssen. Es kann aber nicht sein, denn sie bewältigt ihn eben nicht, er ist ihr zu mächtig. Da sie ihn aber nicht in ihrer Hand hat, so muß sie sich freilich begnügen, ihn sozusagen in contumaciam zu verurteilen. Allein er, gerade er hat festeste Wurzeln im Unmittelbaren. Es aber, das Unmittelbare, nimmt ihn ganz in sich auf — und bewältigt ihn. Wie denn bin ich dessen, oder wie ist es an sich aus sich und nur darum auch mir gewiß? Mit dieser Frage erst kommt man auf den Kern der Sache. Es ist aus sich gewiß, weil nur so überhaupt etwas ist, auch der Widerspruch selbst. Aber er ist wahrlich nicht des Seins oder des Sinns mächtig, sondern er ist sein ewiger ewig ohnmächtiger Widersacher; aber vielmehr er ist in seiner höheren Gewalt. Weshalb ist er denn überhaupt, weshalb ist überhaupt Ungewißheit, Frage und gar Unwahrheit, Lug und Trug, Sünde, Zwiespalt jeder Art? Darauf gibt es keine Antwort. Die Frage wäre zuletzt dieselbe mit der andern, warum überhaupt etwas ist. Warum Urgrund, und etwas aus dem Urgrund, ohne welches doch auch der Urgrund nicht Urgrund wäre? Warum Einheit, und doch Entzweiung, Selbstentzweiung des Einen, aus der es gleichwohl in sich selbst immer und sogar zugleich (als hätte es sich nur vergessen und vertan) wieder zurück nicht bloß strebt, sondern tatsächlich zurückgeht? Warum? Mit welchem Sinn? Schon dämmert uns, daß wohl die Frage selbst keinen Sinn haben wird. Sie fordert Sinn dafür, daß überhaupt Sinn sei. Will man gleichwohl versuchen Antwort zu geben, so kann man allenfalls sagen: eben um dieses ewigen Wechselspiels willen, um in ihm sich selbst tiefer und reicher zu genießen, geht es gleichsam aus sich heraus, um doch zu sich selbst zurückzugehen. Das ist wenigstens die einzige Antwort, welche auch die tiefsten Denker hier zu geben sich getraut haben. Im Grunde ist auch sie gar sehr menschlich, allzumenschlich. Ein kritisch Denkender wird vorziehen hier die Waffen zu strecken, sein Nichtwissen ehrlich einzugestehen, aber

## Paradoxie der Sinnfrage 183

auch sich klar darüber zu sein, daß er hier keine Antwort weiter zu geben verpflichtet noch bedürftig ist.

Also die beiden Enden, die absolute Null und das absolut Unendliche, wie wir sie nach naheliegender mathematischer Analogie genannt, und von denen wir uns überzeugt haben, daß sie in letztem Betracht wohl dasselbe Eine sein müssen, welches in diese Spaltung nur eingeht, um aus ihr in sich selbst zurückzukehren: beide nehmen den Widerspruch auf, dürfen ihn aufnehmen, weil sie seiner mächtig sind. Die Mittelbarkeit allein muß sich seiner erwehren, soviel sie kann. Denn für sie ist er tödlich. Ja er tötet sie wirklich zuletzt, da umgekehrt sie seiner nicht mächtig ist. Sie mag ihn von Position zu Position zurückwerfen, aber sie wird ihn in der neuen Stellung stets wieder als Feind auf dem Platze finden. So wird der vermittelnde, schiedlich auseinanderstellende, vermeintlich allen Widerstreit schlichtende Verstand selbst durch den Widerstreit, und durch alle Teilsiege, mit denen er sich endlich tot siegen muß, in die unendliche Divergenz hinausgetrieben, in der er die gesuchte Einheit eben doch nie erreicht, und nie wird erreichen können. Aber die Spannung der Gegensätze, die ewig fortgehende Entwicklung der Widersprüche selbst, hält ihn in beständiger Wirksamkeit; vielmehr in eben dieser Spannung arbeitet der Widerspruch selbst und beweist sich damit mächtig auch in und über diese ganze heiße Arbeit des Verstandes, welche bezweckt und vermeint, ihn nicht bloß zurückzudrängen, sondern wenn möglich auszurotten.

In dieser ungeheuren Paradoxie leben wir. In ihr, scheint es, besteht überhaupt das Sein und, wie sehr wir uns dagegen sträuben mögen, sogar der letzte Sinn des Seins. An jeder der Kategorien läßt die gleiche Paradoxie sich aufweisen; ihr ganzes System ist eigentlich nur ihre, dieser Paradoxie vollständigste Entwicklung. Wir brauchen aber fortan nicht in gleicher Ausführlichkeit an jeder einzelnen Kategorie dieselbe Paradoxie aufzuweisen, sondern es wird des weiteren an der einfachen Erinnerung an das hier allgemein Gesagte genug sein. Es ist jetzt zunächst noch über die zweite und dritte Phase der Relation einiges zu sagen. Dies kann aber in Kürze geschehen, denn das meiste und eigentlich Grundlegende darüber hat schon bei der Behandlung der ersten Phase vorweggenommen werden können und müssen.

[20. Vorlesung]

**§ 52.** Die zweite Relationsphase ist die der folgenotwendigen Entwicklung von Bedingung zu Bedingtem, welches Bedingte wiederum bedingend wird für ferneres Bedingtes u. s. f.; wobei ebensowohl auch umgekehrt jedes Bedingende wieder Bedingtes eines anderen Bedingenden ist, und so gleichzeitig im Vor- und Rückgang ins Unendliche weiter. Die Paradoxie dieser Unendlichkeit hat von frühen Zeiten an die philosophischen Köpfe unablässig beschäftigt. Man findet durch die Jahrtausende hindurch immer dieselbe, bis zur Wurzel zurückgehende Frage, auch wohl dieselben Lösungsversuche, deren keiner voll befriedigt. Lese man die alten Skeptiker oder David Hume, durch dessen berühmten Kausalitätszweifel Kant aus dem »dogmatischen Schlummer« erweckt worden zu sein bekennt, oder die Widerspruchslogik Hegels und seiner Nachfolger oder Bradleys und mancher anderen, es ist in der Sache immer dasselbe: der Grund soll die Folge, oder die Ursache die Wirkung erbringen, sie mit unausweichlicher logischer Notwendigkeit nach sich ziehen. Ein A soll Grund sein oder Ursache (dies ist ein großer Unterschied, aber das Argument gilt vom einen genau wie vom anderen) für ein B. Wie denn: indem beide dasselbe sind, oder nicht dasselbe? Absolut inhaltlich und numerisch dasselbe keinesfalls; dann wären es gar nicht zwei, sondern sie müßten mindestens verschieden sein durch die Stelle im Raum, in der Zeit, überhaupt irgendwie, in irgend einem Sinne, in der Existenz, sei es auch nur in der logischen Existenz; seien also beide dasselbe X, dann doch mindestens mit einem Stellunterschied $X_0 — X_1$, oder $X_1 — X_2 \ldots$ — Gleichviel, das Argument bleibt immer dasselbe, nämlich genau sofern beide dasselbe sind, kommt nichts neues heraus, es wäre von keinem Begründen, oder Versuchen, Bewirken, Bedingen, überhaupt von keiner Relation zu reden, sondern nur von einfachem, ununterschiedenem Sein, Dasein oder Sosein; keiner dieser sonst noch so tiefen Unterschiede kommt hier weiter in Frage. Also soweit keine Verschiedenheit, kein Anders-Sein oder -Werden, besteht überhaupt kein Problem des Bedingens, Bewirkens, oder welche andere Ausdrucksweise man vorziehen mag, überhaupt einer logischen Fortschreitung irgendwelcher Art. Sobald aber oder sofern aus Etwas etwas Anderes werden, also Identität beider Glieder nicht stattfinden soll, ist die Notwendigkeit, ja auch nur die Möglichkeit des Anders-Werdens nicht einzusehen. Es wird, wenn überhaupt etwas wird, aus Etwas (A) etwas Anderes, *nicht* - dieses (z.B. B, jedenfalls aber nicht A). Das A-Sein in einem Punkt des Seins enthält aber in sich keinen logischen Grund für das Nicht-A-Sein in einem anderen Seins-Punkte, geschweige in demselben. Oder wenn man (umgekehrt) von B ausgeht und fragt, woher es B sei, so soll es, wenn B geworden, es jedenfalls geworden sein aus einem Nicht-B, z. B. A. Ganz so logisch undurchdringlich aber, wie es ist, daß das A-Sein im Seins-Punkte 1 Grund oder Ursache (überhaupt Bedingendes) sei für das Nicht-A-Sein in einem Seins-Punkte 2, ganz so logisch undurchdringlich ist es auch, daß das Nicht-das-und-das (z. B. B)-Sein im Punkte 1 Grund oder Ursache oder überhaupt Bedingendes sei für das eben dies (also im gedachten Falle B-)Sein im Punkte 2. David Hume, wie schon die alten Skeptiker, folgerte (zwar sie durften eigentlich nicht folgern, oder hätten mindestens gleich dabei sagen müssen, daß auf ihr Folgern genau derselbe Zweifel Anwendung findet, indessen sie folgern nun einmal): also sei zwischen Voraussetzung und Folge, oder Ursache und Wirkung, Bedingendem und Bedingtem keine logische, sondern nur eben tatsächliche Beziehung. Das ist aber, auch abgesehen von dem eben angedeuteten Skrupel, in jedem Falle oberflächlich geschlossen. Die Frage wird dadurch nur zurückgeschoben auf die Zeit, für welche die Folgenotwendigkeit stillschweigend festgehalten wird, obgleich genau derselbe Zweifel auf sie Anwendung fände. Die Folge der Zeitmomente (oder sage man allgemeiner, wie wir vorher taten: der Seins-Punkte, oder Seins-Momente) 0, 1, 2 ... wird dabei als selbstverständlich angenommen; daß man sie »tatsächlich« nennt, ist im Grunde schon dogmatische Vorwegnahme. Was hat der Moment 1 mit dem Moment 0 zu tun, oder Moment 2 mit dem Moment 1? Er soll doch ein anderer, nicht er, sein, sondern nur neben ihm stehen, innerlich, logisch mit ihm nicht verbunden. Will man antworten: nicht logisch, aber eben tatsächlich? Aber was befreit denn den Tatsachenzusammenhang von dem logischen Bedenken? Handelt es sich denn nicht eben um ihn? Wieso soll in der Welt der Tatsachen eher ein Nicht-Dies durch ein Dies, ein Dies durch ein Nicht-Dies unausweichlich bestimmt sein, so daß es eine feste unausweichliche Folge von Momenten 0, 1, 2 ..., deren jedes für das Folgende bestimmend, durch das Vorhergehende bestimmt ist, überhaupt gibt? Oder geht man, wie man wohl muß, noch den letzten möglichen Schritt weiter zurück, von der zeitlichen Folge auf die überzeitliche, wie sie z. B. in der arithmetischen Reihe der Stellziffern 0, 1, 2... als fest angenommen wird; wie soll dann innerhalb dieser Reihe aus 0 1, aus 1 2 u. s. f. hervorgehen, oder auch im Rückgang aus 2 1, aus 1 0 als voran gehendes Glied bestimmt sein? In jedem solchen Gange vor oder zurück wird doch immer dasselbe angenommen; durch etwas, oder von etwas aus, soll ein Anderes, ein Nicht-Dies, irgendwie logisch bestimmt, seinetwegen oder von ihm aus notwendig, als ihm Vorausgehendes oder Folgendes notwendig mit gesetzt sein, oder umgekehrt, von sich aus es notwendig machen (notwendig vorhergehend oder folgend). Das Problem bleibt immer dasselbe; das Problem, oder müssen wir nicht vielmehr sagen: der Widerspruch? Denn es ist nicht nur nicht begründet, sondern es ist widersprechend, daß irgend ein A-Sein Grund sei für ein Nicht-A-Sein, oder ein Nicht-A-Sein für ein A-Sein. Man muß es schon den Eleaten zugestehen: dasselbe Rätsel, derselbe Widerspruch vielmehr, der im Anders-*Werden* liegt, liegt auch schon im Anders-*Sein*, sofern irgendwie doch zugleich eine Identität dessen, was A, und was nicht A sei, dabei gedacht sein soll. Dasselbe X kann nicht als dasselbe, A und auch Nicht-A sein. Vielmehr man muß hier wiederum weiter fragen: kann es denn überhaupt, als X, A sein oder B, oder irgend etwas Anderes, vorausgesetzt, daß jedes dieser Prädikate (A, B u. s. f.) logisch etwas Anderes ist als das Subjekt X ist? Ja, wenn ich sogar darauf verzichte, von dem Subjekt X irgend ein Prädikat (A oder B usw.) auszusagen, und mich darauf beschränke, bloß zu sagen, X *ist*, oder A *ist*, B *ist*, so ist doch auch X-Sein, oder A-Sein, B-Sein usw. und überhaupt Sein wiederum nicht dasselbe. Der Zweifel fände also auch auf diese einfachste Aussage: X ist, schon Anwendung. Mit einem Wort, es wird überhaupt jede Möglichkeit einer Aussage aufgehoben. Aber eben in dieser einzig folgerichtigen Durchführung (freilich Sie werden mich auslachen, denn in »folgerecht« und in »Durchführung« ist ja das, was soeben abgelehnt wurde, doch wieder vorausgesetzt, wir wagen ja dann doch wieder zu folgern und durchzuführen, d. h. unsere Gedanken vom einen zum anderen fort und so bis zu Ende zu führen, — indessen gleichviel, nehmen wir dem Zweifler zuliebe, da er doch einmal sich auf das Folgern und Durchführen selbst eingelassen hat, daran nicht den Anstoß, den wir freilich nehmen müßten, wenn wir diesen Zweifel wirklich, wie er es doch verlangt, »folgerecht« durchzudenken versuchen) — ich sage: also eben in dieser folgerechten Durchführung hat schon der Zweifel sich selbst aufgehoben und der Denkfortschritt von A zu Nicht-A ist absolut unumgänglich, oder man muß auf alles Denken, auf alle Aussage, auf jeden Anspruch verzichten, in seinem Bewußtsein mit sich selbst einig zu bleiben, d. h. überhaupt es als sein Bewußtsein und nicht in jedem Momente ein anderes und eines anderen anzuerkennen. Also man muß dann schon ebensowohl auf sich selbst wie auf irgendeine Sache, sei es des Erkennens, oder auch des Wollens, oder irgend eines sonstigen geistigen oder sinnlichen, überhaupt Bewußtseinsaktes verzichten. Nur, hört damit der Widerspruch auf, Widerspruch zu sein? Nein; nur das hört damit auf, daß wir ihm, weil er Widerspruch ist, das Dasein, das Sein überhaupt in irgend einem Sinne absprechen müßten; das *Sein* und eben den Sinn. Sondern es muß wohl der Widerspruch, der Wider*sinn*, in irgendeinem — *Sinne* — ich wüßte mich, so widersinnig auch dies scheinen mag, doch kaum anders auszusprechen; also sei es denn getrost ausgesprochen: in irgendeinem Sinn muß der Widerspruch *sein;* es behalten also Heraklit und Plato und Hegel und die mit diesen gehen, recht, wenn sie behaupten: Sein ist, aber Nicht-Sein ist nicht minder. Ja auch Sein und Nicht-Sein in Einem *ist* irgendwie. Die Forderung des Nicht-Widerspruchs hat ohne Zweifel ihr Recht in ihrer Sphäre, aber der Widerspruch nicht minder in der seinen; nein, auch die Sphären gegeneinander abzugrenzen, so daß in der einen das eine, in der anderen das andere gilt, erweist sich schließlich untunlich; sondern in derselben Sphäre, nämlich im ganzen unendlichen Umfang des überhaupt Aussprechbaren, im ganzen Umfang des Seins und des Sinns gibt es beides, Sein und Nicht-Sein, und gibt es das Zusammen, das nicht bloß Neben-, sondern Ineinander beider, die Platonische συμπλοκή (Verflechtung) oder μῖξις (Mischung) beider miteinander (welche letztere wohl eigentlich als geschlechtliche, zeugende Vereinigung gedacht ist); und das besagt der Heraklitische Satz, daß der Streit nicht nur in allem, sondern »Vater«, d. h. Erzeuger der Panta, der Pluralität der Allen, ist, weil es ohne ihn überhaupt keine Pluralität gäbe, denn schon in jeder Pluralität ist Eines nicht das Andere, und sind doch beide irgendwie miteinander, irgendwie auch miteinander Eins, denn es gibt keine Mehrheit, die nicht Mehrheit einer Einheit, wie keine Einheit, die nicht Einheit einer Mehrheit wäre.

Damit ist der Zweifel in dem Sinne gelöst, nicht daß er zu Unrecht behauptete, es *ist* Widerspruch. Eben damit behält er vielmehr durchaus Recht. Nur kommt damit merkwürdigerweise das volle Gegenteil dessen heraus, was er damit sagen wollte und zu sagen glaubte, nämlich nicht, daß dies alles, worin er den Widerspruch aufweist, folglich *nicht sei,* sondern daß es eben damit und darin sicherlich *ist,* denn — der Widerspruch selbst *ist* ja. Die Skepsis war nur noch nicht Skepsis genug. Sie ließ sich noch immer und immer wieder vom Dogmatismus soweit betören, vorauszusetzen: was sich widerspricht, *ist* nicht. Läßt sie diesen Dogmatismus aller Dogmatismen aber endlich fallen, so wird sie zu ihrem Erstaunen entdecken, daß damit dem ganzen Zweifel der Boden entzogen ist, und die Welt, der göttliche Olymp des Seins, den er in Titanentrotz zerstören wollte, zu zerstören glaubte, in aller seiner Herrlichkeit, seiner wahrhaft göttlichen Gewalt über seinen stärksten Feind, den ewigen Feind selbst, den Widerspruch nach wie vor, ja nun erst recht sieghaft und auf immer unbesieglich dasteht, und nun mit überschwenglicher Gnade dem besiegten Widersacher das Leben nicht nur läßt, sondern eigentlich erstmals schenkt. Er war nur der dumme Teufel, an sein eigenes, zuletzt gotthaftes Sein nicht zu glauben und in seinem Alles-Verneinen unversehens sich selbst mit zu verneinen. Eben damit ist ihm jetzt, ebenso unversehens, volles Ja-Sein zuteil geworden, in *einer* Seins-Gerechtigkeit und Seins-Seligkeit mit dem, was er töricht bekämpfte. Töricht, sage ich, nicht weiter schlecht, da er die dumme Teufelsfaust ja gar nicht weniger, sondern weit vernichtender gegen sich selbst kehrte als gegen das, was er blind ohnmächtig bekämpfte, und zu vernichten, ja vernichtet zu haben träumte, und siehe da, es lebt nach wie vor!

§ 53. Das nun ist das wertvolle Ergebnis des kritischen Eingehens auf den Zweifel, daß der Widerspruch nicht nur unschädlich gemacht, sondern fruchtbar wird zum wirklichen Fortschritt der Erkenntnis, und nicht nur der Erkenntnis sondern alles und jedes Sicheinlassens in den Bereich der Bezüglichkeit, der nun doch einmal der Bereich unseres ganzen Wirkens und Schaffens und Besinnens, auch bis zum letzten, auch unserer Stellung, eben als *unserer* zum jenseitigen Bereich ist. Denn wir wissen ja von diesem nur als der letzten Begrenzung des diesseitigen, welches eben der Bereich der Bezüglichkeit ist. Diese allein fruchtbare, weil bejahende Seite der ungeheuren Tatsache des Widerspruchs ist es, die in Kants »Synthesis« zu, wenn auch nicht in jeder Hinsicht einwandfreiem, vor allem zu einseitig nur theoretischem Ausdruck kommt. Es wurde schon be-

## Synthetische Einheit von Ursache und Wirkung

rührt, daß Kant den Anstoß zu seiner eigenen Aufstellung des »synthetischen Apriori« von dem Skeptiker Hume, und zwar von dessen Leugnung der logischen Begründung des Ursachverhältnisses empfing. Kants Lösung des Hume'schen Zweifels fiel bekanntlich dahin aus: Die Verknüpfung von Ursache und Wirkung, wie überhaupt alle Verknüpfung nach irgend einer der Kategorien, deren vollständiges System aufzustellen deshalb für ihn von entscheidender Wichtigkeit war, ist logischer Natur (gegen Hume); aber sie begründet sich nicht »analytisch« nach dem Satze des Widerspruchs. Dies festgestellt zu haben, bleibt Humes Verdienst. Nur ist damit das Problem nicht gelöst, sondern eigentlich erst gestellt, denn Humes Lösung auf dem Wege der Assoziationspsychologie ist schon damit sofort hinfällig, daß sie das Rätsel der ursachlichen Verknüpfung überhaupt (und jeder dieser gleichartigen, in Kants Sinne eben synthetischen Verknüpfung) lösen will durch die Voraussetzung einer bestimmten Art ursachlicher Verknüpfung, eben der assoziativen, als ob der Nexus von Ursache und Wirkung in dieser besonderen Gestalt weniger dem Zweifel unterläge als der Nexus überhaupt. Was besagt denn nun Kants Zurückführung der ursächlichen Verknüpfung, als eines bloßen Sonderfalles, auf die allgemeine Verknüpfung (Synthesis) oder verknüpfende (synthetische) *Einheit?* Und wieso unterliegt diese nicht dem gleichen Zweifel, nämlich wie es zu begreifen sei, daß durch etwas etwas Anderes, also nicht nach dem Satz des Widerspruchs (verstehe: des Nicht-Widerspruches) gesetzt sei? Synthesis: ist mit diesem Worte etwas mehr gesagt, als daß eben ein Übergang von A zu B, von »etwas« zu »etwas Anderem«, überhaupt anerkannt werden muß, da es ihn doch tatsächlich gibt, da man ihn beständig tatsächlich vollzieht? Kant schien doch alles Gewicht gerade darauf zu legen, daß hier nicht bloß tatsächlicher, sondern logisch begründeter Übergang vorliege. Kants Darstellung leitet hier leicht irre, indem scheinbar der ganze Nachdruck darauf fällt, daß die Verknüpfung nicht durch den bloßen Nicht-Widerspruch schon logisch begründet, sondern etwas Eigenes, Positives und Ursprunghaftes ist. Der Kern der Frage ist aber: was denn dieses Positive, schöpferisch Ursprüngliche nun ist, da es der in sich gänzlich unfruchtbare bloße Nicht-Widerspruch offenbar nicht sein kann. Was vorschwebt, ist wohl nichts anderes als die *Relation*, insbesondere in der zweiten Phase, nämlich der synthetischen Einheit als Vereinigung des Mannigfaltigen, als Entwicklung der Einheit in die Mannigfaltigkeit. Das ist das Prinzip der Fortschreitung, und dies Prinzip ist darum und damit logischer Natur und a priori, daß überhaupt ein Logos irgendwelcher Art und Stufe anders als auf dieser Grundlage nicht möglich, daß alle logische Funktion letzten Grundes Funktion der Vereinheitlichung eines gegebenen Mannigfaltigen, oder Vermannigfaltigung eines gegebenen Einen ist. Kant scheint zwar nur von der ersteren, der Vereinigung des Mannigfaltigen, zu sprechen; als ob das Mannigfaltige selbst, schlechthin und allgemein, voraus gegeben, und als das Gegebene, und zwar Erstgegebene gar keiner weiteren Rechenschaft oder Ableitung bedürftig oder fähig sei. Und doch, da nun einmal unentrinnbar in allem synthetischen Prozeß die Einheit voransteht (Kant selbst weiß das sehr wohl und hebt es öfter hervor, deswegen ja geht er von der Synthesis noch einen Schritt weiter zurück auf die »Einheit der Synthesis«), so kann zuletzt nur aus ihr die Mannigfaltigkeit sich entwickeln, sie muß diese also von Haus aus als Zentrale in sich getragen haben; d. h. die Urbeziehung der »Einheit des Mannigfaltigen« muß von Haus aus nicht einseitig sondern Wechselbeziehung, das Mannigfaltige ebenso Mannigfaltiges der Einheit, wie die Einheit Einheit des Mannigfaltigen sein. Damit ist sicher viel, es ist jedenfalls der Zugang zur entscheidenden Lösung wirklich gewonnen. Die Korrelation von Einheit und Mannigfaltigem ist es auch, die in Platos Symplokē vorschwebt. Jede Kategorie fordert, um sich in ihrem eigenen Sinnes- und Seinswerte zu behaupten, die Mitwirkung jeder anderen; sie alle stehen unter sich in diesem ursprünglichen Konnex, vielmehr sie entstehen erst in dieser sehr aktiven Konnexion (nicht bloß Verknüpftheit, sondern Knüpfung des Zusammenhangs) wie allgemein Zentrum und Peripherie, so daß das Zentrum eben das Zentrum der Peripherie und die Peripherie die Peripherie des Zentrums, jedes also erst mit dem anderen überhaupt ist und wird, und eben das ist und wird, wie es ist und wird. Diese Urtat der Verknüpfung ist es, aus der jedes Verknüpft-Sein erst hervorgeht; d. h. nicht aus einem, als logischer Punkt etwa gedachten A wird oder geht hervor ein anderer logischer Punkt B, sondern aus dem Einheitszentrum, von welchem aus (nur damit ist es ja Zentrum) wie durch kontinuierliche Drehung eines Leitstrahles der ganze Umkreis und damit von jedem Punkt zu jedem der Weg beschrieben wird, geht, nicht der Punkt A, der Punkt B u.s.f., wohl aber die Verknüpfung hervor, die sich der Reihe nach auf sie alle erstreckt, sie alle aus einem Zentrum nicht bloß erfaßt, sondern erzeugt, und damit zugleich auch sie alle unter sich in Verknüpfung bringt, welche in ihnen als besondere nur ist, sofern sie aus der, aktiv zu verstehenden, Einheitsverknüpfung des *Ganzen* sich erzeugt. Nicht die Punkte erzeugen je einer den anderen. Das ist ewig nicht zu verstehen, denn sie sind nur jeder, was er ist, jeder nicht der andere, und nur damit er selbst, daß er nicht die anderen und die anderen nicht er sind, und so ist gar nicht zu verstehen, wie sie zusammenkommen, wie überhaupt ein Weg vom einen zum anderen bestehen sollte. Ein Weg ist nur, wo eine Bewegung, und diese nur, wo ein Bewegendes ist. Nur in dieser erzeugenden Urtat besteht nicht bloß, sondern entsteht, *ist* nicht bloß, sondern *wird* ewig neu und jung, die Verknüpftheit von A und B. Diese ist also das, wonach Kant fragte, was er bei Hume mit allem Rechte vermißte; es ist das »Dritte«, das zwischen dem A, das nicht B, und dem B, das nicht A ist, und das es aus sich nie werden kann, die Brücke schlägt, den Weg bahnt und geht, und so den Konnex, gleichsam die elektrische Leitung herstellt, durch die sie, während jedes seine Stelle einhält, untereinander gleichsam in Verkehr, zu gegenseitiger Aussprache und Verständigung kommen können. Das ist der Logos, die διάλεκτος, die Aussprache, und zwar wechselseitige Aussprache, die solange unmöglich war, als A durchaus nur A, B nur B sein sollte und nichts anderes, jedes in seinem Seinspunkte festgehalten, nicht von sich aus zu anderem irgendwie hinübergreifend. Bei Plato wird es sonnenklar, daß eben diese Forderung des Übergangs, und zwar als stetigen, es ist, die durch die Symplokē oder Mixis (welche sehr nahe der Kantschen Synthesis entspricht) erfüllt wird. Die Stetigkeit des Übergangs ist ewig nicht zu erbringen aus den diskreten Punkten, sondern einzig aus einem übergreifenden Prinzip einer synthetischen (d. h. Zusammenhang eben durch Übergang schaffenden) Einheit, oder vielmehr Ein*ung*. Diese liegt also nicht in den Punkten 0, 1, 2 . . ., die bleiben ewig getrennt; sie liegt auch nicht in irgendwelchen Zwischenpunkten, wie sie in der Zahlenreihe etwa die Brüche darstellen würden. Mag man deren soviel annehmen, sie so eng aneinanderrücken, als man will (d. h. den Nenner wachsen lassen, und wäre es ins Unendliche), es bleibt dennoch von Punkt zu Punkt logisch prinzipiell immer die gleiche Kluft. Auch von Näherung der Punkte ist eigentlich nicht zu reden, denn zum Unendlichen gibt es keine Näherung. Die bloße Unendlichkeit, solange sie nur den Fortgang ohne Ende, solange sie nur das Nimmer-enden des Immer-endens, die Unendlichkeit also des endlichen Fortgangs selbst besagt, erbringt nicht Stetigkeit, sondern erst dann ergibt sich diese, wenn die Reihe sich integriert, d. h. in die Ganzheit zurückgeht, die selbst ursprünglich, und aus der erst die endlichen Setzungen alle ins Unendliche heraustretend gedacht werden müssen. Das Kontinuum liegt den Diskretionen ursprünglich zugrunde. Es ist als ihre Allheit ihnen übergeordnet, nicht als ihre Summe aus ihnen erst herauszubringen. D. h. sie ist Ursprungseinheit, sie ist zentral. Die Punkte der Reihe im Nacheinander sind nur ihre Derivate (ὡρμημένα, daraus Hervorgegangenes, oder davon Ausgegangenes, nach Plato), also peripherisch.

Wer nun hier den Widerspruch sucht, nun, er hat es leicht genug, ihn zu behaupten. Die Paradoxie jedenfalls ist gerade an den Begriffen des Unendlichen und der Stetigkeit immer empfunden und immer auch stark hervorgehoben worden. Kant begründet seinen tiefen Gedanken der Antinomie und enthüllt den ganzen tiefen Dualismus der Erkenntnisprinzipien eben da, wo er ihn zuerst einführt, nämlich in seiner Dissertation von 1770 (die eigentlich das Programm zur Kritik der reinen Vernunft darstellt), genau auf diesen fundamentalen Unterschied: daß unter *einem* Aspekt, für den bloß vermittelnden »diskursiven«, (d. h. bloß von Punkt zu Punkt fortschreitenden, das Mannigfaltige bloß in deutlicher Auseinanderstellung als Mannigfaltiges durchlaufenden) »Verstand« die Einheit aus dem unendlichen Mannigfaltigen, oder dieses aus jener hervorgehen müßte, aber niemals hervorgeht, unter dem anderen Aspekt aber, dem der reinen, an jene einschränkende Bedingung der Auseinanderstellung, Punkt um Punkt, im Nacheinander nicht gebundenen, sondern ursprünglichen und unmittelbaren, vermittlungsunbedürftigen »Vernunft« (die allerdings nicht die menschliche ist), die Einheit des stetigen und des nicht bloß Un-, sondern Überendlichen voransteht, und aus sich die unbegrenzbare Vielheit diskreter Setzungen, ganz in ihrer Unvollendbarkeit, Vollendungsunfähigkeit als bloßes Derivat erst hervorgehen läßt. Den Beweis, daß es diese dem Mannigfaltigen über- und vorgeordnete Einheit gibt, obgleich unser (endlicher, diskreter) Verstand sie nicht faßt, diesen Beweis liefert (nach Kant) die Mathematik, welche in ihrer durchaus sicheren und zweifelsfreien Behandlung der Stetigkeit diese überendliche Einheit einfach zugrunde legt und durch die Tat beweist, daß man damit durchkommt; vor welchem Tatbeweis alle Skrupel des bloß endlichen, diskursiven Verstandes schweigen müssen. Kant unterscheidet hierbei von der bloßen Re-

## Widerspruch des diskursiven Verstandes

luctantia, dem Sich-Sträuben des endlichen Verstandes gegen solche Ursprungseinheit des Unendlichen, die Repugnantia, den Widerstreit oder Widerspruch, der in der Sache selbst nicht vorhanden sein könne. Aber dieses Sich-Sträuben des diskursiven Verstandes ist allerdings nichts Willkürliches, sondern für ihn ist in der Tat Widerspruch, was in der Sache (nicht wie er sie erkennt, sondern gerade wie er sie nicht erkennt und zufolge seiner endlichen Natur sie niemals erkennen könnte) nur deshalb letztlich kein Widerspruch sein kann, weil es sonst nicht wäre; es ist aber. Würde man fragen, woher weiß ich, daß es ist, wenn ich es doch nicht zu erkennen vermag? so würde Kant antworten: Es ist ein Unterschied, die Tatsache, das Daß anerkennen müssen und das Wie mit dem Denken durchdringen und in diesem bestimmteren Sinne erkennen. Es *ist* aber nicht nur, es wird auch gedacht, es muß also doch irgendwie sich auch denken lassen, was gleichwohl mit dem Denken zu durchdringen nicht möglich ist. So wie wir in bestimmtem Sinne auch das Dunkel sehen, obgleich nichts in ihm zu unterscheiden ist, ja in bestimmtem Sinne auch das Schweigen hören, d. h. im schärfsten Hinhorchen zu dem Wissen kommen können, da ist kein Laut, sondern völlige Stille. So mag wohl jenseits des unauflöslichen Stimmengewirrs, der heftig und mißtönig gegeneinander kämpfenden endlichen Sprüche und Widersprüche, die heilige Stille, in der beides, Spruch und Widerspruch, schweigen, sich uns auftun, so daß wir bestimmt wissen, es gibt diese Stille, aber freilich nicht sagen können, auch gar kein Bedürfnis mehr spüren, zu sagen, was sie denn sei. Um dies zu sagen, müßten wir ja selbst die Stille unterbrechen durch einen Spruch, gegen den sofort neuer Widerspruch sich erheben würde. Dann wäre es mit der Stille sogleich vorbei. Ein Wort gäbe wieder das andere, und so wäre es bald wieder das alte Getöse, in dem sich zuletzt das eigene Wort nicht mehr versteht.

Ist das Lösung des Widerspruchs? Nein, es ist nur Verlöschen. Es ist nicht Lösung, die man sich dachte, nämlich wieder in einem Spruch, der den Gegenspruch zum Schweigen brächte, um aber selbst das große Wort zu führen und das letzte Wort zu behalten. Solch letztes Wort aber ist unserem Verstande versagt. Das Letzte ist für ihn vielmehr Schweigen. Oder besser: Vor dem Letzten versagt alles gewortete Wort und bleibt nur, wie ich früher einmal sagte, das wortende Wort, das was selbst alles gewortete Wort und allen Sinn eines solchen erst gibt, nicht durch es erst gegeben, ihm unbedingt voraus und über ihm ist. Aber überzeugender spricht kein gewortetes Wort zu uns, zu dem Letzten in uns als dieses heilige Schweigen, in welchem Unvernehmliches sich vernimmt, Unaussprechliches, tiefer als alles Aussprechbare, selbst keines Aussprechens bedürftig, selbst absolut unwidersprechlich sich kund tut. Mag man das »Mystik« nennen (Mystik ist ja benannt vom Schweigen und Augen-Schließen), aber es ist nichts Überschwengliches darin, es ist im Gegenteil Rückgang auf das ganz Schlichte, Unmittelbare, auf den Grund, der alles gründet, der, selbst von allem noch leer, eben damit vorausweist auf die ganze Erfüllung; Erfüllung, die auch Befriedigung, Schlichtung alles Streites, Sieg nicht nur, sondern Frieden bedeutet. Doch dies am Ende nur vom Standpunkt des Unfriedens und der Verworrenheit, des lauten und wilden Krieges, der den endlichen Bereich durchtost; an sich bleibt in dieser letzten Phase kein Streit mehr zu schlichten, kein Feind zu besiegen, kein Verlangen zu stillen, und so wird jedes Wort, welches von ihm weiteres zu sagen versucht, immer nur von der Gegenseite, vom Diesseits her gesagt sein, also es selbst, dieses Letzte, nicht seiner letzten Wahrheit nach, »wie es in sich ist«, benennen. Also tut man freilich richtiger, auf solchen Versuch der Aussprache des zuletzt doch Unaussprechlichen grundsätzlich zu verzichten.

[21. Vorlesung]

§ 54. Bleibt demnach die Zweiheit und tiefe innere Gegensätzlichkeit des Erfahrungsbereichs auf der einen Seite, des schlechthin Übererfahrbaren auf der anderen in seiner vollen Schärfe bestehen, so wäre doch die Vorstellung irrig, als ob beide ganz auseinander lägen, wie die gewöhnlichen Bezeichnungen Diesseits und Jenseits, und wie selbst das Heraklitische πάντων κεχωρισμένον (»von allem abgeschieden«) es auszudrücken scheint. Beides ist vielmehr so ganz ineinander wie Kontinuierliches und Diskretes, wie Zentralbeziehung und peripherische. »Nichts ist drinnen, nichts ist draußen, denn was innen, das ist außen«. Der Bereich der Erfahrung ist der der Bezüglichkeit. Nur durch ihn ist das Problem gestellt, diese Bezüglichkeit vom erreichbar letzten Beziehungszentrum aus zu durchdringen. Es sind die Durchblicke zu diesem Zentrum von irgend einem Punkte, und zwar zuletzt von jedem Punkte des Umkreises her, welche die Platonischen Ideen, und welche unsere Kategorien, als Äußerungsweisen des Seins selbst, ausdrücken wollen. Es sind die Strahlen von dem uns unerreichbaren Lichtquell, von der Zentralsonne her in das ganze Reich der Bezüglichkeit hinein, welche von ihm aus diesen ganzen unendlichen, vielfach unendlichen Raum erhellen und in gewisser Weise ausmeßbar machen, indem sie wie durch Drehung eines Leitstrahles ihn durchmessen und seinem ganzen Sein und Sinn nach für uns erst erzeugen. Es sind die Strahlen eben jener »Sonne im überhimmlischen Bereich« (nach Plato), hinaus über Erkenntnis und Erkennbarkeit wie über alles bedingte Sein des Erfahrbaren und des Erfahrens selbst, die doch dieses alles, Erkenntnis auf Seiten des Subjekts, Erkennbarkeit auf Seiten des Objekts, samt Sein und Werden alles Erkennbaren und Erkennenden, erzeugen, gründen, schaffen, also wahrlich nicht, hehr und heilig, aber stumm und tot wie die Götzenbilder im Tempel, bloß dastehen, sondern lebendig, schöpferisch alles durchdringen und beleben. Alles: Sein und auch Nicht-Sein, Ja-Spruch und auch Widerspruch, denn auch in ihm, gerade in ihm ist beides gemischt, und mit ihm ist das Sein des Erfahrbaren reicher und tiefer, dem Ursprung und seiner Einheit näher als das ungemischte Ja und Nein, Sein und Nicht-Sein, das bloß in den Begriffen des Verstandes existiert. Es bereichert und vertieft eben dies bloß ruhende Sein zum Werden, ohne welches weder Bewegung wäre, noch Seele, noch Leben, noch Gottheit, auch nicht Erkennen und Erkanntwerden, nicht Wollen nicht Schaffen, nichts von allem. Eine unerträgliche Entleerung und Verflachung dagegen bedeutet jede bloße Aus- und Gegeneinanderstellung. Eine Auseinanderstellung ist im Beziehen zwar immer auch enthalten und für seine gedankliche Erfassung wesentlich vorbedingend. Denn wo nicht Eines und Anderes, wo nicht ein Gegenüber, da gäbe es auch keine Beziehung. Aber das bloße ruhende Gegenübersein, das bloße »Eins und ein Anderes« (Thesis und Heterothesis) schafft nicht hinterher durch eine unsagbare dritte Setzung (Synthesis) die Beziehung, oder trägt sie erst hinein. Das ist für sie nicht mehr als Material, es gerade fordert die Beziehung, aber könnte sie nicht erbringen; vielmehr es selbst ist Beziehung, aber nur ihre für sich unfruchtbare negative Seite. Weit deutlicher bekundet sich die positiv schaffende Kraft der Beziehung im fließenden Übergang, im Platonischen Zwischen, in jenem ἐξαίφνης, dem schwebenden Nu des Übergangs. In ihm wird, wie ich sagte, der Widerspruch selbst schöpferisch, dynamisch. Deshalb stellt Plato im »Sophisten« jenes Sein, welches mit dem Nicht-

Sein eins und aufs engste verwoben ist, nicht in abstrakter gegenseitiger Ausschließung ihm bloß gegenüber und entgegen, sondern betont die gerade durch die Ausschließung und Gegenstellung umsomehr geforderte einende *Kraft, Dynamis,* welche offenbar gedacht ist als nicht bloßes, problematisches Sein- aber ebensowohl Nicht-Sein-Können, sondern als volle, höchst positive Mächtigkeit stets ebensosehr beides, des Wirkens und des Leidens, des Ja und des Neins, der Bewegung und des Stillstandes, welche sich wechselseitig bedingen und damit das Bedingen selbst, weit hinaus über den Sinn des bloßen Neben-, also Außereinander- und Sichgegenüberstehens, verschärfen zur Wechseldurchdringung und Gemeinschaft, Koinonie, die wir nach ihrem logischen Sinn uns am besten verdeutlichen werden als Korrelativität, als durchgängige Wechselbezüglichkeit.

Hiermit nun tritt der Prozeß der Relation schon in die dritte, abschließende Phase, eben die der Wechselrelation, ein, welche das in der zweiten nur Auseinandertretende und durch Gegensatz und dessen Wiederaufhebung sich Entwickelnde vollendet zum Wiederzur-Einheit-Streben und zwar zur konkreten Einheit des Sich-Wiederzusammenschließens, wodurch auch jedem Einzelnen (das, zunächst für sich genommen, zwar von allem anderen noch getrennt ihm gegenüber stand) seine Stelle im ganzen, in bestimmter Zurückbeziehung eben auf die Ganzheit, angewiesen wird.

§ 55. Das Verhältnis der drei Phasen dürfte hiermit klargestellt sein. Auch sie liegen nicht irgendwie getrennt oder trennbar auseinander, sondern die beiden Enden, die Möglichkeits- und Wirklichkeitsphase der Relation in ihrer inneren, wesentlichen Wechselbezüglichkeit, durchdringen sich ganz und gar in der mittleren Phase, der der Notwendigkeit, welche eben in ihrer Wechselbeziehung und durch sie hervorgeht. Die Substanzphase bezeichneten wir vorzugsweise als die der Möglichkeit in dem oft betonten höchst positiven Sinne der vollen Mächtigkeit. Aber eben in dieser Bedeutung liegt sie nicht dem Ganzen abgesondert voraus oder bloß zugrunde. Erwies sie sich als der Ansatz oder Anhub zur Relation, so trug dieser doch, als Ausdruck des Hervorganges, der Eröffnung und Einleitung des Prozesses, das Ganze dieses Prozesses selbst, eben im Sinne der Dynamis, schon in sich; darum erstreckt sich diese Kategorie auch auf jeden neuen relativen Anhub oder Ansatz stets in diesem selben Sinne des Hervorgangs, der Eröffnung und Einleitung je eines neuen, relativ abgegrenzten Prozesses, und trägt wiederum diesen als ganzen im Sinne der Dynamis in sich. Und so ist auch die dritte Phase nicht zu verstehen als jenseitiges Ende, hinter oder über dem ganzen Bereiche der Bezüglichkeit als unendlich fernes Ziel der Bewegung selbst festliegend. Sie birgt vielmehr dessen ganzen Reichtum und hebt ihn erst empor zur erreichbar höchsten Vollendung in Hinblick und Richtungnahme auf die Letztheit, Einzigkeit, Ganzheit, der nichts, der es an nichts fehlt, die alles zur Allheit ergänzt, selbst keiner Ergänzung ferner fähig noch bedürftig ist. Und so ist wenigstens ein Vorspiel dieses letzten Abschlusses, ein Hinweis auf ihn, ja eine Vorauswirkung desselben jeder Abschluß in einem relativen Ganzen, je für den abgegrenzten Bereich Letzten und Einzigen; nur ist dieses darum nicht *das* Letzte, Ganze, Einzige überhaupt, sondern dieses alles nur in relativem Sinne, für den jeweils abgegrenzten Bereich. Diesen weiten Sinn darf man wohl (mit Cohen) dem Terminus »System« geben, denn es gibt nicht bloß *das* System, es gibt Systeme in jeweiliger Abgrenzung, und wieder Systeme von Systemen, wie wenn man in der Kosmologie von Sonnensystem, Milchstraßensystem redet, oder wie man redet von der Energie eines Systems, so von Geschlossenheiten logisch scharf abgegrenzter Seins- und Sinnbereiche in jedem Gebiete, in mannigfacher prinzipiell nirgends begrenzter Abstufung. Solche sind nach heutiger Auffassung zum Beispiel auch die chemischen Verbindungen, so die biologischen Gattungen, aber auch die Einzelorganismen, und wiederum besondere in sich geschlossene Organe derselben, und so gibt es tausendfach Systeme auch im praktischen, im poetischen Bereich u. s. f. Vielleicht betont das Wort System (»Zusammenstand«) nur allzu scharf den Feststand, die starre Abgrenzung, statt daß es wesentlich ankommt auf die innere Geschlossenheit jeweils in sich abgegrenzter Gesetzeszusammenhänge in dennoch lebendig bleibender Entwicklung.

§ 56. Das Wesentlichste, das Neue und Eigene aber, was durch die dritte Relationsphase den zwei ersten gegenüber erreicht und überhaupt, auch nur als Aufgabe, erst aufgestellt wird, ist die Individuität jedes solchen Systems, die in der Ganzheit und Einzigkeit schon liegt; sie hat z. B. Aristoteles im Sinne, wenn er die Physis durch das Telos, den Abschluß, das Ende als Endzweck, als Ziel definiert. Starr und tot bliebe vielmehr die bloße Gesetzesrelation überhaupt, welche ganz der zweiten Phase angehört. Die dritte ist so wenig gesetzesfeindlich wie die erste, aber wenn diese noch diesseits der Gesetzlichkeit blieb, die in der Tat der zentrale und insofern alles in sich befassende Sinn der Relation überhaupt ist; wenn durch die Substanz, als die Möglichkeitsgrundlage der Relation, noch nicht mehr als der Gesetzesgrund überhaupt gelegt wurde, die zweite Phase dagegen sich die Aufgabe stellt, die Forderung, das Erfordernis der Gesetzlichkeit überhaupt zu realisieren in der Aufstellung bestimmter Gesetze je für bestimmt abgegrenzte Bereiche der Bezüglichkeit, — durch die für sie unerläßliche Abgrenzung und Festlegung auf die jeweiligen Grenzen der gesetzlichen Bestimmung aber in die Gefahr der Erstarrung geriet, so haben wir uns in der dritten Phase alle solche Starrheit gelöst, den vollen Prozeßsinn der Relation schrankenlos sich durchsetzend zu denken, der Forderung nach bis zur vollen Lebendigkeit und Konkretheit allseitiger Wechselbezüglichkeit, Wechseldurchdringung. Goethe spricht von beweglichem Gesetz, von »geprägter Form, die lebend sich entwickelt«, und die Heutigen wagen endlich (wie schon längst Leibniz) vom individuellen Gesetz zu sprechen. Nichts ist falscher, als wenn man, mit Rickert, Gesetzlichkeit überhaupt starr und darum den Bereich der Natur, als den eben der starren Gesetzlichkeit, schroff entgegenstehend denkt dem der Kultur oder der Geschichte, als des allein Lebendigen; als ob da allein Individuität und freie, bewegliche, schöpferische Geistigkeit zu finden und überhaupt zu suchen sei. Dies führt dann zu solchen Ungeheuerlichkeiten, wie wenn Simmel den Begriff des »Interesses« einzig aufs Historische, als das allein den Menschen Interessierende, einstellt und den Satz auszusprechen über sich bringt, es gebe kein Interesse an der Natur, sondern nur am Natur-erkennen, welches letztere aber eben nur den Menschen angehe und in der Tat der Geschichte zugehöre. Es ist merkwürdig, daß gerade ein Philosoph, der doch allerlei Tiefes und Gutes über Rembrandt und über Goethe zu sagen gewußt hat, nicht wenigstens an diesen zweien gelernt hat, daß gerade das tiefste, das lebendigste Interesse des Menschen am Menschen ihn selbst, den Menschen, auch den künstlerischen, auch den wissenschaftlichen, auch den religiösen Menschen, in den einen weiten Zusammenhang des Kosmischen mithineinschlingt. Ganz gewiß ist dies im höchsten Sinne kosmische Interesse selbst sehr tief im Menschlichen verwurzelt, aber es haftet wahrlich nicht an ihm allein, es ist überdies im Menschen selbst keineswegs einzig, ja vielleicht am wenigsten notwendig historisch gerichtet, sondern ganz aktuell gegenwärtig lebendig; vielmehr umgekehrt alles Historische wandelt sich ihm selbst in aktuellste Gegenwart. Die tiefe Erschließung der Lichtwelt, der innerlichsten Naturstimmung, eben des Kosmischen und in aller Untermenschlichkeit doch menschennahen Physischen auch im Tier- und Menschenkörper, in Pflanzen und Landschaft, Berg und Ebene, Fluß und Meer und Luftstimmung u. s. f. bei Rembrandt, oder andererseits das Interesse am Zwischenkiefer und an der Urpflanze, an jedem Stein im Bach, an der Lebendigkeit der Farben- und Lichtnuance bei Goethe, um vom Lyrischen auch hier der Naturstimmung ganz zu schweigen: wäre das alles Interesse bloß am Menschen oder gar an Menschengeschichte, und nicht an Natur? Ist das Menschliche, ja das Geschichtliche denn überhaupt und in allem Betracht ablösbar vom Natürlichen? Was aber ist das Gemeinsame, das bei beiden Genannten das Kosmische und Humane in so unsäglicher Innigkeit und Wechseldurchdringung zusammenschließt und ineinanderschmiegt, (denn nichts ist ja davon auszunehmen: »Nichts ist drinnen, nichts ist draußen«) — was ist es anders, als eben, in aller Gesetzlichkeit, der der Natur nicht minder als der Menschengeschichte, die Individuität und Lebendigkeit dieser Gesetzlichkeit selbst, und keineswegs bloß des unter dem Gesetz nur stehenden von ihm nur regierten und hübsch in Ordnung gehaltenen, gleichsam in Reih und Glied gestellten Einzelnen? Zwar nicht das Gesetz selbst, auch nicht das bewegliche, auch nicht das individuelle Gesetz ist das letzte Individuale; aber es zielt doch zuletzt immer auf *die* Individuität. Es will nicht nur helfen, sie aufzubauen; wie schon die Substanzialität auf sie vorauswies und den Möglichkeitsgrund letztlich zu ihr legte. Und zwar keineswegs ist es nur das Menschen-Individuum, worum es sich dabei handelt, oder die Individuität des historischen Moments. Auch diese, mag sie immerhin in einem Sinne ein Höchstes von Individuität bedeuten, käme nicht zu der Stufe der Vollendung, die für sie erreichbar ist, stände sie nicht auf dem Grunde, und zwar auf dem Individualitätsgrunde des Natürlichen, des kosmisch Individuellen. Auch die Individuität des geschichtlichen Menschen, des geschichtlichen Moments kommt nicht zustande ohne den Naturgrund, auf dem nicht bloß, sondern aus dem sie gewachsen ist. Das Naturgebilde zum Beispiel des Rheinstroms oder seines ganzen Stromgebietes, ganz in seiner Einzigkeit und Einmaligkeit als Naturgebilde, ist unweigerlich bedingend für die historische Individuität dessen, was an ihm seit so vielen Jahrhunderten historisch Bedeutsames geschehen ist und heute wieder geschieht und uns alle bis ins Mark erschütternd bewegt und wahrlich individual, d. h. einzig und einmalig »interessiert«. Wer da nichts von der kosmischen Verwachsenheit des Menschlichen selbst gerade auch als des Historischen spürt, der weiß, fürchte ich, nicht nur nicht, was Natur, sondern auch nicht, was Menschheit und Geschichte bedeutet. Geschichte des Menschen ist durchaus mitverwoben in die Erdgeschichte. Oder welchen Klang hätte für uns der Name Deutschland, oder der Name Griechenland, oder Rom, oder Indien, oder was Sie wollen von menschlich und historisch Bedeutsamem, wenn nicht der Hauch des Landes und seiner Natur, seiner Formation, seines Pflanzen- und Tierlebens, wenn nicht auch sein Luft- und Stromreich, sein Gebirge, seine Seeküstenbildung und was nicht alles sonst, darin mitschwänge und unlöslich dazu gehörte. Gäbe es im Naturbereich nur die einzige große Provinz des Biologischen, es würde genügen, zu beweisen, daß die individuelle und bewegliche, bis ins feinste dem lebendigen Leben sich anschmiegende Gesetzlichkeit auch der Natur wahrlich nicht fremd ist, vielmehr im menschlich genannten Bereich gar nicht bestände, bestände sie nicht zuerst im Naturbereich. Aber, sieht man auch ganz ab vom Geographischen, überhaupt von aller bloßen »Beschreibung« der Naturformen, die sich Naturhistorie, nicht ohne Grund, nennt: auch im Bereich des vermeintlich Toten, Mechanischen haben sich der tiefer dringenden Forschung mehr und mehr die nur versteckter liegenden Spuren individuellster und beweglichster Lebendigkeit erschlossen. Die heutige, allseitig relativierte Naturbetrachtung kann gar nicht anders als auf Lebendigkeit und Individualität bis tief ins letzte scheinbar Starre und Tote hinein, das manche in die »Natur«, ganz gegen deren eigensten Begriff, hineingedacht, hineinspekuliert haben, doch wieder unabweisbar zurückführen. Es war wohl methodisch richtig, davon erst einmal abzusehen, solange es erst galt, die technischen Mittel der Naturerforschung zu erarbeiten, die Hebel und Schrauben erst zu fertigen, mit deren Hilfe man innerhalb der Grenzen der Leistungsfähigkeit solcher Instrumente auch nur in das Oberflächlichste der Oberfläche der Natur erst einzudringen versuchen konnte, um dann doch sehr bald dahinter zu kommen, daß man mit allen Torturen, die man ihr antat, ihr kaum die Haut ritzte, jedenfalls ihr nichts abzuzwingen vermochte, was sie unserem Geiste — zumal solange er nur mit solchen stumpfen Waffen gegen sie vorzugehen weiß

— nun einmal nicht offenbaren will, dagegen willig dem Menschengeiste sich erschließen wird, der es endlich gelernt hat, sich mit ihr zum wenigsten brüderlich auf gleich und gleich, und nicht so überheblich, richterisch und abschätzig über sie zu stellen, und mit ihr entweder schulmeisterlich, oder nur ausbeutend und im Ausbeuten ihren wahrsten, innersten Reichtum nur plündernd und verwüstend, umzugehen; der sich endlich entschließt, ihr auch eine Seele zuzutrauen, die unserer Seele, und der vor allem diese sich erst einmal lebendig erschließen müßte, ehe sie hoffen darf, von ihrer Sprache auch nur das ABC zu verstehen. Ehrfurcht vor dem Menschen hat Goethe uns gelehrt und vor dem, was über, aber auch, was unter ihm ist.

[22. Vorlesung]

§ 57. Die starre, im logischen Sinn bloß statische, nicht wirklich dynamische Auffassung der Natur beruht offenbar auf einseitiger Beachtung der zweiten, und auffallender Vernachlässigung der dritten Phase der Relation; einer Einseitigkeit übrigens, welche, abgesehen von der unberechtigten Herabdrückung des Natürlichen, auch auf das Verständnis gerade des Menschen und der Menschengeschichte nicht minder, sondern nur erst recht verhängnisvoll herübergewirkt hat. Es bedeutete gewiß einen großen Fortschritt, daß durch das hochgesteigerte Interesse am Geschichtlichen von der Romantik bis auf unsere Tage das Interesse an der Individuität wenigstens in dieser einen Gestalt des Menschlichen und Geschichtlichen, und damit das Verständnis für die lebendige Wechseldurchdringung im Individualen überhaupt, neu geweckt und namentlich in den letzten Jahrzehnten zusehends geschärft wurde. Indessen hat dies zunächst zu einer Vereinseitigung in einer dem früheren Naturalismus gerade entgegengesetzten Richtung verleitet. Das wird man in Kauf nehmen müssen; der Fortgang der Entwicklung wird diese Einseitigkeit hoffentlich bald von selbst wieder ausgleichen. Es ist noch ein Erbstück des unseligen Zerfalls der Wissenschaft in die Wissenschaften auf der einen Seite, auf der anderen der fast feindseligen Stellung der Wissenschaft gegen das Leben, und als nur zu begreifliche Antwort darauf auch des Lebens gegen die Wissenschaft, es ist das unselige Erbe eines Zeitalters, welches im Überschwang und der Überstürzung des Hinausdrängens in die Divergenz der Forderung konzentrischer Vereinigung und innerer Vertiefung fast ganz vergessen hatte, oder wenigstens die Kraft dazu nicht mehr aufbrachte: daß Gegensätze wie Natur und Menschentum, Menschengeschichte sich zu verabsolutieren drohten; als stände auf der einen Seite nur starre gesetzliche Gleichförmigkeit, auf der anderen nur bewegte, wohl gar gesetzlose Verungleichung, die man für Individuierung hielt. Von Entwicklung sprach man hier wie dort, verstand aber beidemale darunter total Verschiedenes, fast Entgegengesetztes; dort einen schließlich wenigstens prinzipiell bis aufs letzte ausrechenbaren, weil an vermeintlich unabänderlich starre Grundfaktoren und ebenso unabänderlich starre Gesetzlichkeiten gebundenen und daher an sich erschöpflich gedachten Geschehens-Ablauf, wenn nicht in bestimmten räumlich-zeitlichen Grenzen äußerlich abgegrenzt, dann doch qualitativ nach unten und oben strengstens geschlossen; hier dagegen eine Geschehensfolge, die aller Berechnung sich entziehe, in jedem Augenblick absolut Nicht-Dagewesenes heraufführe, des inneren Zusammenhalts (außer in engstem Bereiche) überhaupt entbehre, oder allenfalls nur in oberflächlicher Betrachtung solchen vortäusche, nicht in der letzten Innerlichkeit dessen, was da vorgeht, ihn verwurzelt und sicher gegründet zeige, ebensowenig an eine begrenzte Summe ursächlicher Faktoren gebunden wie auf ein gemeinsames Ziel, zu dem alle Wege schließlich zusammenstrebten, gerichtet sei. Allenfalls so dachte man sich den Zusammenhalt in historischer Geschehensfolge, daß alles einmal Aufgetretene irgendwie, aber mit immer abnehmender Kraft in die fernere Entwicklung noch hineinwirke, so daß ein gewisses Verstehen der Anfänge im Rückblick von der später erreichten Stufe aus immerhin möglich bleibe, nicht dagegen ein Verstehen des Späteren aus dem Früheren. Also man kann vielleicht sagen, das und das mußte vorausgegangen sein, damit im späteren Zeitpunkte die Fragen sich so und so stellen konnten; mit jeder Lösung aber treten neue Faktoren in die Rechnung ein, gegen welche die aus der Vergangenheit hereinwirkenden mehr und mehr in den Untergrund versinken, und endlich, wenn nicht überhaupt ausgelöscht werden, doch nicht mehr erkennbar fortwirken. Das Sichentwickeln aus dem Voraufgegangenen wird zu einem ewigen Sich-ihm-Entwinden. Die erste Art der Entwicklung also würde nur bedeuten ein Schritt um Schritt deutlicher Sichtbarwerden an sich gegebener Konvergenz, wogegen die andere Art wirkliche Divergenz annimmt, die allenfalls nur in den ersten, noch mehr oder weniger naturnahen Stadien noch etwas von dem Scheine einer zugrunde liegenden Konvergenz wahren mag; aber, je weiter sie fortschreitet, um so sicherer diesen Schein als trüglich herausstellt und zunichte macht. Das würde aber nichts Geringeres besagen, als daß Menschheit, menschliche Kultur sich notwendig von der Natur weg entwickeln und das Band, das beide in den Anfangsstadien etwa noch zusammenhielt, beständig lockern und endlich ganz durchreißen müsse, vielleicht im Grunde schon durchgerissen habe, so daß die Natur immer mehr geistlos, der Geist naturlos würde und werden müßte. Hat man aber erst einmal begriffen, daß Natur bis ins letzte hinein lebendig ist, so braucht man hernach um so weniger ängstlich zu sein, naturhafte Zusammenhänge in allem Menschlichen, allem Geschichtlichen auch bis zum Höchsten hinauf anzuerkennen. Selbst vor dem Mechanismus braucht man nicht mehr zurückzuscheuen, als ob Mechanismus notwendig ungeistig, unlebendig, tot, tötend sein müßte. Leblos ist nichts, außer für den, der es dafür ansieht. Tod gibt es nur für die Toten. Der Lebende weiß nur von Leben. Μηχανή ist Vorrichtung, Werkzeug, ὄργανον ist Arbeitsmittel; wieso wäre das ein tötender Gegensatz? Es ist wahr, das Wort Mechanē betont mehr den Sinn des bloß äußeren Mittels, oder allenfalls des ausgedachten Kunstgriffs, Organon mehr die Zweckbeziehung, es weist unmittelbar auf das Arbeiten, Werkschaffen selbst; von da aus begreift sich immerhin, daß der Gegensatz der Richtung, mehr auf das Äußere, oder mehr auf das Innere, mehr auf die Seite der Mittel, oder mehr auf die des Zwecks, gerade in diesen, dem ursprünglichen Wortsinn nach gar nicht so weit auseinanderliegenden sprachlichen Prägungen sich ausdrückt. Zwar die Verwirklichung irgendeines Zweckes oder Einhaltung einer Zielrichtung fordert in jedem Fall Mittel, Mittelstationen auf dem so und so gerichteten Wege; aber das innere Leben der Zweckbeziehung teilt sich dann notwendig rückwärts dem Mittel mit und zieht es in seinen Bereich. Umgekehrt ist nichts Mittel anders als zu einem Zweck, auf ihn hin, vermittelnd zu dem in bestimmter Zielrichtung höher gelegenen. Auf diese Weise ist überhaupt nichts, was nicht zielstrebig, andererseits nichts, was nicht auch wiederum Mittel, Vermittelndes, Mittelstation vom niederen zum höheren Zweck wäre. Nirgends also steht in letztem Betracht lebloser Materie lebendiger Zweck äußerlich fremd gegenüber. Auch die »Materie«, ὕλη steht der μηχανή (machina) nahe genug; sie steht so wenig wie diese ganz diesseits der Zweckbeziehung überhaupt. Es ist eigentlich »Bauzeug«, also durchaus auch teleologisch bezogen auf einen beabsichtigten Bau, auf eine Formung also, nicht bloße Einfügung in den Bauplan überhaupt, sondern auch schon einer Bearbeitung, einer Zurüstung zur möglichen Verwendung im Bauwerk vielleicht erst noch bedürftig, für sie aber auch bestimmt, vielleicht dazu schon vorgebildet, oder wenigstens tauglich, also keinesfalls ganz ohne Bezug auf Formung überhaupt. Im an sich wohl begründeten Kampfe gegen Naturalisierung, Mechanisierung, Materialisierung des Geschichtlichen hat man sehr oft übersehen und übersieht noch immer vielfach, daß es sich hier überall nicht um schroffe Scheidungen handelt, sondern um durchaus stetige Übergänge. Es hat namentlich Arthur Bonus die innere Lebendigkeit der scheinbar toten Masse anschaulich erläutert durch den Gedanken einer solchen Allgegenwart der schaffenden Urkraft, gemäß welcher sie gerade im Kleinsten am stärksten konzentriert, aber noch unentfaltet ist; in der Ausbreitung und Entfaltung dagegen an Konzentration und damit an Kraft im Punkte, also an Individualität verliert; was gerade mit den neueren physikalischen Vorstellungen weit besser zusammenstimmt als die Vorstellung von toten Bausteinen, wie etwa die antiken in sich kraftlosen Atome. Es hat auch Tillich (in »Masse und Geist«) schon fast dem entgegengesetzten Extrem sich genähert, indem er gerade in der ungeformten Masse das Göttliche, Urschöpferische sucht. Das hätte, wenn man es einseitig verstände, die bedenkliche Folge, daß dann jede Formung Entgöttlichung bedeuten müßte. Da aber der Entwicklung in die Form doch einmal nicht zu entgehen ist, so würde das eigentlich ein Alt- und Schwachwerden Gottes selbst bedeuten. Leicht könnte man sich zwar einen Kreisgang denken, der das vermiede, nämlich einfach entsprechend dem biologischen Kreisgang: Die Entwicklung würde in ganz folgerechter, ja unentrinnbarer Durchführung zur Wiederauflösung jeder endlichen Formung zwar führen, aber dann nicht in die vorige Formlosigkeit wirklich zurück, sondern in eine neue nur scheinbare Formlosigkeit, die in Wahrheit neue Konzentration in einer nur äußerlich keine Formung verratenden, also scheinbar chaotischen Masse bedeuten würde; aus dieser würde dann wieder, da sie in Wirklichkeit nur neue und zwar höhere, potenzierte Konzentration schöpferischer Kräfte wäre, neue Formung, und zwar höherer Stufe, wieder hervorgehen, und so vielleicht ewig fort in nie abreißendem — nicht Kreis-, sondern Spiralgang. Dann wäre jede Gefahr einer Herabziehung des Ewigen, Göttlichen in die endliche Entwicklung vermieden und wäre doch das Ewige, Göttliche, als das Ur- und Letzt-Wirkliche, alles in allem. Es wäre nicht das pluralisch gedachte Alle (die Panta) Gott, aber Gott in allem Alles, das All, im singularischen Sinne: das Pan.

§ 58. Wie dem auch sei, Natur ist nicht tot. Sie kennt keine in sich tote Masse, der dann die naturfremde Form sich erst aufprägte, ohne doch damit sie selbst bleiben zu können, als ob die Lebendigkeit nur wie ein flüchtiger Lichtschein über sie hinhuschte, sondern es gibt allenfalls auf der einen Seite Zustände, in denen die Lebendigkeit der Form für uns nicht sofort klar hervortritt, sondern erst der tiefer dringenden Forschung sich bis zu einem gewissen Grade erschließt, auf der anderen Seite solche Formung, die wir, weil wir selbst dabei näher beteiligt sind, leichter erkennen; wobei nun umgekehrt die von uns für formlos angesehene Masse nur eine untergeordnete Rolle zu spielen, die geistige Form souverän über sie zu gebieten scheint. Weder das eine noch das andere kann aber im letzten Betracht zutreffen. Alle Materie dürfen wir uns wohl bis ins Letzte zwar nicht geformt, aber in lebendiger Formung, doch in unendlichen Abstufungen, immer begriffen denken; alle für uns deutlich erkennbare höhere Formung nur für uns sich herausarbeitend aus der für unsere Erkenntnis niederen, welche darum gar nicht die an sich niedere zu sein braucht, am wenigsten aber überhaupt formlose, oder gar aller Formung unempfängliche Masse sein kann. Das Maß der Formung ist die Wechseldurchdringung. Diese muß sich an sich auf alles voll Wirkliche erstrecken. Beziehungsvoll muß letzten Grundes alles zu allem sein; aber sichtbar für einander werden immer nur die jeweils engsten, darum stärksten, oder doch am stärksten hervortretenden Beziehungen. Das sich im Grade und der Richtung der wechselseitigen Bezüglichkeit Näherstehende wird eben eher eines dem anderen erkennbar, d. h. spiegelt sich eins im andern ab, oder drückt sich in ihm aus, während zwischen dem sich Ferner-Stehenden Beziehungen zwar eben sowohl vorhanden sein werden, aber infolge der matteren gegenseitigen Abspiegelung (da eben mit der wachsenden inneren Entfernung die Beziehungen weniger erkennbar werden) über eine gewisse Grenze nicht mehr sichtbar sein und daher leicht überhaupt als nicht vorhanden angesehen werden. Was sich als identische Bezugsgrundlage für die engeren Verflechtungen solcher Wechselbezüglichkeiten heraushebt und daher als Träger bestimmter, auf diese Verflechtungen sich erstreckender Relationsgesetzlichkeiten des Geschehens zu erkennen gibt, nennen wir Dinge, und sind geneigt, in ihnen die gleichsam verantwortlichen Träger, sei es tätige Verursacher, oder nur erleidende Empfänger von Einwirkungen (nämlich Verstärkungen oder Abschwächungen bestimmter Beziehungen) zu sehen. Wirklich sind es nicht diese Dingkomplexe, aus welchen die lebendigen, wirklichen Wechselbeziehungen ausfließen, und auf welche sie einfließen. So mögen sie sich allenfalls für die nächste oberflächlichste Beschreibung der Vorgänge, wie sie sich in der Erfahrung unmittelbar darbieten, erweisen. Nicht zwischen fertigen Dingen knüpfen sich hinterher die dynamischen Beziehungen, welche wir als gegenseitige Einwirkungen, und andererseits Empfangen von Einwirkungen beschreiben, sondern die jeweils engsten, darum im einzelnen Punkt am stärksten hervortretenden dynamischen Beziehungen sind es, welche eben nach dem Maße, in welchem sie sichtbar hervortreten, für das Sichtbarwerden bestimmter engerer Verflechtungen dynamischer Beziehungen entscheiden; von welchen aus, als Verdichtungen der allgemeinen gegenseitigen Verflechtung, wir dann die Einzelfäden dieser allgemeinen Verflechtung leichter auseinanderhalten und einzeln verfolgen können. Für alle Erkenntnis der Zusammenhänge der tatsächlichen, Verbindungen schaffenden und gleichzeitig andere lösenden Kräfte sind also stets die Beziehungen das Erste, die Punkte, von denen und auf die sie sich erstrecken, sind dagegen vorläufig unbekannte Größen X, Y ..., welche erst nach Maßgabe der fortschreitend bestimmteren Erkenntnis der Einzelverläufe der dynamischen Beziehungen schrittweise genauer, aber schwerlich je endgültig und erschöpfend zu bestimmen sind. Das ist, was Kant im Auge hatte, wenn er behauptete, daß Substanzen (nämlich die relativen Substanzen in der Erscheinung) »aus lauter Verhältnissen bestehen«, unter denen nur (ebenso relativ) selbständige und beharrliche sind. In dieser wenn auch nur relativen Selbständigkeit und Beharrlichkeit bestimmter Beziehungen wird dann die eigentliche, echte Substanz des Geschehens selbst, nie absolut, aber immerhin in bestimmten Grenzen zutreffend sich ausdrücken, eher als in solchen Verdichtungen oder engeren Verflechtungen, die sich für die Erkennbarkeit vielleicht zuerst herausheben, aber darum keineswegs das an sich Erste, sondern vielleicht gerade das Allerletzte, das Abgeleitetste, und nicht das Ursprüngliche sind. Das sind die derivativen Substanzen und Kräfte, von denen Leibniz spricht, und denen er als die echten, originären Substanzen seine Monaden mit ihren echten Urkräften oder dynamischen und zwar stets wechselbezüglich dynamischen Relationen entgegenstellte. Nicht Dinge sind das Zugrundeliegende, sondern die wahren Substanzen sind die Gesetze der dynamischen Beziehungen. Gewiß müssen irgendwelche letzten, mit den wechselnden Beziehungen nicht ihre numerische Identität verlierenden Grundpunkte des Seins vorausgesetzt werden; aber diese haben wir nicht, sondern suchen sie allenfalls; wir mögen solche hypothetisch setzen, um sie dann, sofern wir die erforderlichen Bestimmungsstücke dazu in Händen haben, näher und näher, aber schwerlich je abschließend zu bestimmen. Das vergleichsweise Feste, identisch Beharrende sind dabei die gesetzmäßigen Beziehungen, die in dem Geflecht der Veränderungen (in der Auseinanderstellung und damit Verfolgung der Einzelfäden der Verflechtung) sich erkennen lassen; Beziehungen der Abhängigkeit zwischen verschiedenen solchen einzeln sich heraushebenden Veränderungsreihen, die sich mathematisch als Funktionen, das heißt Gleichungen nicht zwischen festbleibenden, sondern beiderseits veränderlichen Größen X, Y ... ausdrücken. Die Beständigkeit solcher Abhängigkeitsbeziehungen muß uns die festbleibenden Träger, die Dinge, vertreten, da wir irgendwelche festbleibenden Grundpositionen eben nötig haben, um Veränderungen überhaupt als solche erfassen, darstellen, und dann näher und näher bestimmen zu können. So wird uns zur Substanz etwa die in ihrem Grundbestande sich erhaltende, nur anders und anders sich verteilende und damit sozusagen wandernde, von Stelle zu Stelle sich hinüberpflanzende Energie; Bewegung, nicht Ortswechsel übrigens identisch bleibender Dinge, sondern Wanderung der Energie von Stelle zu Stelle.

Wo ist dann eigentlich die verantwortliche Stelle zu suchen, die gleichsam Rede steht auf die Frage, warum es so und nicht anders geschieht? Ganz gedankenlos ist die gewöhnlichste Antwort: Es geschieht im einzelnen Fall so, weil es eben immer so geschieht. Ganz abgesehen davon, daß die Frage Warum? so ganz unbeantwortet bleibt, ist überhaupt die Gleichförmigkeit des Geschehens nicht zuzugeben. Unter gleichen Umständen wird gewiß stets Gleiches geschehen, aber die Umstände sind nie gleich. Der Fall der Gleichheit der Umstände kommt in der Natur (vollends in der Menschenwelt) überhaupt nicht vor. Er braucht gar nicht vorzukommen. Der eigentliche Gehalt des Ursachengesetzes ist nicht, daß unter gleichen Umständen gleiche, sondern daß unter in bestimmter Weise sich ändernden Umständen in bestimmter Weise geänderte Folgen eintreten. Der Irrtum beruht auf dem Stehenbleiben im abstrakt Allgemeinen. Gesetze sind keineswegs (wie Helmholtz einmal in einem schwachen Augenblick ungenau gesagt hat) bloße Gattungsbegriffe für Tatsachen, d. h. Zusammenfassungen solcher unter abstrakten Allgemeinheiten, sondern sie sind durchaus konkret bestimmend. (Gute, weil selbst konkrete Ausführungen darüber findet man z. B. in Cassirer: »Substanzbegriff und Funktionsbegriff«). Die synthetische, *nicht*-analytische Natur der ursächlichen Beziehungen darf und muß man eben so verstehen. Doch ist, wenn es sich um das Ganze des Problems handelt, diese Formulierung unzulänglich; sie kann nur eine Bedeutung beanspruchen als ein Ausdruck des nächsten Anstoßes, der an der vulgären Vorstellung des Sinnes und Grundes der ursächlichen Verknüpfung zu nehmen war. Im voraufgehenden Geschehen A liegt kein logischer Grund für ein nachfolgendes Geschehen B, da doch zwischen beiden keine Identität besteht, sondern — es muß etwas hinzukommen. Was aber wäre dies, was hinzukommen muß? Etwa noch ein weiteres Geschehen? Dann hätten wir nur statt des A ein ($A_1$ plus $A_2$); nennten wir nun dies ($A_1$ plus $A_2$) wiederum A, so haben wir genau wieder die vorige Frage, wir sind also keinen kleinsten Schritt weitergekommen. So ist es aber von Kant natürlich nicht gemeint. Das hinzukommende Dritte, von dem er spricht, ist vielmehr der gesetzliche Prozeß der Erfahrung, ist die »Möglichkeit«, das heißt hier der Inbegriff der gesetzlichen Beziehungen der Erfahrung als einer Erkenntnisart, oder ist die Gesetzlichkeit, gemäß welcher aus dem Material der Einzelerfahrungen, der erfahrbaren Einzelgeschehnisse A, B, C ... ein geordnetes Ganzes, der »Kontext«, die allseitige Verwebung, Verflechtung des Erfahrungszusammenhanges sich aufbaut. Damit finden wir uns dann zurückverwiesen auf das Konkrete dieses, nicht fertig seienden, sondern in der Erkenntnis erst stetig sich flechtenden Zusammenhanges. Nicht ein Einzelnes ist Ursache eines anderen Einzelnen, nicht A Ursache von B, B von C u. s. f., sondern der ganze, nie geschlossene, sondern für unsere Erkenntnis immer offene Komplex (A, B, C ...) ist Ursache, d. h. ist veranwortlich dafür, daß im einzelnen A mit B, B mit C u. s. f. sich so und so verknüpft, so daß aus diesen erkannten Einzelverknüpfungen der ursprünglich vielmehr zugrundeliegende allumfassende »Kontext«, die Allverknüpftheit des Geschehens, sich für die Erkenntnis vielleicht nie abschließend herstellt, aber doch herzustellen strebt und wenigstens in einzelnen, engeren oder umfassenderen Durchblicken sich teilweise zu erkennen gibt. Kants »synthetische Einheit« ist zuletzt nichts geringeres als der konkrete Allzusammenhang. Die Allheit, die Allverknüpfung umschließt nicht nur, sondern bestimmt den Einzelfall der Verknüpfung. An sich also steht die Allverknüpftheit voran (für uns als Dynamis); sie zerlegt sich unter dem zweiten Aspekt in die Einzelzusammenhänge; diese aber sollen sich zur Einheit der Totalverknüpfung wieder zusammenschließen, d. h. sie sind in ihr an sich Eins; aber erst unter dem dritten Aspekt die voll konkrete Einheit, in welcher der Relation erst der volle Wirklichkeitscharakter zuteil wird.

§ 59. Es mag zu weiterer Klärung dienen, uns hier der skeptischen Beweisführung zu erinnern, welche durch 5 Stadien hindurch die Unhaltbarkeit des Dogmatismus allseitig feststellen wollte. Die tiefe Anlage dieser Beweisführung bewährt sich durchaus auch an unserer Frage. Der Skeptizismus seinerseits will, daß man die Phänomene, ganz in ihrer Einzelheit, festhalte, und nach nichts darüber hinaus frage. Darin werden wir ihm nun nicht folgen können. Das einzeln Vorliegende ist gewiß erst einmal *einfach hinzunehmen* und unangetastet zu lassen; soweit ist der Skeptizismus im Recht. Aber er ist ebenso im Recht, wenn er darin nun Widerspruch über Widerspruch findet. Er ist noch immer im Recht, wenn er fordert, daß man die Tatsächlichkeit des Widerspruchs in den tausendfältigen Widersprüchen der Tatsachen voll anerkenne. Er ist nur nicht mehr im Recht, wenn er verlangt, daß es dabei nun bleibe, daß man auf Einstellung des Einzelnen in Zusammenhang, in Zusammenhänge von Zusammenhängen, zuletzt in den idealen Allzusammenhang, d. h. auf Begründung und damit Lösung der Widersprüche, soweit sie lösbar sind, verzichte. Das Einzelne, wie es sich uns darbietet, ist nun einmal kein auf sich Stehendes; es steht in allseitigem Zusammenhang, es ist selbst nur eine dichte Verflechtung von einzelnen Zusammenhängen, die in umfassenderen Zusammenhängen stehen, auf solche stets zurückführen, und zuletzt auf einen Allzusammenhang weisen, den wir freilich nie in seiner Totalität zu durchblicken imstande sein werden, dessen Dasein aber vorauszusetzen wir allen Grund haben; denn in letztem

Betracht *ist* nichts anders als im Allzusammenhang *des* Seins, für welches Einheit Allheit, Allheit Einheit, ja Einzigkeit bedeutet. Daß also Philosophie es bei der einfachen Hinnahme des Vorliegenden nicht bewenden läßt, sondern nach der Begründung fragt, daran tut sie wahrlich Recht. Die einfache Hinnahme ist also für sie nur der Nullpunkt, von dem sie den Ausgang nimmt. Dieser bedeutet ihr aber dann doch schon etwas mehr als nur den leeren Punkt; indem der Punkt zum Ausgangspunkt gemacht wird, liegt in ihm schon die Vorausnahme des von ihm aus zu beschreitenden Weges, welche Vorausnahme, als Voraussetzung, als Grundlegung, *Hypothesis*, mindestens schon die Richtung mitbedeutet, in der nun fortzuschreiten ist, und zwar fortzuschreiten zum Ziele hin, nämlich der Einheit des Totalzusammenhangs. Dies ist aber nichts anderes als die erste, die Möglichkeits-, die Ermöglichungs-Phase des in Kants Sinne synthetischen Prozesses. Schon diese verkennt der Skeptizismus, wenn er von der Hypothesis nichts mehr zu sagen weiß als das rein Negative, daß sie eben nicht Erkenntnis, nicht Gewußtes sei, sondern eben — was wir sagten: Vorausnahme. Sie will gar nichts mehr und nichts anderes sein; aber sie schließt ein den Sinn der Eröffnung. Diesen positiven Sinn der Voraussetzung hat der Skeptizismus verkannt, obgleich er doch auch Zetetik, planmäßige Forschung sein wollte. Er forscht freilich auch, aber nur in negativer Richtung; er flüchtet vor jeder Positivität, obgleich er sie vor Augen sieht, denn auch alle seine Negationen würden sinnlos, wenn nicht auch das Positive vorläge, wogegen sie sich richten. Alle ihre Auflösungen setzen, sie mögen wollen oder nicht, die Verbindungen voraus, an denen sie verübt werden. Der Skeptizismus kann sie gar nicht wirklich zunichte machen; wie es z. B. sogleich darin sich bis zum Lächerlichen verrät und bloßstellt, daß er es unternimmt, gegen das Beweisen selbst — Beweis zu führen, die Ablehnung alles Begründens — zu begründen. Das darf denn doch nicht der Weisheit letzter Schluß bleiben.

Im Recht ist er aber wieder, wenn er behauptet, daß sobald man begründet, die Begründung 1. immer von A auf B, von B auf C führt u.s.f. ohne Ende, also zu einem Abschluß niemals gelangt, 2. irgendwie zuletzt immer in einen Zirkel (eine Diallele) führt. Wir erkennen hier sofort in dem einen den bloß *linearen Fortgang* der zweiten Phase des synthetischen Prozesses, hier also der zweiten Relationsphase, in dem anderen, den *zentralen Zusammenschluß* der dritten Phase. Es ist das διαφέρεσθαι und συμφέρεσθαι des Heraklit; es ist Divergenz und Konvergenz. Hier hat der Skeptizismus nicht nur scharf beobachtet, was in allem Begründen tatsächlich vorliegt, sondern auch mit eindringender Abstraktionskraft die beherrschenden Grundkräfte erkannt, die darin meist ganz unbewußt ihr Spiel treiben. Er ist also mindestens darin seiner eigenen Forderung untreu geworden, das Faktum nur hinzunehmen und gleichsam mit Haut und Haaren herunterzuschlukken. Er hat vielmehr gar nicht schlecht, sondern sehr gut geforscht, und ist dabei, unversehens, zu merkwürdig haltbaren und tiefen *Gründen* gelangt, was es doch nach seiner Behauptung eigentlich gar nicht geben dürfte; d. h. er bestätigt das vorhin Gesagte: daß die skeptische Analyse selbst eben die Zusammenhänge, die sie zunichte zu machen meint, vielmehr voraussetzen und selbst zugrunde legen, ja auch sie anerkennen muß, da es ihr sonst an dem Unentbehrlichsten von allem (wenn sie doch Philosophie sein will), nämlich am Problem fehlt. So erkennen wir also in dieser skeptischen Vernichtung alles Begründens die freilich sehr unfreiwillige Bestätigung und sehr dankenswerte Klärung des Sinns und auch des notwendigen Weges alles Begründens. In der Hypothese, dem Fortgang ins Unendliche und dem Abschluß im Zirkel, d. h. in der Rückwendung zur Zentraleinheit, aus welcher die linearen Einzelzusammenhänge nur herausgelöst waren, um dann doch in den Allzusammenhang zurückzuleiten, — in diesen drei wesentlichen Schritten der skeptischen Beweisführung gegen das Beweisen haben wir genau unsere drei Schritte des synthetischen und insbesondere des Relations-Prozesses.

## [23. Vorlesung]

Es schien nicht unbelehrend, darauf aufmerksam zu machen, wie in der früher schon berührten, durch 5 Stufen verlaufenden allgemeinen Beweisführung der Skeptiker für die Unhaltbarkeit jedes Dogmatismus genau unsere drei Phasen jedes synthetischen Prozesses und besonders des Relationsprozesses getroffen wurden in den drei Stufen der Hypothesis, des Fortgangs ins Unendliche und des Zirkels der Begründung. Diese entsprechen in aller zu verlangenden Schärfe den drei Relationsphasen. Die Substanz hat durchaus den Sinn der Hypothesis. Die Verursachung vertritt den linearen Fortgang der Begründung und zwar als an sich ins Unendliche weitergehend; die Wechselrelation den Zusammenschluß im System, in welchem jedes das andere zugleich trägt und von ihm getragen wird. In dem Ersten erkennen wir leicht wieder das Heraklitische »Eine«, den Einheits*grund;* in dem zweiten das Auseinandertreten in die Reihe, die Differenzierung, im dritten das Sich-Wieder-Vereinigen, welche beiden letzteren Phasen wir uns klar gemacht hatten als Divergenz und Konvergenz, als peripherische Entwicklung und zentrale Wiedervereinigung. So liefert diese vermeinte skeptische Vernichtung alles Begründens die, wie schon gesagt, sehr unfreiwillige Bestätigung und dankenswerte Klärung des ganzen Sinnes und auch des notwendigen Weges des Begründens, also des Faktums des »Apriori« gerade in seiner entscheidenden letzten Grundlage. Wie verhält es sich denn hierbei mit den beiden übrig bleibenden Punkten der skeptischen Beweisführung? Nun, sie bezeichnen nichts als den Ausgangspunkt und den Zielpunkt des ganzen Beweisganges. Es ist in der Tat Ausgang und Endpunkt alles und jedes Beweisens: der Ausgangspunkt ist stets das Sich-Feststellen im schlicht Gegebenen; der Endpunkt die Einsicht der allgemeinen Bezüglichkeit, Relativität, des πρός τι. Das sind nicht den drei vorgenannten gleichartige Schritte des Weges, sondern sie betreffen den Schrittgang selbst als ganzen, indem sie ihn definieren durch Angabe des Anfangs- und Endpunktes. Die Allbezüglichkeit ist es, die wir, oder vielmehr zu der wir hier den Weg erst suchten. Dieser muß selbstredend den Ausgang nehmen von dem, was vorliegt und als einfach vorliegend zunächst nur anerkannt und unangetastet hingenommen werden kann. Es ist überaus merkwürdig und für die Unentrinnbarkeit der letzten logischen Grundlagen des Seins und des Sinnes tröstlich bestätigend, daß auch die Skepsis, wenn sie nur in ihrer Absicht gründlich verfährt, gar nicht umhin kann, diese letzten logischen Grundlagen sicher zu treffen und nach ihnen zu verfahren, selbst in ihrem Unternehmen diese Grundlagen zu erschüttern, ja gänzlich zu zerstören. Sie hat also das Positive, aber erkennt es so wenig in seiner unerschütterlichen Positivität, daß sie gar nicht merkt, wie gänzlich ihre eigene, gerade gründlichste Negation in jedem einzelnen Schritte durch sie selbst bedingt ist, damit aber sogleich als ganze hinfällig wird, denn ohne diese positiven Grundlagen kann auch ihre Negation keinen Bestand haben; mit ihnen aber vollends nicht, da sie ihr eigenes Fundament nicht stürzen kann, ohne zugleich sich selbst zu stürzen. Würde der Skeptizismus dahinterkommen und sich darüber klar werden, daß dies seine fatale Lage ist, so müßte er entweder sich besiegt erklären und die Waffen strecken, oder zu dem absoluten Nihilismus flüchten, der er doch nie hat sein wollen, in welchem er vielmehr, mit allem Grunde, den dogmatischsten aller Dogmatismen erkannt hat. Höchstens das könnte man an den fünf Stufen der skeptischen Beweisführung aussetzen, daß diese letzte mögliche Entscheidung, die des Nihilismus, darin nicht Platz gefunden habe. Z. B.: man kann das, worauf der ganze Prozeß der Relation sich eigentlich bezieht, nämlich das Werden von A zu B u.s.f. einfach begründungslos hinnehmen, oder es zu begründen versuchen; aber man kann auch versuchen, es gänzlich zu negieren. Das haben z. B. die Eleaten getan, da sie die Widersprüche, in der einfachen Tatsache wie in jedem Versuch ihrer Begründung, klar vor Augen sahen, und nun sehr begreiflich schlossen, also *ist* das alles nicht. Die Skeptiker betonen stets und mit allem Recht, daß solche negative Behauptung nicht weniger gewagt dogmatisch ist als die entgegenstehende positive. Aber wie man die Negativität selbst negieren könnte, ohne damit die Positivität anzuerkennen, ist nicht abzusehen. Auch kann sich der Skeptiker hier nicht dahin zurückziehen, daß er erklärt: ich urteile überhaupt nicht, weder bejahend, noch verneinend, sondern halte mein Urteil völlig in der Schwebe, im Gleichgewicht (der Epochē). In der Schwebe mag man wohl bleiben zwischen zwei Punkten, oder vielmehr zwischen zwei Richtungen, die sich wie plus und minus verhalten, etwa einem Zug nach rechts und einem Zug nach links, oder zwischen zwei Anziehungen etc., aber nicht zwischen absolutem Sein und absolutem Nicht-Sein, zwischen dem absoluten Etwas und dem absoluten Nichts. Die wahre Schwebe, die Frage, die Fraglichkeit, ist niemals Schwebe zwischen absolutem Ja und absolutem Nein, sondern zwischen relativem Ja und relativem Nein; wie schon Plato im »Sophisten« klargestellt hat. Jedes relative Nicht ist aber in irgend einem Sinne schon ein Positives. Der Positivität ist also gar nicht zu entrinnen, und daß sie überall in Bezüglichkeiten verläuft, ist kein Einwand gegen sie, sondern nur bestätigend. Die Tatsache ist richtig; aber 1. ist Bezüglichkeit selbst etwas durchaus Positives; 2. gerade indem die Bezüglichkeit universal (total) wird, hebt sie, da sie eben dann in ihrer Ganzheit bestehen bleibt, im positivsten Sinne sich auf, d. h. behauptet sie sich in der Geschlossenheit des echten Systems. Dieses bedeutet ja eben die Allbezüglichkeit, welche, eben zufolge ihrer Universalität, der Bezüglichkeit den negativen Sinn des nur beziehungsweise Geltens, also bzw. auch Nicht-Geltens nimmt. Das »beziehungsweise Sein, beziehungsweise aber auch Nicht-Sein« gilt zwar von allen teilhaften Beziehungen, aber es gilt nicht mehr, sobald die Bezüglichkeit sich zur Totalität durchführt.

§ 60. Indessen, wenn durch diese Erwägungen große Sicherheit gewonnen ist über das Recht der Forderung, der Begründung, deren zentrale Gesetzlichkeit die der Relation ist; wenn dem Zweifel, der in allem Begründen nichts als Widerspruch finden wollte, durch sie der Boden weggezogen ist, so wird damit doch nichts geändert an der Tatsächlichkeit, ja man möchte schon sagen an der Wirklichkeit des Widerspruchs; aber gewiß auch nichts daran, daß es beim Widerspruch nicht bleiben kann, daß er irgendwie zur Auflösung kommen muß. Es gäbe gar nicht die Punktualität des Seins und des Sinnes, es gäbe nicht die Bezüglichkeit, es gäbe nicht Werden, nicht Bewegung, es gäbe nicht Sein und Nicht-Sein, Ja und Nein, Frage und Zweifel, wenn nicht eben im Punkte des Seins und des Sinnes beständig Ja und Nein, Sein und Nicht-Sein usw. zusammenstießen, aber, da sie nun einmal miteinander nicht verträglich sind, und sich nicht auch nur für die geringste Zeit gegenseitig dulden können, sondern unweigerlich einander ausschließen, sofort wieder auseinandertreten und damit eben den Werdeprozeß einleiten würden. Der Widerspruch ist *Tatsache*, so tatsächlich wie das Werden, die Bezüglichkeit; so tatsächlich wie die Frage; ich meine damit nicht das subjektive Erlebnis des Fragens, sondern das Sein und den Sinn der Fraglichkeit; ich meine das oft schon Betonte, daß Frage *ist*. Die Frage in diesem ganz positiven Sinne, des Bestandes der Fraglichkeit, sage ich, ist Tatsache, und es ist die Tatsache des Widerspruchs; eine Tatsache, die allerdings eben als Tatsache keinen Bestand haben kann, sofern wenigstens »Bestand« irgend etwas von Dauer, von Fortbestand, überhaupt von Stand (Stehenbleiben) bedeuten soll. Ihr ganzes Wesen ist vielmehr nicht auch nur für die geringste Dauer (in diesem Sinne) bestehen, oder überhaupt stehen zu können, sondern in Bewegung, in Werden sich lösen zu müssen. Aber schon dieser Ausdruck des »Lösens« weist darauf hin, daß eine gegenseitige Bindung also doch vorgelegen haben muß, welche gelöst werden, oder sich lösen mußte. Es ist keine andere als die Bindung des Ja im Nein, des Nein im Ja, sofern in ein und demselben Punkte des Sinnes und des Seins beide sich behaupten möchten, und doch, ohne Vergewaltigung des einen von beiden, sich nicht behaupten können. Sie müssen sich also voneinander lösen, müssen auseinandertreten, und damit eben leitet dann der Prozeß des Werdens sich ein, dessen nächste Phase darum eben das Auseinandertreten ist: A = Nicht-B im Punkte 1, Nicht-A = B im Punkte 2. Das ist das Heraklitische διαφέρεσθαι, d. h. eben Auseinandertreten, welches dann wiederum das συμφέρεσθαι, das Sich-Wiedervereinen, oder es ist die Divergenz, die wiederum die Konvergenz, die Zerstreuung nach der unendlichen Peripherie hin, welche den Wiederrückgang zum Zentrum fordert und notwendig macht, aber sie gerade erst dann und damit erreicht, daß die Divergenz selbst total, universal wird, und dann in die Konvergenz umschlägt.

Oder wäre das etwa nur eine künstliche Konstruktion, eine bloße Theorie, die wir uns auf- und ausbauen, die aber vor der lebendigen Erfahrung vielleicht nicht standhält, oder wenigstens in ihr nicht aufzuweisen ist, nicht ihre zwingende Bestätigung findet? So mag hier mancher denken: Ja, wir fordern Lösung jedes Widerspruchs, wir fordern Grund; woraufhin denn eigentlich? nach welchem Rechte, mit welchem Grund? Aber schon, daß wir für unser Grundfordern selbst Grund fordern, weist darauf hin, daß Grund doch wohl etwas sein muß, und zwar nichts bloß Subjektives, sondern ganz und und gar dem Sein selbst Angehöriges. Wir wollen doch den *Sachen* auf den Grund kommen, auf ihren eigenen Grund, nicht bloß auf den Grund unseres So-Denkens allein, unseres So-Meinens und -Urteilens. Der Grund, als die Lösung der Frage, die Lösung des Widerspruchs, will anerkannt sein als mindestens so wirklich und tatsächlich wie die Frage und der Widerspruch selbst. Also kann auch das Recht und der Grund unseres Grundfragens nicht bloß das Subjektive unseres Bedürfens sein. Gewiß, dieser subjektive Grund besteht für uns; wir sind unbefriedigt, wir sehen den Widerspruch vor Augen und können uns bei ihm nicht beruhigen. Wir empfinden uns vereinigt mit uns selbst, wenn uns die Sachen nicht mit sich selbst eins werden wollen. Aber doch empfinden und wissen wir eben damit den Widerspruch als in der Sache vorliegend; wir fordern seine Auflösung, nicht bloß und nicht zuletzt für uns, sondern zuerst und zuletzt für die Sache. Der Grund des bloß subjektiven Einheits-Verlangens und Einheits-Bedürfnisses wäre gar nicht tragfähig für das, was er tragen soll; kein Widerspruch löst sich darum und damit, daß wir die Lösung fordern, ihrer bedürfen, oder uns denken, sondern gerade unserer Forderung, unserem Bedürfnis, unserem Denken wird nur damit genügt, daß der Widerspruch in der Sache seine Lösung findet, und wir uns davon denkend überzeugen können. Es ist überhaupt auch gar nicht der Fall, daß *wir* den Widerspruch nicht vertrügen. Erfahrungsgemäß verträgt der Mensch die ungeheuerlichsten Widersprüche; zunächst zwar indem er sie nicht bemerkt, sondern unbesehen herunterschluckt. Aber selbst, wenn er auf sie aufmerksam wird, macht er es sich in der Regel äußerst leicht, sie beiseite zu schieben, sie sich aus den Augen zu rücken. Es ist schon etwas Besonderes, nicht eigentlich die Regel, sondern Ausnahme, daß er erst einmal ihr Vorhandensein ehrlich anerkennt und den Kampf mit ihnen ernstlich auf sich nimmt. Vielleicht gibt es in jedem menschlichen Bewußtsein einen tiefverborgenen Grund, der keinen Widerspruch in sich hereinlassen würde, seine Verschleierung nicht vertrüge, oder sich bloß oberflächlich mit ihm abzufinden bereit wäre, sondern Wahrheit, Einstimmigkeit mit sich selbst um jeden Preis fordert. Aber dieser Punkt liegt bei den meisten sehr tief verborgen unter der Oberfläche, und viele sind fast nur Oberfläche, scheinen jedenfalls es zu sein; da ist man sehr verträglich gegen Widerspruch, drückt gleichsam beide Augen gegen ihn zu, oder vielmehr man wendet den Blick einfach weg, und lebt im allgemeinen so dahin, wie es die Wonne des Skeptikers ist, d. h. läßt Widerspruch Widerspruch sein, sieht ihn vielleicht klar vor Augen, aber gönnt ihm wie allem in der Welt das Recht seines Daseins, nimmt die Dinge und sich selbst hin, wie sie nun einmal sind. Wie man auf diesen schwanken Grund ein Gesetz, wohl gar ein Weltgesetz des Nicht-Widerspruchs gründen wollte, ist nicht abzusehen.

Doch fragen wir Warum? und fordern und erwarten die vollständige Lösung alles Widerspruchs! Warum fragen wir nach ihr? Warum fordern wir sie? Antwort: Wir würden nicht suchen, wovon wir nicht voraussetzten, daß es ist. Ja, wir haben es letzten Grundes, im eigenen Erleben, und trauen, mit allem Recht, dem, was wir im Erleben haben. Leibniz sagt: Wir wissen, was Sein ist, weil wir selbst sind. Wir wissen aber eben damit auch um den letzten Sinn des schlechthin ausgesprochenen »Es ist«, nämlich daß es im vollen, alles Nein ausschließenden Ja-Sinne eben *ist*, und daß dieses Sein zwar sicher den Widerspruch in sich trägt, denn der Widerspruch ist eben auch; von nichts vielleicht wissen wir so sicher aus eigenem Erleben, daß es ist, als von ihm, denn wahrlich auch das leben wir fortwährend in uns selbst; wir erleben nicht nur, wir leben Widerspruch im äußersten Maße. Aber so gewiß wir dies wissen, so gewiß wissen wir auch das andere, daß es einen letzten Seins-Sinn gibt und geben muß, der den Widerspruch verneint und schlechthin nicht verträgt; und damit wissen wir auch, warum wir Warum fragen, aus welchem Grunde wir Grund verlangen. *Wir stehen* selbst auf dem Grunde und können wissen, wissen tatsächlich, können in eigenem Besinnen uns jederzeit darüber klar werden, daß wir auf dem Grunde stehen, welcher *der* Grund, der letzte Grund des Sinns überhaupt des Seins und darum auch unseres, uns unwidersprechlich bewußten, weil von uns selbst *gelebten* Seins ist: der Grund jener reinen Einheit des Seins und des Sinns, welche den Widerspruch in der Tat ausschließt, welche gegen allen Widerspruch sich siegreich behauptet, ihn tasächlich überwunden hat, ihn bewältigt und sich seiner mächtig eben damit unwidersprechlich beweist, daß sie *ist,* daß sie das Sein selber ist. Als Einheitsgrund ist sie Grund alles Grundes, Grund auch unseres Grundforderns, und das Recht dieses unseres Grundforderns ist, daß auch wir auf diesem Grunde stehen und uns auf ihm stehend wissen, damit daß wir sind, und daß wir auch wissen, wir sind. Das ist jener tiefverborgene Punkt in einem jeden, der nach Grund fragt, und Widerspruch als letztes sich nimmer gefallen lassen würde, denn, sagt Plato im Philebus: Es gibt doch eine Kraft unserer Seele, das Wahre (gemeint ist: das letzte Wahre) zu lieben und um seinetwillen »alles zu tun«, alles daran zu setzen.

§ 61. Es ist demnach nicht in jedem Sinne irrig, daß wir, was Grund, was Lösung des Widerspruchs ist, und was der Grund des Grundforderns selbst, von uns aus wissen können, wissen müssen, sonst könnte niemand und nichts es uns lehren und verständlich machen. Zwar darin behält David Hume durchaus Recht: Der Widerspruch des Werdens (daß A B wird) ist, da doch aus A = Nicht-B niemals das B-Sein, oder aus A das Nicht-A-Sein verständlich hervorgehen kann. Dieser Widerspruch findet genau so statt im inneren Werden und Wechseln unserer Vorstellungen, und wir verstehen davon nicht im mindesten mehr dadurch, daß wir das Gleiche in uns selbst erleben. Dennoch bleibt wahr: Wir wissen den Grund des Grundhabens selbst; wir wissen die Notwendigkeit der Lösung des Widerspruchs, alles Widerspruchs, in der letzten Einheit des »So ist es«, daraus, daß wir dies in uns selbst erleben. Wir selbst stehen mitten in der Unmittelbarkeit des Seins; wir tragen auch in uns selbst die Wirklichkeit des ganzen, vollen, realen Widerspruchs; aber eben damit auch die Wirklichkeit und zwar letzte Wirklichkeit seiner Überwindung in der allem Widerspruch gewachsenen und überlegenen

Einheit des Seins und des Sinns. Damit aber, daß wir dies anerkennen, verirren wir uns nicht auf den Abweg des Subjektivismus. Nicht, weil wir es so denken, so erleben, ist es, sondern weil es ist, und weil nun doch auch wir sind, weil auch unser Denken und Erleben ist, und weil das, wovon wir jetzt reden, der letzte Seinsgrund alles Seins, der letzte Sinngrund alles Sinns ist, so muß es doch auch in unserem Sein, in allem uns bewußten Sinn unseres Seins als dessen Grund nicht nur an sich liegen, sondern auch sich aussprechen und sich selbst wissen.

Die Richtung auf diesen letzten Seins- und Sinngrund hin, in welchem aller Widerspruch zuletzt sich lösen, ja von Haus aus gelöst sein muß, diese Richtung bezeichnet der synthetische Prozeß als ganzer; innerhalb seiner aber, eben wenn nach dem Grunde gefragt wird, besonders der Relationsprozeß; und innerhalb seiner drei Phasen am deutlichsten und abschließend die dritte Phase, die der Wechselrelation. Sie stellt die Wirklichkeit fest als Grund alles Grundes. Dies aber, wie wir erwarten müssen, in zweifachem Sinne: einerseits relativ und bedingt im Bereiche der Relativitäten und Bedingtheiten überhaupt; indem sich in abgegrenzten Bereichen, die wir Systeme nannten, Zusammenschluß insoweit widerspruchsloser Einheit herstellt; andererseits absolut, an der äußersten Grenze aller Relativitäten und Bedingtheiten. Bei Kant tritt dies beides scharf auseinander als Kategorie und Idee, aber die Idee ist auch ihm nur Erweiterung der Kategorie »bis zum Unbedingten«; sie vertritt im Unterschied von allen besonderen Bedingtheiten jedes Teilbereichs die »Totalität der Bedingungen im Unbedingten«. Und auch ihm ist letzten Grundes diese nicht eine bloße nachträgliche Erweiterung, wie wenn wir die Radien ins Unbestimmte hinausziehen und dann durch Punkte die Fortsetzbarkeit ins Unendliche andeuten, oder die arithmetische Reihe mit einem »und so in infinitum« abschließen, sondern die Idee ist das Erste, logisch Voranstehende; die Vernunft gibt durch ihre Ideen das Gesetz dem Verstande, der seinerseits das Gesetz gibt der »möglichen Erfahrung«, d. h. jede relative Gründung erfahrbaren Seins (und wäre es das Sein des ganzen für uns erfahrbaren Kosmos) ist ein bloßer Ausschnitt, eine willkürliche Abgrenzung aus der nicht bloß endlichen, sondern überendlichen Totalität, die allein gegeben ist im absoluten Grunde alles nur relativen Gründens und Gegründet-Seins im letzten, unbedingt Bedingenden, welches in keiner möglichen Erfahrung mehr zu erreichen, aber der letzte Möglichkeitsgrund der möglichen Erfahrung selbst, und deswegen selbst nicht mehr in Erfahrungs- oder Erfahrbarkeitsgrenzen eingeschlossen, sondern selbst diese Grenze ist und bestimmt. Diese von Kant stets vorausgesetzte und sehr ernst verstandene Positivität der Idee haben neuere Nachfolger vielfach arg mißverstanden, nämlich dahin, daß die Idee selbst ein bloßes Als-Ob, eine Fiktion sei, deren einzige Bedeutung die zweifache sei, einerseits nur negativ das auszudrücken, was aller möglichen Erfahrung ewig unerreichbar bleibt, andererseits positiv die Richtung zu bezeichnen, in welcher die Erfahrung nur fortzuschreiten habe, ohne je zu einem Ziel zu gelangen. Ihr richtungweisendes Ziel sei eben ein »unendlich ferner Punkt«, zu dem es vielleicht eine Annäherung, aber eben nur unendliche Annäherung gebe; ein schließlich unhaltbarer Begriff, denn zum Unendlichen gibt es im Endlichen und durch bloß endliche Schritte keine Näherung. Denn gerade das ist der Begriff des Unendlichen, daß es allem Endlichen ewig gleich fern, für es schlechterdings unerreichbar ist. Der Gegensatz des Unendlichen und Endlichen ist selbst kein quantitativer, sondern ein qualitativer, und dieser bleibt für alles Endliche ohne Unterschied derselbe. Kein Endliches ist dem Unendlichen näher (auch nicht ferner) als ein anderes. Aber das Unendliche und das Endliche liegen überhaupt nicht außereinander; nicht wo das Endliche aufhört, beginnt das Unendliche; es ist nicht ein Bereich bloß über den des Endlichen hinaus; insofern ist auch der Ausdruck des Jenseitigen, des Epekeina, des Transzendenten oder Transzendentalen letztlich unzulänglich. Es liegt nicht, gleichsam lokal, hinaus über den Bereich des Endlichen, sondern in einem rein qualitativen Sinne hinaus über alle Endlichkeit, über allen Sinn des Endens. Es ist insofern nicht bloß überendlich, sondern ebensowohl überunendlich.

Dies also ist der letzte Sinn des Systems: der überunendliche Zusammenschluß in dem, was wir die Totalität der Bezüglichkeit selbst nannten. In dieser verliert die Bezüglichkeit allen negativen Sinn des in einer Beziehung Geltenden, in anderer Nicht-Geltenden. Erhalten aber bleibt das Positive der inneren Verbundenheit und Wechselbezüglichkeit, Wechseldurchdringung und damit inneren Einheit. Ist aber diese unendliche Totalität (die Kantische »Totalität der Bedingungen im Unbedingten«) im unendlichen Bereich offenbar nicht realisiert, noch realisierbar, so liegt sie doch auch allem bedingten Zusammenschluß in Systemen von Wechselrelationen in dem Sinne bestimmend zugrunde, wie überhaupt das Unbedingte den Bedingtheiten und zwar allen Bedingtheiten des Erfahrungsbereichs; oder wie, nach Kant, die Idee der bloßen Verstandeskategorie, die Gesetzlichkeit der Vernunft der des Verstandes letztlich richtunggebend, weil eben gesetzgebend zugrunde liegt. Jeder relative Zusammenschluß in *einem* System ist doch letztlich bestimmt durch die Forderung *des* Systems, der absoluten Einheit, Einzigkeit des Totalzusammenschlusses, der erst der Aussage »Es ist« den letzten Sinn gibt und gründet, ja das Gründen selbst erst gründet. Nur so führt das System hinaus über die bloße Auseinanderstellung zum wahrhaften Nexus. Zwar selbst in diesem ist der Widerspruch nicht in jedem Sinne überwunden. Der Bereich der Endlichkeit ist der Bereich des Widerspruchs, das hat auch Kant besonders in dem Motiv der Antinomie voll anerkannt; darum ja gilt ihm alle kategoriale Bestimmung in den Grenzen möglicher Erfahrung nur als Erscheinungs-, nicht An-sich-Bestimmtheit. Gerade in der Wirklichkeitsphase jedes synthetischen Prozesses ist der Widerspruch aufs höchste potenziert. Sie möchte die letzte Individuität darstellen, in welcher die Einzigkeit und Unendlichkeit, die im Bereiche der Endlichkeit selbst nur überendliche Bezüglichkeit bedeuten kann, nicht nur verträglich miteinander bestehen, sondern ganz in eins zusammenfallen, koinzidieren sollen. Diese Koinzidenz ist im endlichen Bereich durchaus »coincidentia oppositorum«, Vereinigung des geradezu sich Widersprechenden. Die Coincidentia oppositorum des Nicolaus Cusanus meinte natürlich nicht diese, sondern die unendliche, damit aber nur ideale Koinzidenz, in der die Widersprüche wirklich überwunden, ausgelöscht sind, weil hier die Endlichkeit selbst transzendiert ist, Spruch und Widerspruch überhaupt nicht mehr in eigener Geltung bestehen und ihre Rechte gegeneinander geltend machen können. Aber die Wechselrelation, selbst im endlichen Bereich, ist doch in bestimmtem Sinne die nächste Näherung zu dieser letzten Überwindung des Widerspruchs, indem sie die bloße Auseinanderstellung, welche den Widerspruch immer nur im abgegrenzten Bereich ausschaltet, aber in dessen Grenzen stehen lassen muß, überwindet, und nicht bloß für den einzelnen Geschehensverlauf, sondern für den ganzen abgegrenzten Bezirk des Systems wirklichen Zusammenschluß in individualer Einheit erreicht. Das ist schon mindestens relative Totalität, ist damit schon Einzigkeit und zugleich Unendlichkeit, Unendlichkeit und zugleich Einzigkeit, nur als ganze freilich immer noch in endlicher Abgrenzung, mindestens qualitativer Abgrenzung. In dieser Abgrenzung also wird der

Widerspruch nach wie vor enthalten sein, aber innerhalb ihrer ist er überwunden; wovon allerdings die Kehrseite ist, daß solche Systemeinheit zwar gedanklich mit allem Rechte zu Grunde gelegt wird, aber erfahrungsmäßig gesichert niemals schlechthin sein kann. Sie kann darum auch nichts im sonst verstandenen Sinne erklären; d. h. es kann aus ihr nichts Einzelnes, unmittelbar tatsächlich Aufweisbares deduziert werden, sondern es bleibt ihm gegenüber nur das übrig, was man jetzt meist, im Unterschied von Erklären, Verstehen nennt.

Man meint damit ein Erfassen aus der Unmittelbarkeit zurück auf die Unmittelbarkeit, wie in selbst unmittelbarem Kontakt oder unmittelbarem Sich-Gegeneinander-Aussprechen und einander Vernehmen. Das Wesentliche und keineswegs bloß Subjektive daran ist die Umkehrung des Verhältnisses zwischen dem Individualen und Universalen, zwischen der Tatsache und dem Gesetze. Man erklärt das Einzelne, nicht bloß Besondere, sondern Einzige und Einmalige der individualen Tatsache aus dem allgemeinen Gesetz; man versteht umgekehrt vom Individualen, Einzigen und Einmaligen aus das andere, wiederum Individuale, Einzige und Einmalige, aus dem Unmittelbaren das Unmittelbare in selbst unmittelbarer Wechselrelation. Kant war dem schon nahe auf der Spur; er definiert es, nach seiner methodischen Bedeutung, in dem, was er reflektierende Urteilskraft nennt, im Unterschied von bestimmender. Die letztere ist einfach, was man sonst Deduktion nennt, worauf das sogenannte Erklären (der Tatsachen auf dem Gesetze) beruht. Die reflektierende Urteilskraft kehrt das Verfahren um, wendet es zurück (d. h. »reflektiert«) in das Individuale selbst, und bestimmt erst von diesem aus den Gang, den dann die Besonderung vom allgemeinen Gesetz aus zu nehmen hat, um das Individuale zu treffen; nicht zwar es zu erreichen (zu erreichen ist es im absteigenden Gang der Besonderung vom Gesetze aus eben nicht), aber doch die Richtung festzulegen, in der es jedenfalls liegen muß, die also innezuhalten ist, sofern die Bestimmung sich überhaupt darauf richten, und es gleichsam im Auge behalten soll. Durch diese »reflektierende Urteilskraft« wird also nicht ein Gegenstand bestimmt oder konstituiert; sie hat für »mögliche Erfahrung« keine andere als regulative Geltung; sie reguliert eben, sie weist die Richtung an dem absteigenden Gange der Begründung vom Allgemeinen des Gesetzes aus. Es bedarf aber auch des Bestimmens nicht, eben weil jetzt nicht vom Allgemeinen aus durch Besonderung erst das Einzelne der Tatsache erreicht werden

## II. System der Grundkategorien: B. Relation

soll, sondern in der Einzelheit, vielmehr Einzigkeit, Einmaligkeit, in der Individuität der gelebten Tatsache der Stand genommen, und von da erst zurück die Brücke geschlagen wird zum Allgemeinen jedes Grades.

Damit also vollendet sich der Prozeß der Relation; ihr Ergebnis ist zuletzt Relation ohne Relata, Durchdringung der allseitigen Bezüglichkeit bis zur vollen Lebendigkeit und Individuität durchgängiger Wechselrelation, Wechseldurchdringung, in welcher alles bloß Besondere und selbst Einzelne (einzeln sich Heraushebende) völlig eingeschmolzen ist in die Totalität der Wechselbezüglichkeit, welche nicht mehr eine Zusammensetzung und wiederum nur bedingte Beziehung unter lauter bedingten Beziehungen, sondern diesen allen zu Grunde liegende Urbezogenheit, totale Bezogenheit besagt.

Damit stehen wir nun schon unmittelbar an den Pforten der Individuierung. Ehe wir die Pforte öffnen und eintreten, bedarf vielleicht noch das einer kurzen Erinnerung: daß alles Gesagte nicht im theoretischen Bereich allein gilt, sondern ebenso im praktischen und im poietischen, welcher Stufengang selbst eine fortschreitende Näherung zur Individualbestimmung bedeutet, denn schon das Praktische ist dem Individualen einen großen Schritt näher, ohne es jedoch ganz zu erreichen. Die Poiesis lebt ganz in ihm; wie denn auch die Individuität im verschärften Sinne eigentlich an ihr zuerst entdeckt worden ist. Auch der Kantische Personbegriff, auch das »intelligible Subjekt«, die intelligible Freiheit reicht nicht ganz bis zu ihm hin, während in Kants Begriff des Symbols und in seinem Begriff des Genies, welche beide dem Gebiete der Poiesis angehören, die Individuität am bestimmtesten erreicht ist, auch hinaus über den Lichtblitz, den die »reflektierende Urteilskraft« im Unterschied von der bestimmenden bedeutete; denn auch diese blieb doch einseitig theoretisch, besonders aufs Biologische gerichtet; aber so sehr in der Wechselrelation oder dem System die Individuität vorbereitet ist, erreicht ist sie auch in ihr noch nicht, sondern dazu bedarf es eigener Kategorien, zu deren Behandlung wir uns nun wenden.

## C. KATEGORIEN DER INDIVIDUATION

[24. Vorlesung]

**§ 62.** Als dritte Kategorienordnung zu denen der Modalität und der Relation stellen wir auf die der Individuation. Soll sie als solche gelten, so muß sich zeigen lassen, daß nach dem Gesetz des logischen Dreischritts erstens die Individuation der unerläßliche dritte Schritt ist, durch welchen das von der Modalität und der Relation zusammen Geleistete seine Ergänzung, seinen natürlichen, durch die Sache geforderten Abschluß findet. Es muß zweitens gezeigt werden können, daß den je drei Phasen der Modalität und der Relation drei Phasen der Individuation so entsprechen, daß A) die Folge der Phasen der Individuation ebenso wie die der Modalität und der Relation das Dreiphasengesetz erfüllt; und daß B) auch die erste Phase der Individuation der ersten der Relation und der Modalität, die zweite der zweiten, die dritte der dritten im gleichen Sinne entsprechen, nämlich die drei ersten Phasen der drei Kategorienordnungen, die drei zweiten und die drei der dritten je unter sich, entsprechend der Stellung der drei Ordnungen im ganzen System der Grundkategorien, wiederum das Dreiphasengesetz erfüllen. Stellt man also die Grundkategorien in drei Reihen zu je drei Kategorien so zusammen, daß die drei Phasen jeder der drei Ordnungen horizontal nebeneinander, die drei Ordnungen selbst vertikal untereinander stehen, so muß sich in der Horizontalen und in der Vertikalen das Dreiphasengesetz durchweg bewähren. Ich glaube beweisen zu können, daß es sich so verhält, wenn wir als die drei Kategorien der Individuation aufstellen: 1. die Qualität, 2. die Quantität, und dann eine dritte, für die ich zunächst den Namen Einstellung, Position oder Lokation gebrauchen will. Sie entspricht dem Aristotelischen τόδε (*das* da), was die Scholastiker durch haecceitas, Diesheit wiedergeben (das Femininum haec bezieht sich auf res, Diesheit einer Sache, während bei Aristoteles das Neutrum »das da«, τόδε, sich bezieht auf das ὄν oder τἰ, Seiende oder Etwas. Mein Ausdruck Position oder Lokation will nur deutlicher absondernd das herausheben, was in dem δε in τόδε und dem -ce in haecce (res) liegt, das hinzeigende »da« im »dies da«, dessen Sinn offenbar der ist, die Stelle, wo das Diese zu finden, auf die es bestimmt oder in die es eingestellt gedacht wird, in eindeutiger Bestimmtheit festzulegen. Nicht das Da-*Sein,* wohl aber das Da *des* Seins soll ausgedrückt werden. Die Stelle selbst, der Ort (τόπος, locus), oder das Wo (ποῦ, ubi) ist ein nur einseitiger Ausdruck davon; mindestens gleich wesentlich gehört dazu die Zeitstelle, das Wann. (Diese beiden, ὁποῦ und πότε stehen nebeneinander im Kategoriensystem des Aristoteles). Aber auch diese zwei zusammen reichen nicht aus; wir brauchen hier vor allem nicht eine Zweiheit, sondern Eines, und zwar nicht nur die zeitlich-räumliche Einstellung; das ist nur das äußerlich faßbarste Beispiel dessen, was wir suchen, aber es umfaßt bei weitem nicht das Ganze, um das es sich handelt. Auch »Dasein« reicht hier nicht aus, denn es gibt diese Einzigkeit der Seinsstelle, des Seinspunktes, auch wo es sich gar nicht um Dasein handelt: im Reiche des Sollens, überhaupt des Geltens, verstehe man es nun objektiv oder subjektiv, oder über-subjektiv-objektiv. Die Alten sprachen von einem νοητὸς τόπος, einer Ortsbestimmtheit auch im Reich des bloßen Gedankens. Man spricht von einem logischen Ort, von logischer Ortsanweisung (Topik), logischer Ortskunde (Topologie). Solche Hindeutungen mögen uns dienen, den weiten Sinn, in welchem wir die Stelle und die Einstellung in sie, die Thesis, Position verstanden wissen möchten, uns näher zu bringen. Was des genaueren darunter zu verstehen ist, wird die Durchführung ergeben. Für diese Stelle genügt auszusprechen, daß die so weit verstandene Position, zusammen mit der Qualität und Quantität, auf Grund und in Ergänzung beider, die Individuation vollenden, daß sie ihre letzte Zuspitzung ausdrücken soll. Wir wenden uns nun zu der geforderten Beweisführung.

Die Modalität bedeutete uns die Einführung des Daß überhaupt, allerdings als des Daß eines Was; die Relation die Einführung des Was überhaupt, ebenso zweifellos als des Was des Daß. Das Daß ist begründend, bedingend für das Was, aber es bliebe für sich durchaus blind, unbestimmbar; es verlangt nach der Bestimmung des Was, durch die es erst sehend und sichtbar wird. Dies kann aber nur *seine* Bestimmung sein. Die Schritt um Schritt bestimmtere Bestimmung aber hat zum letzten Ziel die Bestimmung, in der nichts unbestimmt bliebe; diese volle, vollendete und vollendende Bestimmung würde erst das Daß abschließend darstellen als das Daß des Was, und damit zugleich das Was als das Was des Daß. Sie müßte also nicht mehr bloß teilhafte, sondern komplete, nicht abstrakte (abzügliche), sondern konkrete (volle, ganz erfüllte) Bestimmung sein. Mit ihr wäre also die bloße Möglichkeit (in der Aufstellung des reinen Daß ohne Was) und die bloße Folgenotwendigkeit (in der logischen Sukzession der Wasbestimmungen des Daß) überboten durch die volle Wirklichkeit, d. h. das Postulat der Wirklichkeit wäre in der Individuation erfüllt. Der logischen Struktur nach ist Bestimmung Prädikation, das zu Bestimmende also das letzte Subjekt, der Vollzug der Prädikation am Subjekt aber würde sich vollenden im Urteilsspruch. Der letzte Sinn des Urteils ist in der Tat stets die Wirklichkeit des »es ist so« und diese zuletzt im Sinne letzter Bestimmtheit des Soseins, also der Individuität.

Die bloße Modalität, also die Möglichkeit, Notwendigkeit, Wirklichkeit, bloß als solche, in ihrer soeben nochmals gekennzeichneten inneren Stellung zu einander, bedeutet noch nichts mehr als die allgemeine Forderung. Sie bezeichnet für das Ganze der Leistung, die wir vom System der Kategorien (zunächst der Grundkategorien) erwarten, nichts mehr als den selbst diese ganze Leistung erst ermöglichenden, aber auch eröffnenden Nullpunkt. Also die Modalität als ganze stellt für das Ganze der kategorialen Leistung erst die Phase der Möglichkeit, der Ermöglichung dar; die Relation muß die methodische Durchführbarkeit der damit nur erst geforderten Leistung aufstellen und absehbar machen; die Individuation aber erst würde, wenn rein vollbracht, die wirkliche Leistung des erst Geforderten und dann in methodisch fortschreitende Bearbeitung Genommenen bedeuten.

Die Relation also formuliert das Gesetz aller Entwicklung der Wasbestimmung durch die drei Phasen: 1.) Substanziierung; diese meint die Sicherung des Grundbestandes oder Fonds, aus dem das Werden, die Entwicklung in die Wasbestimmtheiten sich speist; wie wir es an dem Musterbeispiel der Energie uns klargemacht haben. Die Abgrenzung irgend eines bestimmten Fragebereichs zielt stets auf die Festlegung eines solchen Grundbestandes, der in allen Heraushebungen und Wiedereinstellungen (gleichsam Verausgabungen und Wiedereinbringungen) identisch bleiben muß; so gibt es zum Beispiel den Körper des arithmetischen, des geometrischen, des mechanischen, des biologischen Gesamt-Tatbestandes überhaupt, und ähnliche Körper in jedem Gebiet, welches eben ein Gebiet für sich darstellt zufolge einer solchen Abgrenzung eines bestimmt charakterisierten Gesamtbereiches des Seins und des Sinns, des sinnhaften Seins und des seinhaften Sinns. 2.) Das zweite ist dann die Zerlegung jedes solchen

Körpers, deren jeder ein reiches Geflecht von Beziehungen hin- und herüberdarstellt, in alle die Einzelfäden, die sich gesondert, je von irgend einem zunächst willkürlichen Ausgangspunkt in folgenotwendiger Ordnung weiter, auf die erreichbare Erschöpfung aller Fragen hin verfolgen lassen und verfolgt werden müssen, damit das ganze Geflecht zu dem erreichbaren Grade von Durchsichtigkeit, und sicherer, zunächst gedanklicher, entsprechend dann aber auch praktischer, poietischer, oder irgend welcher sonstigen geistigen Beherrschung gebracht wird. Da überall handelt es sich um Bedingendes und Bedingtes, und zwar immer wieder bedingt-Bedingendes und weiter bedingend-Bedingtes, doch so, daß das Grundverhältnis des Bedingenden und Bedingten immer durchwaltet und der ganzen Zerlegung eine feste Richtung gibt. So stellen tausendfach endliche Zusammenhänge sich her, in unter sich wieder endliche Zusammenhänge sich einstellend, während das ganze Geflecht der Bedingtheiten sich in allen Richtungen endlos weiter fortpflanzt, und nicht nur kein Ende absehen, sondern klar absehen läßt, es gibt da kein Ende. Die Substanzialität schien von dieser Endlosigkeit des Fortgangs ausgenommen zu sein. Sie schien eine klare Abgrenzung zu geben. Aber näher zugesehen steckt in ihr doch die Endlosigkeit, sie verbirgt sich nur, weil sie selbst überhaupt erst die Frage stellt, noch nicht in eine Entwicklung, in den Werdegang selbst eingetreten ist. Aber sie muß darin eintreten, und schon mit dem ersten Schritt in die Entwicklung hinein stellt sich klar heraus, daß der damit eingeleitete Gang zu keinem Abschluß je führen wird; nicht nur weil uns dabei schließlich der Atem ausgeht, wie wenn wir einen unendlichen Dezimalbruch ausrechnen sollten, sondern weil es in der Sache selbst keine Abschlüsse gibt, außer vorläufige, die stets wieder überschritten zu werden verlangen. So erschien erst das Mathematische als ein völlig in sich geschlossener, wohl gar erschöpfbarer Bereich, so wieder das Mechanische und so fort, aber sobald man einen solchen Bereich nun in ernsthafte Bearbeitung nahm und damit eine Strecke weit gut fortgekommen war, entdeckte sich stets, daß man sich in ein endloses Geschäft eingelassen hatte und jede Hoffnung auf erschöpfende Lösung der dennoch unabweisbaren Aufgabe fahren lassen mußte. Wie denn, war die Abgrenzung ein bloßer, nichtiger Schein? 3. Nein, denn es gibt das Faktum, es gibt das: »es gibt«. Es gibt die Einzigkeit des letzten »es ist, das es ist«. Diese Einzigkeit, die sich nicht aufweisen, nicht durch irgendwelche noch so weit getriebene Entwicklung festlegen, abschließend begründen und ergründen läßt, sie ist es, welche den letzten überhaupt zugänglichen und erschließbaren Sinn des Seins ausmacht, es ist, wie wir sagten, die *Sache;* die Sache, wie sie (Kantisch gesprochen) »an sich selbst« *ist,* und nicht bloß für die und die Ansicht, einem, sei es empirischen oder auch transzendentalen Subjekt, sich darstellt, oder auch als bloßes Frageobjekt vorliegt, sondern, für alles in sich und aus sich selbst grenz- und ziellose Fragen und Weiterfragen unnahbar, ihm Grenze und Ziel setzt. Auf diese letzte Einzigkeit hin zielt alle Auseinanderlegung in die Sonderschritte, die im logischen Vor und Nach sich aneinanderreihen, während sie selbst (diese Einzigkeit), sofern sie überhaupt gedacht wird, nur gedacht werden kann in strenger Simultaneität der Wechselrelationen. Solche mögen je unter bestimmt abgegrenzten Voraussetzungen auch für uns darstellbar sein; aber auch solche darstellbaren Wechselrelationen sind nie schlechthin abschließend; zum Beispiel die Energie erhält sich identisch nur je für ein abgegrenztes System; jede solche Systemabgrenzung aber kann an sich und muß unter gegebenen Voraussetzungen wieder überschritten werden. Zuletzt wird also auch die Wechselrelation für jeden Versuch ihrer Bestimmung unendlich. Aber, merkwürdigerweise, gerade erst indem sie unendlich wird, gerade wenn ihre wirkliche Un-Endlichkeit vorausgesetzt wird, erreicht sie das, worauf sie in der Tat von Anfang an zielte, die Einzigkeit der Wasbestimmtheit. Diese Einzigkeit selbst liegt völlig jenseits der von Bedingung zu Bedingtem fortschreitenden folgenotwendigen Entwicklung. Sie bezeichnet für diese die nie erreichte, nie zu erreichende Grenze, den unendlich fernen Punkt, der zwar ihrem Wege die Richtung, aber gerade diese Richtung in unausweichlicher Strenge und Einzigkeit nur damit festlegt, daß sie selbst ins Unendliche hinausrückt. Keineswegs wird aber damit sie selbst, wird ihre Einzigkeit, wird der Sinn, in dem sie für den ganzen Bereich der folgenotwendigen Entwicklung die ewige Grenze bildet, damit irgend zweifelhaft. Das ist das erstaunlichste Wunder, welches dies Ganze des Seins und des Sinns durchwaltet, daß dies Fernste doch in einem Sinn das Nächste, dies nie, durch keine noch so hochgradige Vermittlung zu Erreichende, zuletzt das unmittelbar Vorliegende, daß dies alles unter Frage Stellende zuletzt das schlechthin Unfragliche ist, nämlich nichts anderes als das, von dem das Ganze, als ob es selbst unfraglich sei, den Ausgang genommen hatte: das schlichte Daß das schlichte »es ist«: das *Faktum.*

Ich habe dies des öfteren schon an dem reinsten und größten Beispiel der allgemeinen Relativitätstheorie der Physik zu verdeutlichen versucht, wie erst die Berücksichtigung der vollen, der unendlichen Bezüglichkeit (die an diesem einzelnen Beispiel für ein bestimmtes Fragegebiet in ganzer wissenschaftlicher Strenge nun endlich festgestellt ist) die Einzigkeit der Tatsache überhaupt nur definierbar macht. In einziger schlechthin eindeutiger Weise bestimmt wäre die physikalische Tatsache, sofern sie so bestimmt wäre, daß sie auch und gerade unter Voraussetzung der schlechthin unbeschränkten Relativität, zufolge der Substituierbarkeit ihrer in den unendlich verschiedenen Relationen sich ergebenden Ausdrücke, sich in ihrer Identität behaupten würde. Dieser Bedingung in irgend einem Falle uneingeschränkt zu genügen mag tausendmal unmöglich sein. Der Sinn aber der Eindeutigkeit des Faktums ist fortan unweigerlich gebunden an das Urfaktum dieser allgemeinen, dieser in der Tat aktuell unendlichen Bezüglichkeit. Indem die Bezüglichkeit total wird, hebt sie sich auf, d. h. verliert sie die Negativität, die ihr so lange anhaftet, als man nur Beziehungen auseinanderlegt, Einzelbeziehungen heraussondert; erst so gewinnt man den vollen positiven Sinn des »so ist es« zurück. Dies besagt es zuletzt, daß die dritte Kategorie unter dem Titel der Relation die der Wechselrelation ist: die logische Simultaneität triumphiert über die logische Sukzession, denn diese kann zu nichts Endgültigem führen. Sie ist zwar das einzige Mittel, um die Wechselbezüglichkeit selbst zur Klarheit zu bringen und ausdrückbar zu machen, aber sie ist nur das Mittel und würde ihre Bedeutung ganz verlieren, wenn sie erst ihren Dienst getan hätte. Ihr Beruf ist, in der Absolvierung ihrer Aufgabe sich selbst überflüssig zu machen. Das ist allgemein die Rolle des Gesetzes. Es heißt zwar: das Gesetz nur kann uns Freiheit geben; aber es selbst ist ja nicht Freiheit, sondern Bindung; indessen Freiheit ist das Ziel, welches allein die Bindung, nämlich als zeitweilige, rechtfertigt. Das ist das Ereignis-Werden des sonst unzulänglich Bleibenden, das Getan-Sein des nie zu Beschreibenden, weil nicht Abgrenzbaren. Das Abgrenzbare — und das ist ja in einem Sinne alles, nämlich alles für uns Erreichbare — ist das Vergängliche, das unbedingt nur den Wert des nie zulangenden Gleichnisses beanspruchen kann. Und als ewig Unerfülltes, aber nach der Erfüllung Verlangendes darf es, nach dem Goetheschen Chorus mysticus, der den Beschluß des Faust macht, das Ewig-Weibliche genannt werden, das uns hinanzieht;

*Qualifikation* 229

hinan zu welchem letzten, erlösenden Ziel? Zu dem Transzendenten, das, selbst im ewigen Ruhe-Sein aller Unrast des Verlangens enthoben, doch nach Aristoteles κινεῖ ὡς ἐρώμενον, »bewegt als Geliebtes«, als Gegenstand des einzig wahren Verlangens.

Wäre dies nun die unendliche, vielmehr schlechthin überendliche Wechselbezüglichkeit? Ja und Nein. Sie ist sein Ausdruck unter dem Gesichtspunkt eben der Relation. Aber dieser ist nicht der letzte, so wie die Wirklichkeit im Sinne der dritten Modalitätskategorie nicht das Letzte war. Nämlich diese war nur der Ausdruck des Postulats; so ist die dritte Relationsphase nur der Ausdruck der Methode, oder vielmehr des letzten Richtpunktes der Methode, durch die dies Postulat, wenn es erfüllbar wäre, erfüllt werden müßte. Wohl aber ist, nachdem dies beides klar geworden, eben damit auch klar, was die letztlich nicht mehr bloß methodische, sondern vollgehaltige, konkrete Erfüllung sein würde; nämlich eben das, wonach wir jetzt fragen: die Individuität.

§ 63. Diese bleibt also in der Richtung der Wasbestimmung, und vollendet in dieser Richtung nur das, was mit der Relation angebahnt war. Sie vertritt überall die letzte Zuspitzung des durch die Relation eingeleiteten Prozesses eben auf das letzte Individuale. Durch diese wird 1.) die Substanziierung zur *Qualifikation*. Die Substanz ist gleichsam die Qualität der Relation, die Qualität die Substanz der Individualbestimmung. Aus dem Kraftfond, aus dem überhaupt das Werden sich speist, schöpft die Individualbestimmung die Qualität, d. h. die Bestimmtheit dessen, in Hinsicht dessen das individual zu Bestimmende bestimmt zu werden verlangt, zum Beispiel Farbe, Gestalt u. s. f. Es ist dies und dies, zuerst indem es ein solches und solches (tale — quale) und in dieser Solcherleiheit (Qualität) bestimmt, und zwar individual, d. h. einzig, schlechthin eindeutig bestimmt sein will. Die Qualität als solche scheint allgemein; aber sie ist dennoch individual, so wie sie im Individualen sich darstellt. Die bestimmte Farbe irgend eines individualen farbigen Etwas mag sonst als dieselbe auch an anderen ihm gleichfarbigen Etwas erscheinen, aber als die Farbe dieses individualen Etwas ist sie individual bestimmt, sofern sie an ihm in genau diesen und diesen, kein zweitesmal ebenso vorhandenen Verbindungen und Beziehungen mit den sonstigen Bestimmungen desselben individualen Etwas steht. Dennoch ist es nicht für sich schon individuale Bestimmtheit, sondern erst

Möglichkeitsgrundlage für solche, so wie es dem Charakter der ersten Phase jeder Kategorienordnung entspricht; nicht schon individuale Bestimmung, sondern nur die Hypothesis dessen, in Hinsicht dessen die Bestimmung als individuale gefordert ist. Es ist gleichsam die Veränderliche x y ..., die in stetiger Abwandlung, Abstufung erst eine individuale Bestimmung ermöglicht; insofern bewahrt sie, obgleich zweifellos auf Individual-Bestimmung zielend, in sich noch etwas von dem Charakter des Allgemeinen.

Diesem gegenüber vertritt 2.) die *Quantitierung* die Abstufung selbst, den Weg der Besonderung eben dieses Allgemeinen auf die Individuität hin. Man findet hierüber gute Ausführungen bei Fichte, namentlich aber höchst gründliche, tief- und weitgreifende Untersuchungen in Hegels Logik, deren weitaus bedeutendstes, ertragreichstes, auch am genauesten durchgearbeitetes Kapitel das von der Qualität und Quantität ist. Es wird davon wohl noch zu sprechen sein. Hier kommt es uns zunächst auf die Übersicht der ganzen Disposition der Individual-Bestimmung an. Ich weiß nicht, ob das griechische ποῖον (quale) mit dem Verbalstamm ποι- (ποιεῖν, machen, schaffen), und ob πόσον (quantum) mit dem im Lateinischen auftretenden Verbalstamm von pono (eigentlich posino, vgl. posui) etwas zu tun hat. Es würde dann das erste auf den schöpferischen Quell, das zweite auf die bestimmte Setzung, Niederlegung, Festlegung, jetzt hier, jetzt hier, oder das Vorwärtssetzen des Fußes, also die Fortschreitung hinweisen. Jedenfalls Plato im Philebus beschreibt das πόσον genau durch das jeweilige Stehenbleiben, zu-Stande kommen, Standnehmen im Fortschreiten (προϊὸν ἔστη). Es ist Punktualisierung, Stationierung im doch stetig bleibenden Fortgang. Ich vergleiche es gern mit dem Einhaken des Zahnes am Zahnrad, welches die Stufen, die Stationen des Aufstiegs abteilt. Es ist klar, wie demnach die Quantitierung die notwendige Methode derjenigen Individuierung wird, welche mit der Qualifizierung nur eingeleitet, durch sie aber gefordert und der Richtung nach bestimmt ist. Als die Methode aber trägt die Quantitierung wieder ganz den Charakter des aus sich nicht begrenzten und begrenzbaren Fortgangs, der Unendlichkeit im zweiten Sinn, der endlosen Fortschreitung vom Endlichen zum Endlichen, des Nimmerendens des Immerendenden, während der Qualität der Charakter des Vorendlichen verbleibt, der allgemein der Möglichkeitsphase jedes synthetischen Fortschritts anhaftet.

So ist die Entsprechung mit der Folgenotwendigkeit (in der Modalität) und mit dem Bedingungsverhältnis in seiner linearen Entwicklung vom Grund zur Folge (in der Relation) völlig durchsichtig. Es ist aber dann 3.) noch ein solches gefordert, für welches ein allgemein gebräuchlicher Ausdruck nicht vorliegt. Die letzte (wie ich sagte) »Einzigung«, d. h. abschließende Bestimmung in einziger, schlechthin unvertauschbarer Weise, mit der die Individuierung vollendet wäre, muß sowohl den Allgemeinheitscharakter, der der Qualität noch anhaftete, als den Charakter bloßer Sonderung und Besonderung, Auseinanderstellung und damit Gegenstellung, daher bloßer Verhältnismäßigkeit und Bezüglichkeit, über den die Quantitierung nicht hinauskommt, überbieten, um eben zum schlechthin einzeln und einzig Bestimmten zu gelangen. Also einzeln und einzig bestimmt in Hinsicht der Qualität und zufolge des stufenmäßigen Fortgangs der Quantitierung, nur jetzt wirklich zum Abschluß kommend und damit zum Stillstand; nicht mehr um dann weiterzugehen, nicht im Sinne des bloßen Durchgangs, sondern des wirklich nun erreichten Endpunktes. Das nenne ich *Einstellung, Hinstellung, im strengsten Sinn Position,* vielleicht deutlicher noch *Lokation;* denn dies Wort drückt wohl noch entschiedener aus die Einstellung nicht bloß überhaupt in eine Stelle, sondern in *seine* Stelle, sein ihm und nur ihm zugehöriges *Wo;* das Wo nicht bloß im Raum, oder in der Zeit, oder in Raum und Zeit, sondern in jeglicher Stellordnung, und zwar, wie eben gesagt, nicht bloß in eine solche Ordnung überhaupt, nicht bloß in ein wiederum nur allgemeines Verhältnis zu allen anderen Stellen derselben Ordnung, überhaupt nicht in Hinsicht der bloßen Ordnung (diese gehört ganz noch der zweiten Phase an), sondern in einer Punktualität des Seins, die ganz ausschließlich ihm eigen, für es unterscheidend, unvertauschbar, nicht erst durch die Ortsbeziehung zu anderen Punkten, sondern unmittelbar durch sein Sich-Befinden in dieser Stelle, durch seine Stelleinnahme, seine Inanspruchnahme dieser Stelle als seines rechten Ortes bestimmt ist. Sonst erhalten wir zwar wohl eine Stellbestimmung wie durch Koordinaten, aber sie könnte dann durch unendlich viele Koordinaten gleich gut ausgedrückt werden; die Stellbestimmung aber, von der wir jetzt reden, muß von aller Koordinatenwahl gänzlich unabhängig sein, sie muß für jede beliebige Koordinatenwahl als ein und dieselbe bestehen bleiben. So würde sie eben jene letzte Punktualität und damit Faktizität erreichen, die wir vorher durch die Relativitätstheorie und deren Bedeutung für die Klärung des letzten Sinnes der physikalischen Faktizität uns deutlich zu machen versucht haben. Diese letzte Individuität des eindeutig bestimmt gedachten Seinspunktes mit einem Wort unmißverständlich zu bezeichnen finde ich, wie gesagt, keinen voll genügenden Ausdruck. Ich kann also nur bitten, bei dem Ausdruck Position oder Lokation diesen verschärften Sinn zu verstehen, da man des Wortes doch einmal bedarf. Namentlich der letztere Ausdruck Lokation ist wenigstens noch nicht abgegriffen und damit untauglich geworden, etwas so Eigengeartetes wie das hier Auszudrückende in genügender Eindeutigkeit zu bezeichnen. Im Griechischen gibt es ein Verbum μονοῦν, vereinzeln, vereinsamen, mit dem zugehörigen Substantiv μόνωσις, Vereinzelung, Vereinsamung. Dies versuchte ich wiederzugeben durch »Einzigung«, aber es müßte dann zugleich das noch ausgedrückt werden, daß etwas in seiner Einzigkeit bestimmt wird durch einzige Stellbestimmtheit. Dies ist es, was ich durch die Lokation, Stellzuweisung, Stelleinnahme zu bezeichnen suchte; oder durch Position, Gestelltheit, die dann nur wiederum nicht allgemein verstanden sein will, als Einnahme *einer* Stelle überhaupt, zumal in einer feststehenden Stellordnung, als handle es sich bloß um eine Wahl zwischen verschiedenen möglichen Stellungnahmen, sondern Einnahme *seiner* nur ihr eigenen und dadurch selbst erst eindeutig fixierten Stelle. Ich kam darauf (wie schon angedeutet wurde) von Kant aus: indem ich mich fragte, was gegenüber den Kategorien der Qualität und Quantität noch die Anschauungsformen Zeit und Raum zu bedeuten haben können. Diese beschreibt Kant als selbst je einzige Ordnungen und darum Anschauung und nicht Begriff, weil nämlich für ihn Begriff immer allgemein, Zeit und Raum aber einzelne Vorstellungen sind; entsprechend der Definition der Anschauung oder der anschaulichen Konstruktion als Darstellung nicht bloß in concreto sondern in individuo, zu welcher Individuation also die selbst individualen Ordnungen *des* (nur einzig vorhandenen) Raumes und *der* (nur einzig vorhandenen) Zeit die Voraussetzungen sind. Ihre gegenüber aller (in Kants Sinn) Begriffsfunktion unterschiedliche Aufgabe muß also eben die der Individuierung, der Einzigung sein, die er sonst mit dem Ausdruck der Gegebenheit bezeichnet, an einigen wenigen sehr denkwürdigen Stellen der Kritik der reinen Vernunft aber erklärt durch die eindeutige Beziehung auf das Ganze, das selbst zuletzt nur einzige, numerisch eine, also individuale Ganze der möglichen Erfahrung, jenes »einen Kontextes«, zu dem der ganze Inbegriff der apriorischen Gesetzlichkeiten den Totalbereich des Erfahrbaren als einzigen zusammenschließt. Meine einzige Abweichung von Kant besteht hier darin, daß ich die Kantische Unterscheidung von Begriff und Anschauung nicht in seinem Sinn, oder vielmehr richtiger gesagt, nicht unter diesen Ausdrücken festhalte. Kant hängt hier noch zu sehr am überlieferten Wortgebrauch, nach welchem der Begriff stets als Abstraktion, Anschauung allein als konkret verstanden wurde, während man doch mit allem Recht von konkretem Begriff spricht. Dieser nimmt dann ganz das auf sich, was bei Kant im Unterschied von Begriff Anschauung heißt. Kant begründet in der Dissertation von 1770 »de mundi sensibilis etc« — der Sache nach aber ebenso in der Kritik der reinen Vernunft — diesen von ihm behaupteten radikalen Unterschied von Anschauung und Begriff durch Verweis auf die Mathematik, die in ihrem Begriff — um es kurz, in der eigenen Sprache der Mathematik auszudrücken — der Integration eine Einheit nicht nur sondern Einzigkeit und Geschlossenheit des Unendlichen, gründlich verschieden von der bloßen Endlosigkeit des Fortganges in der Reihe, aufstellt und in der Durchführung bewährt. Wenn aber irgend etwas in der Welt, so ist diese Integration etwas, das nicht irgendwo oder irgendwie in sogenannter Anschauung ohne weiteres vorliegt, sondern gedacht sein will. Es ist nichts geringeres als die coincidentia oppositorum, die wahrlich nicht weniger als die Opposition selbst, das Sich-gegenüberliegen von A und non-A, sondern noch weit entschiedener als diese, *gedacht* sein will und *nur* gedacht werden kann, ja das Schwerste vielleicht und Ernstlichste darstellt, was dem durch keine vorliegende Anschauung mehr gestützten reinen Denken zu leisten zugemutet wird. Bei Kant heißt es allerdings das Anschauliche, Konkrete, auch das »Gegebene«. Aber an den tiefsten Stellen, die von diesem Gegebenen reden und das Problem der Gegebenheit überhaupt ernstlich anfassen, verwandelt sich das passive Gegebensein oder Gegebenwerden und bloß der Aufnahme, der Empfänglichkeit (Rezeptivität) Wartende in ein überaus aktives Geben, welches erklärt wird als Beziehen auf die Einzigkeit, auf die Totalität des Ganzen der möglichen Erfahrung, an welcher wiederum die »numerische Einheit« (Einzigkeit) von Kant ausdrücklich und nachdrücklich hervorgehoben, auch zur numerischen Einheit oder Einzigkeit der Zeit und des Raumes in die engste Beziehung gesetzt wird. Das Gegeben- oder Zum-Gegebenen-

234  *II. System der Grundkategorien: C. Individuation*

*werden* ist aber nichts anderes als das Erreichen der letzten, vollen Wirklichkeit des »es gibt«, d. h. des in der Ganzheit und Einzigkeit der »möglichen Erfahrung« Gesicherten, nun erst im strengsten Sinn Erfahrenen, Erfahrungswirklichen, welches für Kant entfernt kein einfach nur Hinzunehmendes ist, sondern der ganzen Zurüstung des kategorialen Aufbaues erst bedurfte, um überhaupt auch nur als Forderung aufgestellt werden zu können. Es ist die Faktizität strengster Bedeutung; nur garantiert durch die Totalität der Wechselrelation. So aber entspricht nun offenbar unsere im gleichen Sinne zu verstehende abschließende und letzte Phase der Individuation genau der dritten Phase der Relation und weiter zurück der Modalität, das heißt: in ihr stellt sich dar die letzte Erfüllung des Postulats der Wirklichkeit, und zwar gemäß der Methode der Wechselrelation.

[25. Vorlesung]

§ 64. Wir haben uns die Aufgabe der Kategorienordnung der Individuation im ganzen, ihre Stellung als ganze zu denen der Modalität und der Relation, und die durchgängige, das Dreiphasengesetz genau erfüllende Entsprechung und Wechselbezüglichkeit der Phasen aller drei Ordnungen vor Augen gestellt. Wir wollen jetzt, so kurz und so unvollständig daher es nur geschehen kann, die drei Phasen der Individuation, insoweit das möglich und zulässig ist, gesondert betrachten und über die von ihnen geforderten Leistungen für die gemeinsame Aufgabe der Individuierung uns klar zu werden suchen.

Die Modalität und die Relation zusammen liefern für die Individuation, jene die Möglichkeitsgrundlage, diese die Entwicklungsgesetzlichkeit. Sie ist durch beide, als das, worauf sie zuletzt zielen, gefordert und führt sie zu ihrem wahren Ziel erst durch, indem sie nicht (wie die Modalität) bei der bloßen abstrakten Daßheit, und nicht (wie die Relation) bei der gesetzlichen Entwicklung der Washeit, die bloß als solche auch abstrakt bliebe, stehen bleibt, sondern das Daß als das Daß des Was, das Was als das Was des Daß selbst, voll konkret darstellen, oder genauer, darstellbar machen soll. Die Individualbestimmung will nicht mehr das Daß des Was und nicht mehr das Was des Daß, sondern dieser Zweiseitigkeit gegenüber das letzte Eine, Einzige, welches nur nach diesen zwei Seiten, mit dem

Ton auf dem einen oder dem anderen, erst auseinanderzulegen war, ganz in seiner Einheit und Einzigkeit, das heißt eben Individuität, wiederherstellen, als das Daß des Was, welches damit zugleich das Was des Daß ist.

Indessen ist diese Einheit und Einzigkeit allerdings gar nicht anders zu Begriff zu bringen als im Sinne einer Vereinigung, Vereinzigung, also immerhin unter anfänglicher Voraussetzung eines noch nicht mit sich durchaus schon Einigen, Einzigen, *nur* Einigen, Einzigen, sondern zur Einheit und Einzigkeit erst Hinstrebenden. Stellt nun dieses sich eben in der Zweiheit der Modalität und der Relation dar (von welchen, wie gesagt, die erstere auf die Daßheit, die zweite auf die Washeit den Ton legt), so wird an beiden die Intention auf die Einheit und Einzigkeit des Individualen hin nur eben scharf herauszuheben sein; so werden damit zwei Momente oder Phasen der Individuation selbst gegeben sein, die nun freilich die Individuität selbst, zwar wieder nur je nach einer Seite, aber doch so zum Ausdruck bringen werden, daß in ihrer Scheidung selbst doch die Vorbestimmtheit zur strengsten Vereinigung und Vereinzigung nicht nur sichtbar wird, sondern als das letztlich ausschlaggebende und bestimmende Moment an ihnen sich geltend machen und tatsächlich durchsetzen muß. Es wird also das Verhältnis der dritten Individuationsphase zu den zwei ersten nur ein noch engeres, noch mehr ins Innerste eingreifendes sein müssen als das Verhältnis der Individuität als ganzer zur Modalität und Relation, als ihren freilich unerläßlichen Vorgründen. Es wird also die erste Phase das Daß nicht mehr im Sinne der bloßen Daßheit (in völliger Absehung vom Was), die zweite das Was nicht im Sinne der bloßen Washeit (zwar gewiß unter Voraussetzung des Daß überhaupt, aber ohne es mit diesem geradezu zu tun zu haben) ins Auge zu fassen, sondern jene das Daß selbst, als das Daß des Was herauszuheben haben, diese das Was, als das Was des Daß, selbst unter stärkerer Betonung der Gegenseite, jedenfalls aber in der Tendenz der strengsten Einswerdung beider Momente, nur das eine Mal vom einen, das andere Mal vom anderen aus; welche Einswerdung dann in der dritten Phase ganz rein zutage kommen wird. Nach diesem Leitfaden sind wir nun imstande, die zwei ersten Phasen der Individuation aufzustellen.

Die Daß-Grundlage, zunächst in der Möglichkeitsphase, zugleich aber in voller Wendung auf das Was des Daß, und zwar das gemäß der ersten Relationsphase, also im Substanzsinne bestimmte Was, ergibt für die Individuierung, und als deren erste, ermöglichende Grundlage, also als deren erste Phase: die Bestimmbarkeit und Unerläßlichkeit der Bestimmung des Individualen als von dieser und dieser individualen inhaltlichen Bestimmtheit, Solcherleiheit, So-Beschaffenheit, Eigenschaft: *Qualität*. Zwar diese Ausdrücke alle decken nicht in voller Schärfe das, was hier gefordert ist; nämlich sie verbleiben noch zu sehr im Charakter der Allgemeinheit oder allenfalls Besonderung, sie erreichen nicht ganz den Vollsinn des Individualen, den wir hier brauchen. Man darf nicht einwenden, nach dem letzten Individualen dürfe in der Tat hier noch nicht die Frage sein, dies sei ja erst der dritten Phase vorbehalten. Gewiß, aber schon die erste und ebenso die zweite sollen doch Phasen der Individuation sein, sie müssen also an dem unterscheidenden Charakter des Individualen voll teilnehmen, sie dürfen keinesfalls in der Besonderung, geschweige in der Allgemeinheit stehen bleiben.

Man nennt Qualität zum Beispiel die bestimmte Färbung oder Wärme, Härte usw., sogenannte »Eigenschaften«, oder, noch unbestimmter, in noch weniger individualer Zuspitzung »Beschaffenheiten«, die man durchaus nicht als ausschließliches Eigentum dieses Einzelnen und Einzigen, sondern gleichsam als Gemeineigentum vieler ansieht. Nach Gemeinsamkeiten aber dürfte hier überhaupt nicht die Frage sein, sondern nur nach Eigenheiten im ausschließendsten Sinne. »Eigenschaft« wäre dafür an sich das ganz zutreffende Wort, aber leider wird es gemeinhin nicht in dieser Prägnanz des ausschließlichen Eigenseins verstanden. Da ist das Fremdwort vorzuziehen, weil wir über seinen Sinn freier verfügen und erklären können, wir wollen es eben so verstehen. Ich möchte aber auch dann noch lieber von Qualifikation als von Qualität reden. Im ersteren Wort liegt deutlicher der Hinweis auf das zu qualifizierende und damit voll in seiner Unterschiedlichkeit zu charakterisierende Etwas, welches durch die ihm zugeschriebene »Qualität« als dies und kein anderes, nämlich von der Inhaltsseite her, bestimmt sein soll; während wir bei »Qualität« schlechtweg viel eher an das denken, was eines mit dem anderen gemein haben kann, woran es als einziges (oder vielmehr hier nur als einzelnes) doch nur ebenso wie anderes solches teilhat, das aber keineswegs ihm in ausschließender Weise eignet. Gemeineigentum mag sonst eine schöne Sache sein, hier aber fragt es sich nach Eigentum, nach dem Eigentümlichen in streng ausschließendem Sinne, nach dem Eigenen nur dieses, nun eben nicht bloß Einzelnen,

## Qualität der Eigenschaft

sondern Einzigen; welches, von der Inhaltsseite her, eben durch dies Eigen-Geartet-Sein, als das einzige Exemplar dieser Gattung (wenn hier überhaupt von Gattung die Rede sein darf), unterschiedlich gegen jedes andere (und das heißt, als nicht bloß einzelnes, sondern einziges) ausgezeichnet sein soll. Die Frage geht eben schon in dieser ersten Phase auf die Einzigkeit, auf die Individuität selbst, nur mit der Einschränkung, daß es sich, hier in der ersten Phase, wie gesagt, nur erst fragt nach der Einzigkeit oder Individuität vonseiten der inhaltlichen, der Was-Bestimmtheit; die aber, um die des streng verstandenen Individualen zu sein, selbst individualen Charakter im strengsten Verstande tragen muß.

Ein mathematisches Musterbeispiel mag uns auch diesmal dienen, das, was so wohl noch zu abstrakt gesagt ist, Ihnen mit einem Schlage, weil konkret, nahezubringen. Ich wähle als Beispiel echter Qualität die Krümmung im Punkte der Kurve, weil das, was ich sagen will, sich daran besonders gut verdeutlichen läßt. Die Krümmung mag in jedem Punkte zum Beispiel der Kreislinie, der Art und unter bestimmten Voraussetzungen auch dem Betrage nach, die gleiche sein; aber sie ist gleich auch dem Betrage nach nur, wenn man gleiche Abstände annimmt, dagegen verschieden in Beziehung auf verschieden große Bögen, verschieden daher nach der Länge des Radius; und, wenn die Fläche, in der der Kreis liegt, etwa nicht eine absolut homogene ist, dann verschieden auch je nach der Krümmung der Fläche u. s. f.; wenn der Raum, in dem die Fläche liegt, der dreidimensionale oder gar mehr als dreidimensionale, wohl gar unendlich-dimensionale nicht absolut homogen ist, dann bleibt die Krümmung überhaupt nicht mehr für zwei Punkte dieselbe auch nur dem Betrage nach; vollends nicht dieselbe, wenn überdies die Lage gegen sonstige Gebilde derselben Fläche, desselben Raumes usw., mit in Betracht gezogen wird u. s. f. Sobald aber solche Ungleichheiten der Krümmung von Punkt zu Punkt vorausgesetzt werden (und dem ist gar nicht zu entgehen), so wird sofort klar, daß zuletzt eben diese Ungleichheit der Inhaltsbestimmung, also der echten, individualen Qualität es sein muß, welche überhaupt den Punkt als diesen und keinen anderen, als ganz allein, unterschiedlich gegen alle möglichen und wirklichen anderen Punkte, nur sich selbst eigenen auszeichnet. (Ich vermute, daß Leibniz nichts anderes als dies im Sinne hatte bei seinem viel angefochtenen Satze, daß es nicht zwei absolut gleich qualifizierte Objekte in der Welt geben könne, sondern die numerische Unterschiedenheit an die qualitative streng gebunden, von ihr logisch abhängig sei; dem Satze von der »Identität des Nicht-zu-Unterscheidenden«, nämlich numerischen Identität des qualitativ Nicht-zu-Unterscheidenden; das heißt, ich vermute, daß wenigstens er, der Philosoph der Individuität vor anderen, ganz folgerecht auch die Qualität in der vorher beschriebenen Prägnanz der absolut individualen Eigenheit gedacht hat.) So ist dann jedes echt Individuale, wie ich schon vorher einmal sagte, einziges Exemplar seiner Gattung. Ich warf dabei die Frage auf, ob hier denn von Gattungen überhaupt zu reden sei. In der Tat nicht im Sinne abstrakter Allgemeinheit; auch die biologischen Gattungen sind ja nicht abstrakte Allgemeinheiten, sondern höchst konkret, ja individual; sondern in dem Sinne, daß darin in nicht abstrakter, sondern absolut konkreter Einheit zusammengefaßt wird, nicht die gleiche Qualifikation unbestimmt oder gar unendlich vieler Individuen, sondern die wechselnde Qualifikation numerisch desselben individual bestimmten Etwas für den ganzen Verlauf seiner Entwicklung, vor und zurück. Eben deshalb wählte ich als Beispiel die Krümmung der Kurve, weil diese sich zwar für jeden Punkt der Kurve absolut individual bestimmt, aber sich individual bestimmt nur als Durchgangspunkt im stetigen Durchlaufen des gattungsartig übergeordneten Kontinuums der *veränderlichen* Qualität, in diesem Fall der Krümmung. Denn die Krümmung im einzelnen Punkt bestimmt sich aus dem Gesetze der Krümmung der ganzen Kurve, welches Gesetz hier die Gattung darstellt, und bestimmt sich aus ihm, sofern eben die Krümmung von Punkt zu Punkt veränderlich ist, dadurch, daß sich in jedem Punkte dies immer identische, aber nicht generelle, sondern schlechthin individuale Gesetz erfüllt; weil aber und sofern der Punkt, den man jedesmal ins Auge faßt, Punkt dieser Kurve ist, so trägt der Punkt selbst in der für ihn und einzig für ihn zutreffenden Krümmung das Krümmungsgesetz der ganzen Kurve gleichsam konzentriert in sich; das heißt, aus dem Betrage der Krümmung für den einzelnen Punkt und dann für die Folge der Punkte (deren jeder ein schlechthin einziger ist und seine nur ihm eigene individuelle Krümmung aufweist) ergibt sich in der Umkehrung der Betrachtung (mathematisch gesprochen durch Integration) das Krümmungsgesetz der ganzen Kurve, so wie die Krümmung für jeden einzelnen Punkt sich in direkter Ableitung ergab aus dem Krümmungsgesetze der Kurve als ganzer, in Anwendung auf den einzelnen Punkt.

*Individuität der Inhaltsbestimmtheit* 239

Durch dieses Beispiel mag es sich verdeutlichen, wie es Leibniz gedacht hat, daß eine jede Monade in jedem Lebensmoment den ganzen Verlauf ihrer rein innerlich verbleibenden Abwandlungen virtuell, das heißt, ihrem schlechthin bestimmenden individualen Gesetze zufolge, in sich trage und also diese Veränderungen als ihre »Phänomene« (so nennt es Leibniz) nur aus sich selbst, rein spontan auszuwickeln habe, dabei aber zugleich in solcher durchgängig gesetzmäßig geregelten Beziehung zu den gleichzeitigen Veränderungen aller Monaden stehen müsse, daß jede in ihren inneren Veränderungen oder Phänomenen die des ganzen Universums spiegele und ausdrücke. So wird also der Inhaltsbestand jedes gelebten Augenblicks einer jeden Monade in absoluter Individuität gedacht, diese aber wird gedacht als definiert durch die innen-gewandte oder innengespannte, »intensive« und eben damit im strengsten Sinne individuale Einheit einer Unendlichkeit, und zwar einer vielfältigen, vielleicht unendlichfachen Unendlichkeit von Beziehungen, von denen nun nicht mehr gesagt werden kann, daß sie von außen kommen oder nach außen gehen, sondern im Innenpunkte, zentral, sich so zusammenfassen wie die Radien im Mittelpunkt des Kreises. Indem nun so in jedem Erlebnispunkte jeder »Monade« diese universale Innenbezüglichkeit stattfindet, braucht es gar keine Übertragungen mehr, kein Hinüberwirken von Monade zu Monade, es braucht gar nicht eine dynamische Verknüpfung unter ihnen sich erst herzustellen, sondern sie ist von Haus aus so gegeben, daß die Veränderungsfolge der inneren Zustände oder Phänomene jeder Monade die der Phänomene aller Monaden, also des ganzen, nach Leibniz nur aus solchen bestehenden Universums in sich spiegelt, das heißt in streng gesetzmäßiger Entsprechung ausdrückt oder »abbildet«.

Dies ist gewiß eine überaus kühne hypothetische Konstruktion. Sie soll uns aber hier auch nur dienen, eindringlich klar zu machen, in welcher Prägnanz die Individuität der Inhaltsbestimmtheit des schlechthin einzeln und einzig zu denkenden Seinspunktes sich denken läßt und ideal gedacht werden muß, wenn der Gedanke der Individuität sich rein durchführen soll. Wie viel oder wenig davon sich erfahrbar darstellt, ist für die gegenwärtige Erwägung nachkommende Frage; alles aber, was in möglicher Erfahrung sich darstellt, ist logisch zu gestalten in Richtung auf diese Idee, als den »focus imaginarius« nach Kant (imaginären Brennpunkt), der, ganz in seiner Unbedingtheit, aller logischen Erfassung und Einordnung des Erfahrbaren auch in seinen unendlichen Bedingtheiten die Richtung gibt, in welcher ein schließlicher Zusammenhang, ein Leibnizscher Accord (das heißt durchgängiger gesetzmäßiger Einklang) herauskommen müßte. Es ist also eigentlich eine »Idee« im strengsten, verantwortlichsten Kantischen Sinne der unendlichen, sogar unendlichfach unendlichen Aufgabe; wie wir im Zeitalter der Relativitätstheorie die Aufgabe der Wissenschaft überhaupt nur noch verstehen dürfen; welcher gegenüber, wie Leibniz sehr wohl weiß und nicht erst von anderen belehrt zu werden nötig hat, allerdings das empirisch Darstellbare stets nur »Phänomen«, nur »Derivat« ist und darum auch nur höchst unvollständige, lückenhafte, tausendfach nachweislich ungenaue, unstimmige Einstimmigkeiten unter Gesetzen ergeben wird.

§ 65. Wir (wie gesagt) brauchen von dem allen hier nicht mehr als den Begriff der individual zu bestimmenden, an sich individual bestimmt zu denkenden und so zu fordernden Qualität. Die Erfüllung dieser Forderung, in den Grenzen, in denen sie überhaupt erfüllbar ist, ist nun schon sehr ersichtlich ganz und gar angewiesen auf das Verfahren der *Quantität*, der Quantitierung. Und es steht dem der Qualifizierung nun schon genau im gleichen Sinne gegenüber wie die allgemeine Folgenotwendigkeit der Möglichkeit in der Modalität und wie die Entwicklung der Folgen aus den Voraussetzungen der Substanzialität in der Relation gegenübersteht. Der Substanzcharakter der Qualität, ihre Bedeutung als Gattung im konkreten Sinne, wurde bereits aufgezeigt. Der Charakter des Bedingend-Bedingten, Bedingt-Bedingenden in der Quantität ist ebenso ersichtlich. In der Quantität fragt es sich nach der Entwicklung (Evolution, Explikation) des in der Qualität eingeschlossenen (implizierten, involvierten) Was-Gehalts, in Schritt um Schritt sich mit Notwendigkeit bestimmender Folge, nach der jedes Glied das folgende bedingt und durch das vorige bedingt wird; also Auseinanderlegung in die Einzelschritte, Abstufung, Graduierung. Es fragt sich nach der Extension (Außenspannung) des intensiven (innengespannten) Sachgehalts, Ausbreitung, Ausrollung, also Divergenz nach der Peripherie hin, gegen Vertiefung, Einwicklung, also Konvergenz zum Zentrum; Entfaltung also der zentralen Inhaltseinheit in den Umfang peripherischer Mannigfaltigkeit. Daß die intensive Einheit der Qualität voranstehen muß, ist hier besonders ersichtlich, weil ja nach Individuität eben die Frage ist. Das heißt schon *Un*geteiltheit, *Un*teilhaftigkeit, innere, von innen her gegründete, aller Teilung vorausliegende, im Grundsatz immer von ihr vorausgesetzte Ganzheit. Diese besteht überhaupt nur durch eine Universalität der Beziehungen, die alle zuletzt nur gedacht werden können als von *einem* Zentrum ausgehend und zu ihm zurückkehrend (»universal« heißt ja »in Einheit gewandt«, nämlich aus der Vielheit zurückgewandt); so also, daß die ganze Mannigfaltigkeit in der Einheit als Ursprungseinheit wurzelte. Hegel spricht nach naheliegender Analogie hier von Attraktion und Repulsion. Übrigens haben wohl alle Philosophen, die über Qualität und Quantität irgend Beachtliches zu sagen wußten, diese Vorrangstellung der Qualität vor der Quantität erkannt; besonders eindringlich und gründlich hat Hegel davon gehandelt. Von den sonst näher bei Kant bleibenden Philosophen ist es besonders Hermann Cohen, der sowohl die innige Einheit der Qualität und Quantität, wie den in allen Anwendungen unverwischbaren Vorrang der Qualität innerhalb dieser Einheit betont und in gewichtigen Ausführungen begründet hat.

Ganz in diesen Zusammenhang gehört nun der wichtige Grundbegriff der *Kontinuität*. Ἔν, ξυνεχές heißt es schon bei Parmenides: das Eine ist das In-sich-zusammenhaltende; »Continuum« ist die lateinische Übertragung dieses ξυνεχές. Der Grund dieses Zusammenhalts ist die innere Einheit, aber diese selbst geht des konkreten Sinnes, den sie doch vertreten soll, verlustig, wenn sie nicht zugleich (in logischem Sinne) simultan gedacht wird mit ihrer Gegenseite, der Ausbreitung in die Vielheit. Diese eben soll zusammengehalten sein oder (im intransitiven Sinne) zusammenhalten, sie soll ihren Zusammenhalt bewahren durch die Innenspannung. Die Kontinuität betont also, im Gegensatz zur Zweiseitigkeit der Außen- und Innenspannung (Extension und Intension) die wechselbezügliche Einheit beider: die Extension als Extension des Intensiven, Intension als Intension des Extensiven. Diese schreibt Plato (im »Sophisten«) geradezu dem Heraklit als seine Entdeckung zu und sieht darin seinen wesentlichen Hinausschritt über die Vorgänger, oder, wenn man von der streitigen Zeitstellung dabei absieht, jedenfalls den sachlichen Vorrang vor den anderen älteren griechischen Philosophen. Und Plato selbst hat dann (besonders eben im »Sophisten«) diese Korrelation, unter dem Namen der κοινωνία oder ξυμπλοκή, Gemeinschaft oder Verflechtung, mit Nachdruck als den eigentlichen und letzten Sinn des Seins behauptet und von da aus einige oberste Kategorien (ohne Anspruch auf systematische Vollständigkeit) aufgestellt. Die Kontinuität also steht sehr nahe der

Qualität als intensiver Einheit; sie mag fast mit ihr dasselbe zu sein scheinen. Zumal ihr Gegenteil, die Diskretion, die Sonderung, das Auseinandertreten auf die Seite der Extension zu rücken, ja diese zu besonders deutlichem Ausdruck zu bringen scheint. Aber die Kontinuität möchte gerade den Gegensatz der Innen- und Außenspannung oder -Wendung überwinden, sie liegt in der -tension, der Spannung selbst, die in ihr eben nicht mehr einseitig, nach innen oder nach außen, sondern streng gegenseitig und in dieser Gegenseitigkeit als eine und dieselbe zu denken ist. Die Spannung (des Bogens oder der Saite) gebraucht schon Heraklit als Musterbeispiel; sie spielt dann, als τόνος, eine besonders große Rolle in der Naturphilosophie der Stoa, um die (überhaupt von dieser ganz Heraklitisch gedachten) Wechselbezüglichkeit, Wechseldurchdringung und dadurch den unzerreißbaren inneren Zusammenhalt der Allnatur, und zwar als in jedem Einzelnen lebendig wirksam, auszudrücken.

Die logischen Schwierigkeiten im Begriff der Kontinuität haben die Philosophie zu allen Zeiten beschäftigt. Die Grundschwierigkeit bleibt immer dieselbe, wie sie schon bei Zenon, dem unmittelbaren Nachfolger des Parmenides und dialektischen Entwickler seiner Grundlehre vom Einen sich klar herausgestellt hatte. Der isolierte Punkt scheint, eben zufolge seiner Isoliertheit, sich klar denken und in seiner Identität festhalten zu lassen. Aber durch keine Vervielfältigung des Punktes, sei es nach außen durch Vermehrung, Summation oder Produktbildung oder was man will, sei sie auch unendlich, unendlichfach unendlich, oder, ganz dementsprechend, nach innen durch Teilung, Teilung auch ins Unendliche, auch (wie in der fortgesetzten Differentiation) ins unendlichfach Unendliche — überhaupt durch keinerlei Vervielfältigung, kommt jemals Kontinuität, innerer Zusammenhalt, kommt jene Einheit heraus. Dieser innere Zusammenhalt aber, diese innere, intensive Einheit ist eben die Voraussetzung, aus der allein der Übergang vom einen zum anderen erfaßlich wird. Es gibt gar nicht den Punkt des Übergangs, sondern er besteht nur im Zwischen; einem Begriff, der, lange von der Mathematik vernachlässigt, in deren neuerer Entwicklung eine immer mehr durchgreifende, ja beherrschende Stellung eingenommen hat und siegreich behauptet. Das ist das Platonische ἐξαίφνης, das will sagen: es ist nicht hier, in diesem Punkte, noch dort, in jenem Punkte des Übergangs, des Anderswerdens, des Sich-Übertragens im Raume, in der Zeit, in der Bewegung, in irgendeinem ursächlichen Verhältnis, eben in jenem »Konnex«, der Hume und Kant so viel zu schaffen machen sollte — dieser Punkt ist nirgends aufzuweisen, es gibt ihn gar nicht, sondern man kann nur sagen, es war, soeben noch, A, jetzt auf einmal (ἐξαίφνης), plötzlich, ist es B, ohne daß man davon, wie es nun auf einmal nicht mehr A, sondern etwas »ganz anderes«, das es zuvor nicht war, (nämlich B) geworden sei, etwas mehr sagen kann, als daß es eben so geschieht, vielmehr geschehen ist. Es findet statt, und findet doch seine Statt nicht hier und nicht da im Raume, nicht jetzt und nicht dann in der Zeit u.s.f., sondern nur in jenem Unsagbaren des Zwischen, das in nicht weiter auflösbarer und darum auch nicht weiter zu beschreibender oder zu umschreibender Art nicht das eine, nicht das andere, auch nicht ein irgendwie aufweisbares Drittes, sondern beides (A und nicht A, nicht B und B) zugleich ist und nicht ist.

Also: Die Punktualität *gibt nicht die Kontinuität.* Aber genau so gilt das Umgekehrte, die Kontinuität gibt nicht die Punktualität, sondern jedes will in seiner eigenen Bedeutung, beide aber wollen zugleich in ihrer völligen Gegenseitigkeit des Aufeinanderangewiesenseins einfach anerkannt sein. Die Kontinuität gilt nur von Punkt zu Punkt, und den Punkt gibt es nur im Übergang, er dient nur, in der Doppelbedeutung des Ausgangs- und des Endpunktes der Beziehung, diese selbst, die nicht im einen und nicht im anderen, sondern nur im strengsten Sinne zwischen beiden statthat, zu markieren. Die Qualität aber drückt am Individualen den in ihm sich intensiv zusammenfassenden Bestand der Relation ihrem unmittelbaren Seinsgehalt nach aus, die Quantität, auch am Individualen, in Hinsicht seiner, in der Individuität das Hinübergehen von Punkt zu Punkt nach seinem Durchwirken im Übergang, also ihre Entwicklung, ihre Extension, die Spannung gleichsam des Bogens der Brücke, die von einem zum anderen hinüberführt, in dieser Funktion des Hinüber- und damit Weiter- und Weiterwirkens, hinaus in die Mannigfaltigkeit, in die Ferne, in den ferneren und ferneren Umkreis. Aus der Extension selbst, also aus der Quantität, kann demnach die Kontinuität nicht erklärt werden, diese ist vielmehr für sie selbst schon Voraussetzung, sie begründet eben die Tension in der Extension. Aber sie könnte ebensowenig erklärt werden aus der Qualität als der Intension, obgleich sie dieser näher liegt. Denn wenn die Extension in der Vielheit der Punkte stehen bleibt, so die Intension gar im einzelnen Punkt, während die Kontinuität über den Punkt und die Punkte, weil über die Punktualität überhaupt, hinausgeht, beide in sich gänzlich gleichsam einschmilzt und aufhebt. Aber doch aufhebt zugleich im Sinne der Bewahrung, denn es wäre auch nicht mehr Zusammenhalt, wenn nicht ein Zusammen wäre, welches gehalten wird; das Zusammen fordert eben die Mehrheit, und diese die Einheit. Somit gehört die Kontinuität, obgleich sie in der Qualität schon gegründet ist und in der Quantität sich aus dem Innengrunde nach außen entfaltet, selbst erst der dritten Phase an, die nun hier wieder, wie überall sonst, sich bewährt als die eigentlich und im letzten Betracht vielmehr erste, die nur, um selbst in der ganzen Prägnanz ihres Sinnes klar zu werden, die vorherige Klärung der beiden anderen Phasen verlangt.

**§ 66.** Diese Betrachtung war nötig, um zu Klarheit zu bringen, daß in der Quantität, in der Extension, obgleich sie die Vermannigfaltigung zu vertreten hat, doch die Einzigkeit nicht verloren geht, sondern durchwaltet; sonst würde die Quantität nicht der Individuation zugehören. Wirklich aber wird nicht nur die Qualität, sondern auch die Kontinuität allein aus den methodischen Mitteln der Quantität erkenntnisgemäß darstellbar. Sie geht also als wesentliches Moment in die Individuation jedenfalls ein. Sie vermannigfaltigt sie, sie sondert freilich auch, stellt entgegen, stellt auseinander, diszerniert und differenziert, aber sie bleibt dabei nicht stehen; sie setzt Haltpunkte, aber nur mit der Bestimmung, daß sie stets wieder überschritten werden sollen. Und in diesem Letzten, worauf sie zielt, eben dem Fortgang, zumal stetigen Fortgang, hebt sie die Scheidung stets wieder auf und kontinuiert gerade; wie es die Mathematik, die es nicht ausschließlich, aber doch vorwaltend und zentral mit der Quantität zu tun hat, in der Integration, gegenüber der Differentiation, klar zur Darstellung und Entwicklung bringt. Um es nach Leibniz auszudrücken: Die Qualität begründet die Monas, zunächst als einzige, die Monade, wie Leibniz sie beschreibt; ohne Fenster in ihrer absoluten numerischen Einheit nichts in sich herein- und nichts aus sich herauslassend, als ob sie allein in der Welt, vielmehr selbst die Welt wäre, die einzige, in sich abgeschlossen, nichts außer sich kennend und anerkennend. Aber das ist in der Tat nichts mehr als ihr Begriff; in ihrer wirklichen Existenz ist sie vielfach, in unendlich vielen numerischen Einheiten vorhanden, und sind die unendlich vielen Monaden nicht gegeneinander zu- und ausgeschlossen, sondern stehen miteinander in unendlichfach unendlichen Wechselbeziehungen, durch die sie zuletzt ein einziges Kommerzium, eine Gemeinschaft bilden, ja zu *der* einen »Monas Monadum« zusammengeschlossen sind. Die Fensterlosigkeit besagt ernstlich nur, daß diese universale Wechselbezüglichkeit innerlich in jeder Monade begründet, nicht von außen hineingetragen oder nach außen übertragbar, daß die Harmonie unter ihnen allen »prästabiliert«, das heißt im Urbestande der Monadenwelt von Haus aus mitgesetzt und darum zwischen ihnen ein gegenseitiges Verstehen (obwohl gleichsam drahtlos, das heißt an sich keiner äußeren Übermittlung fähig noch bedürftig) möglich und tatsächlich gegeben sein muß. Die Einzigkeit gilt also zuletzt nicht bloß, vielmehr sie gilt überhaupt nicht im letzten Betracht der Monade als einzelner. Als einzelne gerade ist sie nicht die einzige, sondern ihrer sind unendlich viele.

[26. Vorlesung]

Die Qualität aber, als die des Einzelnen, in seiner abstrakten Einzelheit, erreicht damit wohl Individualität (Individualcharakter des Einzelnen), aber nicht das letzte der Individuität, der vollen Ungeteiltheit und damit auch Unabgesondertheit nach außen; sie legt damit wohl zur Individuität den Grund; sie gründet sie in diesem Sinne, aber begründet sie endgültig noch nicht, sondern der Grund ist hier, wie es dem Sinne der ersten Phase überhaupt entspricht, nur Möglichkeitsgrund, nur Ermöglichung. Die Quantität entwickelt aus ihr zunächst die Vielheit. Von dieser Seite scheint sie sich von der Individuität eher zu entfernen. Aber sie entfernt sich von ihr nur, um sich ihr wieder zu nähern, um sie in einer ersten Vertiefung doch immer wieder in den Grund zurückzuführen. Denn die Vielheit ist ihrem eigenen Sinne gemäß gemeint als zusammenhängende Vielheit, sie entzieht sich nicht der Kontinuität, vielmehr sie selbst kontinuiert. Denn auch das Sich-Differenzieren ist zugleich Kontinuieren. Und sie tritt dann ganz offen als kontinuierend zutage in der Gegenseite der Differentiation, der Integration. In dieser aber behauptet sich die Individuität wieder siegreich. Sie nimmt die ganze Leistung der Quantitierung in sich auf, um sie als ganze, aber eben erst als ganze, nicht in den Einzelschritten, in den Dienst der Individuation zu stellen. Die Einzelung, die Sonderung, Punkt gegen Punkt, in der zweiten Phase ist, ebenso wie das Alleinsein, die bloße Einzigkeit der Monas, in der ersten Phase, nur vorbereitender Schritt zur strengsten Vereinigung, Vereinzigung. Nur unter echten Individuen gibt es echte Gemeinschaft. Und auch die Unterschiedlichkeit der Individuen gegeneinander, gemäß welcher dann auch die Gemeinschaft sich für jedes Individuum unterschiedlich, jeweils nur einzig und einmalig gestaltet, gehört mit zum Urcharakter der Individuität und darf in ihr nicht wegfallen, denn die Gemeinschaft soll Gemeinschaft Unterschiedener sein und nicht in unterschiedsloser Einerleiheit aufgehen; das gäbe tote Masse, nicht lebendige, nicht Lebensgemeinschaft. Deshalb ist die Vermannigfaltigung für die Individuität so wesentlich wie die Einzigung (μόνωσις). Beides vermittelt sich durch die Kontinuierung, die doch ebenso stets Kontinuierung des Diskreten bleiben muß wie das Diskrete Diskretion des sich Kontinuierenden. Auch wird diese Vermittlung nicht vollbracht durch ein abstraktes, allgemeines Gesetz, das nur über den Einzelnen schwebt und von jedem für sich nur eben befolgt wird, sondern durch das konkrete, individuale Gesetz, welches in jedem Einzelnen und Einzigen lebendig wirkt und so (wie es Leibniz nachdrücklich hervorhebt) innerlich in einem jeden gegründet ist, nicht nur von außen her sich ihm auflegt oder bloß von dem einen auf das andere, und wäre es auch auf alle anderen, hinüberwirkt. Das wollte die Fensterlosigkeit der Monade besagen, die doch ihr ergänzendes Gegenstück findet in dem innerlich in jeder gegründeten Akkord, den ich der drahtlosen Verbundenheit verglich. Noch das ist dabei zu betonen, daß auch zwischen den Monaden keine Kluft gedacht werden darf, kein Leeres. Erstens braucht es dessen nicht, weil es keine Übertragung vom einen auf das andere braucht, also auch nicht ein intelligibler leerer Raum vonnöten ist, durch den die Übertragung vonstatten ginge; zweitens ist das Substanzleere überhaupt kein vollziehbarer Begriff und darum von Leibniz fast mit Heftigkeit abgelehnt worden. Sondern es gilt absolute Kontinuität, zufolge der absoluten Ursprünglichkeit der Gemeinschaft, als des Letztindividualen alles Individualen.

Hiermit ist nun schon von allen Seiten die dritte Phase der Individuation vorbereitet. Und wir dürfen sie hiernach schon, das Ende vorausnehmend, charakterisieren durch die Koinzidenz der Einzigkeit mit der Unendlichkeit, der Unendlichkeit mit der Einzigkeit; wobei jeder der beiden Begriffe, der des Unendlichen und der des Einzigen, eine Steigerung wieder durch die bekannten drei Phasen erfährt; die Steigerung auf der Seite der Unendlichkeit ist die uns längst geläufige, erstens der für die Unendlichkeit selbst nur grundlegenden Vorendlichkeit und Vorunendlichkeit, zweitens der Endlosigkeit des Fortganges immer vom Endlichen zum Endlichen, aber eben des Fortganges, der Kontinuation; drittens der Überendlichkeit, welche mit der Endlichkeit zugleich auch die gewöhnlich verstandene Unendlichkeit, nämlich die der zweiten Phase, überbietet und hinter sich läßt. Die Einzigkeit aber war in der ersten Phase nur die μόνωσις, Einzigung, sie wird in der zweiten Zusammenhalt der im Sinne der ersten Phase Einzigen in der neuen, höheren, die Relativität zwar noch nicht ganz hinter sich werfenden, aber gerade in ihrer Verallgemeinerung über sie hinaus drängenden Einzigkeit des Zusammenhaltes selbst; um in der dritten Phase sich weiter und abschließend zu vertiefen zur absoluten Einheit universaler Wechselbeziehung, Wechseldurchdringung, Gemeinschaft, und damit zur Monas Monadum. Für das Einzelne, Einzige der ersten Phase, das heißt für das Individuum vorwaltender Bedeutung, zuletzt für das ins engste kontrahierte Individuale des Erlebnismoments, ist es Gegenwart, Gegenwärtigung, Parusie, Praesenz oder Praesentation des Unendlichen, die mehr besagt als bloß Teilhabe (μετοχή); begründet durch die allseitige Verflechtung (συμπλοκή) oder Gemeinschaft (κοινωνία), durch ein Einswerden wie im Liebesgenuß, in der zeugenden Liebesumschlingung, Liebesdurchdringung, an welche in Platos Eros und Mixis, auch wo diese bloß als Gleichnis verstanden sein wollen, wohl stets gedacht ist. Da erst ist alle Teilhaftigkeit überwunden, ist die volle, nicht mehr zu überbietende Un-Teilhaftigkeit, Individuität, erreicht.

§ 67. Hegel unterscheidet mit großer Feinheit und Genauigkeit die drei Phasen der Unendlichkeit in der Quantität. Er unterscheidet dabei die zweite und dritte, ganz wie es sich uns früher bei der Prüfung der skeptischen Argumente ergab, unter dem Bilde der unendlich offenen Geraden und der in sich zurücklaufenden, somit geschlossenen Kreislinie. Ich darf hierauf und auf alle weiteren Fragen der logischen Grundlegung der Mathematik und mathematischen Physik hier nicht eingehen, ich kann leider auch nicht dafür auf mein Buch (Logische Grundlagen) einfach verweisen, da von dem nun gewonnenen Kategoriensystem aus, auch ganz abgesehen von der seitherigen ungeheuren Weiterentwicklung der mathematischen Wissenschaften selbst, sich sehr vieles heute anders herausgestellt hat. Übergehen aber darf ich nicht die weitere Gliederung der Prozesse zunächst der Qualifikation und der Quantifikation.

248   *II. System der Grundkategorien: C. Individuation*

Einfach und durchsichtig ist die nächste Gliederung der Qualifikation. Das erste ist da notwendig die Aufstellung des Bereiches der Abwandlung, der allgemeinen Qualität, z. B. Farbe, Härte, Schwere, Krümmung überhaupt; das zweite die gesetzmäßige Abwandlung, Abstufung, Gradation, zum Beispiel Farbenstufe, Härtegrade, Krümmungsbetrag und sonstige nähere Bestimmung, die immer so geartet sein muß, daß sie eine wirklich individuale Bestimmung, das heißt Bestimmung in einziger Weise möglich macht; das dritte die abschließende Bestimmtheit des individual zu Charakterisierenden selbst, welche stets nur möglich sein wird durch Zuordnung, durch qualitative Vergleichung, welche in Gleichungen und bzw. Ungleichungen der Qualität sich ausdrücken müßte; Gleichungen zwischen Veränderlichen, in die zwar stets auch irgendwelche Konstanten eingehen müssen. Mit diesen tritt stets ein hypothetischer Faktor ein, wie wenn man für die Wärmemessung als Standard den Gefrierpunkt des Wassers, oder, haltbarer, den absoluten Kältepunkt ansetzt.

Ganz diesem entsprechend ergeben sich nun auch die Momente der Quantifikation. Man hat meist als Vorbedingung für die Quantität die Gleichartigkeit aufgestellt. Diese gehört als solche zwar viel mehr der Qualität an, sie bezeichnet die durch die Qualität der Quantität schon gelieferte Möglichkeitsgrundlage. Rein aber in Hinsicht der Quantität selbst ist das erste Moment (entsprechend der Abgrenzung des Gebietes der qualitativen Abstufung) die Aufstellung des Bereiches, jetzt aber der quantitativen Abteilung oder Abstufung. Das Wieviel oder Wiegroß ist stets das Wieviel oder Wiegroß von etwas und zwar einem und demselben; inwiefern demselben? Der Art, also der Qualität nach. Nur was gleicher Art, ist zu zählen oder zu messen. Diese Gleichartigkeit, wie gesagt, erstellt schon die Qualität, aber sie gewinnt für die Quantität die Bedeutung der Substanz- oder besser noch der Substratgrundlage, der Definition des Subjekts (ὑποκείμενον), von dem die Quantität zu prädizieren ist. Plato hat dafür die Bezeichnungen πλῆθος und ὄγκος, jenes für die Zählung, dieses für die Messung; gemeint ist der Bereich des zu Zählenden und zu Messenden, als Durchzuzählenden, Durchzumessenden, gleichsam Abzuschreitenden, Ab- oder Aus-zuteilenden. Als gemeinsamen Grundbegriff aber stellt dafür Plato auf das ἄπειρον (das in sich Grenzenlose, Unabgegrenzte), in welches dann die Grenze (πέρας) eintreten muß, um das πόσον (das bestimmte Wieviel, Wiegroß) zu ergeben. Es ist eigentlich der Begriff *einer* Größe (das heißt eines Wiegroßen); es ist die Variable x, y, usw., welche die verschiedenen Werte von 'Null an durchläuft. Der Eintritt des Peras in die Apeiria (der Grenze in das aus sich Grenzlose, das ἐγγενέσθαι, wörtlich Hineinwerden) hebt die Grenzlosigkeit selbst nicht auf, sondern sie bleibt als der zu begrenzende Bereich für die Begrenzung selbst stets grundlegend. Ein solcher Bereich ist zum Beispiel auch »die« Zahl, als das zusammenhängende Totale, durch dessen Abteilungen, Abgrenzungen von der Null an die bestimmten Zahlsetzungen (ganze Zahlen, Brüche u.s.f.) sich ergeben. Πᾶς ὁ ἀριθμός, wörtlich »die ganze Zahl« (will sagen der Gesamtbereich der Zählung selbst) ist dann die letzte übergeordnete Gattung für das ganze Gebiet der Arithmetik.

Das zweite, die Setzung des πόσον (Quantum, Wieviel oder Wiegroß) beruht also stets auf einer Abgrenzung, einer Abschreitung und damit Abmessung eines solchen Bereiches. Scharf unterscheidet hier Plato (im Philebus) den Bereich selbst als den des fließenden Mehr-Weniger, welche konjugierten Komparative eben dies betonen wollen, daß darin der Prozeß nie zu Ende, nie zu seinem Ziele kommt, ἀτελής, unfertig (das heißt nie zu Ende kommend), bleibt und in diesem bestimmteren Sinne ἄπειρος, grenzenlos, un-endlich, hier im Sinne des Vorendlichen, ist. Die Bestimmtheit des So- und So-Viel oder So- und So-Groß ist damit noch nicht erreicht, sondern nur das μᾶλλον-ἧττον (Mehr-Weniger) oder πλέον-ἔλαττον (Mehreres-Wenigeres) oder σφόδρα-ἠρέμα (in qualitativer Hinsicht: Stärker-Schwächer). In dieser ἕδρα (Sitz) der Quantität also nimmt nun die Quantitätsbestimmung selbst, als Maßbestimmtheit (μέτριον) erst gleichsam Platz (oder nimmt den Platz ein, ἐγγενέσθαι); damit tritt die Quantität aus dem Fließen des bloß komparativischen Mehr-Weniger heraus, denn dieses schreitet vor (προχωρεῖ), bleibt nicht stehen (οὐ μέναι), und schreitet stets, in stets gleicher Weise und gleichem Sinne fort; die Quantitätsbestimmung aber kommt jeweils, von Stelle zu Stelle, immer wieder zum Stillstand in diesem Fortgang (ἔστη καὶ προϊὸν ἐπαύσατο). Also der Unterschied ist genau der der Bewegung (von Stelle zu Stelle) und des Zumstillstandkommens aus der Bewegung, welche die Gleichheit (das ἴσον, die ἰσότης) und damit die Bestimmtheit der Zahl und des Maßes einführt. Dies ist also das »Dritte aus beiden« und begründet das, worauf der ganze Prozeß der Quantität zielt, das Metrion, die Maßbestimmtheit, die sich zerlegt in die zwei Momente des innerlich, in sich selbst, nämlich in den Verhältnissen seiner Teile Maßhaften (ἔμμετρον) und des im gegenseitigen Verhältnis des einen zum andern Maßhaften (σύμμετρον). Darauf beruht alles Gesetz (νόμος), alle Ordnung (τάξις), und sofern diese innengehalten wird, die Wohlordnung (κόσμος) und damit Güte, Richtigkeit, auch Schönheit einer jeden Sache (Normhaftigkeit). Das alles ist Innehalten des Maßes, was sich dann namentlich ausdehnt auf das Universum, den Kosmos in engerer Bedeutung, und sich zuletzt aufgipfelt zur Idee des Guten.

Es braucht kaum noch besonders darauf aufmerksam gemacht zu werden, wie genau diese Betrachtung das ausdrückt, was nach dem Dreiphasengesetz die Momente der Quantität nur sein können; wie scharf hier auseinandertritt die Möglichkeitsgrundlage in ihrer (aus sich) Nichtbestimmtheit, Grenzenlosigkeit (ἀπειρία), dann zweitens das Moment der Bewegung, des Fortganges, zwar von Bestimmung zu Bestimmung, doch aber so, daß der Fortgang selbst aus sich keinen Grund des Stehenbleibens bei irgendeiner erreichten Bestimmtheit enthält, also von sich aus nur ins Unbestimmte weiter und weiter gehen kann, aber streng gesetzmäßig weiterschreitet und zwar immer von Haltpunkt zu Haltpunkt, doch so, daß jeder Haltpunkt wieder überschritten werden muß, damit die Bewegung nicht abreiße; und dann erst drittens der Abschluß sich ergibt im τέλος, der Endbestimmung, in der erst das πόσον im Sinne der nunmehr erst erreichten Bestimmtheit zu seinem Ziele gelangt. In der Sprache der heutigen Mathematik wäre, in roher, erster Übersicht, das Erste die Veränderliche x, welche alle Zahl- oder bzw. Größenwerte durchläuft; das zweite das Moment der Position, das in den Vorzeichen ± sich ausdrückt; das dritte das Moment der Bestimmtheit des Abstandes, mit dem die Zahl- oder Größen-Bestimmtheit fertig wird. Nicht deutlich oder wenigstens nicht ausdrücklich hervorgehoben wird bei Plato, daß das letzte, die Bestimmtheit des Wieviel, notwendig die Gleichung fordert; daß es kein Gleiches und keine Gleichheit anders gibt als auf Grund einer Gleichung, auch kein Ungleiches anders als auf Grund einer Ungleichung. In ἰσότης (ἀνισότης) ist dies vielleicht mitgedacht, wie überhaupt vielfach in diesen von Plato zum Teil erst neugebildeten abstrakten Substantiven auf -της (ποιότης, διαφορότης, ἐναντιότης usw.) gewiß an die Genesis mitzudenken ist, deren besondere Hervorhebung allerdings gerade im Zusammenhang des Philebus zu erwarten wäre, da hier genau geschieden wird zwischen der γένεσις εἰς οὐσίαν und der γεγενημένη οὐσία.

## § 68.

Doch ist, wie gesagt, an dieser Stelle auf die Grundbegriffe des Mathematischen nicht tiefer einzugehen. Das wenige, was davon hier berührt wurde, sollte nur dazu dienen, den systematischen Ort für das Ganze der logischen Grundlegung zur qualitativ-quantitativen Bestimmung nachzuweisen, jetzt nicht so sehr um der Begründung der Mathematik, als um der Vollendung des Systems der Grundkategorien selbst willen. Da aber bleibt uns noch das wesentlichste Stück übrig, nämlich die genauere Festlegung des allgemeinen Sinnes und der weiteren Gliederung der dritten Phase, welche ja erst die Individuation und damit das System der Grundkategorien überhaupt zu Ende führen soll.

Wir bezeichneten die dritte Phase vorläufig als Einstellung, Lokation; doch wurde sogleich bemerkt, daß darunter nicht bloß die Einordnung in Zeit und Raum verstanden sein soll, zumal als ob diese uns schon gegeben wären. Sondern gemeint ist die Fixierung des schlechthin individualen Seinspunktes; aber auch nicht allein die Punktuierung selbst; diese ist hier schon Voraussetzung, aber bis dahin eben nur Voraussetzung; jetzt aber handelt es sich um den bestimmten Vollzug der punktuellen Setzung und dessen Bedingungen. Die fundamentale Bedingung dafür aber (soviel wissen wir schon aus der Gesetzlichkeit der Relation) ist die allseitige, ja unendliche Wechselbezüglichkeit, in der jedes einzelne Glied von der Gesamtheit der übrigen gehalten und getragen wird und an seinem Teile wiederum sie alle mit hält und trägt. Aber auch das ist nur die Bedingung der letzten Punktualisierung des Seins von seiten der Relation, noch nicht das der Individuation Eigentümliche, nach dem jetzt die Frage ist. Es fragt sich jetzt erst, wie das bloße Postulat der Wirklichkeit zu erfüllen, wie die bloße Methodik der Wechselrelation zu ihrem Ziele, eben der letzten Individuation, durchzuführen ist. Dazu gehören, als Vorbedingungen, die schon unmittelbar die Individuation betreffen, deren zwei erste Phasen: die Qualifikation und die Quantifikation. Aber es fehlt dann immer noch ein Letztes, welches gegenüber dem bloßen Möglichkeitsansatz der Qualität und dem bloßen Verfahren der Quantitierung die abschließende Setzung des Seinspunktes zu vertreten hat. Das scharf Unterscheidende dieses noch fehlenden Letzten möchte vielleicht damit auszudrücken sein, daß die Setzung, nach der hier die Frage ist, streng als Selbstsetzung zu verstehen ist, nicht passiv als Gesetztwerden und nicht aktiv als Setzen, sondern medial Sich-selbst-setzen. Passiven Charakter trägt die bloße Qualität, wie es in Ausdrücken wie Beschaffenheit, Eigenschaft, sich deutlich durchfühlt. Sehr entschieden aktiv dagegen ist die Quantitierung, mit der in die Ruhe der Qualität das Moment der logischen Bewegung eintritt. Das dritte aber wird medial und reflexiv zu verstehen sein, in sich selbst zurückgehend, ganz im Sinne des Hegelschen An- und Für-sich-Seins als Ruhe der Bewegung, Bewegung der Ruhe selbst, Einzigkeit des Unendlichen, Unendlichkeit des Einzigen, Gegenwärtigsein des Alls, Allsein des Gegenwärtigen. Nicht zwar das absolute Sein, wohl aber das Sein im Absoluten.

Es ist merkwürdig, daß bei Hegel wie bei Plato als drittes zur Qualität und Quantität (bei Plato sind diese vertreten durch das *Apeiron und Peras*) das Maß, die Maßbestimmtheit, Maßhaftigkeit, das Metrion auftritt. Damit ist nicht gemeint die bloße Abmessung, Abgemessenheit, der abgezählte und abgemessene Betrag; das gehört ganz der Quantität an und ist selbst in dieser nicht das Letzte, sondern nur ein Mittleres. Gemeint ist vielmehr der schwer auszudrückende Sachverhalt, daß das im Punkte konzentrierte Sein so auf das Ganze (das nächste und fernere, zuletzt das absolute Ganze) des Seins abgestimmt und ihm eingefügt ist, daß es eben durch diese Abgestimmtheit und Eingefügtheit in seine Seinsstelle von dem Ganzen und in ihm festgehalten ist, sich selbst in seinem Seinsbestande in ihm hält und erhält und damit zugleich es seinerseits mithält und in seinem Seinsbestande mit erhält. Plato unterschied an diesem Charakter des Maßhaften genau die zwei Momente der In-sich-Gemessenheit oder Maßhaftigkeit (das ἔμμετρον) und der Gemessenheit und Maßhaftigkeit im Zusammenbestand mit anderen (des σύμμετρον, der συμμετρία). Ich möchte es, im Unterschied von der bloßen Einstellung oder Eingestelltheit, Stelleinnahme, diesen Begriff nur verschärfend, mit *Einfügung* bezeichnen, die ich nur wiederum nicht passiv (im Sinne bloßen Eingefügtseins, das bloß Unterordnung bedeuten würde), aber auch nicht bloß aktiv, sondern medial verstehen möchte als Sich-einfügen, wie in freier Verfügung über sich selbst in die Fugen des Gesamtseins sich Hineinbegeben, um in sein Gesamtgefüge selbst festgefügt, in seinen Fugen zu bleiben und damit dann auch selbst zur festen Fügung des Ganzen, zu seinem Gefüge an seinem Teile, als wesentliches Stück seines Baues, mitzuwirken. Darin liegt offenbar höchste Dynamik, die doch im Hinblick auf das Ganze zugleich Statik ist, Gehaltensein nicht nur, sondern Sichhalten im Ganzen durch lebendigste Energie der Wechseldynamik aller Elemente, durch die sie, ob auch unendlich, unendlichfach unendlich, doch das Eine, in sich Ganze ausmachen; in der »Fuge« und der »Einfügung«, dem sich Einfügen und damit in seinen Fugen Bleiben liegt beides, das Selbstsein und Auf-sich-stehen und doch zugleich Gebunden- und Gehaltensein im Ganzen. Dies also ist die schwer in einem Wort auszudrückende Prägnanz des Sinnes, in der ich es meine, wenn ich diese letzte Phase der Individuation durch das Wort Einfügung auszudrücken suche. Es liegt für mich darin ganz das, was Leibniz mit seinem monadistischen Weltaufbau hat sagen wollen: Daß jedes Einzelne, Einzige, das Universum widerspiegele nicht bloß im Durchschnitt eines Lebensmomentes, sondern im Ganzen seines Daseinsverlaufs von Ewigkeit zu Ewigkeit, in reiner Allgegenwärtigkeit des unter dem Bilde der Zeit im Vor und Nach, unter dem Bilde des Raumes im Nebeneinander Geschiedenen, doch aber Zusammengehörigen und unlöslich gesetzlich (individual-gesetzlich) Zusammenhängenden. Immerhin behält selbst bei Leibniz die Wechselbezüglichkeit des Universums in Bezug auf das Einzelne vielleicht noch etwas zu sehr passiven Charakter, obgleich die Spontaneität von ihm betont wird. Die Einheit des Allzusammenhanges ist in der Monade und in jedem ihrer inneren Zustände nur »ausgedrückt«, »abgebildet«, repräsentiert, oder abgespiegelt; sie wird nicht von der Monade selbst vollbracht oder vollzogen, ihr Ansichsein (Hegelsch zu reden) kommt allenfalls noch zu einem bedingten auch Für-sich-Sein, aber nicht, worauf es doch jetzt gerade ankäme, zum vollen An-und-für-sich-Sein. So entschieden energetisch, aktivistisch Leibniz stets denkt, so entschlossen er alle bloße Passivität oder leere Potentialität verwirft, wird ihm die Wirkung des einzelnen Agens doch so sehr bloß einzelner Ausdruck der Allkraft, daß sie scheinbar aufhört die der individuellen Substanzen selbst zu sein, vielmehr auf diese aus dem gemeinsamen Fonds der Allkraft des Universums gleichsam nur repartiert erscheint; eine Vorstellung, die für die derivativen Kraftbeziehungen durchaus zulässig und notwendig ist, aber den primitiven Kräften, um die es sich jetzt gerade handelt, nicht voll gerecht wird. Wie dem auch sei, klar erkannt hat Leibniz jedenfalls die Bedeutung des Letztindividualen als Einzigkeit des Unendlichen, Unendlichkeit des Einzigen, und das ist es in der Tat, worauf es zuletzt hier ankommt.

**§ 69.** Indessen betrifft dies erst das Letzte der Individuation; ehe wir dahin kommen, bedarf es noch einiger Vorbereitungen. Bei der Qualität und Quantität ergab sich eine fernere Gliederung, bei der Einfügung steht eine solche gewiß nicht minder, sondern in Ansehung der ungeheuren Leistung, die ihr aufgebürdet wird, nur erst recht zu erwarten.

Die Einfügung soll nicht bloß zeitlich-räumliche sein, aber jedenfalls doch auch diese einschließen. Was denn etwa noch darüber hinaus? In der ganzen sonstigen Behandlung der Kategorienfrage hat man, scheint es, nichts anderes als dies gefunden, was in die Stelle, wo wir hier zu suchen haben, hineinpassen würde. Die Fügung, wo sollte sie zu suchen sein, wenn nicht in den Systemen eben der Fügung, welche doch wohl eben diese beiden, Zeit und Raum, bedeuten? Kant zum Beispiel redet von Geordnetwerden des Mannigfaltigen der Erscheinungen in gewissen Verhältnissen, oder von dem, worin sich die Empfindungen allein ordnen und in gewisse Form gestellt werden können. Hier steht neben dem Passiven: Geordnet- oder in gewisse Form Gestellt-*Werden*, ein mediales *Sich*-Ordnen. Davon ist schon gesprochen worden, es genügt nur im Vorbeigehen daran zu erinnern. Hier aber geht uns näher an der Begriff der Form, das: In-gewisse-Form-gestellt-werden – oder -sich-stellen? Sagen wir indifferent: in sie eintreten, und eben sich-einfügen. Die Wendung »gewisse« Form läßt darauf schließen, daß Kant mit dem Worte Form noch nicht ganz zufrieden ist, daß er irgendetwas Bestimmteres dabei im Sinne hat als das bloße, in der Tat zu wenig eindeutige Wort Form besagt. Ich denke, es ist eben das, was wir Fügung nannten. Sonst ist bei Kant viel von Verhältnissen die Rede; es heißt, in Zeit und Raum werden bloße Verhältnisse vorgestellt, nämlich die allbekannten Verhältnisse des Nach- und Nebeneinander. Sie heißen geradezu »Verhältnisvorstellungen«, durch die doch nicht das, was im Verhältnis steht, bezeichnet werde. Oder sie vertreten bloß die »Art wie« wir Vorstellungen »im Gemüte setzen«, im Unterschied von dem Stoff, »womit wir unser Gemüt besetzen«, nämlich den Empfindungen. Was es mit diesem Stoff auf sich hat, wird auch noch zu fragen sein. Neben »Form« begegnet seltener auch »Gestalt«; später aber erfährt man, daß die Formung, die Gestaltung, die Spontaneität des Denkens, der transzendentalen Apperzeption, in Anspruch nimmt, ja diese scheint dafür geradezu entscheidend zu werden. Es handelt sich dabei unzweifelhaft (obwohl es nicht deutlich gesagt wird) um nicht bloße Gesetzlichkeit allgemeiner »Verhältnisse«, sondern um individuale Gestaltung. Auch die dabei mitwirkenden Unterstufen der Synthesis, die Synthesis der Apprehension und der Reproduktion, sind dabei mit der dritten, der Synthesis der Apperzeption, wesenseins gedacht, es ist »ein und dieselbe Spontaneität«, welche unter diesen verschiedenen »Benennungen« zuletzt nur eins und dasselbe leistet, nämlich »Verbindung« in das »Mannigfaltige der Anschauungen« hineinzubringen. Es läßt sich unschwer zeigen, daß hierbei in der Synthesis der Apprehension für Kant die zeitliche, in der Synthesis der Reproduktion die räumliche Verbindungs- (ich würde statt dessen sagen: Fügungs-)weise entspringt, die Apperzeption die Fügung vollendet und erst entscheidend vollzieht. Damit hätten wir denn wohl der Sache nach die von uns geforderten drei Unterphasen der (der Qualität und Quantität koordinierten) dritten Individuationsphase (der Einfügung) zu erkennen.

Zwar ein Zweifel drängt sich hier kaum abweisbar auf: kann das »Gefüge«, nach dessen näheren Bestimmungen wir fragen, erschöpft sein in der bloßen Fügung in Zeit und Raum? Wäre diese so allumfassend, wie doch eine Kategorie, zumal eine Kategorie, der eine so allesentscheidende und zum letzten führende Leistung zugemutet wird, es ohne Zweifel sein muß? Kant hat es, in seinen Anschauungsformen wie seinen Kategorien, zunächst mit mathematischer Naturwissenschaft zu tun, und wenn irgend etwas, so scheinen, neben der Kausalität, die Zeit und der Raum auf diese allein und unterschiedlich bezüglich zu sein und eben den Naturbereich, ja den viel engeren Bereich des exakt Bestimmbaren gegen jeden andern abzugrenzen. Sogar ob sie auch nur den Bereich des Exakten ganz umfassen, könnte ernstlich gefragt werden, zumal die Mathematiker heute sehr entschieden verneinen, was noch Kant als selbstverständlich und allgemein zugestanden annahm, daß gerade die grundlegende exakte Wissenschaft, die Arithmetik, auf Zeit und Raum, sei es als Anschauungsformen oder als reine Begriffe, angewiesen sei oder mit ihnen überhaupt etwas zu tun habe.

Vielleicht aber weist dieser Zweifel gerade den rechten Weg. Wenn nicht von Zeit und Raum, so hat doch die Arithmetik ohne jeden Zweifel zu reden von Sukzession und Simultaneität. So hatten wir es schon fortwährend zu tun mit logischem Sein und Werden, logischem Vor und Nach und auch logischer Simultaneität. In der modernen Behandlung der formalen Logik und andererseits der Arithmetik sind diese beiden Wissenschaften fast gänzlich eins geworden; in dieser arithmetisch gewordenen Logik, logisch gewordenen Arithmetik aber spielen eine eingreifende Rolle eben diese Begriffe der Folge und des Zugleichseins. So, wenn wir von dem Mathematischen zurückgehen auf deren letzte logische Wurzeln. Wurzeln aber diese Momente der Sukzession und Simultaneität so tief im Logischen, so sind wir nicht verwundert, ihnen auch über die mathematische Sphäre hinaus allenthalben wieder zu begegnen. Berührt wurde gelegentlich schon die umfassende Weite der Begriffe des τόπος, der Topik und Topologie, worauf wohl die Alten aufmerksam waren, wenn sie von einem νοητὸς τόπος, einem Raume, richtiger einer Ortsbestimmung im Reiche des bloßen Denkens, in jeder beliebigen Höhe über der Sphäre des Sinnlichen, sprachen. Sollte nicht ganz mit gleichem Grunde auch von intelligibler Zeit zu reden sein? Wenigstens bedenkt sich Kant keinen Augenblick, von intelligibler Kausalität zu reden. Und a priori und a posteriori in allen Gebieten des Geistigen zu reden ist allgemein im Brauch und kaum zu umgehen. Es kann dem hier nicht weiter nachgegangen werden, doch mögen schon diese wenigen Bemerkungen hinreichen, den Skrupel wegen der zu großen Enge der Charakterisierung der zwei ersten Unterphasen der Einfügung durch die Beziehung auf die Kantischen »Anschauungsformen« Zeit und Raum zu beschwichtigen. So haben wir denn nun diese selbst ins Auge zu fassen.

[27. Vorlesung]

§ 70. Als die Unterphasen der abschließenden dritten Phase der Individuation ergaben sich: Qualifizierung, Quantifizierung und ein drittes, welches bei Hegel wie bei Plato unter dem Begriffe des Maßes auftritt; ich suchte es, diesen nahebleibend, aber mit noch entschiedenerer Richtung auf Individualbestimmung, unter dem Ausdruck Fügung zu fassen. Wir wurden uns schon darüber klar, daß diese letzte individuierende Kategorie die kategoriale Grundlage für das einschließen muß, was bei Kant ganz aus dem System der Kategorien herausgenommen und unter den besonderen Titel der reinen Anschauung gestellt wurde. Diese sollte als »innere« die zeitliche, als äußere« die räumliche sein, welches Innen und Außen von ihm zwar nicht zu überzeugender Klarheit gebracht wurde. Es sieht aus, als handele es sich ums Psychische und Physische. Aber wäre das Physische zeitfrei oder weniger ursprünglich in der Zeit als das Psychische? Das Psychische raumlos, oder weniger ursprünglich raumbezogen als das Physische? Wirklich ist es bei Kant so nicht gemeint; wie nun aber, wird nicht völlig deutlich. Was ist hier innen, was außen? Kant legt großen Wert auf die Scheidung der Anschauungsformen von den Kategorien und auf die Anerkennung eines Apriori, nicht bloß der Begriffe, sondern »sogar« auch der Anschauungen, welches Apriori eben in der Zeit und im Raume als den »Formen« der Anschauung, im Unterschied von ihrem »Stoff«, den Empfindungen gesucht wird. Diese Dispositionen sind nicht nur viel zu einfach, sie bleiben zuletzt äußerlich, und sie erweisen sich bei Kant selbst in allen Ansätzen zur bestimmteren Durchführung (mehr als Ansätze liegen nicht vor) tatsächlich undurchführbar.

Zuerst: Anschauung wird vom Begriff unterschieden durch die Merkmale der Einzigkeit und Unendlichkeit, der Einzigkeit in der Unendlichkeit, der Unendlichkeit in der Einzigkeit. Diese Festsetzung ist tief genial und trifft genau das, was wir suchen. Aber es fällt doch sofort auf, daß gerade dies, wenn irgend etwas in der Welt, Bestimmungen von dem Typus des Denkens, nicht eines vor-denklichen Anschauens, einer bloßen »Rezeptivität der Sinne« sind. Die Sinne verfahren durchweg auswählend und absondernd, noch viel mehr als der Verstand, der doch auf Einheit, Einheit des Mannigfaltigen geht. Richtig ist nur, daß es nicht der Typus des diskursiven Denkens, sondern der in aller Schärfe diesem entgegengesetzte Typus eben des anschaulichen Denkens (aber nicht gedankenloses Anschauen) ist. Und zwar werden Einzigkeit und Unendlichkeit koinzident gedacht, was wiederum aus der bloßen »Empfänglichkeit« der Sinne nicht erklärbar ist, sondern »Spontaneität« im strengsten Sinne verlangt. Unser Erfassen als Akt ist einzig und unendlich zugleich. Vollends unbefriedigend ist es, wenn dann die Zeit und der Raum als bloße (obendrein starr gedachte) Ordnungsweisen den Empfindungen, als gegebenem, bloß in diese Formen noch einzustellendem und darin zu ordnendem Stoffe gegenüberstehen. Diese Gegebenheit und dann bloß nachträgliche Einordnung in bereitstehende Ordnungen, gleichsam Cadres, ist mit dem ganzen Sinne der sonst so lebendig genetischen Auffassung Kants vom Prozesse der Objektskonstitution unvereinbar und bedarf unbedingt einer tiefgreifenden Berichtigung seiner ganzen Dispositionen. Bei Kant arbeitet stets viel

Hochgeniales fast nur unter der Oberfläche und erreicht dadurch nicht nur nicht die sichere Stelle, an die es gehört (das möchte zu verschmerzen sein), sondern kommt auch sachlich nicht zur durchgreifenden Geltung, zumal allseitigen Entwicklung, sondern bricht, oft ganz unerwartet, unvorbereitet, daher scheinbar unbegründet an irgendeiner Stelle aus verborgenen Tiefen hervor, um seine Systemdispositionen eher in Verwirrung zu bringen, ja zu sprengen, als zu befestigen. Dagegen ist es ein völliger Irrtum, daß Kant das Problem des Individualen überhaupt nicht gesehen habe, und, als Erbe seines Zeitalters, in einer einseitigen und unhaltbaren Relativierung und Rationalisierung stecken geblieben sei. Im Gegenteil, gerade der scharf auf die radikale Verschiedenheit individualer von bloß genereller, funktionaler Setzung gerichtete Blick hat ihn verleitet, zwischen beiden einen viel zu scharfen Schnitt zu machen, indem er dem Denken allein die generelle Funktion ließ, die Individuierung nach ihrer reinen Grundlage auf die von ihm dazu neu eingeführte Instanz der reinen Anschauung abschob. Doch leitet ihn auch hier sein stets genialer Instinkt halb wieder zurecht, indem er nachträglich in der Analyse der reinen Denkfunktion, die sich ihm in die drei Stufen der Synthesis: Synthesis der Apprehension, Reproduktion und Rekognition, gliedert, die offenbar ihm selbst unerwartete Entdeckung macht, daß in diesen der tiefste Grund der zeiträumlichen Anordnung der Empfindungen offenbar liegt, nämlich der der zeitlichen Auseinanderstellung in der Synthesis der Apprehension, der der räumlichen Zusammenordnung in der Synthesis der Reproduktion, während die Rekognition, die sich dann zur transzendentalen Apperzeption vertieft, genau besehen eben jene Merkmale, durch die er die Anschauung vom Denken unterschieden hatte, nämlich ihre Einzigkeit und Unendlichkeit, und zwar Einzigkeit in der Unendlichkeit, Unendlichkeit in der Einzigkeit, und diese als letztlich allen zu Grunde liegend oder vielmehr grundlegend, als schlechthin zentral und zentralisierend, und damit individuierend, begründet; womit dann eigentlich alles, was auf die reine Anschauung abgewälzt war, nachträglich in das reine Denken, und zwar in das Reinste und Letzte dieses reinen Denkens zurückgenommen wird, ohne daß aber nun die Konsequenz, welche die vorher aufgestellte Disposition gänzlich umgeworfen haben würde, daraus wirklich gezogen würde. Sie ist vielmehr auch von den Nachfolgenden, Anhängern wie Kritikern und Weiterbildnern, meist überhaupt nicht gesehen, jedenfalls nicht gründlich verstanden und fruchtbar gemacht worden. Nur Hermann Cohen hat etwas von diesen Dingen durchschaut; er wurde dadurch alsbald dahin geführt, die Kantische Scheidung von Anschauung und Denken, in welcher doch Kant eine seiner entscheidendsten Entdeckungen gesehen hatte, aufzugeben, daher die Kantischen reinen Anschauungsformen, Zeit und Raum, ganz in die neue Systematik der Grundurteile, welche die der Kantischen Kategorien und Grundsätze des reinen Verstandes ersetzt, und zwar unter die »Urteile der Mathematik« (die sonst den Kantischen der Quantität und Qualität und zwar, wie früher schon berührt wurde, unter Voranstellung der Qualität, entsprechen) aufzunehmen und selbst als Unterkategorien oder kategoriale Momente darin einzustellen. Nur ging dabei leider gerade das so gut wie verloren, was Kant zu jener dualistischen Auseinanderstellung bewogen hatte und was der sehr berechtigte, ja geniale Kern darin doch war und bleibt, nämlich die Bedeutung der zeit-räumlichen Individuation und die darin wirkenden, untereinander engstens verflochtenen Momente der Einzigkeit und Unendlichkeit. Es verschwindet eben damit der ganze, tiefe und scharfe Sinn des Kantischen Begriffes »Erscheinung«; Zeit und Raum werden bei Cohen ganz verschlungen vom Mathematischen, und dieses muß sich dabei eine einseitige Logisierung gefallen lassen, bei der die Beziehung auf das Individuale untersinkt in reine Rationalitäten und Relativitäten. Eine weitere Folge davon ist, daß das Problem der Empfindung, in welcher nun doch einmal der Individualsinn nicht übersehen werden kann, aus dem Zusammenhange, in welchem es bei Kant immerhin mit der Anschauung und dadurch mit Zeit und Raum geblieben war, gewaltsam herausgelöst, vorerst überhaupt zurückgestellt wird, um erst an der äußersten Peripherie des Systems der Grundurteile in den »Urteilen der Methodik« wieder aufzutreten, welche den Kantischen der Modalität zwar entsprechen, aber bei Cohen leider nicht die diesen schließlich doch innewohnende Zentralität erreichen und so auch das Problem der Empfindung bei der Wurzel zu fassen sich unfähig erweisen. Wohl erkennt Cohen in der Empfindung das »härteste Problem« für die Logik, und zwar als das nicht bloß der Einzelheit, sondern der Einzigkeit. Aber eben von dieser vermag seine und vermag überhaupt eine bloße Methodik nicht Rechenschaft zu geben. Was diese dazu anzubieten hat, bleibt im bloßen Postulatsinn der Wirklichkeit stehen, während es sich hier nach der Erfüllbarkeit, nach der wirklichen Erfüllung dieses Postulats (so wie es überhaupt erfüllbar ist) gerade fragt. Wir stellen Zeit und Raum allerdings in die Ordnung der Kategorien, aber der Kategorien der Individuation. Ihre Rolle ist individuierend, aber führt noch nicht bis zum Letzten der Individuierung; oder besser, sie führt wohl heran bis an die Schwelle, aber noch nicht hinein. Das letzte ist vielmehr die Leibnizsche Perzeption, die Individualerfassung, die bei Kant und Cohen nicht sowohl unter der Empfindung als unter dem, was dieser »am Gegenstand entspricht«, und welches sie das »Reale« der Empfindung nennen, sich verbarg. Dies weist gewiß auf die Individuation, aber faßt sie doch nur wieder einseitig methodisch, wenn namentlich Cohen, der Sache nach aber auch schon Kant, dies »Reale, welches der Empfindung korrespondiert«, wesentlich durch das Infinitesimale der Bewegung darzustellen versucht. Das ist gewiß eine wichtige Seite an ihm, es ist die intensive Einheit, von der bei der Qualität zu reden war. Die Extensivierung dieses Intensiven aber ist für die Durchleuchtung der Empfindung nicht weniger wichtig, ja sogar weiterführend; aber auch beide zusammen bringen noch nicht das Letzte, nicht den reinen Individualcharakter, den Einzigkeits- nicht bloß Einzelheitscharakter der Empfindung zuwege, ohne das dritte, die Einstellung, Einfügung, Einfugung möchte man sagen, zu der zwar Zeit und Raum, als selbst schon einzige, nicht mehr bloß generelle, rationale, und damit in der Relativität verbleibende Ordnungsweisen den Grund legen, aber dann immer noch der letzten Zuspitzung der Individuation ermangeln würden, zu der weder Qualität und Quantität noch zeitliche und räumliche Einstellung als Methoden allein zulangen, sondern noch das Letzte erforderlich machen, welches wir als Präsenz oder Präsentation, als die Platonische παρουσία, volle Gegenwärtigkeit, Gegenwärtigung des Ewigen im Augenblicklichen, der Idee in der Erscheinung, schon vorgreifend charakterisieren durften. Empfindung ist ja wohl nichts anderes als der letzte, scharf individuierende Ausdruck des Erscheinens selbst, jenes, was einmal Hobbes als das merkwürdigste aller Phänomene bezeichnet: das Phänomen des Erscheinens selbst (daß überhaupt etwas erscheint); welches Erscheinen hier ganz den negativen Sinn des nur Scheinens, aber nicht Seins verliert, und vielmehr volles *E*rscheinen, das heißt punktuelles Sichdarstellen, Offenbarwerden dessen bedeutet, was, um zu erscheinen, jedenfalls *sein* muß. So war aber das Erscheinen bei Kant eigentlich von Anfang an gedacht; nur leider aus dem Begriffe der

Empfindung war dies bei Kant selbst noch weit fühlbarer als bei Cohen, ich möchte nicht sagen verschwunden, aber doch arg in den Hintergrund gerückt und auf weite Strecken hin ganz unsichtbar geworden.

§ 71. Um über die Sache zu größerer Klarheit zu kommen, haben wir jetzt die Unterstufen oder Momente der »Fügung« streng nach ihrem systematischen Aufbau ins Auge zu fassen. Wir erhielten bis dahin in jeder unserer logischen Triaden zuerst eine Ruhephase im Ausgang vom Nullpunkt, dann die dieser entsprechende Bewegungs- oder Entwicklungsphase, endlich drittens die sich wiederherstellende Ruhe im Abschluß, im Rückgang aus der Mannigfaltigkeit in die Einheit, aus der Differentiation zur Integration. Da mag es nun nach nächstem Anschein als eine Unstimmigkeit empfunden werden, wenn wir hier als erstes Moment die zeitliche, als zweites die räumliche Ordnung aufstellen. Notwendig zwar geht die Zeitordnung voran als die umfassendere und für die Raumordnung selbst vorbedingende. Die Auseinanderstellung, die unweigerlich das logische Vor und Nach, die logische Sukzession also einführt, ist vorbedingend für die entsprechende Simultanverbindung, die allein dem Raume zukommt. Aber erstens ließe sich darum doch nicht etwa sagen, daß die Zeitordnung den ruhenden Nullpunkt darstelle für die Entwicklung in die Räumlichkeit; zweitens und besonders scheint doch gerade die Zeit Bewegung, der Raum dagegen Ruhe zu bedeuten. Aristoteles zum Beispiel gestand die Unendlichkeit (vor der er sonst zurückscheut, wo er ihr nur begegnet) der Zeit deswegen unbedenklich zu, weil in ihr, was vorher war, jetzt nicht mehr, was nachher sein wird, jetzt noch nicht ist, so daß wenigstens nicht verlangt wird, die Unendlichkeit (nämlich in der Aufeinanderfolge der Zeitmomente) zugleich zu denken, sondern nur als Endlosigkeit einer Folge, in der immer ein Glied das andere ablöst und ihrer nicht zwei jemals zugleich sind. So scheint hier alles Bewegung und in der Bewegung Vielheit des Nach- und Auseinander, Vielheit einander ausschließender Momente zu sein, welche Vielheit nun immerhin als offene, in diesem Sinne unendliche, besser zwar end- wie anfangslose, ohne Widerspruch gedacht werden kann. Dagegen das Mannigfaltige des Raumes ist zugleich, also ruhend, also muß der Raum (meint Aristoteles) notwendig geschlossen gedacht werden. Hiergegen aber behauptet nun Kant und behauptet unbedingt mit Recht: die Zeit selbst verläuft sich nicht, sondern in ihr verläuft sich alles, verläuft das Dasein des Wandelbaren; und darum müsse ihr in der Erscheinung ein Unwandelbares im Dasein, eine Substanz entsprechen, an der allein die Folge oder das Zugleichsein in den Erscheinungen sich der Zeit nach bestimmen lasse; welcher Forderung durch die Substanz entsprochen werde. So im »Schematismus«; dann nochmals beim Grundsatz der Substanzialität: Die Zeit sei das beständige Correlatum alles Daseins der Erscheinungen, alles Wechsels und aller Begleitung; der Wechsel treffe nicht die Zeit selbst, sondern nur die Erscheinungen in der Zeit. Wollte man der Zeit selbst eine Folge des Nacheinander zuschreiben, so brauchte es eine andere Zeit, in der diese Folge stattfinde. Wie also die Substanz selbst, ist für Kant auch die Zeit nur Möglichkeitsgrundlage, als solche im logischen Sinne (wie vollends im Zeitsinne selbst) ruhend und nicht bewegt, simultan und nicht sukzedierend. Bergson hat dann mit besonderem Nachdruck diesen Simultancharakter der Zeit hervorgehoben unter seinem berühmten Begriff der »durée« (Dauer); woraus man nur nicht eine ganz neue, ungeheure Entdeckung machen soll, denn was daran richtig ist, war, wie wir sahen, längst, zum Beispiel Kant wohl bekannt und geläufig. Viel bemerkenswerter und eigentümlicher ist, daß Bergson umgekehrt beim Raume den Charakter der Aktivität in den Vordergrund rückt. Das erscheint weit paradoxer, als daß nicht die Zeit selbst bewegt sein darf, wenn doch alle Bewegung sich in ihr vollziehen soll. Der Raum scheint doch seinem ganzen Sinne nach ruhend, sein Mannigfaltiges durchaus simultan und nicht sukzessiv sein zu müssen. Er ist als ruhendes Bezugssystem jedenfalls von Kant gedacht worden, der darin besonders Newton und Leonhard Euler gefolgt ist. Allein wenn man als das Unterscheidende des Raumes das Abstandnehmen, das Auseinandersetzen versteht, liegt nicht darin schon das Moment der Fortschreitung? Daß C zeitlich nach B, ist nicht im mindesten dadurch bedingt, daß B nach A kommt oder C vor D. Eine Zeitfolge mißt sich niemals durch eine andere, sei es voraufgehende oder nachfolgende. Man kann nicht eine Zeitstrecke aus ihrer Stelle rücken und an eine andere als Maß anlegen oder umgekehrt durch sie messen. Hier ist zwar immer ein Vor und Nach, aber rein durch die Zeit und in Hinsicht ihrer gar nicht ein Soviel vorher oder nachher. Zeitmessung findet zwar statt, aber meßbar ist sie, wie ebenfalls Kant oft hervorgehoben hat, nur durch den Raum nach räumlichen Maßen, nie durch und an der Zeit selbst. Dagegen mißt sich Raum an Raum; der Abstand vom einen Punkte

## Zeit als qualitative Fügung

im Raume zum anderen mißt sich stets wieder durch einen anderen Abstand, der als bewegliches Maß schon vorausgesetzt wird. Bezeichnen A, B, C, nach der Folge im Alphabet, wachsende Abstände vom gleichen Ausgangspunkte, so ist das Größer und Kleiner oder Mehr und Minder des Abstandes durch die ganze Reihe hindurch stets so bestimmt, daß das Mehr das Minder in sich schließt, das heißt, das Mehr nur damit das Mehr ist, daß es das Mehr des Minder (alles ihm gegenüber Minderen) ist. Hier liegt unwidersprechlich eine Bedingtheit jedes in der Reihe Folgenden durch das Voraufgehende und zwar alles Voraufgehende vor. Dasselbe findet zwar auch bei der Zeit statt, nämlich wenn man Abstände in der Zeit mißt, das heißt nicht bloß fragt, *ob* vorher oder nachher, sondern *wieviel* voraus und zurück. Das erstere wäre durch bloße Vorzeichen (±) genügend ausgedrückt, das letztere ist nur durch Zahl- oder Größenausdrücke, durch Beträge a, b, ... zu geben. Das ± selbst aber kennt aus sich, ohne Beträge; zu denen es nur als Vorzeichen gesetzt wird, kein Mehr und Weniger, keinen Betrag, es ist also als solches durchaus unmeßbar. Hier haben wir deutlich den Nullcharakter. Die Null bedeutet ja für sich nicht eine Maßgrundlage; man mißt von Null an, aber mit der Null läßt sich nichts messen. Wohl aber bezeichnet sie das, woraufhin sich der Plus- oder Minussinn bestimmt. Der Unterschied des Ob und Wieviel (von dem vorhin gesprochen wurde) ist genau der Unterschied der nur ermöglichenden Substanz oder der Nullgrundlage und der dadurch erst zu ermöglichenden Bestimmtheit der Folge von Punkt zu Punkt, dem Betrage nach. Raum besagt Meßbarkeit, er beruht also auf Bewegung, da die Maßbestimmung auf Durchmessung gänzlich angewiesen ist; also auf Quantifizierung, der sie eben die Methode gibt; während in der Zeitfolge an sich ganz und gar nichts von Quantität liegt. Beim Raum kann man gar nicht umhin zu fragen, wieviel oder wie groß. »Im Raum« heißt in einem Abstand sein (spatium), und es fragt sich dann unausweichlich weiter: in welchem Abstand? Während zur Bestimmung der Zeitfolge das Vor und Nach allein ausreicht und ohne Hinzunahme eines anderen, und zwar des Raumes, ein Abstand und ein Betrag des Abstandes nicht nur nicht bestimmbar, sondern nach einem solchen auch gar nicht die Frage ist. Raum also hat als solcher Quantitätscharakter, Zeit dagegen nicht; also hat sie nur den Charakter der Qualität (im logischen Sinne), so wie die bloße, durch die Vorzeichen genügend auszudrückende Ordnungsfolge in der Zahl, die des hinzukommenden Momentes des Betrages erst dann bedarf, wenn beantwortet, ja wenn überhaupt gefragt wird, wieviel voraus, wieviel hinterher?

§ 72. Leicht ersieht man nun auch schon, daß die Zeit die Möglichkeitsgrundlage, das Substrat ist eben für den Raum und für die Quantitierung, aber so wenig wie selbst Raum, auch selbst Quantitierung. Zeit ist also in jenem Sinn nur Möglichkeit, Ermöglichung, Raum dagegen Vollstreckung einer Notwendigkeit. Raum ist Erstreckung, er will durchmessen sein, er hat daher Abmessungen (Dimensionen) und besteht nur in solchen. Er ist nicht nur Bereich der Meßbarkeit, sondern Messung selbst, messend, durchmessend, sich selbst messend, rein aus sich selbst; und wiederum meßbar und zu durchmessen. Die jeweils zu Grunde gelegte Maßstrecke, selbst räumlich, also auch wieder zu Messendes, zu Durchmessendes, muß sich fortbewegen dem zu messenden Räumlichen entlang, um zu ermessen, bis wie weit es sich erstreckt. In dem allen liegt Bewegung, und immer wieder Bewegung. Messung, Messung des Messenden selbst und so immer fort, auf wie ab ins Unendliche: dies Moment der Bewegung und zwar unendlichen Bewegung ist dem Raum durchaus wesentlich, der Zeit aus sich ganz fremd, auf sie nur vom Raume her übertragbar, indem wir ganz eigentlich (wie Bergson gut gezeigt hat) die Zeit selbst in die ihr fremde Sprache des Raumes übersetzen. Das Nacheinander, welches doch unbestritten das Wesen, den ganzen Sinn der Zeit ausmacht, ist nichts als Kontinuation des Jetzt, vor- wie rückwärts, ist nichts als Vorzeichen, enthält nichts von Abstand. Zeitabstand, das ist schon räumliche Übertragung, eine Übertragung, für die weder Grund noch Bedürfnis in der Zeit selbst liegt; sondern das Bedürfnis, sie selbst der Messung zu unterwerfen, kommt rein von der andern Seite, von der des Raumes, der die Zeit nur gleichsam in Mitleidenschaft zieht. Umgekehrt weiß der Raum von sich aus nichts von Vor und Nach. An sich ist nichts im Raume vor oder nach dem andern, sondern nur wenn man die Reihe der Punkte im Nebeneinander eben der Reihe nach, das heißt aber zeitlich, durchläuft, dann folgen sie sich, nämlich in der Reihe. Dem entspricht die Mehrdimensionalität, ja an sich Unendlichdimensionalität des Raumes, gegenüber der, nicht Eindimensionalität, sondern überhaupt Vordimensionalität der Zeit. Da die Zeit überhaupt diesseits aller Messungen liegt, so hat sie keine Abmessungen, auch nicht eine. Dagegen ist der Raum auf die Dimension, allerwenigstens eine, wesentlich angewiesen, welche eine dann aber sofort weiter, ja ins Unendliche treibt. Es ist Raum zwischen A und B, das heißt, es ist ein Raum zu durchmessen, um von A nach B zu kommen. Damit aber stehen wir, wie gesagt, schon in der Bewegung, welche einmal eingeleitet, kein Halten mehr kennt.

Man wird einwenden: trotzdem bewegt sich nicht der Raum selbst, sondern nur in ihm findet Bewegung statt, wie auch in der Zeit. Nicht er selbst bewegt sich dabei fort; er würde ja (könnte man in genauer Nachbildung des Kantischen Arguments von der Zeit sagen) einen zweiten Raum brauchen, in dem er sich bewegt. — Wie verhält es sich damit? — Nun es verhält sich damit sehr merkwürdig. Diesen zweiten Raum gibt es, und es gibt ihn nicht bloß einmal, sondern immer wieder, ins Unendliche! Damit vollends wird der Raum selbst beweglich, durchaus ohne Ende. So kannte ihn freilich nicht Euklid und Newton, so aber, und nur so, kennt ihn die ungeheuer erweiterte sogenannte nichteuklidische, besser allgemeine Geometrie von heute. »Raum« heißt für diese »Koordinatenordnung« und anders nichts. Das war er auch früher, aber die Koordinaten schienen starr, unbeweglich sein zu müssen, gerade um Messung, eindeutige Messung zu ermöglichen. Gewiß müssen sie fest liegen, allemal für die gemeinte Messung; aber sie müssen nicht überhaupt festliegen und festliegen bleiben. Gauß zuerst hat bewegliche Koordinaten einzuführen gewagt, mit ganz ungeheuren Folgen. Gerade durch sie wurde erst meßbar, was es bis dahin nicht gewesen war und ohne das nie geworden wäre. Das wurde der Anstoß zu der ungeheuren wissenschaftlichen Bewegung, die vor wenigen Jahren erst in der allgemeinen Relativitätslehre einen gewissen Abschluß gefunden hat. Im engsten Zusammenhang damit steht aber die Aufhebung der Starrheit des einzigen, Euklidischen Raumes, zu den unendlichen, zunächst einmal achtfach, schließlich aber unendlichfach unendlichen möglichen nicht-Euklidischen Räumen, das ist Koordinatenordnungen. Damit ist der Raum selbst aus einem starren zu einem unendlich beweglichen Gebilde geworden, während die Zeit ganz so starr und unbeweglich geblieben ist wie sie immer war. Nur die Zeit*messung*, die ja auch von der Raummessung abhängt, ist zugleich mit dieser in Bewegung geraten. Es gibt, seit Einstein, überhaupt nur Ortszeit, nicht eine allgemeine »Zeit überhaupt«; nämlich sofern es um Zeitbestimmung, um Zeitmessung zu tun ist. Nur von dieser ist in der Tat in der Relativitätslehre hinsichtlich der Zeit die Rede. Das bloße, in sich maßlose, durchaus vorquantitative Vor und Nach ist dabei durchaus unangetastet und unantastbar, in seiner Eigenheit und unvertauschbaren Einzigkeit stehen geblieben.

§ 73. Und damit kommen wir zum letzten hier noch zu erwägenden Merkmal, dem der Unendlichkeit. »Zeit und Raum sind unendlich«; das ist allverbreitete Lehre, wenigstens moderner Metaphysik; bei Aristoteles freilich war es anders, wie wir schon sahen. Aber in diesem metaphysischen Satze stecken faustdicke Ungenauigkeiten. Zeit und Raum sind unendlich in gänzlich verschiedenem Sinne. Erstens: Zeit ist nicht eine unendliche Größe oder Quantität, weil überhaupt keine Quantität, sondern ein in sich rein qualitatives Moment, selbst ohne Größe, überhaupt vor aller Nachfrage nach solcher, an sich ohne Anfangen und Enden, weder anfanglich noch endlich, noch unanfanglich, unendlich, sofern doch diese Bestimmungen als Maßbestimmungen verstanden werden müßten. Sondern (wie längst gesagt) vorendliche Bedingung des Endlichen wie des Unendlichen; es sei nochmals betont: sofern diese beide quantitativ gemeint sind. Zweitens: der Raum dagegen ist unendlich genau im Sinne der Endlosigkeit des Fortgangs. Insofern aber gibt es (wie gezeigt worden) gar nicht *den* Raum, sondern eine Unendlichkeit, ja unendlichfache Unendlichkeit verschiedener Räume, das ist Abmessungssysteme, über deren jedes zu einem höheren hinaus gegangen werden kann und gegebenenfalls hinaus gegangen werden muß. Dabei ist übrigens die Vorstellung, daß es trotz dem allen und über dies alles den einzigen Raum doch auch geben müsse, freilich nicht ohne Grund. Der Raum muß, bei aller Endlosigkeit des in ihm möglichen und zu vollziehenden Fortgangs, dennoch zuletzt irgendwie ganz, logisch geschlossen gedacht werden. Aber nur im logischen Sinne geschlossen, sofern der räumliche Fortgang selbst in aller Unendlichkeit, auch unendlichfachen Unendlichkeit, dennoch schließlich einer, durch *ein* Gesetz (des Miteinander) regiert, und durch dieses Gesetz der Entwicklung selbst Eines, *ein* in streng eindeutiger Notwendigkeit bestehendes Unendliches (nämlich das Unendliche dieser Entwicklung) ist. Soweit also hatte Aristoteles etwas Richtiges im Sinne, wenn er der Zeit »Unendlichkeit« (nämlich Überhaupt-nicht-Endlichkeit, wir sagen dafür Vorendlichkeit) zugesteht, für den Raum dagegen Geschlossenheit fordert, denn im Nacheinander sei es kein Widerspruch, daß jedes Moment, wenn eingetreten, eben wirklich, die Folge der Momente dagegen, in ihrer Unendlichkeit, besser: Ungeschlossenheit, etwas Unwirkliches, nämlich bloße Möglichkeit sei. Was gewesen, das *ist* nicht mehr (will er sagen), was erst bevorsteht, ist noch nicht; es wird also nicht verlangt, daß die Unendlichkeit der Zeitmomente zugleich (logisch simultan) *sei*, sondern wenn ein Moment *ist*, sind (im gleichen Sinne) alle anderen *nicht*. Dagegen verlangt die Simultaneität des Raumes, daß, wenn ein einziges seiner Elemente, auch alle andern (in gleichem Sinne) *sind*. Damit aber (meint Aristoteles) würde der Raum, wenn er unendlich wäre, aufhören, geschlossen zu sein. Wir sagen nun freilich anders. Wir sagen, der Raum ist unendlich, eben sofern nicht ruhend, nicht schlechthin logisch simultan, sondern (gerade logisch) bewegt. Aber Sein und Unendlichkeit (in dem Sinne, wie diese dem Raum überhaupt mit Grund beigelegt wird) widerspricht sich nicht; es gibt diese Unendlichkeit des Fortgangs im Raume, so sicher wie es den Raum, die Räumlichkeit selbst gibt. Der Raum kann also geschlossen sein, er ist logisch geschlossen; er ist es seinem Wesen zufolge, ohne darum im logischen Sinne simultan zu sein; er ist es gerade in seiner endlosen Fortschreitung, denn diese Fortschreitung *ist* und kann nicht etwa bloß sein, so daß sie ebensowohl auch nicht-sein könnte. Doch geben wir eben damit dem Aristoteles auch darin Recht, daß er eine aktuelle Unendlichkeit des Raumes für einen Widerspruch erklärt. Sie ist Widerspruch, weil eben und solange die Unendlichkeit des Raumes nur Endlosigkeit im Fortgang bedeutet. Diese ist ja nicht Aktualität; andererseits aber auch nicht bloße Potenz. Der Fehler des Aristoteles ist, daß er nur diese Alternative kennt. Er hat nicht gesehen, daß es noch dieses Mittlere zwischen Potenz und Aktualität gibt, den Übergang vom einen zum anderen; worüber sich dagegen Plato ganz klar war. Dieser Übergang aber ist unendlich nur im Sinne der Anfangs- wie Endlosigkeit; diese gibt es ganz nur in ihrem eigenen Sinne, dem der Schwebe eben des Übergangs. Diesem ist gerade die Anfangs- und Endlosigkeit eigen; ihr widerspricht aber nicht die logische Geschlossenheit des Raumes. Diese besagt, daß der Fortgang selbst auch ins Unendliche, und zwar ins innerlich und äußerlich, überhaupt in jedem Sinne Unendliche, gesetzmäßig bestimmt ist. Zur vollen Klarheit konnte hier Aristoteles deshalb nicht kommen, weil er, wie fast alle, sich nicht klar war über den dreifachen Sinn der Unendlichkeit.

In anderm Sinne aber vertritt gerade die Räumlichkeit — die Endlichkeit! Das Enden kommt nur einer Erstreckung zu, eine solche aber gibt es ursprünglich und konstitutiv nur im Raume. Wir sagen zwar ebensowohl, daß etwas in der Zeit Anfang und Ende habe, anfangen und enden müsse. Aber Zeit ist aus sich so wenig endlich wie unendlich, sondern beidem voraus, für beides nur Vorbedingung. Sie ist auf Endlichkeit und zwar endlosen Fortgang von Ende zu Ende allerdings gerichtet, welche Endlichkeit aber erst im Raume erreicht wird, sich an ihm erst auswirkt. Sogar ist Raum eigentlich nur dies: immer endende, doch von Enden zu Enden endlos sich fortsetzende Erstreckung. Sofern also für diesen zweiten Schritt zur Individuation die Zeit der Vorschritt ist, der auf jenen zweiten dann aber auch zwingend weiterführt, ist es doch nicht falsch, wenn man in erster Linie immer Zeit gegen Ewigkeit gesetzt hat. Sie erscheint, im Rückblick, mit Grund als die tiefere Wurzel der Nicht-Ewigkeit, auch dem Raume gegenüber, obgleich die Nicht-Ewigkeit sich weit unmittelbarer am Raume darstellt. Andererseits verschwindet das Vor und Nach im weiten logischen Sinne auch nicht in der überendlichen Betrachtung. Das Vor und Nach selbst ist ja in sich ruhender Bestand, also braucht es in der, allerdings einem ganz anderen Gebiete angehörigen, Ruhe der Ewigkeit nicht überhaupt ausgelöscht zu sein. Zwar nicht ohne Grund behauptet Parmenides, im reinen Sein gibt es kein Vor und Nach, sondern es ist, als ganzes, nur gleichermaßen ungeschiedenes Jetzt (νῦν ἔστιν ὁμοῦ πᾶν); aber das, wovon eben dies ausgesagt wird, bleibt doch immer eines und ein anderes, mit der Andersheit aber ist das Vor und Nach unentrinnbar gesetzt. Das Vor und Nach bleibt also immer, nämlich als Möglichkeitsgrundlage, und so erhält sich das Urwesen der Zeitlichkeit unversehrt auch in der Ewigkeitsbetrachtung selbst. Nicht das Gleiche gilt dagegen von der Abstandnahme im Raume. Diese wird durch die Allgegenwärtigkeit (nicht des Raumes selbst, aber dessen, was, unter dem Bilde des Raumes, voneinander abstehend gedacht wird) in der Tat gänzlich verneint, vernichtet, ausgelöscht. Wie es sich in der Tat schon dem Gedanken aufhebt, dem (wie Parmenides klar und scharf ausspricht) das Ferne nahe, das Abwesende anwesend ist, weil Sein von Sein, vom Zusammenhalt des Seins nicht getrennt, nicht gespalten und erst aus der Spaltung immer wieder zusammentretend gedacht werden darf.

## [28. Vorlesung]

**§ 74.** Noch zwei Fragen bleiben hier zu beantworten: erstens wie ist es zu verstehen und was ist der haltbare Sinn davon, daß Kant die Zeit als Form des inneren Sinnes, den Raum dagegen als die des äußeren Sinnes bezeichnet? Zweitens aber, angenommen, daß sich dies aufklärt, und in der Tat der Zeit ein zentraler Charakter, dem Raum dagegen ein peripherischer zukommt (wie schon die bisherigen Betrachtungen über beide es nahe legen), so erhebt sich mit umso größerer Wucht die Gegenfrage: Wieso führt gleichwohl die Raumordnung näher heran an die Individuation? Scheint sie doch in ihrem zentrifugalen oder Divergenzcharakter, ihrem Charakter des immer Fort- und Weiter-hinausgehens ins Unendliche, unendlichfach, unendlichdimensional Unendliche nur immer tiefer und tiefer in die Spaltung hinein, also von der Individuität nur immer weiter ab zu führen. Wäre nicht eher im Rückgang auf den Nullpunkt, auf den Innenpunkt, ins Zentrum, der Individuität wenigstens näher zu kommen? Jedenfalls nicht ohne sie kommt man zu ihr, nicht durch den nach außen gerichteten Fortgang ins Unendliche. Wohl ist es leicht zu sehen, in welcher Richtung hier die Antwort nur liegen kann: es muß noch ein Drittes geben. Aber welches wäre dieses Dritte? Das ist zunächst nicht abzusehen. Außenrichtung und Innenrichtung: wo wäre da ein Drittes? — Wir versuchen zunächst die erste dieser drei Fragen zu klären.

Die Redeweise von innerem und äußerem Sinn und Zeit und Raum als deren Formen werden wir uns so zwar nicht zu eigen machen können, aber es steckt doch etwas darin, was darum nicht weniger zu beachten ist. Nicht der bloße Gegensatz des Intensiven und Extensiven, der zentralen oder peripherischen Erfassung des Gegenstandes. Das wäre, was wir schon hatten: Qualität und Quantität. Zeit und Raum scheinen beide gleichermaßen Extension, aber auch beide gleichermaßen Extension eines Intensiven zu besagen. Immerhin ist richtig: Im Raum steht die Entwicklung nach der Peripherie, also nach außen, also die Außenspannung (Extension) oder die Richtung der Divergenz voran. Er selbst ist es, der das Außen ewig neu erzeugt. Viel eher kann man zweifeln, ob dem gegenüber nun (wie die Rede von der Zeit als Form des inneren Sinnes zu besagen scheint) die Zeit Beziehung nach innen, Zentralbeziehung, Innenspannung, Konvergenz bedeutet. Wie vertrüge sich das damit, daß man doch stets den Eintritt in die Zeitlichkeit dem Eintritt in die

Spaltung gleich gesetzt hat? Kant behauptet, die Zeit kann keine Bestimmung äußerer Erscheinungen sein, sie bestimmt nur das Verhältnis der Vorstellungen in unserem inneren Zustand, sie ist die unmittelbare Bedingung der inneren Vorstellungen (unserer Seele) und nur dadurch mittelbar auch der äußeren (sofern sie eben unsere Vorstellungen sind.) Allerdings sollen es andererseits, nach Kants merkwürdiger Behauptung, auch im inneren Sinne die Vorstellungen äußerer Sinne sein, welche den eigentlichen Stoff ausmachen, womit wir unser Gemüt (der Kantische Ausdruck eben der Innenbeziehung, des Psychischen) besetzen. Aber wir setzen sie eben dann, als Vorstellungen, notwendig in die Zeit, die dabei als die »formale Bedingung«, als die Art, wie wir sie (nämlich die Vorstellungen also der äußeren Sinne) im Gemüte (also innerlich) setzen, zu Grunde liegt. Kant erklärt dies weiterhin als die Leistung einer untersten Stufe der Synthesis, der Synthesis der Apprehension, die er beschreibt als »Aufsuchen dessen, was im Gemüte liegt« (also des innerlich Erlebten), und als in die Tätigkeit (nämlich den synthetischen Prozeß) Aufnehmen (Apprehendieren). So allein gelangt das Gemüt (die Psyche) zu einer Anschauung ihrer selbst, der folglich die Zeit als Form des Anschauens, das heißt also, als die Art, wie das Mannigfaltige im Gemüte beisammen ist, zu Grunde liegen müsse; und das heißt es für Kant, daß die Zeit »Form des inneren Sinnes« ist. Es ist sehr merkwürdig, wie in der zweiten Auflage der »Kritik der reinen Vernunft« diese Ansicht sich dahin vertieft, daß die Zeitvorstellung von der Rezeptivität der Sinnlichkeit, der sie in der ursprünglichen Darstellung ganz zugerechnet worden war, eigentlich völlig in die Spontaneität des synthetischen Prozesses verschoben wird. In einem wichtigen Zusatze der zweiten Auflage zu § 24 der Transzendentalen Deduktion erklärt Kant: genau wie im Ziehen der Linie, im Beschreiben einer ebenen Figur, in der Setzung der räumlichen Dimensionen eine Bewegung als Handlung des Subjekts sich vollzieht, welche Bewegung (als Synthesis des Mannigfaltigen im Raume), wenn wir von diesem (dem Raume) abstrahieren und bloß auf die Handlung dieser Bewegung achten, sogar den Begriff der Sukzession (das heißt das Nacheinander überhaupt, nicht bloß das jeweilige besondere) zuerst hervorbringe. Und zwar sei es der Verstand, der, im inneren Sinne allerdings, aber indem er diesen »affiziert« (das heißt seine Funktion auf ihn ausübt) die Sukzession hervorbringt. Eine fernere Anmerkung, zu § 26, verschärft dies noch dahin, daß die Einheit der formalen (das heißt ihrer ursprünglichen Form gemäßen) Anschauung sowohl des Raumes wie der Zeit eine Synthesis voraussetze, die nicht den Sinnen angehört, durch welche aber alle Begriffe von Raum und Zeit erst möglich werden, ja der Raum und die Zeit als Anschauungen erst gegeben werden; so freilich, daß diese Einheit nunmehr diesen selbst, dem Raume und der Zeit, angehört, daß sie eben Einheit des Raumes, der Zeit ist. Hier liegen also gar nicht mehr, wie es anfangs den Anschein hatte, äußerer und innerer Sinn als zwei Provinzen unserer Sinnlichkeit auseinander, sondern die Vorstellungen der äußeren Sinne sind es allein, die auch dem inneren Sinne den Stoff geben; andererseits gehören alle Vorstellungen der äußeren Sinne zugleich, als Vorstellungen, dem inneren Sinne an und ordnen sich darum notwendig in der Zeit, nicht bloß im Raume. An denselben (gar keinen verschiedenen) Vorstellungen also bezeichnet nur der Raum die Außenbeziehung auf das, was darin vorgestellt wird, das heißt sich darstellt oder (eben von außen her) uns erscheint, die Zeit dagegen die Innenbeziehung auf uns selbst, denen es sich darstellt oder erscheint; und nur das wollen die Ausdrücke »äußerer, innerer Sinn« jetzt noch besagen: es sind gar nicht zwei Sinne, wie etwa Gesicht und Gefühl, sondern nur zwei Beziehungsrichtungen der *einen* Sinnlichkeit (das heißt Empfänglichkeit der Vorstellungen) überhaupt, insofern alles und jedes, was sich uns sinnlich darstellt, sich einerseits gleichsam gibt als von außen her Erscheinendes, andererseits aber *uns* sich so gibt, vielmehr von uns aus, und zwar unmittelbar sinnlich, nicht etwa in nachkommender Reflexion, so erfaßt wird. Und diese zweiseitige Beziehung ist in der Tat jetzt nicht mehr bloße Rezeption (Entgegennahme), sondern Ergebnis synthetischer Akte, eines Aktes der Apprehension (das heißt Aufnahme in die eigene synthetische Tätigkeit des Gemütes; diese also ist eigentlich der Ursprung der Zeitvorstellung, der Setzung des Nacheinander, welches ja nur das Nacheinander dieser Aufnahme in die eigene synthetische Tätigkeit ist) und eines (diesen schon voraussetzenden) zweiten Aktes der Reproduktion, das heißt des Miteinandersetzens in simultaner, wechselseitiger Bezogenheit; diese ist der Ursprung des Raumvorstellens, das heißt eben der Setzung des *Außer*einander als zugleich *Mit*einander, nämlich des Erscheinenden selbst. Ja auch diese zwei Akte sind zuletzt nur zwei Stufen, oder, wie wir sagen würden, Phasen einer und derselben Urfunktion der Synthesis: es ist dieselbe Spontaneität, sagt Kant (nämlich die der Synthesis überhaupt), welche beides, die Synthesis der Apprehension und der Reproduktion, und als drittes zu beiden den letzten, tiefsten, radikalsten Akt der Rekognition und damit der endgültigen Erfassung, der Apperzeption, vollzieht, welcher einmal von Kant als »Radikalvermögen« bezeichnet wird.

**§ 75.** Diese ganze Betrachtung ist tief angelegt und enthält sehr eingreifende Wandlungen der allerdings recht anfechtbaren ursprünglichen Dispositionen Kants; Wandlungen, die ganz in der Richtung dessen liegen, was wir aufgestellt haben. Es wird nur nicht klar, wieso die Innenbeziehung die Sukzession ergeben soll. Es sieht wie ein Zirkel aus: die Aufnahme in die Tätigkeit erfolgt in der Form der Sukzession. Aber dann gälte sie ja für diese an sich, sie soll aber bloß Erscheinung sein. Wieso soll die Innenbeziehung die zeitliche Anordnung bedingen? Als zentrale, also Einheitsbeziehung müßte sie eher eine Punktualisierung zuwege bringen als die Auseinanderstellung in die Reihe. Oder sie könnte, als von innen her doch nach außen gerichtet (weil ja der Rezeptivität der Erscheinungen, der Kantischen »Sinnlichkeit« zugehörig), doch unmittelbar nur den Nullpunkt für die Reihe und in diesem (wie wir es forderten) allenfalls das Moment der Richtung, das $\pm$ als das Vor und Nach überhaupt begründen. Vielleicht ist es in der Tat so gemeint; jedenfalls nur so wäre es folgerecht und, wie ich meine, auch haltbar und in der Sache selbst begründet. Kants Lehre von der Zeit als Form des inneren Sinnes würde sich dann in bemerkenswertem Grade der nicht minder tief angelegten Untersuchung nähern, welche Aristoteles im vierten Buche der Physik über den Zeitbegriff anstellt. Da tritt eben das, was ich den Nullpunkt nannte, auf unter der Benennung des Nu, des Jetzt. Zeit ist für Aristoteles nur fortgesetztes Nu; dieses aber entspricht dem Punkte des Erlebens. Er definiert Zeit als »Zahl der Bewegung«. Diese Zahl ist als Ordnungszahl (Erstes, Zweites u.s.f.) gemeint, deren Einheit eben das Nu ist. Zeit ist also ursprünglich nichts als das Jetzt, Jetzt, Jetzt, so wie Zählung ursprünglich nur besteht im 1, 1, 1, dann erst weiterhin auch im Zusammennehmen eines 1, 1, 1 u.s.f. zur neuen Einheit, der Zweiheit, Dreiheit u.s.f. Die Zeit entspringt nach Aristoteles aus der Kontinuierung, dem Fließen (ῥύσις) des Nu. Dieses selbst ist dabei (das ist in unserem Zusammenhang besonders wichtig) stets ein und dasselbe, sowie ein und derselbe Punkt durch seine Bewegung, seine Kontinuation, sein Fließen die Linie erzeugt oder schafft (ποιεῖ). Wir erinnern uns, daß auch für

Kants vorhin vorgeführte Betrachtung dies den Ausgang bildete, daß wir die Linie in Gedanken erst ziehen, sie erst von Null an erzeugen müssen, um sie uns vorstellig zu machen. Das Jetztsein geht also die Reihe durch und trifft immer ein anderes und anderes Glied der gleichsam simultan vorliegenden Reihe veränderlicher Momente; insofern ist es immer numerisch dasselbe und erscheint doch als immer ein anderes. Die bemerkenswerteste Übereinstimmung aber zwischen Kant und Aristoteles liegt hier in der engen Beziehung des Jetzt und seiner Kontinuation auf das Bewußtsein. Das Bewußtsein eben ist stets jetzt, stets sich selbst gegenwärtig; auf dieses immer identische, numerisch identische Jetzt ist alles Frühere und Später stets zurückbezüglich; es ist früher und später als es, das Jetzt; dieses selbst bleibt dabei immer zentral und so in der Tat immer in Ruhe. Es ist bei Aristoteles besonders merkwürdig, wie er zu dieser Einsicht gelangt ist, trotzdem seine ganze Betrachtung von außen her, vom äußeren Vorgang her, erst nach innen geht. Jetzt und Jetzt kommen bei ihm heraus nur als Momente am Geschehen, am äußeren Geschehen; sie werden nur aus diesem durch Abstraktion herausgehoben; ganz fern liegt ihm, etwa umgekehrt vom Innenpunkte des erlebten oder vielmehr erlebenden Nu her, aus ihm heraus den äußeren Vorgang sich erst erzeugen zu lassen oder zu konstruieren. Zu einer solchen konstruktiven Auffassung neigen freilich die neuplatonischen Ausleger des Aristoteles. Diese sehen etwas Schöpferisches in der Kontinuation des Jetzt (der ῥύσις) und interpretieren daher die Aufstellung, daß das Jetzt einerseits dasselbe, andererseits immer ein anderes sei, dahin: es sei zentral und primär dasselbe, nur folgeweise, peripherisch, das heißt nur in Beziehung auf sein Gegenüber, das Äußere, Peripherische des Geschehens, immer ein anderes. Nach Aristoteles dagegen sind Zeit und Jetzt nur τι τῆς κινήσεως (etwas von der Veränderung), und man darf schwerlich interpretieren: nämlich ihr konstituierendes Element, was wohl vereinbar wäre mit der Zentralität und logischen Priorität des immer identischen, nur dann sich selbst aus sich kontinuierenden Jetzt. Aber so ist es bei Aristoteles nicht gemeint, sondern das erste ist das μέγεθος (die Ausdehnung), diesem »folgt« (das heißt von ihm hängt erst ab) die Veränderung (κίνησις), und von dieser die Zeit 1.) in Hinsicht der Stetigkeit des Zusammenhangs (der Kontinuation), 2.) in Hinsicht des Vor und Nach (an welchen beiden Momenten übrigens der Raum mindestens ebenso beteiligt ist). Die Zeit wird abgelesen an dem kontinuierlichen Stellungswechsel (etwa des Uhrzeigers) im Raume. Dabei ist der sich bewegende Zeiger immer derselbe und in jeder seiner aufeinanderfolgenden Stellungen ist er stets da, wo er gerade ist. Daraus erklärt sich Aristoteles die Identität des Jetzt, welches die Punkte der Veränderung nur wie ein Uhrzeiger durchläuft. Aber es soll damit nicht gesagt sein, daß darin die Zeit sich überhaupt erst zentral erzeuge oder sich selbst schaffe durch die ῥύσις des Jetzt, wie die Neuplatoniker es deuten und wie es der Kantischen Auffassung entspräche. Ich sage, es ist sehr merkwürdig, daß Aristoteles trotz seiner also ganz von außen herkommenden Betrachtung dennoch das Jetzt in der Psyche gründet und damit der Kantischen Beziehung der Zeit auf den inneren Sinn so merkwürdig nahekommt. Man darf nur diese Übereinstimmung nicht überspannen; die Kantische Betrachtung bleibt doch der Aristotelischen fast diametral entgegengerichtet, aber eben in dieser diametralen Gegenrichtung trifft sie in wesentlichen Stücken mit ihr zusammen, während die neuplatonische Auslegung dieser Aristotelischen Zeitlehre sich der Kantischen Umkehrung des Verhältnisses des Inneren und Äußeren auffallend nähert, ja eins mit ihr wird.

Uns aber geht hier besonders an, wie dabei Zeit und Raum sich unterscheiden und scheiden. Es liegt nahe zu sagen, auch die räumliche Linie sei nur Rhysis, Fließen, Sich-selbst-Kontinuieren des Raumpunktes, wie die Zeitlinie Selbstkontinuation des Jetzt als des Zeitpunktes. Aber dies ist nun bestimmt nicht der Fall. Das Jetzt ist, in der Unmittelbarkeit der Gegenwart, schlechterdings seiner selbst sicher, es kann nur sich in sich selbst erfassen, und was nicht es selbst ist, das Nicht-jetzt, nur von sich aus. Das Hier hat dagegen nichts von dieser Unmittelbarkeit, diesem In-sich-selbst-beruhen. Es ist nichts aus sich, stets nur angenommen, nur aus freier Willkür jeweils zum Ausgang gewählt, nur eingenommener, jederzeit beliebig mit einem anderen vertauschbarer Standpunkt, nicht schöpferisch voraus, ursprünglich bestimmend, sondern selbst nur so oder anders zu Bestimmendes. Es bewahrt ganz jenen negativen Charakter des nur Hypothetischen, den wir uns des öfteren schon klar gemacht haben. Prüfen wir es am Subjektiven des Raumerlebens, so wie wir unsere Aufstellungen in Hinsicht der Zeit am Subjektiven des Zeiterlebens geprüft haben, so ist der Unterschied, wie ich meine, sofort ersichtlich. Wo wäre denn mein Hier, wenn ich es nicht erst erkennte aus den Beziehungen des Außen? Das Hier ist selbst nur Punkt im Außensein, er ist allein festzulegen durch Außenbeziehungen; Beziehungen, die nach allen Seiten ins Unendliche verlaufen und damit eine absolute Festlegung vereiteln, aber innerhalb bestimmter, willkürlicher Abgrenzung der Betrachtung immerhin eine bedingte Festlegung ermöglichen. Ich bin, oder ich befinde mich (wie unsere Sprache sehr bezeichnend sagt) hier, das heißt zwischen diesen vier Wänden, dieses Hauses, dieser Stadt, dieses Landes, dieser Erde u.s.f. Ich befinde mich da, eben von außen gesehen; ich finde mich, wie wenn ich von außen her mich gesucht hätte; das heißt, eben wer von außen kommt, kann mich da finden, ich bin da zu finden, und das eigentlich heißt es, daß ich mich da befinde. Der Raum ist eben selbst das Außen; wie sollte also das Hier, als Punkt des Raumes, anders als im Außen, also von außen her, durch lauter äußere Beziehungen, sich bestimmen? So ist freilich auch der Zeitpunkt, eben wenn man ihn, dem Raumpunkte entsprechend, als Stelle in dem voraus schon gedachten gemeinsamen Zeitzusammenhang des Geschehens bestimmen will, nur von außen her zu bestimmen. Dann heißt »Jetzt«: Um so und soviel Uhr, vormittags oder nachmittags, des und des Tages, des und des Monats (das heißt Mondumlaufs), Jahres (das heißt Erdumlaufs) u.s.f. einer bestimmten, ganz auf äußere Daten gestützten, von bestimmten Bewegungsvorgängen abhängigen Zeitrechnung. Aber so wird doch das Jetzt nicht erlebt, sondern als erlebt ist es von ganz und gar keinem Äußeren her erst aufzustellen und zu bestimmen, sondern da bestimmt sich vielmehr alles Nicht-jetzt erst von ihm aus, in wesentlicher Zurückbeziehung auf die unmittelbare Gegenwart eben des Erlebnisses. So unmittelbar gegeben ist im Raum kein Hier, sondern gegeben ist da alles oder nichts, der Sirius wie unsere Nasenspitze.

Alle diese Betrachtungen stützen und klären, denke ich, unsere Auffassung: daß in der Tat die Zeit in ihrem Urmomente, dem Jetzt, zentralen, und in ihrem Bereiche letztzentralen, der Raum dagegen peripherischen Charakter trägt. Nicht als wäre die Zeit oder das Jetzt selbst schon das Letztzentrale. Sucht Kant sie mit tiefem Recht in der Spontaneität, so doch nur in ihrer untersten Stufe, der Apprehension, der bloßen »Aufnahme in die Tätigkeit«, im Nullpunkt derselben, während in ihrer Fortführung, ihrer Kontinuation, der Kantischen Synthesis der Reproduktion, ihm der Raum entspringt, und erst in dem über beide hinaus sich erhebenden Akte der Rekognition, des Rückgangs also der Tätigkeit in sich selbst, der den Kern der »transzendentalen Apperzeption«, des letzten, radikalen Erfassens, bildet, die Spontaneität sich vollendet, und mit der Spontaneität (das darf jetzt wohl schon vorausgenommen werden) das, was wir suchen, die Individuation; denn die Einheit der Apperzeption ist numerische Einheit, Einzigkeit.

**§ 76.** Hiermit kommen wir nun zu unserer zweiten Frage: Wieso bedeutet der Raum, über die Zeit hinaus und im Unterschied von ihr, die größere Näherung zur Individuation, ja die entscheidende Näherung zu ihr, da jenseits ihrer, über sie hinaus, nur noch sie selbst, die volle Individuation, als das nunmehr erreichte Ziel, in Frage kommt und nun (wenn unsere ganze Disposition zutreffen soll) wohl unmittelbar erreicht werden müßte?

Nun, ich denke, daß der soeben angegebene Dreischritt der Kantischen Synthesis, von der Apprehension durch die Reproduktion zur Rekognition, darauf die vollbefriedigende Antwort gibt. Die Zeit (das Nu) gibt noch weiter nichts als den unerläßlichen ersten Einsatz des individuierenden Prozesses, in jener In-sich-selbst-Sicherheit des Jetzt als des Nullpunktes ist der nicht mehr zu verlassende Grund zu ihr gelegt. Denn dies Jetzt ist in sich absolut numerisch eins, es ist in sich einzig bestimmt und nicht mehr bloß einzeln; und es bedeutet volle Gegenwärtigkeit, nichts mehr ist in ihm von bloß zu Erwartendem oder bloß Gefordertem, vielleicht erfüllbarer, vielleicht auch nie sich erfüllender Forderung, und damit (im schlechten Sinne des Wortes) bloßer »Idealität«. Aber es ist Individuität doch nur der ersten, fast nur negativen Vorbedingung nach; es ist die Individuität, wie gesagt, nur im Nullpunkt, der freilich der Grundpunkt, aber *nur* der Grund ist, Grund, auf dem soweit noch nichts aufgebaut ist, sondern erst gebaut werden kann und soll. Insofern hat dieser Nullpunkt das Ganze des Prozesses der Individuierung, vollends dessen Abschluß in der fertigen Individualbestimmung, erst vor sich; es ist zu ihm wieder nur die erste Phase, nämlich die der Ermöglichung. Dagegen bedeutet nun die Entwicklung in die Raumbeziehungen das volle Ernstmachen mit der Durchführung, den Überschritt über die Schwelle, das volle Eingehen in die ewige Dynamik der Bewegung. Das ist nicht mehr die bloße Substanzgrundlage der Individuation, oder ihre Kausation, ihre Ernotwendigung in gesetzmäßiger Konstruktion; als Konstruktion aber, als Kontinuierung ist es (nach Kant) Darstellung nicht bloß in concreto, sondern in individuo, in allerdings jeweils nur relativer Individuität, aber doch stets im Sinne, in der Tendenz der Individuierung, ihr so nahe kommend, als unter den gegebenen Voraussetzungen es erreichbar ist, stets in der Absicht kompleter Bestimmung, wirkliche Ausfüllung jeder Lücke. Es ist wirkliche, wenn schon nicht abschließende Bestimmung; nicht eine Bestimmung, die nichts ferner zu bestimmen übrig ließe, sondern immer noch in der Bedingtheit bleibende, aber doch Bestimmung und zwar streng gesetzmäßige, methodische. Gibt es eine Methode für die Individuierung, so kann es nur diese der (nach Kant) »bestimmenden Urteilskraft« (nämlich von Schritt zu Schritt näher, enger bestimmender Bestimmung) sein. Daher besonders versteht es sich, daß der Raum, weit ersichtlicher als die Zeit, eine kompakte, fest gefugte, unzerreißbare Einheit darstellt. Ist Zeit nur (Aristotelisch gesprochen) »zählende Zahl« (Zahl im Hervorgehen, im ewigen 1, 1, 1, ...), so dagegen Raum gezählte, nicht bloß Ordnungszahl, sondern Anzahl, in der die im Durchgang überschrittenen Glieder nicht als abgetan zurückgelegt, sondern festgehalten werden; ganz im Sinne der Kantischen »Synthesis der Reproduktion«, welche wesentlich das Festhalten und dadurch Zusammenhalten des erst nur sukzessiv Durchlaufenen in festem Zusammenbleiben, in der Zusammenfügung zum Ganzen besagt. Darum und in diesem vollen Sinne ist es nicht nur Außereinander, sondern volles Miteinander. So nahe kommt bereits diese Kompaktheit des räumlichen Zusammen (des ὁμοῦ, des Zusammen- oder Insgesamtseins) der Individuität selbst, daß es, bei allem Irrtum, doch sehr begreiflich ist, wenn man im Raume die Individuität jedenfalls soweit schon erreicht glaubte, daß der Raum selbst ein Individuales, nicht nur Einzelnes, sondern Einziges, in sich Geschlossenes, darstelle. Noch Kant war darüber sehr sicher, daß im Raume die Einheit und zwar numerische Einheit, Einzigkeit, also doch Individuität vorausgehe und schon zu Grunde liege aller Abteilung, daß man von Räumen gar nicht anders reden könne als so, daß es bloß Abgrenzungen in dem einen, einzigen Raum seien. Dasselbe nahm er zwar auch für die Zeit an, aber mit dem großen Unterschied, daß die Zeit immer im Ablaufe erst begriffen, der Raum dagegen in jedem Augenblick als ganzer auf einmal da sei und zu Grunde liege. War dies auch ein Irrtum, der durch Euklid und Newton ihm nahegelegt war, durch die allgemeine Raumlehre von Gauß an aber endgültig überwunden worden ist, so begreift sich doch dieser Irrtum daraus, daß die Raumordnung in jedem Falle individuierend gerichtet ist und die Individuation tatsächlich insoweit vollzieht, als sie unter den bis dahin gegebenen Voraussetzungen vollziehbar ist. Auch die allgemeine Raumlehre der Relativitätstheorie wagt doch von *dem* Raum zu reden, und schließt z. B. auf eine zirkuläre Natur des Raumes; vielleicht unhaltbar, aber danach ist hier nicht die Frage; jedenfalls man folgert aus der Voraussetzung auf sie, daß es nur so »den« Raum, nämlich den einzig bestimmten, geben könne, an dessen Forderung man also doch immer festhält. Ich glaube zwar, daß dies ein wirklicher Fehlschluß ist, derselbe Fehlschluß, aus dem Aristoteles und aus dem z. B. Eduard von Hartmann dem Finitismus verfiel; Aristoteles eben in Hinsicht des Raumes, von Hartmann in Hinsicht der Zeit und des Weltprozesses, auf dessen Endlichkeit er schließen zu dürfen und zu müssen glaubte aus der schließlichen Erschöpfbarkeit und notwendigen Erschöpfung der Energie, die als nicht zu vermehrendes noch zu verminderndes Quantum notwendig endlich sei. Der Fehlschluß ist in allen Fällen dieser: daraus, daß für die Rechnung der Wissenschaft keine Einzigkeit der Bestimmung herauskommen kann als aus schließlich endlich bestimmten Faktoren, wird gefolgert, daß also solche schließlich endlichen Faktoren dem ganzen Prozeß tatsächlich zu Grunde liegen und damit dann der ganze, durch die große Rechnung der Wissenschaft darzustellende Weltprozeß eben endlich sein müsse. Eine an sich sehr naive Folgerung; als ob die Welt sich nach den Bedürfnissen und Bedingnissen der Rechnung der Wissenschaft zu richten habe, statt daß diese ziemlich ohnmächtig hinterdreinhinkt hinter der ewig ihr entrinnenden Wirklichkeit, die zum Glück etwas anderes und etwas mehr ist als unsere, allerdings notwendig endliche Rechnung. Man hätte freilich denken sollen, daß wenigstens über diesen Punkt Kants Erkenntniskritik und besonders seine Antinomienlehre endgültige Klarheit geschaffen haben müßte und nach ihm solche schließlich lächerlich überheblichen Irrungen nicht mehr möglich sein sollten. Wie hartnäckig aber der Schein der gegebenen Einzigkeit des raumhaften Seins ist, dafür ist es freilich höchst bezeichnend, daß selbst nach der Entdeckung und unangreifbaren Feststellung der allgemeinen Relativität dieser Schein sich immer noch und immer wieder zu behaupten versucht. So stark macht im räumlichen Vorstellen die Einzigkeit sich geltend. Umsoweniger kann an ihrer engen und nahen Beziehung, an ihrer wesentlichen Tendenz auf die Individuation noch ein Zweifel sein.

**§ 77.** Aber die ganze, ungeheure Dynamik der Entwicklung in die räumliche Ordnung verläuft nun eben doch, wie es jetzt klar und unwidersprechlich der strengsten Wissenschaft sich erwiesen hat, wie

## Unendlichkeit und Individuität 279

es übrigens a priori schon längst absehbar war, ganz unentrinnbar in grenzenlose Relativität. Nirgends stellt so überwältigend, so ergreifend, ja erschütternd die unentrinnbare Divergenz der Entwicklung in die Endlichkeit sich dar, als Entwicklung nicht bloß überhaupt ins Unendliche, das heißt endlos fortgehend, sondern in unendlichfache, unendlich-dimensionale Unendlichkeit, bis zur absoluten inneren Unmöglichkeit sich ein Ende auch nur klar zu denken, geschweige es in einer wirklichen, bedingungslosen An-sich-Bestimmtheit zu erreichen. Die bloß einfache Unendlichkeit der geradlinig weiterlaufenden Zeitreihe erscheint dagegen sehr harmlos und in der Tat fast so unschädlich, wie sie noch dem Aristoteles eben deshalb erschien, weil es sich ja dabei nur um mögliches, und gar nicht um wirkliches Sein handle. Was einmal war oder einmal sein wird, braucht uns solange nicht zu beunruhigen, als wir zwischen den beiden Abgründen der unserer Erkenntnis nicht mehr erreichbaren Vergangenheit und Zukunft noch genug übrig behalten, was uns ernstlich beschäftigen darf, weil es eben für uns da und zugänglich ist. Aber der Raum beansprucht, in aller seiner Unendlichkeit, jetzt und immer da zu sein; er wuchtet daher immerfort mit seiner ganzen Unendlichkeit auf uns und droht uns zu erdrücken, wenn er nicht am Ende doch in unserer Vorstellung seine Begrenzung findet. Dann möchte er, wie ein immerhin genügend weiter, geräumiger Wohnplatz, uns traulich umschließen, wie das antike und noch das mittelalterliche Denken sich traulich umschlossen wußte von einem festgefügten »Weltgebäude«, das in einer wohl definierten Zahl fest in einander gefügter Sphären sicher gehalten und getragen war, unsere Erde, als ihre ruhende Mitte, und auf ihr uns selbst hielt und trug. Aus dieser Wohnsicherheit im geschlossenen endlichen Raume wurde die Menschheit seitdem grausam hinausgeschleudert in den offenen, schwindelnd abgründigen Ozean der Unendlichkeit, in dem kein Boden mehr ist und kein Dach; Raum genug freilich für freieste »Entwicklungen« ins Unendliche, aber ziellos divergente, zentrifugale Entwicklungen, wo früher auch die Entwicklung konvergent und zentripetal erschien, also zielsicher und geschlossen. Damit war dann die Individuation schon ohne weiteres gegeben, sie bildete eben deshalb kaum ein besonderes Problem, sie war immer stillschweigende oder ausdrückliche Voraussetzung; gefragt wurde vielmehr nach den Begriffshandhaben, um dies zweifellos Individuale auch zur Sprache zu bringen, dies in sich zweifellos Begrenzte auch dem Begriff nach zu begrenzen und dadurch für uns beherrschbar zu machen. Mit der immer freieren Erschließung der Unendlichkeiten erst ist die Individuität zur immer brennenderen Frage geworden, und nie ist sie brennender gewesen als heute, wo eben die Erschließung der Unendlichkeiten den Punkt erreicht hat, daß im Abgrunde der Relativität alle Individuität rettungslos unterzusinken droht.

[29. Vorlesung]

Soviel ist jetzt klar: in der geraden Fortsetzung des Weges der Entwicklung ist bei deren nun entscheidend festgestelltem Charakter der Divergenz überhaupt keine Individuation abzusehen. Sie kann an sie heranführen höchstens im Sinne des Sprungbretts, welches der Abspringende hinter sich lassen muß, indem er den Sprung wagt. Dies Platonische Gleichnis mag uns dienen, die Antwort, die wir zu geben haben, wenigstens vorzubereiten, die Möglichkeit einer Antwort überhaupt absehbar zu machen. Was aber dieser Anlauf und dieser Absprung besagt und was das Darüber-hinaus, das Platonische Epekeina ist, das will erst beantwortet sein.

In einem anderen schönen Gleichnis führt uns Plato in schwindelnder Wagenfahrt unter Führung des Götterreigens zum Zenith des Himmelsgewölbes, wo ein blendender Ausblick in den Glanz des Überhimmels sich auftut. Von ihm verbleibt zwar nur ein schwacher Abglanz dem zur Erde Zurückgekehrten; aber dieser vermag doch in seiner Seele das Licht anzuzünden, dessen Schein ihn den Weg auch im sonst hoffnungslosen Dunkel des Diesseits erkennen läßt. Die Schilderung der erhabenen Auffahrt ist dem berühmten Eingang des Lehrgedichtes des Parmenides nachgebildet. Und wenn diesem das An-sich-sein im unbeirrten reinen Logos doch dem Gedanken erreichbar galt, dem überhaupt das Ferne nah, das Abwesende anwesend ist (ἀπεόντα, παρεόντα), so gibt es auch für Plato eine »Parusie«, eine Gegenwärtigkeit der Idee unmittelbar in der Erscheinung für das zum Ewigen durchschauende reine Denken. Die »Idee« bedeutet eben die Durchschau durch alle Wirrnisse und Widersprüche der Erscheinung in die Gefilde der ewigen Wahrheit, und was in dieser Durchschau sich erschließt, ist auch ihm, im Gegensatz zu der in die Unendlichkeit zerfließenden Bezüglichkeit des Erscheinenden, individuale Wahrheit. Οὖλον μουνογενές, das Ganze (Totale), Einzig-geartete (Individuale) hieß es schon dem Parmenides; und so ist die Idee für Plato charakterisiert durch dieselben Merkmale nicht nur der Einheit, Identität, Ewigkeit, Unwandelbarkeit, sondern auch der Einzigkeit, Unauflöslichkeit, teillosen Ganzheit, Geschlossenheit; es ist μονοειδές, αὐτὸ καθ' αὑτό, ἀδιάλυτον, ἀμέριστον usf. Habe ich früher die platonische Idee durch das Gesetz erklärt, so brauche ich das jetzt keineswegs, dieses individualen Charakters wegen, zurückzunehmen, denn auch das Gesetz ist nicht leere Allgemeinheit, Abstraktion, sondern es ist bestimmend, jedenfalls der Intention nach bis zum Letztindividualen. Leibniz betont ganz ausdrücklich den Individualcharakter gerade des Gesetzes; so darf er in ihm das entscheidende Mittel der Individuation erkennen. Doch ist Gesetzlichkeit freilich nicht der erschöpfende Ausdruck, sondern nur ein Moment des vielgliedrigen Prozesses, der auf Individuation schon von Anfang an hinzielt und, vom Ziel rückwärts gesehen, auch jedem einzelnen seiner Momente etwas von Individualcharakter mitteilt, aber doch nur in seiner Ganzheit diesen wirklich zuwegebringt.

Dazu haben wir nun die aufbauenden Momente wohl vollzählig beisammen. Wir sahen, was in der Modalität die Kategorie der Wirklichkeit, was in der Relation die der Wechselrelation, was in der Qualität die letzte Geschlossenheit und In-sich-selbst-Erfülltheit der Wasbestimmung, was in der Quantität die Integration zur Individualbestimmung beiträgt, was endlich auch diesen beiden gegenüber, der Qualität und der Quantität, das dritte, die Fügung, erst hinzuzutun hat. Überall ist es, gegen die bloß vorendliche Ermöglichung und dann die endlose Entwicklung von Enden zu Enden, die Voll-Endung in überendlicher Totalität und damit unmittelbare Gegenwärtigung, Präsentation. Nichts anderes kann es demnach auch sein, was die letzte Unterphase der Fügung von den beiden Vorstufen der zeitlichen und der räumlichen Bestimmung unterscheidet und womit sie über beide nun wirklich zum Letzten der Individualbestimmung hinausführen muß.

§ 78. Hier freilich mag es nun scheinen, als müßte man im völlig Unaussprechbaren enden. Wie hat Plato, wie haben alle hier um den zulänglichen Ausdruck gerungen und doch zuletzt eingestehen müssen, daß bei diesem Letzten aller Ausdruck notwendig versagt. Doch läßt sich wenigstens negativ und formal genug davon sagen, um zu verstehen, was gemeint ist. Es ist erstens, formal und freilich negativ, das über jede nicht totale Bestimmtheit, über alle bloßen Relativitäten und Voraussetzungen Hinausragende, also in keinem Sinne mehr bloß Voraussetzliche, Hypothetische, sondern Un- das heißt Übervoraussetzliche (Anhypotheton). Es ist zweitens, methodisch, der letztverantwortliche Grund, das Urschöpferische (das ποιοῦν und αἴτιον), selbst das einzig in sich Gegründete, in sich Bestandhafte. Es ist drittens und letztlich eben dies, sofern es das in sich schlechthin Genügende (ἱκανόν), keines anderen Bedürftige, Unversehrbare, Eine, mit einem Wort Absolute, ist. Sei es, mit diesem allen, das zuletzt Überkategoriale, so ist es doch nach seinem Verhältnis zum Ganzen der kategorialen Bestimmung, selbst gewissermaßen kategorial zwar nicht bestimmbar, aber doch ausdrückbar; wie es ja mit allem soeben Gesagten, vielleicht nicht erschöpfend, aber doch so, wie es überhaupt des Ausdrucks fähig ist, immerhin ausgedrückt ist. Am nächsten kommt man ihm vielleicht, wenn man sich klar darüber wird, daß es nicht sowohl *ausgesprochen*, als vielmehr begriffen sein will als das Letzte, das in aller Aussprache eben *spricht*, und eben zuletzt nur *sich selbst* ausspricht. Nicht ihm erst Sinn zu *geben* kann die Aufgabe sein, da vielmehr es selbst das Letzte ist, welches allem, was Sinn hat, diesen Sinn gibt und bestimmt. Dies besagt bei Plato die Bezeichnung dieses Letzten als »der Logos selbst«. Nicht *ein* Logos, ein Ausspruch, eine noch weitergehende, einen noch weiteren Sinn erschließende, denkende Erfassung ist es, in der es, als neuer Gegenstand, bestimmt und zum Ausdruck gebracht werden soll, sondern es ist »er selbst der Logos«, *das* Wort, *der* Sinn, durch den und unter dem allein erfaßlich und aussprechbar wird, was überhaupt, zumal kategorial erfaßlich und aussprechbar ist. *Es* erfaßt, *es* prägt überhaupt, was auch immer der logischen Erfassung und Prägung fähig und bedürftig ist, es selbst aber ist ganz hinaus über jedes solches Bedürfnis wie über jede Möglichkeit, wie diesem Bedürfnis, wenn es überhaupt bestände, genügt werden könnte. Mit der Einzigkeit und unmittelbaren **Gegenwärtigkeit**, der Platonischen Parusie (Präsenz), mit der Ewigkeit des Augenblicklichen, Augenblicklichkeit des Ewigen, mit der Unbedingtheit und Jenseitigkeit, mit der Aufhebung aller Voraussetzungen und alles Voraussetzens im Übervoraussetzlichen — mit diesem allen und was sonst noch in gleicher Richtung gesagt werden könnte, ist schließlich nichts begriffen; wir begreifen dadurch nur, nach einem Kantischen Ausspruch, seine Unbegreiflichkeit. Bei dieser werden wir uns schließlich beruhigen müssen, nach Goethes Mahnung: nachdem das Erforschliche erforscht ist, das Unerforschliche schweigend zu verehren.

Plato hat (im »Staat«) die letzte Unaussprechbarkeit des Jenseitigen, Übervoraussetzlichen, wiederholt ausgesprochen und später noch des öfteren betont; so besonders in dem merkwürdigen siebenten Briefe, dem stärksten persönlichen Bekenntnis, das wir von Plato besitzen. Da ist dies ganz besonders nachdrücklich gesagt, daß das Letzte überhaupt nicht aussprechbar, sondern nur im unmittelbaren wortlosen Austausch innigster Lebensgemeinschaft übertragbar ist und zwar verstanden, aber nicht erklärt, geschweige definiert sein will. Trotzdem hat er bis zuletzt nicht geruht, in immer neuen Anläufen um diesen Ausdruck zu ringen. Von Vorträgen aus seiner letzten Lebenszeit über sein Letztes, die »Idee des Guten«, welche Vorträge dann von den Schülern aufgezeichnet und herausgegeben wurden, von denen aber nur geringe Spuren erhalten sind, hören wir zwar, aber alles, was wir davon hören, läßt kaum mehr dahinter vermuten als in den erhaltenen Schriften und den leider ganz mit Kritik durchsetzten Angaben des Aristoteles über Platos ungeschriebene Lehren vorliegt. Doch hat Plato in seinen späteren Jahren wenigstens einmal noch, im »Philebus«, einen Anlauf genommen, seine Idee des Guten zwar nicht in *einem* Begriffe, aber in einer Begriffstriade, in drei unlöslich zusammengehörigen, in einer Dreieinheit von *Begriffen,* σύντρισι, zu umschreiben; womit aber auch nicht etwa ein letzter Ausdruck gegeben sein soll. Es verlohnt immerhin auch diese Aufstellungen uns anzusehen und mit dem, was wir gefunden haben, zu vergleichen. Da steht nun an der Spitze die Maßbestimmtheit, neben μέτριον auch καίριον genannt: das dem günstigen Augenblick (dem Kairos) Entsprechende. Der Kairos spielt auch sonst bei Plato eine wichtige Rolle. Dieser Ausdruck ist für uns besonders deswegen bemerkenswert, weil in ihm wieder das Moment der Einzigkeit, der Individuität, deutlich zutage tritt: der günstige Moment ist einzig, nie wiederkehrend, und dabei ausschlaggebend, schlechthin entscheidend. Das als das »Maßhafte« noch viel zu allgemein Bezeichnete nähert sich wiederum der Individuität unter der bestimmteren Benennung des innerlich Maßhaften, ἔμμετρον, was in sich maßhaft, was *sein* Maß, wir würden wohl sagen seine Norm erfüllt. Erst ein Ausfluß davon, erst seine Entwicklung ist das σύμμετρον, was Maß hat im Verhältnis, im Zusammenstand mit anderem, so daß jedes jedem, mit dem es zusammensteht, gemäß, dadurch mit ihm im Einvernehmen, einstimmig ist, so daß alles sich gegenseitig stützt und trägt und dadurch das Ganze sich erhält. Diese gegenseitige Erhaltung durch eine systematische Erfassung des Ganzen ist eigentlich der Sinn und Grund des »Guten« für Plato. Es ist insofern wesentlich das Bestandhafte, Selbsterhaltungsfähige; wogegen dem ἔμμετρον eher das sonst für das Letzte neben ἀγαθόν, ja vielfach vor diesem, von Plato genannte Merkmal des καλόν entspricht; ein Ausdruck, den die gewöhnliche Übersetzung »das Schöne« nur sehr ungenau wiedergibt. Es hat so gut wie nichts zu tun mit dem Künstlerischen, welches im heutigen sogenannt »ästhetischen« Sinne Plato überhaupt so gut wie unbekannt, jedenfalls für ihn von keiner ernsten systematischen Bedeutung ist. Sein καλόν hat mit Geschmack, mit ästhetischer Urteilskraft, oder was sonst ein Moderner hier nennen möchte, nichts gemein, es ist rein innere Beschaffenheit dessen, von dem es ausgesagt wird; es beruht auf der ganzen Ausfüllung des eigenen inneren Maßes und reinen Verhältnisses; nicht sofern reine Verhältnisse gefallen, oder weil sie sich selbst innerlich selig empfinden müßten, sondern einfach, sofern etwas so ist, wie es ist, sein soll, wie es ist, oder sofern es sein Wesen, seine Bestimmung, seine Idee oder Norm rein erfüllt. Erst an dritter Stelle tritt im »Philebus« zu den beiden genannten Merkmalen (des ἔμμετρον=καλόν und des σύμμετρον = ἀγαθόν i.e.S.) noch hinzu das Merkmal der Wahrheit (des ἀληθές), daneben Sinnhaftigkeit (φρόνησις) oder Vernünftigkeit (νοῦς) genannt. Dies steht, so hoch sonst die Vernunft oder der Geist von Plato, auch im »Philebus«, gewertet wird, doch hier an letzter Stelle, weil es eigentlich die Mindestforderung ist. Diese Bestimmung vertritt, würden wir sagen, den bloßen Modalitätscharakter dieses Letzten, während das ἀγαθόν den Relationscharakter, das καλόν erst den letzten, reinsten Individualcharakter bezeichnet.

Bliebe hiernach die letztentscheidende Bestimmung also doch die des Maßes oder der Norm, so müßten wir dies, wenn es genügen sollte, freilich in einer Prägnanz verstehen, die uns bei diesen Ausdrücken wenigstens nicht geläufig ist. Wir verwendeten, in Erinnerung eben an Plato, aber auch an Hegel, den Ausdruck des Maßes schon für das Dritte neben Qualität und Quantität, welches wir dann als Fügung zu bezeichnen noch geeigneter fanden, aber dann noch weiterer Zerlegung in drei Momente bedürftig erkannten, um seinen Sinn einigermaßen erschöpfend darzustellen. Ich denke aber, daß wir damit gerade dem Platonischen Sinn des ἔμμετρον nahe geblieben und erst recht nahe gekommen sind, wie namentlich auch die andere Bezeichnung als καίριον uns bestätigt. Aber es wäre viel zu wenig damit gesagt, daß darin Qualität und Quantität vereinigt seien. Überhaupt nicht als bloße Resultante der zwei vorigen Bestimmungen darf uns das jedesmal dritte Moment unserer logischen Triaden herauskommen, wenn es die, wie Hegel sagt, »unendlich wichtige Form der Triplizität« wirklich erfüllen soll. Das Dritte muß den zwei anderen gegenüber nicht nur ein Neues, sondern überhaupt nicht ein ihnen auf gleicher Linie Nebengeordnetes, nur sie etwa noch Überbietendes sein. Es muß sie zwar überbieten, aber nicht indem es in gleicher Richtung nur noch weiter und über die zwei anderen hinausgeht, sondern eigentlich sie umstürzt, sie an ihrem Gegensatze untereinander sich erst gleichsam zerreiben läßt, und im Zurückgehen auf den Grund, aus dem ihr Gegensatz selbst durch Spaltung erst hervorging, dennoch aber das, was durch sie gewonnen wurde, voll in sich aufnehmend und bergend, es in der gegensatzlosen letzten Einheit darstellt, die in Wahrheit nicht das Letzte, sondern das Erste, nicht der Gipfel, sondern der Grund ist. Grund, so nannten wir es schon; aber so hatten wir auch schon die erste Phase jeder Triade charakterisiert, und dann in der zweiten das Verhältnis von Begründendem zu Begründetem angesetzt. Der Grund muß also hier wieder etwas Neues und zwar im eben gekennzeichneten Sinne total Neues, nicht dasselbe bloß in einer letzten Verschärfung bedeuten: Grund nicht bloß als Vorgrund, Untergrund, und nicht bloß als Begründung, etwa auch Wechselbegründung, so wie die Strebepfeiler sich gegenseitig halten und stützen, sondern schöpferischer Urgrund, alles Grundes und alles Gründens letzter Grund, αἴτιον, das heißt (wie schon gesagt) Letztverantwortliches; als nicht bloß Voraufgehendes und Darinbleibendes, sondern zuletzt schlechthin Überragendes, ohne das nicht nur nichts, durch das vielmehr alles, sondern das, über alles hinaus, was aus ihm geschöpft sein oder werden mag, ebenso unausschöpfbar weiter seine Schöpfungen aus sich entläßt, indem es selbst sie von Ewigkeit her, aber eben sie überschwenglich überragend, in sich schloß. Dies absolute Hinausragen, diese *Eminenz* des Letztgründenden ist es, die noch in keinem der bisher von uns gebrauchten Ausdrücke genügend herausgekommen war.

## II. System der Grundkategorien: C. Individuation

**§ 79.** Nur ein Letztes möchte noch hinzuzusetzen sein. Wir bezeichneten das letzte Moment der Individuierung besonders durch das Merkmal der Präsenz. Darin liegt noch etwas mehr als bisher gesagt worden ist, und zwar gerade das, was am Ende hier das Letztentscheidende ist. Es ist, in all seiner Überendlichkeit und seiner allüberragenden Inhaltsfülle doch, so paradox es lautet, allgegenwärtig *da*. Gegenwärtigkeit, sagten wir, des Ewigen, Ewigkeit des Gegenwärtigen; Einzigkeit des Unendlichen, Unendlichkeit des Einzigen; Gegenwärtigung, Einzigung. War schon alles andere paradox genug, so ist eigentlich die höchste Paradoxie erst diese, daß es, in seiner ganz radikalen Entgegengesetztheit gegen alles Nichtletzte, in seiner ganzen Jenseitigkeit, seinem gänzlichen Hinausragen über alles Sagbare und Antreffbare, schlechthin da, präsent, ja kund und offenbar ist. Es ist nicht draußen, da sucht es der Tor, es ist *in dir* — ja du bist es selbst, es selbst ist — *du;* und darin ist aller Widerspruch voraus gelöst! Dem kamen wir schon nahe, wenn wir sagten, es sei darum kein irgend Aussprechbares mehr, weil das letzte Sprechende selbst; darum sei nicht für es ein Sinn erst zu suchen, es hat gewissermaßen keinen Sinn, den es als unterschiedlich ihm eigen in Anspruch nähme, es *ist* nur Sinn alles Sinns. Es ist das Letzte, was allem, was einen Sinn nur *hat*, diesen Sinn *gibt*, nämlich ihm an sich teilgibt. Dann *muß* es ja in allem, was ist und Sinn hat, präsent, und doch in keinem besonders so und so oder das und das Seienden oder den und den Sinn Habenden erfaßlich sein. Überhaupt nicht *es* will erst erfaßt *sein*, es *erfaßt* vielmehr alles andere. Vergebens suchen wir, sucht überhaupt alles, was ist und Sinn hat, nach ihm und kann es doch gar nicht finden, denn es selbst ist weder zu suchen noch zu finden, sondern es sucht, es findet allenfalls uns und alles, es erfaßt und bestimmt es und will gar nicht selbst erfaßt und bestimmt sein. Daher kommt man eben durch *Nicht*suchen, *Nicht*finden, *Nicht*-von-ihm-wissen-wollen ihm näher als durch alles Suchen, Finden, Wissen-wollen. Es ist ja da, warum also nach ihm erst suchen? Möchten nur *wir ihm* dasein, uns von ihm finden lassen! Es *ist* erfüllt; möchten nur wir uns mit ihm erfüllen oder erfüllen lassen! Denn es fordert uns, es fordert, uns mit sich zu erfüllen. Überhaupt, es *ist;* es ist alles; es ist auch — wir selbst; wie sollten wir nicht um es auch wissen, wenn wir nur nicht es erkunden und ausfindig machen wollten, da es doch kund und offenbar *ist*, auch uns kund und offenbar, sobald nur wir ihm offen und nicht zugeschlossen sind.

Das ist, was zu allen Zeiten, in allen großen Völkern die Weisesten empfunden und ausgesprochen haben; es ist Ekkeharts »Warum gehet ihr aus?«, oder es ist das Tao des Laotse, oder es ist das Evangelium. Es ist die Umkehr, durch die die Kurve der Entwicklung in sich selbst zurückgeht. Überall aber bedeutete uns die dritte Kategorie einen solchen Rückgang in sich selbst. So verhält sich auch bei Hegel zum An-sich und Für-sich (das heißt dem In-sich-bleiben oder Aus-sich-herausgehen) das An-und-Für-sich, in welchem gar kein Innen und Außen mehr ist, sondern alles, was innen, auch außen, was außen, auch innen ist. Wir sehen es gemeinhin nicht, gerade weil es so offenbar ist wie das Licht selbst, welches, selbst nicht ein besonderes Sichtbares, allein alles sichtbar macht. Wir suchen nach ihm vergeblich, weil wir suchen, was gar nicht zu suchen ist, denn es ist da! Deshalb schilt Heraklit in vollem Unmut immer wieder die, die das Offenkundige nicht sehen wollen, die mit sehenden Augen blind, mit hörenden Ohren taub dahinleben. Von sich selbst aber sagt er: Ich habe *mich selbst* erforscht! Und der Logos der Psyche freilich ist so tief, daß man ihn nicht ergründen wird, wie sehr man auch jeden Pfad abschreitet, denn er ist von der Art, unablässig sich selbst zu potenzieren: aber was sich da auch erschließen mag, das letzte Sein, der letzte Sinn ist gar nicht erst zu erschließen, er ist aufgeschlossen und zwar *uns* aufgeschlossen, muß uns erschlossen sein, denn wir selbst *sind* doch, und sind selber Sinn, jedenfalls etwas vom Sinn des Seins. Wäre das nicht, so könnte überhaupt niemand und nichts uns das Sein oder nur etwas vom Sinn des Seins erschließen. Martin Buber spricht von der zweifachen Beziehung des Ich auf das Es und auf das Du. »Es« ist alles, was wir erst draußen zu suchen haben; und alles wird zum »Es«, wenn und eben damit daß wir es draußen suchen. Die Beziehung zum »Du« dagegen ist unmittelbar und zum Unmittelbaren, darum geht sie allwärts und stets zurück in das ewige Du, in welchem »die verlängerten Linien der Beziehungen sich schneiden«, zu dem jedes geeinzelte Du ein Durchblick ist. Fast jedes Wort in Bubers feinem Schriftchen »Ich und Du« (Leipzig, Inselverlag 1923) sagt und entwickelt dies selbe, und wer einmal seinen einfachen Kerngedanken erfaßt, mit seiner einfachen Kernanschauung vielmehr sich erfüllt hat, dem muß jeder Satz der Schrift aufgeschlossen und fast restlos überzeugend sein, so sehr ist von diesem Einen bei ihm jeder Satz erfüllt. Wir legen hier dasselbe nur mehr auseinander und suchen Vermittlung mit allem, was sonst in transzendentaler Untersuchung sich Wertvolles ergibt. Wir tun es aus der Gewissenhaftigkeit der Rechenschaftsablage.

§ 80. Wohl muß dies alles überschwenglich scheinen und, auch abgesehen von der Gewagtheit des Hinausgehens über alle Erfahrbarkeit, mit dem Erfahrbaren zu wenig verbunden. Doch ist die Verbindung da, und liegt gar nicht fern. »Es ist da«, sagte ich; *wo* denn und *wann?* Denn die Gegenwärtigkeit meint hier beides zugleich, so wie das lateinische »Präsenz«, das griechische »Parusie«. Nun, natürlich kann das Da hier nicht die abgegrenzte Stelle der Zeit und des Raumes meinen. Diese ist ja nur die Stelle des Erscheinens, des Hervortretens in die Erscheinung, jetzt aber fragt es sich nach dem Letzten, welches erscheint. Dies hat keine abgrenzbare Stelle, es ist, in der Sprache der Geteiltheit ausgedrückt, omnipräsent, allem unterschiedslos gleich gegenwärtig, überall und immer da. Aber alles bedingte Da und Dann ist durch es bedingt, ist nur Ausgrenzung, Abteilung aus der unabgeteilten, unabgegrenzten, unabteilbaren, unabgrenzbaren, absoluten Individuität seines eben absoluten gleichsam Da- und Dannseins; gleichsam, denn das Da und Dann bedeutet ja gerade das gesonderte Heraustreten, Heraustreten aber doch aus der Totalität unterschiedsloser Allgegenwärtigkeit des Letzten, was erscheint, welches allem unterschiedlichen Da- und Dann-Hervortreten der Erscheinung vorhergeht, als das Letzte, woraus es hervortritt. Es ist auch nicht bloß das System der Örter und Zeitpunkte; dieses gibt nur die Regel der Bestimmung des Da und Dann in der Erscheinung, das heißt Partialität, während in jenem Letzten von aller Partialität gerade abgesehen, und das Ganze in ungeteilter, in sich unzerstückter Integrität gedacht wird. Freilich gedacht, nicht vorgestellt, denn alles Vorstellen ist abteilend. Denken teilt zwar auch ab, begrenzt, definiert, aber ist doch zugleich immer auf Wiederüberwindung aller solcher Abteilung und Abgrenzung gerichtet und denkt sie, wenigstens in seinem unendlich fernen Ziel, in der Tat überwunden. Verhält sich also in jedem logischen Dreischritt die dritte Phase zur zweiten als Integration zur Differentiation (wobei im letzten Betracht nicht die Differentation der Integration zugrunde liegt, sondern umgekehrt), so kann hier das Dritte nur die (natürlich nicht bestimmbare, nicht voll erreichbare) Integration jenes Unendlichen, unendlichfach Unendlichen sein, in welches der Raum uns hinausträgt. Und, ist ebenso die dritte Phase stets darin Rückkehr zur ersten, daß sie der Differentiation vorausgeht als die letzte Einheit dessen, was sich differenziert, doch mit diesem Unterschied: des bloß Möglichen, des bloßen Nullpunktes oder bloßen Anhubs hier, der vollen Wirklichkeit, totalen Erfassung, absoluten Vollendung dort, so trifft auch dies in unserem Falle nur erst recht zu. Wir sagten, im Nu liege bereits volle Gegenwärtigkeit und Einzigkeit, Individuität in dieser Gegenwärtigkeit, ja Unendlichkeit in der Einzigkeit, Einzigkeit des Unendlichen, so liegt das darin doch eben nur als im Nullpunkte, der es zwar in sich birgt, aber eben birgt, noch nicht entwickelt hat; während der Gegenpunkt der absoluten Totalität das Ganze dieser Entwicklung schon hinter sich hat und aus ihr in die absolut ungeteilte Ganzheit nicht zurückgegangen ist, sondern sie erstmals, und nun als voll-wirkliche, voll-endete darstellt, und ihr auch nicht erst nachfolgt, sondern absolut ursprünglich zu Grunde liegt. So aber ist es reine Individuität, nicht bloß Monas, sondern Monas Monadum, nicht mehr irgend relative *Vereinigung*, sondern schlechthin unüberbietbares, ewiges *Eins-sein*. Alles einzelne, noch so einzige Hervortreten und Bewußtwerden im Punkte des Erlebens ist nur *sein* Erscheinen in diesem Einzelpunkte. Diese Einzelpunkte, die einzelnen Da, Dann, sind gar nichts an sich, sondern nur genau das eben Gesagte: die Punkte des Hervortretens, jede für ein eben damit zugleich erst sich vereinzelndes, vereinzigendes, punktualisierendes, monadisches Bewußtsein. Aber nicht das Sein des Letzten, was erscheint, schließt sich damit ein in jeden Punkt der zeitlich-räumlichen Existenz, in den und den Ort, den und den Zeitpunkt, worin es eben erscheint; sondern umgekehrt das Auftreten in dem und dem Punkt der Zeit und des Raumes und damit erst dieser Punkte selbst und dieser ganzen Punktordnung der Zeit und des Raumes — dies alles hat seinen letzten Ort (der nun selbst nicht mehr eine vereinzelte oder sich vereinzelnde Stelle bedeutet, sondern das Statthaben, das Stattfinden selbst, das ich so oft schon als das »es gibt« bezeichnet und auf das Letztkonkrete als eben dasjenige *Es*, welches dieses gibt, zurückgeführt habe) — dies alles, sage ich also und meine es eben in diesem Sinne, hat seinen Ort zuletzt in diesem Allgegenwärtigen, Ewigen. Sein Gegenwärtigsein in diesem Ort, dieser Zeitstelle, ist, Platonisch gesprochen, nur Teilhabe am überörtlichen, überzeitlichen Sein dieses Allgegenwärtigen, Ewigen. Diese Platonische »Teilhabe« versteht sich jetzt ganz wörtlich als Partialität, welcher das, woran es teilhat, gegenübersteht als das durchaus teillose Ganze, also das Urindividuale und damit Urkonkrete, denn nur es ist ganz erfüllt und in nichts mehr abzüglich.

Wird man bei dem allen doch das Bedenken nicht los gegen solche unverantwortlichen, unkritischen Metaphysizismen, so möge man sich recht darüber klar werden, wie man denn solche zu vermeiden gedenkt; wie man von Erscheinungen überhaupt reden dürfte, ohne das irgendwie vorauszusetzen, was in den Erscheinungen zwar eben erscheint, das heißt sich darstellt, aber im Unterschiede von diesem Erscheinen oder Sich-darstellen doch wohl »an sich selbst« (wie Kant und alle sagen) das *sein* muß, was es ist; welches Sein nun anders nicht als im Gegenverhältnis zu diesem Erscheinen, also durch die Grenzcharaktere des Erscheinens selbst (und dies sind die transzendentalen Grundbestimmungen) ausdrückbar, aber auch durchaus rechtmäßig auszudrücken sein wird. Beruft man sich besonders auf Kant als den kritischen Philosophen vor anderen, so übersehe man nicht, daß dieser in dem früher schon berührten Scholion zu § 22 der Dissertation von 1770 genau das als seine Überzeugung bekannt hat, was hier nur etwas mehr entwickelt wurde. Da wird ihm der Raum zur Omnipraesentia Phaenomenon (Allgegenwärtigkeit — nämlich des Letzten, was erscheint — in der Erscheinung, in seinem Hervortreten), welche in diesem Hervortreten aber der Erscheinung selbst intime praesens, innerlichst gegenwärtig ist; desgleichen wird die Zeit Aeternitas phaenomenon, Ewigkeit in der Erscheinung, womit die gleiche Paradoxie unverhohlen ganz ausgesprochen ist. Die Örter und Zeitpunkte selbst gehen ihm dabei nicht vorher, sondern entspringen zugleich mit dem Eintritt in die Relationen, in die unendlichen Bezüglichkeiten des Erscheinens. Sie sind nichts als die Stellen, auf die die unendlichen Beziehungen des Erscheinens zu verrechnen sind. Diese sind also nichts an sich, sie *sind* überhaupt nur, sofern allerdings das Erscheinen selbst *ist*, und nicht nichts, sondern etwas sehr Tatsächliches und Reales ist. Aber sie sind, was sie überhaupt sind, nur in dieser Tatsächlichkeit und Realität des So-Erscheinens, nicht aber in der An-sich-Realität, die nur dem letzten darin Erscheinenden, Totalen, Urkonkreten, zukommt, das dennoch all jenem Erscheinenden und all jenem Erscheinen selbst »innigst gegenwärtig« ist. Diese Bedeutung gibt Kant dem Worte des Malebranche, zu dem er sich (wie öfters schon bemerkt) bis zu dem unvollendet gebliebenen Werke seines hohen Greisenalters immer wieder bekannt hat: *»Daß wir alle Dinge in Gott schauen«.*

# III. DIE DREIFACHE ENTWICKLUNG DES LOGISCHEN

[30. Vorlesung]

**§ 81.** Ich habe es als eine besonders wichtige Aufgabe angesehen, die Grundkategorien, als das Fundament des ganzen Aufbaues der philosophischen Systematik, gehörig zu sichern. Es war mir Bedürfnis, jedenfalls darüber zu einem gewissen Abschlusse zu kommen. Aber das hat freilich soviel Zeit gekostet, daß alles weitere jetzt nur noch in enger Zusammenziehung vorgeführt werden kann. Doch hat eine solche knappe Zusammenfassung ein Gutes; die Übersichtlichkeit des ganzen Aufbaues kann dabei nur gewinnen. Aber auch für die Prüfung der Sicherheit des ganzen Aufbaues bietet die Entlastung von allzu vielen einzelnen, wenn auch an sich nicht überflüssigen Nebenbetrachtungen nicht zu unterschätzende Vorteile.

Die Grundkategorien geben noch nicht mehr als ein Schema, dessen Wert nur die Durchführung bewähren kann. Wohin hat es sich durchzuführen, woran sich zu bewähren? Kant wies die Bewährung des Systems seiner Transzendentalphilosophie auf das »Faktum der Wissenschaft« an. Das ist zu eng, zu einseitig. Kant denkt dabei auch vorerst nur an die Grundlegung der theoretischen Philosophie. Schon bei der praktischen genügt ihm als faktische Grundlage das gemeine sittliche Bewußtsein. Cohen fordert statt dessen auch hier die Bewährung an einer Wissenschaft und glaubt diese in der Rechtswissenschaft zu finden. Das ist schwerlich haltbar; die Praktik braucht eine viel breitere Basis als nur das Recht. Und beim dritten Gliede des Systems, der Ästhetik, verzichtet auch Cohen auf die Durchführung seines Prinzips. Da wäre die hinreichende Grundlage der faktischen Bewährung sicherlich nicht die Kunstwissenschaft; sondern (angenommen, daß übrigens das Problem richtig gefaßt wäre) allenfalls das Kunstschaffen selbst; sowie für die Praktik das Ganze des Lebens menschlicher Handlung. Eine vierte Provinz des Systems wäre dann etwa Religionsphilosophie. Sollte wiederum hier erst die Religionswissenschaft die Basis der Bewährung abgeben? Gewiß doch nicht, sondern die Religion selbst, das religiöse Leben der ganzen Menschheit, zu dessen gründlicher Kenntnis freilich Religionswissenschaft erforderlich ist. Auch wenn für die Theoretik als

Basis die theoretische Wissenschaft dienen soll, so heißt das doch wohl: das tatsächliche Leben des theoretischen Erkennens, und nicht erst die Wissenschaft von diesem tatsächlichen Leben. Das wäre nicht Wissenschaft, sondern eine beschreibende und ordnende Lehre von der Wissenschaft, Wissenschafts-Wissenschaft.

Aber diese ganze Betrachtungsweise krankt noch an einem konstitutionellen Fehler, nämlich an der Voraussetzung, daß die Provinzen, wenigstens die Hauptprovinzen des Geistigen — Theorie, Praxis, dann Kunst, Religion, und was in dieser Aufzählung etwa übergangen sein mag — überhaupt in sicherer Abgrenzung vorlägen, während nicht zum wenigsten gerade auch für die Abgrenzung jener obersten Provinzen die kategorialen Grundlagen erst nachzuweisen sind. Wir hatten bisher nichts erreicht als ein Schema, eine Form; wir fragen jetzt nach der Inhaltserfüllung, nach dem Gehalt, der das Schema ausfüllen, der durch diese Form, die vielmehr Formung besagt, eben geformt werden oder vielmehr sich formen und gestalten soll. Es ist noch ein Rest von Dogmatismus der philosophischen Systematik, wenn sie den Gehalt überhaupt irgend von außen her erwartet, statt ihn, auch schon in den obersten Gliederungen, sich selbst erst kategorial erzeugen zu lassen. Wir haben uns überzeugt, daß sogar das System der Grundkategorien selbst sich kategorial erzeugen mußte und nur so sicher hervorgehen, nämlich sich in sich selbst sichern konnte. Wir dürfen nicht zweifeln, daß auch der Gehalt, der ganze Gehalt, von den letzten Gliederungen bis in jede noch in festem logischen Zusammenhalt erkennbare auch feinste Verästelung hinein logisch, und das heißt kategorial, hervorgehen wird. Und wenn nach der ersten Verästelung hier die Frage ist, so darf schon diese nicht bloß vom Menschen aus und seiner verschiedenen Haltung zu seinem Objekt (wie etwa theoretischer, praktischer, ästhetischer, religiöser Haltung) erfolgen, denn wir haben auch noch gar nicht diesen sogenannten »Menschen«, sowenig wie diese gegeneinander abgegrenzten Objektwelten des Menschen, abgegrenzt zumal eben nach seiner menschlichen Haltung zu diesen *seinen* Objekten. Alles dies greift vor, greift weit vor, und müßte doch erst abgeleitet sein, ehe etwas darauf gestützt werden dürfte. Es handelt sich überhaupt nicht um bloß Menschliches. Gewiß wird — leider — alles, wovon wir nur reden, vom Menschen aus erfaßt sein. Das hindert aber garnicht, daß es, wenigstens das Letzte, Letztgrundlegende davon, an sich nicht bloß für den Menschen gilt, und wir dies auch wissen können und zweifellos wissen. Kategorien sind zwar Aussageweisen, aber das Letzte, was in dieser Sprache der Kategorien sich ausspricht, ist nicht das Menschliche allein, sondern was nur existiert, und freilich, wovon *wir* wissen können, daß es existiert. »Es existiert«, das heißt, es tritt heraus, es stellt sich dar, stellt sich freilich *uns* dar, aber doch als etwas, das nicht bloß uns angeht, nicht bloß für uns ist. Wir unterscheiden doch jedenfalls dies Für-uns- vom An-sich-sein, wir erkennen also das letztere doch an als etwas, das nicht von Gnaden unserer Anerkennung erst ist, was es ist, sondern die Anerkennung *seines* Seins, seines An-sich-seins von uns fordern darf. Auf dieses alles, auf An-sich- wie Für-uns-sein, erstrecken sich nicht bloß, von außen her, die Kategorien, sondern in ihnen spricht es selbst, spricht *sein* Sein sich aus; also muß es auch rein von den Kategorien her, ohne Rücksicht auf uns, unsere Haltung zu ihm, sich darstellen und auch schon seinen obersten Einteilungen nach ableiten und begründen lassen, rein durch die eigene Entwicklung des Sinngehalts der Kategorien selbst. Diese ließen ja schon eine reiche, aus sich in keinem Sinn beschränkte Entwicklungsmöglichkeit erkennen. Kategorien sind nicht tote Rubriken, ruhende Formen, sondern ganz und gar dynamischer Natur. Vergleichen wir sie den Koordinaten der Mathematik, so denken wir dabei nicht an die alten, starren, rechtwinkligen Koordinaten, sondern an die beweglichen, mit denen die Mathematik seit Gauß arbeiten gelernt hat. Diese Bewegungs- und Entwicklungsfähigkeit haben die Kategorien jetzt zu beweisen. Nur selbst lebendig bewegt, können sie die bewegte Lebendigkeit des Lebens selbst zum Ausdruck bringen. Nur so werden uns Form und Gehalt nicht mehr auseinanderfallen oder sich bloß äußerlich gegenüberstehen, als ob vom einen zum andern erst die Brücke zu schlagen wäre. Die Form darf uns, wie gesagt, nur Formung, also Entwicklung, besagen, Formung, Entwicklung zum Gehalt, der darin erst selbst hervorgehen muß, und nur so rein und vollständig nicht nur nach seinem äußeren Umfang, sondern nach der Totalität seiner inneren Wechselbeziehungen hervorgehen kann. Hiermit ist die Aufgabe für alles weitere gestellt, und wir können nun schon einen ersten Schritt zur Lösung wagen.

§ 82. *Entwicklung* der *Form* zum *Gehalt:* Diese drei Begriffe drücken schon die oberste Verästelung, nach der wir fragten, aus. Die Form steht voran, sie ist das Subjekt der Entwicklung. Die Entwicklung der Form aber führt hinüber, sie steht also notwendig in der Mitte, und sie führt zum Gehalt, der, als das Ergebnis, ans Ende gehört. Die drei Begriffe, in dieser notwendigen Folge, erfüllen genau wieder das Dreiphasengesetz. In der Form ist die Möglichkeit, ist die Bestimmung zur Formung mitzudenken. Sie weist, als Dynamis, auf sie voraus, aber es gibt doch eine Betrachtung, die bei der Möglichkeit stehen bleibt, nicht die Entwicklung selbst schon einbegreift. Es gibt, dieser gegenüber, eine zweite Betrachtung, eben die der Entwicklung zum Gehalt. Sie fragt nach den Bewegungsgesetzen, durch die der Gehalt hervorgehen soll, ohne schon diesen selbst direkt ins Auge zu fassen. Die erste Betrachtungsweise also faßt das Ruhemoment, obwohl als Ausgang, als Anhub, als Nullpunkt der Bewegung, aber doch als noch nicht Bewegtheit ins Auge; die zweite das Moment der Bewegung. Ich fasse diese beiden, um das innere Verhältnis noch deutlicher zu kennzeichnen, in die Ausdrücke *Struktur* und *Funktion*. Struktur ist das bloße *Wie* des zu vollziehenden Aufbaues; der Aufbau, wie er voraus gedacht ist, nach den tragenden Kräften seines gedachten Bestandes. Die Ausführung des so voraus Gedachten, die wirkliche Leistung, nenne ich Funktion (das heißt ja Leistung). Beide Betrachtungen greifen allerdings eng ineinander, die Struktur ist nur die sich gleich bleibende Form des Funktionierens, die Funktion nur die Entwicklung dieser Form zur Formung des Gehaltes. Nichts daran ist tot, alles lebendige Entwicklung, die aber doch jeweils von einer relativen Ruhelage ausgeht, in selbst relativ ruhenden Linien verläuft, und wieder zu relativen Ruhelagen, in dem von Stufe zu Stufe sich weiter entwickelnden Gehalt, führt, in dessen Begriff ja das Halten, Festhalten, die Erhaltung, also wiederum ein statisches Moment gegenüber dem dynamischen, liegt. Die Struktur hat generischen (Gattungs-) Charakter; die Funktion entwickelt ins Besondere, sie spezialisiert, differenziert; der Gehalt erreicht Individuation, denn nur im Individualen kommt die Bewegung der Funktion zum Halten; nur in einer Integration ist die Differentiation überschritten und überwunden.

Somit gliedert sich die Logik — nicht schon die ganze, sondern (wie noch näher darzulegen sein wird) die Logik in einer bestimmten (der zweiten) Dimension — in eine *Logik der Struktur*, eine *Logik der Funktion* und eine *Logik des Gehalts*. Diese Gliederung entspricht im wesentlichen der sonst wohl gebräuchlichen Einteilung der Logik in Elementarlehre, Methodenlehre und Wissenschafts-

## Struktur, Funktion, Gehalt

lehre; eine Disposition, die man, ausdrücklich oder stillschweigend, sobald man auf das Ganze zu gehen wagte, immer befolgt hat, meist aber ohne sich von ihrer Begründung so strenge Rechenschaft zu geben, wie es doch zu fordern ist und wie es uns auf der Basis unserer Grundkategorien jetzt möglich war. In der seltsamen Forderung einer »Logik der Logik« selbst kündigte sich wenigstens das Bedürfnis einer solchen Rechenschaft an. Seiner Erfüllung kommt bisher am nächsten wohl Hegel, von dem am ehesten sich sagen läßt, daß bei ihm alles, Begriff, Urteil, Schluß, also die logische Struktur, aber auch alle Funktion und aller Gehalt, ebenso wie schon das System der Grundkategorien, selbst kategorial hervorgeht. Nämlich nachdem in dem ersten Teil seiner Logik die Grundkategorien selbst kategorial aufgestellt sind, handelt der zweite in drei großen Kapiteln von Begriff, Urteil und Schluß, die nicht bloß so als Themata aufgestellt und dann der Reihe nach abgehandelt werden, sondern als die notwendigen drei Seiten des »Begriffs« (hier in umfassenderer Bedeutung) in seiner »Subjektivität« (das heißt nach seiner Möglichkeitsgrundlage, bei Hegel heißt es: im An-sich-sein) jedenfalls der Absicht nach stetig hervorgehen; dann in drei weiteren Kapiteln von Mechanismus, Chemismus und Teleologie als den diesen entsprechenden Gestaltungen des Begriffs in seiner »Objektivität«; endlich in nochmals drei Kapiteln von Leben, Erkennen und absoluter Idee als den drei Seiten des zur Idee erhöhten (und das heißt für Hegel: individuierten) Begriffs. Unsere Disposition wird in den Einzelrubriken sehr anders, nicht bloß der Benennung nach, herauskommen, aber sie hofft das gleiche zu leisten, nämlich auch jede der auseinanderzuhaltenden Problemlinien aus der inneren, durchaus eigentümlichen Entwicklung des Logischen selbst hervorgehen zu lassen und nichts bloß von außen zu entnehmen; wohl aber sich zu bewähren an dem, was vorliegt, nicht der Wissenschaft allein, aber allerdings dem Ganzen des Seins- und Sinnbestandes, mit dem Wissenschaft es zu tun, den sie zu bearbeiten und für die letzte, tiefstgehende wissenschaftliche Verarbeitung, eben die der Logik, vorzubereiten hat; welches Ganze übrigens an sich und für sich und an und für sich bestände, auch wenn es keine Wissenschaft und keine Logik gäbe. Vielmehr auch dies ist ungenau gesagt, denn daß es Wissenschaft und daß es Logik gibt, muß wohl selbst in diesem an sich überwissenschaftlichen und überlogischen Charakter des letzten Seins- und Sinnbestandes begründet sein, so wie bei Hegel das An-sich und Für-sich im An-und-Für-sich. Auch diese letzte Dreiheit muß ja wohl zuletzt logisch, kategorial begründet sein, sonst gälte sie nicht für die Logik, für die Kategorienlehre selbst.

§ 83. Manchem läge es vielleicht hier nahe zu denken, daß doch endlich an dieser Stelle die Subjekt-Objekt-Beziehung als die zentrale Frage der Transzendentalphilosophie auftreten müßte. Ich selber habe es früher so angesehen und daher, was ich jetzt Gehaltslogik nenne, Gegenstandslogik genannt, zu welcher die Struktur- und Funktionslogik sich als bloße Vorstufen selbst schon objektiven, nicht subjektiven Charakters verhalten sollten. Ich habe mich dann überzeugt, daß dies nicht haltbar ist und in der Durchführung ernste Verwicklungen heraufruft. Ich unterscheide jetzt drei Dimensionen, in denen die philosophische Systematik sich entfaltet; wobei vorbehalten bleibt, daß sie vielleicht auch damit nicht durchaus erschöpft ist; doch das bleibe spätere Frage. Die erste Dimension (entsprechend der bloßen Aufstellung der erzeugenden Grundgebilde des Raumes überhaupt, etwa des Punktes und der geraden Linie nach Richtung und Maß) ist das System der Grundkategorien. Durch deren Drehung gleichsam um den Urpunkt entsteht das, worin wir eben einzutreten im Begriffe sind, die Beschreibung (Beschreibung und Konstruktion, Beschreibung im Sinne der Konstruktion, so wie man sagt einen Kreis beschreiben) des logischen Gehalts und zwar des Gesamtgehalts des Logischen, seiner Figuration, möchte ich sagen, in etwas wie einer logischen Ebene, auf die alle wesentlichen Probleme dieses logischen Bereiches sich gleichsam projizieren müssen, um überhaupt für die Logik faßbar und lösbar zu werden, die aber den Bestand des Logischen nicht nur nicht erschöpft, sondern seinem Ganzen gegenüber noch ebenso unreal, so bloß ideal bleibt wie die Ebene im ganz erfüllten Raum gleichsam als ein Nichts zwischen zwei Nichtsen schwebt. Erst durch eine fernere Drehung, jetzt schon um die Grundachse (nämlich das System der Grundkategorien) soll dann der ganz erfüllte, allein letztlich reale, dreidimensionale logische Raum uns entstehen. Diese drei Dimensionen des Logischen ergeben sich also durch eine Selbstpotenzierung desselben, welche ich vorhin nach der Analogie der Drehung, durch welche die räumlichen Dimensionen sich erzeugen, zum Ausdruck zu bringen suchte; Selbst-Potenzierung also des Urlogischen, wie es sich im System der Grundkategorien nun dargestellt und nach seinen wesentlichen Grundelementen auseinandergelegt hat. Sollte nun die Subjekt-Objekt-Beziehung eben das Logische in seiner Leibhaftigkeit, seiner ganzen Erfüllung bezeichnen, so dürfte es erst in dessen dritter Dimension (oder zweiten Selbstpotenzierung) auftreten. Nicht daß die beiden ersten logischen Dimensionen damit überhaupt nichts zu tun hätten. Gerade dies wird durch die Analogie der räumlichen Dimensionen ganz klar. Die Ebene ist ja nur die zweifache, die gerade Linie die einfache Abmessung des Raumes; sie ist nur in ihm und für ihn. Nur solange unsere Betrachtung auf der ersten Dimension stehen bleibt und gleichsam nur deren Geometrie entwickelt, darf nicht vorweggenommen werden, was erst der zweiten, und solange auf der zweiten, nichts, was erst der driten Dimension angehört. Also gehört die Subjekt-Objekt-Beziehung noch nicht an diese Stelle.

Die Logik nach herrschender Auffassung, die etwas viel Engeres ist als was wir so nennen, die fast auf das einzige Kapitel, welches wir Strukturlogik betiteln, beschränkt bleibt, hat sich von der Voraussetzung der Subjektivität doch endlich, und man möchte gern sagen dürfen, endgültig befreit. Ich habe für mich diese Befreiung schon in meiner ersten rein systematischen Arbeit (Philos. Monatshefte, 1887, Über objektive und subjektive Begründung der Erkenntnis) vollzogen; beträchtlich später (1900, mit ungleich größerem Erfolg, übrigens sachlich in nahe verwandtem Sinne, Edmund Husserl (Logische Untersuchungen I). Aber wir beide wußten damals noch die Abwehr des subjektiven Charakters der Logik nicht anders auszudrücken als durch die Behauptung ihrer Objektivität. Wir übersahen dabei, oder zogen nicht die volle Konsequenz daraus, daß Subjektivität und Objektivität durchaus nur wechselbezüglich zueinander bestehen, so daß mit dem subjektiven zugleich der objektive Charakter der Logik hätte verneint werden sollen. Wir waren eben immer noch einigermaßen befangen in dem allgemeinen Vorurteil, als gäbe es überhaupt nur das Subjektive und das Objektive, so daß, was nicht subjektiv, damit notwendig objektiv sei, und umgekehrt. $2 \times 2$ *ist* 4 und *ist nicht* 5; sich Widersprechendes *besteht nicht* miteinander, Nicht-sich-Widersprechendes *besteht* miteinander: dies Sein oder Bestehen oder Nichtsein, Nichtbestehen gilt nicht bloß für das Subjekt und von ihm aus, sondern bleibt geltend, auch wenn von aller Subjektbeziehung abgesehen wird. Es gilt für das Subjekt nur, weil es überhaupt gilt, nicht aber gilt es überhaupt, weil für das Subjekt. Wer sich darüber noch nicht klar ist, sollte besonders durch Husserls siegreiche und gründliche Beweisführung sich mühelos davon überzeugen können. Schwerer ist es, sich davon zu überzeugen, daß dies Sein oder Bestehen (oder Gelten, oder wie man es sonst nennen mag) nicht eben damit notwendig den Charakter des Objektiven annimmt. Die bloße Besinnung auf die unaufhebliche Wechselbezüglichkeit der Subjekts- und Objektsbeziehung reicht dazu in der Tat nicht aus; das kann leicht als Entscheidung der Frage aus einem vorgefaßten Standpunkt, statt rein aus der Sache, erscheinen. Aber wenigstens, wem der Gegenstand überhaupt Problem ist (und als solches ist es doch seit Kant so gut wie allgemein der ernsteren Philosophie bewußt geworden) müßte sich darüber klar sein, daß es dann notwendig eine logische Sphäre gibt, für welche die Gegenständlichkeit nicht schon gelten kann, von welcher aus vielmehr das Problem des Gegenstandes sich überhaupt erst stellt und dann hoffentlich auch seine Lösung finden wird. Dann aber wohl folgerecht so, daß auch das Problem der Subjektivität sich mit dem der Objektivität zugleich stellt und seine Lösung nur mit ihm zugleich finden kann. In dieser vor-subjektiv-objektiven Sphäre wird dann von Struktur, Funktion und Gehalt nur die Rede sein dürfen in schlichter Setzung, als so und so logisch Gestaltetem oder zu Gestaltendem, vielmehr so und so sich Gestaltendem, zu seinem Ist-Bestand kommend und ihn dann darstellend, ohne daß irgend etwas auch nur fragend vorweggenommen wird hinsichtlich seiner Geltung als subjektiv oder objektiv oder etwa subjektiv-objektiv, objektiv-subjektiv. Die Phänomenologie Husserls (zu welcher die »Logischen Untersuchungen« nur einen ersten Vorschritt bedeuteten) hat diesen (sagen wir) rein thetischen Sinn des schlichten Seins- und Sinnbestandes, unabhängig von objektiver oder subjektiver (oder subjektiv-objektiver, objektiv-subjektiver) Geltung, erreicht; und so glaube ich die ganze Struktur-, Funktions- und Gehaltslogik aufbauen zu können und zu sollen. Von Husserl unterscheide ich mich hierbei darin, daß ich diesen reinen Istbestand nicht als »Phänomen« offen vorliegend und nur der Aufnahme und Wiedergabe bedürftig annehme, sondern schon ihn für logisch konstituierbar und notwendig so zu konstituierenden ansehe. Schon er ist mir Problem, und zwar logisches, aber in einer Dimension des Logischen, die selbst weder als subjektiv noch objektiv usw. angesehen sein will, auch nicht die Logik der Subjektivität, der Objektivität (oder Subjekt-Objektivität) ist, sondern dieser ganzen Frage noch vorausgeht. Nicht als ob die Geltungsfrage (um unter dieser einfachen Benennung die Frage nach Subjektivität, Objektivität oder

Subjekt-Objektivität zusammenzufassen) etwa nicht logische Frage wäre, sondern so, daß sie nur einer anderen, dann aber wohl der nächsthöheren Dimension des Logischen angehört.

§ 84. Am nächsten glaube ich auch hierin Hegel zu stehen. Dieser teilt zwar den zweiten Teil seiner Logik, der als ganzer unserer zweiten Dimension des Logischen, nicht in allem, aber doch in einigen sehr wesentlichen Beziehungen entspricht, ein nach Subjektivität, Objektivität und (über-subjektiv-objektiver) »Idee«. Aber Subjektivität und Objektivität bedeuten hier nicht dasselbe, was wir unter diesen Ausdrücken verstehen. Sie spielen auch in der ganzen Ausführung dieses Teiles der Logik so gut wie keine weitere Rolle, sie stehen eigentlich nur als bequemer Titel da; wirklich handelt es sich um etwas, was sich nur gezwungen dieser Betitelung fügt, nämlich es handelt sich um den »Begriff« — auch in einer sonst nicht üblichen, ganz Hegel eigenen, stark verallgemeinerten Bedeutung — als die Unmittelbarkeit des bloßen Ansich, des nur »Gesetzten«. Dies ist aber wesentlich das, was ich vorhin den nur thetischen Charakter des schlichten Ist-Bestandes nannte, voraus vor aller Geltungsfrage (der Subjektivität oder Objektivität oder Subjekt-Objektivität). Was Hegel hier Subjektivität nennt, ist, wie gesagt, nicht dies, sondern es ist etwa der Charakter des Problems; das Problem aber (davon haben wir uns früher schon überzeugt) ist nichts nur subjektiv Bestehendes. Es gibt das Problem, es gibt die Nicht-Entschiedenheit der Frage, so gut wie es die Entschiedenheit des »So ist es« gibt. Es gibt den Zweiweg, die Offenheit der Frage, das Entweder-oder so gut wie es die Bestimmtheit des Weges (das Ja oder Nein) gibt. Das erstere ist um kein Haar subjektiver als das letztere. Möglichkeit besteht in der Sache, so gut wie Notwendigkeit und Wirklichkeit. Aber auch objektiv werden wir dies Bestehen in der Sache nicht nennen (Hegel freilich nennt es folgerecht so, indem er es eben als zweite Stufe jener ersten entgegenstellt). Aber eben in der Sache stimme ich, während ich die Benennungen ablehne, hier mit Hegel überein; denn er versteht hier, ebenso wie ich, die erste Phase als die der Setzung des ruhenden Seins des Begriffs, die zweite als die der logischen Bewegung, des Werdens, des Übergangs; wie bei mir, so ist bei ihm das erste die Möglichkeits-, das zweite die Notwendigkeitsphase dessen, was er Begriff nennt. Vollends das dritte, die Idee, als die höchste Darstellung des so verstandenen »Begriffs«, welche die ganze Gehaltsfülle des Logischen für Hegel in sich faßt, nennt er selbst weder subjektiv noch objektiv, sondern sieht diesen ganzen Gegensatz in ihr als überwunden an. Neben dieser weiten (also nach seinen Benennungen Subjektivität, Objektivität und Idee umspannenden) Bedeutung des Begriffes kennt natürlich Hegel auch die gewöhnliche, engere, nach welcher er mit dem Urteil und Schluß in Koordination steht. Die eben vorgeführte Betrachtung erstreckt sich also aufs Ganze, mit dem es der zweite Teil der Hegelschen Logik zu tun hat, das heißt nicht bloß auf das, was wir Strukturlogik nennen, sondern auch was bei uns unter den Titeln der Funktions- und Gehaltslogik seine Stelle findet. Wir behandeln also, gleich ihm, dies alles, in Hinsicht der Frage der Subjektivität oder Objektivität, auf einer Linie, das heißt so, daß es dieser Frage ganz vorauf liegt. Alles was dieser Dimension des Logischen zugehört, hat also für uns nur jenen bloß thetischen Charakter des reinen Ist-Bestandes des Logischen.

Übrigens auch was Kant betrifft, halte ich es für einen Irrtum, daß für ihn, wie die Neueren fast einmütig angenommen haben, die Geltungsfrage, das heißt die Subjekt-Objektfrage, die letzte, daß sie schlechthin *die* transzendentale Frage sei. Schon daß doch die Objektivität überhaupt, und damit natürlich auch die Subjektivität, zur Frage gestellt, daß für beide nach einer transzendentalen (das heißt also doch über-subjektiv-objektiven) Begründung erst gesucht wird; sodann daß die Begründung der Objektivität im »Verstande« gefunden wird, der für Kant bekanntlich nicht das letzte Transzendentale, sondern dem höheren, der »Vernunft« untergeordnet ist, hätte stutzig machen müssen. Die Subjektivität aber entspringt ihm (wie gesagt) nur genau zusammen mit der Objektivität, im genauen Gegenverhältnis zu dieser, also notwendig aus einem Grunde, der ebenso weder objektiv noch subjektiv heißen dürfte, sondern oberhalb (oder unterhalb) dieser Scheidung überhaupt liegt.

Dies alles sind hier freilich nur vorläufige, zum Teil weit vorgreifende Erwägungen; doch liegen diese so entschieden auf unserem Wege, daß es kein Bedenken hatte, sie schon hier wenigstens anzudeuten. Im übrigen wird die Ausführung zeigen, daß die ganze Behandlung der Fragen der Struktur, der Funktion und auch des Gehalts sich tatsächlich von der Frage der Subjektivität oder Objektivität unabhängig halten läßt, und daß alles, was wir darüber aufzustellen haben, sachlich davon unabhängig ist. Nach diesen die Gesamtdisposition der Probleme betreffenden Vorerwägungen schreiten wir nun zum Kapitel der Strukturlogik.

## A. STRUKTURLOGIK

**§ 85.** Es ist schon eine hochachtbare Leistung, welche Sokrates, Plato und Aristoteles vollbracht haben, daß sie als die durchgehends übereinstimmende Form der Darstellung des Logischen die dreifache: Begriff, Urteil, Schluß feststellten. Woher diese kommen, davon gaben sie sich vielleicht nicht vollbefriedigende Rechenschaft. Aristoteles namentlich, der zuerst die Lehre von Begriff, Urteil und Schluß in etwas festere Formen gegossen hat, scheint sie überhaupt als vorkategorial anzusehen. Kategorien sind ihm Aussage-, also Urteilsweisen, oder auch erste Begriffe vom »Seienden als seiend«. Für Begriff, Urteil, Schluß selbst eine kategoriale Ableitung zu suchen, kam ihm nicht in den Sinn; er entnahm sie ziemlich äußerlich aus dem tatsächlichen Gebrauch besonders der mathematischen Wissenschaften, aber ebenso wohl des alltäglichen Denkens, und beobachtete an ihnen gewisse Eigenschaften und vielleicht Gesetzlichkeiten, die für ihn noch außerhalb der Philosophie, allenfalls in ihrem Vorhofe, stehen blieben. Auch von Kant, der manche ernsten Fehler der Aristotelischen Logik berichtigt hat, läßt sich nicht sagen, daß er jene Begriffe selbst in irgend zulänglicher Weise kategorial begründet hätte; er setzt aber immerhin voraus, daß sie der ihm überlieferten wesentlich noch Aristotelischen Logik, von deren Wissenschaftscharakter er eine viel zu günstige Meinung hat, den Urbegriffen oder Funktionen des Logischen so entsprechen und so unmittelbar aus diesen fließen müßten, daß man von jenen auf diese ohne weiteres zurückschließen dürfte. Beides soll sich entsprechen wie die logische Analysis der Synthesis; die überlieferten logischen Formen sollen der genau umgekehrte Ausdruck der synthetischen Grundfunktionen sein, welche Kant in seinen Kategorien zu fassen sucht. Was so viele Jahrhunderte hindurch im Gebrauch bewährt erschien, wie diese überlieferte Logik, mußte doch irgendwie Grund haben. Es hat auch Grund, aber es bietet doch höchstens einige erste Fingerzeige für das, was hier zu suchen ist.

Auf den Begriff zunächst kam man, indem man richtig beobachtete: der Sinn einer Aussage (eines Legomenon) bestehe stets darin, daß eine Beziehung gesetzt wird, welche dann Beziehungspunkte, Termini (ὅροι) braucht. Diese, meinte man, müßten der Relation, die im Urteil gesetzt wird, logisch voraus sein; während sogenannte Schlüsse, durch welche die Begründung von Urteilen aus anderen Urteilen sich vollzieht, erst wieder Relationen zwischen Relationen darstellen, also gegenüber dem einfachen Urteil eine komplexe Beschaffenheit aufweisen. Die Begriffe mögen Punkten verglichen werden, die Urteile Linien, so ergeben sich aus deren mannigfachen Kombinationen gleichsam Figuren, deren Entwicklung der Sinn der Schlußfolgerungen und Beweisführungen zu sein scheint.

Hier berichtigt Kant einen ersten, sehr schwerwiegenden Irrtum, indem er entdeckt, daß unbedingt die Synthesis, das heißt die Beziehung, und die Einheit der Synthesis, wie sie sich unmittelbar in der Form des Urteils ausspricht, vorangeht den logischen Punktsetzungen, welche selbst nur abgeleitete Ausdrücke schon vorausgesetzter Beziehungen, nur gleichsam verdichtete Urteile sind. Begriffe sind »Prädikate möglicher Urteile« (so definiert sie Kant), also ganz auf diese hingewiesen und wesentlich in ihnen gegründet, nicht umgekehrt sie erst gründend. Im Urteilen sieht darum Kant (wie übrigens der Sache nach schon Plato) die zentrale Leistung, wie er sagt, Handlung oder Funktion des Denkens. Aber, für den Ausbau der Strukturlogik nicht sonderlich interessiert, hat er aus dieser richtigen Einsicht die vollen Konsequenzen für diese nicht gezogen, und erst jetzt sind die besten Logiker auf diese unbedingte Vorausstellung des Urteils vor dem Begriff zurückgekommen.

Aber die ganze Betrachtungsweise, welche auf die Scheidung der drei Strukturelemente, Begriff, Urteil, Schluß, geführt hat, blieb soweit noch viel zu sehr im Subjektiven stecken. Die wahre Souveränität des Urteils liegt aber im nicht bloß Subjektiven, sondern steckt im Tiefsten und Ursprünglichsten der reinen Sachbeziehungen, die sich auf der subjektiven Seite nur sehr verschoben nud undeutlich darstellen. Das Urteil meint, wie gesagt, zuletzt die Relation, die Relation aber bestimmt erst die Termini. Begriffe wollen Identitäten darstellen, Identität ist aber schon selbst Relation, sie selbst entspringt (nach Kantischer Ausdrucksweise) synthetisch, sie wird erst gesetzt auf Grund einer »Synthesis der Rekognition«, der Wiedererkenntnis desselben als desselben; das heißt sie heben sich, als relative Bestimmtheiten von Beziehungen, aus dem wogenden Meere der unendlichen Bezüglichkeiten erst heraus, um dann allerdings zum Ausdruck eben der Relationen zu dienen, durch die sie sich herausheben. Dadurch aber hören sie auf, Festpunkte zu bedeuten, und gewinnen eine Labilität, die man ihnen nicht sogleich angesehen hatte. Der Wert der Sokratischen Dialoge Platos beruht darin, daß da überall diese

Labilität der Begriffe zur Klarheit gebracht und nach den Grundrelationen gesucht wird (dies sind die Platonischen »Ideen«) aus denen sich wirkliche Bestimmtheiten etwa ergeben möchten. Irgendwie Stand zu nehmen ist freilich unerläßlich, wenn man überhaupt zu irgend einer Aufstellung, zu einem »Satz« (einer Hinstellung, ϑέσις) gelangen will; aber gerade Plato (oder der Platonische Sokrates) ist sich sehr bewußt, wie verschiebbar diese Standpunkte der Begriffe gemeiniglich sind, welche Aufgabe es ist, sie erst zu einigermaßen, wenn auch nur für die nächsten Zwecke der Erkenntnis hinreichender Bestimmtheit zu bringen, wie wenig also sogenannte Begriffe voraus sichere Gegebenheiten sind. Erst die Verfolgung einzelner Beziehungslinien (Identitäten, Verschiedenheiten, quantitativer, qualitativer, dynamischer Beziehungen u.s.f.) ermöglicht es, nach und nach auch etwas wie logische Punkte festzulegen; festzulegen stets in nur bedingter Weise, mit nur beziehentlicher Gültigkeit, so wie die Mathematik Punkte durch Koordinaten festlegt. Auf eben solche Beziehungen, nämlich wechselseitige Bedingtheiten unter solchen, gründet sich eigentlich das, was die Logik Schlüsse nennt. Es sind gleichsam logische Figurenbildungen, so wie die Mathematik, nachdem ein System von Koordinaten einmal aufgestellt ist, mit diesem frei schaltend mannigfache Kombinationen versucht, ganze Gebiete solcher, wenn möglich, systematisch erschöpft, und so sich als »Wissenschaft« aufbaut. Die Grundfunktion des Beziehens, der Kantischen Synthesis, ist ebenso in diesen Systementwicklungen der Begriffe zu Erkenntnis-Ganzen, wie in den Festlegungen der Beziehungspunkte, die man Begriffe genannt hat, das eigentlich tätige, schöpferische Prinzip. Drückt sich also dies im Urteil aus, so steht das Urteil nicht eigentlich in einer Reihe, zwischen oder überhaupt neben Begriff und Schluß, sondern es steht immer im Zentrum, es setzt erst die Beziehungspunkte, verfolgt die Beziehungslinien und konstruiert aus diesen die Systeme logischer Beziehungen, die in Schlüssen und Beweisen zu Wissenschaften oder Analogen von solchen hervorgehn.

Wir erkennen aber auch hier sofort wieder den unentrinnbaren logischen Dreischritt wirksam: das statische und damit punktuelle Moment der bloßen Möglichkeitssetzung vertritt sehr deutlich der Begriff; die Dynamik der Notwendigkeitsentwicklung der Schluß (im Schlußverfahren wurde die Notwendigkeit entdeckt); die Urkraft der Erwirkung aber, die auch alle Möglichkeiten und Notwendigkeiten erst aufstellt, gründet, schafft, und dann immer neu gründend und schaffend weiterentwickelt, diese stellt sich dar in der fundamentalen Strukturform des Urteils, das ist des Beziehens selbst. Wir sagten früher: Möglichkeit und Notwendigkeit sind nur Möglichkeit und Notwendigkeit der Wirklichkeit und verlangen für sich selbst Wirklichkeitsgrund, wenn sie Wirklichkeit gründen sollen; sie fordern für sich Wirklichkeitscharakter, wenn sie überhaupt gelten sollen. Ganz so verhalten sich der Begriff und der Schluß zum Urteil. Auf der einen Seite dienen sie alle, jener als Möglichkeitsgrund, dieser als Fortentwicklung, zum Urteilen, sie ermöglichen und entwickeln nur dieses selbst; auf der anderen Seite bedürfen sie allererst des Urteilens und haben überhaupt nur Bestand in ihm. Es ist das Urteil, welches den Begriff erst aufstellt, das Urteil, welches den Schluß erst vollzieht, es ist ein Urteil, daß ein Sachverhalt A einen anderen Sachverhalt B logisch nach sich zieht oder voraussetzt usw. Das ist in sich so klar, daß man sich nur wundert, wie es so lange in der Logik, ich sage nicht gänzlich verkannt werden, aber doch so gut wie unbeachtet und zur Klärung der strukturellen Bedeutung des Begriffs und Schlusses unbenutzt bleiben konnte, und wie dadurch der lebendige Prozeß der logischen Entwicklung sich ganz in ein äußerliches Rechnen mit vermeintlichen Gegebenheiten nach vermeintlich unbeweglich starren Spielregeln (wie etwa im Schach) verwandelt hat.

[31. Vorlesung]

§ 86. So deutlich spiegeln sich für den, der einmal darauf aufmerksam ist, in den Struktur-Formen die Modalitätsphasen, daß man für einen Augenblick zweifelhaft werden kann, ob man in ihnen nicht bloß einen anderen, vielleicht einseitigen Ausdruck der letzteren selbst hat. Aber es handelt sich, gegenüber dem bloßen Grundriß, den die Modalitätskategorien gaben, jetzt in der Tat schon um den Aufbau selbst; das will das Wort Struktur ausdrücken. Die Strukturformen sind die Kategorien (zunächst der Modalität) gleichsam in Aktion versetzt. Sie entwickeln die Möglichkeit in die Möglichkeiten, die Notwendigkeit in die Notwendigkeiten, die Wirklichkeit in die Wirklichkeiten. Die bestimmte, logisch bereits konstituierte oder als konstituiert angenommene Möglichkeit, das und nichts anderes ist der Begriff; z. B. der Begriff des ebenen Dreiecks, bloß als Allgemeinheit, vertritt den allgemeinen Bestand der Möglichkeit, eine Figur durch drei in einer Ebene liegende Geraden oder auch andere Kurven zu begrenzen; welche Möglichkeit sich dann in viele besondere Möglichkeiten gliedert, die ebensoviele besondere Begriffe von Dreiecken ergeben. Diese Gleichsetzung von Begriff und Möglichkeit ist übrigens in der Philosophie längst geläufig und feststehend. Zweitens, die bestimmte, jeweils logisch konstituierte oder als konstituiert angenommene und dann in die aus ihr fließenden besonderen Notwendigkeiten sich entwickelnde Notwendigkeit, das und nichts anderes ist der Sinn des Schließens: unter den und den, logisch schon vorgegebenen Voraussetzungen ist die und die damit logisch gegebene Folgesetzung notwendig; das besagt Notwendigkeit überhaupt, und dann planmäßig fortschreitende Entwicklung anderer Notwendigkeiten aus den voraus schon feststehenden, und besagt den Schluß im so und so logisch abgegrenzten einzelnen Fall. Auch diese Beziehung zwischen Schluß und Notwendigkeit ist in der Philosophie längst allgemein bekannt. So tritt bei Kant die Kategorie der Notwendigkeit auf als der Sinn des apodiktischen, das heißt durch Schlußfolgerung gesicherten Urteils. So ist allgemein das Verhältnis der Urteilsform zur Kategorie das der Regel der Subsumtion des Einzelfalls unter den allgemeinen Gesetzestyp, den die Kategorie ausdrückt, zu dieser selbst. So denn drittens, die bestimmte, von logischer Seite und im logischen Sinne jeweils konstituierte Wirklichkeit und deren Einordnung in das System der Wirklichkeiten, das ist allgemein der Sinn des einzelnen Urteils, denn das Urteil bedeutet nichts weiter als den Entscheid: so ist es, nämlich im so und so definierten gegebenen Fall, unter so und so logisch bestimmter Fragestellung.

Allgemein also vertritt die Struktur, im Unterschied von der Kategorie, die Kategorisierung. So zuerst und am greifbarsten in der Modalität. Aber sollte sie nun nichts zu tun haben mit der Relation und der Individuation? Antwort: Sicher ebenso viel wird sie mit diesen zu tun haben, wie die Modalität selbst mit ihnen zu tun hat, das heißt nicht bloß etwas, sondern alles; denn die Modalität bliebe nichts als unerfüllte Forderung (Postulat, wie Kant sagte), wenn sie sich nicht erfüllte durch die Relation und Individuation. Darauf beruhte ja erstens die Scheidung der drei Ordnungen der Grundkategorien überhaupt, und zweitens die der drei Phasen jeder dieser Ordnungen für sich.

Bedeutet der Begriff allgemein die Möglichkeitsgrundlage für die Folgeentwicklung des Schließens und für die abschließende Wirklichkeitssetzung des Urteils, so das erstere im Sinne der Substratgrundlage für die Entwicklung der Grund-Folge-Verhältnisse zur Wechselbedingtheit, auf dem Wege eben des Schließens als der Relationsentwicklung; das zweite im Sinne der Qualitätsgrundlage für die Entwicklung, für die Quantifizierung, zur Bestimmtheit der Fügung im abschließenden Seinsurteil, auf Grund des Prozesses der Individuierung.

Bedeutet das Schließen allgemein die Entwicklung der Folgenotwendigkeit, auf der durch den Begriff gegebenen Möglichkeitsgrundlage dieser Entwicklung, zu dem Wirklichkeitsentscheid des Urteils, so das erstere im Sinne der Durchführung des Grundfolgeverhältnisses (der logischen Kausation) unter Voraussetzung der Substratgrundlage, die der Begriff liefert, auf die Wechselbedingtheit hin, auf Grund deren eben der Wirklichkeitsentscheid des Urteils im Prozeß des Schließens sich begründet; das zweite im Sinne der Durchführung der Quantitierung, unter Voraussetzung der Qualitätsgrundlage, die durch den Begriff gegeben ist, auf die Fügung hin, in welcher der Wirklichkeitsentscheid des Urteils als Endergebnis des Schlußverfahrens zur Vollendung kommt.

Bedeutet das Urteil allgemein, gegenüber und auf Grund des entwickelnden Schließens und weiter zurück der bloßen Möglichkeitssetzung des Begriffs, eben den Abschluß der Wirklichkeitssetzung, so das erstere im Sinne der Wechselbedingtheit, die gleichsam die Integration des ganzen Systems der Kausalentwicklungen in Hinsicht des gestellten Problems darstellt; das letztere im Sinne der Fügung zur letztindividualen Bestimmtheit, die aus der Quantitierung des durch den Begriff umschriebenen Qualitätsbereichs resultiert. Das Urteil erweist sich damit ganz als das, als was schon Plato es definiert hat: Das zum Abschluß-Bringen des Gedankenganges (διανοίας ἀποτελεύτησις), die Perfektion (Durchtuung) des logischen Procedere. So erstreckt sich stets die Möglichkeitssetzung des Begriffs auf den Schluß und das Urteil voraus, die Entwicklung der Notwendigkeitsfolgen im Schließen auf die Begriffsgrundlage und die Schlußentwicklung zurück.

Umgekehrt muß damit jede der neun Grundkategorien ihre eigene Bedeutung auf alles dreies, Begriff, Schluß, Urteil, erstrecken. Dies ließe sich in fortgesetzter Schematisierung, so wie eben das Umgekehrte, leicht zeigen. Doch es wäre ermüdend, wir dürfen uns dazu hier die Zeit nicht nehmen; ich habe es aber durchgeführt und kann versichern, daß es auf das genaueste in jedem einzelnen Zuge zutrifft. Wer Freude an solchen Entwicklungen hat und sich die Voraussetzungen unserer Betrachtungsweise bis dahin voll hat aneignen können, wird es sich leicht selbst ausführen und dann vielleicht erstaunt sein, welche Fülle von Konsequenzen sich daraus spielend ganz von selbst entwickelt.

§ 87. Von der Strukturlehre sei denn nur noch ein einziges Kapitel kurz berührt, das der logischen Grundsätze. Grundsätze scheinen die Begründung und nur sie anzugehen. Aber sie erstrecken ihre Geltung auch auf die Begriffe und, sogar am unmittelbarsten, auf die Urteile. Es muß sich daher ein dreifacher Ausdruck des dem letzten Sinne nach dennoch einzigen Form- oder Strukturprinzips des Logischen überhaupt ergeben.

Erstens im Hinblick auf den Begriff ist es das Prinzip der »*Identität*«. »Es ist nicht möglich, zu denken, ohne Eines zu denken«, sagt Aristoteles kurz und gut. Das schlichte »Es ist« fordert Eindeutigkeit des Istbestandes. Zwar ist, wie früher gezeigt, Identität selbst Relation. Aber das ändert nichts daran, daß für die Relation und durch sie selbst Termini gesetzt werden müssen, im Sinne logischer Punktsetzung, für welche Punktualität der Setzung als solche die Relation selbst, zu der sie die Termini darstellen sollen, schon voraus gilt, obgleich sie nur zur Aufstellung und weiteren Entwicklung der Relation dienen.

Zweitens für die Überleitung von Punkt zu Punkt gilt dagegen die Forderung der Einstimmung oder Zusammenstimmung, gewöhnlich ausgedrückt durch die doppelte Verneinung der Nicht-Nicht-Zusammenstimmung, das heißt des Nicht-Widerspruchs. Nur durch eine Ungenauigkeit des Ausdrucks spricht man vom »Satz des Widerspruchs«. Man meint: Satz in Hinsicht des Widerspruchs. Deutlicher aber wäre zu sagen: Satz des Nicht-Widerspruchs. Sein Sinn ist: daß Widerspruch den Zusammenbestand aufhebt. Was sich widerspricht, *ist* nicht in und mit seinem Widerspruch zugleich (nämlich logisch zugleich), das heißt ist nicht das eine und auch das andere. A sein und nicht A sein besteht nicht zusammen in einem und demselben logischen Punkte. *Ist* das eine, dann nicht das andere, und *ist* das andere, dann nicht das eine. So ist dies zweite Prinzip, auf die logische Punktsetzung bezogen, allerdings nur die Gegenseite des Satzes der

Identität, aber eben doch die Gegenseite, die sich als solche nicht mehr auf die Punktualität selbst bezieht, sondern sie gleichsam sichern will gegen den äußeren Feind, den Widerspruch. Widersprechen kann nur eins dem anderen; nur uneigentlich, nur abgeleiteterweise kann gesagt werden, daß etwas sich selbst widerspricht. Das gibt es, eigentlich und an sich genommen, nicht, denn jedenfalls nicht als Eines widerspricht *es sich*, sondern nur in Beziehung auf einen Punkt des logischen Seins, sofern auf diesen die Frage sich richtet, widersprechen sich die beiden Aussagen X ist A, X ist nicht A. Man sagt wohl, »hölzernes Eisen« ist ein widersprechender Begriff, aber »hölzernes Eisen« ist kein Begriff, sondern bezeichnet allenfalls den mißlingenden Versuch einer Begriffsaufstellung, die sich im Versuch selbst als unvollziehbar erweist. Der vorgebliche Begriff steht nicht eine Weile und fällt dann um, sondern er kommt überhaupt nicht zustande. Das will Aristoteles sagen mit dem »man kann nicht denken« (nämlich als Begriff aufstellen), «ohne Eines zu denken«. Der Satz bezieht sich also nicht an sich auf den Begriff, auch nicht auf das Urteil, sondern auf den Zusammenbestand oder Nichtzusammenbestand begriffsetzender Urteile in einem Zusammenhange von Urteilen, also auf den Begründungszusammenhang. Er galt daher auch von jeher als das beherrschende Prinzip des Schließens und damit des Begründens.

Man tut deshalb auch nicht gut, mit Kant von »analytischen Urteilen« zu reden. Urteil ist, gerade nach Kant, als solches Synthesis, Analysis nur deren Umkehrung, dienlich, gerade das Urteil als synthetisch zu bestätigen. Kein Urteil kommt durch Analysis zustande; insofern sollte auch nicht der Satz des Widerspruchs das »Prinzip der analytischen Urteile« genannt werden. Es kann aber auch irgend einen Übergang von Urteil zu Urteil nicht aus sich vollziehen. Es bezieht sich zwar auf ihn, aber stellt für ihn nur die negative Bedingung, die conditio sine qua non, fest: in allem Übergang von Urteil zu Urteil muß die Identität gewahrt bleiben, die durch Nicht-Einstimmigkeit nicht bloß gestört, sondern zerstört sein würde. Mehr kann also dadurch nicht geleistet werden, als ein schiedlich friedliches Zusammenbestehen, vielmehr Zusammenbestehen-können zu sichern. Den Übergang von Urteil zu Urteil selbst kann der bloße Nicht-Widerspruch nicht vollziehen oder auch nur als vollziehbar zu erkennen geben. Beide Wendungen des letzten logischen (nämlich strukturlogischen) Prinzips, der Satz der Identität und der Satz des Nicht-Widerspruchs, gelten also nur für logische Bestimmtheiten, also für eine bloß statische Betrachtungsweise des Logischen. Diese kennt allein, und nur sie kennt überhaupt die logischen Festpunkte, die, jeder in sich fest, sich allerdings gegenseitig nichts anhaben können, weil sie überhaupt nie aneinander geraten und gleichsam handgemein werden können, sondern, ganz außer einander stehend und stehen bleibend, es freilich so leicht haben sich zu vertragen wie Erdbewohner und Marsbewohner. In wirklich logischer Gemeinschaft stehen sie damit noch lange nicht, sondern diese hätte sich in Grundsatzform erst auszudrücken in einer dritten Wendung des logischen Prinzips, welche schon durch diese Betrachtung offenbar als das eigentliche, gründende Prinzip des Logischen herauskommt.

Gerade dieses dritte Prinzip aber hat die ältere Logik gänzlich ausgelassen, obgleich schon Plato es kennt und tief erfaßt hat. Es ist eben das, was Kant unter dem freilich nicht durchaus bezeichnenden Titel der *Synthesis* dem Satze des Widerspruchs als dem Prinzip der Analysis entgegenstellte, und was ihn ebenfalls veranlaßte, neben das bejahende und verneinende Urteil als dritte Urteilsqualität das »Unendliche Urteil« zu stellen. Geführt wurde er darauf, wie es scheint, zuerst durch die Beobachtung, daß es eine Art der Entgegensetzung gibt, die nichts mit logischem Widerspruch zu tun hat. Er nennt sie Realopposition; es ist eigentlich der Gegensatz der Richtungen, des + und —, so der Plus- und Minusrichtung der Bewegung: Bewegung von A nach B und von B nach A schließen nicht in jedem Sinne sich aus, sondern fordern und geben sich vielmehr gegenseitig. Der Weg auf und ab ist (wie schon Heraklit sagt) trotz der Entgegengesetztheit der Richtung nicht nur einer, sondern derselbe; eine Identität, die nichts Ausschließendes hat, sondern Zweiseitigkeit, Zweisinnigkeit, Zweieinheit, Einheit in Zweiheit, Zweiheit in Einheit bedeutet, also ganz den Heraklitischen Rückgang in die Ureinheit aus der Entzweiung des dennoch immer eins bleibenden ausdrückt. Es ist kein Widerspruch, daß im Nullpunkt (überhaupt in jedem Punkt, als Durchgang betrachtet) Plus und Minus zusammenbestehen. Widerspruch besteht überhaupt nur, oder besteht eben nicht, wo überhaupt Punkt und Punkt auseinandertreten, also in logischer Diskretion, denn nur eines kann dem andern widersprechen, allerdings in Beziehung auf einen und denselben logischen Punkt, sofern dieselbe Stelle im logischen Verlauf von der einen und der anderen logischen Bestimmung gleichsam in Anspruch genommen wird, so daß etwas wie ein Rechtsstreit entsteht. Dieser kann dann nur so geschlichtet werden, daß von beiden Aufstellungen eine der andern weichen muß. Im Plus-Minus aber ist eben kein solches Auseinandertreten; die beiden Beziehungen gehen gleichsam durcheinander hindurch, so daß ein und dasselbe zu Grunde Liegende zugleich (logisch zugleich) beides, beidsinnig, nämlich in zweiseitiger Beziehung beides, und diese beiden Beziehungen miteinander völlig logisch simultan sind. Der Gegensatz ist hier Gegenseitigkeit, und in der Gegenseitigkeit innerste Gemeinschaft; Einssein gerade bedingt durch Zweiheit, diese völlig in sich wahrend ohne Feindschaft. Hier ist also nicht mehr bloß schiedlich friedliches Sich-vertragen, sondern wirkliches Einswerden dennoch nicht bloß verschiedener, sondern entgegengesetzter Setzungen.

Dafür ist aber Synthesis kein recht zutreffender Ausdruck. Dabei schiene immer noch die Zweiheit und das Außereinander-, wenn auch zugleich Zusammenstehen angenommen zu werden. Es ist aber weit mehr als bloßes Zusammenstehen und Zusammenbestehen, es ist wahre *Koinzidenz,* In-eins-zusammenfallen; nicht bloß nachträglicher Ausgleich, wie wenn ein Zwist vorgelegen hätte, sondern Rückgang aus der Entzweiung in die *Ursprungs*einheit. Da ist wirklich, was Innen, auch Außen, und was Außen auch Innen. Es ist das Sich-*aus*sprechen des Sinnes und doch wieder *Inne*werden des sinnhaft Ausgesprochenen in dem letzten zentralen Einheitssinn alles Sinnhaften. Es ist Rückgang in die All*kontinuität,* aus der alle Gegenstellung (Punkt gegen Punkt) erst durch Herauslösung hervorgegangen war, aber herausgegangen nur, um stets wieder in sie zurückzukehren. Nicht der Punkt ist es, welcher die Wende vollzieht, sondern die Wende vollzieht den Punkt, der so stets nur Punkt im *Kontinuum* des logischen Fortgangs, nur Durchgangspunkt ist. Bradley (Appearance und Reality) hat viel davon gesehen und sehr wohl gefühlt, daß darin allein der Widerspruch, dessen gewaltige tatsächliche Macht er voll erkannt und anerkannt hat, seine wirkliche Überwindung findet. Nur sieht er, wie mir scheint, noch nicht deutlich genug, daß dies nur geschehen kann und wirklich geschieht kraft eines höheren *Prinzips* als des des bloßen Nicht-Widerspruchs. Die in diesem sich ausdrückende doppelte Verneinung will viel mehr bedeuten als die bloße Behauptung des Ja gegen den Angriff des Nein, des Widerspruchs, indem seine Verneinung nur wiederum verneint, dem Widerspruch selbst nur widersprochen wird. So blieben wir immer noch in der bloßen Gegen- und Auseinandersetzung der diskreten logischen Punkte, die es gerade zu überwinden galt. Die Identität müßte für sich genügen; besteht sie einmal logisch, so kann ihr in der Tat niemand und nichts etwas anhaben, sie sollte für sich gar keiner weiteren logischen Sicherung (auf dem Umwege der doppelten Verneinung) bedürfen. Sie bedarf ihrer wirklich nicht. Aber es handelt sich jetzt nicht mehr darum, um die Sicherung der Identität, weil überhaupt nicht mehr um bloße Bestimmtheiten, und wie solche zusammenbestehen, sich gegenseitig nichts anhaben, sondern verträglich miteinander auskommen; das war abgemacht im Satze des Nicht-Widerspruchs; sondern es handelt sich jetzt um den Übergang, und nicht bloß den Übergang, sondern die ursprüngliche Erzeugung. Es handelt sich um das logische *Werden* überhaupt und nicht bloß das abgeschlossene und abgesonderte logische Sein; mehr: es handelt sich um den *Ursprung* des Logischen; darum, daß die Einheit der Beziehung, der allgemeinen wechselseitigen Bezogenheit und Wechseldurchdringung *zu Grunde liegt* und darum, weil sie zu Grunde liegt und immer zu Grunde liegend bleibt, auch immer aus der Entzweiung sich wiederherstellen *muß*.

Dies aber hat Kant im Sinne mit der »synthetischen Einheit der Apperzeption« als dem »Radikalvermögen«. Und er stellt ausdrücklich einen *Grundsatz* der reinen Apperzeption auf, und zwar als den *obersten* Grundsatz im ganzen Erkenntnisvermögen. Und dasselbe meint Cohen mit seinem Prinzip des *Ursprungs*, als dessen deutlichster Ausdruck ihm daher die *Kontinuität* sich ergibt. Es ist nichts anderes als die Platonische Gemeinschaft (κοινωνία) oder Verflechtung (συμπλοκή), die Heraklitische σύναψις (Konnex) oder das ξυνόν (die logische Gemeinschaft). Diese alle empfanden darin sehr stark den *reflexiven* Charakter, den Charakter des Rückgangs in sich selbst, den schon Heraklit durch das Zurücklaufen der Kreislinie in den Ausgangspunkt sich verdeutlicht. Die Einheit, *diese* Einheit (der Apperzeption, In-sich-selbst-Erfassung) resultiert nicht erst aus dem Mannigfaltigen, sondern sie ist ihm gegenüber schlechthin primär. Sie ist durchwaltend durch alles, sie bleibt zu Grunde liegend auch in allen Spaltungen. Es ist *noch* das Eine und spaltet gar nicht *sich,* indem es Terminus gegen Terminus setzt und jedem das Seine, sein Recht und seine Pflicht zuteilt. Jedes hat ein »Seines« nur kraft dieses ihm zugeteilten, vom Gemeinsamen (ξυνόν) her ihm zugesprochenen logischen Rechts, gegen das aber stets das Urrecht der Zuteilung selbst sich nicht bloß immer behauptet, sondern es selbst erst berechtigt, selbst erst das Recht dieses Rechtes aus sich begründet und bedingt, daher auch begrenzt und streng in seinen von ihm aus sich bestimmenden Grenzen hält.

Damit ist nun erst das echte Prinzip gewonnen, das Prinzip aller Prinzipien, welches nicht bloß den Anfang, sondern den Ursprung besagt. Alle Starrheit bloß logischer Punktsetzungen ist darin überwunden, es gibt, nicht bloß daneben auch, den Übergang, die Genesis, das logische Werden, Werden zum Sein; sondern es gibt überhaupt kein Sein, keine logischen Punkte anders als ewig hervorgehend im Zuge des Werdens, in der κίνησις, im Wandel der kontinuierlichen Erzeugung der logischen Setzungen, in der ρύσις, dem Fließen, aber dem sich abteilenden Fließen, also in einem ρυθμός des logischen Werdens, in welchem nun die Punkte, nämlich als Durchgangs- und Wendepunkte, sich herausheben, ohne den Fluß selbst je wirklich zu unterbrechen. Er vollzieht sich nun vielmehr durchaus ununterbrochen, stetig, selbst in keinem logischen Festpunkte, sondern in jenem auf keinen logischen Punkt fixierbaren Platonischen ἐξαίφνης, dem Zwischen, oder in jenem Nu, welches nicht einen Punkt in der Zeitreihe oder im räumlichen Kontinuum, sondern das überzeitliche Nu bedeutet, welches die Zeit und den Übergang selbst erst erzeugt und in welchem also der Übergang sich vollzieht. Dieses Nu (es ist eigentlich »Wink«, man denke an νύειν, nuere) ist also nichts Starres mehr, sondern ein Lebendiges, nicht ein Trennungspunkt, sondern das Punctum saliens, der Punkt des Ursprungs, des Entspringens. Dieses Prinzip aller Prinzipien gehört als solches nicht mehr dem Begriff oder dem Schluß, sondern rein und ureigen dem Urteil an, welches (wie das Wort ja besagt) allem teilhaften Sein, selbst über der Teilung stehend, sein Recht erst ursprünglich zuteilt.

A n m e r k u n g. Sind wir aber mit diesem reflexiven Prinzip der »transzendentalen Apperzeption« etwa nun doch, gegen unsere Absicht, ins Subjektive geraten? Es ist in der Tat sehr merkwürdig, wie bei Kant an der transzendentalen Apperzeption die Paradoxie offen zutage tritt: sie ist Einheit des *Selbstbewußtseins*, also, sollte man denken, subjektiv! Aber er sagt nun merkwürdigerweise »objektive Einheit des Selbstbewußtseins«. Heißt das etwa nur auf das Objekt gerichtet? Aber die geniale Leistung Kants war doch eben, daß das Objekt überhaupt Problem, daß der Sinn und die Bedingungen der Objektssetzung überhaupt erst abzuleiten seien; mit der Objektivität aber natürlich ebensowohl und erst recht die Subjektivität, über deren sekundäre Stellung gegenüber der Objektivität für Kant ohnehin kein Zweifel war. Soll nun die transzendentale Apperzeption erst das oberste Prinzip vor allem für diese geforderte Ableitung sein, so kann nicht sie selbst schon subjektiv, aber ebenso wenig objektiv, sondern sie muß unbedingt über-subjektiv-objektiv sein. Und liegt nicht eben dies schon im Begriff des Transzendentalen? Platos Epekeina, von welchem das »Transzendentale« herstammt, war in der Tat hinaus über Sein und Erkennen, über Objektivität und Subjektivität. Aber der Konflikt ist wohl begreiflich: die letzte Wurzel von allem (ich erinnere an den Ausdruck »Radikalvermögen«) muß unmittelbar auch die der Subjekts-Objektsbeziehung sein. Und in der Reflexivität (Rückgewandheit in sich selbst) ist ohne Zweifel die Stelle getroffen, von wo die zweiseitige Entwicklung nach der Objekt- und Subjektseite ausgehen wird; also ist es kein Zufall, daß bei Hegel (wenn auch, wie gesagt, fast bloß in den Kapitelüberschriften) gerade hier, in der Strukturlehre, die Subjektivität, die Objektivität und die Über-Subjekt-Objektivität auftritt. Ähnlich ist es bei Bradley, der dafür die Begriffe der Idealität, der Realität und des über-ideal-realen (= absoluten) Seins hat, wozu die Analogien in der nachkantischen deutschen Philosophie naheliegen. Uns aber ist in diesem Zusammenhang wichtiger das andere, daß, so nahe wir mit allem Bisherigen dem Punkte der Scheidung der subjektiven und objektiven Entwicklungsrichtung gekommen sind, dennoch in der Strukturlogik, nicht minder aber auch in der Funktions- und Gehaltslogik der vor-subjektiv-objektive, rein thetische Charakter der Untersuchung noch festzuhalten ist und sich in aller Strenge festhalten läßt. Und ich meine in der Tat nicht, daß dieser Standpunkt mit unseren letzten Betrachtungen verlassen wäre, sondern wir sind nur in der vor-subjektiv-objektiven Sphäre selbst (wie es gar nicht anders zu erwarten war) wiederum an den Punkt gelangt, von wo die Scheidung ausgehen muß. Wir mußten und man muß überhaupt dahin gelangen im Endpunkt jeder logischen Triade. Das liegt im Wesen des dritten Gliedes aller logischen Ordnungen, ohne Unterschied, daß es diesen Punkt, der eben der Zentralpunkt des Logischen überhaupt ist, allemal wieder in Sicht bringen muß, denn von jeder Seite, auf jedem konsequent verfolgten logischen Wege muß man wieder anlangen in dem Koinzidenzpunkte, der zuletzt für alle logischen Entwicklungen, welcher Ordnung auch immer, einer und derselbe, eben der absolute Zentralpunkt, das Letztradikale ist: dem Punkt des Ursprungs.

## B. FUNKTIONSLOGIK

**§ 88.** Der Übergang von Glied zu Glied ergibt sich in unserer Systematik dermaßen stetig, daß es in der Regel weit schwerer ist, die einzelnen Kapitel scharf gegeneinander abzugrenzen, als den Zusammenhang zu finden. So zeigt es sich gar nicht ganz einfach, voraus zu sagen, worin die Funktionslogik über die Strukturlogik wesentlich hinausgeht. Die Struktur entspricht in ihrem ganzen Charakter der Modalität, die Funktion dagegen der Relation. Aber schon bei diesen zwei ersten Ordnungen der Grundkategorien ergab sich ein so enges Ineinandergreifen, daß es bei einzelnen Fragen schwer zu entscheiden war, unter welchen von beiden Teilen sie zu stellen seien. Soviel ist klar: die Struktur ist fest, die Funktion muß durchaus beweglich sein. Aber in der Struktur mußte doch die Beweglichkeit mitgedacht werden; umgekehrt würde die echt Platonische κίνησις der εἴδη, die Bewegung der strukturellen Formen, welche uns die Funktion vertritt, ganz ins Chaotische zergehen, wenn sie nicht die festen Bahnen innehielte, welche die Strukturformen in der Tat nur bedeuten wollten und durften. Das Verhältnis kann also nur das sein von Bahnung und Verfolgung der Bahnen. Die Maschine ist fertig, jetzt ist sie in Betrieb, eben in Funktion zu setzen. Der Schiffsbau ist vollbracht, jetzt heißt es vom Stapel lassen und zum Fahren bringen. Kant hat hier die Überschriften: Verstand, Vernunft, Urteilskraft. Die reinen Begriffe und Grundsätze des Verstandes haben deutlich das Gepräge der Struktur, die Ideen der Vernunft vertreten ebenso deutlich die Entwicklung in die Besonderung, auf die Individualität hin. Daher tritt hier vor allem die Zielgerichtetheit, das Sollen oder die Zweckbezüglichkeit auf. Die Logik wird Teleologie, die dagegen den Kategorien und Grundsätzen mit Recht streng ferngehalten wurde. Es ist in der Tat eine arge Verkennung des ganzen Sinnes der (ursprünglichen, grundlegenden) Kategorien, wenn man, wie zum Beispiel Driesch, den Zweck in sie einzustellen versucht. Die Vernunftprinzipien Kants sind zielend. Es sei erinnert an das schöne Bild des Focus imaginarius, imaginären (nämlich bloß gedachten, unsichtbaren, weil hinter der Bildfläche gelegenen) Brennpunkts, auf den die sichtbaren Linien der Bildfläche zurückweisen und in dem sie zusammentreffen würden, während sie in der Bildfläche nicht zusammenkommen, gar nicht zusammenkommen dürften.

Wie hat man seit Hegel gezetert, und wie zetern viele bis heute noch gegen diese Kantische »unendliche Aufgabe«! Und wie unmöglich zeigt es sich doch allüberall, bei jedem überhaupt ernst zu nehmenden Anlauf zu einer Systematik, der unendlichen Aufgabe zu entgehen. Nur das hat diese durchaus instinktartige Auflehnung gegen die unendliche Aufgabe Richtiges im Sinne: die unendliche Aufgabe gehört einer ganz bestimmten Stufe im Systemaufbau an, und diese Stufe darf nicht die letzte bleiben. Bei Kant ist sie aber auch gar nicht die letzte. Über die Idee, die er freilich durch die unendliche Aufgabe definiert, steht ihm bekanntlich das *Ideal*, das heißt das, worin die Idee erfüllt wäre; der Brennpunkt selbst, den doch die Idee nicht leugnet, sondern gerade, als dirigierenden Punkt, setzt und selbst zur Voraussetzung hat. Nur betont sie und hat zu betonen, daß der Brennpunkt für den ganzen Bereich dessen, was wir sehen und im Sichtbaren verfolgen und von irgendwelchen Voraussetzungen aus erreichen können, imaginär, das heißt eben unsichtbar, jenseitig bleibt und bleiben muß. Aber dies Jenseitige, Unsichtbare *ist;* es wird aus dem Bereiche der *Erkenntnis* nur ausgeschieden, um frei zu bleiben für den *Glauben,* der für Kant wahrlich nicht grundloses Für-wahr-halten, sondern die allein unbedingte Anerkennung gerade des Unbedingten selbst, gegenüber der ewigen Bedingtheit des Erkennens, vertritt. Sehr töricht ist es daher, abgesehen von der Ungerechtigkeit, wenn man in einem Atem das Steckenbleiben in der unendlichen Aufgabe und die Einseitigkeit des Erkenntnisstandpunktes bei Kant schilt. Man vergißt immer und immer wieder, daß die ganze »Kritik« der Erkenntnis für Kant nichts weiter sein wollte als ein »Prolegomenon« zur — Metaphysik als Wissenschaft. Es ist, als hätten diese Kritiker des Kritizismus niemals die *drei* Kritiken, ja auch nie die erste, die Kritik der reinen Vernunft, *bis zu Ende* gelesen, wo doch alles soeben Festgestellte klar auseinandergelegt und damit diesen törichten und ungerechten Kritikern von vornherein der Boden weggezogen ist.

[32. Vorlesung]

Also die Funktion ist Dynamik, Bewegungslehre der logischen Prinzipien, wie die Strukturlehre Statik, Gleichgewichtslehre derselben war. Aber eben als Bewegung kommt sie nicht bloß aus einer Ruhelage und bleibt durch diese immer mitbestimmt, sondern sie strebt auch immer fort zu einer neuen Ruhelage und trägt diese als Ziel schon in sich. Was aber dies Ziel ist, wurde gesagt: Es ist die Individualbestimmung des letzten logischen Seins. In der allgemeinen Grundlegung zur Kantischen Ideenlehre (Kritik der reinen Vernunft, Transzendentale Dialektik) verbirgt sich dies einigermaßen; viel erkennbarer tritt es heraus in der genaueren Ausführung der dort nur lose umrissenen Ideenlehre in der Kritik der Urteilskraft. Diese führt erst ein in die konkrete Wirklichkeit der Wissenschaften selbst; sie führt also, dem letzten Grundgedanken nach, die Funktion durch zum Gehalt, gipfelnd in Kosmologie, Psychologie, Theologie. So entfaltet sie den ganzen Reichtum der teleologischen Beziehungen überhaupt, deren beherrschendes Prinzip, deren »unsichtbarer Brennpunkt« die Individuität und nichts anderes ist. Das ist das »Ideal«, an welchem Begriff Kant den Einzigkeits- oder Individualcharakter unzweideutig hervorhebt. In der Einzigkeit erst kommt die Potenz zum Akt; aber dazwischen steht die in unendlicher Fortschreitung sich erst entwickelnde Aktuierung; mit ihr hat es die Kantische »Urteilskraft« und hat es unsere »Funktion« zu tun. Also nicht als solche schon mit den darin hervorgehenden Gebilden. Sondern dies bleibt der Gehaltslogik vorbehalten. Sie wird daher die Systematik der Wissenschaften, und nicht der Wissenschaften allein, sondern der Lebenshaltungen überhaupt, so wie sie in gegeneinander irgendwie abgegrenzten und abgeschlossenen Bereichen sich zusammenzufassen auch nur streben, aufzuzeigen und zu entwickeln haben. In diesen wird alles sich darstellen, was von Gestalten individualen Charakters vorliegt oder absehbarerweise je vorliegen kann und wird. Daß nichts davon fertig abgeschlossen sein wird und sein darf, alles vielmehr in der Entwickelbarkeit verbleiben muß und eben damit an dem Charakter der Funktion unabwendlich teilhaben wird, ist vorauszusehen und aus unseren Voraussetzungen selbstverständlich. Dies gilt, wie von aller Wissenschaft, so auch von allen praktischen Ordnungen und von allen poietischen Gestaltungen, denen man nur ja nicht (um sie als die ewig ruhenden Sterne in die Finsternis unseres Erdenwallens hineinleuchten zu lassen) den Lebensatem rauben soll, oder sie (Platonischer zu sprechen) dem Sturme der Liebesumschlingungen entreißen, in dem gerade ihr Wesen besteht. Denn alle Poiesis ist Werk des Eros, der so wenig unsterblich wie sterblich ist, sondern als Daimon zwischen beiden in der Mitte, als

Mittleres aber der Mittler ist, dank welchem das Sterbliche in aller Sterblichkeit doch an Unsterblichkeit teilhat und (würden wir hinzufügen) das Unsterbliche in die Sterblichkeit sich herabläßt, um auch alle ihre schmerzende Wonne, um auch das Härteste ihrer Tragik in sich aufzunehmen, in der Überwindung aber zum Siege zu führen und das Besiegte zu begnadigen.

§ 89. Wie haben wir nun diesem nach das Verhältnis der Funktion zur Struktur genauer zu verstehen? Wo ist der Punkt der Scheidung zwischen beiden? Wir erinnern uns, wie aus dem System der Grundkategorien die Strukturformen hervorgingen. Wir sagten, diese besagen, gegenüber den Kategorien selbst, die Kategorisierung, zunächst bloß als Aufgabe, in allgemeiner Beschreibung der Bahnen, die sie zu verfolgen hat; die Einsetzung der Elemente aller logischen Gestalt (entsprechend etwa den Punkten, Linien, Flächen, Körpern im Raume) als Koordinaten zum Behufe der Definierbarkeit aller geistigen Bildungen im logischen freien Raume. Halten wir die Analogie fest, so handelt es sich jetzt, in der Funktion, um die Gesetzmäßigkeit der Entwicklung in das Besondere der Bildungen selbst. Figurationen nannten wir sie; wir könnten auch sprechen von Transformationen, in welchen diese Gestaltungen in allen ihren Besonderheiten hervorgehen und systematisch hervorgebracht werden können und müssen. Betraf also die Struktur die Kategorisierung überhaupt, so fragt es sich jetzt nach den Kategorisierungen, und zwar auf der ersten Stufe der Funktion hinsichtlich der überhaupt bestehenden Möglichkeiten solcher Entwicklung kategorialer Prägung überhaupt in die kategorialen Prägungen.

Ein logischer Bereich, der so entstände, müßte also in sich durchaus kategorial bestimmt, das heißt rational sein. Ich drücke darum diese erste Stufe oder Phase der Entwicklung der Struktur in die Funktion durch das Wort *Rationalisierung* aus. Von Stufen ist hier eher zu reden als bei den reinen Grundkategorien und selbst bei den Strukturformen; denn jede Kategorisierung hat dies zuerst zu leisten und kann zu weiteren Leistungshöhen nur gelangen, nachdem dieser ersten Forderung genügt, diese erste Stufe also erstiegen oder der Bau zu dieser Höhenlage schon gebracht ist. Es ist nicht mehr bloß Grundlegung, sondern Ausführung insoweit, daß der Grundriß des ganzen Baues schon sichtbar und dadurch dem weiteren Bau die Grundlinien bereits unausweichlich vorgezeichnet sind. Es wäre von

Grundgerüst für den Aufbau zu reden, wenn dies nach manchen Seiten wohl bezeichnende Wort nicht allzu leicht die Nebenvorstellung weckte, daß das Gerüst, nachdem es seinen Dienst getan hat, abzubrechen sei. In einem Sinne zwar trifft etwas dem Ähnliches wirklich zu: die kategorialen Grundlinien, wie sie in bestimmter Form für die bestimmte Kategorisierung eines abgegrenzten logischen Bereiches zunächst festgelegt werden müssen, müssen darum nicht unbedingt fest bleiben, sondern nach den Bedürfnissen des Baues, die in seinem Fortgang erst zutage treten, sich Wandlungen gefallen lassen. Hier versagt die Analogie des architektonischen Aufbaues. Sie muß versagen, denn es handelt sich ja um eine unendliche Aufgabe. Eher ließe sich denken an frei bewegliches, etwa plastisches Gestalten, oder an Umrißzeichnungen, an die ersten Linienzüge, welche die hervorstechenden Punkte des zu entwerfenden Gesamtbildes nur einstweilen festlegen, aber im lebendigen Weiterarbeiten der schaffenden Phantasie des Künstlers sehr wohl nachträglich noch Abwandlungen vertragen. Denn man kann sich die Beweglichkeit des Logischen, mit der es gerade die Funktion zu tun hat, gar nicht frei und lebendig genug denken. Darum möchte ich auch in der Fassung des Begriffes des Rationalen jeden Gedanken an absolute Festlegung fernhalten. Eben die Entwicklung der kategorialen Prägungen fordert die freieste Beweglichkeit. Zwar Entwicklung und Prägung möchten sich zu widersprechen scheinen, da doch Prägung Festlegung besagt. Aber zum Glück ist uns Goethe vorangegangen mit dem Wort von der geprägten Form, die lebend sich entwickelt. Es gibt keine logische Prägung oder geprägte Form, die nicht in lebendiger Entwicklung verbleiben dürfte oder vielmehr müßte. Wie sollte sie sonst zur Individuierung, wie sollte sie zu vollgehaltigen Bildungen führen, was doch einzig ihre Aufgabe ist.

Die Rationalisierung ist, wie gesagt, zum Ganzen dieser bestimmteren Logisierung oder Kategorisierung nur die erste Stufe. Dieser Ausdruck »Stufe« ist hier gerade in dem Sinne wohl am Platz, daß es sich um ein Standnehmen handelt. Je eine Stufe muß erstiegen sein, damit man auf ihr zunächst einmal fußen kann, wenn auch nur, um dann weiter zu steigen. Das zweite Moment der Funktion wird nun diesem relativen Ruhemoment gegenüber das Bewegungsmoment, also das Emporsteigen von Stufe zu Stufe zum erreichbaren Gipfel hin vertreten müssen. Der fortwährend von uns schon verwendete, in der Tat gar nicht zu umgehende Begriff der *Entwick-*

*lung* hat eigentlich hier seine kategoriale Stellung. Ordnet man die logischen Triaden in horizontale Reihen, welche selbst wieder Triaden in vertikaler Richtung bilden, so steht unter den drei mal drei Gliedern eines in der Mitte, nämlich das, in welchem die Diagonalen sich schneiden. Eine solche zentrale Stellung nimmt, wenn die erste Reihe die der Strukturformen, die zweite die der Funktionsweisen, die dritte die der grundlegenden Gehaltsordnungen ist, genau die zweite Funktionsstufe ein. Sie wird gleichsam zum Drehpunkt für das Ganze; und diese erzeugende Drehung ist es nun, welche wir mit dem Wort Entwicklung schon immer bezeichnet haben. In Kants Ideenlehre ist dieser Entwicklungssinn der »Idee« deutlich zu erkennen. Generalisation, Spezifikation, Individuation sind da die notwendigen Schritte. Kant zeigt, wie diese nicht bloß im gegebenen Bestande einer Wissenschaft, sondern namentlich in der Entwicklung der Wissenschaften zutage treten. Sie lassen sich aber ebensowohl an der Entwicklung alles geistigen Gehaltes aufweisen. Die Zielrichtung, die ja der auszeichnende und scharf abhebende Charakter der Vernunftideen ist, wird sich eben in der Fortschreitung zu erkennen geben, während die Struktur, aber auch die bloße Rationalität, sich schon im Durchschnitt der gegebenen Stufe darstellen muß. Das allgemeine Gesetz aller Entwicklung, wie der Wissenschaft, so der praktischen Lebensgestaltungen und auch der Poiesis, ist unterschiedslos überall dasselbe: bei Wahrung des Gattungscharakters fortschreitende Besonderung, auf das Ziel der absoluten Einzigkeit, der Individuität hin. Die Rationalität ist es dabei, welche das konstituiert, was ich soeben den Gattungscharaker nannte. Zum Beispiel »Wissenschaft« ist zu oberst bedingt durch die Erfüllung (durch irgend einen Grad jedenfalls der Erfüllung) der Forderung der Rationalität. In jedem Stadium ihrer Entwicklung muß diese Bedingung wenigstens in irgend einem Grade erfüllt sein; der Fortgang der Entwicklung aber muß die immer reinere und vollständigere Erfüllung dieser Bedingung neben und auf Grund der immer fortschreitenden Bereicherung und damit zugleich Mehrung des Gehalts, und damit wiederum ein immer mehr der Erschöpfung des Letztindividualen sich näherndes intensives Wachstum der Vollständigkeit, eine immer vollständigere Erfassung (also Individuation) des Gehalts erkennen lassen; durch welche drei Momente zusammen die Plusrichtung der Entwicklung, ihr Anstieg zur Höhe, definiert wird. Damit aber treffen wir genau den Sinn des *Historischen* im Unterschied vom Rationalen.

Wir verstehen demnach als zweite Funktionsstufe die der Historik, gegenüber der Rationalität.

**§ 90.** »Geschichte« bedeutet nicht eine Gehaltsstufe, etwa ein Wissenschaftsgebiet, oder eine geistige Haltung, wie zum Beispiel praktische oder poietische. Es ist überhaupt nicht Gehaltskategorie, sondern durchaus methodische, das heißt Funktionskategorie. Alles hat seine Geschichte, so wie alles seine rationale Form hat. In jedem Gebiete nicht nur der Wissenschaft, sondern der geistigen Gestaltung überhaupt stoßen wir auf diese Zweiseitigkeit des Rationalen und Historischen. Nehmen wir die Grammatik, überhaupt die Sprachwissenschaft, so ist es etwas anderes, ihre ruhende Verfassung in einem gegebenen Durchschnitt aufzuweisen, etwas anderes, die lebendige Geschichte ihrer Wandlungen ins Auge zu fassen. Nehmen wir das Recht, so unterscheidet die Rechtswissenschaft eine Dogmatik des Rechts, die es offenbar mit der rationalen Konstitution eines gegebenen Rechtsbestandes zu tun hat, und andererseits die Betrachtung des Rechts in seiner Geschichte, als Stufe im historischen Prozeß der Rechtsentwicklung, also in seiner Wandelbarkeit und beständigen Wandlungsbedürftigkeit. So in der Erziehung, so in der Kunst, überall. Geschichte ist Geschichte von etwas, und es gibt in der Tat nichts Geistiges, das nicht seine Geschichte hätte. Also ist das Geschichtliche so wenig wie das Rationale *ein* Geistiges neben anderen, sondern ein Charakter alles Geistigen, so wie Rationalität und in genauer Ergänzung dieser; und dann wohl noch ein drittes, nach dem alsbald zu fragen sein wird. Es ist darum ganz falsch, Geschichte gegen Natur, Geschichtswissenschaften gegen Naturwissenschaften zu stellen. Nichts hat in den letzten Jahrzehnten in der Wissenschaftslehre solche Verwirrung gestiftet wie diese Auseinanderreißung der Welt in geschichtslose Natur und naturlose Geschichte. Es verdient betont zu werden, daß man diesen Fehler früher so nicht gemacht hat. Früher stellte man gegeneinander »Wissenschaft« und »Geschichte«; wie es noch stehen geblieben ist in Ausdrücken wie Naturwissenschaft und Naturgeschichte oder Natural Science und Natural History. Ursprünglich allerdings bedeutet hier Historie etwas weiteres als wir heute darunter zu verstehen gewohnt sind, nämlich überhaupt alle reine Tatsachen-Erkundung, während unter Wissenschaft Gesetzesforschung verstanden wird; nicht aber in der Meinung, als ob überhaupt irgendwelche Tatsachen gesetzlos oder Gesetze etwas anderes als Gesetze von Tatsachen seien; sondern man meinte mit den Gesetzeswissenschaften die Untersuchung des rationalen Aufbaues eines gegebenen Durchschnitts des darunter begriffenen Tatsachenbereichs, unter Geschichte die fortgesetzte Bereicherung des Tatsachenmaterials selbst. Wir heben nur das Moment der Fortschreitung hier bestimmter hervor, da doch einmal der Sprachgebrauch sich jetzt dahin entschieden hat, daß man unter Geschichte eben fortschreitende Entwicklung versteht. Wir erstrecken aber diesen Begriff deshalb nicht weniger, sondern nun erst recht unterschiedslos auf alle Bereiche geistiger Gestaltung, weil er eben auf sie alle Anwendung fordert, nicht minder als andererseits der Begriff des Rationalen. Kein Rationales darf überhaupt anders als in der Genesis, also in andererseits historischer Einordnung betrachtet werden. Es gibt keine schlechthin zeitlose Wissenschaft, sondern nur Wissenschaft im dermaligen, stets beweglich bleibenden Bestand. Wissenschaft ist fortwährendes Wissen-schaffen, Fortgang der Forschung, aber der Forschung nach dem Gesetz. Die einzelne Wissenschaftsdarstellung darf immer nur den Sinn eines Durchschnitts haben; es gibt keinen wirklich absoluten Ruhestand, ich glaube auch nicht im Rationalsten des Rationalen. Sollte wenigstens Kant Recht behalten mit der Behauptung der wesentlich synthetischen Natur alles Mathematischen, auch des Arithmetischen, dann ist selbst $1+1=2$ kein absolut rationaler Satz, sondern enthält ein (vielleicht schwer herauszuschälendes) Moment des bloß Faktischen, also an sich Wandelbaren, ja Historischen. Sollte überhaupt Zahl anders existieren als für Zählende? Ich glaube nicht, und ich glaube, im Tiefsten seines eigenen Bewußtseins glaubt niemand an eine in der Luft hängende Ratio, sondern nur an graduelle Rationalität oder vielmehr Rationalisierung ewig beweglicher geistiger Gestalten, die nur für den jeweiligen Durchschnitt einer bestimmten Entwicklungsphase fest bestimmt sind und allerdings sein müssen, an sich aber einer starren Ratio sich niemals fügen und gleichsam gefangen geben würden, sondern ihr gegenüber immer die Freiheit der Bewegung wahren. Grund: es gibt zuletzt nur Individuales; es gibt nicht, anders als im letzten Bezug auf Individuales, das gesetzlich Allgemeine, und dann nur diesem untergeordnete, subsumtive Allgemeinheiten, das heißt Besonderungen. Gewiß in allem ist Rationales; ja für einen Allwissenden muß wohl zuletzt alles rational sein; aber unendlich-rational, also für die nicht unendliche Ratio in irgendeinem Letzten nichtrational. Aber mit dieser negativen Bestimmung, der Nichtrationalität, stehen wir nun doch hoffentlich nicht am Ende. Wird die Rationalität unendlich, gerade dann bleibt sie nicht die starre Ratio, die man sich eingebildet hat und die es in Wahrheit gar nicht gibt. Das Rationale, nämlich das für uns ausrechenbar Rationale, wird zur bloß vorübergehenden Ruhelage, die stets aus Bewegung kommt und in Bewegung wieder übergeht; zum bloßen jeweiligen Rechnungsabschluß einer ins Unendliche weitergehenden Rechnung. Diese Rationalität muß wohl, auch wo man es nicht sofort erkennt, stets selbst nur den Punkt des Übergangs darstellen von etwas, das war, zu etwas, das erst werden soll. Sie muß wohl selbst nur ewig im Werden sein, im Sein-werden ewig weiter begriffen, nur bedingt gewordenes und weiter werdendes Sein, welches zwar immer nur wird, was es seinem Wesen nach ist, denn sein Wesen selbst ist zuletzt Werden; ein starres Wesen gibt es gar nicht. Wesen west, das heißt lebt, ist selbst Leben, es ist ruhend nur für ruhende Betrachtung; aber auch keine Betrachtung vermag je absolut zu ruhen, oder sie ruht nur im Durchgang einer selbst ewig in Fluß bleibenden Bewegung. Also ist, wie einerseits alles rational, so, und erst recht, andererseits alles geschichtlich, das ist geschehend, ewig im Geschehen begriffen.

Aber Natur (wendet man ein) bedeutet doch Gesetzlichkeit; und die Gesetze der Natur, mögen wir sie auch etwa nicht als ewige erkennen, sollen doch in sich ewig unabänderlich sein. Zwar nur nach der Veränderlichkeit des natürlichen Geschehens ist dabei die Frage, aber eben in dieser Veränderlichkeit selbst soll es unveränderlichen Gesetzen unterliegen.

Hierauf ist zu sagen: seien immerhin die Gesetze unveränderlich; solange sie Gesetze der Veränderlichkeit selbst und nur der Veränderlichkeit sind, solange Natur überhaupt Werden, Geschehen bedeutet, kämen Gesetz und Geschehen niemals zusammen; die Gesetze würden das Letzte der Veränderlichkeit niemals decken, sondern es würde dem Gesetze immer entschlüpfen. Die bloße Generalität des Gesetzes vermag eben niemals die Individuität des wirklichen Geschehens zu erfassen. Die Maschen des Netzes mögen so eng gezogen werden, wie man will, das individuale Geschehen ist immer fein genug, um das Loch zu finden, wo es durchschlüpft.

Dann aber: ob nicht am Ende Gesetze der Natur selbst — Tatsachen sind, und als Tatsachen individuell, sollte das wirklich entschieden sein? Es scheint, daß gerade in den letzten Jahrzehnten sich merkwürdige Revolutionen im Staate der Naturgesetze sei es schon zugetragen haben, oder sich deutlich ankündigen, Revolutionen, die auch vor den vermeintlich unantastbaren mathematischen oder sonst rationalen Grundlagen der Wissenschaft wenig Respekt beweisen. Ich sagte, im eigenen Bewußtsein eines jeden sträubt sich etwas gegen die tote Ratio, die tote Natur. Sollte es nicht die Natur selbst in uns sein, die sich dagegen verwahrt, daß sie nicht mehr Natur, daß heißt doch Schöpfung, Geburt, ewige Neugeburt, Selbst-Wiedergeburt, Erzeugung, Physis, sondern etwas Unschöpferisches, das heißt Lebloses, statt echten, lebendigen Wesens vielmehr Verwesen, ja Verwestsein, verwester Leichnam sein soll? Mag immerhin alles, was uns gemeinhin Leben heißt, dem Tode verfallen sein, so doch keinem anderen Tode, als der zugleich neue Geburt bedeutet, so daß nicht minder, nein überhaupt einzig der Tod dem Leben verfallen ist. Leben weiß sich lebend und aus sich tod-unfähig. Es gibt also nicht auf der einen Seite Leben, auf der anderen Tod, Leben eine kurze Strecke weit, Tod am Anfange und am Ende, Leben eine flüchtige Episode, ja ein vorüberhuschender Lichtschein zwischen zwei gähnenden finsteren Ewigkeiten, sondern ganz nach dem großen Heraklit stets beides, Leben und Sterben in allem Leben und allem Sterben; das Leben des einen lebt den Tod, der Tod des einen stirbt das Leben des anderen.

Immer bleibt es eine schiefe Entgegensetzung: Natur — Geschichte. Es gibt keine Geschichte anders als auf Naturgrund, und keinen Naturgrund, der nicht Naturgrund von Geschichte wäre. Sondern Rationalität und Geschichte ist ein klarer, nämlich methodischer, funktionaler Gegensatz, auch dieser nicht in dem Sinne ausschließend, daß, was rational, nicht auch historisch, und was historisch, nicht auch rational sein könnte oder jemals wäre, sondern, wie gesagt, alles ist rational und alles historisch. Der Unterschied ist nur der der statischen und der dynamischen Dimension. Um die Dynamik der Bewegung selbst überhaupt ausdrückbar zu machen, muß man sie ausdrücken als Fortgang von Ruhelage zu Ruhelage; umgekehrt eine Ruhelage gibt es nur und sie läßt sich nur sachgemäß darstellen als vorübergehende Gleichgewichtslage beständig wirkender Bewegungstendenzen, also auf Grund einer Dynamik der Bewegungen. Diese ganze Korrelation aber von statischer und dynamischer Betrachtung erstreckt sich, wie gesagt, auf alles; es gibt nicht einen Bereich, in welchem bloß Statik, und einen anderen, in welchem erst Dynamik gälte. Aber es gibt vielleicht einen Bereich, in welchem die statische, und einen anderen, in welchem die dynamische Betrachtung die beherrschende ist. Davon wird zu handeln sein dann, wenn von den Bereichen logischer Gestaltung überhaupt zu handeln sein wird, also in der Gehaltslogik. Dagegen gehört der Gegensatz des Rationalen und Historischen ganz der Lehre von der Funktion an.

§ 91. Dieser Gegensatz aber wird sich nun wieder ausgleichen müssen in einem Dritten. Wie sollen wir dieses benennen? Es entspricht, glaube ich, am ehesten dem heutigen Sprachgebrauch der Philosophie und der allgemeinen Geistigkeit, wenn wir dafür den Ausdruck der *Aktualität* und bzw. *Aktualisierung* wählen. Der Akt drückt die Gegenseite zur Potenz, zur Aristotelischen Energeia aus; dazwischen steht die Überführung der Potenz in die Aktualität. Diese ist bei Aristoteles die Kinesis oder Genesis, die Bewegung, das Werden, das Geschehen, dessen Funktionsform die Geschichte (Historie), so wie die Funktionsform der Potentialität die Ratio ist. Lange hat der Streit gewogt zwischen Rationalismus und Historismus. Heute sehen wir Wissenschaft, Philosophie und Leben vielfach in hellem Kampf gegen beide. Drohte die Einseitigkeit des Rationalismus alles Leben zu ertöten, die Welt in ein ödes Rechenexempel zu verwandeln, so droht dagegen der Historismus, der dem flutenden Leben gewiß sein volles Recht nicht nur lassen, sondern erst recht erobern und sichern wollte, das Leben doch nur zu bejahen, um es hinterher umso vollständiger zu verneinen, nämlich es in dem haltlosen Strudel des Werdens untersinken zu lassen, es einerseits zurückzuschleudern in die Verwesung der Vergangenheit, andererseits haltlos hinaus- und vorwärts zu weisen in die doch ewig verhüllte Zukunft, so wie so aber den lichten Tag wieder auszulöschen in ewige Nacht, in das ewig finstere Nichtmehr und Nochnicht, zwischen welchen beiden ewigen Nichtsen der Punkt des Jetzt in haltloser Schwebe nur erst recht zunichte, zum bloßen Nullpunkt wird; Nullpunkt — nun am Ende doch wieder nur für eine andere große Rechnung, eine nur größere, weil mit dem rationalen zugleich der ganze irrationale Bereich in sie hineingezogen ist, und so nur vollends das gelebte Jetzt erdrücken und zwischen den furchtbaren Mühlsteinen des Nichtmehr und Nochnicht zerquetschen muß. Gegen diese Gefahr bäumt es sich auf und erkennt in sich die *Ewigkeit*, welche in jener doppelten bloßen Unendlichkeit, das heißt Endlosigkeit des

## Aktualisierung 325

Vergangs und des Erstbevorstehens, nicht erschöpft sein will, aber sich in der furchtbaren Gefahr sieht, von ihr verschlungen und ganz zunichte zu werden. Der ungenaue, oberflächliche Wortgebrauch, der unter dem Aktuellen das gerade Heutige, die Tagesordnung von heute versteht, meint doch am Ende ganz etwas anderes, nämlich das *Gelebte*, das allerdings Gegenwart besagt, aber gerade nicht jene Gegenwart, die zwischen den beiden unendlichen Nichtsen des Vergangenen, des Nichtmehr, und des Zukünftigen, des Nochnicht, eingeklemmt vergeblich nach Atem ringt, sondern die Gegenwärtigkeit des Ewigen, ewige Gegenwärtigkeit, die einzig dem Vollindividualen des gelebten Augenblicks eignet. Dieser trägt aber, nach Leibniz, in sich die ganze Vergangenheit und die ganze Zukunft; er selbst kennt keinen Vergang und kein Erstbevorstehen; ihm ist aller Vergang vergangen, alles erst Zukommende schon zugekommen. Es ist Gegen-wart, das heißt: es selbst steht und wartet, es hält seinen Stand (die Spinozische »species aeterni«) inne und nimmt ruhig, in ruhendem Blick und wachem Mitleben in sich auf, was ihm gegenüber gleichsam auf die Bühne tritt und vor ihm sich abspielt. So bezeichnet die »Gegenwart« merkwürdig genau jenes ewige Jetzt oder Nu, welches, ewig eins und dasselbe, die Folge der Zeitmomente nur durchläuft; welchem, nach Parmenides, dem eigentlichen Entdecker des Begriffs der Ewigkeit, das Ferne nah, das Abwesende anwesend (ἀπεόντα παρεόντα) ist. Durch die »Parusie« bezeichneten wir das Letztindividuale. Hier in der Funktion ist es wieder das Dritte, welches die beiden andern, nämlich die bloße Rationalität und die bloße Geschichtlichkeit, hinter sich läßt, beide als bloße Vorstufen vollständig in sich aufnimmt und bewahrt. Denn es braucht allerdings die Rationalität, um den ungeheuren Reichtum seines Besitzes zu ordnen und darüber zu disponieren; es braucht die Geschichtlichkeit, um ihn immer voller und reicher sich zu erschließen, das Blickfeld zu weiten, die Aktionsfähigkeit zu erhöhen und auch in fernste Fernen hinaus sich nichts entgehen zu lassen, was sich irgend in der Kraft lebendiger Vergegenwärtigung bewältigen läßt.

Aber was besagt eigentlich diese Bewältigung? Die dritte Stufe wird sich von den zwei ersten solange nicht in voller Deutlichkeit und namentlich nicht nach ihrem Vollgehalt abheben, als sie bloß als deren Synthese gedacht wird. Die Ewigkeit des Augenblicklichen, Augenblicklichkeit des Ewigen geht nicht darin auf, daß die Bewegung nur Kontinuierung der Ruhelagen, die Ruhelage nur Durchgang in der Bewegung ist. Diese Wechselbezüglichkeit ist so tief begründet in den Grundkategorien, um die es sich hier handelt, daß damit nichts Neues gesagt wäre. Das Neue liegt vielmehr in dem Rückgang in die Ureinheit, welche in die Zweiheit des ruhenden Punktes und der bewegten Punktfolge sich auseinanderlegte; die Aufhebung dieses Unterschiedes, die Kontinuierung selbst, ist aber nur die negative Seite des höchst Positiven; der Wiederherstellung der Allbezüglichkeit und damit der reinen Individuität. Diese Wiederherstellung kann freilich im endlichen Bereich niemals eine vollständige sein, sondern sie wird Grade haben, welche durch alle Kategorien der Individuation hindurch: Qualität, Quantität, Fügung, Zeit, Raum, erst zur Höhe der vollen Präsenz sich erheben wird. Diese Gradation ist eigentlich, worauf es hier ankommt, wenn es zu einer Methodik der Aktualisierung kommen soll.

**§ 92 a.** Hier findet nun, glaube ich, eine Kategorie ihre rechte Stelle, die in den neueren Erörterungen über Rationalität, Historie und Aktualität eine große Rolle spielt, die Kategorie des *Wertes*. Nach der bisher überwiegenden Auffassung läge es vielleicht näher, sie schon auf der Stufe des Historischen einzuführen. Geschichtliche Betrachtung wird, besonders seit Rickert, von naturwissenschaftlicher unterschieden als wertende von wertfreier. Das Merkmal der Einmaligkeit, der Individualität im Gegensatz zu gesetzlicher Allgemeinheit ist nicht das einzige und nicht das letztunterscheidende Merkmal des Geschichtlichen. Sie bezeichnet es insoweit nur durch den Gegensatz. Was hätte die bloße Einmaligkeit vor der (vermeintlich) gleichartigen Wiederkehr (die es, genau besehen, gar nicht gibt) für einen überzeugenden Vorzug? Das in sich Wertvolle wird doch gewiß nicht erst wertvoll dadurch, daß es nur einmal, wohl gar bloß für einen Moment auftritt, um sofort wieder auf Nimmerwiederkehr zu verschwinden. Sollte es seinen Wert nur der Seltenheit verdanken? Schon wurde der Zweifel aufgeworfen, ob nicht vielmehr alles, genau besehen, nur einmal da ist; wäre es so, so würde, wenn die Einmaligkeit den Wert ausmachen sollte, damit alles unterschiedslos gleich wertvoll, womit aber der Begriff des Wertes offenbar aufgehoben wäre. Denn Wert ist nichts ohne Gradunterschied. Wäre alles gleich viel wert, so wäre damit alles gleich wertlos. Andererseits hätte es ja keinen Sinn, von Graden der Einmaligkeit zu reden. Es wäre aber ebensowenig genau, von Graden der Individuität zu reden. Ich gebrauche das Wort Individuität, im Unterschied von Individualität, eben in dem Sinne, daß jenes ein Absolutes besagen will, dieses in der Relativität verbleibt und nur einen Grad der Annäherung an die absolute Individuität bezeichnet, oder den Grad der Ausprägung des Individualcharakters im einzelnen, nicht selbst absolut Individualen. Ich sprach im gleichen Sinne öfters vom Letztindividualen, in Unterscheidung also von dem, was am Charakter des Individualen zwar teilhat, aber jedenfalls so, wie es sich uns darstellt oder von uns erfaßt wird, den Begriff des Individualen nicht ganz ausfüllt. Dieser Begriff ist ja, als verneinender, in sich absolut. Etwas kann nicht mehr oder weniger un-teilhaft, das heißt total sein; aber es kann die Intention auf Ganzheit, auf Überwindung aller bloßen Partialität deutlicher oder weniger deutlich erkennen lassen, es kann diese Intention mehr oder weniger (erkennbar oder nicht) erfüllen. Da ist dann für die Wertabstufung Raum. Von unbedingtem Werte kann nur das schlechthin (nach gewöhnlichem Ausdruck) Vollkommene, also absolut Un-teilhafte, oder dem nichts mangelt, sein; es kann andererseits wenig oder mehr daran fehlen; die Näherung zur Vollkommenheit hat also ihre Grade. Es ist eigentlich der alte Begriff der perfectio oder des τέλειον, was man im Sinne hat. Diesen brauchen wir hier. Sprachen wir von Vollgegenwärtigkeit des Ewigen, Ewigkeit des Vollgegenwärtigen, so ist dies Ewige, Vollgegenwärtige gedacht als das auch inhaltlich ganz Erfüllte, Komplete, als Seins- und Sinntotalität, was die Alten »omnitudo realitatis«, Allheit der Realität, des Sachgehalts oder, wie wir sagen, des Seins- und Sinngehalts, nannten. Es ist mir bei Rickert und allen seinen Nachfolgern (und er hat gerade in diesem Stück viele Nachfolger) nie recht klar geworden, was sie mit dem Begriff des Wertes zuletzt sagen wollen. Ich vermute, daß es eben das sei, was ich soeben auszudrücken versucht habe: das schlechthin und rein Sein- und Sinnerfüllte, an nichts Ermangelnde, das ίκανόν (Zulängliche), das τέλειον (Vollkommene), das perfectum, das heißt restlos Voll-endete, Vollbrachte, zu seiner Erfüllung Gebrachte; oder sofern es sich um die Gradabstufung handelt, der Grad eben der Näherung zur Vollendung. Wenigstens diesen Ausdruck der Vollendung gebraucht auch Rickert gern, und ich denke, daß dies mit dem »Wert« gemeint ist. Dann würden wir soweit übereinstimmen, daß das Geschichtliche, ganz abgesehen von dem Merkmal des bloß Einmaligen, Tatsächlichen, im Unterschied vom gesetzlich Allgemeinen, und positiver, eigentlicher noch, charakterisiert ist durch das Merkmal der Wertigkeit. Doch bleibt dabei der Unterschied, daß ich dieses Merkmal nicht unmittelbar in den Begriff des Geschichtlichen hineinnehme, sondern diesen rein auf den Unterschied des Genetischen vom bloß ontisch Betrachteten bezogen finde, dabei aber durchaus auch behaupte, daß diese Genesis zu verstehen ist als nicht bloßes, etwa richtungsloses Geschehen, sondern als Entwicklung auf das Ziel der Vollendung hin, also nicht ohne das Vorzeichen $\pm$, wonach Vor- und Rückschritt (nämlich in Hinsicht auf das vorschwebende Ziel der Vollendung) sich bemißt. Geschichte will darstellen eine Höherentwicklung oder gegebenenfalls auch Rückbildung, Wachstum und Altern, Formung und Entformung. Sie fordert also eine Norm, an welcher Aufstieg und Abstieg sich bemißt, und diese Wertmessung, Höhenmessung des Auf- und Abstiegs gehört mit hinein in den Begriff des Geschichtlichen.

**§ 92 b.** Der stärkste Nachdruck ist hier darauf zu legen, daß auf diese Weise der Begriff des Wertes weder subjektiver noch objektiver Begründung bedürftig noch fähig ist. Die subjektive Begründung würde Autonomie, die objektive Heteronomie bedeuten; unsere Begründung würde zum Beispiel Tillich eine theonome nennen; sie ist ganz einfach gegeben mit dem Begriff des Absoluten. Über das Absolute, Vollendete hinaus kann es keinen Wert geben, und nur es selbst kann als letztes Maß den Wert bestimmen; wie Plato sagt, nicht der Mensch ist das Maß (oder die Norm) der Dinge, sondern einzig Gott. Denn das ist nun einmal der Ausdruck, den sich die Völker geprägt haben für das nicht bloß Vollendete, sondern alles Vollendende, die Vollendung selbst; für das Kantische »Ideal«, welches nicht mehr die unendliche Aufgabe, das ewige Soll, sondern die ewige Erfüllung, nein ewige Erfülltheit bedeutet. Das Soll gehört noch der zweiten Stufe an, der ersten verbleibt nur die Angelegtheit und Bestimmtheit des Bedingten auf das Unbedingte hin. In der Praktik entsprechen dieser Trias etwa die Begriffe erstens Tugend (welche nur Tauglichkeit, also innere Fähigkeit zur Pflicht und zum Guten bedeutet), zweitens Pflicht (das Sollen), drittens das Gut, das sich bestimmt aus dem höchsten Gut, als welches denn auch die ältere Philosophie die Gottheit definiert; wie schon bei Plato die Idee des Guten ganz den Platz der Gottesidee, das heißt des Ideals, nicht der bloßen Idee, einnimmt; nicht in dem Sinne, daß das Gute

## Wert als Funktion

in der Gottheit personifiziert, sondern im Gegenteil auch der letzte Rest von Personifikation im Gottesbegriffe ganz zurückgeführt wird ist das reine Ideal des Guten.

Wie kommen diese Begriffe der Wertung in das Kapitel der Funktion? wird man vielleicht fragen. Nun, wohl sehr einfach und zwingend; vertritt die Funktion die logische Bewegung, so kann die Bewegung nicht richtungslos gedacht werden. Sie soll ja nicht bloß generell definiert, sondern in Aktion gesetzt werden; da kann sie weder überhaupt richtungslos bleiben, noch mit dem bloßen Allgemeinbegriffe der Gerichtetheit, der uns im Begriffe der Entwicklung mitlag, zufrieden sein, sondern die Richtung muß eindeutig festgelegt werden in einem unverrückbaren Richtpunkte. Dieser aber ist das Absolute.

Wie aber erstreckt und wie verteilt sich gleichsam die Wertbeziehung auf die drei Stufen der Funktion: Rationalität, Historik und Aktualität? Die Ratio gilt den meisten überhaupt als wertfrei. Daran ist soviel richtig, daß sie für alle Wertung nur den Nullgrad der Potenz bedeuten kann. Ohne Beziehung aber auf den Wert überhaupt kann sie von dem Augenblick an nicht bleiben, wo man sie nicht als starre Ruhe, als bloße Nichtbewegtheit, sondern als die Ruhelage versteht, von der alle Bewegung ausgehen soll; dann muß diese, und mit ihr der Sinn der Richtung in ihr, schon angelegt und vorbestimmt sein. Die rationalen Beziehungen sind Ausgrenzungen; welchen Sinn hätten diese, wenn nicht in Beziehung auf den Allzusammenhang, den sie zwar zunächst sprengen, aber doch nur, um vorerst Einzelzusammenhänge festzulegen, von diesen aus aber dann durch das zweite, die Entwicklung, nämlich in Zusammenhänge von Zusammenhängen u.s.f., auf den Allzusammenhang zurück den Weg zu beschreiben. Der Einzelzusammenhang hat darin gleichsam seine Tugend, daß er dessen fähig ist, in die Zusammenhänge von Zusammenhängen und damit in den Allzusammenhang einfügbar zu werden; und so hat man nicht Unrecht, von einem theoretischen Wert zu reden. In Platos drei Merkmalen der Idee des Guten ist er vertreten durch die Wahrheit, ἀλήθεια. Die Ratio wird damit nicht ohne weiteres teleologisch, sie bewahrt immer den rein ontischen Grundcharakter; aber so wie sie ontisch bleibt gegenüber der logischen Genesis (das heißt das rein logische Sein gegen das logische Werden vertritt), so bleibt sie ontisch auch gegen das Teleologische (das heißt: sie vertritt rein logisches Sein gegen Sollen). Dieses ist dagegen ohne weiteres gegeben, sobald man nun auf die Stufe der Genesis übertritt. Der Aufstieg der Entwicklung muß ja gerichtet und streng einzig gerichtet sein. Darum kann alle Historik, auch im scheinbar und vermeintlich wertfreien Bereich der sogenannten Natur, nicht anders als teleologisch vorgehen, das heißt das Werden unter ein Soll stellen. Sonst würde die Bewegung, die Entwicklung ins Chaos geraten, sie würde bloße Divergenz, während unsere ganze bisherige Untersuchung die Divergenz zwar bestätigt, aber ihr gegenüber die Konvergenz gleichwohl zu behaupten berechtigt und nötigt, denn zuletzt muß das Ja des Nein Herr sein und über es gebieten, es bezwingen, sonst *wäre* überhaupt nichts im Ja-Sinn. Es gäbe nur das Nicht, die Vernichtung, welche in Wahrheit nicht nur als seiend, sondern auch, ja erst recht als sein sollend ein Widersinn ist. Ziel kann nur Vollendung sein; wie aber sollte Vollendung im Nichts, wie sollte das Nichts das Absolute sein? Das ist so innerlich widersinnig, daß man sich schwer vorstellen kann, zum Beispiel Buddha habe im Nirwana wirklich die absolute Vernichtung als Ziel aufstellen wollen. Ich glaube aber im Gegenteil, in den besten Darstellungen des Buddhismus klar vor Augen zu sehen, daß dies gar nicht gemeint sein kann. Verneint wird nur die Verneinung, und das durch die doppelte Verneinung gerade behauptete ewig unangreifbare Ja ist nur insofern ein Nein, als es allerdings nichts sein kann von allem, was man nennen könnte; denn jede Benennung macht es wieder zu einem Etwas, einem Es, oder auch einem Du, das heißt, sie zerstückt es wieder und macht es insofern zunichte, erkennt es nicht mehr als das Absolute, welches in der Tat keinen Namen mehr trägt als den des Unnennbaren. Der Buddhismus mag vielleicht diese eine Seite allzu einseitig betont und die andern, weit positiveren, daneben vergessen oder doch sehr zurückgedrängt haben; aber was er im Sinne hatte, war zuletzt sicherlich nicht das absolute Nichts.

Die Beziehung aber der Aktualität zum absoluten Wert ist wohl ohne weiteres klar. Vollzieht sich doch eben in ihr der Rückgang in das absolute Sein. Nur, da wir doch, wenn wir nicht aufhören sollen, wir zu sein — oder ganz allgemein: da das Endliche, solange es eben das Endliche ist, niemals im schlechthin Überendlichen absolut versinken kann, so liegt hier das Problem umgekehrt darin, inwiefern überhaupt das Absolute aktuell werden kann im Endlichen, welches doch niemals, als solches das absolut Aktuelle oder aktuell Absolute selbst sein kann. Nun, dies braucht es in der Tat nicht zu sein; das Absolute braucht im Aktuellen nur in Sicht zu kommen, es braucht nur den Strahl aus dem Jenseitigen aufzufangen und in ihm aufzuleuchten. Das aber gibt es, das liegt in jedem Bewußtsein »Ich bin«, und: »Ich habe Teil am Sein«, am Sein zuletzt des Absoluten, denn schlechthin ist zuletzt nichts als es, und was nur ist, ist nur aus und in ihm. Wir haben aber dieses merkwürdige Bewußtsein des eigenen Seins und wissen (wie Leibniz mit Recht behauptet) nur daher, was Sein *ist*.

[33. Vorlesung]

§ 93. Übergehen muß ich hier die ganze weitere Gliederung der Kategorien der Funktion. Ich möchte aber nicht unterlassen, wenigstens in einem einzelnen Durchblick auf eine große Folge hinzuweisen, die sich für die Auffassung des Ganzen des Geschichtsganges aus unseren Voraussetzungen ergibt, um Ihnen eine gewisse Vorstellung davon zu geben, was bei diesen abstrakt scheinenden Betrachtungen doch an höchst konkreten Ergebnissen herausspringen kann.

Alle Geschichtsphilosophie ist im wesentlichen einig schon seit Hegel über den Gegensatz in der Gestaltung der menschlichen Entwicklung, den wir kurz bezeichnen dürfen als den der östlichen und westlichen innergeistigen Entwicklung der Menschheit. Es ist oftmals gerade in der letzten Zeit, in härtester Übertreibung und vor nichts zurückscheuender Überspannung, namentlich durch Spenglers »Untergang des Abendlandes« dargelegt worden, wie gegenüber dem kindlichen Verharren in einem unmittelbaren Verhältnis zum Absoluten, welches als das Unterscheidende der östlichen Menschheit bis heute erkennbar geblieben ist, die Entwicklung in die losgelassene Freiheit des Selbstseins bis zum Titanismus des Übermenschtums die abendländische Entwicklung kennzeichnet, welche in diesem Titanismus nun endlich gegen die eigene Schranke anrennt und an ihr zerbricht. Der besonders im 18. Jahrhundert zur Höhe gelangte fröhliche Glaube an den schrankenlosen Fortschritt, an den unaufhaltsamen Aufstieg sogenannter Kultur ist endlich doch an sich irre geworden und droht vielfach schon ins volle Gegenteil umzuschlagen, so daß die Rede vom Untergang des Abendlandes ein merkwürdig weitgreifendes Echo finden konnte. Spengler kennt ausdrücklich nur, und erkennt nur an, diese zwei Phasen und vermag durchaus nichts Ferneres in Aussicht zu stellen als den Rückgang in den primitiven Zustand, wie er es jetzt formuliert: vom Wachsein wieder zum Dasein, vom tierhaften, sprachgeleiteten »Verstehen«, von der Torheit der Verstandeswahrheit, die alles Lebendige tötet, es erstarren macht, indem sie es an die Kette der Logik legt, zum pflanzenhaften Ahnen und Fühlen, von den Spannungen und Wiederentspannungen des Denklebens, des ewigen Verstehenwollens des Nie-zu-verstehenden zum Leben des Schicksals, zum Leben aus kosmischer Einheit, einem wieder geschichtslosen Leben, zu einem bloßen, lediglich zoologischen sinnlosen Auf und Ab des primitiven Daseins, in dem die Seele jener zweiten Welt (des wachen, historischen Erlebens) wieder erloschen ist und deshalb »alle Ereignisse einer tieferen Bedeutung entbehren«. »So schließt« (heißt es wörtlich zum Schluß) »das ganze Schauspiel einer hohen Kultur, diese ganze wundervolle Welt von Gottheiten, Gedanken, Schlachten, Städten, wieder mit den Urtatsachen des ewigen Blutes, das mit dem ewig kreisenden kosmischen Fluten eins und dasselbe ist. Das helle, gestaltenreiche Wachsein taucht in den schweigenden Dienst des Daseins hinab, wie es die chinesische und die römische Kaiserzeit lehrt. Die Zeit siegt über den Raum (der hier die Spannungsweite der gedanklich geleiteten Entwicklung vertritt), und die Zeit ist es, deren unerbittlicher Gang den flüchtigen Zufall Kultur auf diesem Planeten in den Zufall Mensch einbettet, eine Form, in der der Zufall Leben eine Zeitlang dahinströmt, während in der Lichtwelt unserer Augen sich dahinter die strömenden Horizonte der Erdgeschichte und Sternengeschichte auftun. Für uns aber ... ist damit in einem eng umschriebenen Kreise die Richtung des Wollens und Müssens gegeben, ohne das es nicht zu leben lohnt. Wir haben nicht die Freiheit dieses oder jenes zu erreichen, aber die, das Notwendige zu tun oder nichts. Und eine Aufgabe, welche die Notwendigkeit der Geschichte gestellt hat, wird gelöst mit dem Einzelnen oder gegen ihn. Ducunt fata volentem, nolentem trahunt«. Das Ergebnis ist die ausdrückliche Inthronisierung des Schicksals, des Fatums, des Zufalls, die Verkündigung, ganz schlicht gesagt, der Sinnlosigkeit des geschichtlichen Geschehens. Woher kommt das? Einfach daher, daß man zwei Stadien sieht, das dritte nicht kennt, nicht kennen will, so aber notwendig auch die zwei ersten verkehrt sehen muß; eine »Kultur«, eine »Entwicklung«, die zu ganz und gar nichts als ihrer eigenen Selbstauflösung führt, ist eben keine Kultur, keine Entwicklung. Und ein Urstand, der, angeblich mit aller kosmischen Urschöpfungskraft begabt, dennoch nichts als diese nach einer Sekunde (oder nicht einer Sekunde) der Ewigkeit wieder zerplatzende Blase Kultur gebiert, ist kein schöpferischer, also kein Urstand mehr. Das übersehene Dritte ist eben die Schöpfung, die echte Schöpfung. Nicht Dasein, das dem Wachsein, Wachsein, das dem Dasein entflieht, sondern waches, erst voll erwachtes Dasein, damit voll ins Dasein eingegangenes, es erst ganz durchdringendes Wachsein. Schon das schlummernde Dasein des Primitiven war aller Ahnungen voll, gerade im ersten Wachwerden oder Wachwerdenwollen von ihnen ganz überwältigt, von ihrer Übermacht fast erdrückt, aber ihres tiefen Gehaltes sicher, ganz in ihnen lebend und webend. Das so erst erwachende, dann zu den höchsten Höhen des Wachseins mit brennender Begier emporrdrängende Leben dachte die Ahnungen des ersten Erwachens wahr zu machen, sich erst ganz ihrer zu bemächtigen. Sie erwiesen sich nur mächtiger, größer als alles, was es auch in seiner höchsten mittägigen Helligkeit von ihnen zu erobern glaubte; so schien es von dieser Mittagshöhe wieder zurückzusinken in jene Abenddämmerung, in der auch schon für Hegel die »Vögel der Minerva« (d. h. der tötenden Reflexion) ihren Flug begannen, nämlich den der bloßen rückgewandten Theorie. Diese mußte wohl eben der Theorie zuliebe den Kreisgang der Geschichte sich schließen lassen, und so möchte dann die Konsequenz unabweislich scheinen, welche Spengler, den Fehler Hegels vertausendfachend, nicht ganz ohne eigenes Schaudern doch ziehen zu müssen glaubt, die Konsequenz des Untergangs, des Versinkens in die ewige Nacht. Welche Nacht? Die Nacht des Fatums, des sinnlosen Zufalls, eines lediglich pflanzenhaften Daseins, welches aus den kosmischen Strömungen des astronomischen Geschehens nur für diese Sekunde der Ewigkeit herausgetreten war, um für immer darin wieder unterzutauchen. Spengler spricht zwar von Schöpfung, aber er weiß nicht, er läßt nichts gelten von echter Schöpfung, sondern nur sinn- und ziellose Daseinszufälligkeit und ebenso sinn- und ziellos nur nichtigen Zielen nachjagendes Wollen, das vielmehr Müssen ist, nach blindem, unter blindem, zuletzt sinnlosem Schicksalszwang.

Damit aber bleibt man nun doch offenbar in allem falschen Anspruch eines sich selbst mißverstehenden Logismus stecken, der die Wirklichkeit mit künstlichen Kategorien des Denkens zu meistern sich herausnimmt. So verachtend diese Theorie das Denken überhaupt, mit allem, was es aufstellt, zur bloßen, vollends nichtigen Episode innerhalb der schon ohnehin nichtigen Episode des Wachseins macht, sie merkt nicht, daß sie selbst, diese Theorie, am Ende die lebensunfähigste Ausgeburt eben dieses, ich wiederhole es, gründlich sich selbst mißverstehenden Denkens ist. Dies Dasein ohne Wachsein, ohne Sinn, aus dem doch aller Sinn und alles Wachsein geboren werden soll, bloß um in es, nachdem es alle Phasen, zu denen in ihm die Möglichkeit lag, durchlaufen hat, wieder zu zergehen, ist nichts als eine ganz hohle, allerhohlste, in eine Wirklichkeit ohne Sinn umgedichtete Denkkategorie; es ist die bloße Hypostase des Seins ohne Sinn, vor und nach und unter allem Sinn, dessen nur zu passendes Gegenstück ist der Sinn, der nicht Sinn des Seins, sondern eines — gleichwohl seienden — Unseins ist. Und die ganze Episode des Wachseins, in der wieder nur eine Episode das Denken ist, diese zwar höchst dramatisch von Spengler gezeichnete Episode, wird zur hohlen Seifenblase, die aus dem Nichtsinn emporstieg, um für eine kurze Weile sich selbst zu imponieren mit der Vorspiegelung eines Sinnes, der doch nur Scheinsinn eines seinem ganzen Begriffe nach sinnlosen Seins ist und so freilich nichts Sinnvolleres tun kann, als nach dem kurzen Glanze seines Scheinseins in das Nichts, aus dem er geboren war, wieder zu zerplatzen. Wie kann eine solche Theorie — denn als solche, und zwar mit dem denkbar höchsten Anspruch eines alles überbietenden, alle quälenden Rätsel der Menschheit lösenden letzten Aufschlusses, unter dem ja neuerlich wieder sehr zu Ehren gekommenen Titel einer Metaphysik, gibt sie sich durchaus — wie kann, frage ich, eine solche Theorie des allwaltenden, allgebärenden und allverschlingenden Nichtsinns sich auch nur einen Augenblick darüber täuschen, daß sie selbst, ihren eigenen Voraussetzungen zufolge, nichts als eine Seifenblasenwahrheit beanspruchen dürfte; daß sie, offenbar vor dem Auge jedes auch nur halbwegs wachsamen Lesers, wahrhaftig nicht, wie sie vermeint, das Sein und den Sinn, das Sein des Sinns und den Sinn des Seins, sondern einzig und allein sich selbst zum Zerplatzen bringt, daß dagegen alle die gewiß wundervoll farbigen Bilder, die sie vor ihrem Zerplatzen hervorzauberte, nichts als nur allzu luftige Gegenspiegelungen einer Gott sei Dank noch unendlich reicheren, fest gefügten, bestandhaften, durch- und durch sinn- und seinhaften, mit Sinn und mit Sein von unfaßbarer Größe und Tiefe gesättigten Wirklichkeit sind?

Uns ergibt es sich anders. Das geforderte Dritte ist uns nicht die Wiederrückgängigmachung der Entwicklung, nicht das Wiederzerplatzen der Seifenblase, auch nicht bloße Paradiesesruhe und -unschuld, nicht der Friede, der vor dem Kampf war, auch nicht eine unsagbare »Synthese« des ersten und zweiten Stadiums (eine solche verträgt ihr schroffer Gegensatz gar nicht), sondern es ist gegenüber dem Kampf und aus ihm, ja durch ihn Sieg, Sieg und Frieden, ein neuer, ernsterer, wacher, des tragischen Untergrundes nie vergessender Friede, der den Feind bezwungen hat, aber den bezwungenen begnadigt. Da ist nicht mehr Schicksal sondern nur Gottheit; Teilnahme des Menschen, Teilnahme alles Geschaffenen, in ewig neuer Schöpfung Hervorgehenden an Gottheit, an göttlicher Schöpfung selbst; Allverbundenheit, Allzusammenhang, Alldurchdrungenheit, wie schon die frühesten Ahnungen der erst erwachenden Menschheit sie traumhaft vorausgeschaut haben, wie sie der aus einem Scheinwachsein erst voll erwachten Menschheit nicht mehr bloß traumhaft und zukunftsfern sondern lebendig gegenwärtig sein wird. Dann wird Leben erst wahrhaft Leben sein, vollgehaltig, ewig in jedem Augenblick, ganz gegenwärtig, vollendet zwar nicht, aber der Vollendung gewiß, daß sie ist und daß auch wir an ihr teilhaben, in sie selbst mit eingehen können, denn wir *sind*, und Sein besagt zuletzt Vollendung.

## C. GEHALTSLOGIK

§ 94. Wir müssen uns hier darauf beschränken, die Grunddisposition des logischen Gehalts und die Bestimmung des inneren Verhältnisses der dieser Disposition gemäß sich ergebenden Grundmomente, nämlich des theoretischen, des praktischen und des poietischen Sinngehalts, und da dies letzte von den dreien das am wenigsten Gekannte und Anerkannte ist, vielleicht einige etwas weitergehende Ausführungen im besonderen über das dritte Moment zu geben.

Benannt wurden soeben die drei Grundmomente des Sinngehalts — und ich wüßte zunächst nicht sie in Kürze anders zu benennen — nach dem Verhalten des Subjekts zu ihnen. Reines, ruhendes Betrachten ist die Haltung zum ersten Moment, nach außen gerichtetes Handeln die zum zweiten, freies Gestalten, Schaffen die zum dritten Moment. Davon dürfte aber hier eigentlich noch gar nicht die Rede sein, denn weder wissen wir schon aus dem bis dahin Gezeigten, was das Subjekt und was seine wesentlichen Verhaltungsweisen

336   *III. Dreifache Entwicklung des Logischen: C. Gehalt*

— wozu denn? offenbar zu seinem Gegenüber, dem Objekt — sind, noch ist etwa hier die gegebene Stelle, um diese Begriffe, des Subjekts, des Objekts und ihres Gegenüberstehens, ihres gegenseitigen Verhaltens einzuführen, sondern es ist, wie nahe auch diese letzte Spaltung des Sinns hier schon liegen mag, dennoch die Untersuchung der Gehaltsmomente noch völlig rein zu halten von der Frage der bloß subjektiven, oder etwa auch objektiven Geltung, oder einer Geltung, die vielleicht diese beiden zu einer Einheit zusammenschlösse. Das Ganze der Gehaltfrage liegt vielmehr immer noch, wie alles, was von der Struktur und der Funktion zu sagen war — jedenfalls in dieser, wie wir sagen, zweiten Dimension des Logischen —, oberhalb oder logisch voraus dieser ganzen Geltungsfrage, mit welcher eben für die logische Erwägung, wie sich zeigen wird, in der Tat eine ganz neue Dimension sich auftut; wir zählen sie als dritte. Erst muß das logisch konstituiert sein, wovon, sei es objektiv, oder subjektiv, oder objektiv-subjektiv, subjektiv-objektiv Geltung ausgesagt werden kann, dann erst ist diese Geltung selbst logisch zu konstituieren, womit dann vielleicht (das ist hier noch nicht zu entscheiden) das für uns letzterreichbare Logische erreicht sein wird. Es kommt also zuerst darauf an, für die Grunddisposition des logischen Gehalts solche Ausdrücke zu finden, welche die subjektiven Momente des Betrachtens, Handelns, Schaffens nicht schon einschließen, wohl aber auf sie, dann wenn erst die Frage der Geltung auftritt, vielleicht zwingend hinführen werden. Es ist aber nach allem, was die Philosophie schon bisher in dieser Richtung zu hinreichender Klarheit gebracht, und nach allem, was unsere Untersuchung bis hierher erreicht hat, nicht mehr allzu schwer, diese reinen Gehaltsausdrücke dessen, worauf jene dreifach verschiedene Haltung des Subjekts sich erstreckt, ohne weiteres zu geben. Reine Betrachtung will erfassen und festhalten schlechthin was *ist*. Sie möchte ruhen, nicht mehr schwanken, im reinen Hinblick auf ein selbst ruhendes, nicht mehr schwankendes »Es ist«; dies so der Betrachtung stille haltende und insofern eben in sich ruhende Sein ist es, in welchem die Betrachtung selbst sich feststellt. Sein Beruhen in sich aber mag dann vielleicht wohl dem Betrachtenden als Folge seiner Stillstellung des eigenen Blicks erscheinen; aber danach ist jetzt für uns nicht die Frage. In Wahrheit sieht auch die Betrachtung selbst es niemals so an, sondern sucht unbefangen den ruhenden Bestand und setzt ihn als seiend voraus in dem, worauf sie sich richtet; sie spricht ihr »Es ist« aus, durchaus in dem Sinne, daß eben Es selbst, von dem sie dies aussagt, in sich ist, was es ist, und in diesem Es-selbst (und nichts anderes) -sein unerschütterlich ruht. Und das haben wir jedenfalls an dieser Stelle unbefangen gelten zu lassen. Das also ist es, was wir verstehen unter der Gehaltskategorie des reinen »Es ist« oder »Es verhält sich so«, welches wir nur im Vorblick auf das subjektive Verhalten, zum Unterschied von anderen Bedeutungen des Seins, theoretisches Sein nennen, das heißt das Sein, wie es in reiner, ruhender Betrachtung sich darstellt oder vielmehr einfach da und vor Augen steht. Damit wird doch nicht es selbst, dieses Sein, an die subjektive Voraussetzung des ruhenden Betrachtens gebunden. Es ist, was es ist, erst einmal rein für sich und nur folgeweise für die eben darin zur Ruhe kommende Betrachtung. Nur für uns, die Betrachtenden, ist es die bequemste Weise der Fixierung unserer Betrachtung, es von dieser aus zu bestimmen, als das eben ihr Standhaltende, ihr sich Darstellende, sich darstellend aber (denn das ist der eigene Sinn und die eigene Forderung der ruhenden Betrachtung selbst) als eben das, was es ist, und zwar was es, unserer eigenen Voraussetzung gemäß, nicht bloß in und für diese Betrachtung, sondern in und für sich selbst ist. In der Ordnung der Wertstufen entspricht diesem reinen »Es ist« der Wahrheitswert. Er ist in der Tat, welcher Art auch der Inhalt der Wahrheit sein mag, bloß als solcher theoretischer Wert.

Hat man nun von jeher der theoretischen Haltung die praktische gegenübergestellt, wie sollen wir den reinen Gehaltstyp benennen, auf den die praktische Haltung so gerichtet ist, wie die theoretische auf den Gehaltstyp des reinen »Es ist«? Handlung, Praxis, so unterscheidet man gewöhnlich, ist Sache des Willens, wie Theorie Sache des Einsehens, des Verstehens; sie ist vorwärts gerichtet auf ein erst zu erreichendes Ziel, Telos oder Skopos, also auf etwas, das nicht schon ist, sondern erst werden soll. Nicht aber das Werden, die Bewegung als solche ist hier das zuletzt Unterscheidende, nämlich nicht bloß sofern es sich vollzieht, sofern es geschieht oder vor sich geht. Insofern vielmehr *ist* es selbst, das Werden, und ist es Sache der Betrachtung, nicht des Handelns. Aber im Handeln, in der Aktion selbst, liegt Bewegung, nicht als bloß vorsichgehend oder geschehend, sondern gewirkt werdend und damit weiter wirkend, daher nicht charakterisiert durch das bloße »Es ist« (ist, in diesem Falle, Bewegung, ist Vorgang, ist Werden oder im Werden), sondern durch die

Gerichtetheit, nein vielmehr das *sich*-Richten der Bewegung da- und-dahin, durch jenen ±-Charakter, den im Wertgebiet die Stufe der Aufgabestellung, des *Sollens* bezeichnet. Als die bezügliche Wertart ergab sich die des Guten, ganz im griechischen, besonders Platonischen Sinne des Grades der Wurzelung im letzten Seinsbestand, der Seinsbeständigkeit. Das *Soll* muß gar nicht den aufs Subjekt bezüglichen Sinn der Forderung an es, das Subjekt, haben, es kann unter völligem Absehen von dieser Bedeutung für das Subjekt als reiner Gehaltssinn ausgesprochen werden. Es ist nicht das Aufgabestellen vom wollenden Subjekt aus oder für es, sondern die Aufgabe selbst, das was ihm zur Aufgabe gestellt ist und als solche besteht. Nicht es soll oder sollte sein, weil es gefordert ist, sondern es ist gefordert, weil es an sich sein soll, das heißt weil es das Bessere, das in der Wertskala an sich Höherstehende ist. Diese Wertskala besteht durchaus in sich, eben indem sie den schlicht seienden Grund der Seinsbeständigkeit bedeutet. In ihr liegt immer die Relativität der Vergleichung, des Höher oder Nieder, des + und —, aber in ihr liegt nur folgeweise die Aufgabestellung für Willen und Handlung des Subjekts.

§ 95. Was aber gegenüber diesen zwei Gehaltsphasen, der des Seins und der des Sollens, die dritte sein muß, ist nun schon ohne weiteres klar; sie muß beiden Bedingungen genügen, also beides irgendwie in sich vereinen. Sie muß das sein, was ist, wie und indem es sein soll; sein soll, wie und indem es ist. Damit geht es notwendig über die beiden ersten Gehaltsstufen hinaus. Was ist, soll nicht unter allen Umständen sein; was sein soll, ist nicht unter allen Umständen; daß beides zusammenfällt, ist für keins von beiden selbstverständlich, sondern beiden gegenüber etwas Neues, Größeres. Damit entspricht das Dritte der dritten Wertart, der des Kalon. Welches aber ist die dementsprechende Haltung des Subjekts? An sich brauchte auf diese Frage an dieser Stelle keine Antwort gegeben zu werden, weil wir im gegenwärtigen Zusammenhang vom Subjekt und seinen unterschiedlichen Haltungen noch nicht Rechenschaft zu geben verpflichtet sind. Aber es wird uns von Anfang an größeres Zutrauen zu unserer Aufstellung geben, wenn wir sofort auch die von den beiden vorigen, der Theorie und der Praxis, charakteristisch verschiedene und als dritte diesen notwendig zu koordinierende Haltung des Subjekts nennen können. Und wir können sie nennen, sie findet sich bei Plato, bei Aristoteles und gewiß vielfach sonst benannt als Poiesis, Gestaltung, Schaffen. Das ist grundverschieden von Handlung. Es ist nicht Sache des Wollens, so wenig wie bloßer Einsicht. Es braucht vielleicht beide, aber weder Einsicht noch Wollen, noch das bloße Zusammentreffen oder die Vereinigung beider ergibt etwa als mechanische Resultante die Schöpfung, sondern, wie eben dieses Wort es deutlich besagt, es fließt aus eigenem Quell, fließt spontan, das heißt es *ist* weder ohne weiteres, noch läßt es sich erstreiten, ins Sein zwingen durch bloßen Willenseinsatz; der würde vielleicht erreichen, daß es dann *ist*, aber nicht, daß es ist, was und wie es sein soll, oder sein soll, was und wie es ist. Vollendung folgt so wenig aus Wollen, daß vielmehr im Begriff des Wollens von vornherein Unvollendetheit und Unvollendbarkeit liegt. Zu wollen ist nur, was nicht ist. Etwas ganz anderes ist das Können, nicht im Sinne der bloßen Möglichkeit, der gegebenen Kraft zum Fertigbringen, sondern das Mächtigsein, das In-der-Gewalthaben, der Sache Herr-, Meister-sein. Das erzwingt kein Wille, es ist geschenkt, es ist Gabe, ist Gnade, das heißt es fließt unmittelbar aus Eigenem, aus Urquell. Das ist klar in aller sogenannten Kunst, die ja vom Können benannt ist. Es ist erst recht klar in dem, was wir als Natur im höchsten Sinne gerade von allem, was als Kunst, als Können etwa noch erzwingbar scheinen möchte, unterscheiden; worin wir sie selbst, die Natur, nicht als natura naturata, sondern naturans, als schaffende, nicht geschaffene Schöpfung, eben schaffend denken und sich in ihrer Schöpfung offenbarend. Man nennt es oft gerade dann »Kunst«, aber man sollte es anders nennen. Die Alten kannten diesen Begriff, so wie er bei uns gemeinhin verstanden wird, überhaupt nicht; τέχνη wie ars ist Technik, technisches Können, und dasselbe hat »Kunst« auch im Deutschen früher bedeutet. Diesen ursprünglichen Sinn sollte man dem Wort lassen oder zurückgeben, schon damit man nicht für diesen Sinn immer zu dem Fremdwort Technik greifen muß. Technisches gibt es gewiß sehr viel in dem, was man im höheren Sinne Kunst nennt, im Gestalten eines Kalon. Jeder »Künstler« in diesem höheren Sinne ist gewiß auch ein Könner im technischen Sinne, im Sinne des Arbeitens, aber er weiß doch, er ist nicht nur das, und das beste, das ihm gelingt, dankt er nicht seinem Arbeiten und Mühen, in welchem immer etwas von Sich-ab-zwingen, von Notzwang und Notdurft liegt. Das macht vielleicht sein Werk, seine Sache »gut«, das heißt gibt ihm Seinsbeständigkeit, Haltbarkeit, aber es mag sehr gut gearbeitet sein und kann doch des Wertes des echten Kalon, des in sich Vollendeten und Seligen, schlechthin Unbedürftigen ermangeln. Das wird nicht erarbeitet, sondern ist dem Schaffenden im günstigen Augenblick, im Kairos geschenkt, es ist Eingebung, Offenbarung des Genius; kein echt Schaffender rechnet das überhaupt sich, seinem Arbeiten an, sondern dem Höheren, das in ihm nicht arbeitet, sondern mühelos schafft. Schaffen ist schöpfen aus ewig fließendem Quellgrund; die Arbeit dabei nur das Unterhalten des Gefäßes und Retten und Nichtumkommen-lassen. Das ist genügend schwere Arbeit, aber es schafft aus sich nichts, sondern nimmt nur auf, was der Quell frei umsonst, mühelos hergibt. Oder in anderem Vergleich: es wächst. Zu solchem Wachsen mag man, handelnd, allerlei Beihilfe bieten, den Boden umgraben, den Samen (der selbst gewachsen, nicht gemacht ist) an zubereiteter Stätte ausstreuen oder einstecken, für gehörige Zufuhr von Wasser, Luft, Licht, sorgen u.s.f., das Wachsen kann man nicht machen und nichts im gemeinen Sinne dazu tun, sondern es kommt, es ist Natur, ist Gnade, ist eben Wachstum. Die subjektive Haltung dazu heißt bei Plato Eros; wozu wir wieder nicht das ganz entsprechende Wort haben. Es bedeutet Verlangen, Sehnsucht, aber darum nicht Handlung, sondern, wie eben das Liebesverlangen, Sehnsucht nach Sein, einem Sein, in welchem volles Genügen, Seligkeit wäre, die nicht zu erzwingen, zu erkämpfen ist, sondern geschenkt, frei hingegeben sein will.

Frei: denn die echteste Freiheit ist nicht da, wo Kant sie gesucht hat, im Wollen und Handeln, sondern sie ist erst in diesem Dritten, das über alle Notwendigkeit, über alle Not und bloße Wende der Not hinaus frei umsonst, zwanglos sich darbietet, sich schenkt und aus eigener Seligkeit, eigenem Selbstgenügen heraus selig macht und das echte Sehnen stillt. Das ist in dem, was man Kunst nennt (ich meine indessen, das unmittelbare Sprachgefühl müßte einem sagen, daß dies hier eine ganz unzulängliche Bezeichnung ist); es ist erst recht in dem, was wir, in Erkenntnis der schließlichen Unzulänglichkeit bloßer »Kunst«, dieser entgegenstellen als »Natur«; es ist in aller nicht erzwungenen, sondern aus Wesensgrund von selbst fließenden Gestaltung, menschlichen Lebensgestaltung. Man sagt wohl »Kultur«; ich selbst habe es früher so genannt; aber ich kann mich auch in dieses Wort jetzt nicht mehr recht finden, weil es wieder in die Richtung des Arbeitens, des von außen Kultivierens, des ganz schlicht sogenannten Organisierens abbiegt. Organisieren — ein schreckliches Wort, welches im Ursinn des Organischen das ursprüngliche Schaffen scheinbar anerkennt, aber in der pseudo-antiken Ableitungsform des -isierens dies nur um so gründlicher wieder zunichte macht, denn gerade organisches Werden läßt sich durchaus nicht machen; es in Mache nehmen heißt es als Organisches umbringen. »Bildung« wäre an sich ganz das bezeichnende Wort, denn Natur freilich bildet, ihre Gebilde sind nicht Gemächte. Und so bildet auch der Künstler, aus Freiheit der Schöpfung und nicht aus dem Zwange der Arbeit; wie es Schiller in seinen wundervollen dichterischen Darstellungen des künstlerischen Gestaltens selbst sehr klar ausgesprochen hat. Die Spontaneität, das Quellen und Fließen aus eigenen Grunde, die Ursprünglichkeit, mit einem Wort Freiheit der Erzeugung, der Selbsterzeugung, das ist es, worauf es hier ankommt; darin allein ist Vollendung, ist Seligkeit, Genügen in sich selbst. Alles Gewaltsame, Nothafte des In-Bewegung-setzens, Erwirkens, Erarbeitens ist darin überwunden; es ruht in sich, aber nicht in der starren Ruhe des bloßen So-Seins und -Dastehens; sondern es ruht mitten in der Bewegung, in nicht gewaltsamem Bewegen, sondern stillem, sicherem, selbstgewissem Hinfließen, Hinspielen; es ist nie stillständig in solchem Ruhen, solchem In-sich-beruhen. So trägt es beides, das Ist und das Soll in sich, überbietet zugleich beides, so daß es den Gegensatz beider austilgt und in sich zur Versöhnung bringt. Es ist der Sieg, der das Besiegte begnadigt, der Friede, der dem Kampfe der Gegensätze nicht bloß ein Ende setzt, sondern sie wirklich aussöhnt und in sich bewältigt. Das also ist es, was ich den poietischen Gehalt, den Gehalt des Schaffens, des Sich-selbst-Schaffens nenne. Es ist, was bei Schiller »Gestalt« heißt, bei Plato die »Idee«, die dem Kalon entspricht und der Poiesis.

§ 96. Es ist aber erst wenig getan mit der bloßen Auseinanderstellung der drei Grundmomente des Gehalts, sondern auf das innere Verhältnis der drei kommt es an. Alles bis dahin Gesagte nun ergab sich durch die beständig fortschreitende Mischung, das heißt die Verfolgung der allseitigen Wechselbezüglichkeit aller (zunächst auseinanderzuhaltenden) Seinsmomente untereinander; eine Art logischer Produktbildung, oder in anderer Wendung Fortschreitung zu höheren und höheren Dimensionen; wie schon Heraklit ahnend von einer Selbststeigerung, Selbstpotenzierung des Logos spricht. Die Gehaltsform des Logischen ist für den ganzen bis dahin betrachteten Bereich (den wir als Ganzes die zweite Dimension des Logischen überhaupt nannten) die letzte solcher Produktbildungen; daher ist bei ihr die strenge Wechselbezüglichkeit, Wechsel-Durchdringung um so mehr als das Wesentliche zu betonen, wodurch erst die sonst nur linien- und flächenhaft bleibende Ansicht des Logischen zur körperhaften sich integriert. Es dürfen uns also nicht die drei Gehaltsordnungen des Theoretischen, Praktischen und Poietischen in wohlgeordneter Reihe bloß nebeneinander stehen bleiben, so daß sie den ganzen Bereich des logischen Gehalts stetig ausmessen und erfüllen; sondern jede muß in gewisser Weise die beiden anderen mit umfassen und sich in wesentlicher Beziehung zugleich auf jede der beiden anderen eigen gestalten.

So ist sofort ersichtlich, daß die theoretische Blickeinstellung sich ohne Abbruch an ihrer Sonderheit doch zugleich auf allen nicht nur theoretischen Seins- und Sinngehalt erstreckt. Das schlichte »Es ist« drückt eben die Mindestforderung aus, der überhaupt alles Logische zu genügen hat. Auch das Sollen *ist* selber; es muß den Forderungen des schlichten Seins (daß und was es ist) jedenfalls genügen; es ist, was auch immer es unterschiedlich gegen anderes ist, indem es vor allem überhaupt ist und eben dieses ist, und nicht etwa es wiederum bloß sein soll. Der theoretische Gehalt entspricht damit ganz dem Charakter der Modalität, und innerhalb dieser besonders und zentral dem der Möglichkeit; er entspricht eben damit der Strukturform des Begriffs, der Funktionsform der Rationalität, mit der Bedeutung (für die Gehaltskonstitution überhaupt) der Problematik. Mit diesem allen und in dem allen vertritt er das vergleichsweise statische Moment, das Moment der Abgrenzung und durch Abgrenzung Stillstellung; doch immer im Sinne des Problems, der Begriffsaufstellung, also der Hypothesis, der Setzung, der einfachen Hinstellung, es sei so. Seine Frage ist die des bloßen Daseins im logischen Sinne: daß es das gibt. Das »Da« ist zwar nie ein fixes, aber für die jedesmalige Betrachtung, das heißt rein sachlich gesprochen, in der und der Abgrenzung der Beziehung zu anderem, fixiert es sich, muß es sich fixieren, eben damit es der Betrachtung standhalten, damit sie, die Betrachtung sich in ihm fixieren kann. Doch immer unter dem Vorbehalt, diese fixe Blickeinstellung zu ändern, zu ändern aber stets zu Gunsten einer neuen, so daß die Betrachtung im-

## Theoretische Blickeinstellung 343

mer nur von Fixpunkt zu Fixpunkt, letzten Grundes sprunghaft weitergeht. Daraus ergibt sich der von Plato bereits eindringlich betonte Hypothesis-Charakter alles Theoretischen, der bei Kant den schärferen Ausdruck erhält, daß alles Theoretische bloß Erscheinung sei, d. i. »Vorstellung«; man darf wörtlich verstehen: Vor-sich-hinstellung von Dingen, die »nach dem, was sie an sich sein mögen, unerkannt da sind«. Darum nicht nichtiger Schein; nicht »Vorstellung« von etwas, das in keinem Sinne ist, sondern das ganz gewiß ist. Aber es ist eben bloß das, was vom Daseienden sich jedesmal jetzt vor Augen stellt, während das Ganze, in seiner Ganzheit, niemals mit einem Blick, oder wäre es auch in einer beliebig langen Folge von Einzelblicken, zu umfassen, geschweige seinem Gehalt nach zu erschöpfen wäre. Ich habe es oft einem Gradnetz verglichen, durch welches eine Orientierung so weit erreicht wird, daß jedem seine Stelle, eben sein Da angewiesen wird, so daß man es wiederfinden und annähernd identifizieren kann. Aber das Gradnetz ist nicht die Karte, und auch die Karte ist nicht das, was sie vorstellt, sondern verhält sich zu diesem wiederum bloß als Netz. Alles wird festgelegt, auf »Gesetze« gebracht. Das Gesetz, das ist eben nichts als die Koordinaten-Konstruktion, die zur Stellanweisung und zuletzt zu nichts weiterem dienen kann. Gegen die Einseitigkeit bloßer Gesetzesbetrachtung pflegt der empirische Faktor der Theorie hervorgehoben zu werden. Gewiß mit allem Recht. Auch für Kant ist die Begründung für das Recht des Aprori durchaus nur die, daß dadurch Erfahrung überhaupt ermöglicht wird. Nur in der Erfahrung ist Wahrheit, aus bloßen Begriffen läßt sich niemals Wahrheit machen. Die Erscheinung, die an sich nicht trügenden Schein zu besagen brauchte, wird sofort dazu, wenn sie sich an die Stelle der Sache selbst, nach dem, was sie an sich ist, schieben will. Es gibt kein Naturgesetz ohne empirische Konstanten, ja auch das rein Mathematische ist, wenn als Ganzes noch so rein logisch konstituiert, doch so sicher nicht rein rational (a priori), als es in Kants Sinne synthetisch ist. Selbst daß $1+1$ überhaupt etwas eindeutig Bestimmtes ist, ist so wenig rein a priori begründet, wie daß $1-1$ etwas ist, oder $-1$ oder die Teile der 1 (Brüche), oder die Teiler, die Wurzeln der Einheit, oder was man sonst will. Man sieht eine große Entdeckung darin, daß es *die* (einzige Euklidische) Geometrie, *die* (einzig bestimmte) Raumordnung, desgleichen Zeitordnung gar nicht gibt, sondern alle räumliche und zeitliche Bestimmung nur unter irgend welchen abgrenzenden Voraussetzungen gilt. Weniger bekannt und geläufig ist, daß schon von der ganzen Arithmetik auch bis zu den einfachsten Elementen das gleiche gilt, wie die moderne Arithmetik unter dem Begriff der Zuordnung oder in anderen Wendungen deutlich erkennen läßt. Keine Wissenschaft macht soviel Gebrauch vom Satze des Widerspruchs wie die Mathematik; also muß sie wohl sehr mit ihm zu kämpfen haben. Und sie erkennt auch gegenwärtig mehr und mehr selbst an, daß sie keineswegs in allem seiner Herr geworden ist oder voraussichtlich werden wird. Das Auftreten von Widerspruch ist aber stets ein Zeichen von Abgrenzungen, die irgend etwas von der Willkür des Positiven einschließen. Es ist noch viel zu wenig beachtet und zu wenig untersucht, wieviel des willkürlich Positiven, also in Platos Sinne Hypothetischen, nicht nur in der ganzen Arithmetik, sondern auch in der im engeren Sinne verstandenen Logik und Logistik steckt, die ja selbst zu einem Zweige der Arithmetik und mit dieser ganz eins geworden ist. (Ich finde dies auch in philosophischen Werken, die sonst auf das Faktum des Widerspruchs in der Erkenntnis tief eingehen, noch lange nicht genug hervorgehoben, geschweige gründlich ausgeführt. N. Hartmann und andere haben aber wenigstens hingewiesen auf das ganz allgemeine Problem einer letzten Nicht-Rationalität im sogenannt Rationalen selbst, besonders auch im Kategorialen.) Es gäbe überhaupt nicht das Problem des Rationalen, wenn es nicht das Irrationale, und zwar in eben dem Bereich, mit dem es die Rationalität zu tun hat, gäbe; so wie es keinen »Satz des Widerspruches« gäbe, wenn es nicht den Widerspruch selbst gäbe. Man kann auch sagen: es gäbe nicht den Wahrheitswert, wenn es nicht Falschheit gäbe, die nicht ein bloß niederer Grad von Wahrheit (der nie der letzte zu sein brauchte), sondern direkt Nicht-Wahrheit besagt, und doch eben irgendwie *ist*.

§ 97. Ist also in einem Sinne alles, auch das Kategoriale, ja sogar ganz besonders dieses, als Hypothesis, von nur bedingter Wahrheitsgeltung, so ist doch wahrlich nicht alles im gleichen Sinne und im gleichen Grade bedingt; am deutlichsten und durchsichtigsten, weil überhaupt seiner ganzen grundsätzlichen Struktur nach, trägt aber diesen Charakter des bloß Bedingten das im engeren Sinne, ich meine das ausschließlich, der ganzen Fragerichtung nach nur Theoretische. Schon entschiedener aufs Unbedingte gerichtet, obwohl vom Bedingten aus auf es gerichtet und so im Ausgangspunkt jedenfalls an dem Charakter des bloß Hypothetischen noch teilnehmend erweist sich dagegen das Praktische. Ganz befreit von der Bedingtheit des nur Voraussetzlichen aber ist das Poietische; nicht als ob in ihm wirklich aller Widerspruch ausgeschieden wäre; alles Poietische ist doch auch Spruch, ist Symbol, es birgt daher in sich und verbirgt kaum, sobald es eben theoretisch angesehen und geprüft wird, den ganzen antithetischen Charakter der Sprache überhaupt, die ja nie das, was sie aussprechen, was sie bedeuten will, was sie im Sinne, das heißt hier in der Intention hat, oder was sie meint, deckend geben, sondern eben nur meinen, bedeuten, gleichsam mit dem Finger darauf deuten, oder es intendieren kann. Aber diese Antithetik ist hier gleichsam unschädlich, sofern ja die Absicht hier nicht die der bloßen Wahrheit ist, sondern die Selbstgenugsamkeit der reinen Schöpfung. Nur unter dem Gesichtspunkt der Theorie untersteht auch sie der Gewalt des Widerspruchs und der Forderung seiner Lösung; sie selbst weiß von keinem Widerspruch und fordert darum auch nichts von Widerspruchslösung, sondern nimmt ihn unbefangen in sich auf als etwas, das vollkommen so ist und ganz das gleiche Recht hat zu sein wie der Nichtwiderspruch. »Wer will eine Messe von Palestrina widerlegen, oder die Sixtinische Madonna des Irrtums zeihen«, fragt einmal Albert Lange.

Im Praktischen dagegen klafft der Widerspruch auf so weit wie vielleicht nirgends sonst. Sehr begreiflich, denn zwischen der Unendlichkeit der Forderung und der gegen diese nur um so schroffer abstechenden endlichen Unzulänglichkeit jeder erreichbaren Erfüllung ist ein Widerspruch, der durch keine Ausrede von Reinheit der Gesinnung bei mangelhafter Betätigung behoben wird. Wie soll denn die Reinheit der Gesinnung sich beweisen, wenn keine aufweisbare Tat ist, die bloß als solche sie beweisen könnte. Dagegen besteht für die bloße Theorie doch allgemein die Möglichkeit, unter der einmal gesetzten Hypothesis strenge Wahrheit, wenngleich selbst nur hypothetische zu erreichen, und die Irrationalität zwar niemals ganz auszuschalten, aber auf das unvermeidliche und hier unschädliche Mindestmaß zu beschränken. Versteht man diesen engeren Bereich des bloß Theoretischen (außer praktischem und poietischem Bezug) gewöhnlich unter dem Wort »Natur«, so beruht diese nun einmal gangbare Bezeichnung allerdings auf einer starken Verschiebung des ursprünglichen Wortsinns; denn Natur, Physis, besagt an sich eher das volle Gegenteil: das spontane Wachsen, und zwar im aktiven

Sinne, gerade sofern es auf freier Schöpfung beruht (natura naturans sagte man im Mittelalter). Diese merkwürdige Bedeutungsverschiebung erklärt sich daraus, daß man ursprünglich das Ganze des Werdens und Geschehens teleologisch, das heißt eben praktisch und poietisch, nie unter rein theoretischen Kategorien aufgefaßt hatte, weil nämlich die rein theoretische Einstellung stets auf Abstraktion beruht, die dem naiven Denken fern liegt und zunächst geradezu unmöglich ist. Weder Plato noch Aristoteles noch überhaupt ein einziger der alten Philosophen oder selbst Naturforscher kennt überhaupt eine rein theoretische Stellung zur sogenannten »Natur«. Für Aristoteles selbst, der doch der Haupturheber ist für die fast feindliche Gegenüberstellung der theoretischen und praktischen Haltung, versteht es sich gleichwohl ganz von selbst, daß Physis, Natur Zweckbeziehung einschließt, ja geradezu ein teleologischer Begriff ist. Sie steht zwar nicht unter menschlichen Zweckerwägungen, unter Zweckerwägungen spezifisch menschlichen Lebens; sie wird nicht etwa bloß als Mittel für Menschenzwecke ins Auge gefaßt, aber nur desto mehr als ganz und gar zweckbestimmt in sich selbst, auf ihr eigenes Telos gerichtet und in allem und jedem durch dieses bestimmt. Das Gesetz der Natur — dessen Begriff ja überhaupt dem praktischen Bereich offenbar und auch ganz bewußt entlehnt ist — bedeutet ihm dabei keineswegs eine abstrakte Funktional-Beziehung im modernen Sinne des Naturgesetzes; also die Ursächlichkeit in der Natur nicht bloß die streng allgemeine Entsprechung zwischen Antecedens und Consequens, oder auch den Simultanzusammenhang der einander entsprechenden Stadien paralleler Veränderungsreihen, sondern die Verursachung ist ganz und gar, in allem, zweckgerichtet, teleologisch gemeint. Am ehesten noch wird das bloß Mathematische und bloß Logische außer Zweckbeziehung gedacht; es wird etwa von Aristoteles der schlechterdings unethische, außerpraktische Charakter des Mathematischen gegen Plato und die Pythagoreer ausgespielt, die gerade im Mathematischen, nämlich in dem Momente des Maßhaften, Harmonischen, den poietischen und auch praktischen Einschlag nicht verkannten, sondern eher übertrieben, so daß beim späten Plato nicht bloß das Mathematische als das reinste Ideale erscheint, sondern das Ideale jeder Art und Stufe ihm die Gestalt des Mathematischen annimmt, ohne doch damit die Zielgerichtetheit etwa abzustreifen, also selbst theoretisiert zu werden. Die reine Abstreifung des teleologischen Charakters, die erst die Entgegensetzung des Theoretischen und Praktischen zur völligen Reinheit brachte, ist erst die Errungenschaft der letzten etwa fünf Jahrhunderte, welche selbst ungefähr in ihrer ersten Hälfte damit noch schwer zu ringen hatten, dann aber mit unbedingter Entschlossenheit diese Scheidung durchzusetzen für notwendig erkannten. Ob sie zwar damit endgültig im Rechte waren, ist heute wieder einigermaßen zweifelhaft geworden. Gerade die Theorie selbst ist durch und durch zweckgerichtet; was vom sogenannten Pragmatismus als ein neuer Fund verkündet wird, ist doch eigentlich uralte, viele Jahrtausende lang allgemein angenommene Überzeugung, die genau nur von der Theoretik der Moderne verlassen, deren Verneinung übrigens auch damals als gewaltige neue Paradoxie empfunden wurde. Aber schon in Kants Lehre vom Primate der praktischen vor der theoretischen Vernunft wurde der Theoretizismus sehr ernstlich wieder in Frage gestellt, zum mindesten zu einer bloß einseitigen Ansicht herabgesetzt; welche Einseitigkeit darum doch eine Seite der Wahrheit richtig treffen konnte und auch wirklich traf. Denn umgekehrt hat doch auch die teleologische Ansicht niemals die einzige, allumspannende sein wollen. Daß $2 \times 2 = 4$ *ist* und nicht bloß sein soll, daß es in diesem Sinne rein theoretischen Wert gibt, der von aller Zweckbeziehung unabhängig nur einfach besteht und unverschiebbar gilt, hat weder Plato noch Aristoteles noch meines Wissens sonst ein Philosoph bezweifelt, noch dürfte es dem Pragmatismus gelingen, es gänzlich in Abrede zu stellen. Vor allem hat er für seine eigene Behauptung, so viel ich weiß, niemals bloß pragmatische Bedeutung in Anspruch genommen, sondern sie als an sich geltende Wahrheit behaupten wollen. Auch der reinste mir bekannte Pragmatismus, der sonst höchst folgerichtig seine Position behauptende antike Skeptizismus hat nie darauf verzichtet, seine Position als die, wenn vielleicht nicht an sich der Wahrheit entsprechende, doch zum wenigsten in sich wahrscheinlichste, zwar auch aus praktischen Erwägungen, aber nicht nur aus praktischen, empfehlenswerteste zu behaupten. Es ist aber schon nicht mehr reiner Pragmatismus, sondern ein schwerwiegendes Zugeständnis an den Theoretizismus, wenn man auf zweifelsfreie Einsicht zwar Verzicht tut, aber Wahrscheinlichkeitsgrade gelten läßt. Denn die größere Wahrscheinlichkeit oder Annehmbarkeit wird doch dann als nicht bloß unter praktischem Gesichtspunkt bestehend behauptet. Gerade die schroffe Behauptung des ideal reinen Pragmatismus, daß es überhaupt nur den Unterschied des praktisch den Vorzug Verdienenden oder Nachteiligeren und gar nicht den des in sich Richtigen und Unrichtigen für den Menschen gebe, behauptet doch dies nicht wiederum als etwas, das nicht in sich richtig oder falsch zu sein brauchte, sondern nur unter praktischem Gesichtspunkte gegenüber der gegenteiligen Meinung den Vorzug verdiene oder nicht verdiene. Kurz, wer überhaupt irgend etwas bejahend oder verneinend ausspricht und meint, widerspricht damit der Voraussetzung, daß es keinen Unterschied des reinen Seins und Nichtseins, Statthabens und Nichtstatthabens, sondern nur den des praktisch Zuträglichen und Unzuträglichen gebe; wie schon Plato im Theätet dem ersten radikalen Pragmatisten, dem Sophisten Protagoras schlagend beweist. Der Voraussetzung des An-sich-seins und -nichtseins überhaupt kann keine Ansicht oder Aufstellung entrinnen, sonst hörte sie überhaupt auf, eine Ansicht oder Aufstellung, und das heißt im Grunde schon Theorie, zu sein. Man erkennt ihre Eigenbedeutung schon damit an, daß man überhaupt nach Wahrheit, oder dem was ist und nicht ist, fragt. Dieser Frage aber ist nun doch gar nicht zu entrinnen; sie besteht, sie richtet sich selbst unausweichlich an jeden Denkenden, auch wenn er selbst vor ihr fliehen und sie überhaupt zu stellen umgehen möchte. Sie selbst, diese Frage, *ist* eben, und ihr Sein zwingt unausweichlich jeden, der überhaupt denkt und redet. Mag also tausendmal der Rationalismus geirrt haben, indem er Sätze, die des teleologischen Bezugs durchaus nicht entbehren, für bloß theoretische, d. h. nicht-teleologische hielt, so wird damit der klare Sachunterschied des rein Theoretischen und Teleologischen keineswegs umgestoßen; auch ist es nicht so, daß nur ein kleiner abgezirkter Bereich des rein Theoretischen wie eine Insel umschlossen läge von einem weiten Meere des rein theoretisch Unbestimmten, praktisch aber Bestimmbaren, sondern der Gesichtspunkt des rein theoretischen Seins und Soseins erstreckt sich mindestens im Fragesinn auf den ganzen teleologischen Bereich mit, obgleich in diesem Bereich äußerst wenig sein mag, was rein theoretischer Bestimmung fähig ist. Dieses Minimum rein theoretischer Wahrheit steckt doch in allem, und zwar als überhaupt ermöglichende Grundlage. Auch die teleologisch bestimmte Wahrheit will doch selbst bestehen und als Wahrheit bestehen; ihr Bestand überhaupt aber ist nichts wiederum Teleologisches, sondern ist jedenfalls gefordert und gedacht als An-sich-bestand *seiender* Wahrheit.

### Gliederung des theoretischen Bereichs

[34. Vorlesung]

§ 98. Nur in aller Kürze kann hier die Grundgliederung des theoretischen Bereiches vorgeführt werden. Das Mindeste von theoretischem Sinngehalt, eben dem Gehaltsbestande nach, zugleich aber das, worin qualitativ am reinsten der nur theoretische Charakter sich ausspricht, ist das Logisch-Mathematische. Es ist überhaupt noch nicht voll sinnhaltig; es ist noch gar nicht ein Gehalt, sondern nur Gesetzlichkeit der Gehaltskonstitution überhaupt, aber diese Gesetzlichkeit in ihrer ganzen Selbständigkeit und freiesten Eigenentwicklung, welche dabei das Ganze des schlichten Seinsgehalts, doch nur im Sinne der Ermöglichung überhaupt umfaßt. Es ist also eigentlich nicht Theorie, sondern Theorie der Theorie, Theoretik. Gerade die Universalität der Geltung verdankt es dem Verzicht auf alles Positive des Gehaltes selbst zu Gunsten der bloß formalen Gehaltigkeit überhaupt. Aber es ist doch ganz auf den Gehalt, und eben auf seine Positivität oder ich möchte sagen Positivierung gerichtet, gleichsam als der Nullpunkt, von welchem an die Positivität selbst sich erzeugt, und daher auf deren ganzen Bereich ebenso gerichtet, wie die Null der Zahl als Fußpunkt gerichtet ist auf das Ganze der Zahlreihe vor- und rückwärts und für alle Dimensionen der Zahlsetzung. Sie selbst, die Theoretik, setzt noch nichts als die Setzung selbst. Das allein ist ihre Positivität. Sie entspricht damit im strengsten Sinne der Modalitätsstufe der Ermöglichung. Kant bezog die Transzendentalphilosophie, zunächst im Hinblick auf das bloß theoretische Gebiet, auf die Möglichkeit (die Ermöglichung, d. h. die gesetzmäßigen Bedingungen) der Erfahrung, worunter er verstand das rein konstituierbare Positive. Daraus versteht sich, weshalb »mögliche Erfahrung« bei ihm den engen Sinn von Mathematik und mathematisch konstituierter Naturwissenschaft annehmen konnte.

Natur aber, im gewöhnlich gemeinten, rein theoretischen Sinne, die Natur der Naturwissenschaft, ist Position schon in bestimmterer Bedeutung. Wir hatten schon in Beziehung auf das Logisch-Mathematische die Frage zu berühren, wieviel selbst am bloß Logischen und Mathematischen nicht rein Rationales, sondern Positives ist. Aber dieses Positive ist jedenfalls ein anderes als das im heute geltenden Begriff Natur Mitgedachte. Das erstere hat nicht, wie das letztere, den Charakter des Empirischen damit, daß es ein Positives ist. Rein und doch positiv, positiv und doch rein, das ist der Charakter, den Plato als den eines unechten Logismus (in Bezug auf den Raum) auszudrücken suchte. Daß es überhaupt ein numerisch Eines oder Erstes gibt, daß es gibt die Summe von 1 und 1, 1 und 1 und 1 u.s.f., oder die von Glied zu Glied sich mit Notwendigkeit bestimmende Folge des Ersten, Zweiten, u.s.f., und alles dem Gleiche, ist etwas Positives, welches dennoch nicht an irgend welche besonderen, gegebenen wirklichen Erfahrungen gebunden ist, aber als Vorbedingung zur Möglichkeit von Erfahrung überhaupt doch an dem allgemeinen Charakter der Positivität teilnimmt, den eben das Wort Erfahrung, der Begriff des Empirischen im Unterschied zum Rationalen, einschließt. So ist es wohl auch zu verstehen, wenn Kant sagt, daß mögliche Erfahrung, obgleich sie für die wirkliche die Geltung der Notwendigkeit hat, doch in sich etwas rein Zufälliges sei. Der engere Begriff des Empirischen setzt aber etwas mehr als dies voraus, nämlich irgend eine Abgrenzung, die, vom rein rationalen Standpunkt gesehen, durchaus willkürlich ist; willkürlich nicht in dem Sinne, daß sie nicht unter den gegebenen Voraussetzungen notwendig so und nicht anders zu vollziehen wäre, aber nicht durch das bloße Gesetz der Gesetzlichkeit selbst, durch die reine, wie man sagt, formale Theorie der Theorie selbst bestimmt, sondern dieser gegenüber wahlfrei, so oder anders zulässig und tatsächlich fortwährender, doch nie etwa gesetzloser Verschiebung unterworfen. Die Position wird hier Supposition, Hypothesis im engeren Sinne nicht des überhaupt Grundlegenden, methodisch Konstitutiven, sondern der so oder anders wählbaren Supposition für das Besondere der so oder so zu vollziehenden Problemabgrenzung. Schon Plato scheidet in vollendeter Schärfe auch das Mathematische, welches er doch durchaus als rein Rationales auffaßt, als das nur Hypothetische und insofern nicht mehr schlechthin Rationale, welches eben darum auch nicht absoluten, letztgültigen Wahrheitscharakter erreicht, von dem absolut Rationalen, welches rein in Eidē (d. h. in ursprünglichen, unwandelbaren Wesensbestimmtheiten) beschlossen bleibt und diese rein in und aus sich selbst entwickelt, immer von Eidē ausgehend, durch Eidē selbst in Eidē fort und so bis zum Letzten geht. Dies Letzte kann nur sein das Eidos aller Eidē. Dieses erst ist das schlechthin Überhypothetische, Überpositive. Als solches aber gilt ihm die Idee des Guten, in der daher der ganze Bereich der Eidē, d. i. des rein Rationalen sich abgrenzt und abschließt.

§ 99. Der Bereich also des im Unterschied hiervon verstandenen Positiven als solchen, das wäre, womit wir es hier zu tun haben, der Bereich der insoweit rein theoretisch verstandenen Physis oder Natur. In dem Worte liegt zwar der Hinweis auf Werden, auf Entstehen, also auf Bewegung. Aber das Moment der Bewegung ist hier nur zu verstehen im Sinne der Entfaltung in die unerschöpfbare Mannigfaltigkeit des Besonderen, Positiven, eben Empirischen. Noch nicht als lebendige, schöpferisch freie Entwicklung, sondern als gesetzmäßig und zwar durch besondere Gesetze gebunden; gebunden also in die einmal getroffene Abgrenzung des jeweils gedachten Problemkreises; Entwicklung nur im logischen (logisch-mathematischen) Sinne der Folgenotwendigkeit, so wie man von Entwicklung in die unendliche Reihe redet. Der Bereich der so gedachten Natur deckt sich dann mit dem des Notwendigen, und zwar nicht als absoluter, sondern durchaus nur als Notwendigkeit der Folge aus den einmal gesetzten Bedingungen; Bedingungen, die selbst immer wieder überschritten werden können und gegebenenfalls müssen, womit natürlich auch die Folgen, mit der gleichen, ebenso bedingten Notwendigkeit, sich anders ergeben werden. Diesen Charakter der sich so nennenden Naturwissenschaft hat Kant mit großer grundsätzlicher Klarheit, wenngleich in zu eingeschränkter Rücksicht auf den damaligen Stand der Wissenschaft von der Natur, erkannt und dargelegt. Der heutige Stand der Naturwissenschaft aber bestätigt nicht nur das Wesentliche seiner Behauptung, sondern führt den damit eingeschlagenen Weg in sehr viel weitergehender Konsequenz vielfach schon bis zum absehbar Letzten durch; so besonders in der neueren allgemeinen Relativitätslehre. Jeder Schein, als ob mit der so begründeten Wissenschaft absolute Wirklichkeit schon erreicht wäre oder überhaupt jemals würde erreicht werden können, ist längst gründlich an sich selbst irre geworden, ja man darf sagen gänzlich zerstört worden und wird wenigstens den, der auf der Höhe der Sache steht, nie mehr täuschen können. Darüber bedarf es heute, wenigstens was das Allgemeine dieser Sinnerklärung des naturwissenschaftlichen Erkennens angeht, nicht vieler Worte mehr, so sicher eine rein und mit äußerster Genauigkeit durchgearbeitete Kritik dieser Erkenntnisart, insbesondere sofern sie rational begründet zu sein und damit Wirklichkeit zu treffen noch immer glauben sollte, nach wie vor keine unwichtige Aufgabe ist. Es ist aber auf dieses sehr weite Fragegebiet hier nicht ferner einzugehen. Es würde für sich allein eine sehr umfassende und tiefgreifende wissenschaftliche

Erwägung fordern, welche hier, auch wenn die Zeit verfügbar wäre, doch in keinem Sinne befriedigend würde erledigt werden können. Nur das sei, als aus allem vorher Gesagten nun schon unmittelbar folgend, in Kürze erinnert, daß, so wie überhaupt das Mathematische und das im hier begrenzten Sinne Naturwissenschaftliche der ganzen Art und Geltung der Begründung nach nicht bloß ineinander geflossen, sondern mehr und mehr eins geworden ist, so auch die eben ausgesprochene Konsequenz sich ganz im gleichen Maße auf die Mathematik wie auf die Naturwissenschaft erstreckt; nämlich die Konsequenz der durchaus nur bedingten, voraussetzlichen, nicht aber absoluten, übervoraussetzlichen Geltung des so, wie man sagt, Erkannten und weiter zu Erkennenden. Doch bleibt hierbei immer streng zu unterscheiden zwischen jenem rein Mathematischen, welches vielmehr völlig aufgegangen ist in das sogenannte Logische (dieses gehört noch ganz der ersten Stufe des Theoretischen an, welche es eigentlich noch mit gar nichts Theoretischem, sondern nur mit der Theorie selbst zu tun hat), und andererseits dem Mathematischen, welches ganz ins Naturwissenschaftliche miteingeht. Ich möchte es nicht angewandte Mathematik nennen, sondern es ist überhaupt etwas anderes als das rein logisch Konstituierte; es behauptet und versucht durchzuführen eine Wirklichkeitsgeltung, wie sie dem Logisch-Mathematischen überhaupt fremd, von ihm überhaupt nicht intendiert ist. 2 × 2 soll 4 *sein* auch in der Wirklichkeit, nicht bloß in begrifflicher Aufstellung und Entwicklung. Dies ist eigentlich das Mathematische, welches die Relativitätstheorie im Sinne hat. Sie setzt durchaus die mathematische Konstitution der wirklichen Natur voraus und spricht keineswegs von nur gedanklichen Setzungen, wie die reine Mathematik sie ohne jede Rücksicht auf Wirklichkeitskonstitution oder auch nur auf deren Möglichkeit oder deren verschiedene Möglichkeiten zu entwickeln mit Recht für ihre Obliegenheit erkennt. Die Fragen, z. B. der Euklidischen oder nicht Euklidischen Beschaffenheit des Raumes und die dem entsprechenden Fragen in Hinsicht der Zeit gehören ganz diesem anderen Bereiche der völlig in die Natur eingegangenen Mathematik, und nicht der reinen, rein logisch konstituierten an. Nur so kann überhaupt von *dem* Raum, von *der* Zeit die Rede sein; Begriffe, welche die reine Mathematik gar nicht kennt noch kennen darf. Die darin gedachte, intendierte Einzigkeit, Singularität des Raumes, der Zeit zielt aber zuletzt auf die Frage der Wirklichkeit. Denn Wirklichkeit ist einfach, singulär, Möglichkeit dagegen unendlichfach; Folgenotwendigkeit zwar selbst eindeutig bestimmt unter bestimmt gegebenen Möglichkeitsvoraussetzungen, aber anders und anders sich bestimmend eben mit dem Wechsel der Voraussetzungen.

§ 100. Unterschieden wir also 1) das ganz rein Mathematische, welches man etwa mit Descartes und Leibniz Mathesis universalis nennen könnte, 2) das Physikalische, so ist der dritte Bereich des rein theoretischen Gehalts notwendig der des voll bestimmten, vor allem auch in Hinsicht des Werdens und zwar Werdens zum Einzelnen, Individualen gesetzmäßig voll bestimmt Wirklichen. Ich nenne es im Unterschied vom Physikalischen das Physiologische. Zwar geht auf Wirklichkeit die Frage oder die Intention überhaupt im ganzen Bereiche des Theoretischen. Aber schon aus allem Gesagten geht klar hervor, daß diese Intention im zweiten Bereich, dem der bedingten und nur bedingt-bedingenden Folgenotwendigkeit nicht erfüllt ist und sich nie wird erfüllen können. Also geht die Frage nach dem Individualen notwendig weiter. Verstanden wird aber hier unter dem Individualen nur das Individuale in reiner Seinsbedeutung, welches längst noch nicht das letzte Individuale, sondern das letzte nur im Bereiche des bloß Theoretischen ist. Gleichwohl geht diese Frage über den ganzen Bereich der bloßen Folgenotwendigkeit, der Bestimmung nach folgenotwendigen, deduktiv bestimmenden Gesetzen hinaus. Es ist indessen ein folgenschwerer Irrtum ganzer philosophischer Schulen, daß sie damit auch über den Bereich der Natur überhaupt hinausginge; daß Naturwissenschaft überhaupt nur Gesetzes- und nicht vielmehr gerade in letzter Linie Tatsachenbestimmung, also Bestimmung des Einzelnen, ja des im theoretischen Bereich Letztindividualen, des Naturwirklichen bedeutete. Richtig ist nur, daß auf dem Wege bloßer Folgegesetzlichkeit, dringe diese noch so tief ins Besondere und ins Engste des Besonderen, zum Individual-Wirklichen, welches allein das Vollwirkliche ist, niemals zu gelangen ist; daß vielmehr, sofern dieses überhaupt noch irgendwie theoretisch erfaßt werden soll, in Hinsicht seiner jene Umkehrung des Verfahrens notwendig wird, welche Kant in dem Begriffe der »reflektierenden Urteilskraft« genial getroffen, obgleich nur wenig genau ausgeführt hat. D. h. es wird das Individuale, welches, wie gesagt, das allein Vollwirkliche ist, zum Ausgang genommen und auf es hin dann nach den Bedingungen seiner Wirklichkeit zurückgehend gefragt. Die daraus sich ergebende Methodik ist im allgemeinen die teleologische, im einzig zulässigen, eben nur methodologischen Sinne dieses Worts. Diese ist durchaus analog der früher beschriebenen, nicht sowohl Methode als Funktion der Integration. Auch da steht der verlangte einzig bestimmte Wert (etwa die Irrationalzahl) voran, und von ihm aus erst, d. h. aber in Wahrheit auf ihn hin, bestimmt sich die in diesem Falle unvollendbare Reihe der Näherungen, welche an den geforderten Individualwert selbst zwar nie heranreicht, wohl aber ihn insoweit zu berechnen ermöglicht, daß dieser gesuchte Wert sich in das System der übrigens rational bestimmbaren und berechenbaren Zahl- und Größenwerte eindeutig einstellen läßt; eindeutig in dem Sinne, daß das Verhältnis des Mehr oder Weniger überhaupt (ohne daß auch das Wievielmehr oder -weniger sich zahlmäßig bestimmen ließe) doch bestimmt ausgemacht und durch Angabe der oberen und unteren Grenze, und zwar ins Unendliche genauer, so genau als man will oder als es durch das jedesmal gestellte Problem gefordert ist, bestimmt werden kann. Die verschiedenen Formen und Stufen solcher rückgängigen Bestimmungsweise hat Kant in der Kritik der Urteilskraft sehr sorgfältig auseinandergelegt und in den Hauptlinien einwandfrei dargelegt. Sie findet Anwendung nicht auf den biologischen Bereich allein, obgleich besonders augenfällig und darum vorzugsweise auf diesen, sondern auf alle Individuation im Naturbereich. So ist z. B. unsere Erde und alles Einzelne, womit die Erdbeschreibung beschäftigt ist, ein durchaus Individuales, Einmaliges, auch zeitlich jeweils einzig zu Bestimmendes, weil ja fortwährendem Wandel unterliegend; so auch unser Sonnensystem, so das ganze uns bekannte kosmische System, welches ja ein ganzes nur ist als einziges. Unbefangen dachte man sich früher unter diesem allen biologische Individuen. Es ist auch gar nicht einzusehen, daß es darauf nicht Anspruch hätte, als solche methodologisch eingeordnet zu werden, denn es fällt mit den biologischen Gattungen im gewöhnlich verstandenen engeren Sinne durchaus unter dieselbe Methode der Erforschung; es untersteht denselben Grundkategorien des Entstehens, der Entwicklung, des Alterns und endlich Absterbens. (Ausführungen hierüber findet man bei Cohen unter dem »Urteil des Systems«).

In dem allen handelt es sich um bedingte Erhaltung des Individualen in irgendwie abzugrenzender gesetzlicher Bestimmtheit seines individualen Werdeganges, nicht aber eines bloßen gleichartig wiederkehrenden Geschehens in der Natur. Daß sich die im engeren Sinne so genannten biologischen Gattungen, Arten, Individuen als ein eigener Bereich aussondern, beruht nicht auf irgend einem sie unterscheidenden, rein theoretischen Seinscharakter (einen solchen hat noch keiner aufweisen können), sondern auf einer voraus gerichteten Beziehung auf etwas ganz anderes, das überhaupt nicht mehr dem bloß theoretischen Bereich angehört, nämlich aufs Praktische und Poietische. Als Lebendiges in einem spezifischen Sinne gilt uns nur, was einerseits zwar im Physischen wurzelt und an seine allgemeinen Bedingtheiten gebunden bleibt, andererseits aber als Träger praktisch und poietisch gerichteter Funktionen uns entgegentritt oder zu solchen wenigstens an sich tauglich und entwickelbar gedacht wird oder überhaupt so gedacht werden kann. Sobald für unseren Erdkörper, unser Sonnensystem, oder das uns bekannte physische Universum überhaupt, die gleiche Voraussetzung angenommen würde, würde man keinen Augenblick zögern, sie als Lebewesen anzusprechen, wie nicht bloß die alten Völker alle, ohne eine einzige Ausnahme, sondern noch im letzten Jahrhundert z. B. Fechner es in feinen und tiefen Ausführungen, natürlich unter allem Vorbehalt des bloß Hypothetischen, gewagt hat und heute mancher wieder wagen möchte. Methodisch ist das nur folgerecht, die einzige Frage ist, wie es sich durchführt. Die Grenzen des Organischen und Anorganischen sind wieder ganz fließend geworden und nichts weniger als eindeutig bestimmt. Das innerlich Wahrscheinlichste ist und bleibt, daß alles letztgültig Wirkliche, d. h. aber rein Individuale, von *einer* Art ist, und zwar von der Art des Lebendigen; weil wohl aus Leben Lebloses, aber nie aus Leblosem Leben begriffen werden kann, wie aus Irrationalem Rationales, aber nicht umgekehrt. Allenfalls mag im einzelnen fraglich sein, was geradezu als ein Individuallebendiges, und was, wenn nicht als solches, doch als etwas ihm Zugehöriges und allein in Hinsicht seiner individual zu Bestimmendes anzusprechen ist. Von welchem Punkte an ist das werdende oder mögliche Lebewesen schon ein wirkliches, lebendiges Individuum, nachdem es vorher ein nur mögliches, nur unter bestimmten hinzutretenden Bedingungen etwa wirklich werdendes Lebewesen war, und von welchem Punkte an ist das Lebewesen, dem das Leben entflieht, kein lebendes mehr? Zuletzt wird man doch fragen müssen, wie Plato im »Phädo« und den »Gesetzen« gefragt hat: ist denn überhaupt denkbar, daß Leben nicht lebt? Ist doch Leben nicht bloß noch etwas Hinzukommendes, so gut real wie das leblos bloß Daseiende; sondern vielmehr seiend in unvergleichlich vollerem, positiverem, gehaltigerem Sinne. Wie sollte ihm also weniger, und nicht vielmehr in ungleich höherem Maße und vollerem Sinne ursprunghaftes Sein und damit auch höhere Seinsbeständigkeit zukommen? Hält man an der schroffen Dualität des Leblosen und Lebendigen fest, gerade dann wird es letztlich unbegreiflich, wie aus Leblosem je Leben hervorgehen oder Leben in Leblosigkeit zurückgehen sollte. Wäre es also nicht folgerichtiger anzunehmen, daß Leben und es allein wesenhaft, weil überhaupt allein im Vollsinn wirklich ist, dagegen alles, was leblos erscheint, entweder bei besserer Erkenntnis sich doch als Lebendiges herausstellen würde, oder sonst sich zum Lebendigen so verhält, wie in den Fällen, wo sich Bestimmteres darüber sagen läßt, das Leib Genannte zu den Lebensfunktionen, denen es als Leib nur dient oder gedient hat oder dienen wird, und wodurch oder mit dessen bloß instrumentaler Beihilfe diese Funktionen sich jeweils in Zeit und Raum erfüllen? Eine ganz andere Frage ist, ob die ursprunghafte und darum unzerstörliche Seinsbedingtheit des echten Lebens sich auch in zeit-räumlich ungebrochener Fortdauer ausdrücken muß. Diese Frage aber wird der bestimmt verneinend zu beantworten geneigt sein, der (mit Kant) in der einzigen zeit-räumlichen Ordnung der uns zugänglichen »Natur«, so wie wir sie im Hinblick auf diese nur vorstellen können, überhaupt nichts mehr zu erkennen vermag als zuletzt praktisch bedingte Voraussetzungen einer möglichen Orientierung und wechselseitigen Verständigung, die eine absolute Geltung keinesfalls beanspruchen können. Damit verschwindet das Gespenst der zeitlichen Fortdauer und erhebt sich statt dessen mit einer für Menschen- und Weltschultern freilich nur schwer zu tragenden Verantwortungslast die ungeheure Wirklichkeit des transzendenten Bezugs, nicht bloß des Seelischen, sondern weiter zurück auch des Kosmischen zum überseelischen und überkosmischen Göttlichen. Dahin aber dürfen wir uns an dieser Stelle nicht erheben wollen, denn es greift offenbar über die Grenzen des nur Theoretischen weit hinaus zu etwas schlechthin Allumfassendem und Allüberragendem. Sondern wir dürfen und müssen uns an dieser Stelle daran genug sein lasssen, den biologischen Bereich als die Grenze des nur Theoretischen und zwar zunächst gegen den des Praktischen aufzustellen, als letzte logische Stufe somit im Bereiche des *nur* Theoretischen. So aber schließt dieser Bereich das ganze Gebiet des Psychischen ein, genau so fern und solange als dieses als Ganzes immer noch rein theoretisch, das heißt von außen her feststellend, ins Auge gefaßt wird. Das Praktische und ebenso das Poietische ist dann aber unter diesem Betracht nicht noch ein neues, wie eben gesagt wurde, Nur-Theoretisches, sondern die nur-theoretische Erwägung erstreckt sich, wie wir zu Anfang schon angenommen hatten, auf den ganzen Umfang des Sinnhaltigen, also auch auf die Gebiete des Praktischen und Poietischen (das will hier heißen: des andererseits praktisch und poietisch zu Betrachtenden), aber erschöpft diese allerdings nicht (außer eben nach der bloß theoretischen Seite), sondern es greifen eben hier, über die ganze bloß theoretische Betrachtung grundsätzlich und in überhaupt anderer Richtung hinausgehend, die eigentümlich neuen Gehaltstypen des Praktischen und Poietischen ein, mit denen wir uns nun zu beschäftigen haben; zunächst also der Gehaltstypus des Praktischen.

§ 101. Alles Endliche, im gewöhnlichen Sinne Rationale, das heißt Berechenbare, durch Abgrenzung Bestimmbare besteht, wie wir sahen, nur im Gegenbezug zum Überendlichen, Überrationalen, welcher Gegensatz sich vermittelt durch den Prozeß endlos fortschreitender Verunendlichung, der, vom Endlichen ausgehend, durch unendlich fortschreitende Differentiation, die Integration zum Überendlichen vorbereitet und in diesem selbst ihre Grenze findet. Jedes der drei Momente aber (das sollte gezeigt werden) erstreckt sich zugleich auf die beiden anderen. Davon haben wir uns in Hinsicht des ersten Momentes (in welchem die ganze Eigenheit des Theoretischen sich gründet) überzeugt. Daß aber dasselbe vom zweiten Moment gelten muß ergibt sich ohne weiteres daraus, daß es, in der Mitte stehend zwischen den beiden anderen, sich in diesen nur begrenzt, eben in seinem Unendlichkeitscharakter aber an sie grenzt nicht als außer ihm stehender, nebengeordneter, übrigens aber gleichgearteter Bereich, sondern so, wie aller Fortgang der Zahl und der arithmetischen Entwicklung überhaupt sich begrenzt zwischen der Null als Fußpunkt (diesem entspricht der theoretische Seinstyp) und dem Unendlichen (nämlich Überendlichen, »Transfiniten«) als Gegenpunkt (welchem der Seinstyp der Poiesis entspricht). Es steht also nicht einem abgeschlossenen Innenbereich ein gegen ihn verschlossener Außenbereich, oder deren zwei gegenüber; es gibt hier Aufschluß, ja Aufschluß über Aufschluß, eben dadurch unendliches Procedere, nirgends etwas wie eine starre Wand, auf die wir aufstoßen wie die Fische im Teich; sondern im ganzen Innenbereich darf das nicht rational Bestimmte nur gelten als weiter und weiter, zuletzt wohl ohne Ende, zu Bestimmendes; aber eben nicht nur theoretisch zu Bestimmendes.

## III. Dreifache Entwicklung des Logischen: C. Gehalt

Wie nun verhalten sich hierbei zueinander zunächst die theoretische und die praktische Bestimmungsweise? Für beide gilt gleichermaßen die Bezogenheit auf den Fortgang ohne Ende; mit welchem Unterschied? Ich nenne das Eine Licht, das Andere Leben. Alles Leben will licht werden; das ist die Erkenntnisseite des in sich einen Fortgangs ins Unendliche; aber auch alles Licht will zuletzt nichts anderes als, selbst lebendig, Leben erleuchten. Hätten beide, so wie sie es tatsächlich zu tun streben, sich so ganz durchdrungen, daß alles Leben durchaus licht geworden, damit zugleich alles Licht ganz ins Leben eingeströmt, von ihm gänzlich aufgesogen wäre, so selbst ganz im Leben stände, selbst voll lebendig geworden wäre, dann wäre dadurch das dargestellt, was ich Poiesis nenne. Theorie nun ist in Bezug auf das Ganze dieses Prozesses nur Vorschau, zunächst einzelne Durchschau, dann Folge von je einzelnen Durchblicken, deren jeder doch für sich festliegend bleibt; so möchte sie nach und nach den ganzen Bereich durchblicken, doch bliebe er so als ganzer bewegungslos ruhend, statisch betrachtet. Das Licht leuchtet ja nur, es lebt oder belebt nicht aus sich. Praxis dagegen ist der Fortgang, die kontinuierliche Fortentwicklung selbst, vom jeweils vorliegenden Anfang nicht sowohl auf die unendliche Totalität hin gerichtet, als vielmehr von ihr aus, als zugrundeliegendem Richtungsfaktor, die Bewegung, den Fortgang selbst vollziehend. Nach mathematischer Analogie wäre ihre Funktion etwa auszudrücken durch den Vektor, dessen Zeichen ein Pfeil ist, der die Richtung woher wohin angibt; die Richtung nämlich, welche von einer Ruhelage aus durch die ganze Folge der nach bestimmtem Gesetz sich entwickelnden Ruhelagen hindurch eine bestimmte Bewegung beschreibt, wodurch jeweils neue Gebilde (geometrische Gestalten oder auch arithmetische Bildungen) ohne Ende weiter hervorgehen. So ist klar, wie die ruhende, theoretische Ansicht der so hervorgehenden Gebilde und die Bewegungsansicht derselben, welche hier die der Praxis ist, sich auf eine und dieselbe Totalität des bedingt-Seienden oder vielmehr -Werdenden, und zwar beide als ganze auf den ganzen Bereich erstrecken, dabei aber stets von einander logisch grundverschieden, ja einander entgegengesetzt bleiben, bis sie in ihrem idealen, für den ganzen Zwischenbereich nur idealen, das heißt nur im Ausblick bleibenden, nie erreichten und erreichbaren Ziele — nicht koinzidieren, aber koinzidieren würden, das heißt von beiden Seiten asymptotisch diesem gemeinsamen Ziele sich annähern müssen. So würde der ideale, eben damit beiden gegenüber transzendente Koinzidenzpunkt beider Reihen die reine Poiesis darstellen.

Ich bediene mich zur symbolischen Verdeutlichung eines einfachen geometrischen Schemas. Ich denke mir eine Kreislinie; jeder Punkt durchläuft den ganzen Kreis und kehrt so schließlich in die Anfangslage zurück. Doch nein, nicht völlig in die gleiche Lage, denn jeder Rundlauf soll zugleich eine wenn auch infinitesimale Fortschreitung bedeuten, indem mit der kontinuierlichen Bewegung in der Kurve gleichzeitig ihr Durchmesser sich stetig, daher im allgemeinen ungemerkt, vergrößert, der Kreis also in eine Spirale übergeht. Um den Vorgang uns in voller Deutlichkeit vor Augen zu stellen, wollen wir die so ins Unendliche sich entwickelnde Kurve zwischen die Schenkel eines ins Unendliche sich öffnenden Winkels so eingegrenzt denken, daß der untere und obere Grenzpunkt mit jeder neuen Umdrehung weiter auseinander rücken, während die Fortbewegung selbst immer in demselben, nach gleichem Gesetz sich entwickelnden Spirallauf, also in beständigem Wechsel auf und ab, vor und zurück, doch als ganzer ewig gleichartig fortgeht. So ist der Gang auf und ab, und gleichzeitig vor und zurück immer von einer Art und doch in keiner Hinsicht so unterschiedslos einer, daß es auf träge Wiederholung Desselben hinauskäme. Unter diesem Symbol versuche ich nun das Verhältnis zwischen Theorie, Praxis und Poiesis zu veranschaulichen. Ich verglich schon den jeweils einzelnen theoretischen Aspekt einem einzelnen Lichtstrahl. Denken wir uns also durch jeden Punkt unserer Spirale solche gradlinigen Strahlen sukzessiv nach allen Punkten der Kurve laufend. Diese je vom eingenommenen Punkte aus (als Blickpunkt) gezogenen Richtlinien, oder vielmehr die Darstellung jedes Punktes der Kurve für den ruhenden Blick, dessen Richtung und Erstreckung durch den bezüglichen Durchschnittstrahl dargestellt ist, ergibt dann die jeweils einzelne rein theoretische Darstellung. Das ganze System dieser Durchschnittslinien kann dann nicht nur beliebig jeden Punkt der Kurve von jedem aus erfassen, sondern es ist die Aufgabe der Theorie, alles zu erfassen, was in dieser Weise, durch ihre Methode erfaßlich ist. Jedes Einzelne wird dann aber nur erfaßt unter dem jedesmal eingenommenen Blickpunkt, unter Feststellung des Blicks auf den einzigen Punkt, zu dem die Verbindungslinie eben führt. Jede einzelne dieser Blicklinien liegt dabei für sich fest, sie ist festgelegt durch den jeweiligen Ausgangs- und Zielpunkt derselben, während die Blicklinien, wie die Strahlen der Sonne, fortwährend weiterrücken. So ergibt sich durchsichtig der Hypothesis-Charakter alles Theoretischen und der statische Charakter des Theoretischen überhaupt, trotz des unendlichen Fortgangs; der indessen nicht hindert, daß kein einzelner Punkt des ganzen unendlichen Bereichs aus der Methodik der Theorie jemals herausfällt und diese als ganze den ganzen Bereich zwar nicht im strengen Sinne stetig, aber doch in der Art der Vollständigkeit durchmißt, wie überhaupt das Unendliche, Irrationale vom Endlichen, Rationalen, nämlich in selbst unendlichen Systemen je für sich endlicher, rationaler Bestimmungen, durchmessen wird; das heißt in der Form der Differentiation, welche dann eine Integration ermöglicht und streng gesetzmäßig vollziehbar macht.

Die Kontinuation der so sich ergebenden diskreten, differentiellen Bestimmungsweisen aber wird bewirkt durch das zweite Grundmoment, durch welches die Bewegung selbst als solche sich vollzieht. Dieses repräsentiert uns dann die Praxis, was eigentlich die Vollstreckung, den Vollzug bedeutet. Wieso denn ist dies, wenn doch schon das unendliche System der Durchschnittslinien vorausgesetzt ist, solches die ganze Fläche, wenigstens im Sinne unendlicher Differentiation durchmißt, diesem Ganzen des Theoretischen gegenüber ein radikal Neues? Das aber muß es sein, da gewiß nicht Praxis, Handlung nur Integration der Differentialsysteme der Theorie, sondern etwas durchaus anderes ist, nämlich Bewegung, nicht bloß als Folge (sei es auch stetige Folge) von Ruhelagen, sondern aller bloßen Ruhelage gegenüber die Aktion, welche diese alle erzeugt. Nun, es ist eben die aktiv verstandene, bewegende, nicht bloß bewegte Bewegung, das Tun des Bewegens; was wir vorher durch den Vektor ausdrückten. So ergibt sich, daß das ϑεωρεῖν selbst, der Vollzug der Theorie, nicht mehr Theorie, sondern Praxis ist, daß also die Praxis der Theorie logisch unbedingt vorausliegt, die logische Vorrangstellung, den Primat im weitestgehenden Sinne ihr gegenüber behauptet. Ich sprach von Licht und Leben; Licht aber ist gegenüber Leben nur dienend, es bliebe selbst starr und tot, wäre es nicht aus dem Leben geboren, ja es wäre gar nicht Licht, weil nicht das wäre, dem es leuchtet. So verhält sich Theorie zu Praxis und Praxis zu Theorie.

Was bleibt dann aber noch Eigenes für das Dritte, die Poiesis? Nun, Theorie und Praxis erstrecken sich beide, jene im Sinne des Standnehmens, diese im Sinne des Bewegens, jeweils nur von Punkt zu Punkt; die Theorie peripherisch, vom je eingenommenen Blickpunkt aus allemal zu einem Punkte der sich weiter und weiter auswickelnden Kurve hin; allerdings, indem die ganze Entwicklung vom Zentralpunkt aus nach einem ewigen Gesetze ins Unendliche hinaus sich vollzieht, so vollzieht sich auch der Fortgang der Theorie selbst ins Unendliche nach eben diesem Gesetze. Aber dieser Vollzug der Theorie selbst ist, wie schon gesagt, nicht mehr Theorie, sondern fällt bereits unter den anderen Gesichtspunkt der Praxis. Diese, als Vollzug, hat ihren Ausgangspunkt vielmehr im Zentrum der ganzen Konstruktion und damit im Unendlichen; etwa in dem Sinne, in welchem die Mathematik die Richtung durch den unendlich fernen Punkt ausdrückt. Das Unendliche selbst aber punktualisiert sich so doch der Praxis, indem es ihr zum Richtpunkt dient, im Rückblick allemal auf einen endlichen Punkt, nicht als erreichten, aber zu erreichenden, erreicht werden sollenden, die Bewegung aber richtenden und bestimmenden. So aber bleibt die Praxis doch immer im Bereiche des Endlichen, obgleich sie es aufs Unendliche oder vielmehr das ewig ferne Unendliche auf das jeweils erreichte oder demnächst zu erreichende Endliche bezieht, das heißt es für dieses wirksam werden läßt im Vollzug der Bewegung, durch die es in seinen Bereich kommen soll. Darin wurzelt der der Praxis eigene Charakter der Aktion und damit Lebendigkeit und Belebung. Aber das jeweils gesetzte Ziel bewegt zuletzt nur, indem es selbst beweglich und tatsächlich in Bewegung bleibt, und zwar wiederum nicht durch sich selbst, sondern aus einem letzten, auch für sie transzendenten Grunde bewegt wird. Es belebt nur, indem es selbst nicht aus sich lebt, sondern selber sein Leben empfängt aus dem letzten Lebensquell, der nicht wieder aus einem anderen Quell gespeist wird, sondern selbst alle die sekundären Quellen speist und sein Urleben und strömendes Lebensspenden auf alles überträgt. Das erst, dieses Lebensspenden ist, was wir Poiesis nennen. Sie hat also ihren logischen Ort überhaupt nicht in unserer Spirallinie zu suchen, weder im Punkte, noch im Vektor, sondern im Zentrum, im wahren Zentrum des Ganzen. Denn dieses ist nicht der bloße Fußpunkt, der gemeinsame ideale Ausgangspunkt, der Nullpunkt der beiden ins Unendliche auslaufenden Strahlen und der zwischen beiden sich auswickelnden Spirale, sondern der unsichtbare, weil dem Prozeß selbst ganz entnommene, paradox gesprochen unendliche Punkt, der selbst »unbewegte Beweger« dieses ganzen Prozesses, der Konstrukteur dieses ganzen Systems.

Poiesis ist ja weder bloße Schau noch fortgehende Tat. Nicht sie selbst schaut, und nicht sie selbst geht oder arbeitet sich fort oder wächst vom geringsten Anfang allmählich an. Sie ist vollends nicht ein bloßer Standpunkt oder nimmt einen solchen ein. Es ist vielmehr der ursprüngliche Zug nicht sowohl zum Unendlichen als aus dem Unendlichen, der, den ganzen Bereich schlechthin überragend, sich auf ihn als ganzen und damit auf das Ganze der Praxis und das Ganze der Theorie (und nur durch ihr Ganzes auf jedes Einzelne) erstreckt, und zwar durch die Praxis erst auf die Theorie.

Es mag zunächst paradox scheinen, daß die Poiesis, die Schöpfung selbst, ruht, da sie doch die letztverantwortliche bewegende Kraft des ganzen Prozesses ist. Aber gerade die tiefsten Denker sind stets auf diese Paradoxie gestoßen und haben sie getrost gewagt. »Sein Werk ist seine Ruh und seine Ruh sein Werk«, dichtet Angelus Silesius, und dasselbe sagt fast mit denselben Worten schon der alte Xenophanes. Die Bewegung selbst bewegt sich nicht wiederum, sondern steht, ewig im Ewigen. Also auch umgekehrt: die Ewigkeit ist nicht starr zu denken, sondern Licht und Leben unerschöpflich neu ergießend, also tätig in ungleich vollerem Sinne als die Praxis. Nicht bloß sich Aufgaben stellend, Ziele setzend, und dann arbeitend, zum Ziele führend, was sie sich vorgenommen. Dies ganze Außereinander von Wollen, sich-Vornehmen und dann Ausführen, Ausgehen von etwas, um etwas anderes zu erreichen, das ganze damit gegebene sich-Strecken, Langen und wohl gar nie Hingelangen, daher immer bloß Verlangen — alle solche Unzulänglichkeit oder besten Falls eben bloße Zulänglichkeit, Hinreichendheit, fällt hier weg; wir stehen vielmehr im Gebiete der Vollendung, das heißt hier Vollendetheit, nicht erst fortstrebenden sich-Vollendens. »Das Unbeschreibliche, hier *ist* es getan«, nicht tut es, nicht ertut es sich erst. Das heißt Schöpfung: so er sprichts, so geschiehts, so er gebeut, so steht es da. Goethe spricht von Systole und Diastole, von einem Ein- und Ausatmen, wodurch aller Lebensprozeß sich gestalte. So sei uns die Theorie die Einatmung, die Praxis die Ausatmung; beide nur zwei Seiten, die wesentlichen zwei Seiten eben des Lebensprozesses; dann ist das Dritte nicht noch ein ferneres Moment am Prozeß, sondern das, was ihn als ganzen zuletzt regiert. Dies war auch dem Plato sein Jenseitiges, Transzendentes, sein Epekeina; es lag ihm über dem ganzen Bereiche, wie wir sagen, des Prozesses, aber als der »Vater«, der gleichsam verantwortliche Ursacher (oder die Ursache, oder das Verursachende: αἴτιος, αἰτία, αἴτιον, alle drei Ausdrücke finden sich) des Ganzen; Urheber des Lichts zugleich und des Lebens, sich aussprechend in beiden, in ihrer wesentlichen Zusammengehörigkeit, selbst aber über beiden der Licht- und Lebensquell, nicht ein selbst nur Lichtes und Lebendiges, sofern dies hieße, an Licht und Leben nur Teilnehmendes.

Sprach Kant von einem Primat der Praxis gegenüber der Theorie, so war dies relativ, in dieser einzigen Vergleichung, durchaus richtig. Aber das wahrhaft Erste, der Kern und Ursprung des Ganzen, ist vielmehr unser Drittes, die Poiesis, die ihren absoluten Primat rückwärts erstreckt auf die Praxis und durch diese weiter auf die Theorie, so daß auch die beherrschende Stellung der Praxis gegenüber der Theorie selbst nur dienend ist gegenüber dem letzten Herrschenden weil Schöpferischen, dem beide sich zu beugen haben. Auch Kants Begriff der praktischen Freiheit berichtigt sich dadurch. Die Praxis ist nicht in letztem Betracht frei, sondern durchaus gesetzlich gebunden, determiniert, nur nicht von außen her, das heißt aus dem theoretischen Bereich, durch die sogenannte Kausalität des Naturgesetzes, sondern aus dem Innersten des Innern, aus dem schöpferischen Ursprung. Von diesem zwar wäre, von ihm allein aus, nicht von Freiheit zu reden, weil hier gar nichts mehr ist, wovon es sich erst frei zu machen hätte, denn für es kommt gar kein Weiteres in Erwägung. Man kann vom letzten Schaffenden nicht mehr sagen, es sei frei, zu schaffen, was es — will. Denn Wollen, im eigentlichen Sinne, würde voraussetzen, daß außer ihm etwas wäre, worauf es erst zielt, das es nicht hat oder das noch gar nicht ist, das erst in seinen Besitz gebracht oder überhaupt erst ins Sein gerufen werden sollte; das ganze äußere Tun und Erwirken ist vom Schaffen nicht auszusagen, weil es gar kein Außen mehr hat. Vielmehr ist und hat es das alles, was es schafft; wenn nicht auch das zuletzt nur ein unzulänglicher Ausdruck ist. Alle Ausdrücke werden hier schließlich nur unzulängliche Vergleiche sein aus dem unteren Bereich, aus dem Prozesse selbst; Vergleiche, die stets in Gefahr sind, das Jenseitige in das Diesseitige wieder herabzuziehen.

§ 102. Am liebsten würde ich nun, da dies doch nicht mehr gründlich zu erledigen ist, ganz davon absehen, von der Gliederung zunächst des praktischen Bereiches etwas zu sagen. Ich beschränke mich darauf, die oberste Grundgliederung nur eben anzudeuten. Sie ergibt sich übrigens in so durchsichtiger Entsprechung mit der des theoretischen Bereiches, daß die Begründung und genauere Ausführung und Disposition eher Ihrem eigenen Nachdenken überlassen werden darf.

Als Erstes ist anzusetzen eine *reine Praktik*, entsprechend der reinen Theoretik. Diese hat es nur erst zu tun mit der Aufstellung und Entwicklung der reinen Grundgesetzlichkeit der Praxis überhaupt. Sie entspricht also genau dem gewöhnlich Logik genannten Gebiete der Theorie. Es ist die Logik der Praxis, recht unzulänglich meist noch Ethik genannt; ich bleibe bei der minder engen und einseitigen, aber dafür streng sachlich bezeichnenden Benennung »Praktik«. Ihr entspricht auch ein Gebiet des praktischen Verhaltens: die Pflege des Sinnes, der Gesinnung praktischer Gesetzlichkeit, des Bewußtseins des Sollens-Gesetzes, also der »*Sittlichkeit*« in Kants Sinne, als deren Grundgesetz dieser den »Kategorischen Imperativ« aufgestellt hat. Ich bemerke zu diesem nur, daß er allein dann unanfechtbar ist und in der Tat ganz in der Reinheit und Ursprünglichkeit, wie er bei Kant gemeint ist, bestimmend sein kann und muß, wenn er zugleich in der Umkehrung verstanden wird: nicht bloß die einzelne Handlung (oder Willensbestimmung) muß der Bedingung der Tauglichkeit zum allgemeinen Gesetz genügen, sondern das allgemeine Gesetz muß so beschaffen sein (sonst taugt es eben nicht als allgemeines Gesetz), daß es in durchaus gesetzmäßig einstimmiger Weise jede Willensbestimmung, ganz in der Besonderheit nicht nur, sondern vollen Individuität der gegebenen Lage, zu begründen tauglich ist. Diese Individuierung der sittlichen Forderung ist aber bei Kant sehr zu kurz gekommen, um nicht zu sagen, ganz ausgefallen. Doch darf man nicht sagen, daß sie abgeschnitten sei; sie ist im Gegenteil logisch gefordert, wenn der kategorische Imperativ überhaupt gelten soll.

Das Zweite ist die Besonderung *des* praktischen Gesetzes zu *den* praktischen Gesetzen. Wie das erstere dem Logisch-Mathematischen im theoretischen Bereich entspricht, so das zweite dem Physikalischen; auch hier handelt es sich ja um die Besonderung der Gesetzlichkeit. Über den Sinn und Grund solcher besonderen praktischen Gesetze wären, wenn Vollständigkeit hier angestrebt werden könnte, entsprechende Erwägungen wie über das physikalische Gesetz anzustellen. Ohne weiteres sieht man ab, daß alles besondere praktische Gesetz nicht auf letzte Geltung Anspruch erheben kann. Auch dies muß dem eigenen Nachdenken überlassen bleiben. Allgemein ist nur zu sagen,

## Sittlichkeit, Recht, Wirtschaft oder Kultur

daß in diesem Bereich die Begründung zu suchen und, wie ich glaube, auch zu finden ist für das *Recht* im Unterschied von der Sittlichkeit. Das Dritte aber ist dann ebenso notwendig die Individuierung. Diese führt über das gewöhnlich ethisch Genannte, jedenfalls über den ganzen bloß formalen Bereich gegenseitiger Pflichten und Rechte, sei es im Sinne der Sittlichkeit oder des Rechts, hinaus zu dem, was man wohl, im Unterschied von der Ethik des Sollens, die Ethik des Seins genannt hat. Hier am ehesten dürfte der Terminus Ethik geltend bleiben, denn die Frage betrifft allerdings das Ethos, die ruhende und zwar letztlich individuale Sinnesart. Es gehören dahin zwar auch Allgemeinbegriffe wie Freundschaft, Liebe; aber selbst diese Begriffe bleiben, eben als Allgemeinbegriffe, wenigstens halb im Formalen, obgleich sie ihm schon die entschiedene Wendung auf das praktisch Individuale erteilen. Die Individuierung hat aber viel weiter zu gehen. Die individuale Sinnesart ist in keinem Sinne mehr etwas Festes, sondern überaus Flüssiges. Gerade nach ihrer inneren Genesis, nicht nach ihrem bloßen, irgendwie äußerlich faßbaren Sein, ist hier die ernsteste praktische Frage. Diese Frage aber findet ihre Beantwortung, wenn überhaupt, erst dann, wenn man, hinaus über allen bloß persönlichen Bezug (in welchem doch stets nur Person gegen Person, das heißt Rolle gegen Rolle steht), das Ganze der rein inneren und damit erst schlechthin individualen Lebensgestaltung ins Auge faßt. Die antike Ethik unterschied von einer Pflichten- und Tugendlehre eine Lehre von den sittlichen Gütern oder Werten. Diese Seite der praktischen Philosophie ist es, worauf die eben angestellte Erwägung führt. Sie wäre das eigentliche Thema für eine sehr vertiefte Lehre von den Gesetzen der *Wirtschaft,* deren Begriff sich damit umwandeln würde in den einer sinngemäßen, auf dem Prinzip der Brüderlichkeit sich aufbauenden Gesamt-Disposition menschlicher Arbeit und Verwendung des Arbeitsertrags zur reinen Bildung des Ganzen in jedem Einzelnen, des Ganzen durch die Einzelnen und der Einzelnen durch das Ganze. Verlangt man einen vornehmeren Namen dafür, so wäre vielleicht der nur zu viel gebrauchte, durch meist gedankenlosen Gebrauch nur zu farb- und bedeutungslos gewordene Ausdruck *Kultur* hier zu verwenden; eine an sich zwar auch recht unzulängliche Bezeichnung, doch erträglich in Ermangelung einer besseren, denn es liegt darin immerhin der Sinn der Pflege des Wachstums. Aber es bedarf der stärksten Betonung, daß Wachstum, zumal in dem hier verstandenen hohen Sinne, in keiner Weise nach generellen Methoden gemacht, bewirkt, »organisiert« werden kann und will, daß vielmehr gerade die Spontaneität zu befreien und zu schützen hier die entscheidendste, freilich schwierigste Aufgabe ist. Die Losung »Freiheit, Gleichheit, Brüderlichkeit« hat instinktiv unsere Dreiteilung getroffen. Die praktische Freiheit bestimmt sich aus dem Urgrunde auf dem Wege der reinen Achtung des Gesetzes; die Gleichheit strebt diese zu realisieren im Zusammenwirken der Vielen durch gegenseitige Beschränkung, aber aus dem Geiste der Freiheit und eben auf sie gerichtet; in der Brüderlichkeit dagegen haben Rechte und Pflichten zu schweigen, da gibt jeder freiwillig hin, was er dem Bruder so gern wie sich selbst gönnt, in Liebe, ohne Verpflichtung oder Rechtsanspruch; nicht um des Gesetzes, sondern um des Individuums willen, ganz in seiner individuellen Lage. Das mag als Ganzes für den kämpfenden und ringenden Menschen immer unerreichbares Ideal bleiben, es wäre aber die allein voll befriedigende praktische Haltung; es wäre die Haltung jener Liebe, die des Gesetzes Erfüllung ist, so reine Erfüllung, daß es, wo sie erreicht wäre, des Gesetzes nicht mehr bedürfte. Ihr Sinn wäre also Aufhebung des Gesetzes durch die Liebe. Das ist nicht mehr Tugend oder Pflicht, aber nur um so höheres Gut. So ist es freilich auch nicht Willenserrungenschaft, sondern aus dem Urquell spontan fließend, freies Geschenk nicht des sich hingebenden, vielleicht sein ganzes äußeres Leben opfernden Einzelnen, sondern der ewigen Liebe, bloß durch die Liebe des Einzelnen zum Einzelnen an den Einzelnen im menschlichen Tun, in religiöser Sprache der Gnade, vor der nichts Verdienst, nichts Leistung, und auch nichts Schuld oder Verschulden ist.

So viel nur um einigermaßen zu verdeutlichen, wie die praktische Erwägung, sowie nach der vorausgeschickten Betrachtung rückwärts auf die theoretische, so vorwärts auf die poietische weist, und nicht bloß darauf hinweist, und sich darin nach unten und nach oben begrenzt, sondern zugleich beide selbst in ihren Bereich hineinzieht. Denn dies dritte Moment der Praxis ist zugleich schon die Eröffnung des angrenzenden Bereiches der Poiesis und enthält schon die Grundzüge der Anweisung für dasjenige praktische Verhalten, welches zum Ziel hat, die Poiesis zu dem unermeßlichen Reichtum ihrer schöpferischen Kraft zu entbinden, sie wirksam werden zu lassen für das Ganze der Lebensgestaltung. Alles freie Spiel individueller Kräfte, alle Kunst nicht nur, sondern alle dem Menschen, ja nicht bloß dem Menschen erreichbare innerste und tiefste Lebensbefriedigung, aller

Vorschmack der Seligkeit ist darin eingeschlossen, welcher das sonst trübe Erdendasein verklären würde, wenn man nur darauf achten wollte, wo das Heil, das ganz irdische, diesseitige Heil für den Erdbewohner wirklich liegt, und dann klar und fest aus der Freudigkeit eigenen inneren Friedens und reiner Lebenszuversicht heraus alles darauf hinlenken würde. Daß hier die Aufgabe der individualen wie der Gemeinschafts-*Eziehung* entspringt, und wie eng diese somit zusammengehört mit denen der rechtlich-politischen Ordnungen und der wirtschaftlichen Ermöglichung eines lebenswürdigen Lebens für alles Lebensfähige und zum Leben Berufene, und diesem allen erst Sinn und Zweck gibt, auch darauf kann hier gerade nur hingedeutet werden. Übrigens ist davon in meinen bisher veröffentlichten Schriften genug gesagt, daß ich den, dem es darum besonders zu tun ist, wohl darauf verweisen darf. Die Zeitnot fordert allerdings von uns allen, daß wir uns mit diesen Fragen besonders ernstlich befassen. Aber eben da gilt es, weil die Forderungen der Zeit hier überall neue und gewaltigere sind als je zuvor, für jeden selbst anzufassen und in eigenem Nachdenken, besser und wirksamer aber noch im eigenen Tun und Versuchen für sich das Rechte, zugleich Tunliche und allgemein Förderliche herauszufinden. Die Aufgaben sind hier, gerade dem Zustand gegenüber, in dem wir uns befinden, ja unermeßlich groß und mannigfaltig.

§ 103. So bleibt denn noch drittens vom Gebiete der *Poiesis* zu handeln. Hier besonders bedaure ich, nicht mehr Zeit zu haben zu ausführlicherer Darlegung. Denn hier kann ich mich fast auf nichts irgendwo schon Vorliegendes weder in historischer noch zeitgenössischer Philosophie (meine bisherige nicht ausgenommen) einfach beziehen. Aber auch, was ich bisher mir errungen habe, vermag ich noch immer nicht in so abschließenden Formulierungen zu geben, wie es gerade für eine so knappe Darlegung, wie sie hier überhaupt nur möglich ist, zu fordern wäre. Doch hoffe ich, einige allgemeinste Grundzüge selbst in wenigen Sätzen bieten zu können.

Theorie, davon überzeugten wir uns, bleibt ganz und gar nur Netzwerk, das wohl zur Orientierung, und zwar wachsend genauerer Orientierung taugt, aber nicht, bis zuletzt nicht, zum reinen Erfassen und Zu-Sinn-Bringen dessen, was ist. Denn Theorie fixiert, was an sich doch immer im Fluß bleibt, und trifft Bestimmungen nur immer von Punkt zu Punkt, von Abgrenzung zu Abgrenzung (nämlich von weiterer zu engerer), während doch das, was es zu bestimmen gilt, in durchgängiger Kontinuität, allbezüglich, allverflochten, innerlich wie äußerlich grenzenlos, ja auch punktlos zusammenhängt.

Praxis geht über die starre Punktsetzung hinaus, versetzt alles Punktuelle in die unmittelbare Beziehung zur unendlichen, überendlichen Kontinuität zurück; zwar nur im Sinne der Forderung, der Aufgabe, aber der unendlichen Aufgabe, der nie erfüllbaren Forderung; oder erfüllbar immer wieder nur in punktueller Setzung. Auch sie kommt also nicht und könnte von sich aus nie kommen zum letzten rein und vollgehaltig Positiven, welches zu fordern und an sich vorauszusetzen sie gleichwohl nicht umhin kann. So bleibt sie immer in der heißen Mühe des Arbeitens ohne letztes Ergebnis, des Kämpfens ohne Sieg und Frieden, des Ringens und doch nicht Erringens, des Verlangens und doch nie Hingelangens. In ihr wird daher der Widerspruchscharakter des ganzen theoretisch-praktischen Prozesses erst ganz fühlbar. Denn die Theorie kann noch glauben, des Widerspruchs Herr zu werden; sie wird wirklich seiner Herr für den Standpunkt der jeweiligen Abgrenzung, obgleich in dem beständig notwendig werdenden Standpunktwechsel der Widerspruch immer von neuem zutage kommt. Die Praxis fordert den Fortgang und damit den fortwährenden Standpunktwechsel grundsätzlich. So ist in ihr der Widerspruch in Permanenz und wird durchaus unentrinnbar.

Doch sind wir unbeirrt und unbeirrbar gewiß des letzten — Positiven: so heißt es mit gutem Grunde als das, wozu unbedingt Ja zu sagen, das selbst zu sich selbst unbedingt Ja spricht, in dem an sich kein Nein, also kein Widerspruch statthaben kann, sondern alles Nein in einem letzten Ja, aller Widerstreit in letzter Einigkeit mit sich selbst erstirbt, alles zu einander stimmen und sich fügen und zurecht kommen, nach Fug und Recht bestehen muß. Es *ist* und weiß nichts von Nichtsein, von Vernichtung. Nichtig ist vor ihm nichts als die Nichtigkeit selbst. Aber so scheinen freilich beide, Theorie und Praxis, selbst mit dem Fluche der Nichtigkeit bedroht, weil nichtig mit Nichtigem beschäftigt, zwar in der Absicht, aber ohne innere eigene Fähigkeit seiner Herr zu werden, den Widerspruch zur Lösung zu bringen. Wie also kann der Prozeß dem Positiven je gewachsen werden und zu ihm hinlangen, es erreichen, es erfassen, seiner mächtig werden? Das heißt: was gibt es außer Theorie und Praxis?

Es muß zu beiden das Dritte geben, wodurch ein Erfassen des Positiven möglich wird. Denn es gibt ein solches Erfassen. Wir wissen darum, wir wissen von ihm jedenfalls so viel, daß es ist, und in irgend einem Sinne auch für uns ist. *Wir* wissen, und es ist für *uns;* woher diese Wir? Nicht aus der Theorie; auch nicht aus der Praxis; dies sich klar zu machen ist von Wichtigkeit. Beide bestehen ihrem ganzen Sachgehalt nach ohne »wir« und »für uns«. Sie sind, was sie sind, sie bedeuten, was sie bedeuten, ganz unabhängig davon; sie brauchen auf uns nicht zu warten, geschweige uns erst aufzusuchen, damit sie doch auch für uns seien. Sind sie für uns, so mag das uns sehr nahe angehen, aber sie selbst, je in ihrem eigenen Sinngehalt, geht es gar nicht an. Nicht nur 2×2 *ist* 4, ungefragt, ob es die »Wir« auch gibt, die dies denken oder erkennen; sondern ganz ebenso ist oder besteht die ewige Aufgabe, der ewige Sinn der Forderung der Einstimmigkeit der Handlung, und zwar Einstimmigkeit auch in ihrer unendlichen Entwicklung, ungefragt, ob wir sind und die Forderung auch für uns anerkennen und, ganz oder teilweise, erfüllen, erfüllen wollen oder nicht. Unser Handeln *ist* einstimmig oder ist es nicht; darüber entscheiden nicht wir, sondern darüber ist ewig voraus entschieden durch das Urgesetz der Einstimmigkeit, wie es gerade die praktische Haltung anerkennt und anzuerkennen ganz so wenig umhin kann, wie die theoretische Haltung den Gesetzen der Theorie nur sich beugen, niemals aber sie beugen kann.

Also das Positive *ist*, und es ist irgendwie und zwar wesenhaft für *uns;* jedenfalls für uns; ob irgendwie doch auch an sich, ist fernere Frage. *Wie* also ist es für uns? Die bequemste Antwort lautet: es ist uns »gegeben«, und mit ihm jedenfalls wir uns selbst, von uns lediglich passiv entgegenzunehmen, demütig gehorsam hinzunehmen, vielleicht in löblicher Hingabe an das Schicksal (amor fati), als unbedingt über uns waltend und gebietend, zu verehren und innerlich zu bejahen. Aber es gibt kein solches rein passiv entgegennehmendes, bloß rezeptives Verhalten. Nicht nur die unleugbare Selbsttätigkeit der Theorie wie der Praxis widerspricht dem laut, von welchen, gemäß dem inneren Verhältnis der drei Momente, ein sicherer Schluß auch auf die Poiesis gilt. Sondern das Erfassen des Positiven selbst ist ebenso sehr eigene Betätigung des Erfassenden. Man nennt es wohl Apperzeption, im Unterschied vom bloßen Perzipieren; es gibt aber kein bloß passives Perzipieren ohne das aktive Apperzipieren. Ich erkenne nicht Rot und Grün, höheren und tieferen Ton u.s.f., ohne zu identifizieren, zu unterscheiden und unter einem Oberbegriff das Geschiedene zusammenzuhalten, zu vergleichen, und so

370  III. Dreifache Entwicklung des Logischen: C. Gehalt

durchweg. Kant spricht mit gutem Grunde von ursprünglicher Erwerbung. Das Erfassen des sogenannt Gegebenen, Sich-Gebenden, das Begreifen, oder in anderer Vergleichung Einsehen, Ins-Auge-Fassen, in einem Blickpunkt-Vereinen, alles das ist selbst deutlich aktives Verhalten. Seltsam auch wäre es, wenn gerade das Positive uns zuteil werden sollte ohne ein Moment der Bejahung von uns aus, welches mit »Setzen«, Hinstellen (ponere, deutlicher noch im Griechischen τίθεσθαι »für sich setzen«) immer bezeichnet worden ist und die unwidersprechliche Spontaneität der Eigentat, der »Handlung« deutlich einschließt. Das ist besonders seit Kant nachgerade so von allen Seiten eingesehen und wieder und wieder ausgesprochen worden, daß von einem Standpunkt, der nur passives Entgegennehmen gelten lassen wollte, schon lange keine Rede mehr ist. Der Empirismus solcher Art ist tot, zum Nie-wieder-Aufstehen.

»Es gibt sich« (si dà) in nicht bloß passivem, nicht bloß aktivem, sondern medialem Sinne. Weder die eine noch die andere Seite ist dabei untätig, träge, sondern es ist lebendigste, schöpferisch lebendige Tat, Hingabe, die ganz ebenso sehr Entgegennahme, Entgegennahme, die ganz ebenso sehr eigene Hingabe, zeugerisch empfangende, empfangend zeugerische Tat ist, lebendig, weil Leben gebend, und im Geben auch wiederum Leben empfangend. Es ist Höhe des Lebens, fast über dem Leben, weil doch mit ihm selbst schaltend; eben damit unbedingte, restlose Bejahung, in sich ganz ohne ein Moment der Verneinung. Diese tritt erst wieder ein, wenn der zeugende Akt vorüber ist. Dann tritt der Kampf und Widerstreit des Ja und Nein wieder in sein Recht, oder allenfalls ein mühsam erkämpftes, wie in einem Friedensschluß unter feindlichen Mächten nach beiderseitigem Ermatten bloß vereinbartes, jeden Augenblick wieder fraglich werdendes Ja, an Stelle des in sich durchaus fraglosen Ja der Poiesis.

[35. Vorlesung]

§ 104. Doch treffen alle diese mühsamen Umschreibungen noch nicht den letzten Kern der Sache. Man kann ihn nicht treffen, solange man noch auf der einen Seite das sei es gebende oder empfangende oder gebend-empfangende, empfangend-gebende Subjekt, und ihm gegenüber dann das zu gebende oder zu empfangende, gebend zu empfangende, empfangend zu gebende Objekt denkt. Die völlige Koinzidenz eben von Geben und Empfangen, Gegeben- und Empfangenwerden kommt erst zur vollen Klarheit, wenn man sich ganz deutlich macht, wie gerade im gebend-empfangenden, empfangend-gebenden Akt keines von beiden, Subjekt oder Objekt, vor und keines von beiden überhaupt außer oder gegenüber dem anderen, sondern schlechterdings nur beide mit einander, in absoluter, man möchte sagen punktueller Koinzidenz erstehen, und anders überhaupt nicht da sind. *Es* (das Unsagbare) gibt sich im Urakte der Poiesis nur ihm, dem Empfangenden, in seiner aufnehmenden, apperzeptiven Tat, und empfängt zugleich im Sich-Geben, empfängt für den Aufnehmenden in seinem Aufnehmen, erst seinen Ja-Spruch, gleichsam die Aufprägung, das Siegel seines Ja-Wertes, welches ihm den Charakter (das heißt ja wörtlich die eingeritzte Prägung) des »Positiven« erteilt und zuspricht. Es gibt kein Sprechen, wo nicht auch ein Vernehmen ist. Was ist dabei eigentlich das Aktive? Das Vernehmen erst macht die bloße Verlautbarung zur Sprache. Im Sprechen selbst ist das letzte Aktive das sich selbst mit sich selbst Verständigen. Im Vernehmen aber von der Gegenseite vollzieht sich ein innigstes Einswerden des Sprechenden mit dem, dem es spricht. Wie im Zeugungsakt ist dabei das Geben und Nehmen gleich sehr auf der einen wie der anderen Seite, so daß es nicht dem einen noch dem andern ausschließlich eigen ist, sondern die Bewegungen von beiden Seiten wie in einem Punkte, dem Punkte gleichsam des überspringenden Funkens, koinzidieren. Das so verstandene Sprechen ist also nicht nur ein typisches Beispiel der Poiesis, sondern alle Poiesis ist in einem erweiterten Sinne Sprechen, sich-Aussprechen von der einen Seite, Vernehmen, sich mit sich selbst ebenso wie mit dem andern in Einvernehmen Setzen von der anderen, und dies beides fällt so ganz in eins zusammen, daß überhaupt nicht gesprochen ist, was nicht vernommen wird und zugleich sich selbst vernimmt, und nicht vernommen, was nicht im Vernehmenden selbst wiederum Sprechen, inneres mit und zu sich selbst Sprechen wird. Das begriff Plato als das offenkundige Geheimnis des Logos, des Dialogos, das heißt Sich-Unterredens und durch Unterredung, durch den dem Geschlechtsakt verglichenen wechselseitigen Austausch, Verständigens, mit sich selbst und mit dem anderen; sich-Fragens und Antwort-Gebens, sein Ja dazu Sprechens, oder sein Nein u.s.f. Dies trat uns als der Grundsinn des Logischen, des Logos selbst, des sprechenden und erst folgeweise auch des gesprochenen Spruchs gleich zu Anfang entgegen und leitete uns zu allen unseren Aufstellungen, welche, nachdem sie einmal zu Grunde gelegt waren, sich mit unentrinnbarem, eben logischem, dialektischem Zwange, zuletzt aus dem Sinn eben des Fragens und Antwortens, ganz von selbst ergaben. Darauf sind wir jetzt, nachdem wir zwar noch keineswegs das ganze Gebiet des Logos, aber doch fast die ganze zweite Dimension, welche die Grundgesetzlichkeit des Logischen überhaupt schon fast ganz umspannt, durchmessen haben, von neuem hinausgekommen, so daß schon hier in gewisser Weise das Ende sich an den Anfang knüpft, also ein Kreislauf beschrieben ist, der uns versichert, daß wenigstens so weit (das heißt zunächst in der Abgrenzung der zweiten, immer noch vor-subjektiv-objektiven Dimension) ein in sich geschlossenes, in gewisser Weise erschöpfbares Ganzes vorliegt, ja wenigstens im Sinne der Aufgabenstellung erschöpft ist.

Halten wir aber auch hier, wie wir uns vorgenommen hatten und uns vornehmen mußten, die Wendung zum Gegenüber von Subjekt und Objekt noch immer fern, so definiert sich die Poiesis, als letzte Stufe der Individuation nicht bloß der Struktur und der Funktion, sondern dem Gehalte nach, durch nichts weiter als das schon so oft betonte Moment der unmittelbaren Gegenwärtigkeit, Präsenz, der Platonischen Parusie des Unendlichen, Absoluten im Individualen, unteilbar Punktuellen, dessen Unteilbarkeit jetzt nicht mehr in Gefahr ist, den oberflächlichen Sinn des bloß nicht mehr zu Zerkleinernden anzunehmen, sondern den unvergleichlich tieferen Sinn annimmt der Unabgeteiltheit, der Befreiung von aller Teilhaftigkeit, der Ungeschiedenheit von dem Totalen, der vollen Aufnahme in die Totalität und Aufnahme der Totalität in sich selbst, des vollen Eingehens in sie. Damit gerade erhebt sich die Aktivität der Poiesis ganz über alle bloß funktionelle Generalität des Denkens, die stets auf Abteilung beruht, daher unentrinnbar in der Zerspaltung, oder nach unserem oft gebrauchten Vergleich im bloßen Netzwerk bleibt, ohne zum letzten Positiven je gelangen zu können; aber auch über die bloße Umsetzung des Factum ins Fieri und Facere: der gegebenen, vor Augen liegenden Tatsache (getanen Sache) zum Tun, zum Ertun, Sich-Ertun dieser Sache fortgeht zu dem aktiven Sich-Geben, welches in genauer Wechselbeziehung steht zu einem darum nicht minder aktiven Entgegennehmen, dem Kantischen Apperzipieren, sofern nämlich dieses nur verstanden wird als Hineinnehmen, Verflößen in die Kontinuität des Procedere. Die Aktivität der Poiesis ist vielmehr

»Intuitus«, Hineinsehen, Hineinblicken, Einschau in die Urkontinuität, in welcher das sich heraushebende Einzelne nicht bloß besteht, sondern entsteht, ersteht, heraustritt und gleichsam spricht »Hier bin ich«. Also nicht die ruhende Sache, heiße sie auch Tatsache, nicht der Sachbestand, heiße er auch Tatbestand, ist es, womit die Poiesis zu tun hat; aber auch nicht, als solches und seiner selbst wegen, das Procedere, sei es auch wiederum ganz aktiv verstanden als Progredi, eigenes Vorschreiten und Weg-Gewinnen, ja als Producere, Heraufführen, Hervorbringen. Auch weder aus dem einen oder dem anderen, noch aus dem Zusammentreffen beider resultiert nur, als Drittes, die Poiesis, sondern wenn von Resultieren die Rede sein soll, so resultieren vielmehr die beiden ersten erst aus dem dritten, der Poiesis; sie selbst aber auch nicht aus dem Denken oder aus dem Wollen oder aus einem »Schaffen« genannten dritten Tun eines dabei schon vorausgesetzten Subjekts; sondern dies alles: Denken wie Gedachtes, Wollen wie Gewolltes, Schaffen (von seiten des Subjekts) wie (von ihm) Geschaffenes, überhaupt diese ganze Spaltung in das Gegenüber von Subjekt und Objekt resultiert erst aus der in letzter Tiefe gefaßten Poiesis. Diese ist somit freilich Schöpfung im höchsten Sinne, aber weder Schöpfung von seiten des Subjekts noch des Objekts, als wäre dieses oder jenes der darüberstehende Schöpfer, der Täter dieser Schöpfungen aller, sondern, wenn wir sie so nennen, vielmehr das, was diese selbst, das Subjekt und das Objekt und das erst sich Gegenübertreten und dann wieder In-eins-zusammenstreben beider, erst schafft, erst tut. Abgesehen davon aber und vor dem allen ist es reine Sinngehaltsentwicklung, Sinnerzeugung aus dem Ursinnquell jener Allverflochtenheit, Allbezogenheit, die allein uns das Absolute (freilich immer noch von unten, vom Relativen her, aber doch eben in dieser Relation mit nun wohl nicht mehr mißzuverstehender Eindeutigkeit) bezeichnet. Es ist jene Allgegenwart des schlechthin Überendlichen im Punkte der »Existenz«, des einzelnen Heraustretens, Sich-aussprechens; und damit zugleich Punktualisierung (im Sinne der Leibnizischen Monadologie »Gegenspiegelung«) des Überendlichen durch Konzentration jetzt in diesem, jetzt in einem anderen Zentralpunkt; eben deswegen aber nicht mehr ein Heraustreten *aus* dem Strom, aus dem strömenden Strom — in diesem Sinne nicht Entäußerung, Veräußerung; das wäre ein Aufhalten des Stromes, und so ist wirklich alles bloß Theoretische und Praktische, sofern nicht zurückgenommen in den Urgrund der Poiesis, oder aus ihm erst hervorquellend —, sondern Heraushebung nur im Sinne der Konzentration im jeweiligen Punkte des Stromes selbst, des fort und fort strömenden, nie in seinem Strömen aufgehaltenen Stromes; wobei der vernehmende Punkt selbst durchaus nichts Starres, Heraus- und dann Gegenübertretendes mehr ist, sondern sich voll im Strome, im strömenden Strome mitströmend, nun nicht mehr in ihm versinkend weiß, sondern als des Stromes mächtiger Schwimmer jubelnd sich von ihm fortgetragen fühlt.

Hier ist nun der Punkt, wo das *Bewußtsein* eigentlich erstmals auftaucht, um dann rückwärts alles, was bis dahin als nur vorbedingend dazu aufgewiesen wurde, in sich aufzunehmen und selbst erst zu seiner vollen Wirklichkeit, oder genauer zu reden, stets bloß zu einem Momente des voll Wirklichen, aber doch einem wesentlich ihm zugehörigen Momente zu erheben. Im Sich-aussprechen und Sich-vernehmen wird erst das Bewußtsein geboren, also in der Poiesis. Es ist nichts anderes als jenes Heraklitische Sich-selbst-differenzieren, um mit sich selbst wieder zur Einheit, und zwar »zugleich«, also »immer«, d. h. zeitlos ewig, wieder zusammenzugehen, sich zu integrieren, alle Teilhaftigkeit und damit allen Widerspruch zu überwinden, nein, kampflos überwunden, von Ewigkeit her überwunden, sich zu Füßen liegend zu finden. Im Seiner-inne-werden wird es zugleich der Selbstheit inne, die nichts Geringeres als dies: Identität des Nicht-Identischen, Koinzidenz der Gegensätze, Auflösung des ohne das und genau bis zu diesem Punkte im Widerspruch Gebliebenen zum Nichtwiderspruch bedeutet. Hier wird der Logos nicht bloß die endlos nach innen führenden Pfade end- und ziellos nur beschreitend, nicht bloß sich in sich selbst unablässig steigernd (potenzierend), sondern sich in sich selbst wie zum Kreise rundend, das Ende wieder an den Anfang knüpfend, doch in diesem Kreisgang zugleich sich steigernd gedacht, so daß sich der Kreis in jene Spirale wandelt, von der öfter schon die Rede war, doch aber Rückgang in sich selbst bleibt; nicht als ob er dieselben Punkte immer wieder zu durchlaufen hätte (das wäre der Unsinn der ewigen Wiederkehr, der schon die Pythagoreer geäfft hat und merkwürdigerweise heute wieder von sonst geistreichen Leuten diesen nachgeäfft wird), sondern so, daß er gerade im ewig gesetzmäßigen Fortgang seiner sich beständig potenzierenden Selbstauswicklung doch der völligen Einheit, ja Identität mit sich selbst, der ungebrochenen Harmonie gerade in der Gesetzlichkeit und mitten aus ihr heraus inne wird. Das ist Intuition nicht mehr bloß im

Sinne der vollen Ein-sicht und Hinein-sicht, oder auch des In-einssehens, sondern der Innensicht, der Ein- und Innenschau, die aller Spaltung ein Ende setzt, allen Widerstreit zum Frieden, zur Versöhnung bringt und zu Fug und Recht fügt und richtet. Fügung oder Fugung, so nannten wir die letzte unserer Grundkategorien. Ihre hohe abschließende Forderung ist hier, im Endpunkt des ganzen mittleren Bereichs, der eigentlich vielmehr sein Mittelpunkt und damit der des ganzen Logischen ist — und ist ganz nur hier erfüllt.

§ 105. Von der Gliederung des Gebietes der Poiesis soll nun in aller Kürze nur so viel gesagt werden, als nötig ist, um die Parallelität zur Gliederung der Theoretik und der Praktik aufzuzeigen.

Das Erste müßte sein eine Lehre von der Grundgesetzlichkeit, also eine Logik der Poiesis überhaupt, eine reine Poetik, die es bisher nicht gibt; so wie der erste Bereich des Theoretischen die Theorie der Theorie selbst, die Theoretik, der erste Bereich des Praktischen die Theorie des Praktischen, die Praktik war. Als das Grundgesetz der Poiesis aber ergab sich schon das Gesetz der *Harmonie,* der inneren Einstimmigkeit, des Einklangs, des Ausgleichs, der Versöhnung des Widerstreits, durch welche allein die zweifelsfreie Positivität der Schöpfung, deren Wirklichkeit gewiß, auch logisch möglich ist. Daß es diesen Ausgleich jedenfalls gibt, daß es ihn geben muß, kann für den Standpunkt der Poietik überhaupt keine Frage sein; das in reiner Positivität präsent sich Gebende, Vollwirkliche beweist sein reines, also widerstreitloses In-sich-bestehen unmittelbar damit, daß es ist, und eben in voller, unmittelbarer Gegenwart sich gibt, sich darstellt oder vielmehr einfach dasteht. Aller Gegensatz, aller Widerstreit besteht ja nur in und zufolge der Spaltung; diese aber ist ja hier überwunden, sie ist gar nicht vorhanden, nicht bloß nicht mehr oder noch nicht, sondern überhaupt nicht in Sicht. Von der Differentiation aus gesehen ist es freilich Integration, Zurückgehen in die Einheit, Wiederherstellung des Ganzen in seiner Ganzheit. An sich aber liegt die Integrität vielmehr zu Grunde, und in der Unmittelbarkeit, in der absoluten Gegenwärtigkeit, welche die Positivität eben ausmacht, beweist sie sich durch die Tat als das an sich Zugrundeliegende, Urfaktische, rein Faktische, dem gegenüber für keine Frage mehr Raum bleibt. Heraklit spricht von verborgener Harmonie des Alls. Verborgen ist sie in der Tat aller auseinanderlegenden Theorie wie auch der zur Einheit bloß zurückstrebenden, aber nie endgültig sie wiedergewinnenden Praxis.

In sich selbst aber, in der Gegenwärtigkeit der schlechthin sich gebenden Tat-sache, ist sie offenbar dem, der sich naiv trauend ihr hingibt und selbst ganz in sie eingeht. Diese Un-verborgenheit (A-letheia), diese unmittelbare zweifelsfreie Wahrheit also des Seins besteht ohne Weiteres für den, der nur ihr aufgetan und unverschlossen ist. Das ist das Wahrheitsmoment der Poiesis, das Analogon des Theoretischen an ihr, ihr reines »Es ist«, ihr Sinn einer reinen Bejahung, der überhaupt kein Verdacht des Widerspruchs mehr etwas anhaben kann. Widerspruch besteht nur in der Spaltung, aber er löst sich auch immer wieder in ihr; in der Unendlichkeit, nämlich der echten, der Überendlichkeit ist er von Haus aus gelöst, gerade indem die falsche Unendlichkeit des bloß endlosen Fortgangs im Endlichen hier überhaupt nicht mehr in Frage steht und der Allbezogenheit, Allverflochtenheit, Alldurchdrungenheit und eben damit Allharmonie hat weichen müssen. Theoretisch ist das freilich nicht zu erfassen, praktisch nicht zu erstreiten, poietisch aber bedarf es gar nicht erst erfaßt oder erstritten zu werden, sondern es ist, in unmittelbarer Gegenwärtigkeit, nur einfach da. Nichts *ist* so gewiß wie die Totalität, denn aller Zweifel, aller Widerstreit fließt ja erst aus der Gespaltenheit, aus der feindlichen Gegeneinanderstellung, welche die Totalität zerreißt. Diese Totalität aber ist nicht draußen und nicht fern; sie liegt nicht erst am äußersten Ende; so erscheint es für die Auseinanderlegungen der Theorie und für das bloße Hinstreben und Sich-zum-Zielsetzen der Praxis; in der Poiesis dagegen liegt sie einfach vor als Allheit, die in allem und jedem sich ausspricht, am offenbarsten gerade im Individualsten, im Letztindividualen. Dieses ist nur insofern ein Verborgenes, als es, das Innerste des Inneren, allerdings unfähig ist, sich nach außen je ganz zu erschließen. Äußert es sich, so entäußert es sich und ist nicht mehr es selbst; als letztes Inneres ist es nur innerlich erfaßlich, vielmehr unmittelbar, ohne des erfassenden Aktes erst zu bedürfen, innerlichst gegenwärtig und so innerlichst gewiß dem, der ganz darauf verzichtet, es von außen her erfassen zu wollen, da es doch eben kein Äußeres ist oder hat. Doch ist es jetzt nicht mehr nötig, darüber viel Worte zu machen; es ist uns ja allüberall bereits so entgegengetreten und an großen Tatsachen (selbst der strengsten Wissenschaft) lebendig geworden, daß das von außen gesehen Irrationale, scheinbar in allen Widerspruch Verstrickte vielmehr das unendlich Rationale und nur, eben weil unendlich rational, dem mit endlichen Mitteln an es Herantretenden unerfaßlich ist, ja voll ungelösten und unlösbaren Widerspruchs, nicht bloß irrational, sondern antirational erscheinen muß.

Doch ist es freilich nicht genug daran, daß die letzte Harmonie des Alls jedenfalls *ist* und in ihrem Sein überhaupt dem unbefangen sich ihm Öffnenden auch gewiß ist. Sondern es fragt sich nun weiter, wie diese an sich seiende Harmonie nun doch auch irgendwie dem Endlichen sich realisiert, im Endlichen selbst sich ausspricht und darstellt, ohne durch dies Aussprechen und Sich-darstellen etwa aus den Fugen zu gehen und dem Widerstreit von neuem zu verfallen. Hier erst muß sich beweisen, daß die ewige Harmonie dem Widerspruch voll gewachsen und ihn zu überwinden imstande ist. Sie muß sich also insoweit doch auf ihn einlassen, daß sie den Kampf mit ihm aufnimmt und sich nicht bloß gegen ihn behauptet, sondern ihn voll bewältigt und selbst zur Harmonie zwingt. Damit aber tritt sie selbst in den Prozeß doch ein, und zwar in allen Prozeß, auf allen seinen Stufen, in allen seinen Dimensionen. Sie wird sich daher ausdrücken müssen in einem durchgehenden Momente des Prozesses selbst. Dieses Moment ist aber kein anderes und kann kein anderes sein als das, welches den Prozeß selbst harmonisiert und in sich selbst durchgängig einstimmig macht. Es ist der *Rhythmus* des Procedere selbst, jener Goetheschen Systole und Diastole, der Ein- und Ausatmung, die nicht in starrem Gleichtakt, sondern stets lebendiger, rein innerlich sich vollziehender Bewegtheit, doch eben in dieser freiesten Bewegtheit und gerade durch sie immer mit sich selbst im tiefsten Einklang bleibt. Es ist also immer noch Harmonie, aber nicht ruhend im bloßen Sein, sondern sich entwickelnd im immer neuen Hervorgehen, in einem frei beweglichen, aus der ewig ruhenden, rein innerlich verbleibenden Harmonie von selbst lebendig fließenden Schrittgang. Ganz aus dem Innersten geboren, ergreift und bändigt sie nun auch alles Äußere und führt so in aller durchgehenden Einstimmigkeit mit sich selbst doch eben diese zu einer unerschöpflich reichen Entwicklung fort. »Rhythmus« wird abgeleitet von ῥεῖν, ῥύσις, »fließen«. Sollte aber auch die andere etymologische Deutung richtiger sein, die es mit ῥυσμός, »Gestalt« zusammenstellt, so ist es der Sache nach doch nichts anderes, denn die Ableitungsendung weist in jedem Fall auf ein aktives Moment, also im letzteren Falle der *Gestaltung*, diese aber ist in der Tat ganz und gar Rhythmisierung auch im Sinne des Hervorfließens, vielmehr -flößens oder -fließenmachens; denn sie liegt in der Sukzession des Hervorgehens und zwar in der Kontinuität dieser nicht zeitlich, sondern rein logisch zu verstehenden Sukzession. Das Moment der Freiheit, das sich im Rhythmus als »Fließen« ausdrücken würde, fehlt doch auch nicht in der Gestaltung, denn diese will ja nicht äußere Mache, sondern Selbst-Gestaltung bedeuten; diese aber kann man sich in der Tat nur fließend, im Zuge der Linie und des sie verfolgenden Blicks, und dementsprechend in der Beschreibung der Fläche u.s.f. hervorgehend denken. Vornehmlich darauf beruht die Formung, deren »stolze Gewalt« (vis superba formae) einer der Alten rühmt, dem es mit besonderer Inbrunst unser Goethe, merkwürdigerweise gerade in seiner so oft der Form scheinbar entrinnen wollenden Sturm- und Drang-Periode nachrühmt. Das hat man immer als das entscheidende Grundmoment der Poiesis im engeren Sinne der künstlerischen Gestaltung gekannt. Es ist der Kern der Imagination, der Bildkraft, der aktiven Phantasie, des sich zur Erscheinung, zum Sichdarstellen, zum Aufleuchten-Bringens.

Das Dritte aber zu Harmonie und Rhythmus ist etwas, was nicht so deutlich wie diese beiden anderen allgemein bekannt und benannt ist. Ich nenne es *Melos* und sehe seine wesentliche Eigenheit in dem, was einmal Rabindranath Thákkur ausspricht und in feinen Ausführungen eindringlich macht: daß in jedem Tone des Liedes das ganze lebendig ist und nicht bloß nach- und vorklingt, sondern dem es Produzierenden selbst stets zugleich gegenwärtig sein muß. Es ist also, gegenüber dem Sukzessionsmoment des Rhythmus, das notwendig zugehörige Moment der Simultaneität. So fordert es nicht nur unser Gesetz des Dreischritts (welches selbst den ganzen logischen Prozeß rhythmisiert), sondern so bestätigt es sich in allem, was unter den Begriff der Poiesis fällt, vor allem in den sogenannten »Künsten«, die überall diese Wechselbeziehung sukzessiver und simultaner Einstimmigkeit mit sich selbst zeigen; am offenkundigsten die Musik, in der überhaupt die drei Momente Harmonie, Rhythmus, Melos darum besonders deutlich hervortreten, weil sie als ganze eigentlich nichts als diese drei Momente selbst in ihrer unerschöpflich mannigfaltigen Entwicklung und Verflechtung zum Thema hat und ihren Reichtum nach allen Seiten auszuschöpfen beständig am Werk ist. Dieses dritte Moment ist das höchste der Poiesis, eben weil es nicht in der Ruhe der bloß seienden, noch in der Bewegtheit der werdenden, der sich entwickelnden Harmonie verbleibt, sondern beide ganz in eins zusammen begreift, ruhend in der Bewegung, bewegt in der Ruhe, simultan in der Sukzession, sukzedierend in der Simultaneität, und so keines weiteren mehr bedürftig, sondern ganz in sich befriedigt, »selig in ihm selbst«. Vertrat von den drei Platonischen Wertstufen die Harmonie das Moment der Wahrheit, die ruhende Richtigkeit des Maßes, der Rhythmus das Moment der Selbstbehauptung im Werden, des Erkämpfens des Agathon zufolge der »Symmetrie«, so das Melos die »Emmetrie«, die innere ganz in sich beschlossene Maßhaftigkeit, also das Moment des eigentlichst »Schönen«, des Platonischen Kalon, d. h. der ganz rein in sich befriedigten Gestaltetheit.

§ 106. Dem eigenen Nachdenken darf es überlassen bleiben, wie nun dieser Dreischritt von Harmonie, Rhythmus und Melos nicht etwa nur auf die sogenannten Künste und zwar unterschiedslos auf alle sich erstreckt, auch in allen ihren Besonderungen, Arten, Stilen u.s.f. überall wiederkehrt und einen unerschöpflichen Reichtum von Gestaltungen entfaltet, sondern das ganze Leben durchdringen will und im Ideal es zu einem einzigen gewaltigen harmonisch-rhythmischen Lied oder Symphonie ertönen lassen würde. »Kunst« ist dafür ein recht unzulänglicher Ausdruck; es ist überhaupt kein ursprünglicher Begriff. Gerade die wahrhaft schöpferischen Zeiten wissen nichts von dem, was uns heute Kunst heißt. Was diese gleichsam nur zum Ersatz für echtes Leben zu bieten hat, ist ihnen unmittelbares Leben; sie leben es nicht in bloßen Feierstunden, aus dem eigentlichen Leben heraustretend in ein uneigentliches, eben künstliches Nachleben, sondern im Ganzen des allereigentlichsten Lebens. Ursprünglichere, naivere Völker oder Volksschichten haben wohl bis heute etwas davon sich bewahrt, obgleich es auch in den naivsten heute wohl nicht mehr ganz in der Selbstverständlichkeit vorhanden ist, wie man es in den Stadien der eigentlichen Jugend der Völker sich denken darf. Aber doch immerhin unvergleichlich näher geblieben ist dem in allem die östliche — ja wie sollen wir nun sagen: Kunst? oder Kultur? Das ist es eben nicht, sondern das sind nur die höchst ungenauen, hier kaum recht anwendbaren westländischen Pseudo-Kategorien, unter die wir es mit wenig oder gar keinem Recht einordnen, weil es uns erinnert an das, was bei uns so genannt zu werden pflegt. Jenen selbst ist es nichts von dem allen, sondern Leben, aber Höhe des Lebens, das allein voll lebendige Leben, welches in allen, welche eine gewisse Lebenshöhe überhaupt erreichen, in der Tat mehr oder minder das ganze Leben durchdringen will. Den ergreifenden Eindruck davon stellte mir der einzige Mensch des

Orients, den ich recht kennen lernen durfte, Rabindranath Thákkur (der Mensch, nicht bloß der Dichter) dar; nach dieser Seite wurde er mir wichtig, wichtig auch für meine Philosophie, denn hier fand ich, ganz ungesucht, das, was meine Philosophie suchte und forderte, aber aus Ermangelung lebendiger eigener Anschauung bis dahin nicht überzeugend hatte geben können und in der ganzen näheren Umgebung, in der ganzen westlichen Zivilisation überhaupt vergebens suchte. Dennoch kennt es vielleicht jeder von uns, wenn sonst nicht, dann aus der Sehnsucht unserer Besten, z. B. Hölderlins, oder aus der wohl stärksten Näherung dahin, die wir Deutschen in Goethe erkennen, oder aus dem wohl sehr wenigen, das von der besten, jugendlichsten Antike noch uns voll erfaßlich ist. Ob wir je wieder einmal dahin zurückkommen werden — zurück, denn gerade auch in der eigenen Vergangenheit unseres Volkes, im angeblich finsteren Mittelalter (das beginnt doch allmählich dem und jenem wieder zu tagen) war es leuchtend lebendig da — ob wir, frage ich, dahin je zurückkommen werden? Gegenwärtig sehen wir von allem nur das volle Gegenteil, in aller und aller unserer, recht wie zum grausamsten Spott sich so nennenden »ästhetischen Kultur«. Aber gerade die furchtbare Verkümmerung, ja krasse Verleugnung und Verwüstung aller bodenwüchsig gesunden und gar ursprünglich freien und reinen Lebens- und Kunstgestaltung unmittelbar aus schöpferischem Grunde, gerade die fühllose Härte und Kälte, in der uns das allenthalben heute mehr als in irgendeiner früheren Phase der Menschheitsgeschichte oder auf irgendeiner noch so erniedrigten Stufe des gesunkenen Menschentums allüberall entgegenstarrt und kaum mehr karikierbar ist, denn es karikiert schon längst sich selbst — vielleicht gerade diese Hölle des gegenwärtigen Zustands müßte am Ende (so möchte man denken) die Sehnsucht nach dem verlorenen Paradies der echten Poiesis wieder wachrufen; und wenn von vielen auch nur in wenigen, doch in einigen der nicht zu ertötende Funke aus der Gewalt des Ekels und des Zorns sich wieder entfachte, so würde dann wieder etwas von bescheidenem Leben echter Gestaltung aus den spärlichen Oasen unserer Unkultur wieder erwachsen. Dann würden vielleicht unsere Enkel oder Urenkel nicht mehr so wie wir heute zu den äußersten räumlichen und zeitlichen Fernen zu flüchten nötig haben, um etwas von dem zu finden, was unserem heutigen Leben so traurig fremd geworden ist.

Es möchte hier zu erinnern sein an ein Wort aus Hölderlins Hyperion: »Von Kinderharmonie sind einst die Völker ausgegangen, die Harmonie der Geister wird der Anfang einer neuen Weltgeschichte sein. Von Pflanzenglück begannen die Menschen und wuchsen auf, und wuchsen, bis sie reiften; von nun an gärten sie unaufhörlich fort, von innen und außen, bis jetzt das Menschengeschlecht unendlich aufgelöst, wie ein Chaos daliegt, daß alle, die noch fühlen und sehen, Schwindel ergreift; aber die Schönheit flüchtet aus dem Leben der Menschen sich herauf in den Geist; Ideal wird, was Natur war, und wenn von unten gleich der Baum verdorrt ist und verwittert, ein frischer Gipfel ist noch hervorgegangen aus ihm, und grünt im Sonnenglanze, wie einst der Stamm in den Tagen der Jugend; Ideal ist, was Natur war. Daran, an diesem Ideal, dieser verjüngten Gottheit, erkennen die Wenigen sich, und Eins sind sie, denn es ist Eines in ihnen; und von diesen, diesen beginnt das zweite Lebensalter der Welt.« Ein Ausspruch, der neben der tiefen Grunderkenntnis, doch eine fühlbare Schwäche darin verrät, daß die Schönheit in die allein sonnbestrahlten Wipfel hinaufflüchten muß, wo dann nicht zu verstehen wäre, wieso das nicht nur ein letztes abendliches Verglühen, sondern das Aufgehen eines neuen Tages ursprünglicher Schöpfung bedeuten könnte. Hier wird in der Tat der Vergleich unzulänglich. Die Harmonie »der Geister« dürfte nicht bloß Altersnachklang, nicht bloß verspäteter Rückgang in die Kindheit sein. Dann würde im günstigsten Falle nur der gleiche Kreislauf wiederkehren, aus neuem Reifen nur neue Auflösung folgen, das Chaos vielleicht mit verstärkter Gewalt wieder hereinbrechen. Die Erlösung wäre das nicht. Also nicht bloßer Rückgang dürfte es sein, sondern Aufstieg vielleicht in unbekannte neue Dimensionen. Oder es ergäbe sich vielleicht etwas von Harmonie und Rhythmus, aber nicht Melos. Von jenen neuen Dimensionen wird dann freilich vor dem Erleben, vor der Tat sich nichts weiter sagen lassen. Ist überhaupt nach dem Anfang einer neuen Weltgeschichte, nach einem neuen Lebensalter der Welt zu fragen, welches am Ende, wenn wir es uns ausdenken wollten, doch nur die gleichartige Fortsetzung, ja Wiederholung des bisherigen Verlaufs sein würde? Wäre da nicht ein radikales Nein zur Welt und Weltgeschichte noch eher der rechte Vorschritt zum neuen, tieferen, endgültigen Ja? Dieselbe Frage wäre vielleicht an Dostojewskis ergreifenden »Traum eines lächerlichen Menschen« zu richten, ja er selbst wirft sie im Grunde auf — und steht vor ihr scheinbar ratlos.

Vielleicht wird die Frage sich von neuem stellen, wenn wir erst den ganzen Bereich des Logos durchmessen haben. Aber noch fehlt uns dazu die ganze dritte Dimension des Logischen. Um von dieser wenigstens etwas, wenigstens die Grundfragestellung noch vorzuführen, müssen wir die Betrachtung über die Poiesis hier abbrechen.

## IV. DIE DRITTE DIMENSION DES LOGISCHEN

§ 107. Ich bezeichnete früher die zweite Dimension des Logischen als die der Objektivität, die dritte als die der Subjektivität. Damit drohte aber die strenge Wechselbezüglichkeit beider zum Verschwinden zu kommen, die ich doch längst vorher schon immer betont hatte. Jetzt schließe ich die Frage der Objektivität ebenso wie die der Subjektivität von der zweiten Dimension völlig aus und rede von logischem Gehalt da, wo ich früher von Gegenständlichkeit redete.

Demnach wäre jetzt das erste, die Korrelativität von Objektivität und Subjektivität selbst allgemein logisch zu begründen. Dies war eigentlich das Thema meiner »Allgemeinen Psychologie«. Aber die Aufgabe ist nicht nur die einer logischen Grundlegung zur Psychologie, sondern ebensowohl zur Kosmologie, wenn wir unter Kosmos die Einheitsansicht der Objektivität verstehen; und noch über beide hinaus die einer letzten Vereinigung in etwas, was der alten »rationalen Theologie« entspräche. So kämen wir auf etwas wie die Kantische, dreistufig gegliederte »Metaphysik«; wobei immerhin die Psychologie als das zentrale Problem in den beiden anderen nur ihre untere und obere Grenze fände. Aber auch so blieben Objektivität und Subjektivität auseinandergerissen, um allenfalls, wenn es glückt, sich hernach wieder zu vereinen; denn das Göttliche soll ja wohl beides umfassen, indem es beide übersteigt. Aber die ganze äußere Scheidung von Objektivität und Subjektivität ist unhaltbar; haltbar darum auch nicht meine frühere Aufstellung, daß die Subjektivität aus einer vorgängig feststehenden Objektivität erst zu rekonstruieren wäre. Sondern die Korrelativität beider muß in der ganzen Strenge verstanden werden, daß eine Objektivität ebenso nur zugleich in und mit der Subjektivität, wie diese in und mit jener logisch hervorgeht; woraus ferner folgt, daß es nichts ist mit ihrem nachträglichen Einswerden in einem dritten, Über-Subjektiv-Objektiven, in welchem nun gar die Gottheit logisch erfaßt werden sollte, wie etwa die deutsche Philosophie nach Kant es sich dachte. Was meine »Allgemeine Psychologie« das Objektive nannte, war vielmehr das Logische der ersten und zweiten Dimension. Dieses ist indessen, wie wir uns schon klar machten, noch gar nicht das körperhaft Logische, auf welches jetzt unsere Frage sich zu richten hat, sondern nur Zurüstung dazu. Es ist, selbst auf der letzten Stufe, der des »Gehalts«, immer noch Abstraktion oder, wie öfters gesagt, bloßes Netzwerk, nur Mittel der Bearbeitung, der Ausmessung, Anweisung zur Orientierung, zum Wiederfinden-können, zum Bestimmen, so wie man einen Ort an der Erdoberfläche unter Längen- und Breitengraden bestimmt. Es stellt als Ganzes nur gleichsam einen Querschnitt durch die dreidimensionale logische Welt, eine bloße Projektionsebene dar, der selbst keine körperhafte Wirklichkeit zukommt, sondern die nur zu ihrer Nachkonstruktion dienlich ist. Man mag sich nun, nach zwar reichlich ungenauer Analogie, diese Durchschnittsebene gerade zwischen die beiden Gebiete des Objektiven und Subjektiven fallend denken, und zwar nicht so, als ob diese gegeneinander in starrer Abgrenzung festlägen, sondern so, daß diese Ebene durch ihre stetige Transformation in die dritte Dimension jene Zweiteilung immer neu und anders hervorbringt; so erstreckt sich damit ihre Funktion der Ausmessung und Orientierung gleichermaßen und identisch stets miteinander auf beide Bereiche. Damit wäre das wahre Verhältnis immerhin soweit richtig ausgedrückt, daß die strenge Wechselbezüglichkeit von Objektivität und Subjektivität und ihre gegenseitige Entsprechung in der Umkehrung gewahrt bliebe. Dann muß aber die ganze grundlegende Gesetzlichkeit der dritten Dimension des Logischen sich vom ersten Anfang an bis zuletzt auf beide zugleich eben in ihrer absoluten Wechselbezüglichkeit erstrecken, so daß gar nicht von ursprünglicher Zweiheit, sondern nur Zweigerichtetheit die Rede sein darf. Es kann also nicht eine erste *Stufe* der Entwicklung in die dritte Dimension des Logischen die in die Objektivität, eine zweite die in die Subjektivität sein, so daß es dann noch der dritten bedürfte, um ihre Vereinigung zu vollziehen. Sondern das erste muß sein die Aufstellung und Entwicklung einer Grundgesetzlichkeit, einer reinen Methodik, die sich von vornherein auf die Korrelation des Subjektiven und Objektiven bezieht und diese selbst in ihrem unwandelbaren, für diese ganze dritte Dimension des Logischen grundlegenden Bestande überhaupt erst logisch konstituiert; das zweite die Beschreibung des Stufenganges der Auseinanderlegung in die Zweiseitigkeit nicht bloß, sondern in eine Vielheit, eine Vielgestaltigkeit objektiv-subjektiver (objektivierender und subjektivierender) Setzungsweisen; das dritte aber — nicht etwa die Wiederaufhebung dieser Zweiseitigkeit, aber die Integrierung jener Mannigfaltigkeit, ja Unendlichkeit, vielleicht vielfachen Unendlichkeit subjektiv-objektiver Gestaltungen zu einem letzten, allumspannenden Subjekt-Objekt-Verhältnis, in welchem freilich eine völlige Identität des Objektiven und Subjektiven, doch ohne Vernichtung dieses Gegenseitigkeitsverhältnisses überhaupt, also ein reines Sich-selbst-objektiv-sein des Subjektiven, Subjektivsein des Objektiven, ein Gegenseitigkeitsverhältnis also in dennoch ungebrochener Simultaneität beider Seiten zueinander, sich ergeben muß.

Verstehen wir die Leibnizische Monas, ganz nach des Philosophen eigener Beschreibung, als Konzentrationspunkt, in welchem die unendliche Peripherie des logisch überhaupt Setzbaren sich in rein intensiver Einheit zusammenzieht, aber, eben in diesem Zentralpunkt reflektiert, nicht sowohl ihm gegenübertritt, als vielmehr in ihm selbst, als Vorstellung (Repräsentation) und das heißt als Objektivation seiner selbst, von ihm, dem auch sich selbst wissenden Zentrum (ohne von ihm sich zu scheiden oder irgendwie aus ihm herauszugehen oder in es von außen erst hineingekommen zu sein, denn die Monade hat ja keine »Fenster«) dennoch sich unterscheidet, so stellt dann die erste Kategorienordnung der dritten logischen Dimension, als der der Subjekt-Objektivität, eben diesen Begriff der Monade selbst und dieser ihrer Funktion als Reflexions- und damit Repräsentationszentrum in der Allgemeinheit dieser funktionalen Bedeutung überhaupt erst auf; die zweite entwickelt diese Funktion, entwickelt dadurch diese konzentrative Einheit selbst in das System solcher konzentrativen Einheiten, entwickelt also die Monas in die Monaden; die dritte integriert die so sich ergebende, ins Unendliche sich entwickelnde Vielheit und Vielgestalt konzentrativer Einheiten in einer letzten, allen sich schlechthin überordnenden konzentrativen Vereinigung zur Einheit der Einheiten, der Leibnizischen Monas Monadum, welche von ihm (ich frage jetzt nicht, mit welchem Recht) Gott genannt wird. Vielleicht ist es gar nicht Gott, sondern ganz etwas anderes; uns kommt es hier vorerst nur an auf den Begriff dieser Einheit der Einheiten. Aus einem Grunde, der an dieser Stelle noch nicht klargelegt zu werden braucht, nenne ich solche konzentrative Einheit kurz Denken; so handeln also die drei Kategorienordnungen dieses ganzen Gebiets, als des der Noēsis überhaupt, oder des Noētos Topos, des reinen Denkbereichs, die erste von diesem Sinn des Denkens, der Denkung (νόησις, cogitatio) selbst, die zweite von der Mannigfaltigkeit der Denkungen (νοήσεις), die dritte vom Denken des Denkens, der Aristotelischen νόησις νοήσεως, welches Denken sich dann wieder verschärfen wird zur Erkenntnis (ἐπιστήμη), und beziehungsweise der Erkenntnisse oder Erkenntnisweisen (ἐπιστῆμαι) und zuletzt der Erkenntnis der Erkenntnis (ἐπιστήμη ἐπιστήμης), oder der Erkenntnis*lehre*, die wir besser, mit Kant, Erkenntnis*kritik* nennen werden, denn sie will nicht die Erkenntnisse und die Erkenntnis selbst, als hätte sie sie in Besitz und Verwaltung genommen, lehren, sondern sie selbst erst erkennen, über ihren Sinn und Geltungscharakter sich klar werden, sich davon Rechenschaft geben und Stellung dazu nehmen. Die letzte Verschärfung aber des Denkens, auch über das Erkennen hinaus, ist die zum *Wissen* (was vom Erkennen grundverschieden ist); und da wird wieder entsprechend zu unterscheiden sein zwischen dem Wissen schlechtweg, der Vielheit der Wissensgestaltungen, und deren letzter Vereinigung in dem Wissen des Wissens, welches nun nicht mehr bloß Kritik wäre, also auch nicht *Philo*-sophie, sondern das letzte, wonach Philosophie freilich sucht, die Sophia selbst, das Heraklitische »Eine, einzig Weise«, d. i. Zuwissende, sei dieses immerhin, zufolge des hiermit keineswegs etwa wieder umgestoßenen, sondern unverbrüchlich fortgeltenden Ergebnisses der Erkenntniskritik, für die *Erkenntnis* nur *Grenze* und nicht mehr *Gegenstand*. Damit wäre durchaus nicht eine Herabsetzung seines Gewißheitscharakters ausgedrückt; es würde darum nicht weniger, sondern vielleicht erst im letzten, unanfechtbarsten Sinne, wesenhaftes Sein darstellen. Es wäre nichts anderes als das Kantische An-sich, von dem das Daß so unumstößlich gewiß, wie freilich das Was ewig unerreichbar ist.

[36. Vorlesung]

§ 108. Nachdem wir so des allgemeinen Sinns und der obersten Gliederung dieses ganzen Bereichs des Logischen, als seiner dritten Dimension, uns versichert haben, gehen wir noch einmal auf den Anfang zurück, um uns über seine logische Konstitution als ganze noch deutlicher zu werden. Wir wissen, von welchem Urpunkt aus die Gegenseitigkeit der Subjekts- und Objektsbeziehung hervorgehen muß; was der letzte Angelpunkt ist für die Drehung gleichsam, durch welche aus dem zweidimensionalen logischen Gebilde (der logischen Ebene) das dreidimensionale, körperlich Logische hervorgeht. Es ist die wundersame Tatsache der *Sprache*; es ist das große Wunder, daß »Es«, das Unsagbare, selbst Unaussprechliche, weil alles, was aussprechlich ist, eben Aussprechende — der sprechende, nicht gesprochene Spruch — nun eben spricht, sich selbst ausspricht, und eben damit zugleich sich selbst vernimmt, so sich selbst in sich selbst auseinanderlegt in das Sprechende und Gesprochene, Vernehmende und Vernommene; das aber heißt schon: in die Zweiseitigkeit des Subjektiven (subjektiv Bezogenen) und des Objektiven (objektiv Bezogenen) — Bezogenen oder Zubeziehenden; in der zweifachen Beziehungsrichtung also innenwärts, zurück auf das Sprechende, somit als letzter, einziger Bezugspunkt zentral Zu-Grunde-liegende — Subjectum — und außenwärts, hinaus auf das Gesprochene, somit jenem peripherisch, nun aber nicht einzig, sondern unendlich vielfältig Gegenüberliegende — »Objizierte«. Damit wird erst die bloße Verlautbarung zur Sprache, während alle noch so subtile Grammatik der gesprochenen Sprache, weil nicht bis zum Sprechenden, zum Sich-Aussprechenden zurück, überhaupt nicht zur Sprache, zur Aussprache selbst dringt, sondern am bloß Ausgesprochenen, also Äußeren, Peripherischen, selbst nur äußerlich, peripherisch herumklaubt und an der entkernten Schale, an dem entseelten Leibe der Sprache haftet und haften bleibt.

Das Sich-Aussprechen des letzten sprechenden, selbst unaussprechlichen Es ist aber eins und dasselbe mit seinem Aus-sich-heraus-treten, Sichdarstellen, also Erscheinen. Dieses ist nun etwas sehr Wundersames, ja, das Wunder aller Wunder. Als Erscheinung, das heißt Aus-sich-heraustreten, ist es nicht mehr das, was darin erscheint, da es ja aus *sich* heraustritt; und doch ist Es selbst, *was* darin erscheint, und das heißt doch nicht sich verbirgt, sondern sich darstellt, sich offenbart. Dieser seltsame Doppelsinn liegt wesenhaft im »Erscheinen«. Es *ist*, sage ich, es selbst, welches erscheint, und *ist* dieses wiederum nicht, denn es erscheint insoweit nur, ist es also *insofern* nicht. Damit ist aber ohne weiteres jene Zweiseitigkeit gegeben, welche die ganze Eigenheit der Subjekts- und Objektsbeziehung ausmacht, und es begründet, daß so wenig von einer Objektivität nicht für eine Subjektivität wie von einer Subjektivität nicht für eine Objektivität die Rede sein kann. Dies muß also unterschiedslos durch alle Entwicklung der Subjekt-Objektivität hindurch wiederkehren. Auch wenn man Recht hat, von einer Koinzidenz von Subjekt und Objekt zu reden, so darf doch diese Zweiseitigkeit nicht etwa sich aufhebend oder auch nur sich aufheben wollend oder sollend gedacht werden. Das Koinzidieren, das In-eins-zusammenfallen setzt doch die Zweiheit unaufheblich voraus, daß Plus und Minus koinzidieren im Nullpunkt, oder die Schenkel des Winkels koinzidieren im Scheitelpunkt, ganz allgemein die irgendwie aneinandergrenzenden Gebiete in ihrer Grenze, ohne damit ihrer Zweiheit verlustig zu gehen, sonst wären es nicht mehr sie, die darin koinzidieren. Die Einzigkeit des Punktes streitet aber gar nicht mit der Zweiheit oder überhaupt Mehrheit der Richtung, denn Punkt und Richtung sind und bleiben immer durchaus zweierlei, und was für das eine, muß darum nicht für das andere gelten, so eng und genau auch beide zusammengehen und in örtlicher Beziehung zur Deckung kommen mögen.

Die Innen- und Außenrichtung aber (oder zentrale und peripherische Beziehung) sind, so zwingend auch und ausschließlich miteinander gegeben, ja koinzident, doch als die Richtungen, als Beziehungen, von einander nicht nur verschieden, sondern einander entgegengesetzt, eben entgegengerichtet, gegenbezüglich. Was aber ist zuletzt dieser Gegenbezug? Nur das Außen ist innenwärts bezogen, nur das Innen außenwärts; so können beide gar nicht identisch werden, in einander übergehen, oder überhaupt sich nähern; eher könnte man sagen, daß sie einander gleichsam vorbeigehen, nie einander entgegentreten können. Nie kann eins dem andern eine Position streitig machen. Die Innenbeziehung könnte nur in der Innenrichtung, die Außenbeziehung nur in der Außenrichtung etwas gewinnen wollen, jeder Punkt aber, in dem sie sich begegnen würden, hat selbst seine Innen- und Außenrichtung, beide durchaus verschieden und einander entgegengesetzt an sich; von diesen geht aber die eine (die Innenrichtung) allein die allgemeine Innenbeziehung, die andere (die Außenrichtung) allein die allgemeine Außenbeziehung an, das heißt beide Beziehungen gehen gleichsam durch einander hindurch, ohne sich zu stören. Es gibt also keinen Kampf beider gegen einander, sondern, wenn von Kampf hierbei zu reden ist, so ist nur immer eine Innenbeziehung mit einer anderen Innenbeziehung, eine Außenbeziehung mit einer anderen Außenbeziehung in Streit, nämlich so, daß für *einen* möglichen Standpunkt der Innenbeziehung (als Fußpunkt = 0), ein anderer möglicher Standpunkt der Innenbeziehung (als Gegenpunkt 1), noch ein näher nach innen liegender, für diesen also der erstere ein ferner nach außen liegender ist, also dem ersteren die Innenrichtung, dem zweiten die Außenrichtung noch (je vom andern aus) streitig gemacht wird (nämlich jener, als ferner vom Zentrum, liegt von diesem aus nach außen, und entsprechend umgekehrt); welcher Streit dann nur zum Austrag kommen kann durch das weitere Vorrücken (nach innen, beziehungsweise nach außen). Also bestritten wird der ferneren Innenbeziehung von der näheren die Innenbezüglichkeit, der näheren Außenbeziehung von der ferneren die Außenbezüglichkeit.

Was aber ist eigentlich dies Innen und Außen, diese Zentralisierung und andererseits Extension? Es ist die Richtung der Einheit und der Vielheit oder der Vereinheitlichung und Vermannigfaltigung; oder, da die Einheit zugleich Identität und damit Bestimmtheit, die Mannigfaltigkeit Verschiedenheit, also als solche Nichtbestimmtheit, Noch-Offenheit der Bestimmung besagt, so kommt der Gegensatz damit zurück auf den der punktuellen Bestimmtheit einerseits, der unendlichen Bestimmungsmöglichkeit aber Noch-nicht-Bestimmtheit andererseits. Wie aber verhält sich nun zu dieser Entgegensetzung, in welcher der Gegensatz zur bestimmtesten gegenseitigen Verneinung zu werden scheint (denn was bestimmt, bleibt eben nicht in der Unbestimmtheit, was unbestimmt, erreicht nicht Bestimmtheit) — wie verhält sich, frage ich, zu dieser scheinbar doch ganz anderen Entgegensetzung die Beziehung des Subjekts und Objekts, welche, wie wir uns vorher klar gemacht hatten, nicht bloß stets zusammen-, sondern gewissermaßen störungslos durch einander hindurch gehen? Dies beides kann sich keinesfalls logisch decken. In welchem Momente aber oder auf welcher Seite der Subjekt-Objekt-Beziehung wäre nun die Bestimmtheit, auf welcher die Unbestimmtheit zu suchen?

Die Antwort kann nicht zweifelhaft sein. Objektivieren heißt Bestimmen, heißt damit Zentralisieren, in Richtung auf einen Zentralpunkt feststellen. Wem denn? Einem Subjekt, welches in sich doch ein Zentrum darstellen will, welches eine Zentralstellung zu allem, was es sich als Objekt gegenüberstellt, einnehmen will. Wieso ist denn eben ihm, diesem Blickzentrum, das Objekt selbst ein zentrales, wenn doch ihm nicht identisch, sondern vielmehr gegenüberstehend, also für es vielmehr nach der Peripherie hin gelegen? Ich denke, als ein möglicher neuer Blickpunkt. In der Tat von jedem als Objekt Bestimmten aus bestimmt sich dann Weiteres, offenbar, indem dann dies voraus dem Subjekt Bestimmte diesem selben Subjekt, also auf Grund eines Standpunktwechsels, zum neuen Standpunkt wird für die Bestimmung eines ferneren, bis dahin Nicht-Bestimmten, und so grundsätzlich ohne Ende weiter. Also das Subjekt ist frei beweglich, es muß immer frei beweglich bleiben, um im ganzen, zunächst gänzlich unbestimmten Bereiche des Bestimmbaren, Zu-Bestimmenden, des Platonischen Apeiron, frei seinen Standpunkt wählen und jeweils von seinem willkürlich eingenommenen Standpunkt aus anderes als Objekt bestimmen zu können. So wandert es gleichsam von Festpunkt zu Festpunkt. Der Festpunkt ist ja für ein dem vorigen Standpunkt Gegenüberliegendes aus dem Gebiet des für es noch nicht Bestimmten, aber nun dem jeweiligen Subjekt, für den von ihm jeweils frei eingenommenen und ebenso frei wieder zu verlassenden Subjekts-Standpunkt sich Bestimmendes und dann so Bestimmtes. Insofern, nur insofern entspricht das aus sich Nicht-Bestimmte, doch Bestimmbare und Zu-Bestimmende dem Subjektiven als dem für ein jeweiliges Subjekt (oder Subjekts-Standpunkt) noch Offenen, frei Verfügbaren, das einmal Bestimmte, Festgelegte, also nicht mehr dem Subjekt frei Verfügbare dagegen dem Objektiven. Dieses ist also, als solches, starr, jenes frei beweglich. Fest aber und bestimmt ist jenes, und zwar durch Festlegung von seiten des zu diesem Festlegen (oder In-der-Schwebe-lassen) freien Subjekts, nur durch Punktualisierung, in welcher ein statisches Moment, ein Moment des Negativen, des Ausschließens und Ausgeschlossenseins liegt; während in der freien Beweglichkeit des Subjekts (nämlich in seiner Stellungnahme, seiner Standpunktwahl) zwar, von Seiten der Forderung der Bestimmtheit, der Positivität aus, Unbestimmtheit (insofern Verneinung, nämlich der positiven Festlegung), aber eben damit Überwindung jenes Negativitätsmomentes der Objektivität, darin aber, wie überhaupt in der unendlichen Freiheit des Bestimmens selbst, ein der Objektivität ganz fremdes, mit ihr wesenhaft unvereinbares Moment ursprünglichster Bejahung liegt, nämlich aktiven Bejahens (oder andernfalls Verneinens, was doch auch Bestimmung ist), nicht aber passiven Bejaht- (und beziehungsweise Verneint-) werdens oder -seins. Diese Positivität des Subjekts ist aber eine gänzlich andere als die des Objekts; sie ist das Gegenstück gerade zur Negativität vom Objektsstandpunkt, welche letztere nicht bloß eine andere ist als die für das Subjekt geltende, sondern eine solche, die auf das Subjektive gar nicht zutreffen, es überhaupt nicht berühren kann, so wie umgekehrt an ihrer Art der Positivität das Objektive keinen Anteil hat und haben kann.

Der letzte etwas verwickelte Gedankengang betraf das dimensionale Verhältnis von Objektivität und Subjektivität. Es war in Kürze dieser: wir gingen zurück auf das Sich-Aussprechen. Aus ihm ergab sich der seltsame Doppelsinn und scheinbare Widerspruch des Erscheinens, in welchem das, was sich ausspricht, sich zugleich gibt und doch nicht gibt. Dies erklärt die Zweiseitigkeit nicht nur, sondern scheinbar feindliche Entgegengerichtetheit, ja den scheinbar ewigen Widerspruch der Subjekts- und Objektsbeziehung. Aber der Widerspruch löst sich durch die strenge Auseinanderhaltung von Punkt und Richtung. Die Punkte schließen sich aus, die Richtungen bestehen miteinander. Sie gehen, auch sofern sie einander entgegengesetzt sind, streitlos durch einander hindurch, sie tun einander keinen Abbruch, keine macht der andern eine Position streitig; sie haben ja selbst keinen Ort, den sie einnähmen, nun zu behaupten hätten, und von ihm verdrängt zu werden fürchten müßten. Sie haben den unendlichen logischen Raum zur Verfügung, in welchem sie alle miteinander Platz haben, vielmehr in welchem für sie gar keine Ortsgebundenheit stattfindet. Was ist es denn mit diesem letzten Gegensatz von Ortsbestimmtheit (in wechselseitiger Ausschließung) einerseits, freiem Darüberschweben des soeben als Richtung Bezeichneten andererseits? Also eben punktuell festliegender Bestimmtheit und unendlich offener Bestimmungsfreiheit? Im ersteren waltet durchaus gegenseitige Verneinung; was A, ist nicht Non-A, so lautet ja hier das oberste Gesetz. Dagegen bestehen streitlos miteinander die Richtungen, hier der Objektivierung und der Subjektivierung. Dieses Moment kann also gar nicht auf jenes zurückgeführt werden oder darin erst gegründet sein; es muß ganz darüber, ganz ihm voraus liegen. Es ist eben die neue Dimension, in die wir hier eintreten. Wie aber (war nun unsere Frage) verhält sich dies genauer zu dem Gegensatz der punktuellen Bestimmung und der unendlichen Unbestimmtheit? Antwort: Objektivieren heißt Bestimmen, zur Einheit-Bringen, insofern Zentralisieren, in einem Punkte Feststellen. Wem aber? Dem Subjekt. Denn dieses beansprucht und behauptet offenbar seinerseits eine Zentralstellung allen objektiven Setzungen gegenüber. Es hat alles Objektive sich gegenüber, stellt es sich gegenüber; davon ist ja das Objektive benannt. Wieso ist aber dennoch, ihm gegenüber, das Objektive ein Zentrales? Weil es, für das Subjekt, einen möglichen Blickpunkt bedeutet, den es (das Subjekt) wandernd, in freiem Standpunktwechsel für die jeweils zu vollziehende Objektivation sich zum Blickpunkt setzt. Und zwar, indem es gerade dieses Objektive heraushebt aus dem unendlichen Bereiche des ohne solchen bestimmenden Akt des Subjekts unbestimmt Bleibenden, dem Platonischen Apeiron, über welches es somit frei schaltet. Insofern, nur insofern entspricht das Subjektive dem Bereiche des Bestimmungslosen, Bestimmungsfreien, aber Bestimmbaren. Diese Freiheit des Subjekts hat darum aber in sich nichts von unsicherem Schweben. Der Subjektsstandpunkt ist zwar selbst aus sich nicht bestimmt, aber bestimmend, aus seiner völligen Freiheit (seiner Nichtbestimmtheit) bestimmt das Subjekt alles, auch sich selbst und objektiviert es eben damit. Es verfährt feststellend, aber steht darin selbst nicht fest. Es stellt auch nie so fest, daß es an diese Feststellung sich dauernd gebunden hielte, sondern bewahrt sich volle Freiheit, sie, die es selbst geschaffen hat und also auch verantwortet, gegebenenfalls auch wieder zurückzunehmen. Die scheinbare Positivität der Punktsetzung, also der Objektivierung, ist also ihm gegenüber vielmehr Negativität, Unfreiheit. Diese aber existiert von Gnaden der Freiheit des Subjekts, sozusagen als freiwillige Selbstbindung des Subjekts. Dagegen die scheinbare Unbestimmtheit, Indeterminiertheit des Subjekts bedeutet vielmehr (aktive) Determination, Mächtigkeit des Determinierens; und da es diese Macht seinem Wesen zufolge unablässig ausübt und geltend macht, so kommt es nie in Gefahr, in schweifende Unbestimmtheit zu zerfließen, sondern es bestimmt, indem es, als Blickpunkt, sein Gegenüber bestimmt, insoweit zugleich sich selbst, nämlich für den jedesmaligen bestimmenden Akt, für die jedesmalige Blickeinstellung. So bedeutet diese scheinbare Negativität in Wirklichkeit vielmehr gediegenste Positivität, wogegen alle (bedingte) Positivität der objektiven Setzung überhaupt nur hervorgeht aus der Freiheit der Bestimmung von seiten des Subjekts. Die Positivität des Subjektiven ist also eine ganz andere als die des Objektiven; sie ist vielmehr der umgekehrte Ausdruck der wahren Negativität der objektiven Setzung. Diese Negativität kann dagegen auf das Subjektive gar nicht zutreffen, es kann sie gar nicht berühren; ebenso wie umgekehrt an seiner Art der Positivität das Objektive keinen Anteil hat oder je gewinnen könnte.

§ 109. In welcher Absicht habe ich dies ausgeführt? Um zu begründen, daß Subjektivität und Objektivität sich zueinander ganz anders verhalten, als (wie ich es früher dargestellt habe) die stets miteinander gehenden, zueinander korrelativen Beziehungen von

A auf B und von B auf A. Wahr bleibt daran nur, daß beide stets nur miteinander bestehen und sich zueinander korrelativ verhalten. Aber dabei treten die beiden Seiten der Korrelation keineswegs auf gleiche Linie, so daß sie sich gleichschwebend und gleichgewichtig gegeneinander verhielten, oder das eine die Funktion des anderen, und gar in Beziehung auf das andere, übernehmen könnte (etwa so wie ein A Fußpunkt der Bewegung oder sonstigen Beziehung auf ein B hin, aber ebensowohl umgekehrt dies B Fußpunkt einer Bewegung oder Beziehung gleicher Art auf das A hin sein kann); sondern die Stellung des einen bleibt unbedingt beherrschend, die des anderen beherrscht und nur dienend. Es ist auch nicht wie das Verhältnis des Erzeugenden und Erzeugten. Das Erzeugende könnte absterben, während das Erzeugte fortbestände, etwa nachdem die erzeugende Kraft von seinem Erzeugenden sich auf es übertragen hat. Auch um eine solche (wie man sagt, transitive) Beziehung handelt es sich in unserem Falle nicht. Sondern das Subjekt steht unmittelbar im Unmittelbaren, Totalen, Allbezüglichen. Das ist der Sinn jener freien Beweglichkeit, in welcher wir die hohe, der des Objekts ohne Vergleich überlegene Positivität des Subjektiven erkannten, der gegenüber die Positivität des Objektiven etwas sehr Ärmliches, für den Standpunkt des Subjekts vielmehr unendlich Negatives ist, nämlich Mittelbarkeit, Partialität, engste Verengung der Beziehung gerade zufolge ihrer Festlegung und damit Ausschließlichkeit. In der Tat ist hier nicht die Rede von einem bloß größeren, sei es auch unmeßbar größeren Reichtum an Beziehungsgehalt; nicht von irgend einem, wie hoch auch gedachten Plus; sondern von einem qualitativen Überragen wie von Unendlich gegen Null oder jede noch so hohe, aber doch endlich bleibende Zahl; von Erweiterung um eine volle neue Dimension, die als ganze sich zur niederen Dimension verhält wie $\infty$ zu 0. Was darüber täuschen kann, ist (um es ganz nach dem Vergleich der räumlichen Dimensionen auszudrücken) die Möglichkeit der Projektion aller Gebilde der höheren Dimension auf die niedere; wie wenn wir einen dreidimensionalen Körper auf eine Fläche abbilden, die doch als ganze gegen alle Körperlichkeit, das heißt in Hinsicht eben der höheren Dimensionen Null ist. So entspricht allerdings jedem dreidimensionalen logischen Gebilde auch ein zweidimensionales, aber nicht als ein Minder dem Mehr, sondern, wie gesagt, in Hinsicht der eben jetzt in Frage stehenden dritten Dimension, vielmehr im Verhältnis von Null gegen Unendlich. So muß gewiß aller

Gehalt der Subjektivität auch in der Objektivität abbildlich darstellbar, also objektivierbar sein; nicht aber, als würde dadurch die Subjektivität zunichte, gleichsam aufgesogen und selbst ihres Eigengehaltes entleert; sondern es verhält sich gerade umgekehrt; sie gibt nichts, ganz und gar nichts von ihrem durchaus eigentümlichen, weil ja in anderer Dimension gelegenen Vollgehalt an die objektive, logisch zweidimensionale Sphäre ab; dagegen ist diese ganz in jener einbegriffen, aber, gleichsam als Fläche ohne Ausdehnung in der dritten Dimension, in Ansehung dieser Null. Wird dagegen von der Objektivität gesagt, daß sie aus der Subjektivität heraus, als dem Gebiete der Unbestimmtheit, sich bestimme, oder aus ihrer Bestimmtheit in die Unbestimmtheit der Subjektivität wieder zurückgehe, so ist ihre Bestimmtheit, vor und nach dem Akte des Bestimmens, in welchem sie überhaupt nur hervorgeht, für die Objektivität selbst verloren, null und nichtig, nicht oder nicht mehr vorhanden. Die Objektivität besteht also, gerade in ihrer jeweiligen Bestimmtheit, die ihre ganze Positivität ausmacht, durchaus nur von Gnaden der Subjektivität. Dagegen ist umgekehrt diese nicht anders an die Objektivität gebunden, als sofern sie allerdings nicht besteht, ohne sich irgendwie in einem Momente der Objektivität auszudrücken. Denn sie besteht überhaupt nur, indem sie sich ausspricht, und dies Sich-aussprechen ist stets auch ein Bestimmen, ein Objektivieren. Also bleibt allerdings bestehen: Es gibt keine Subjektivität anders als im Gegenverhältnis zu einer Objektivität irgend welcher Art und Stufe. Sogar mag sie jeweils sich selbst darstellen, das heißt in einem neuen Sinne, uneigentlich und indirekt objektivieren nur in Gestalt der Integration einer unendlichen Reihe möglicher (nämlich eigentlicher, direkter) Objektivierungen. Aber wir wissen ja längst: in jeder echten Integration ist das Integrum logisch voraus. Nicht es resultiert erst aus der unendlichen Differentiation, sondern vielmehr diese aus ihm. Sie muß also die »schlechte Unendlichkeit« der Reihe logisch voraus in und unter sich enthalten, eben damit sie aus ihr hervorgehen kann. So geht ja auch die unendliche Reihe der möglichen Durchschnittsflächen aus dem dreidimensionalen Körper nur hervor, indem sie voraus in ihm enthalten war. Man sagt zwar auch, daß aus der unendlichen Folge der Ebenen (durch Drehung oder Parallelverschiebung) der dreidimensionale Körper hervorgehe; aber die Drehung oder Parallelverschiebung setzt selbst die dritte Dimension schon voraus und erzeugt nicht

## Dimensionale Überhöhung des Subjektiven

erst sie überhaupt, sondern nur die jeweiligen, besonderen dreidimensionalen Gebilde.

Nach dieser Seite bedarf meine frühere Darstellung des Verhältnisses von Objektivität und Subjektivität nicht bloß wesentlicher Ergänzung, sondern bis auf den Grund zurückgehender Berichtigung. Zwar der Sache nach habe ich es in manchen meiner früheren Ausführungen auch schon so angenommen; aber es war darüber keine volle Klarheit erreicht, daher konnte auch in vielem nicht die radikale Konsequenz dieser Voraussetzung erreicht werden, wie sie mir jetzt bestimmt vor Augen steht.

Es klärt sich daraus (ich kann darüber aber hier nur sehr kurz hinweggehen) auch das früher Gesagte über den vollen, positiven Seinsbestand des Widerspruchs; es klärt sich ganz allgemein der Sinn des Phänomens, oder vielmehr jenes wundersamsten aller Phänomene (nach Hobbes): des φαίνεσθαι selbst, des Erscheinens von etwas, was doch nicht ist; es klärt sich die Wirklichkeit der Unbestimmtheit, der Schwebe und Schwankung selbst, die schon dem Plato Gegenstand eines überaus ernsten und schweren Nachdenkens wurde. Er wußte dies von ihm so schwer empfundene Problem eben aus Ermangelung der vollen Klarheit über das dimensionale Verhältnis von Subjektivität und Objektivität in der Tat noch nicht entscheidend zu lösen. Aber er hat doch so viel gesehen, daß hier eine höchst eigenartige Mischung von Sein und Nichtsein, Positivität und Negativität vorliegt, so zwar, daß das Nichtsein das unbedingte Übergewicht gewinnt über alles bloße Ja-Sein; oder richtiger gesagt: daß das Sein, welches auch des Nichtseins mächtig ist, und auch ihm vollen eigenen Ja-Wert zuerkennt, eben damit ungleich mehr von positivstem Seinsgehalt in sich schließt als dasjenige Ja-Sein, welches das Nein gänzlich ausschließt, das Nichtsein für überhaupt nichtig, für gar nicht seiend erklären zu müssen meint. Darin liegt die Anerkennung der schlechthin überragenden Stellung des sogenannt Irrationalen, in welchem er (in seinen tiefsten Wendungen) mit allem Recht vielmehr das echteste Rationale sieht; denn die echte Ratio, der echte Logos umfaßt ihm beides, das Ja-Sein und das Nichtsein, ohne dessen volle Anerkennung Bewegung, Leben, Seele, Bewußtsein, Erkenntnis, Vernunft, Gottheit — alles dahin wäre.

Ist also im Sinne der Seinshaltigkeit das Übergewicht des dreidimensional-Logischen über das Zweidimensionale unbedingt zu behaupten, so wird damit dem Methodenwerte der Kategorienordnung der zweidimensionalen Logik ganz und gar nichts abgezogen; vielmehr bleibt diese bestimmend auch für die dritte Dimension, jedoch in einer sehr wesentlichen Erweiterung und Vertiefung. Ihr logischer Wert war der der Formung; die dritte Dimension des Logischen dagegen vertritt, eben gegenüber der Formung, die inhaltige Erfüllung. Diese selbst hat aber auch ihre Form. Und diese Form entspricht der zweidimensional betrachteten als ihrer Projektion eben auf die niedere Dimension; d. h. jene stellt gegenüber dieser nicht bloß eine Erweiterung, eine neue Kontinuierung, und damit auch volle Beweglichhaltung der Form selbst dar, sondern mit diesem allen zugleich und über dies alles eben die Erhöhung der Dimension. Bergson spricht nicht mit Unrecht von einer Umwendung, einer gänzlichen Umschaffung, einem refaire der Kategorien (nämlich des zweidimensionalen Bereiches); es ist aber keine Umkehrung im Sinne einer Rückgängigmachung, sondern es ist eben die von uns geforderte Dimensionserhöhung. Jede der Kategorien der zweiten Dimension erhält dadurch eine neue, eben um eine ganze neue Dimension vertiefte Bedeutung. Dies zu zeigen würde freilich eine längere Ausführung erfordern, auf die hier verzichtet werden muß. Denn ich darf diese Vorlesung nicht beschließen, ohne noch das Letzte wenigstens berührt zu haben, in welchem das ganze Gebiet des Logos, in welchem daher die philosophische Systematik und überhaupt die Philosophie sich schließlich begrenzt.

§ 110. Denn Philosophie ist nicht das Letzte und gar Einzige, sie besteht nicht, ganz in sich abgeschlossen, aus eigener Machtvollkommenheit. Sie geht allerdings aufs Ganze, damit ist sie ein in sich abgeschlossener Bereich, ein inneres Universum, ein ἀσώματος κόσμος, aber sie ist nicht selbst das Ganze, ist nicht *das* Universum, der Kosmos selbst. Das besagt ja Philosophie: das Verlangen, das Bedürfnis, den Eros, der auf das »Eine, allein Weise« (σοφόν) sich richten, aber nie ganz zu ihm hin gelangen kann. So aber muß Philosophie, als transzendentale, d.h. auf ihr eigenes Jenseits radikal gerichtet, eine untere und eine obere Grenze haben; unter sich den Grund, auf dem allein sie fußen kann, um von ihm hinan zu streben, nach einem Ziele, das vor ihr in fernste, nie erreichbare Weiten zurückflieht; nein, nicht das Ziel flieht (als wäre es in Fluchtbewegung); es, das Transzendente selbst, ist ewig unverrückbar (wenn nicht auch das wieder eine Ansicht bloß von unten ist; es selbst ruht weder noch ist es bewegt);

aber jedenfalls die Philosophie des Transzendenten ist und bleibt immer in der Schwebe, in stets mit jähem Absturz bedrohten Fluge, aufwärts getrieben durch einen unwiderstehlichen Liebesdrang, abwärts gezogen von der Erdenschwere, der sie nie ganz Herr wird. Und sie stürzt, stürzt rettungslos; je stolzer ihr Flug, je höher er sich erhebt, um so drohender reißt unter ihr der Abgrund sich auf, um so vernichtender trifft sie der unvermeidliche Sturz.

So zerbricht sie, muß um so sicherer zerbrechen, gerade je reiner sie ihrem Vorsatz treu bleibt, je unbeirrter sie die vorgezeichnete Bahn innehält, welche sie dennoch, dennoch immer aufwärts zwingt, in immer gefährlichere Höhen. Sie zerbricht an ihrer Aufgabe selbst, die kein Zurück und keinen Halt verstattet, sondern sie mit einem gebieterischen »Du mußt« in den luftleeren Raum empor zu dringen zwingt, in welchem der Atem ihr endlich ausgehen und der Schwindel sie überkommen muß, der den Absturz bedeutet. Sie zerbricht an ihrem heiß umworbenen Ziel, an dem Ewigen selbst, an dem Gott, den sie über sich, und dem sie sich verfallen weiß, ungefragt, ob es Seligkeit ist, ob Verdammnis, was er über sie verhängt.

So haben Tiefblickende, wie Pomponazzi oder Cardano das Todeslos des echten Philosophen vor Augen gesehen, so Pascal den Todessprung gefordert, ohne dem furchtbaren Lose, welches so dem Radikalismus der Philosophie droht, darum ausweichen zu wollen. Das Wort tiefster Bescheidenheit, nicht weise, nicht wissend sein, nur dahin streben zu wollen, schließt nicht bloß die bittere Ironie ein gegen jeden, der da wähnt weise zu sein, sondern auch den Heroismus der Unbedingtheit, auf dem gefährlichen Posten der Wahrheitssuche auszuharren, möchte auch das entschleierte Bild der Wahrheit tötend sein für den, der den Schleier wegzöge. Ja, diese Bescheidenheit des Eros, birgt sie nicht, wie jede starke Liebe, doch auch wiederum den ungeheuersten Anspruch in sich? Ist es nicht am Ende die urewige Lockung der Schlange, doch in innerster Seele nach der verbotenen Frucht zu greifen: »Ihr werdet gewiß nicht sterben, sondern Gott weiß wohl: sobald ihr davon esset, werden euch die Augen aufgetan werden, daß ihr werdet wie Gott, erkennend beides, Gut und Böse«? Lautete nicht die Losung selbst bei Plato: »Gott gleich werden (oder sich Gott gleich machen) soviel möglich«? Ist aber nicht das schon Titanenfrevel, der nichts anderes als den Titanensturz im Gefolge haben kann? Zerbricht aber Philosophie am Ewigen, an Gott, darf sie etwas anderes erwarten, nachdem es ihr Erstes war, mit Gott zu brechen? Ja Gott und Ewigkeit zerbrechen zu wollen? Denn Gott ist nicht mehr Gott, Ewigkeit nicht mehr Ewigkeit, wenn der zeitliche Mensch es wagen darf, sich ihm angleichen oder nur vergleichen zu wollen.

Doch wir brauchen nicht mit dem Tiefsinn uralter Mythologeme zu spielen, nachdem nüchternste sachliche Untersuchung uns bestimmt auf den Punkt geführt hat, an welchem aller Erkenntnisanspruch transzendentaler Philosophie zerschellen muß, nämlich die unwidersprechliche und zwar universale, den ganzen logischen Bereich umspannende Wirklichkeit des Widerspruchs. Zwar sagte ich schon einmal, daß »Wirklichkeit« hier nicht ganz das rechte Wort sei. Eher schon »Existenz«. Diese ist mit »Wirklichkeit« so wenig dasselbe, daß sie vielmehr das Heraustreten aus der Wirklichkeit bedeutet. Aber das ist eben der klare Grund des Scheiterns; nicht das Heraustreten selbst, sondern dies, daß dies Heraustreten Wirklichkeit, die Wirklichkeit selbst sein will; die Erscheinung das selbst, was erscheint, was in ihr sich darstellt, das gesprochene Wort selbst das sprechende. Damit ist der Spalt aufgerissen, und nun strebt Philosophie ihn zu füllen; aber es zeigt sich, er ist unendlich, und alles, was nur Philosophie aufbieten mag, ihn auszufüllen, vervielfältigt ihn nur. Aber nicht nur kann keine Häufung von Diskretionen die einmal durchrissene Kontinuität je wieder herstellen, sondern gerade diese Häufung, gerade die Einsicht, daß die Diskretion auch ins Unendliche fortgehend, endlos nur immer von Endlichem zu Endlichem schreitend, eben auch immer im Endlichen verbleibt, gerade sie muß, wenn sie nur ihren Weg in ganzer Strenge bis zu Ende verfolgt, eben zu ihrem Ende gehen, d. h. scheitern.

Das bedarf indessen jetzt keiner weiteren Ausführung mehr, denn davon war fort und fort schon die Rede. Es gilt unwidersprechlich, mindestens seit Kant, in Wahrheit aber seit es überhaupt Theorie und Theorie der Theorie gibt, von aller Theorie, die Theorie der Theorie selbst nicht ausgeschlossen. Es gilt, nur greifbarer noch, von aller Praxis, jedenfalls soweit auch grundsätzlich und bewußt, als es ein grundsätzliches Bewußtsein des Praktischen, eine transzendentale Praktik gibt. Wäre aber etwa die Poiesis darüber hinaus? Gewiß, sie ist darüber hinaus, sofern sie in ganzer Unbefangenheit, Ursprünglichkeit und damit Anspruchslosigkeit nicht an das zu-Erkennende, zu-Wollende, zu-Schaffende sich verliert, sondern sich ganz in den schaffenden Urgrund kindlich hineinstellt und in ihm verbleibt. Da weiß sie sich in innerster Verbindung mit dem Göttlichen, und zwar frei von jedem falschen Anspruch eigener Göttlichkeit, denn sie weiß ihr Schaffen vielmehr als Gott allein eigen und nicht ihr; aus Gott fließend, sich selbst bloß als sein Gefäß oder Werkzeug, oder als den Mund, durch den er spricht. Damit also, mit dieser Sprache Gottes, durchdringt sie dann auch alles menschliche Wollen und Erkennen; und so mag sie wohl leben im Paradiese gläubiger Kindheit, ungetrübter Gotteskindschaft. Solcher Rückgang in die Gotteskindschaft ist in der Tat in jedem Augenblick möglich. Das ist, was Dostojewskis »Traum« ergreifend zum Ausdruck bringt. Und dennoch, wäre die Errettung des Menschen aus der Hölle, in der er jetzt lebt, so leicht? Wäre das wirklich der ihm gewiesene Weg der Rettung?

Schwerlich. Denn nicht bloß steht solcher Rückgang ins verlorene Paradies der Kindheit nicht jedem ohne weiteres offen. Wer vielleicht dem am nächsten kam — man möchte nur den einzigen Namen Goethe nennen —, mag dem zuletzt doch nur in seltenen Momenten nahe gekommen sein. Aber auch in wem es noch tausendfach stärker und allgemein sichtbarer wäre, würde darum nicht, als schöpferischer Mensch, der Erlöser auch nur der Menschheit von ihrem Menschtum werden, von Welterlösung ganz zu schweigen. Das Einzige, wozu hier die Erinnerung an die Poiesis fruchten kann, ist das Besinnen, daß »reines Herzens sein«, »wie die Kinder werden« der einzige Weg dahin ist, Gott und sein Reich zu schauen. Aber das hieße am Ende nur den Weg zurücktun wollen. Vermag das überhaupt, wer einmal aus der Kindheit herausgeschritten ist? Daß das das Paradies wäre, ja, das zeigt Dostojewskis »Traum«; aber er zeigt auch das andere, daß es der Menschheit nichts hülfe. Sie würde doch wieder rückfällig werden; wie wir ja täglich (nicht anders als sein Träumer) dabei sind, auch das letzte, was von Kindesseligkeit im Menschen noch lebendig ist, zu vergiften mit unserer überlegenen Wissenschaft, Bildung, und Kultur, die das nur zu gründlich fertiggebracht hat, in jedem, was einmal ein Volk war, für sich, wie in der Gemeinschaft der Völker, die so stolz sich Menschheit zu nennen sich erkühnt hat. Dennoch, den Traummenschen Dostojewskis gibt es, und wird es hoffentlich geben, solange es Menschen gibt. Für ihn mag dann immerhin das Paradies der Kindheit unverloren sein. Aber Menschheit überhaupt darf gar nicht dahin zurückwollen, sie muß auf ihrem Posten, der von Kindheit weit entfernt ist, ausharren. Und des Träumers wird jeder rechte Tatmensch lachen. Er wird für sich viel eher etwas wie Erlösung spüren in dem Heroismus eines Kämpfens, das für den Sieg alles einsetzt,

## IV. Die dritte Dimension des Logischen

auch ohne zu verlangen oder zu erwarten, daß er ihm zuteil werde, denn das Kämpfen selbst ist ihm innere Befreiung. Indessen er erreicht damit nicht einmal soviel, als dem Traummenschen immerhin erreichbar ist. Menschenwille vermag viel, vermag in seinem, d. h. aber durchaus nur im endlichen Bereich, alles, dagegen nichts, wo nach Ewigem die Frage ist. Vielmehr, je ernster, je unbedingter er sich einsetzt, umso sicherer erfährt er, daß er nur wie Sisyphus in qualvollem Anstemmen den Fels zum Gipfel wälzt, um ihn, eben wenn der Gipfel erreicht schien, hoffnungslos wieder seinen Händen entgleiten und herabrollen zu sehen. Am leichtesten hat es noch der dritte Typ, der des Intellektmenschen, den keine Leidenschaft des Eros, kein unwiderstehlicher Drang des Heldentums anficht, der nur betrachten will und in der Ruhe und Kühle der Betrachtung seine Erlösung findet. Wir werden sie ihm gönnen, aber ihn darum nicht sehr beneiden. Darüber bedarf es jetzt keines Wortes mehr: Wahrhaftigkeit gebietet, sich von jedem dieser drei Träume loszusagen, denn Träume sind es alle drei. Wahrhaftigkeit verbietet, und zwar in absteigender Folge des Wahrheitsgrades, das Zurückschauen und das Vorausgreifen, und doch nicht minder den Stillstand da wo man gerade steht, vielmehr zu stehen meint. Zwar zurückzuschauen, um weiter zu schreiten, im beständigen Fortschreiten des Augenblicks, im Ein- und Ausatmen der Atempause nicht zu vergessen, ohne die uns sehr bald aller Atem verginge, bleibt unser Los. Aber in keinem der drei Stücke wird uns der Sieg zuteil, sondern erneuert, ja verschärft sich nur immer der Kampf, und bringt uns dem Sieg doch nicht näher, sondern entfernt uns nur um so weiter von ihm, je mehr wir an den Kampf selbst unser Alles setzten. Denn nur um so tiefer verstrickt er uns in die zeitliche Bedingtheit, nötigt uns hinein in immer weitergehende Zerstückung, vertieft in uns die Einsicht und die tatsächliche Erfahrung der ewigen Unerreichbarkeit dessen, wonach zu ringen gleichwohl ein unerbittlicher Schicksalsschluß uns gebietet.

Wir bleiben eben mit dem allen in dem ewigen Nein der Zeitlichkeit — ich sage der Zeitlichkeit: wieso handelt es sich denn besonders gerade um diese? An sich wohl nicht mehr um sie als um jedes andere kategoriale Moment. Aber sie ist der repräsentative Ausdruck für das Ganze, worum der Streit geht, in der deutlichen Selbstverneinung, die sich ganz schlicht darin ausspricht, daß sie sich zusammensetzt aus dem Nichtmehr, dem Noch-nicht und der Grenze beider, die, als Punkt ohne Ausdehnung (denn sonst enthielte sie ja wieder ein Vor und Nach, also ein Nicht-mehr und Noch-nicht), nur erst recht ein Nichts ist, in unmöglicher Schwebe zwischen zwei Nichtsen; recht ein zusammenfassender Ausdruck des ganzen Widerspruchs der Endlichkeit. Aber das dem Entsprechende würde sich an allen Kategorien aufzeigen lassen—also: wir verbleiben im Bereiche nicht der Zeitlichkeit allein, sondern der Endlichkeit überhaupt und damit des Widerspruchs, der Verneinung, der unablässig sich erneuernden Selbstverneinung, eines Nein, das auch in aller Selbstaufhebung nie selbst zum Ja werden oder (nach der grammatischen Regel, daß die doppelte Verneinung Bejahung ist) ein Ja ausmachen kann.

§ 111. Damit nun stehen wir bei der Grenzfrage der Transzendentalphilosophie. Sie ist ja, auch nach Kant, die Wissenschaft von den Grenzen, oder genauer von *der* Grenze; denn im Letzten kann nur von der Grenze; nicht von Grenzen die Rede sein. Damit aber berühren wir die Frage von den transzendentalen Voraussetzungen dessen, was sich Religion nennt. Ich wollte, daß man es anders nennen dürfte. Nicht nur hat, meines Wissens, keiner der Großen, die man als Religiöse zählt, jemals von »Religion« gesprochen, das ist gar kein »religiöser« Begriff; sondern von Gott oder was dessen Stelle vertrat; oder allenfalls, schon mehr oder minder auf ein Philosophieren sich einlassend, von »Glauben« oder etwas dem Ähnlichen. Sondern, was unter dem Titel »Religion« bis dahin das Thema war, steht, glaube ich, im Begriffe, in eine Gestalt überzugehen, auf die dieser Name ganz und gar nicht mehr passen will. Am wenigsten möchte ich von »Religionsphilosophie« reden, ein Titel, der stets die Gefahr einer heillosen Verquickung des Heterogenen einschließt. Wonach ich frage, sind, wie schon gesagt, die transzendentalen Voraussetzungen, vielmehr es ist *die* letzte transzendentale Voraussetzung der inneren Stellung zum Letzten, zur letzten Grenze, und damit zum Ganzen, dem unkörperlichen Kosmos, jetzt aber nicht des Logischen allein; diesem gehört zwar noch ganz die transzendentale Voraussetzung selbst an, nicht aber das, wozu es die Voraussetzung ist. Denn die transzendentale Voraussetzung, von der ich rede, führt genau nur bis auf den Punkt, in welchem das Letzte, ihr selbst Jenseitige, das Epekeina überhaupt erst in Sicht und in Frage kommt. Selbst das Standnehmen in dieser Grenze (sofern und in dem Sinne, in welchem diese überhaupt etwas ist, worin sich standnehmen läßt), selbst dieses leistet nicht mehr die Transzendentalphilosophie selbst, obgleich es, glaube ich, ohne sie nicht geleistet werden könnte; sondern es ist eine von ihr wesensverschiedene innere Haltung, welche für die Transzendentalphilosophie zwar Problem ist, aber, sofern es sich um die Lösung handelt, aus ihrer eigenen Aufgabe ganz herausfällt. Aber wenn dies immerhin noch in ihrer Grenze (obgleich als ein anderes, eben jenseitig Gewendetes) liegt, so liegt vollends über diese Grenze hinaus dies Jenseitige selbst, wie auch immer es benannt sei. Nenne man es denn mit dem allgemein geläufigen Namen »Gott«, und verstehe man auch diesen Namen lediglich im Sinne einer Frage, nicht einer Antwort. Vermutlich ist beides gleich falsch; vermutlich handelt es sich hier gar nicht mehr um eine Frage, welche Antwort heischt, sondern um einen Ja-Spruch oder einen Nein-Spruch, der erfolgt, ob nun danach gefragt wird oder nicht; der über uns entscheidet, vielmehr von Ewigkeit entschieden hat, ohne Frage, ob wir uns an den Scheideweg gestellt wußten oder nicht. Auch von »Glauben« möchte eben deswegen hier nicht zu reden sein, es wäre denn in dem sehr ironischen Sinne des »Daranglaubenmüssens«, d. h. Keine-Wahl-habens. Schroff gesagt: gar nicht um »uns«, unser Erkennen oder Glauben oder Wollen und Verlangen, um irgend etwas, das von uns ausginge und wobei wir irgend etwas zu sagen hätten, ist es hier zu tun; sondern um uns nur, sofern über uns das Los geworfen wird. Denn am Ende ist doch wohl Gott das Maß der Dinge, und nicht, was man so sagt, der Mensch, wie Plato einmal spottend dem berühmten Protagoras-Wort entgegenhält. Zuletzt ist aber auch »Gott« nur ein Wort menschlicher Sprache und als solches so menschlich, allzu menschlich, wie nur irgend ein anderes Menschenwort. Aber die scharfe, eindeutige Gegenstellung (Gott gegen Mensch), die durchaus nicht irgendwie auf den Boden des Menschlichen, dessen, wobei der Mensch noch irgendetwas zu sagen hätte, nivelliert werden darf, kommt in diesem Wort immerhin eher zur Geltung als in »Religion« oder »Glauben«, oder auch in jenem unbestimmten »Göttlichen«, von dem heute so viele reden, ängstlich bemüht, nur ja der verdächtigen Rede von Gott aus dem Wege zu gehen. Unvorgreiflicher freilich wäre es, als Philosoph bloß vom Ewigen zu reden.

Dieses pflegt dem Zeitlichen gegenübergestellt zu werden. Aber wie Zeitlichkeit nur eine Seite der Endlichkeit bezeichnet, während diese irgendwie vollständig allenfalls nur durch das Ganze der Kategorienordnungen auszudrücken wäre, so müßte hier der Ausdruck des Ewigen in entsprechender Weite verstanden werden, d. h. er müßte das Überendliche, das Epekeina, in seiner Ganzheit vertreten, welche, soweit überhaupt begrifflich, nur auszudrücken wäre durch die Entgegensetzung gegen das Kategoriale überhaupt. (Einen Versuch in dieser Richtung findet man in Josef Heiler: Das Absolute.)

Ewigkeit nun ist, wie wir längst wissen, als Überendlichkeit, etwas ganz andres als die bloße Unendlichkeit erster oder zweiter Stufe; mit ihr hat sie nichts als die Verneinung endlicher Abgegrenztheit gemein. Sie bedeutet aber nicht nur Nicht-Abgegrenztheit, sondern Totalität, und zwar absolute, unbedingte, d. h. nicht Totalität von etwas anderem (dessen Begriff damit dem ihrigen übergeordnet würde), sondern die Totalität überhaupt von allem, was ist, und damit unbedingte Wirklichkeit; das, was ich öfters das unbedingte Ja genannt habe. Dagegen bleibt die Unendlichkeit der Zeit, des Raumes, irgendwelcher Bestimmungen überhaupt, wie sie andererseits Endlichem zukommen können, 1) von diesem anderen, dem sie als Charakter beigelegt wird, begrifflich abhängig (z. B. zeitliche Unendlichkeit gibt es nur vom Zeitlichen, räumliche nur vom Räumlichen u.s.f.), 2) eben damit erreicht sie nie den unbedingten Ja-Sinn des schlechthin Wirklichen, sondern höchstens einen Existenz-Sinn, wie er auch dem ihm entsprechenden Endlichen zukommt (Existenz in der Zeit, im Raume überhaupt u.s.f.). Man sollte gar nicht reden von Unendlichkeit der Zeit, des Raumes, sondern nur von Unendlichkeit (eines irgendwie anders Bestimmten, in der Zeit, im Raume u.s.f. Existierenden) in Hinsicht dieses zeitlichen, räumlichen u.s.f. Existierens; z. B. die sinnliche oder die körperliche Welt ist in Hinsicht der Zeit, in Hinsicht des Raumes unendlich, oder ist es nicht. Immerhin gewinnt die Verneinung der Endlichkeit, welche selbst Verneinung ist, auch so eine sehr ernste positive Bedeutung, nicht etwa der Überendlichkeit (das wäre absolute Totalität), aber doch immer noch einer bedingten Totalität: unendlich und also total in Hinsicht der Zeit (oder des Raumes usw.) heißt, nicht gebunden in irgend welche Abgrenzung (der Zeit oder dem Raume nach), sondern fortbestehend für alle zeitliche (räumliche etc.) Erstreckung (nach außen) oder auch Teilung (nach innen). Erweitern wir den Begriff (wie wir müssen) auf den ganzen Umfang des Kategorialen (d. h. kategorial zu Bestimmenden), so wird um so zwingender der Allheitssinn, der schon dem Unendlichen zweiter Stufe zukommt. Er umfaßt das Ganze des Kosmischen, auch des Psychischen, bis an die äußerste Grenze des Logischen (weil Kategorialen) überhaupt, nur nicht auch diese Grenze selbst; denn letztlich begrenzt wird es nicht durch das Unendliche zweiter Stufe (in dessen Begriff gar kein Charakter eines Begrenzenden, sondern schlechthin nur Verneinung endlicher Begrenzung liegt), sondern durch das Überendliche. Zu diesem verhält es sich so wie die unendliche Reihe zu ihrem Grenzwert, den die Reihe nie erreicht, durch den und auf den hin sie vielmehr von vornherein bestimmt, vielmehr ewig weiter bestimmbar und zu bestimmen ist. Damit rücken beide, die Unendlichkeit zweiter und die letzter Stufe, sich so nahe, daß die fast regelmäßige Verwechselung beider oder wenigstens partielle Verwischung des Unterschieds nur zu begreiflich ist. Beide sind gleich unmittelbar und dem, worauf sie sich zurückbeziehen (im einen Fall dem endlich Abgegrenzten, im andern dem Gebiete der Endlichkeit überhaupt, deren Unendlichkeit — das heißt die Unendlichkeit zweiter Stufe — selbst eingerechnet), logisch unbedingt voraufgehend (denn auch das Unendliche zweiter Stufe ist nicht eine bloße Summation oder in irgend einem Sinn Hinaufsteigerung des Endlichen); so aber liegen sie, jede von beiden im Vollsinne ihrer Totalität verstanden, nicht außer- sondern ganz ineinander; mit gehöriger Erklärung darf man sagen, sie koinzidieren, d. h. es ist eine und dieselbe Grenzlinie (oder besser Grenzfläche, im Vergleich der dreidimensionalen Körperlichkeit müßte man sagen: Kugeloberfläche), in welcher das Überendliche den ganzen Bereich der Endlichkeit letztgültig begrenzt, und zu welcher andererseits das Unendliche zweiter Stufe ewig nur hinstrebt, ohne sie zu erreichen; in welcher sie aber, wenn sie ihr erreichbar wäre, sich abschließen würde; sie bedeutet aber gerade Nie-Abgeschlossenheit und -Abschließbarkeit. So verhält sich die unendliche Reihe zu ihrem Grenzwert, oder die Allheit der diskreten Punkte zum Kontinuum, in welchem die Punkte, jeweils als Abgrenzungen, gedacht werden. Dies eigentümliche Verhältnis einer Koinzidenz, bei dennoch absoluter innerer Entgegengesetztheit und Unvereinbarkeit, hat Friedrich Gogarten in dem Vortrag über »Offenbarung und Zeit« scharf beleuchtet und zum Ausgang einer höchst radikalen Betrachtung über die (wie wir sagen) transzendentalen Voraussetzungen der Religion genommen. Die Koinzidenz der Gegensätze des Ewigen und Zeitlichen besagt für ihn nicht irgend einen Ausgleich ihres Widerspruchs gegeneinander; sondern gerade sofern sie in einer einzigen Linie zusammentreffen müssen und doch miteinander schlechthin unverträglich sind, so sind sie miteinander im härtesten Kampf, einem Kampf um das Ganze, in welchem nur der eine Teil am anderen zerbrechen kann. Zerbrechen aber kann natürlich nur die bloße Nicht-Endlichkeit des Endlichen an dem absolut Überendlichen, dem Ewigen. Die Zeit selbst muß also vergehen. Sie ist überhaupt nichts anderes als Vergang.

Und wir? Wir sind nicht etwa die Streitenden, auch nicht die Objekte des Streits, sondern wir sind der Streit selbst. »Wir«, überhaupt die ganze Welt (diese, unsere Welt), sind nicht nur Kampfplatz oder Kämpfende und Kampfpreis (Beute), sondern wir sind der Kampf. Denn wir sind nicht Eins (wie das Ewige), noch bloß in uns entzweit (wie das Unewige), sondern sind Eins und mit uns selbst entzweit zugleich; wir sind damit selbst der Vergang; denn Zeit kann mit Ewigkeit, Entzweiung mit Einheit nicht bestehen. Dieser Vergang aber kann selbst nicht in der Ewigkeit geschehen; in ihr hat der Vergang überhaupt keine Stelle. Auch vergehen kann er nicht in ihr, eben weil es in ihr keinen Vergang gibt, auch nicht den des Vergangs selbst. Es wurde schon gesagt: der unverrückbare Ja-Sinn des Ewigen kann nicht in der Verneinung der Verneinung den Grund seines Seins haben, sondern nur selbst der Grund sein, aus welchem das Nein an sich selbst die Verneinung vollziehen muß (zu der es von sich aus nie kommen würde). Dies alles aber trifft nach dem Gesagten nicht bloß unsere Welt, sondern buchstäblich uns, ja es betrifft in letztem Betracht ausschließlich uns, nur folgeweise alles, was unser ist, unsere ganze »Welt«. Wir selbst erfahren nicht nur diesen Vergang, sondern wir sind er selbst; der unterscheidende Charakter unseres Seins, unseres ganzen Seins, *ist* dieser Vergang. Doch ist es auch wiederum nicht so, daß wir aus uns selbst, aus unserer eigenen Kraft oder Schwäche, vergehen und vergangen sind, sondern wir vergehen am höheren, am allein unbedingten Ja-Sinn des Ewigen. Hierbei ist es nun am Platze, sich des Unterschieds zwischen Dasein und Wirklichkeit zu entsinnen. Wir »sind« der Vergang nur im Existenzsinne des Seins. Unsere Existenz hat diesen Sinn des Vergangs; Wirklichkeit, auch unsere letzte Wirklichkeit, kennt ihn nicht. Am Ende aber kommt doch »uns« nicht nur Existenz, sondern in letzter Instanz auch etwas von Wirklichkeit zu. Muß es nicht so sein, da doch Existenz überhaupt nicht in sich beruht, sondern in jedem Falle eine Wirklichkeit voraussetzt, aus der sie stammt, die in ihr aus sich selbst zwar heraustritt, aber — Wunder über Wunder — eben *als sie selbst* dennoch aus sich selbst heraustritt, also in diesem Heraustreten aus sich doch ganz sie selbst bleibt. Dies scheint mir von Gogarten, mangels der klaren Unterscheidung der sehr verschiedenen Seinssinne von Existenz und Wirklichkeit, übersehen zu sein. Die Folge ist, daß »wir« selbst der Vergang, *und nichts als das,* sein sollen. Dann würden aber, indem der Vergang selbst vergeht, damit *wir,* und zwar ganz und gar, in jedem Sinne zunichte. Aber das kann nicht sein, und kann auch seine Meinung nicht sein. Sondern ohne allen Zweifel müssen wir irgendwie teilhaben am Ewigen. Gogarten selbst sagte doch: wir sind nicht eins (mit Ausschließung der Entzweiung) und nicht entzweit (mit Ausschließung der Einheit), sondern eins *und* entzweit; also doch, nach der einen Seite, selber eins, eins mit dem Einen, also mit dem Ewigen; und nur andererseits entzweit mit und in uns selbst und mit dem Einen, welches zugleich doch auch Wir selbst ist. Jenes aber nach der Seite der Ewigkeit, dieses nach der Seite der Zeitlichkeit. Also sind wir der Zeitlichkeit doch nicht ganz und gar, mit völliger Ausschließung der Ewigkeit, verhaftet; sondern, wie es alle ernsten Transzendentalisten einmütig behauptet haben, eben zweiseitig (nach Kant etwa Homo phaenomenon und Homo noumenon), und dabei und eben damit doch sehr ernsthaft diese selben »Wir«. Damit löst sich der Konflikt, der bei Gogarten in härtester Ungelöstheit stehen bleiben mußte. Ich habe an ihn die Frage gerichtet, aber noch keine rechte Antwort darauf gehört: Wieso sind *wir* reiner Vergang, und soll es doch möglich und wirklich sein, daß wir umgeschaffen, »neu konstituiert« (in biblischer Sprache »wiedergeboren«) werden in die Ewigkeit? Wieso sind *wir* dann noch *wir,* da wir doch Vergang, einzig Vergang, ja der Vergang selbst sein sollen, der doch, als Vergang, nicht irgendwie in der Ewigkeit bestehen (oder auch vergehen) kann? Also müssen wir doch wohl nicht bloß Vergang sein, sondern selbst, und zwar ganz als das, was wir wesenhaft sind, am Ewigen irgendwie teilhaben. Ich habe öfters gesagt: Kindschaft ist nicht etwas, das nachträglich aufgeprägt werden kann, sondern sie muß ursprünglich sein. Nicht sie, nur das Bewußtsein von ihr, kann uns verloren gehen, und dann wiedergewonnen werden. Damit sind wir dann erlöst aus der von uns selbst über uns selbst verhängten Verdammnis und Gottferne, und sind dann wieder Gottes Kinder, das heißt wissen wieder, daß wir es sind, daß wir es uranfänglich waren und immer geblieben waren; ganz wie es die schöne Erzählung vom »Verlorenen Sohn« voraussetzt. Nicht die Sohnschaft war verloren, sie blieb unverlierbar bestehen, so verloren der Sohn selbst schien. Darum, nur darum war die Rückkehr zum Vater möglich. Welchen Einfluß dies auf Gogartens weitere Folgerungen hat, dem mögen Sie selbst an der Hand seiner Abhandlung nachgehen. Es ergibt sich damit vor allem eine ganz freie Stellung zur Frage nach der Idee des Christus und nach der Bedeutung der einzelnen geschichtlichen Person für diese Idee; worauf hier nicht einzugehen ist. Auch die nach einer Seite sehr richtige und sehr gewichtige Konsequenz, daß in der Endlichkeit, nach der geschehenen Erlösung von ihr, doch alles bleibt wie zuvor, verliert damit immerhin etwas von ihrer sonst kaum erträglichen Härte. Das wiedergewonnene Wissen um die Gotteskindschaft kann doch keinesfalls ohne Einfluß bleiben auf die ganze Stellung zur Endlichkeit, auf das ganze Verhalten zu ihr und in ihr, die freilich, als ganze, für uns als Endliche bestehen bleibt. Auch das bleibt durchaus stehen, daß nicht wir selbst uns von der Endlichkeit erlösen können, sondern allein Gott.

§ 112. Bei dem allen bleibt Gogartens religiöser Radikalismus ein schönes Zeugnis unerschrockenen Wahrheitsmutes, und bleibt nicht nur nahe verwandt, sondern so, wie wir ihn erst zu seiner vollen Konsequenz zu bringen glauben, im Ergebnis und auch im Wesentlichen der Begründung streng einig mit der letzten Konsequenz des Transzendentalismus, die nur den gleichen Radikalismus nach der Gegenseite bedeutet. Gogartens Position steht, wie etwa die Pascals, unter dem Zeichen der Tragik, des Todessturzes; unter dem Zeichen des Paulinischen: »Das du säest, wird nicht lebendig, es sterbe denn«, oder der »Theologia deutsch«, in der es heißt: »Christi Seele mußte in die Hölle, ehe sie zum Himmel kam; also muß auch des Menschen Seele. Diese Hölle aber und dies Himmelreich sind zwei gute sichere Wege dem Menschen in dieser Zeit, und wohl ihm, der sie recht und wohl findet, denn diese Hölle vergeht und dies Himmelreich besteht«; oder des Luther-Wortes: »Wenn Gott uns lebendig machen will, so tötet er uns«. Dann aber — hier zitiere ich Gogarten selbst — dann leuchtet Gottes Licht wieder rein über dieser Welt und über uns selbst, und bleibt (dies führt er wiederum aus Luther an) der Segen auf dem ganzen Menschen, nach Leib und Seele, da ist er gesegnet durch und durch. Es braucht jetzt kaum erst noch gesagt zu werden: dann muß ja im Menschen etwas Göttliches von Hause aus gewesen sein; nur so ist er dieser »ganze« Mensch, und kann er in Gott gesegnet sein »durch und durch«. Dann aber bedeutet die Tragik zugleich das Heldentum, welches nur im unerschütterlichen Vertrauen in den letzten Ja-Sinn auch der Welt und der Menschheit wurzeln kann. Auch dafür darf man Gogarten selbst zum Zeugen anrufen. Die einzige Möglichkeit, von der Welt, der Zeit loszukommen (sagt er), verlangt, daß man sich mit keiner Faser von der Welt und der Zeit löst, sie ganz auf sich nimmt, und keiner Schwierigkeit aus dem Wege geht, alle Verantwortlichkeit für alles auf sich lädt. Denn hier gilt nur Entweder — Oder; entweder die ganze Welt ist gut, oder die ganze Welt ist böse; die ganze Welt (heißt das) ist Gottes, oder ist des Teufels; eine Wahl, die natürlich keine Wahl mehr bedeutet.

Was hat das zu tun mit unserer »Philosophischen Systematik«? Himmelfern steht ihr der Anspruch, dergleichen Wahrheit zu erweisen oder gar zu erbringen. Doch gehört so viel zu ihrer Zuständigkeit und zu ihrer Pflicht — es ist ihre letzte, aber eben damit höchste Pflicht —, diese Kernüberzeugung, in der die einzig reine und befreite innere Stellung zum Letzten, zum Überendlichen, zu »Gott« erreicht wird, auch von ihrer Seite zu rechtfertigen, als nicht einen bequemen Glauben, zu dem man nun die Wahl habe zu flüchten und sich vor sich selbst und voreinander dazu zu bekennen oder nicht, sondern ein Wissen; ein Wissen allerdings ohne Erkenntnis; ein Wissen nicht durch irgend welche logische Vermittlung, sondern ganz aus der letzten Unmittelbarkeit des Seins; nicht unseres, sondern des ewigen, des absoluten, in welchem aber, eben weil es das ewige, das absolute ist, unser, wie sehr auch gespaltenes, unewiges Sein dennoch ewig geborgen ist, und an dem wir solcher Art teilhaben, daß es in uns selbst zu uns selbst spricht, ja daß wir in uns selbst sind und uns selbst wissen können, und letzten Grundes wirklich immer wissen, als von ihm selbst gesprochenes Wort, als selbst ein Hauch des ewigen Wortes, das ursprünglich bei Gott war und in die Welt gekommen ist aus Liebe, um sie zu erlösen und ihr zu bezeugen, daß sie, von Ewigkeit her, göttlichen Ursprungs, also gottgeliebt ist und so für ewig in Gott lebt, webt und ist.

# ANMERKUNGEN

*Vorbemerkung.* Da die Textgrundlage Diktate Natorps nach seinen Vorlesungsheften bilden, die zwar meistens, aber nicht überall von ihm durchkorrigiert sind, ergab sich an einigen Stellen die Notwendigkeit, offenkundige Fehler der Nachschrift zu verbessern. Jede irgend wesentliche Änderung ist in den Anmerkungen verzeichnet. Dagegen ist die sehr eigenwillige Interpunktion Natorps, die der besonderen Art seines oftmals kühne Perioden durchgreifenden Vortrags entsprach, nur da geändert, wo es das Verständnis zu erleichtern schien. Von einer Kennzeichnung dieser Änderungen wurde abgesehen. Auch sonst sind Nachweisungen von Zitaten nur erfolgt, wo es zur Klärung des Textes beitragen konnte. Der systematische Anspruch der Vorlesungen sollte nicht durch vermeidbare philosophiegeschichtliche Notizen beeinträchtigt werden. Aus dem gleichen Grunde ist auch darauf verzichtet, den Text durch Verweise auf die Anmerkungen zu unterbrechen. Da diese nach den Seiten kenntlich gemacht sind, ist es leicht, sich in ihnen zu orientieren.

Durch eckige Klammern [ ] sind Ergänzungen der Herausgeber gekennzeichnet. Auch die Inhaltsübersicht, die sich in den Seitenüberschriften wiederholt, stammt vom Mitherausgeber.

S. 1 Die Überschrift *I. Grundlegung* ist ergänzt nach den »Vorlesungen über praktische Philosophie«, Erlangen 1925.

Die in eckigen Klammern kenntlich gemachten Anfänge der einzelnen Vorlesungen sind für die systematische Gliederung ohne Bedeutung. Sie sollen nur gelegentliche Wiederholungen verständlich machen. Die sachliche Entwicklung gliedert sich nach den Paragraphen.

§ 1. Das Manuskript enthält keine Paragraphenbetitelung. Dagegen hat sich im handschriftlichen Nachlaß ein Zettel gefunden, der über den Inhalt der ersten 23 Paragraphen dieser Vorlesung Aufschluß gibt:

§ 1. Aufgabe der Systematik. Warum das System der Philosophie wesentlich.

§ 2. Nicht auf Philosophie beschränkt, sondern aufs Leben gehend.

§ 3. Weil aufs Letzte (darum »transzendental«), nämlich der Überwindung alles *Widerspruchs,* um im letzten Ja-Grund des Lebens sich zu gründen.

§ 4. Wie aber gewinnt das einen Arbeitssinn? Durch die Beziehung auf den Gewißheitsboden der *Tatsache* – gerade kraft der Unendlichkeit der Beziehungen.

§ 5. Damit ergibt sich als Gegenpol der Einheit die Tatsache der Erfahrung. Dann ist aber ein Gang (Methode) gefordert.

§ 6. Weg: kategoriale Entwicklung, unabschließlich, doch stets auf letzte Einheit gerichtet: der Ausgleich alles Widerstreits gründet in der vollständigen Evolution.

§ 7. So wird das System – System der Kategorien – selbst kategorial aufzubauen – im Ausgang von den logischen Grundkategorien, denen der Modalität.

§ 8. Warum Kategorie? Weil Aussage? Aber wie ist *die* zu verstehen? Was *ist* das weil?

§ 9. Es versteht sich aus der *Urtatsache der Spaltung,* des Aufleuchtens des Allkonkreten je in einem auf es bezogenen Erlebenspunkt. (Daraus die Kategorie als Einzelstrahl des von jenseits einfallenden

Lichtes – die als Gegenpunkt das Zentrum der Koordinaten in unserm Seinsaufbau der Einheit fordert (ψυχή als Punkt der Bewußtwerdung)).
§ 10. Erläuterung am Verstehenlernen des Neugebornen. – Daß *alles* wunderbar – Offenbarung.
§ 11. Das Wunder, daß alles schon da sein muß. – Das führt zurück auf den *Indifferenz*punkt der »*Urgegenwärtigung*«.
§ 12. Von da aus: Ausgangspunkt, Fortgang, Zielpunkt. Forderung des Nullpunkts. Indifferenz. ("Αφελε πάντα) = die Urpräsentation.
§ 13. Eintritt in die Schiedlichkeit – Sündenfall – »Kultur«.
§ 14. Titanensturz. Recht und Unrecht des Hinausschritts.
§ 15. Rückgang zum konkreten Ursprung.
§ 16. Nicht Metaphysik, sondern transzendentale Kritik.
§ 17. Nicht Postulat, sondern unfragliches Sein auch alles Zweifels und Fragens.
§ 18. Auch *nicht* wird Konvergenz etwa vorausgesetzt und aus der logischen Allgemeinheit von [. . . . . .?] ein All-Sein erdichtet. Das schließt aber *Widerspruch* ein, und zwar *nicht* in einer öden »Harmonie«; einem für uns *verständlichen* Ausgleich.
§ 19. Hegels »reiner Anfang«: »Sein, sonst nichts.«
§ 20. Erklärung [vielleicht auch: Evolutionskreis].
§ 21. Der Dreischritt.
§ 22. Nochmals Erklärung unseres logischen Ausgangspunktes.
§ 23. Warum kein Dogmatismus?
Über der ersten Vorlesung steht mit Bleistift: »I–IV ziemlich schlecht, IV beinah unbrauchbar.« Natorp war bis zuletzt rastlos bemüht, gerade den Einsatz seiner »Philosophischen Systematik« noch zwingender zu gestalten.

S. 3  Z. 6 *Sie* statt *Es*; ebenso am Ende der folgenden Zeile.
      Z. 10 Das Ekkehartzitat (Pfeiffer S. 66) genauer schon im »Deutschen Weltberuf«, 1918, II, 74.
S. 7  Z. 4 Das *Über*-unendliche ist sinngemäß kursiv gesetzt.
S. 8  Z. 6 Vgl. Theätet 181 ff.
      Z. 12 v. u. Vgl. Leibniz an De Volder, Gerhard, II, 270, 276.
S. 9  Z. 2 v. u. *Einschau* ist kursiv gesetzt.
      Vgl. Kant, Kr. d. r. V.² 75.
S. 10 Die 2. Vorlesung setzt mit einer durchstrichenen Wiederholung ein, über welcher der Vermerk steht: »Bleibt weg!«
S. 11 Z. 2 v. u. Vgl. Kr. d. r. V.² 9.
S. 12 Z. 2 Vgl. »Die logischen Grundlagen der exakten Wissenschaften«, 1910, S. 10 ff.
S. 18 Z. 14 Vgl. K. d. U. S. LVII Or. Ausg.
      Z. 18 Vgl. Gastmahl 187 A u. Sophist 242 E.
S. 24 Vor der 4. Vorlesung steht: »Von hier ab neu zu diktieren, Bl. 6¹ Z. 2 v. u. bis 8 x Z. 3: daß Etwas Etwas ist.« Die Blattzählung bleibt unklar, die Stellen selbst sind eindeutig bezeichnet.
S. 26 Z. 8 *zu* ist ergänzt.
      Z. 10 *viel* ist nicht eindeutig auszumachen.
      Z. 15 v. u. *zu* ist ergänzt.
      Z. 11 v. u. Hinter *zu Hilfe kommt* steht nicht von Natorps Hand: 6¹.
S. 27 Z. 4 Hinter *bleibt* steht von Natorps Hand: 6¹, dazu die Randbemerkung: »Von hier ab ist so viel weggeblieben, daß es unmöglich nachzutragen, vielmehr völlig neues Diktat unerläßlich ist.« Das

Folgende ist durchstrichen bis zum Anfang der 5. Vorlesung und von
§ 11 ab auch nicht mehr korrigiert. – Der unmittelbar folgende Satz
kann nur als Versuch einer Entzifferung des zufolge der Korrekturen
kaum mehr lesbaren Man. gelten.
Z. 16–11 v. u. Am Rande steht: »fehlt eine ganze Menge«.
Z. 5 v. u. Die letzten 14 Zeilen von § 10 umgreift die Randbemerkung: »alles ganz verstümmelt«.
S. 28 Z. 13 v. u. Vgl. Schillers »Worte des Wahns«.
Z. 8 v. u. Vgl. S. 24 Z. 6 ff.
Z. 1 v. u. Vgl. Menon 82 E ff.
S. 29 Z. 13 v. u. *und Wahrgenommenen* ist ergänzt.
S. 30 Z. 4 *als* ist ergänzt.
Z. 16 Vgl. Lichtenberg, Verm. Schr., 1867, I S. 99.
Z. 8 v. u. *als* ist ergänzt.
S. 32 Z. 10 Vgl. Plotin, Enn. V, 3, 17.
S. 36 Z. 16 *Das Ja*, Man.: *Es*.
Z. 11 v. u. Vgl. S. 378 Z. 7 ff.
S. 37 Z. 1 v. u. Vgl. im Buch Suleika das Gedicht »Wiederfinden«.
S. 38 Z. 3 Vgl. Faust u. Wagner »Vor dem Tor«.
Z. 9 Vgl. Goethes »Urworte«.
Z. 18 v. u. *Kulturdenkmäler*, Man.: *-denkmale*.
S. 39 Z. 5 *dem*, Man.: *den*.
S. 40 Zu Beginn der 6. Vorlesung steht im Man. der folgende durchstrichene Text: »Nachdem wir über den Ausgangspunkt der philosophischen Systematik Klarheit gewonnen hatten, taten wir einen Vorblick auf den Fortgang und das letzte Ziel, welches für diesen Fortgang bestimmend sein dürfte. Auf diesem Weg hoffen wir den leichtesten Zugang zu gewinnen zu dem nächsten, das wir uns zur Aufgabe zu stellen haben, zur Aufstellung eines Grundgesetzes der Entwicklung der philosophischen Erkenntnis zum System, zum System der Kategorien, zunächst der Grundkategorien, welche wieder das Gesetz abgeben werden für den ferneren Aufbau des Systems der philosophischen Fragen überhaupt.
Nach dem Ausgangspunkt war ja nur zu fragen im Vorblick auf den Fortgang und das Ziel. Daher gehört dieser Vorblick zur ferneren Klärung, Sicherung und Verlebendigung dessen, was über den Ausgangspunkt selbst gesagt wurde, und will hier nur als Ergänzung zu dem darüber schon Gesagten verstanden sein.
Das Standnehmen im Urpunkt (sagten wir) muß bedeuten das sich Feststellen inmitten der Seinstotalität, inmitten der Allheit, der unzerstückten Ganzheit dessen, was ist. Ich beschrieb es als reine Hinschau, reine Hingegebenheit an das unmittelbar Vorliegende, ohne Reflexion (Zurücklenkung des Blicks) auf das Ich, dem es vorliegt. Es liegt darin noch nichts von Bewußtsein der Subjektivität [sic!] als solcher, aber auch nichts von Objektivität, da es diese nur gibt im Gegenverhältnis zur Subjektivität. Diese wie überhaupt jede Spaltung muß in jenem Urpunkt als noch nicht vollzogen, obwohl vollziehbar und notwendig weiterhin zu vollziehende gedacht werden. Diese reine Hinschau ist zwar in sich bestimmt, aber sie ist es nur in sich, nicht ist diese Bestimmtheit ihres Inhaltes schon erfaßt. In diesem Sinn ist es Noch-nicht-Bestimmtheit; oder man darf vielleicht sagen, es ist Vorbestimmtheit zu der erst zu vollziehenden Bestimmung, ihre volle Möglichkeit also, ja auch ihre Notwendigkeit, näm-

lich nachdem einmal dieses Stadium der Nochnichtbestimmtheit überschritten sein wird, aber jedenfalls noch nicht ihre Wirklichkeit. Das Überschreiten selbst ist dann schon das Zweite, der Eintritt in die Schiedlichkeit, in den Streit der Gegensätze, in das Kampffeld des Seins und Nichtseins, des Ja und Nein. Es ist geboren sogleich mit dem Keim der Freiheit, denn die Entscheidung ist von ihm gefordert, ganz sein eigen, und es selbst gewinnt damit erst sich selbst zu eigen. Ich nannte es den Sündenfall, denn damit fällt die ganze Last der Verantwortlichkeit auf es, das Ich. Deshalb empfindet es diesen Sündenfall als Entschränkung, als ›Sein wie Gott‹, es fühlt sich in dieser Freiheit der Selbstentscheidung fast wie allmächtig, wie schöpferisch, mindestens teilnehmend an der Schöpfung. Ich schilderte in großen, freilich groben Linien, wie daraus die Welt, die ganze Welt von Welten des Menschentums, die wir Kultur nennen, d. h. Anbau und Pflege alles menschlichen, volklichen, menschheitlichen geistigen und seelischen Gutes, wie das Ganze jener Lebensformung, die eigentlich das Menschentum des Menschen unterscheidet von allem Untermenschlichen und Übermenschlichen, hervorgeht. Ist dies aber das Letzte? Sehr viele empfinden es so und sind davon restlos durchdrungen, fast berauscht. Aber es brauchen nicht viele Worte darüber gemacht zu werden, daß dieser gewaltige Bau heute in allen Fugen zu krachen begonnen hat. Der entscheidende Stoß ist wohl schon geschehen, der Bau ist dem Umsturz verfallen. Woher der Stoß? Von der Gegenseite, deren man, ganz versenkt und gleichsam verliebt in die hohen Wunder des Diesseits, völlig vergessen hatte. Gerade in der entschlossensten Durchführung des Losrisses von der Ureinheit, von der unzerstückten Ganzheit des Seins, mit der wir doch vom Ursprung her unlösbar verbunden sind und bleiben sollten, erfährt es sich überwältigend, daß wir damit in eine unendliche Leere, wo es nirgends mehr einen Halt oder Sich-halten gibt, hinausgeschleudert sind und rettungslos in uns selbst zerrissen in das Nichts fallen, dem Nicht, der Vernichtung anheimfallen müßten.«

Z. 16 v. u. Hinter *willen* folgt durchstrichen: »Der Weg sollte alles sein, das Ziel nichts. So wurde ihm der ganze Weg ziellos, unfrei das ganze Ringen, welches doch der Mensch auf sich genommen hatte aus heißem Drang nach Freiheit. Je rastloser entbrannt er um das kaum mehr gesehene Ziel rang, um so unerbittlicher schlug der Kampf selbst ihn in Banden. So hat er sich aus freiem Willen des freien Willens begeben.«

S. 42 Z. 8 v. u. *amor fati* vielleicht mit Bezug auf Nietzsche XVI, 383.
S. 44 Z. 14 v. u. Vgl. Anm. zu S. 28 Z. 13 v. u.
Z. 7 v. u. Vgl. hierzu P. Natorp, Fjedor Dostojewskis Bedeutung für die gegenwärtige Kulturkrise, 1923.
S. 46 Z. 12 Vgl. das Scholion zu § 22 der Diss. von 1770.
Z. 17 Vgl. Nachgel. Werk (Ak. Ausg.) I, 346; II, 52, 55, 59, 61, 64.
S. 48 Z. 16 *dieses*, Man.: *diese*.
S. 49 Z. 6 v. u. Vgl. Kr. d. r. V.² 626 ff.
S. 50 Z. 1 Vor Beginn der 7. Vorlesung ist die folgende Überleitung durchstrichen: »Die Untersuchung über den notwendigen Ausgangspunkt des philosophischen Systems führte uns zu bestimmten Aufstellungen, die wir im Hinblick auf naheliegende Einwendungen skeptischer Art zu sichern hatten. Deshalb hatten wir die Voraussetzung einer gründlichen und über ihr eigenes Prinzip klaren Skepsis zu prüfen.

Die Prüfung führte zu dem Ergebnis, daß sich ihre Voraussetzungen, soweit sie reichen, mit den unseren decken und sie bestätigen. Der Zweifel, wenn er philosophisch, d. h. wenn er radikal ist, geht aufs Ganze. Er geht deshalb zurück auf den Punkt, den wir den Nullpunkt des Sinns und des Seins nannten. Gerade dies ist die skeptische Epoche, Zurückhaltung alles Urteils, welches hinausgeht über die Tatsache des Erscheinens, welches selbst dabei aufgefaßt wird als Erscheinen des An-sich-Seienden, d. h. fragend darauf bezogen wird. Das Daß des An-sich aber wird dabei unbedingt vorausgesetzt, die Frage bezieht sich nur auf das Was, und wird in diesem Sinne verneint. Eben dies war aber auch unser Ergebnis. Es stimmt insoweit auch überein mit der Kantischen Feststellung der Unerkennbarkeit des An-sich, d. h. des in letzter Instanz Seienden, bei unbedingter Anerkennung des Daß dieses An-sich.«

S. 54    Z. 17 v. u. *Gottes Gottheit*, Man.: *seiner Gottheit*.

Z. 8 v. u. Vgl. Diels, Fr. 54.

Z. 2 v. u. Vgl. ebenda Fr. 102.

S. 55    Z. 18 Vgl. ebenda Fr. 51.

S. 56    Z. 10 Vgl. Hegel WW III, 61 (hier und weiter nach der alten Hegel-Ausg., die Natorp vorlag). Die Zitate sind nach dem Hegelschen Text z. T. verbessert.

Z. 13 v. u. WW III, 62.

S. 57    Z. 7 *der Anfang* ist hinter die Klammer gesetzt.

Z. 14 WW III, 63.

Z. 11 v. u. *vom*, Man.: *von*.

S. 58    Z. 5 *und*, Man.: *uns*.

Z. 15 WW III, 66 ff.

S. 62    Z. 5 WW III, 41 ff.

S. 63    Z. 3 Vgl. Soph. 264 AB.

S. 64    Z. 3 v. u. Vgl. etwa Parmenides 135 C.

S. 66    Z. 17 Vgl. Anm. zu S. 32 Z. 10.

Z. 6 v. u. *Alles*, Man.: *Alle*.

Z. 4 v. u. *Dieses*, Man.: *Diese*.

S. 67    Z. 18 v. u. Staat 509 B steht nur ἐπέκεινα τῆς οὐσίας; vgl. aber auch 509 A.

Dagegen finden sich weitergehende Formulierungen bei Plotin, z. B. Enn. I, 7, 1.

Z. 2 v. u. Zuerst erschienen 1900.

S. 69    Z. 14 v. u. *Andererseits*, Man.: *Anderseits*.

S. 72    Die Überschrift ist handschriftlich nachgetragen.

S. 74    Z. 10 Vgl. besonders 240 C u. 241 B sowie 259 AB.

S. 77    Z. 4 *grenzenlosen*, Man.: *grenzlosen*.

Z. 9 v. u. *Sinngehalt*, Man.: *Sinnesgehalt*.

S. 79    Z. 16 Vgl. zu S. 32 Z. 10.

S. 80    Z. 15 *ist* ergänzt.

S. 83    A. *Kategorien der Modalität* ist ergänzt.

Z. 6 v. u. *des* vor *Sinnes* ist ergänzt.

S. 87    Z. 8 v. u. *Daß*, Man.: *Das*.

Z. 6 v. u. *als Punkt* ist ergänzt.

S. 90    Z. 3 v. u. *dieses*, Man.: *diese*.

S. 94    Z. 4 v. u. Vgl. Aristoteles, Metaph. IV, 4: 1006 b.

S. 97    Z. 6 v. u. ff. Vgl. Parmenides, bes. 164 D u. 165 A.

S. 98    Z. 11 u. 10 v. u. *einen*, Man.: *ein*.

S. 99 Z. 14 v. u. Vgl. Diels, Fr. 8 Z. 6.
S. 104 Z. 10 v. u. Vgl. z. B. Nikom. Eth. 1139a Z. 14.
S. 108 Z. 12 Vgl. Kr. d. r. V.² 97, 111.
  Z. 10 v. u. Vgl. Diels, Fr. 51.
S. 109 Z. 4 Vgl. ebenda Fr. 53 u. 80; vgl. weiter A 5.
S. 113 Z. 10 *sie*, Man.: *es*; ebenso Z. 16 u. 17.
S. 116 Z. 1 v. u. Vgl. z. B. Metaph. IX, 3: 1047 a.
  Z. 14 v. u. Vgl. De an. II, 1: 412a.
S. 118 Z. 11 Vgl. Leibniz an De Volder, Gerhard, II, 251, 267.
S. 125 Z. 14 Vgl. Anm. zu S. 8 Z. 12 v. u.
S. 127 Z. 16 v. u. Man.: *wird, nach erfaßlich*, ist gestrichen.
S. 129 Die Überschrift hat im Man. die Kennzeichnung *II*.
  Z. 15 *einem*, Man.: *einen*.
S. 130 Z. 14 ff. Vgl. Kr. d. r. V.² 283 f.
S. 131 Z. 5 Vielleicht sollte man hinter *Tatsache* ergänzen *zu denken*.
S. 132 Z. 5 Vgl. Kr. d. r. V.² 279 ff.
S. 136 Z. 8 *dieses und dieses*, Man.: *diese und dieses*.
S. 137 Z. 9 v. u. Vgl. Kr. d. U. LVII.
S. 138 Z. 9 Vgl. Kr. d. r. V.² 110.
S. 140 Z. 4 v. u. *zugeordneten*, Man.: *zugeordnete*.
S. 141 Z. 17 Vgl. Kr. d. r. V.² 287.
S. 142 Z. 12 v. u. *Wirklichkeit*, Man.: *Notwendigkeit*.
S. 143 Z. 9 v. u. *bezieht*, Man.: *beziehen*.
S. 145 Z. 1 *Intensität*, Man.: *Intensivität*: ebenso Z. 3; desgl. Z. 4 *Extensität*, Man.: *Extensivität*.
  Z. 7 Vgl. Kr. d. r. V.² 207 ff., bes. 209.
S. 146 Z. 12 v. u. Vielleicht Kr. d. r. V.² 596.
S. 147 Z. 3 v. u. Vgl. Kr. d. r. V.² 33.
S. 148 Z. 17 v. u. *sich*, Man.: *sie*.
S. 150 Z. 2 *1*. eingefügt wegen des kommenden *2*.
  Z. 5 *weitgreifender*, Man.: *weitgreifende*.
  Z. 15 v. u. Vgl. Schillers Glocke.
S. 151 Z. 14 Vgl. Leibniz an De Volder, Gerhard, II, 251.
  Z. 11 v. u. *in dem*, Man.: *in den*.
S. 152 Z. 9 S. Anm. zu S. 145 Z. 7.
S. 153 Z. 13 v. u. *Subjekts*, Man.: *Objekts*.
  Z. 3 v. u. Vgl. Kant, Kr. d. r. V.¹ 250 ff.
S. 154 Z. 16 S. Anm. zu S. 94 Z. 5 v. u.
S. 155 Z. 6 Vgl. Lockes Essay II, 23, 2. 3. und Leibniz' Bemerkungen dazu in den Nouveaux Essais zu II, 23 § 2.
S. 156 Z. 11 Vgl. Leibniz an De Volder, Gerhard, II, 253.
S. 157 Z. 7 v. u. Vgl. ebenda II, 282.
S. 161 Z. 4 v. u. *es*, Man.: *sie*.
S. 162 Z. 8 Vgl. Kr. d. r. V.² 341.
S. 163 Z. 9 Vgl. Leibniz an De Volder, Gerhard, II, 275, 278.
  Z. 18 *vorhergehenden*, Man.: *hervorgehenden*.
S. 164 Z. 9 v. u. Vgl. Prol. Ak. Ausg. IV, 373.
S. 166 Z. 13 Vgl. Physik II, 1: 192 b.
S. 167 Z. 6 Vgl. Leibniz an De Volder, Gerhard, II, 324, 250.
S. 168 Z. 12 v. u. S. Anm. zu S. 64 Z. 3 v. u.
S. 169 Z. 7 Vgl. De an. gener. I, 1: 715 b.
  Z. 13 *Kant*, Man.: *er*.
S. 171 Z. 2 v. u. *ist* aus Z. 4 v. u. (hinter *vorhanden*) eingefügt.

S. 173 Z. 14 Vgl. Diels, Fr. 108.
S. 174 Z. 17 S. Anm. zu S. 162 Z. 8; desgl. S. 175 Z. 2.
S. 176 Z. 9 v. u. Vgl. Natorp, Forschungen zur Geschichte des Erkenntnisproblems im Altertum, 1884, 63 ff.
S. 180 Z. 14 Vgl. Diels, Fr. 54, 102, 28.
Z. 16 v. u. *existiert*, Man.: *existiere*.
S. 187 Z. 13 v. u. Vgl. Soph. 252 B u. 259 E.
Z. 11 v. u. Vgl. Diels, Fr. 53.
S. 188 Z. 16 *Er*, Man.: *Es;* Sinn: Es war nur des Teufels Dummheit...
S. 191 Z. 3 *je*, Man.: *ja*.
Z. 14 *nie*, Man.: *nicht*.
S. 193 Z. 2 Vgl. Kants Diss. § 1 vorletzter Abs. und § 28 Ende.
S. 194 Z. 10 Statt *Befriedigung* soll es vielleicht *Befriedung* heißen.
Z. 10 v. u. S. Anm. zu S. 173 Z. 14.
Z. 7 v. u. Vgl. Epirrhema aus »Gott und Welt«.
S. 195 Z. 8 Vgl. Phaedrus 247 BC.
Z. 9 *Erkennbarkeit*, Man.: *Erkenntnisbarkeit*.
Z. 4 v. u. S. Anm. zu S. 97 Z. 4 v. u.
S. 196 Z. 11 Vgl. Soph. 250 B und oft.
Z. 12 *uns*, Man.: *und*.
S. 198 Z. 16 S. Anm. zu S. 38 Z. 9.
Z. 17 Vgl. Leibniz an De Volder, Gerhard, II, 277.
Z. 18 v. u. *Individuität*, Man: *Individualität* (?).
S. 199 Z. 9 *bei*, Man.: *in*.
Z. 11 v. u. *Individuität*, Man.: *Individualität*.
S. 201 Z. 6 v. u. *Zerfalls*, Man.: *Verfalls*.
S. 203 Z. 7 v. u. *Gelegenen*, Man.: *Belegenen*.
S. 204 Z. 12 Vgl. Arthur Bonus, 1864–1941, schrieb Religion als Schöpfung, 1909, und Religion als Wille, 1915.
Z. 20 Vgl. Masse und Geist, Studien zur Philosophie der Masse, 1920.
S. 205 Z. 13 v. u. *aber*, Man.: *nur*.
Z. 3 v. u. *wird* vor *und* ist gestrichen.
Z. 2 v. u. *werden*, Man.: *wird*.
S. 206 Z. 19 *Verflechtung*, Man.: *Verflechtungen*.
Z. 18 v. u. *Verbindungen*, Man.: *Verbindung*.
Z. 12 v. u. S. Anm. zu S. 162 Z. 8.
Z. 1 v. u. Vgl. Leibniz an De Volder, Gerhard, II, 277.
S. 207 Z. 6 *Solche* vor *irgendwelche* ist gestrichen.
S. 208 Z. 9 Auch zu Helmholtz vgl. E. Cassirer a. a. O., bes. 313 ff. Das Buch ist 1910 zuerst erschienen.
Z. 16 *hinzukommende*, Man.: *hinzugekommene*.
S. 209 Z. 10 v. u. *in*, Man.: *im*, vor *Zusammenhang*.
S. 210 Z. 6 *ihr*, Man.: *ihm*.
Z. 1 v. u. Vgl. Diels, Fr. 8.
S. 211 Z. 10 v. u. Vgl. S. 176 ff.
S. 215 Z. 3 S. Anm. zu S. 210 Z. 1 v. u.
Z. 4 v. u. *ihrer bedürfen*, Man.: *oder bedürfen*.
S. 216 Z. 11 v. u. S. Anm. zu S. 8 Z. 12 v. u.
S. 217 Z. 18 Vgl. Philebus 58 D.
Z. 13 v. u. *ist, da*, Man.: *‚während*.
S. 218 Z. 18 v. u. Vgl. Kr. d. r. V.² 436.
S. 220 Z. 9 v. u. *Auseinanderstellung*, Man.: *Aneinanderstellung* (?).
S. 223 Die Überschrift steht im Man. unter *III*.

S. 225 Z. 1 v. u. *2.)* ist eingefügt.
S. 226 Z. 4 v. u. *3.* ist eingefügt.
S. 227 Z. 12 *Wechselrelationen*, Man.: *Wechselrelation*.
S. 228 Z. 11 v. u. Vgl. Goethes Sonett Natur und Kunst.
S. 229 Z. 3 Vgl. Aristoteles Metaph. XII, 7: 1072 b.
S. 230 Z. 16 v. u. Vgl. Philebus 24 D.
S. 231 Z. 4 *3.) noch ein solches*, Man.: *noch ein drittes*.
S. 232 Z. 3 v. u. Vgl. z. B. Kr. d. r. V.² 466.
S. 233 Z. 11 ff. Vgl. § 1 der Diss.
       Z. 6 v. u. Vgl. z. B. Kr. d. r. V.² 65 und ¹107.
S. 236 Z. 12 *Individuation*, Man.: *Individuität*.
S. 237 Z. 3 v. u. Vgl. Leibniz an De Volder, Gerhard, II, 250.
S. 239 Z. 6 ff. Vgl. ebenda II, 264, 279.
       Z. 13 v. u. *spiegelt*, Man.: *spiegeln*.
       Z. 12 v. u. *ausdrückt oder »abbildet«*, Man.: *ausdrücken oder »abbilden«*.
       Z. 3 v. u. Vgl. Kr. d. r. V.² 672.
S. 240 Z. 11 v. u. *mit*, Man.: *mit der*.
S. 241 Z. 18 Vgl. Anm. zu S. 99 Z. 14 v. u.
       Z. 10 v. u. Vgl. Soph. 242 DE u. 252 B.
       Z. 6 v. u. Vgl. ebenda 252 B ff.
S. 242 Z. 9 Vgl. Diels, Fr. 51.
       Z. 11 Wohl schon bei Zenon, sicher bei Kleanthes und Chrysipp.
       Z. 4 v. u. S. Anm. zu S. 97 Z. 7 v. u. ff.
S. 244 Z. 4 *gehört*, Man.: *geht*.
S. 246 Z. 6 v. u. *Einzigkeit*, Man.: *Einzigheit*.
S. 247 Z. 6 v. u. Vgl. Die logischen Grundlagen der exakten Wissenschaften, 1910, ²1921.
S. 248 Z. 4 v. u. Vgl. Philebus 16 D. Die weitere Platointerpetation folgt Philebus 24 A ff.
S. 251 Z. 8 v. u. *dann*, Man.: *denn*.
S. 254 Z. 10 v. u. Vgl. Kr. d. r. V.² 67.
       Z. 5 v. u. Vgl. ebenda ²35.
S. 255 Z. 5 Vgl. ebenda ²162 Anm.
S. 262 Z. 7 Vgl. ebenda ²226.
       Z. 9 f. *Folge des Nacheinander*, Man.: *Folge nacheinander*.
S. 265 Z. 7 v. u. *unendlich* im Man. über nicht durchstrichenem *frei*.
S. 266 Z. 17 *Bedingung*, Man.: *Bedingungen*.
S. 267 Z. 2 v. u. *sich* ergänzt.
S. 268 Z. 6 *beidem*, Man.: *beiden*.
       Z. 17 v. u. Vgl. Diels, Fr. 8 Z. 5.
       Z. 5 v. u. *dem Gedanken*, Man.: *den*.
       Z. 4 v. u. Vgl. Diels, Fr. 2.
S. 270 Z. 1 Vgl. Kr. d. r. V.² 49 f.
       Z. 6 Vgl. ebenda ² 67 ff.
       Z. 16 *und als in*, Man.: *und in*.
       Z. 13 v. u. Vgl. Kr. d. r. V.² 154 f.
       Z. 2 v. u. Vgl. ebenda ² 160 f. Anm.
S. 271 Z. 2 v. u. Vgl. ebenda ² 162 Anm.
S. 272 Z. 15 v. u. Vgl. 217 b ff.
S. 274 Z. 18 *ja* scheint im Man. aus *fast* verbessert.
       Z. 18 v. u. *als des*, Man.: *als*.
       Z. 9 v. u. *Es*, Man.: *Er*.

S. 280 Z. 17 Vgl. Phaedrus 246 ff. Dazu Parmenides, bei Diels Fr. 1.
Z. 9 v. u. Vgl. Diels, Fr. 2.
Z. 1 v. u. Vgl. ebenda Fr. 8 Z. 4.
S. 281 Z. 5 Vgl. z. B. Phädon 80 AB.
Z. 6 v. u. *scheinen*, Man.: *erscheinen*.
S. 283 Z. 1 Vgl. Maximen u. Reflexionen V.
Z. 6 Vgl. 344 AB.
Z. 19 v. u. Vgl. Philebus 64 E.
S. 285 Z. 8 Vgl. Hegel WW IV, 396 (Logik Bd. 2).
Z. 5 v. u. *sie* ist ergänzt. Hans Natorp schlägt vor, die ganze Stelle etwa so zu ändern: »als nicht bloß Voraufgehendes und Darinbleibendes, sondern zuletzt schlechthin Überragendes, ohne das nicht nur nichts, durch das vielmehr alles ist, das sogar über alles hinaus, was aus ihm geschöpft sein oder werden mag, (ebenso) unausschöpfbar weiter seine Schöpfungen aus sich entläßt, indem es selbst sie von Ewigkeit her, aber eben sie überschwenglich überragend in sich schloß.«
S. 286 Z. 14 S. Anm. zu S. 28 Z. 13 v. u.
S. 287 Z. 2 Vgl. Natorp, Deutscher Weltberuf, 1918, II, 70.
Z. 8 Das *gegenüber* des Man. vor *An-und-Für-sich* ist gestrichen.
Z. 14 ff. Vgl. Diels, Fr. 107, 101, 45, 115.
Z. 9 v. u. *allwärts*, Man.: *alle*. Man könnte auch *allerorten, allewege, überall* vermuten oder überhaupt das *alle und* streichen.
Z. 6 v. u. Das Zitat steht S. 116.
S. 288 Z. 20 v. u. zweimal *Heraustreten*, Man.: *Hinaustreten*.
S. 290 Z. 16 Vgl. S. 46.
Z. 21 *welche*, Man.: *welches*.
Z. 1 v. u. Vgl. Opus postumum II, 52 ff.
S. 291 Die Überschrift im Man. ohne Kennzeichnung von *III*.
S. 292 Z. 7 *an* ist eingefügt.
S. 293 Z. 2 v. u. *Verästelung*, Man.: *Verästung*.
S. 298 Z. 15 v. u. *diesen*, Man.: *diesem*.
S. 299 Z. 10 *spielen*, Man.: *spielt*.
Z. 11 *stehen*, Man.: *steht*.
S. 301 Die Überschrift ist im Man. nur durch Herausstellung des letzten Wortes von S. 300 gekennzeichnet.
Z. 17 *jene Begriffe*, Man.: *sie*.
Z. 19 *sie*, Man.: *die Begriffe*.
S. 302 Z. 12 Vgl. Kr. d. r. V.² 94.
S. 303 Z. 8 *es ist* ist ergänzt.
S. 304 Z. 14 *B* ist ergänzt.
S. 306 Z. 5 v. u. *neun*, Man.: *neuen*.
S. 308 Z. 14 S. Anm. zu S. 94 Z. 5 v. u.
S. 309 Z. 15 v. u. Vgl. Diels, Fr. 60.
S. 310 Z. 11 v. u. 1893, ² 1897 erschienen.
S. 311 Z. 21 v. u. Vgl. Kr. d. r. V.¹ 114.
Z. 14 v. u. Vgl. Diels, Fr. 10.
S. 312 Z. 6 v. u. Vgl. z. B. Kr. d. r. V.² 139.
S. 314 Im Man. heißt es: *Hiernach dürfen wir nun schon übergehen zur II. Logik der Funktion.*
S. 314 Z. 14 Vgl. Sophistes 249 DE.
S. 315 Z. 2 Kant spricht wohl von der »Aufgabe« der Idee und nennt sie

»aufgegeben«. Die *unendliche Aufgabe* ist ein Terminus der Marburger Schule.
S. 316 Z. 2 *fort,* Man.: *zurück;* ist eingesetzt, wiewohl nicht ohne Bedenken, weil im Bild der Spirale die Bewegung auch immer als ein Zurück sich verstehen läßt. Das bloße *zurück* aber wäre mißverständlich.
S. 320 Z. 6 v. u. Das erste *und* ist ergänzt.
S. 322 Z. 7 *Rechnungsabschluß,* Man.: *-anschluß.*
S. 325 Z. 11 Vgl. Leibniz an De Volder, Gerhard, II, 248 f.
 Z. 16 Vgl. Ethik, Buch II, Lehrs. 44.
 Z. 17 v. u. S. Anm. zu S. 280 Z. 9 v. u.
S. 326 Der § 92 ist im Man. doppelt gezählt; er ist hier in *a* und *b* aufgeteilt, um die sachliche Zusammengehörigkeit nicht zu verdecken.
S. 327 Z. 16 v. u. *Sinntotalität,* Man.: *Sinnstotalität.*
 Z. 9 v. u. Vgl. Plato im Philebus 60 C, 67 A.
S. 328 Z. 5 *bezogen* ist ergänzt.
 Z. 19 v. u. *eine* ist ergänzt. Vgl. P. Tillichs Aufsatz »Kairos«, in Die Tat, August 1922, der Natorp sehr beschäftigt hat.
 Z. 15 v. u. Vgl. Gesetze 716 C.
 Z. 7 v. u. Vgl. Natorp, Vorlesungen über praktische Philosophie, 1925, die doch kaum bis zu den hier berührten Fragen vorstoßen.
S. 329 Z. 19 *an* ist ergänzt.
 Z. 7 v. u. Vgl. Philebus 64 E, 65 A.
 Z. 3 v. u. *Werden,* Man.: *Werten.*
S. 330 Z. 16 *zerstückt,* Man.: *zerstückelt.*
S. 331 Z. 8 S. Anm. zu S. 8 Z. 12 v. u.
S. 332 Z. 12 Vgl. Der Untergang des Abendlandes, Bd. 1. 2., 1918–22.
S. 333 Z. 15 *mittägigen,* Man.: *mittätigen.*
 Z. 17 Die »Eule der Minerva« wird von Hegel am Schluß der Vorrede zur »Rechtsphilosophie« zitiert.
S. 335 Vor *Gehaltslogik* hat das Man. *III.*
S. 337 Z. 4 *zu* ist ergänzt.
 Z. 11 v. u. *sie,* Man.: *es.*
S. 338 Z. 16 v. u. *Sie,* Man.: *Es.*
S. 339 Z. 9 v. u. *Sinn* ist ergänzt.
S. 342 Z. 1 Vgl. Diels, Fr. 115.
S. 343 Z. 6 Vgl. Kr. d. r. V.² 164.
S. 350 Z. 11 Vgl. ebenda ² 765.
 Z. 13 v. u. Vgl. schon im Euthydem 290 BC.
S. 354 Z. 17 v. u. *zu* ist ergänzt.
 Z. 7 v. u. Vgl. Logik der reinen Erkenntnis, 1902, S. 512 ff.
S. 355 Z. 5 v. u. Vgl. Phaedo 105 C ff. und Gesetze 895 C ff.
S. 357 Z. 13 v. u. *stehender, nebengeordneter, übrigens aber gleichgeordneter Bereich,* Man.: *-e Bereiche.*
S. 362 Z. 9 *scheinen,* Man.: *erscheinen;* vielleicht auch: *als paradox erscheinen.*
 Z. 15 Vgl. Diels, Fr. 25.
 Z. 13 v. u. Vgl. den Chorus mysticus am Schluß von Faust II.
 Z. 10 v. u. Vgl. den Aufsatz »Einwirkung der neuern Philosophie« von 1817.
S. 367 Z. 1 *Vorschmack,* Man.: *Vorgeschmack.*
 Z. 12 Hier ist vor allem zu erinnern an den Sozialidealismus, 1920.
S. 371 Z. 8 v. u. Vgl. Phaedrus 237 C und oft.
S. 375 Z. 4 v. u. Vgl. Diels, Fr. 54.

S. 378 Z. 19 Vgl. Natorp, Stunden mit Rabindranath Thakkur, 1921.
Z. 9 v. u. *ganze*, Man.: *Ganzes*.
S. 379 Z. 2 Vgl. Philebus 64 E.
Z. 11 v. u. *wohl* vor *denken* ist gestrichen.
S. 381 Z. 1 Vgl. Hölderlin WW (Hellingrath) II, 164 f.
S. 383 IV. ist ergänzt.
Z. 10 Erschienen 1912.
S. 385 Z. 8 Vgl. Leibniz an De Volder, Gerhard, II, 238.
Z. 1 v. u. Vgl. Metaph. XII, 9: 1074 b.
S. 386 Z. 3 Vgl. Topik 157 a (= »153 a«).
Z. 18 v. u. *Ergebnisses*, Man.: *Ergebnisse*.
Z. 8 v. u. *ganze*, Man.: *Ganzen*.
S. 395 Z. 14 Vgl. De Corpore P. IV Kap. 25.
S. 396 Z. 11 Vgl. Allgemeine Psychologie, 1912 S. 305 ff., bes. S. 324, mit Bezug auf die Introduction à la métaphysique, 1903.
Z. 9 v. u. Vgl. Heraklit, bei Diels, Fr. 32.
S. 397 Z. 5 v. u. Vgl. Theätet 176 B.
S. 402 Z. 18 v. u. S. Anm. zu S. 328 Z. 15 v. u.
S. 403 Z. 4 1921 erschienen.
Z. 10 *ihrigen*, Man.: *seinigen*.
S. 404 Z. 9 v. u. Vgl. Von Glauben und Offenbarung, 1923 S. 20 ff.
Z. 17 v. u. *welcher*, Man.: *welchem*.
S. 406 Z. 18 Vgl. Metaph. d. Sitten (Einteilung der M. d. S. überhaupt II).

# NAMENREGISTER

Aenesidemus 178
Agrippa 176
Angelus Silesius 85, 161, 362
Aristoteles 1, 12, 24, 88, 92, 94–96, 100–103, 116–118, 120, 127, 129 f., 147, 149, 153 f., 157 f., 166, 169, 175, 197, 223 f., 229, 261, 266 f., 272–274, 277–279, 283, 301, 307 f., 324, 339, 346 f., 385
Bergson 262, 264, 396
Bonus 204
Bradley 173, 184, 310, 313
Brentano, Cl. 24, 28
Buber 287
Buddha 330
Cardano 397
Cassirer 208
Cicero 178
Cohen 67, 144, 146, 197, 241, 259–261, 291, 311, 354

Demokrit 101
Descartes 30, 68, 125, 353
Dostojewski 38, 44, 381, 399
Driesch 314
Eberhard 162
Einstein 115, 265
Ekkehart 3, 287
Eleaten 98 f., 102–104, 179, 186, 213
Euklid 265, 277, 343, 352
Euler 262
Fechner 395
Fichte 230
Gauß 265, 277, 293
Goethe 37 f., 44, 109, 119, 194, 198 f., 201, 228 f., 283,, 310, 318, 362, 377 f., 380, 399
Gogarten 404, 406–408
Hartmann, E. v. 83, 278
Hartmann, N. 344

# Namenregister

Hegel 16, 18, 55–64, 65, 68–70, 81 f., 91, 147, 173, 180, 184, 187, 230, 241, 247, 252 f., 256, 284 f., 287, 295, 299 f., 313, 315, 331, 333
Heiler 403
Helmholtz 208
Heraklit 2, 18, 54 f., 62 f., 69, 91 f., 94, 108 f., 118, 178, 180, 187, 210, 212, 215, 241 f., 287, 309, 311, 323, 341, 374 f., 386
Hobbes 260, 395
Hölderlin 380 f.
Homer 36
Hume 105, 184 f., 189, 191, 217, 243
Husserl 67 f., 297 f.
Kant 1, 8, 9–12, 15, 18 f., 25, 28, 45 f., 49, 62, 67–70, 83, 86–88, 100 f., 105–109, 111, 118, 120, 124, 126 f., 129–134, 136–148, 151–153, 162–164, 167, 169, 174–176, 180 f., 184, 188–193, 206, 208–210, 218–222, 227, 232–234, 239–241, 243, 254–262, 265, 269–278, 283, 290 f., 298, 300–303, 305, 308 f., 311–316, 319, 321, 328, 340, 343, 347, 349–351, 353 f., 356, 363 f., 370, 372, 383, 386, 398, 401, 406
Kopernikus 166
Lange, F. A. 345
Laotse 287
Leibniz 8, 68, 109, 118 f., 125, 146, 151, 155–159, 162–164, 166 f., 169, 174, 180 f., 198, 207, 216, 237–240, 244, 246, 253, 260, 281, 325, 331, 353, 373, 385
Lichtenberg 30
Locke 155
Luther 407

Malebranche 290
Natorp 67, 247, 297, 383
Neuplatonismus 273 f.
Newton 109, 131, 262, 265, 277
Nicolaus Cusanus 118, 220
Parmenides 99, 241 f., 268, 280 f., 325
Pascal 397, 407
Paulus 407
Plato 1, 8, 18, 28 f., 62–64, 67, 69 f., 74, 88, 91 f., 97 f., 102 f., 118, 146 f., 154, 168, 187, 190–192, 194–196, 213, 217, 230, 241 f., 247–250, 252, 256, 267, 280–285, 289, 301–303, 306, 309, 311, 313 f., 316, 328 f., 338–341, 343 f., 346–348, 350, 355, 371 f., 379, 390, 392, 395, 397, 402
Plotin 32, 66, 79, 118
Pomponazzi 397
Protagoras 348, 402
Pythagoreer 346, 374
Rembrandt 198 f.
Rickert 198, 326 f.
Schiller 28, 44, 125, 150, 286, 341
Schleiermacher 118 f.
Sextus Empiricus 176–178
Siegfried 36
Simmel 198
Sokrates 28, 154, 301 f.
Spengler 331–334
Spinoza 119, 325
Stoa 166, 242
Tagore 378, 380
Tillich 204, 328
Vaihinger 219
Volder, de 162
Xenophanes 362
Zenon 242

MEINER                                                        EDITION

# ERNST CASSIRER
**Gesammelte Werke. Hamburger Ausgabe**
Herausgegeben von Birgit Recki

Bd. 1: *Leibniz' System in seinen wissenschaftlichen Grundlagen.*
1998. XII, 540 S.

Bd. 2: *Das Erkenntnisproblem in der Philosophie der neueren Zeit.*
*Erster Band.* 1999. XIII, 563 S.

Bd. 3: *Das Erkenntnisproblem in der Philosophie der neueren Zeit.*
*Zweiter Band.* 1999. VII, 667 S.

Bd. 4: *Das Erkenntnisproblem in der Philosophie der neueren Zeit. Dritter Bd.* 2000. Ca. X, 534 S.

Bd. 5: *Das Erkenntnisproblem in der Philosophie der neueren Zeit. Vierter Bd.* 2000. Ca. XI, 429 S.

Bd. 6: *Substanzbegriff und Funktionsbegriff.* 2000. Ca. XI, 441 S.

Bd. 7: *Freiheit und Form*

Bd. 8: *Kants Leben und Lehre*

Bd. 9: *Aufsätze u. kleine Schriften.*

Bd. 10: *Zur Einsteinschen Relativitätstheorie*

Bd. 11: *Philosophie der symbolischen Formen. Erster Teil: Die Sprache*

Bd. 12: *Philosophie der symbolischen Formen. Zweiter Teil: Das mythische Denken*

Bd. 13: *Philosophie der symbolischen Formen. Dritter Teil: Phänomenologie der Erkenntnis*

Bd. 14: *Individuum und Kosmos in der Philosophie der Renaissance*

Bd. 15: *Philosophie der Aufklärung*

Bd. 16: *Aufsätze und kleine Schriften*

Bd. 17: *Aufsätze und kleine Schriften*

Bd. 18: *Aufsätze und kleine Schriften*

Bd. 19: *Determinismus u. Indeterminismus in der modernen Physik*

Bd. 20: *Descartes: Lehre - Persönlichkeit - Wirkung*

Bd. 21: *Axel Hägerström*

Bd. 22: *Aufsätze und kleine Schriften*

Bd. 23: *An Essay on Man*

Bd. 24: *Aufsätze und kleine Schriften*

Bd. 25: *The Myth of the State*

Felix Meiner Verlag · D-22081 Hamburg · www.meiner.de

MEINER                                                    EDITION

## ERNST CASSIRER
**Nachgelassene Manuskripte und Texte**
Herausgegeben von Klaus Christian Köhnke, John Michael Krois
und Oswald Schwemmer

Bd. 1: *Zur Metaphysik der symbolischen Formen*
Hrsg. von John Michael Krois u. Mitw. von Anne Appelbaum,
Rainer A. Bast, Klaus Christian Köhnke und Oswald Schwemmer.
1995. XIII, 410 S.

Bd. 2: *Ziele und Wege der Wirklichkeitserkenntnis*
Herausgegeben von John Michael Krois und Klaus Christian Köhnke.
1999. X, 229 S.

## Cassirer-Forschungen

Band 1: *Kulturkritik nach Ernst Cassirer.* Hrsg. von Enno Rudolph und Bernd-Olaf Küppers.
1995. X, 414 S. Kartoniert.

Band 2: *Cassirers Invariantentheorie der Erfahrung und seine Rezeption des ›Erlanger Programms‹*
Von Karl-Norbert Ihmig
1997. XI, 396 S. Kartoniert.

Band 3: *Von der Philosophie zur Wissenschaft.* Cassirers Dialog mit der Naturwissenschaft

Hrsg. von Enno Rudolph und Ion O. Stamatescu.
1997. X, 230 S. Kartoniert.

Band 4: *Die Geburt der Humanität*
Zur Kulturbedeutung der Religion bei Ernst Cassirer.
Von Thomas Vogl.
1999. 184 S. Kartoniert.

Band 5: *Cassirers Weg zur Philosophie der Politik*
Hrsg. von Enno Rudolph.
1999. X, 147 S. Kartoniert.

Felix Meiner Verlag · D-22081 Hamburg · www.meiner.de